Les impôts sur les salaires 2017

OCDE

DES POLITIQUES MEILLEURES
POUR UNE VIE MEILLEURE

Cet ouvrage est publié sous la responsabilité du Secrétaire général de l'OCDE. Les opinions et les interprétations exprimées ne reflètent pas nécessairement les vues officielles des pays membres de l'OCDE.

Ce document et toute carte qu'il peut comprendre sont sans préjudice du statut de tout territoire, de la souveraineté s'exerçant sur ce dernier, du tracé des frontières et limites internationales, et du nom de tout territoire, ville ou région.

Merci de citer cet ouvrage comme suit :
OCDE (2017), *Les impôts sur les salaires 2017*, Éditions OCDE, Paris.
http://dx.doi.org/10.1787/tax_wages-2017-fr

ISBN 978-92-64-27219-4 (imprimé)
ISBN 978-92-64-27223-1 (PDF)
ISBN 978-92-64-27224-8 (epub)

Série: Les impôts sur les salaires
ISSN 1995-3852 (imprimé)
ISSN 2072-5132 (en ligne)

Les données statistiques concernant Israël sont fournies par et sous la responsabilité des autorités israéliennes compétentes. L'utilisation de ces données par l'OCDE est sans préjudice du statut des hauteurs du Golan, de Jérusalem-Est et des colonies de peuplement israéliennes en Cisjordanie aux termes du droit international.

Les corrigenda des publications de l'OCDE sont disponibles sur : *www.oecd.org/editions/corrigenda.*

Avant-propos

Cette publication annuelle fournit des informations détaillées sur la situation des salariés au regard de l'impôt et des transferts sociaux dans l'ensemble des 35 pays membres de l'OCDE. Les informations contenues dans ce rapport couvrent l'impôt sur le revenu des personnes physiques et les cotisations de sécurité sociale payés par les salariés, les cotisations de sécurité sociale et les taxes sur les salaires payées par les employeurs ainsi que les allocations reçues par les familles. L'objectif de ce rapport est de montrer comment sont calculés les impôts sur le revenu des personnes physiques, les cotisations de sécurité sociale et les taxes sur les salaires, et d'examiner l'impact de ces prélèvements et des allocations familiales sur les revenus nets des ménages. Les résultats permettent également des comparaisons quantitatives entre pays sur les niveaux des coûts du travail et la situation globale des salariés célibataires et des familles au regard de l'impôt et des transferts sociaux.*

Le rapport montre les montants des impôts, des cotisations de sécurité sociale, des taxes sur les salaires et des prestations en espèces pour huit catégories de ménages qui diffèrent selon le niveau des revenus et la composition familiale. Il présente également les taux d'imposition moyens et marginaux qui en résultent. Les taux moyens d'imposition indiquent la part des salaires bruts ou des coûts totaux de main-d'œuvre qui est prélevée sous forme d'impôts sur le revenu des personnes physiques (avant et après les prestations), de cotisations de sécurité sociale et de taxes sur les salaires. Les taux marginaux indiquent la part de l'augmentation des salaires bruts ou des coûts totaux de main-d'œuvre qui fait l'objet de ces prélèvements.

Le rapport met l'accent sur la présentation de nouvelles données relatives à la situation des salariés au regard de l'impôt et des prestations sociales pour 2016. De plus, ces nouvelles données sont comparées aux données correspondantes pour l'année 2015. Il importe de noter que le salarié moyen est un salarié employé à plein temps (en tant que travailleur manuel ou non manuel) dans l'un des secteurs B-N de la classification internationale type, par industrie, de toutes les branches d'activité économique, Révision 4 (CITI, Rév.4) ou des secteurs C-K de la classification internationale type, par industrie, de toutes les branches d'activité économique, Révision 3 (CITI, Rév. 3).

Le rapport est structuré de la manière suivante :

- *Le chapitre 1 contient une synthèse des principaux résultats pour 2016.*
- *Le chapitre 2 contient une étude spéciale intitulée «Fiscalité et Compétences ».*
- *La Partie I (comparaisons internationales) examine les principaux résultats pour 2015 et 2016 et est divisée en 3 chapitres (numérotés de 3 à 5). Le Chapitre 3 examine les principaux résultats pour 2016, qui sont résumés dans des tableaux et graphiques comparatifs (qui figurent à la fin de cette section). Le Chapitre 4 présente une explication graphique de la charge fiscale estimée pesant sur les revenus du travail en 2016 pour les gains salariaux bruts compris entre 50 % et 250 % des*

* *Les éditions antérieures de ce rapport étaient publiées sous les titres* La situation des salariés au regard de l'impôt et des transferts sociaux *(éditions 1996 à 1998)* et La situation des ouvriers au regard de l'impôt et des transferts sociaux *(éditions antérieures à 1996).*

salaires moyens. Le Chapitre 5 passe en revue les principaux résultats pour 2015, synthétisés dans des tableaux comparatifs présentés à la fin du chapitre et les comparent avec les résultats de 2016.

- La Partie II (Chapitre 6) met l'accent sur l'évolution chronologique de la charge fiscale pendant la période 2000-16.
- La Partie III contient des tableaux par pays indiquant les niveaux de salaires considérés et les charges fiscales correspondantes pour huit types de familles ainsi qu'une description de chaque système d'imposition/de prestations.
- L'annexe examine les méthodes et limites de l'étude.

Cette étude a été réalisée sous l'égide du Groupe de travail sur l'analyse des politiques et les statistiques fiscales du Comité des affaires fiscales et elle a bénéficié d'un soutien financier du programme de l'Union européenne pour l'emploi et l'innovation sociale (EaSI) (2014-2020). Les vues exprimées ne sauraient refléter l'opinion officielle de l'Union européenne.

Table des matières

Partie III

Informations détaillées par pays, pour 2016

Tableaux

Graphiques

Résumé

Après avoir baissé pendant la crise financière, le taux effectif d'imposition des coûts du travail du salarié moyen s'est accru d'un point de pourcentage entre 2009 et 2013, avant de se replier légèrement au cours des dernières années pour s'établir à 36.0 % en moyenne dans les pays de l'OCDE en 2016. Le taux effectif d'imposition, ou coin fiscal, en pourcentage des coûts de main d'œuvre, correspond au montant total des impôts et cotisations de sécurité sociale (CSS) versés par les salariés et les employeurs, diminué des prestations familiales reçues et divisé par les coûts totaux de main d'œuvre pour l'employeur.

Bien que la moyenne de la zone OCDE ait légèrement diminué en 2016, le coin fiscal pour le salarié moyen a augmenté dans 20 pays de l'OCDE par rapport à 2015, tandis qu'il a reculé dans 14 pays. Pour 18 des pays où le coin fiscal a augmenté, les variations étaient inférieures à 0.50 point de pourcentage.

Dans la plupart des pays où le coin fiscal sur le salaire moyen a progressé, le principal facteur ayant contribué à la hausse a été la variation des impôts sur le revenu des personnes physiques (IRPP), bien que deux pays seulement aient relevé leurs taux légaux de l'IRPP (le Danemark et la Grèce). Le plus souvent, la hausse de l'IRPP s'explique par l'augmentation de la proportion des revenus soumis à l'imposition, elle-même due à une baisse du montant des abattements fiscaux et crédits d'impôt par rapport aux revenus. La baisse de l'IRPP a été un paramètre essentiel dans la plupart des pays où le coin fiscal a diminué. Cependant, la baisse des cotisations de sécurité sociale a également joué un rôle important en France, Islande, Italie et Suisse.

Depuis 2009, année lors de laquelle le coin fiscal moyen était à son plus bas niveau dans la zone OCDE depuis le lancement des *Impôts sur les salaires* en 2000, le coin fiscal a augmenté dans 20 pays de l'OCDE, a diminué dans 14 autres et est resté inchangé dans un pays (Chili). Au cours de cette période, le niveau de l'IRPP a progressé dans 13 des pays où le coin fiscal a augmenté : parmi ces pays, trois ont appliqué aux revenus salariaux moyens des taux d'imposition légaux supérieurs en 2016 à ce qu'ils étaient en 2009 ; six ont mis en place des surtaxes ou ont relevé leur niveau ; et deux ont supprimé les crédits d'impôt de base. Le présent rapport analyse les effets de ces évolutions sur diverses catégories de ménages : célibataires, familles avec ou sans enfants, ou parents isolés. Dans tous les pays de l'OCDE, le coin fiscal pour les familles avec enfants est plus faible ou, dans deux cas, le même que pour les salariés célibataires sans enfant.

Ce rapport contient également une étude spéciale qui porte sur les effets incitatifs et dissuasifs que peut exercer le système d'imposition du revenu du travail sur l'investissement des travailleurs dans le capital humain et les compétences. L'investissement dans les compétences est un facteur décisif de renforcement de la croissance inclusive et d'augmentation de la productivité dans les économies de l'OCDE. Cette étude spéciale présente les taux effectifs d'imposition de l'investissement dans les compétences, calculés en tenant compte de l'IRPP et de la part salariale des CSS pour un célibataire de 32 ans s'engageant dans une formation liée à l'emploi de courte durée. Dans ce scénario, le taux effectif moyen d'imposition des compétences s'établit à 24.9 %, soit le montant de la diminution de la valeur actualisée nette de l'investissement dans les compétences consenti par cet individu qui résulte du système de prélèvements. Globalement, les niveaux d'imposition des compétences sont progressifs ; les personnes titulaires de hauts revenus et qui dégagent un rendement supérieur sur l'investissement dans les compétences sont imposées à des taux effectifs plus élevés. Bien que les dépenses fiscales destinées à encourager les travailleurs à se former puissent réduire le taux effectif d'imposition sur les compétences, ce soutien prend, dans de nombreux pays, la forme de déductions d'impôt au titre des dépenses de formation en lien avec l'emploi actuel du salarié. Par conséquent, les avantages de ce soutien sont souvent limités pour ceux qui cherchent à changer de carrière ou pour les titulaires de bas revenus.

Principaux résultats

Le coin fiscal moyen dans la zone OCDE a baissé en 2016 par rapport à 2015

- En 2016, le prélèvement moyen de l'IRPP et des CSS sur les revenus du travail dans les pays de l'OCDE s'élevait à 36.0 %, soit une baisse de 0.07 point par rapport à 2015.
- En 2016, c'est en Belgique (54.0 %), en Allemagne (49.4 %), en Hongrie (48.2 %) et en France (48.1 %) que l'on a observé les coins fiscaux moyens les plus élevés pour les travailleurs célibataires sans enfant rémunérés au salaire moyen dans leur pays. Les coins fiscaux les plus faibles ont été observés au Chili (7 %), en Nouvelle-Zélande (17.9 %) et au Mexique (20.1 %).
- Entre 2015 et 2016, le coin fiscal s'est accru dans 20 pays sur 35, a diminué dans 14 et est resté inchangé au Chili. Le principal paramètre ayant contribué à la progression du coin fiscal total moyen dans 16 des 20 pays a été l'IRPP.
- Le coin fiscal a augmenté de plus d'un point de pourcentage dans un seul pays, la Grèce (1.06 point), sous l'effet du relèvement de l'IRPP et des CSS.
- Une baisse d'un point de pourcentage ou plus a été constatée dans deux pays, qui ont tous les deux engagé des réformes – l'Autriche (2.47 points) et la Belgique (1.32 point). La diminution survenue en Autriche est principalement la conséquence d'une réduction de l'IRRP, tandis qu'en Belgique elle s'explique par une baisse de l'IRPP et des cotisations patronales de sécurité sociale.
- La variation de l'IRPP a également été le principal facteur dans la plupart des pays où le coin fiscal a reculé en 2016, à l'exception de la France, de l'Italie, de l'Islande et de la Suisse. Le principal paramètre a été la baisse des cotisations patronales de sécurité sociale en France et en Italie.

Le coin fiscal moyen dans la zone OCDE a baissé en 2016 par rapport à 2015

- En 2016, le coin fiscal le plus élevé pour les familles comptant deux enfants et un seul apporteur de revenu rémunéré au salaire moyen était celui de la France (40.0 %). La Belgique, la Finlande, la Grèce, l'Italie et la Suède enregistraient des coins fiscaux compris entre 38 % et 40 %. C'est en Nouvelle-Zélande que le coin fiscal était le plus faible pour ces familles (6.2 %), suivie du Chili (7 %), de l'Irlande (8.3 %) et de la Suisse (9.1 %). La moyenne pour les pays de l'OCDE était de 26.6 %.

- Entre 2015 et 2016, la plus forte augmentation du coin fiscal pour les familles avec enfants et un seul salaire ont été enregistrées en Nouvelle-Zélande (1.24 point). Les diminutions les plus marquées ont concerné l'Autriche (2.68 points), le Portugal (2.50 points), la Belgique (1.73 point), la Hongrie (1.60 point) et l'Irlande (1.03 point).
- Dans tous les pays de l'OCDE, le coin fiscal est plus faible pour les familles avec enfants que pour les célibataires sans enfant, à l'exception du Mexique et du Chili, où il est identique pour les deux types de famille. Aucun IRPP n'est dû au niveau du salaire moyen au Chili et il n'existe pas de dispositions fiscales en faveur des familles avec enfants au Mexique. Les différences représentent plus de 15 % des coûts de main-d'œuvre en Allemagne, au Canada, en Irlande, au Luxembourg, en République tchèque et en Slovénie.

Chapitre 1

Synthèse

Ce chapitre présente les principaux résultats de l'analyse de l'imposition des revenus du travail dans les pays membres de l'OCDE en 2016. L'accent est mis sur le coin fiscal – mesure de la différence entre les coûts de la main-d'œuvre pour l'employeur et la part correspondante de la rémunération nette disponible du salarié – qui est calculé en additionnant l'impôt sur le revenu des personnes physiques, les cotisations salariales et patronales de sécurité sociale et les éventuels prélèvements sur salaires, et en retranchant les prestations en pourcentage des coûts de main-d'œuvre. Les calculs portent aussi sur le taux moyen net de l'impôt sur le revenu des particuliers. C'est le terme utilisé lorsque l'impôt sur le revenu des personnes physiques et les cotisations salariales de sécurité sociale, après déduction des prestations en espèces, sont exprimés en pourcentage du salaire brut. L'analyse concerne un célibataire sans enfant rémunéré au salaire moyen, qu'elle compare avec un couple marié disposant d'un seul salaire et ayant deux enfants.

Les données statistiques concernant Israël sont fournies par et sous la responsabilité des autorités israéliennes compétentes. L'utilisation de ces données par l'OCDE est sans préjudice du statut des hauteurs du Golan, de Jérusalem-Est et des colonies de peuplement israéliennes en Cisjordanie aux termes du droit international.

Cette publication contient, pour chacun des 35 pays de l'OCDE, des renseignements sans équivalent sur les impôts sur le revenu versés par les salariés, leurs cotisations de sécurité sociale, les prestations familiales qu'ils perçoivent sous forme de transferts en espèces ainsi que les cotisations de sécurité sociale et taxes sur les salaires versées par leurs employeurs. Les résultats communiqués comprennent la charge fiscale marginale et moyenne pour les ménages disposant d'un seul et de deux salaires et les coûts totaux de main-d'œuvre qui en résultent pour les employeurs. Ces données sont largement utilisées dans les recherches universitaires et dans la formulation et l'évaluation des politiques sociales et économiques. Les données spécifiques sur les contribuables figurant dans cette étude permettent de compléter les renseignements donnés chaque année dans les *Statistiques des recettes publiques*, publication qui contient des données comparatives internationales sur les niveaux d'imposition et les structures fiscales dans les pays de l'OCDE. La méthodologie utilisée dans cette étude est décrite brièvement dans la section d'introduction ci-dessous et plus en détail à l'Annexe.

Les tableaux et graphiques présentent des estimations de la charge fiscale et du « coin fiscal » entre les coûts de main-d'œuvre et le revenu net disponible pour huit catégories de familles ayant des niveaux comparables de revenus. Les principaux résultats pour 2016 sont résumés dans la section 2 ci-dessous. La Partie I du rapport présente des résultats plus détaillés pour 2016, accompagnés de résultats comparables pour 2015, et examine les changements intervenus entre les deux années. La Partie II du rapport retrace l'évolution chronologique de la charge fiscale entre 2000 et 2016.

Ce chapitre 1 commence par une introduction à la méthodologie utilisée dans cette publication, suivie d'un examen des résultats relatifs aux indicateurs de la charge fiscale en 2016. Cet examen englobe le coin fiscal et les taux moyens de l'impôt sur le revenu des personnes physiques pour un célibataire sans enfant rémunéré au salaire moyen, ainsi que les indicateurs correspondants pour un couple disposant d'un seul salaire équivalent au salaire moyen, mais ayant deux enfants. Enfin, le chapitre se termine par une section qui décrit l'évolution des niveaux du salaire moyen par pays et qui indique sur quels secteurs d'activité le calcul du salaire moyen est basé.

Introduction

Cette section expose brièvement la méthodologie utilisée dans la présente étude, consacrée exclusivement aux salariés à plein temps. Par hypothèse, leur revenu annuel d'activité est égal à un pourcentage donné du salaire brut moyen des travailleurs adultes travaillant à temps plein, pour chaque économie de l'OCDE, désigné sous le nom de *salaire moyen* (SM). Cela couvre les travailleurs manuels et non manuels, soit dans les secteurs C à K inclus, conformément à la classification internationale type par industrie de toutes les branches d'activité, Révision 3 (CITI Rév. 3), soit dans les secteurs B à N inclus, conformément à la classification internationale type par industrie de toutes les branches d'activité, Révision 4 (CITI Rév. 4)[1]. Le tableau 1.6 et l'Annexe à ce Rapport contiennent des précisions supplémentaires. Des hypothèses complémentaires sont formulées concernant d'autres

éléments de la situation personnelle de ces salariés, afin de pouvoir déterminer leur positionnement au regard du système de prélèvements et de prestations.

Dans cette étude, le terme *impôt* englobe l'impôt sur le revenu des personnes physiques, les cotisations de sécurité sociale et les taxes sur les salaires (regroupées avec les cotisations patronales de sécurité sociale pour le calcul des taux d'imposition) payables sur le salaire brut. Par conséquent, aucun impôt sur le revenu pouvant être dû au titre de revenus non salariaux, de même qu'aucun autre type d'impôt – par exemple, l'impôt sur les sociétés, l'impôt sur le patrimoine net et les impôts sur la consommation – n'est pris en compte. Les prestations prises en compte sont celles versées par les administrations publiques sous la forme de transferts en espèces, généralement au titre des enfants à charge.

Pour la plupart des pays de l'OCDE, l'année fiscale correspond à l'année civile. Toutefois, l'Australie, la Nouvelle-Zélande et le Royaume-Uni font exception. Dans le cas de la Nouvelle-Zélande et du Royaume-Uni, ou l'année fiscale débute en avril, une approche « prospective » a été suivie pour les calculs. De ce fait, par exemple, les taux d'imposition indiqués pour 2016 sont ceux de l'année fiscale 2016-2017. Toutefois, en Australie, où l'année fiscale débute en juillet, il a été décidé d'adopter une approche « rétrospective » afin d'obtenir des résultats plus fiables. Par conséquent, pour l'Australie, l'année 2016 a été considérée comme correspondant à l'année fiscale 2015-2016.

Ce rapport contient divers indicateurs de l'imposition de la main-d'œuvre. Il met surtout l'accent sur le coin fiscal – indicateur de la différence entre les coûts de main-d'œuvre pour l'employeur et la part correspondante de la rémunération nette après impôt du salarié – qui est calculé en additionnant l'impôt sur le revenu des personnes physiques, les cotisations de sécurité sociale à la charge des salariés et des employeurs et les taxes sur les salaires éventuelles, et en retranchant les prestations en pourcentage des coûts de main-d'œuvre. Les cotisations patronales de sécurité sociale et – dans certains pays – les taxes sur les salaires sont ajoutées au revenu brut des salariés pour obtenir un indicateur des coûts totaux de main-d'œuvre. Bien entendu, il faut reconnaître que cet indicateur peut être inférieur aux coûts réels de main-d'œuvre supportés par les employeurs, par exemple parce que les employeurs peuvent aussi devoir procéder à des paiements obligatoires non fiscaux[2]. Le coin fiscal moyen indique la part des coûts totaux de main-d'œuvre qui est prélevée sous forme d'impôts et de cotisations de sécurité sociale après déduction des prestations versées en espèces. Au contraire, le coin fiscal marginal indique la part de l'augmentation des coûts totaux de main-d'œuvre qui est ainsi prélevée.

Les calculs s'intéressent aussi au taux net moyen de l'impôt sur le revenu des particuliers. Ce terme désigne la somme de l'impôt sur le revenu des personnes physiques et des cotisations salariales de sécurité sociale nette des prestations en espèces, en pourcentage du salaire brut. Le taux net marginal de l'impôt sur le revenu des particuliers fait ressortir la part d'une augmentation du salaire brut qui est reversée sous forme d'impôt sur le revenu des personnes physiques et de cotisations de sécurité sociale, après déduction des prestations en espèces.

Examen des résultats pour 2016

Coin fiscal

Le tableau 1.1 montre que le coin fiscal entre les coûts totaux du travail à la charge de l'employeur et la rémunération nette disponible correspondante des salariés célibataires sans enfant, rémunérés au salaire moyen, différait fortement selon les pays de l'OCDE

Tableau 1.1. **Comparaison du coin fiscal total**

En % des coûts de main-d'œuvre

Pays[1]	Coin fiscal total 2016	Variation annuelle 2016/15 (en points de pourcentage)2			
		Coin fiscal	Impôts sur le revenu	CSS salariés	CSS employeur[3]
	(1)	(2)	(3)	(4)	(5)
Belgique	54.0	-1.32	-0.80	0.07	-0.59
Allemagne	49.4	0.05	-0.12	0.17	0.00
Hongrie	48.2	-0.78	-0.78	0.00	0.00
France	48.1	-0.34	0.19	0.17	-0.70
Italie	47.8	-0.08	0.02	0.01	-0.11
Austriche	47.1	-2.47	-2.40	-0.06	-0.01
Finlande	43.8	0.22	-0.60	0.38	0.44
République tchèque	43.0	0.19	0.19	0.00	0.00
Suède	42.8	0.21	0.21	0.00	0.00
Slovénie	42.7	0.09	0.09	0.00	0.00
Lettonie	42.6	0.10	0.10	0.00	0.00
République slovaque	41.5	0.12	0.12	0.00	0.00
Portugal	41.5	-0.60	-0.60	0.00	0.00
Grèce	40.2	1.06	0.67	0.20	0.19
Espagne	39.5	0.09	0.09	0.00	0.00
Estonie	38.9	-0.12	-0.12	0.00	0.00
Luxembourg	38.4	0.05	0.12	0.01	-0.08
Turquie	38.1	-0.09	-0.09	0.00	0.00
Pays-Bas	37.5	0.40	-0.42	0.35	0.47
Danemark	36.5	0.02	0.09	0.00	-0.07
Norvège	36.2	-0.40	-0.40	0.00	0.00
Pologne	35.8	0.05	0.05	0.00	0.00
Islande	34.0	-0.21	-0.07	-0.02	-0.12
Japon	32.4	0.12	0.01	0.06	0.06
États-Unis	31.7	0.15	0.19	0.00	-0.05
Canada	31.4	-0.13	-0.17	0.01	0.02
Royaume-Uni	30.8	-0.03	-0.11	0.04	0.04
Australie	28.6	0.23	0.23	0.00	0.00
Irlande	27.1	-0.24	-0.24	0.00	0.00
Corée	22.2	0.18	0.13	0.02	0.02
Israël	22.1	0.57	0.41	0.02	0.13
Suisse	21.8	-0.05	-0.01	-0.02	-0.02
Mexique	20.1	0.33	0.35	0.00	-0.02
Nouvelle-Zélande	17.9	0.33	0.33	0.00	0.00
Chili	7.0	0.00	0.00	0.00	0.00
Moyenne non pondérée					
OCDE-Moyenne	36.0	-0.07	-0.09	0.04	-0.01

Note : Célibataire sans enfant ayant un salaire égal à celui d'un salarié moyen.

1. Les pays sont classés par ordre décroissant du coin fiscal total.
2. À cause des arrondis, les variations du coin fiscal colonne (2) peuvent être différentes d'un centième de point de pourcentage de la somme des colonnes (3) à (5). Pour le Danemark, le « Chèque Vert » (prestation en espèces) contribue à la différence car il n'est pas inclus dans les colonnes (3) à (5).
3. Les taxes sur les salaires sont incluses si elles s'appliquent.

Source : Contributions des pays et *Perspectives économiques* de l'OCDE n° 100, volume 2016.

StatLink http://dx.doi.org/10.1787/888933464367

en 2016 (voir colonne 1). Si en Allemagne, en Autriche, en Belgique, en France, en Hongrie et en Italie, le coin fiscal est supérieur à 45 %, il est de 20 % ou moins au Chili, au Mexique et en Nouvelle-Zélande. C'est en Belgique que l'on observe le coin fiscal le plus élevé (54.0 %) et au Chili qu'il est le plus bas (7.0 %). Le graphique 1.1 indique que le coin fiscal moyen dans les pays de l'OCDE est de 36.0 % en 2016.

Les variations du coin fiscal entre 2015 et 2016 pour un salarié moyen sans enfant sont indiquées à la colonne 2 du tableau 1.1. Le coin fiscal a augmenté dans 20 pays, a baissé dans 14 et est resté inchangé dans un pays. La hausse a été supérieure à un point de pourcentage en Grèce uniquement, où le coin fiscal a progressé de 1.06 point. Quant aux baisses, elles ont dépassé un point de pourcentage en Autriche (2.47 points) et en Belgique (1.32 point). Le coin fiscal est resté inchangé au Chili.

En général, les augmentations du coin fiscal étaient induites par le relèvement des impôts sur le revenu (voir colonne 3). C'est le principal facteur à l'œuvre dans 16 des pays qui ont enregistré une augmentation globale. L'augmentation la plus forte des impôts sur le revenu en pourcentage des coûts du travail a été observée en Grèce (0.67 point), sous l'effet d'une réduction du crédit d'impôt de base.

En revanche, l'augmentation des cotisations de sécurité sociale représente la quasi-totalité de l'augmentation du coin fiscal en Allemagne, en Finlande, au Japon et aux Pays-Bas. Plus précisément, l'augmentation du coin fiscal aux Pays-Bas[3] (0.47 point) et en Finlande (0.44 point) résulte pour l'essentiel de la hausse des cotisations patronales de sécurité sociale. En Allemagne, la hausse du coin fiscal s'explique principalement par le relèvement des cotisations salariales de sécurité sociale (0.17 point).

Le tableau 1.2 et le graphique 1.1 indiquent les éléments constitutifs du coin fiscal en 2016, c'est-à-dire l'impôt sur le revenu ainsi que les cotisations salariales et patronales de sécurité sociale (y compris les taxes sur les salaires lorsqu'elles sont applicables), en pourcentage des coûts de main-d'œuvre pour un salarié moyen sans enfant. Les coûts de main-d'œuvre indiqués dans le tableau 1.2 sont exprimés en dollars US à parité de pouvoir d'achat.

Le pourcentage des coûts de main-d'œuvre payés en impôt sur le revenu varie considérablement dans les pays de l'OCDE. Les chiffres les plus bas sont au Chili (zéro) et en Corée (5.2 %). Les plus hauts sont au Danemark (35.9 %), et l'Australie, la Belgique et l'Islande dépassent toutes 20 %. La part que représentent les cotisations salariales de sécurité sociale varie également beaucoup, s'échelonnant de 0 % en Australie, au Danemark et en Nouvelle-Zélande à 17.3 % en Allemagne et à 19.0 % en Slovénie. Les employeurs en France paient 26.8 % des coûts totaux de main-d'œuvre sous forme de cotisations de sécurité sociale, soit le niveau le plus élevé parmi les pays de l'OCDE. Les chiffres correspondants dépassent également 20 % dans neuf autres pays – l'Autriche, la Belgique, l'Espagne, l'Estonie, la Hongrie, l'Italie, la République slovaque, la République tchèque et la Suède.

En pourcentage des coûts de main-d'œuvre, le montant total des cotisations salariales et patronales de sécurité sociale dépasse 20 % dans plus de la moitié des pays de l'OCDE. Il représente au moins un tiers des coûts totaux de main-d'œuvre dans huit pays de l'OCDE : l'Allemagne, l'Autriche, la Belgique, la France, la Hongrie, la République slovaque, République tchèque et la Slovénie.

Taux moyens d'imposition des personnes physiques

Le taux moyen d'imposition des personnes physiques est défini comme l'impôt sur le revenu plus les cotisations salariales de sécurité sociale en pourcentage du salaire moyen. Le tableau 1.3 et le graphique 1.2 indiquent les taux moyens d'imposition en 2016 pour un salarié célibataire sans enfant rémunéré au salaire moyen. Les chiffres correspondant au salaire moyen du salarié moyen dans le tableau 1.3 sont exprimés en dollars US à parité de

Tableau 1.2. **Impôt sur le revenu et cotisations de sécurité sociale des salariés et des employeurs**

En % des coûts de main-d'œuvre, 2016

Pays	Coin fiscal total[2]	Impôt sur le revenu	Cotisations de sécurité sociale		Coûts de main-d'oeuvre[4]
			Salarié	Employeur[3]	
	(1)	(2)	(3)	(4)	(5)
Belgique	54.0	20.8	10.9	22.3	74 913
Suisse	21.8	10.0	5.9	5.9	74 439
Allemagne	49.4	15.9	17.3	16.2	73 683
Luxembourg	38.4	16.2	11.4	10.8	73 489
Autriche	47.1	10.8	13.9	22.4	71 776
Pays-Bas	37.5	15.2	12.2	10.1	70 665
Norvège	36.2	17.5	7.3	11.5	67 823
France	48.1	10.8	10.5	26.8	65 294
Islande	34.0	26.9	0.3	6.8	63 384
Suède	42.8	13.6	5.3	23.9	62 359
Australie	28.6	23.0	0.0	5.6	60 112
Finlande	43.8	17.9	7.1	18.7	59 663
Royaume-Uni	30.8	12.6	8.4	9.7	58 714
Japon	32.4	6.8	12.5	13.1	57 882
Danemark	36.5	35.9	0.0	0.8	57 759
États-Unis	31.7	16.9	7.1	7.7	56 956
Italie	47.8	16.4	7.2	24.2	55 609
Corée	22.2	5.2	7.6	9.4	54 053
Espagne	39.5	11.6	4.9	23.0	52 319
Irlande	27.1	13.8	3.6	9.7	49 547
Canada	31.4	13.8	6.8	10.8	45 998
Grèce	40.2	7.7	12.6	19.9	41 169
Nouvelle-Zélande	17.9	17.9	0.0	0.0	39 687
Israël	22.1	9.4	7.5	5.3	39 359
Portugal	41.5	13.4	8.9	19.2	37 058
Slovénie	42.7	9.8	19.0	13.9	36 499
République tchèque	43.0	9.4	8.2	25.4	34 697
Estonie	38.9	12.5	1.2	25.3	34 173
Turquie	38.1	10.4	12.8	14.9	33 017
Hongrie	48.2	11.7	14.4	22.2	32 930
Pologne	35.8	6.1	15.3	14.4	31 931
République slovaque	41.5	7.5	10.2	23.8	29 981
Lettonie	42.6	15.0	8.5	19.1	25 391
Chili	7.0	0.0	7.0	0.0	20 517
Mexique	20.1	8.5	1.2	10.4	14 638
Moyenne non pondérée					
OCDE-Moyenne	36.0	13.4	8.2	14.4	50 214

Note : Célibataire sans enfant ayant un salaire égal à celui d'un salarié moyen.

1. Les pays sont classés par ordre décroissant des coûts de main-d'œuvre.
2. À cause des arrondis, le total de la colonne (1) peut être différent d'un dixième de point de pourcentage de la somme des colonnes (2) à (4). Pour le Danemark, le « Chèque Vert » (prestation en espèces) contribue à la différence car il n'est pas inclus dans les colonnes (2) à (4).
3. Les taxes sur les salaires sont incluses si elles s'appliquent.
4. Exprimés en dollars US convertis à l'aide de PPA.

Source : Contributions des pays et *Perspectives économiques* de l'OCDE n° 100, volume 2016.

StatLink http://dx.doi.org/10.1787/888933464372

pouvoir d'achat. Le graphique 1.2 donne une représentation graphique du taux moyen d'imposition des personnes physiques décomposé entre l'impôt sur le revenu et les cotisations salariales de sécurité sociale.

Graphique 1.1. **Impôt sur le revenu et cotisations de sécurité sociale des salariés et des employeurs, 2016**

En % des coûts de main-d'œuvre

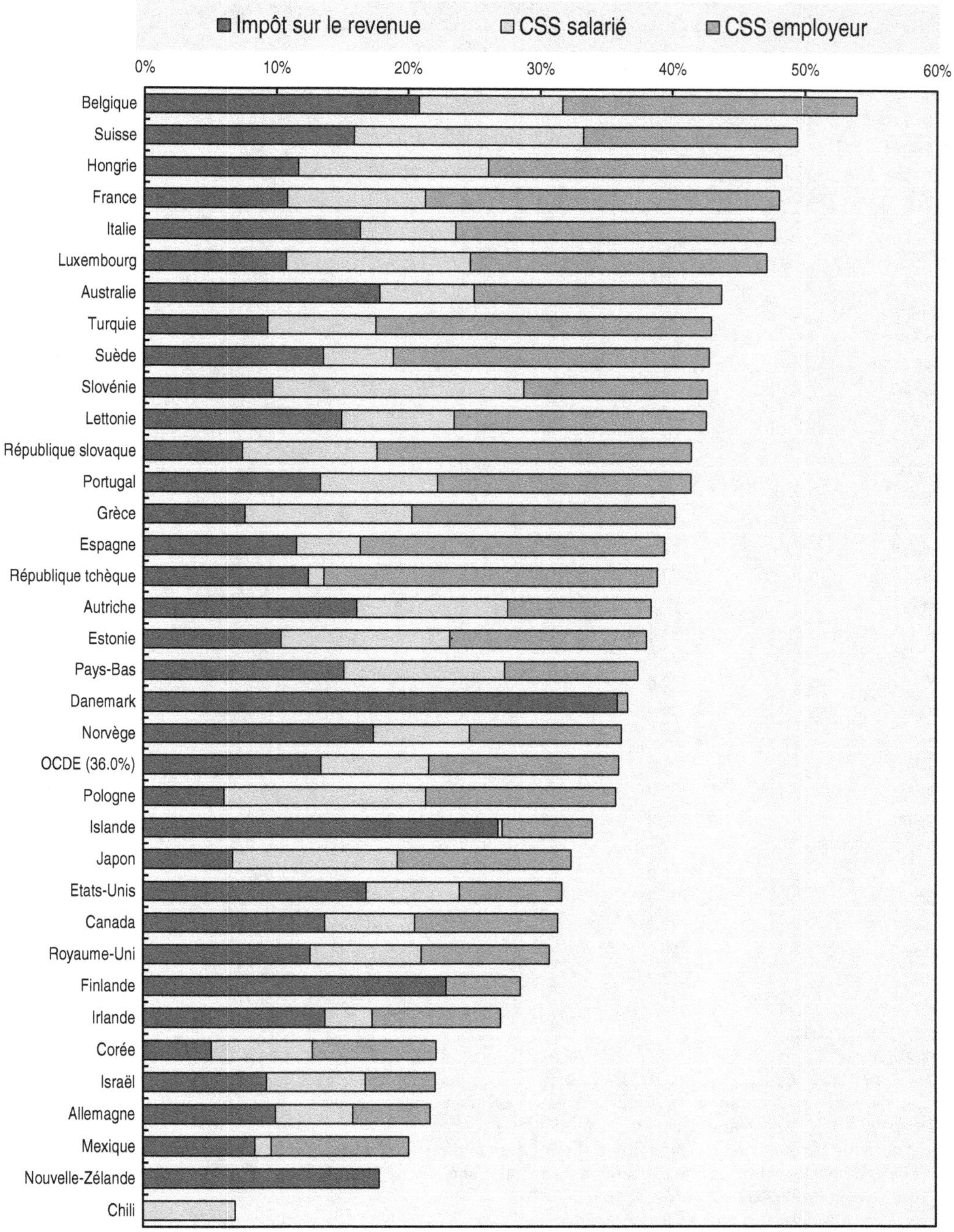

Notes :

Célibataire sans enfant ayant un salaire égal à celui d'un salarié moyen.

Les taxes sur les salaires sont incluses si elles s'appliquent.

StatLink http://dx.doi.org/10.1787/888933464332

Le tableau 1.3 et le graphique 1.2 indiquent qu'en moyenne, le taux moyen d'imposition des personnes physiques applicable à un célibataire rémunéré au salaire moyen dans les pays de l'OCDE est de 25.5 %. La Belgique, avec 40.7 % des rémunérations brutes, affiche le

Tableau 1.3. **Impôt sur le revenu et cotisations salariales de sécurité sociale, 2016**

En % du salaire brut

Pays[1]	Paiement total[2]	Impôt sur le revenu	Cotisations de sécurité sociale de l'employé	Salaires bruts[3]
	(1)	(2)	(3)	(4)
Suisse	16.9	10.7	6.2	70 077
Luxembourg	31.0	18.1	12.8	65 522
Pays-Bas	30.4	16.9	13.5	63 549
Allemagne	39.7	19.0	20.7	61 750
Norvège	27.9	19.7	8.2	60 020
Islande	29.2	28.9	0.3	59 044
Belgique	40.7	26.8	14.0	58 214
Danemark	36.2	36.2	0.0	57 310
Australie	24.3	24.3	0.0	56 727
Autriche	31.9	13.9	18.0	55 680
Royaume-Uni	23.3	14.0	9.4	53 020
Etats-Unis	26.0	18.3	7.7	52 543
Japon	22.2	7.8	14.4	50 278
Corée	14.1	5.7	8.4	48 979
Finlande	30.8	22.0	8.8	48 479
France	29.1	14.8	14.3	47 817
Suède	24.9	17.9	7.0	47 450
Irlande	19.2	15.2	4.0	44 737
Italie	31.1	21.6	9.5	42 166
Canada	23.1	15.4	7.7	41 021
Espagne	21.4	15.0	6.4	40 276
Nouvelle-Zélande	17.9	17.9	0.0	39 687
Israël	17.8	9.9	7.9	37 286
Grèce	25.4	9.6	15.8	32 974
Slovénie	33.4	11.3	22.1	31 437
Portugal	27.6	16.6	11.0	29 946
Turquie	27.3	12.3	15.0	28 099
Pologne	25.0	7.2	17.8	27 343
République tchèque	23.6	12.6	11.0	25 893
Hongrie	33.5	15.0	18.5	25 627
Estonie	18.3	16.7	1.6	25 540
République slovaque	23.2	9.8	13.4	22 852
Lettonie	29.1	18.6	10.5	20 537
Chili	7.0	0.0	7.0	20 517
Mexique	10.8	9.5	1.4	13 112
Moyenne non pondérée				
OCDE-Moyenne	25.5	15.7	9.8	43 015

Note : Célibataire sans enfant ayant un salaire égal à celui d'un salarié moyen.

1. Les pays sont classés par ordre décroissant des salaires bruts.
2. À cause des arrondis, le total peut être différent d'un dixième de point de pourcentage de la somme des colonnes de l'impôt sur le revenu et des cotisations de sécurité sociale.
3. Exprimés en dollars US convertis à l'aide de la PPA.

Source : Contributions des pays et *Perspectives économiques* de l'OCDE n° 100, volume 2016.

StatLink *http://dx.doi.org/10.1787/888933464389*

taux le plus élevé tandis que l'Allemagne et le Danemark sont les seuls autres pays dont les taux sont supérieurs à 35 %. Le Chili et le Mexique enregistrent les taux moyens d'imposition des personnes physiques les plus bas, respectivement de 7.0 % et 10.8 % des rémunérations brutes. La Corée est le seul autre pays dont le taux est inférieur à 15 %.

Graphique 1.2. **Pourcentage des salaires bruts payés en impôts sur le revenu et en cotisations salariales de sécurité sociale, 2016**

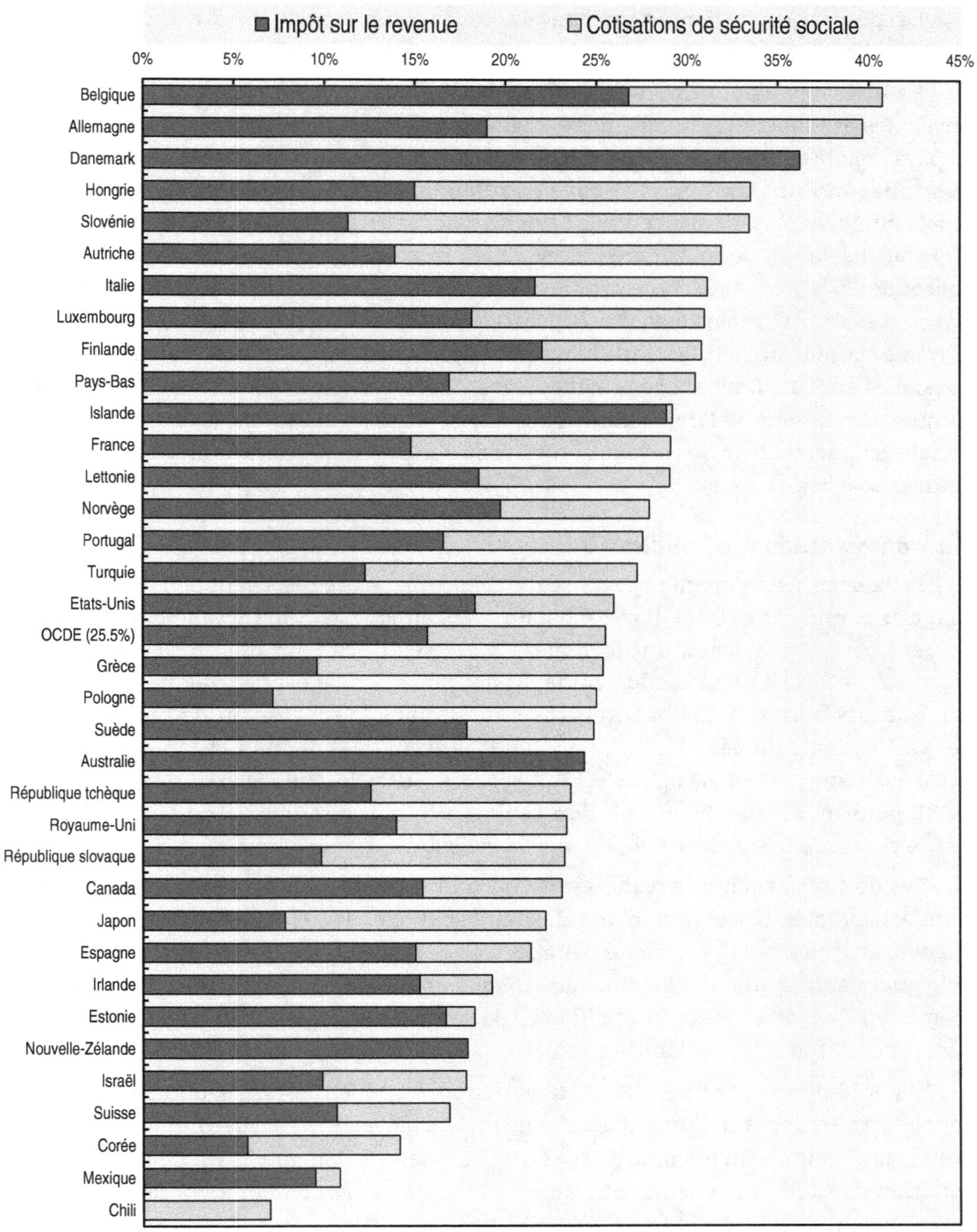

Notes :
Les pays sont classés par ordre décroissant des charges fiscales.
Célibataire sans enfant ayant un salaire égal à celui d'un salarié moyen.

StatLink http://dx.doi.org/10.1787/888933464343

Il est clair que l'incidence de l'impôt et des prestations sociales sur le revenu net disponible du salarié varie beaucoup d'un pays à l'autre de l'OCDE. Ces fortes variations dans le montant et la composition du coin fiscal reflètent en partie les différences dans :

- le rapport global entre le total des recettes fiscales et le produit intérieur brut ; et

- la part de l'impôt sur le revenu des personnes physiques et des cotisations de sécurité sociale dans l'ensemble des prélèvements nationaux.

La composition de l'impôt sur le revenu et des cotisations de sécurité sociale payés sur le salaire brut varie fortement entre les pays, comme le montre le graphique 1.2.

En 2016, la part de l'impôt sur le revenu dans le taux moyen d'imposition des personnes physiques est supérieure à celle des cotisations salariales de sécurité sociale pour 23 des 35 pays membres de l'OCDE. Aucune cotisation salariale de sécurité sociale n'est prélevée en Australie, au Danemark ni en Nouvelle-Zélande, cependant que les taux applicables représentent au plus 4 % des revenus bruts en Estonie, en Irlande, en Islande et au Mexique. En revanche, le salarié célibataire percevant le revenu moyen versait sensiblement plus de cotisations salariales de sécurité sociale que d'impôts sur le revenu des personnes physiques (avec un écart d'au moins 6 points de pourcentage) dans cinq pays – Grèce, Japon, Pologne, Slovénie et Chili. Au Chili, le salarié moyen ne payait pas d'impôt sur le revenu des personnes physiques en 2016. Dans six pays – Allemagne, Corée, France, Israël, République tchèque et Turquie, le montant de l'impôt sur le revenu et celui des cotisations salariales de sécurité sociale, en pourcentage des revenus bruts, sont très proches (les écarts étant de 3 points de pourcentage voire moins).

Taux d'imposition des familles

Le tableau 1.4 compare le coin fiscal d'un couple marié disposant d'un seul salaire et ayant deux enfants et celui d'un célibataire sans enfant pour un niveau de rémunération moyen. Ces coins fiscaux ont fortement varié selon les pays de l'OCDE en 2016 (voir colonnes 1 et 2). Le montant du coin fiscal pour une famille est généralement inférieur à celui observé pour un célibataire sans enfant, dans la mesure où de nombreux pays de l'OCDE accordent des avantages aux familles ayant des enfants à charge par un régime fiscal avantageux et/ou des transferts en espèces. Aussi, le coin fiscal moyen dans la zone OCDE pour un couple disposant d'un seul salaire et ayant deux enfants s'établissait à 26.6 % contre 36.0 % pour un salarié moyen célibataire.

Les économies d'impôt réalisées par un couple marié disposant d'un seul salaire par comparaison avec la situation d'un célibataire sont supérieures à 20 % des coûts de main-d'œuvre au Luxembourg et supérieures à 15 % de ces coûts dans six autres pays – Allemagne, Belgique, Canada, Irlande, République tchèque et Slovénie. Les charges fiscales sont les mêmes au Chili et au Mexique et diffèrent de moins de trois points en Corée, en Grèce, en Israël et en Turquie (voir colonnes 1 et 2).

Dans 28 des 35 pays de l'OCDE, la variation, entre 2015 et 2016, du coin fiscal d'un couple marié disposant d'un seul salaire de niveau moyen et ayant deux enfants est restée limitée (inférieure à un point de baisse ou de hausse, voir colonne 3). On n'observe aucune variation au Chili. On constate une augmentation supérieure à un point de pourcentage dans un seul pays – la Nouvelle-Zélande (1.24). En 2016, le coin fiscal supporté par les familles a baissé de 2.68 points en Autriche, principalement sous l'effet de la réforme du barème de l'impôt sur le revenu. Le coin fiscal a également baissé de plus de deux points au Portugal (2.50) du fait de l'augmentation du crédit d'impôt pour enfant. Il a reculé de plus d'un point en Belgique (1.73), en Hongrie (1.60) et en Irlande (1.03). Il a diminué de moins d'un point dans six autres pays : Estonie, France, Italie, Norvège, Suisse et Turquie. En comparaison, la variation du coin fiscal pour un contribuable célibataire sans enfant rémunéré au salaire moyen était supérieure à 1 point dans trois pays de l'OCDE (l'Australie,

Tableau 1.4. **Comparaison du coin fiscal total par type de famille**

En % des coûts de main-d'œuvre

Pays[1]	Famille[2] coin fiscal total 2016	Célibataire[3] coin fiscal total 2016	Variation annuelle 2016/15 (en points de pourcentage)		
			Famille coin fiscal	Célibataire coin fiscal	Différence entre célibataire et famille (4)-(3)
	(1)	(2)	(3)	(4)	(5)
France	40.0	48.1	-0.47	-0.34	0.13
Finlande	39.2	43.8	0.30	0.22	-0.08
Italie	38.6	47.8	-0.10	-0.08	0.02
Belgique	38.6	54.0	-1.73	-1.32	0.41
Grèce	38.3	40.2	0.73	1.06	0.34
Suède	38.0	42.8	0.31	0.21	-0.11
Autriche	36.5	47.1	-2.68	-2.47	0.21
Turquie	36.4	38.1	-0.33	-0.09	0.24
Allemagne	34.0	49.4	0.17	0.05	-0.11
Espagne	33.8	39.5	0.10	0.09	-0.01
Hongrie	33.7	48.2	-1.60	-0.78	0.82
Pays-Bas	32.2	37.5	0.65	0.40	-0.24
Lettonie	31.7	42.6	0.30	0.10	-0.20
Norvège	31.6	36.2	-0.24	-0.40	-0.16
Pologne	30.8	35.8	0.23	0.05	-0.18
République slovaque	28.9	41.5	0.42	0.12	-0.30
Portugal	28.2	41.5	-2.50	-0.60	1.90
Estonie	28.1	38.9	-0.53	-0.12	0.41
République tchèque	27.2	43.0	0.45	0.19	-0.26
Japon	27.1	32.4	0.15	0.12	-0.03
Danemark	26.1	36.5	0.16	0.02	-0.14
Royaume-Uni	25.8	30.8	0.05	-0.03	-0.08
Slovénie	23.9	42.7	0.22	0.09	-0.13
Islande	23.9	34.0	0.73	-0.21	-0.94
Etats-Unis	20.8	31.7	0.18	0.15	-0.03
Mexique	20.1	20.1	0.33	0.33	0.00
Corée	20.0	22.2	0.23	0.18	-0.05
Israël	19.4	22.1	0.49	0.57	0.07
Australie	18.1	28.6	0.26	0.23	-0.03
Luxembourg	16.1	38.4	0.07	0.05	-0.02
Canada	11.9	31.4	0.86	-0.13	-0.99
Suisse	9.1	21.8	-0.10	-0.05	0.05
Irlande	8.3	27.1	-1.03	-0.24	0.79
Chili	7.0	7.0	0.00	0.00	0.00
Nouvelle-Zélande	6.2	17.9	1.24	0.33	-0.90
Moyenne non pondérée					
OCDE-Moyenne	26.6	36.0	-0.08	-0.07	0.01

1. Les pays sont classés par ordre décroissant du coin fiscal de la famille.
2. Couple marié avec un seul salaire égal à celui d'un salarié moyen et ayant deux enfants.
3. Célibataire sans enfant ayant un salaire égal à celui d'un salarié moyen.

Source : Contributions des pays et *Perspectives économiques* de l'OCDE n° 100, volume 2016.

StatLink http://dx.doi.org/10.1787/888933464397

la Belgique et la Grèce). Des explications détaillées sur ce dernier point figurent à la section consacrée au coin fiscal ci-dessus.

La colonne 5 du tableau 1.4 contient une comparaison des variations, entre 2015 et 2016, des coins fiscaux de couples mariés disposant d'un seul revenu et ayant deux enfants et de ceux de célibataires sans enfant rémunérés au salaire moyen. Les dispositions préférentielles en faveur des familles ont été renforcées dans douze pays membres de l'OCDE : Autriche, Belgique, Estonie, France, Grèce, Hongrie, Irlande, Israël, Italie, Portugal, Suisse et Turquie. En outre, les effets des modifications des dispositions fiscales sur le coin fiscal étaient identiques pour les deux types de famille au Mexique. Dans sept autres pays (Australie, Corée, Espagne, États-Unis, Italie, Japon et Luxembourg), la variation du coin fiscal correspondant à ces deux catégories de familles était inférieure ou égale à 0.05 point. Aucune variation n'a été relevée au Chili.

Le graphique 1.3 compare le taux moyen net de l'impôt sur le revenu des particuliers, pour un travailleur moyen, entre un célibataire et un couple marié ayant deux enfants et disposant d'un seul revenu. Ces résultats font apparaître les mêmes caractéristiques que pour le coin fiscal. Cela s'explique par le fait que les cotisations patronales de sécurité sociale qui ne sont pas prises en compte dans le premier cas, mais qui le sont dans le second, sont indépendantes du type de famille. En raison des allégements d'impôt et des prestations en espèces en faveur des familles avec enfants, le revenu disponible d'un couple marié disposant d'un seul revenu dépasse de 20 % ou plus la rémunération d'un célibataire dans six pays – le Luxembourg (25.1 %), le Canada (21.9 %), la Slovénie (21.8 %), la République tchèque (21.2 %), l'Irlande (20.8 %) et la Belgique (19.8 %). En revanche, le revenu disponible dépasse de moins de 10 % la rémunération dans 12 pays – Espagne (7.3 %), Suède (6.4 %), Japon (6.1 %), Pays-Bas et Pologne (5.8 % dans les deux cas), Finlande (5.6 %), Royaume-Uni (5.5 %), Norvège (5.2 %), Israël (2.9 %), Grèce et Corée (2.4 % dans les deux cas) et Turquie (2.0 %). La charge est la même pour les deux types de famille au Chili et au Mexique. Il est également intéressant de noter que si l'on prend en compte les prestations en espèces, le taux net moyen de l'impôt sur le revenu pour les couples mariés ayant deux enfants et disposant d'un seul revenu moyen devient négatif (-1.6 %) en Irlande du fait que les prestations en espèces sont supérieures aux paiements effectués au titre de l'impôt sur le revenu et des cotisations de sécurité sociale.

Salaires

Le tableau 1.5 indique la rémunération brute en monnaie nationale du travailleur moyen dans chaque pays membre de l'OCDE pour les années 2015 et 2016. Les chiffres pour 2016 sont estimés par le Secrétariat de l'OCDE en appliquant la variation de la rémunération par salarié dans l'ensemble de l'économie telle qu'elle est présentée dans la base de données des Perspectives économiques de l'OCDE n° 100 aux valeurs finales du salaire moyen indiquées par les pays membres de l'OCDE. On trouvera plus d'informations sur les valeurs du salaire moyen et la méthodologie utilisée pour les estimations dans l'Annexe de ce rapport.

La variation annuelle en 2016 – indiquée à la colonne 3 – allait d'une baisse de -0.6 % en Suisse à une hausse de 18.0 % en Turquie. Dans une large mesure, les variations reflètent les différences de taux d'inflation entre les pays de l'OCDE – voir la colonne 4 du tableau 1.5. La variation annuelle des niveaux de salaires réels (avant impôt sur le revenu des personnes physiques et cotisations salariales de sécurité sociale) se situe dans un intervalle compris entre -2 % et +2 % dans 23 pays ; voir la colonne 5 du tableau 1.5. Dans 12 pays, la variation dépasse les 2 % : Mexique (2.1 %), Nouvelle-Zélande (2.2 %), Irlande (2.7 %), République tchèque (2.9 %), République slovaque (3.0 %), Israël (3.6 %), Estonie (3.7 %), Hongrie et Pologne (4.4 % dans les deux cas), Lettonie (6.3 %), Islande (8.8 %) et Turquie (9.4 %). Dans 29 des 35 pays de l'OCDE, les contribuables avaient un revenu réel après impôt plus élevé en 2016 qu'en 2015 du fait que les salaires réels avant impôt ont

Graphique 1.3. **Impôt sur le revenu et cotisations salariales de sécurité sociale diminués des prestations en espèces, 2016**

En % du salaire brut, par type de famille

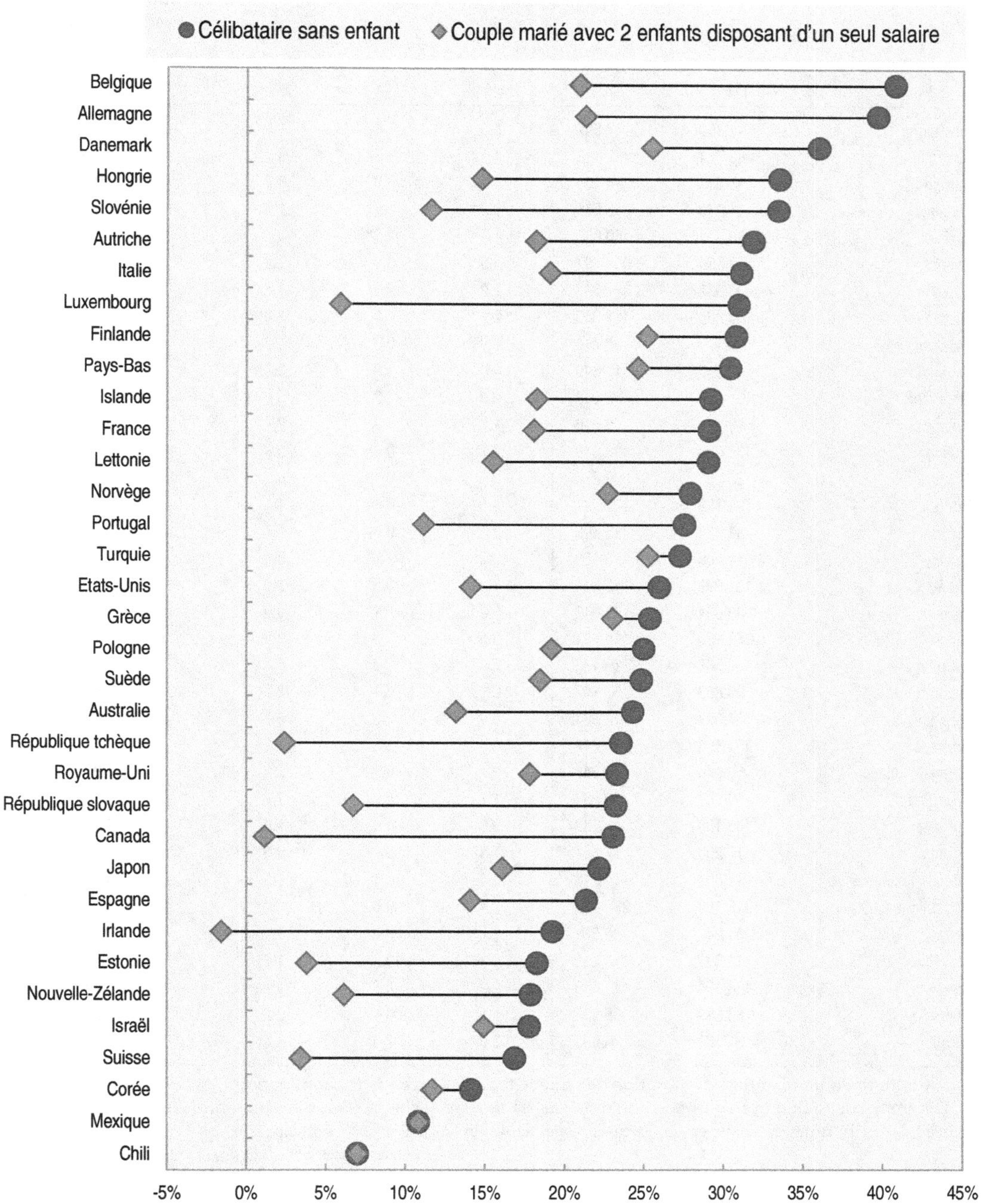

Notes :

Les pays sont classés par ordre décroissant des charges fiscales d'un célibataire sans enfant.

Types de famille : célibataire sans enfant ayant un salaire égal à celui d'un salarié moyen et couple marié avec un seul salaire égal à celui d'un salarié moyen et ayant deux enfants.

StatLink http://dx.doi.org/10.1787/888933464354

augmenté plus vite ou ont diminué plus lentement que les taux moyens de l'impôt sur le revenu (voir la colonne 6), les exceptions étant l'Australie, la Corée, la Grèce, l'Italie, le Mexique et la Suisse. En Australie, le salaire réel avant impôt s'est accru de 0.3 %, tandis

Tableau 1.5. **Comparaison des niveaux de salaires**

Pays	Salaire brut en monnaie nationale		Variation annuelle 2016/15 (pourcentage)			
	2015	2016	Salaire brut	Inflation[1]	Salaire réel avant impôt	Variation du taux moyen d'imposition des personnes physiques[2]
	(1)	(2)	(3)	(4)	(5)	(6)
Allemagne	46 800	47 809	2.2	0.3	1.9	0.2
Australie	80 774	82 114	1.7	1.3	0.3	1.0
Autriche	43 911	44 409	1.1	0.9	0.2	- 9.0
Belgique	46 479	46 570	0.2	1.7	-1.5	-3.0
Canada	50 350	50 997	1.3	1.5	- 0.2	- 0.7
Chili	7 557 360	8 003 491	5.9	3.9	1.9	0.0
Corée	42 908 652	43 857 243	2.2	0.9	1.3	1.3
Danemark	403 600	412 555	2.2	0.3	1.9	0.2
Espagne	26 475	26 710	0.9	-0.3	1.2	0.5
Estonie	13 045	13 640	4.6	0.8	3.7	- 0.9
Etats-Unis	51 509	52 543	2.0	1.2	0.8	0.2
Finlande	43 382	43 816	1.0	0.3	0.7	-0.3
France	37 648	38 049	1.1	0.3	0.8	0.7
Grèce	20 107	20 074	- 0.2	0.1	- 0.2	4.8
Hongrie	3 169 128	3 312 081	4.5	0.1	4.4	-2.9
Irlande	34 674	35 592	2.6	0.0	2.7	-1.4
Islande	7 644 000	8 456 409	10.6	1.7	8.8	- 0.5
Israël[3]	137 990	142 247	3.1	- 0.5	3.6	2.8
Italie	30 654	30 642	0.0	-0.1	0.0	0.0
Japon	5 083 906	5 110 601	0.5	- 0.3	0.8	0.4
Lettonie	9 588	10 173	6.1	-0.2	6.3	0.4
Luxembourg	55 858	56 197	0.6	-0.1	0.7	0.4
Mexique	107 551	112 827	4.9	2.8	2.1	3.8
Norvège	551 198	564 218	2.4	3.6	-1.2	-1.6
Nouvelle-Zélande	56 110	57 649	2.7	0.5	2.2	1.9
Pays-Bas	50 009	50 853	1.7	0.0	1.7	0.3
Pologne	46 136	47 782	3.6	-0.8	4.4	0.2
Portugal	17 298	17 521	1.3	0.7	0.6	-2.6
République slovaque	10 661	10 918	2.4	-0.5	3.0	0.7
République tchèque	319 162	330 072	3.4	0.6	2.9	1.1
Royaume-Uni	35 947	36 571	1.7	0.6	1.1	-0.3
Slovénie	18 092	18 292	1.1	-0.2	1.3	0.3
Suède	414 105	423 065	2.2	0.9	1.2	1.1
Suisse	86 017	85 536	-0.6	-0.4	-0.2	-0.2
Turquie	31 191	36 806	18.0	7.9	9.4	-0.4

1. Estimation du pourcentage de variation de l'indice total des prix à la consommation.
2. Différence de taux moyen d'imposition d'un salarié moyen, célibataire sans enfant, entre 2016 et 2015.
Source : Contributions des pays et *Perspectives économiques* de l'OCDE n° 100, volume 2016.

StatLink http://dx.doi.org/10.1787/888933464403

que le taux moyen de l'impôt sur le revenu a augmenté de 1.0 %. En Grèce, alors que le salaire réel avant impôt reculait de 0.2 %, le taux moyen de l'impôt sur le revenu gagnait 4.8 %. Au Mexique, la hausse du taux moyen de l'impôt sur le revenu a dépassé celle du salaire brut réel ; les pourcentages de variation étaient respectivement de 3.8 % et 2.1 %. Enfin, en Corée, en Italie et en Suisse, les pourcentages de variation étaient identiques à la fois pour le salaire réel avant impôt et le taux moyen de l'impôt sur le revenu.

Lorsque l'on compare les niveaux de salaires, il est important de souligner que la définition du salaire moyen peut varier d'un pays à l'autre en raison de limitations tenant aux données disponibles. Par exemple, certains pays n'incluent pas les salaires perçus par les dirigeants et les superviseurs, et tous les pays n'excluent pas les salaires perçus par les travailleurs à temps partiel (voir le tableau A.4 à l'Annexe).

Le tableau 1.6 donne davantage de précisions sur la question de savoir si les salaires moyens pour les années 2000 à 2016 sont basés sur les secteurs C à K inclus en se référant à la Classification internationale type par industrie de toutes les branches d'activité économique, révision 3 (CITI Rév. 3) ou sur les secteurs B à N inclus en se référant à la Classification internationale type par industrie de toutes les branches d'activité économique, révision 4 (CITI Rév. 4).

La plupart des pays de l'OCDE calculent les salaires moyens sur la base des secteurs B à N de la Classification par industrie (CITI Rév. 4) au moins depuis 2008. Le Chili et le Mexique font exception. Certains pays ont révisé les valeurs du salaire moyen pour les années précédentes. Les valeurs du salaire moyen calculées à partir de la classification CITI Rév. 4 ou l'une de ses variantes sont disponibles pour toutes les années étudiées pour l'Australie, le Canada, l'Estonie, l'Espagne, la Finlande, la Grèce, la Hongrie, l'Islande, l'Italie, le Japon, la Lettonie, la République slovaque, la République tchèque, la Slovénie et la Suisse.

L'Australie (pour toutes les années) et la Nouvelle-Zélande (pour les années 2004 à 2016) ont communiqué des valeurs fondées sur les divisions B à N de la Classification type par industrie ANZSIC de 2006, qui recoupe sensiblement les secteurs B à N de la CITI Rév. 4. En ce qui concerne la Nouvelle-Zélande, les années antérieures à 2004 continuent d'être fondées sur les secteurs C à K de la Classification ANZSIC. La Turquie a fourni des valeurs fondées sur les secteurs B à N de la nomenclature NACE Rév. 2 pour les années 2007 à 2016. Pour les années antérieures à 2007, les valeurs sont basées sur le salaire de l'ouvrier moyen (CITI Rév. 3.1, secteur D).

Tableau 1.6. **Classification du salaire moyen par secteur**

	Les années pour lesquelles la CITI REV. 3.1 ou une classification équivalente (Secteurs C-K) a été utilisée pour calculer le salaire moyen	Les années pour lesquelles la CITI REV. 4 ou une classification équivalente (Secteurs B-N) a été utilisée pour calculer le salaire moyen
Allemagne	2000-05	2006-16
Australie[1]		2000-16
Autriche[2]	2004-07	2008-16
Belgique	2000-07	2008-16
Canada		2000-16
Chili[3]	2000-16	
Corée[4]	2000-07	2008-16
Danemark[5]	2000-07	2008-16
Espagne		2000-16
Estonie		2000-16
États-Unis	2000-06	2007-16
Finlande		2000-16
France	2000-07	2008-16
Grèce[6]		2000-16
Hongrie		2000-16
Irlande[7]	2000-07	2008-16
Islande[8]		2000-16
Israël[9]	2000-12	2013-16
Italie		2000-16
Lettonie[10]		2000-16
Japon		2000-16
Luxembourg	2000-04	2005-16
Mexique[11]		

Tableau 1.6. **Classification du salaire moyen par secteur** *(suite)*

	Les années pour lesquelles la CITI REV. 3.1 ou une classification équivalente (Secteurs C-K) a été utilisée pour calculer le salaire moyen	Les années pour lesquelles la CITI REV. 4 ou une classification équivalente (Secteurs B-N) a été utilisée pour calculer le salaire moyen
Norvège	2000-08	2009-16
Nouvelle-Zélande[12]	2000-03	2004-16
Pays-Bas[13]	2000-07	2008-11
Pologne	2000-06	2007-16
Portugal	2000-05	2006-16
République slovaque[14]		2000-16
République tchèque		2000-16
Royaume-Uni	2000-07	2008-16
Slovénie		2000-16
Suède	2000-07	2008-16
Suisse		2000-16
Turquie[15]		2007-16

Notes :

1. Australie : données basées sur la classification ANZSIC06 de sorte que les catégories correspondent dans l'ensemble aux secteurs B-N de la CITI Rév. 4.
2. Autriche : les valeurs du salaire moyen pour 2000-2003 ne sont pas basées sur la classification NACE (CITI).
3. Chili : les valeurs du SM sont basées sur les secteurs C à O de 2006 à 2016. À partir de 2010, les secteurs L (7522) et L 7523) sont exclus.
4. Corée : les valeurs du SM sont basées sur la 6e version de la Classification sectorielle standard de Corée (KSIC), secteurs C à K pour 2000 et 2001, 8e version de KSIC pour 2002 à 2007 et 9e version de KSIC secteurs B à N (E exclu) à partir de 2008.
5. Danemark : les valeurs du SM sont basées sur les secteurs B-N et R-S (NACE Rév. 2).
6. Grèce : les gains annuels moyens correspondent aux salariés à temps plein des secteurs B à N de la NACE Rév. 2, incluant la Division 95 et excluant les Divisions 37, 39 et 75 à partir de 2008.
7. Irlande : les valeurs de 2000 à 2007 sont basées sur les secteurs C-E (NACE). À partir de 2008, elles sont basées sur les secteurs B-E (NACE Rév. 2).
8. Islande : utilisation du système national de classification qui correspond au système NACE Rév. 2.
9. Israël : informations sur les données statistiques concernant Israël : *http://oe.cd/israel-disclaimer*.
10. Lettonie : les valeurs sont basées sur la classification NACE Rév. 2 et couvrent le secteur privé qui inclut les entreprises commerciales dans lesquelles l'État ou les collectivités locales détiennent jusqu'à 50 % du capital, les entreprises commerciales de tout type sans participation au capital de l'État ou des collectivités locales, les commerçants et les exploitants agricoles ou piscicoles qui comptent 50 salariés ou plus.
11. Mexique : les valeurs du salaire moyen pour 2000-2016 sont basées sur la Classification des Activités Économiques du Mexique (CMAE) qui correspond à l'une des premières versions de la CITI.
12. Nouvelle-Zélande : voir la note relative à l'Australie qui s'applique à compter de 2004.
13. Pays-Bas : les salaires moyens à partir de 2012 incluent les secteurs public et privé, car on ne dispose pas de valeurs pour le seul secteur privé (secteurs B à N).
14. République slovaque : les valeurs du salaire moyen sont basées sur la classification de la CITI Rév. 4 (B à N) et comprennent toujours les données sur le travail indépendant.
15. Turquie : le salaire moyen est basé sur le salaire de l'ouvrier moyen CITI Rév. 3.1, secteur D pour les années 2000 à 2006.

StatLink http://dx.doi.org/10.1787/888933464414

Notes

1. Tous les organismes statistiques nationaux n'utilisent pas la CITI Rév. 3 ou Rév. 4 pour classer leurs secteurs. Toutefois, la Nomenclature générale des activités économiques dans les Communautés européennes (NACE Rév. 1 ou Rév. 2), le système de classification des industries de l'Amérique du Nord (SCIAN 2012), la Standard Industrial Classification d'Australie et de Nouvelle-Zélande (ANZSIC 2006) et la classification sectorielle standard de Corée (6e à 9e KISC) comportent une classification qui est conforme pour l'essentiel à celle des secteurs C à K de la CITI Rév. 3 ou des secteurs B-N de la CITI Rév. 4.

2. Les prélèvements obligatoires non fiscaux désignent les prélèvements obligatoires avec et sans contrepartie au profit de fonds à gestion privée, d'organismes d'aide sociale ou de dispositifs d'assurance sociale en dehors des administrations publiques ainsi que d'entreprises publiques (*www.oecd.org/tax/tax-policy/tax-database.htm#NTCP*).

3. À la suite d'une réforme fiscale de grande ampleur, les coins fiscaux de 6 des 8 types de ménage ont baissé aux Pays-Bas en 2016, dans une fourchette comprise entre 0.16 et 2.99 points.

Chapitre 2

Étude spéciale : fiscalité et compétences

Cette étude spéciale porte sur les effets incitatifs et dissuasifs que peut exercer le système d'imposition du revenu du travail sur l'investissement des travailleurs dans le capital humain et les compétences. Elle présente les taux effectifs d'imposition de cet investissement, calculés en tenant compte de l'impôt sur le revenu des personnes physiques et de la part salariale des cotisations de sécurité sociale pour un célibataire de 32 ans s'engageant dans une formation liée à l'emploi de courte durée. Elle montre que la charge fiscale sur l'acquisition de compétences est plus lourde lorsque les cotisations sont prises en compte que lorsque seul l'impôt sur le revenu intervient dans le calcul. Par ailleurs, la charge fiscale sur les compétences est progressive, les taux effectifs étant plus élevés pour les personnes les plus aisées et celles qui réalisent un investissement dans les compétences plus rentable. Lorsqu'ils s'intéressent à la fiscalité du travail, les décideurs publics devraient en analyser les effets sur l'investissement dans les compétences.

Les données statistiques concernant Israël sont fournies par et sous la responsabilité des autorités israéliennes compétentes. L'utilisation de ces données par l'OCDE est sans préjudice du statut des hauteurs du Golan, de Jérusalem-Est et des colonies de peuplement israéliennes en Cisjordanie aux termes du droit international.

Introduction

Pour favoriser une croissance inclusive, il est indispensable de permettre à chacun d'acquérir les compétences nécessaires à l'exercice d'une activité productive. Parce qu'il entraîne une progression des salaires et de l'emploi, l'investissement dans les compétences est de nature à réduire les inégalités tout en augmentant les capacités de production de l'économie. L'amélioration des compétences de l'ensemble de la population a des retombées positives au niveau individuel comme sur la société dans son ensemble.

La fiscalité du revenu du travail joue un rôle décisif parce qu'elle peut créer des mécanismes de nature à inciter les individus à investir dans les compétences. En 2016, le coin fiscal sur le travail s'établissait, en moyenne dans les pays de l'OCDE, à 36 % du revenu pour un travailleur célibataire percevant le salaire moyen. Pour les travailleurs, les principaux rendements de l'investissement dans les compétences sont l'accès à de meilleurs emplois et une rémunération plus élevée, si bien que l'existence d'incitations adaptées à investir dans les compétences dépend en grande partie du traitement de ces rendements par le système d'imposition du revenu du travail.

L'OCDE a déjà utilisé les modèles de la publication *Les impôts sur les salaires* pour analyser l'incidence du système fiscal sur les incitations à investir dans les compétences et à les mettre à la disposition du marché du travail. Ainsi, l'étude de politique fiscale *Taxation and Skills* (OCDE, 2017) définit une série d'indicateurs de l'incidence du système fiscal sur les compétences. La présente étude spéciale utilise la méthodologie employée dans cette publication pour estimer les taux effectifs marginaux et moyens d'imposition des investissements dans les compétences. Ces deux indicateurs, qui permettent d'apprécier dans quelle mesure les impôts augmentent ou réduisent le rendement net de ces investissements, sont des statistiques importantes pour évaluer les politiques menées dans les pays de l'OCDE en matière de fiscalité et de compétences.

L'étude *Taxation and Skills* portait exclusivement sur l'impact de l'impôt sur le revenu des personnes physiques, et ne tenait quasiment pas compte des cotisations de sécurité sociale et de l'effet incitatif ou dissuasif qu'elles peuvent exercer sur les décisions d'investissement. La présente étude enrichit les conclusions de cette première publication : elle présente les résultats obtenus pour les taux marginaux et moyens pour 29 pays de l'OCDE en intégrant à l'analyse les cotisations salariales de sécurité sociale pour un individu de 32 ans s'engageant dans une formation liée à l'emploi de courte durée[1]. Les résultats présentés se rapportent à 2011[2]. Les cotisations salariales représentant une part non négligeable du coin fiscal sur le travail dans beaucoup de pays de l'OCDE, il est important de les analyser pour comprendre l'effet global du système fiscal sur l'investissement dans les compétences.

L'étude spéciale est organisée comme suit. La section qui vient décrit les mécanismes par lesquels l'impôt sur le revenu des personnes physiques et les cotisations sociales peuvent agir sur les incitations financières à investir dans les compétences (la méthodologie employée pour calculer les taux effectifs d'imposition de l'investissement dans les compétences est décrite en détail dans OCDE, 2017). La section suivante présente les principaux résultats obtenus pour un exemple stylisé, à savoir celui d'un travailleur de 32 ans qui investit dans une formation courte. L'avant dernière section examine l'évolution de ces taux d'imposition en fonction du revenu et la dernière section est consacrée à la conclusion.

Impôt sur le revenu des personnes physiques, cotisations sociales et incitations financières à investir dans les compétences

La politique en matière de fiscalité et de dépenses peut avoir un effet incitatif ou dissuasif sur l'acquisition de compétences et leur mobilisation à travers divers mécanismes. Ainsi, une hausse des aides publiques à la formation est de nature à alléger le coût de cet investissement pour les individus, qui sont alors encouragés à investir davantage. à l'inverse, un alourdissement de la fiscalité sur les salaires risque de réduire les effets positifs de l'investissement dans les compétences pour les travailleurs comme pour les employeurs, ce qui peut les conduire à moins investir. De même, une fiscalité sur le revenu du travail plus lourde est susceptible de réduire le rendement des investissements dans les compétences et d'avoir un effet dissuasif sur la mobilisation de ces compétences sur le marché du travail. Le tableau 2.1 présente la répartition entre les pouvoirs publics et les individus des coûts et rendements de l'investissement dans les compétences.

Tableau 2.1. **Partage des coûts et rendements de l'investissement dans les compétences**

	Pouvoirs publics	Individus
Coûts	• Manque à gagner fiscal durant les périodes de formation • Dépenses de formation • Coût des bourses et subventions • Dépenses fiscales accordées aux individus et aux entreprises au titre de la formation	• Manque à gagner au niveau du revenu après impôt durant la période de formation • Coûts directs, par exemple droits d'inscription
Avantages	• Augmentation des impôts payés après la formation • Baisse des dépenses de prestations sociales, notamment de prestations de chômage • Augmentation de la croissance économique et de la productivité	• Augmentation du salaire après impôt • Amélioration des perspectives professionnelles • Amélioration de la situation sur le plan social et de la santé

Influence du système fiscal sur les incitations financières à investir dans les compétences

Les taux effectifs moyen et marginal d'imposition de l'investissement dans les compétences rendent compte de manière synthétique de l'ensemble des effets positifs et négatifs du système fiscal sur les incitations à investir dans les compétences. Ils peuvent être assimilés à la différence entre le rendement de l'investissement dans les compétences en présence d'impôts et ce rendement dans un monde sans impôts. Analyser les différences de rendement de l'éducation entre un monde avec et un monde sans impôts revient à utiliser la méthode que Devereux et Griffith (2003) ont retenue pour calculer les taux effectifs d'imposition de l'investissement dans le capital physique. Cette méthode a été employée par Brys et Torres (2013), puis par l'OCDE (OCDE, 2017), pour mesurer les taux effectifs moyens et marginaux d'imposition de l'investissement dans les compétences. Elle permet de calculer, au moyen des modèles de la publication *Les impôts sur les salaires*, la charge fiscale sur l'investissement dans les compétences pour des scénarios stylisés dans les pays de l'OCDE.

La différence entre le taux moyen et le taux marginal dépend des rendements de l'éducation avec et sans impôts. Dans le cas du taux effectif marginal, elle est mesurée dès lors que le rendement de l'investissement réalisé par une personne est juste suffisant pour en compenser le coût (le rendement après impôts est égal au coût supporté). La charge fiscale appliquée à cet investissement financièrement neutre correspond au taux effectif marginal d'imposition. Le taux effectif moyen est égal à la différence entre le rendement d'un investissement dans les compétences en l'absence d'impôts et en présence d'impôts, pour un autre niveau de rendement (en général plus élevé).

Ces deux taux d'imposition varient en fonction de la subvention que le système fiscal accorde au titre du coût d'un investissement dans les compétences et des impôts qu'il prélève sur son rendement. Le coût est allégé par l'impôt sur le revenu et les cotisations sociales parce que ces prélèvements diminuent le montant du manque à gagner salarial, qui constitue une composante importante du coût de l'investissement. Les investissements dans les compétences mobilisent en effet du temps, réduisant d'autant celui qui peut être consacré au travail et diminuant ainsi le revenu. S'il constitue souvent une part importante du coût de l'investissement, le manque à gagner subi pendant la durée de la formation est compensé par le fait que l'État renonce aux prélèvements qui auraient été effectués sur ce revenu. En d'autres termes, le système fiscal réduit le coût de l'investissement par rapport à ce qu'il aurait été dans un monde sans impôts, si bien que le taux d'imposition qui aurait été appliqué au revenu auquel la personne a renoncé joue un rôle déterminant dans les taux effectifs marginal et moyen.

Les dépenses fiscales destinées à compenser le coût direct de l'acquisition de compétences constituent le deuxième mécanisme à travers lequel le système fiscal influe sur les incitations financières à investir dans les compétences. Ce coût direct, qui correspond au coût hors manque à gagner salarial, est composé des droits d'inscription et des dépenses de livres et fournitures. Les dépenses fiscales peuvent revêtir la forme d'une déduction des dépenses de formation du revenu imposable ou d'une réduction de l'impôt dû égale à un certain pourcentage de ces dépenses, mais aussi d'une exonération totale ou partielle des bourses d'études ou de l'application de taux d'imposition ou de cotisation réduits au revenu salarial des personnes en formation. Le système fiscal peut donc réduire le coût de l'acquisition de compétences de deux manières : en compensant le manque à gagner salarial par une diminution de l'impôt dû et en compensant une partie des coûts directs par des dépenses fiscales. Plus le montant de ces compensations est élevé, plus les taux effectifs marginal et moyen sur l'investissement dans les compétences diminuent.

Le système fiscal exerce une influence sur les incitations à travers un troisième mécanisme, à savoir qu'il réduit le rendement de l'investissement en l'imposant. Suivre une formation peut entraîner une augmentation de la rémunération (la personne bénéficie d'une « prime salariale » au titre des compétences supplémentaires qu'elle a acquises). Cette rémunération supplémentaire peut être en partie absorbée par l'impôt sur le revenu et les cotisations sociales, ce qui réduit le rendement des compétences. De surcroît, lorsque le système fiscal est progressif, les personnes dont le revenu augmente de manière relativement importante après une formation voient leur taux d'imposition augmenter davantage. En d'autres termes, en plus d'absorber une partie du rendement de l'investissement – ce que fait également un système fiscal proportionnel –, un système fiscal progressif prélève un impôt toujours plus élevé. L'augmentation du taux d'imposition appliqué au supplément de rémunération se traduit par une hausse des taux effectifs marginal et moyen d'imposition. Par ailleurs, l'acquisition de compétences supplémentaires peut améliorer les perspectives professionnelles d'un travailleur, mais ce mécanisme n'a pas été intégré aux modèles de la publication *Les impôts sur les salaires*.

En somme, l'influence du système fiscal sur les incitations financières à investir dans les compétences est à la fois négative et positive. La fiscalité réduit en effet le coût de l'acquisition de compétences, mais aussi son rendement : elle abaisse le coût à travers le taux d'imposition du manque à gagner salarial et à travers des dépenses fiscales, et elle réduit le rendement à travers le taux d'imposition appliqué à la hausse de rémunération. Chacune de ces composantes peut être calculée au moyen des modèles précités et contribue dans une large mesure à expliquer les résultats présentés dans les prochaines sections.

La valeur relative de ces trois composantes dépend des barèmes de l'impôt et des cotisations sociales, qui conditionnent eux-mêmes les taux effectifs d'imposition des compétences. Ainsi, dans un système fiscal proportionnel, le taux marginal d'imposition du travail est le même quel que soit le montant du revenu, si bien que le taux d'imposition du manque à gagner et celui de la hausse de rémunération sont identiques. Si le coût direct de l'investissement dans les compétences est totalement déductible fiscalement, le système fiscal est neutre pour les investissements dans les compétences : le taux effectif marginal est donc nul, le taux de subventionnement par le système fiscal du coût de l'investissement étant identique au taux d'imposition de son rendement. Il en va ainsi que le taux d'imposition soit faible ou élevé : s'il est élevé le taux d'imposition du manque à gagner et celui de la hausse de rémunération sont élevés, et s'il est faible ces deux taux le sont également. Dans les deux cas, la réduction du coût que permet le système fiscal étant égale à la fraction du rendement qu'il prélève, la fiscalité est neutre pour l'investissement dans les compétences. En pareil cas, un investissement qui, du point de vue de l'individu, serait rentable en l'absence d'impôts le reste en présence d'impôts (Brys et Torres, 2013).

Le taux effectif marginal et le taux effectif moyen correspondent l'un et l'autre à des moyennes pondérées des effets positifs et négatifs du système fiscal sur les incitations à investir dans les compétences, la pondération dépendant du montant de la hausse de rémunération consécutive à l'investissement. Lorsque l'acquisition de compétences a un rendement élevé, la fiscalité appliquée à ce rendement joue un rôle plus important : le taux d'imposition de la hausse de rémunération est la composante qui influe le plus sur le taux d'imposition effectif total appliqué à l'acquisition de compétences. à l'inverse, lorsque le rendement est faible, le coût de l'acquisition des compétences devient prépondérant et l'incidence du système fiscal sur le manque à gagner est un paramètre plus déterminant. Ces différents effets sont récapitulés dans le tableau 2.2.

Tableau 2.2. **Composantes des taux effectifs marginal et moyen d'imposition**

Nom	Effet sur le taux effectif marginal et sur le taux effectif moyen	Domine le taux effectif marginal et le taux effectif moyen quand :
Dépenses fiscales au titre du coût de l'investissement	Baisse	Les coûts directs de l'acquisition de compétences sont élevés
Taux d'imposition du manque à gagner	Baisse	Le manque à gagner est élevé
Taux d'imposition de la hausse de la rémunération	Hausse	Le rendement des compétences est élevé

Effet potentiel des cotisations salariales de sécurité sociale sur les incitations financières à investir dans l'acquisition de compétences

Il est important de tenir compte des cotisations sociales dans l'analyse des incitations financières à investir dans les compétences. La présente étude montre qu'en 2016 dans les pays de l'OCDE, la part salariale de ces cotisations représentait en moyenne 9.8 % du revenu avant impôt perçu par un célibataire sans enfant rémunéré au salaire moyen, tandis que l'impôt sur le revenu des personnes physiques en représentait 15.7 %. Compte tenu de leur poids dans le coin fiscal sur le travail, les cotisations salariales peuvent exercer une influence non négligeable sur les incitations financières à investir dans les compétences.

Certains des mécanismes par l'intermédiaire desquels elles peuvent exercer cette influence sont les mêmes que ceux décrits pour l'impôt sur le revenu. Elles peuvent augmenter le taux d'imposition du manque à gagner et alléger ainsi la charge fiscale qui pèse sur l'acquisition de compétences. Elles peuvent aussi accroître le taux d'imposition de la hausse de rémunération et, partant, la fiscalité imposée à l'acquisition de compétences. Il peut en outre exister des dépenses fiscales spécifiquement associées aux cotisations sociales, par exemple l'application de taux de cotisation réduits au revenu des personnes en formation.

L'effet des cotisations salariales sur les incitations à investir dans les compétences peut également différer de celui de l'impôt sur le revenu sur divers points. Souvent prélevées à taux fixe, les cotisations être moins progressives que l'impôt. Une étude spéciale parue dans une précédente édition de la publication *Les impôts sur les salaires* montre que pour un contribuable célibataire, la progressivité du système d'imposition du revenu du travail n'est pas la même selon que l'on tient compte de l'impôt sur le revenu uniquement ou de l'impôt et des cotisations sociales (OCDE, 2013a).

La progressivité des barèmes de l'impôt sur le revenu des personnes physiques et des cotisations sociales entraîne une hausse de l'imposition effective de l'investissement dans les compétences. Les taux appliqués sont en effet d'autant plus élevés que le rendement de l'investissement est important, ce qui réduit ce rendement et les incitations à investir dans les compétences. L'étude fiscale de l'OCDE parue sous le titre *Taxation and Skills* (OCDE, 2017) souligne que pour évaluer l'effet du système fiscal sur les incitations à investir dans les compétences, il faut mesurer la progressivité « locale » de ce système. C'est donc l'effet cumulé de l'impôt et des cotisations sociales sur la progressivité locale (c'est-à-dire la progressivité mesurée pour différents niveaux de revenu) qui influe sur les incitations financières à investir dans les compétences.

L'importance des cotisations sociales tient également au fait qu'elles ouvrent droit au paiement de prestations sociales. L'impôt sur le revenu modifie le rendement des investissements dans les compétences notamment parce qu'il en absorbe une partie, réduisant le montant après impôt de la hausse de rémunération consécutive à l'amélioration des compétences. Les cotisations sociales agissent de la même manière, puisque le montant prélevé augmente lorsque la rémunération progresse, ce qui réduit le rendement net. Toutefois, la hausse des cotisations versées va souvent de pair avec une amélioration des droits aux prestations sociales, par exemple à celles versées par les régimes d'assurance chômage, vieillesse et invalidité. Cet effet positif de l'amélioration des compétences lié aux prestations plus généreuses auxquelles des cotisations sociales plus élevées donnent accès n'est pas pris en compte dans le modèle. Il est par conséquent possible que l'effet négatif du système de cotisations sociales sur les incitations financières à investir dans les compétences soit surévalué. Ce risque vaut plus particulièrement pour les pays où les cotisations sociales représentent une part importante du coin fiscal sur le revenu du travail et où les prestations sociales perçues sont étroitement liées aux cotisations acquittées. Les résultats présentés ici doivent donc être interprétés avec prudence. La prise en compte de ces effets pose cependant de nombreux problèmes, le lien entre prestations et cotisations étant complexe et très peu linéaire dans beaucoup de pays de l'OCDE. Ces aspects devront faire l'objet de travaux ultérieurs.

Enfin, les cotisations sociales peuvent agir sur les incitations financières à investir à travers leurs conséquences sur l'emploi, ce qui constitue une autre différence avec l'impôt sur le revenu. Il est établi que des prélèvements élevés sur le travail peuvent faire obstacle à la mobilisation des compétences sur le marché du travail parce qu'ils réduisent les rendements du travail et de l'embauche de nouveaux salariés (OCDE, 2011). Cependant, l'offre de main-d'œuvre peut ne pas réagir de la même manière à l'égard de l'impôt et à l'égard des cotisations sociales, comme le montrent par exemple Lehmann et al. (2013). Cet effet dissuasif des impôts sur l'exercice d'une activité sur le marché du travail formel peut également réduire sensiblement les incitations à acquérir des compétences. En conséquence, l'effet des cotisations sociales sur l'activation des travailleurs et sur les incitations à investir dans les compétences peut ne pas être le même que l'effet de l'impôt sur le revenu.

Taux effectifs marginal et moyen calculés en tenant compte des cotisations salariales de sécurité sociale

Cette section présente les principaux résultats de l'étude spéciale, à savoir les taux d'imposition du rendement de l'investissement dans les compétences obtenus en tenant compte des cotisations de sécurité sociale. Les résultats présentés se rapportent à un contribuable rémunéré au salaire moyen. Dans la prochaine section, les résultats sont présentés pour une rémunération égale à 70 %, 100 % et 170 % du salaire moyen. Ces niveaux de revenu ont été choisis parce qu'ils permettent d'obtenir des résultats comparables avec ceux présentés dans l'étude *Taxation and Skills* et sont proches de ceux retenus dans la publication *Les impôts sur les salaires*. Cette édition de l'étude spéciale porte sur la part salariale des cotisations sociales, à l'exclusion de la part patronale, notamment parce que les cotisations patronales ont des conséquences économiques plus complexes sur le travail et, partant, sur les décisions en matière de financement de l'acquisition de compétences.

Pour interpréter ces résultats, il faut comprendre certaines des principales hypothèses retenues dans le modèle. Par hypothèse, l'acquisition de compétences est financée, non pas par les employeurs, mais par les individus, qui utilisent à cette fin leurs économies au lieu d'emprunter. L'étude fiscale *Taxation and Skills* présente un examen approfondi des hypothèses sur lesquelles reposent les calculs du modèle.

Les taux effectifs d'imposition de l'investissement dans les compétences dépendent de facteurs très divers et sont influencés par différents mécanismes. Il s'ensuit que les caractéristiques des exemples stylisés examinés auront également une forte influence sur les résultats. Il conviendra donc d'interpréter ces résultats en gardant à l'esprit qu'ils sont spécifiques au scénario stylisé envisagé concernant l'acquisition des compétences et qu'un autre scénario pourrait aboutir à d'autres résultats. Par exemple, les taux effectifs d'imposition dépendant du rendement des compétences, ils varient en fonction de la durée pendant laquelle la personne restera dans la population active. De même, ils dépendent dans une large mesure du manque à gagner salarial, qui détermine en grande partie la compensation du rendement des compétences par le système fiscal. La rémunération supplémentaire perçue à la suite d'une formation joue également un rôle. L'imposition peut aussi différer selon que les personnes concernées sont célibataires ou mariées, ont ou non des enfants ou des personnes à charge, ce qui a aussi une incidence sur les taux effectifs d'imposition des compétences.

L'étude spéciale présente les résultats obtenus pour un célibataire de 32 ans sans enfant qui s'engage dans une formation liée à l'emploi de courte durée et percevait, avant cet investissement, une rémunération égale au salaire moyen. Les résultats ont été calculés sur la base des systèmes fiscaux tels qu'ils existaient en 2011. Pour tenir compte du temps que mobilise la formation, on suppose que l'individu perçoit un salaire égal à 95 % du salaire moyen durant l'année au cours de laquelle il suit sa formation (autrement dit, il subit un manque à gagner de 5 %).

Le choix de faire porter l'analyse sur la formation en cours d'emploi vise notamment à permettre d'examiner les incitations qui peuvent encourager la formation tout au long de la vie. La formation tout au long de la vie est en effet essentielle pour permettre aux individus de s'adapter au progrès technologique et à la mondialisation (OCDE, 2012), en particulier ceux dont les emplois sont menacés par ces évolutions. Elle est également importante pour favoriser l'avènement d'une économie du savoir reposant sur une forte productivité. Faire en sorte que les fruits de cette productivité profitent à tous constitue une dimension essentielle des actions visant à promouvoir une croissance inclusive (OCDE, 2016). C'est pourquoi l'analyse présentée ici porte plus particulièrement sur la formation tout au long de la vie.

Ce choix se justifie également par les dispositions fiscales applicables dans les pays de l'OCDE. Plus précisément, l'utilisation dans le modèle d'une formation liée à l'emploi permet d'examiner les formes les plus courantes de soutien fiscal en faveur de l'acquisition de compétences. Nombre de pays qui accordent des avantages fiscaux au titre de la formation exigent que cette formation soit en lien avec l'emploi occupé au même moment. Ces dispositions ont pour but d'éviter de subventionner à mauvais escient des dépenses qui sont en réalité des dépenses de consommation et non des dépenses liées à l'acquisition de compétences. Elles impliquent cependant aussi que dans beaucoup de pays de l'OCDE, la formation non liée au travail n'est pas déductible du revenu imposable ou du montant de l'impôt.

Taux effectif marginal calculé en tenant compte des cotisations salariales de sécurité sociale

Le taux effectif marginal d'imposition de l'acquisition de compétences est égal à la charge fiscale qui pèse sur un investissement dont le coût et le rendement s'équilibrent pour l'auteur de l'investissement. Les taux effectifs marginaux obtenus pour le même scénario mais en ne tenant compte que de l'impôt sur le revenu ont été présentés dans l'étude *Taxation and Skills* (OCDE, 2017). Comme le montre le graphique 2.1, la prise en compte des cotisations salariales dans le modèle se traduit, en moyenne dans les 29 pays étudiés, par une hausse des taux effectifs marginaux. Ainsi, pour une personne suivant une formation en cours d'emploi, le taux effectif marginal s'établit à 9.1 % lorsque seul l'impôt est inclus dans le modèle et atteint 19.7 % lorsque les cotisations salariales sont également prises en compte.

Lorsque seul l'impôt est pris en compte, c'est le Danemark qui affiche le taux effectif marginal le plus élevé, à 41.7 %. Cette fiscalité élevée appliquée à l'acquisition des compétences est liée au fait que les cotisations sociales ne comportent pas de part salariale, tandis que l'impôt sur le revenu est élevé et progressif. Lorsque les cotisations salariales sont également prises en compte, c'est la Hongrie qui affiche le taux effectif marginal le plus élevé, à 52.4 %. Lorsque seul l'impôt sur le revenu est inclus dans le modèle, le taux effectif marginal le plus faible est observé au Mexique, où il s'établit à -49.7%. La prise en compte des

Graphique 2.1. **Taux effectif marginal d'imposition de l'acquisition de compétences lorsque seul l'impôt sur le revenu est pris en compte et lorsque l'impôt et les cotisations salariales de sécurité sociale sont pris en compte, 2011**

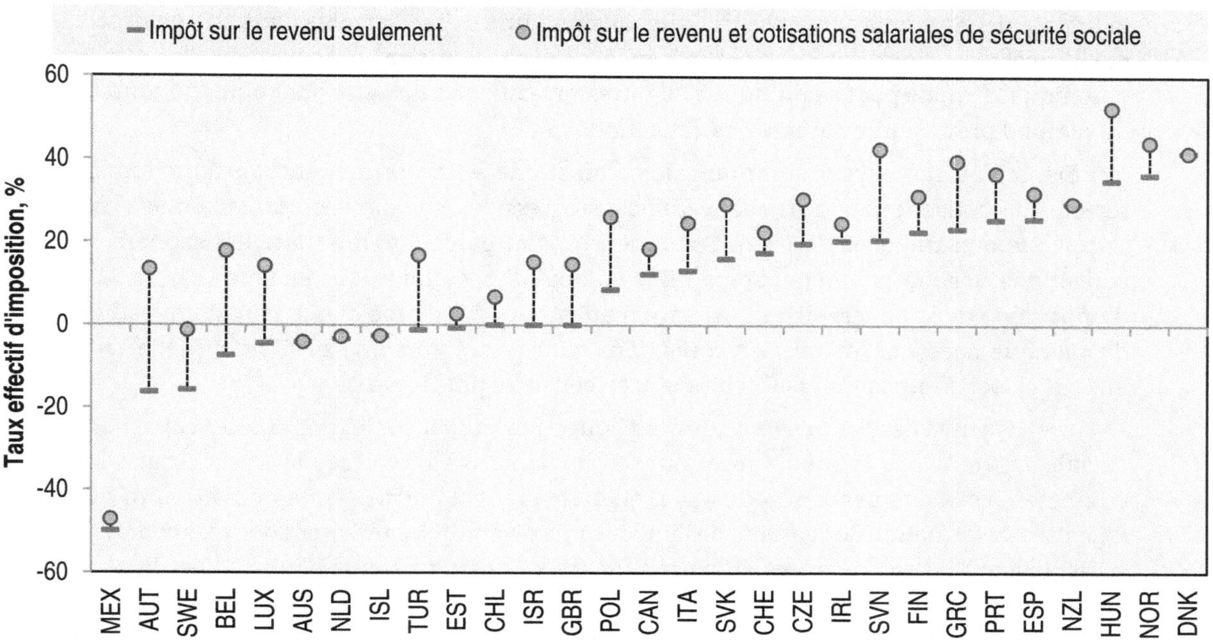

Note : Les résultats ont été obtenus pour un célibataire de 32 ans sans enfant, qui s'engage dans une formation liée à l'emploi de courte durée et perçoit une rémunération égale à 95 % du salaire moyen pendant l'année de sa formation. Les résultats présentés tiennent compte des avantages fiscaux au titre des coûts directs, de l'exonération appliquée aux bourses d'études et de l'application de taux réduits au revenu salarial des personnes en formation. Les dépenses fiscales au titre des frais de formation financés par les parents ou les entreprises ne sont pas prises en compte. On suppose que l'investissement dans les compétences est intégralement financé par l'épargne et que la personne en formation ne s'endette pas pour le financer. Les données présentées se rapportent à 2011.

StatLink http://dx.doi.org/10.1787/888933464429

cotisations salariales entraîne une légère augmentation de ce taux, qui passe à -47.1 %, mais n'empêche pas le Mexique de rester classé en dernière position[3].

L'ampleur de la hausse du taux effectif marginal induite par la prise en compte des cotisations salariales de sécurité sociale varie selon les pays. Elle dépend du poids des cotisations dans le système d'imposition du revenu du travail d'un pays, mais aussi de la forme du barème des cotisations et de l'impôt aux alentours du salaire moyen (niveau auquel les résultats sont mesurés). La hausse la plus élevée est constatée en Autriche, où le taux effectif marginal passe de -16.2 % lorsque seul l'impôt est pris en compte à 13.5 %, ce qui constitue cependant l'un des taux effectifs marginaux les plus faibles parmi les pays étudiés.

Dans les pays qui ne prélèvent pas de cotisations salariales, comme l'Australie, le Danemark et la Nouvelle-Zélande, la hausse du taux effectif marginal induite par la prise en compte des cotisations sociales est nulle. C'est aux Pays-Bas que la hausse liée à cette prise en compte est la plus faible, s'établissant à 0.5 %.

La prise en compte des cotisations salariales peut influer sur le taux effectif marginal à travers le taux d'imposition du manque à gagner et celui de la hausse de rémunération, en d'autres termes à travers le subventionnement du coût de l'investissement et la réduction de son rendement par le système de cotisations sociales. Lorsque les cotisations sociales sont forfaitaires, leur prise compte dans l'analyse ne modifie pas la charge fiscale effective globale. Ce cas de figure est cependant rare. Par exemple, certains pays appliquent un plafond au-delà duquel la rémunération ne donne pas lieu au paiement de cotisations supplémentaires. La prise en compte des cotisations peut alors entraîner une hausse du taux d'imposition du manque à gagner sans avoir d'incidence sur le taux d'imposition de la hausse de rémunération, et se traduire ainsi par une baisse sensible de la charge fiscale sur l'investissement dans les compétences. Ce phénomène n'est pas observé sur le graphique 2.1 mais peut se produire à d'autres niveaux de salaire, en fonction du montant du plafond prévu par le barème des cotisations.

Dans d'autres pays, le montant des cotisations à payer augmente en fonction du revenu. Les cotisations sociales peuvent être progressives, soit parce qu'un taux plus élevé s'applique aux tranches de revenu supérieures, soit parce que le salaire est exonéré de cotisations ou soumis à un taux plus faible en-deçà d'un certain seuil. En pareil cas, le taux d'imposition de la hausse de rémunération augmente davantage que le taux d'imposition du manque à gagner lorsque les cotisations sont prises en compte, si bien que le taux effectif global d'imposition des compétences peut être plus élevé.

Les dépenses fiscales peuvent aussi expliquer que l'impôt sur le revenu et les cotisations sociales n'aient pas le même effet sur les incitations financières à investir dans les compétences. Dans beaucoup de pays, elles revêtent la forme d'une déductibilité des dépenses de formation de l'assiette de l'impôt sur le revenu. Elles réduisent donc les coûts liés à l'acquisition de compétences et, partant, le taux effectif marginal d'imposition de cette acquisition. Il est en revanche rare que ces coûts soient déductibles de l'assiette des cotisations, si bien que lorsque les autres facteurs sont maintenus constants, les taux effectifs marginal et moyen peuvent être plus élevés quand les cotisations sont prises en compte.

Il importe aussi de tenir compte des interactions entre les cotisations sociales et l'impôt sur le revenu. Dans beaucoup de pays, les cotisations sont déductibles de l'assiette de l'impôt. Dans cette étude spéciale, les résultats présentés pour l'impôt sur le revenu tiennent compte de cette déductibilité. Cette méthode est conforme à celle adoptée dans l'ensemble de la publication *Les impôts sur les salaires*. La prise en compte des cotisations salariales augmente la charge fiscale sur le supplément de rémunération. Toutefois, la déductibilité des cotisations versées se traduit par un allègement de l'impôt qui compense en partie cet effet. On ne peut donc pas partir du principe que les cotisations s'ajoutent toujours directement à l'impôt sur le revenu, le prélèvement de cotisations salariales ayant également une incidence sur le montant de l'impôt dû. Les barèmes de l'impôt étant plus progressifs en bas de l'échelle des revenus, les cotisations salariales réduisent sensiblement l'impôt dû à ces niveaux de revenu. La baisse du taux d'imposition du manque à gagner liée à leur prise en compte est donc plus faible que l'augmentation du taux d'imposition de la hausse de rémunération, si bien que le taux effectif marginal d'imposition des investissements dans les compétences augmente.

Taux effectif moyen calculé en tenant compte des cotisations sociales de sécurité sociale

La différence entre le taux effectif moyen et le taux effectif marginal d'imposition des compétences réside dans le fait que le taux marginal correspond à la charge fiscale observée dans le cas d'un investissement dont le coût et le rendement s'équilibrent, tandis que le taux effectif moyen correspond à la charge fiscale observée lorsqu'une personne dégage un rendement fixe sur son investissement. Dans le scénario présenté ici, on calcule le taux effectif moyen en supposant que l'investissement dans les compétences est suivi d'une hausse de 15 % du revenu d'activité. Ainsi, une personne qui perçoit 100 % du salaire moyen avant cet investissement, en perçoit 115 % après.

Lorsque le calcul ne tient compte que de l'impôt sur le revenu, le taux effectif moyen s'établit à 16.1 % en moyenne dans les pays étudiés dans l'exemple stylisé choisi. Ce taux est supérieur au taux effectif marginal, comme dans l'ensemble de l'étude fiscale *Taxation and Skills*. La raison en est que le travailleur bénéficie d'une prime salariale de plus en plus élevée à la suite d'un investissement et passe ainsi dans des tranches de revenu supérieures. Le rendement de ses compétences est donc imposé à un taux plus élevé. En outre, un investissement moyen est censé offrir un rendement avant impôt supérieur à celui d'un investissement marginal. Pris ensemble, ces deux facteurs expliquent que le taux effectif moyen soit en moyenne supérieur au taux effectif marginal.

Comme le montre le graphique 2.2, après prise en compte des cotisations salariales en plus de l'impôt sur le revenu, le taux effectif moyen passe de 16.1 % à 24.9 % en moyenne pour les pays étudiés. Les raisons de cette hausse sont similaires à celles exposées dans le cas du taux effectif marginal. L'inclusion des cotisations fait cependant moins augmenter le taux effectif moyen que le taux marginal. Lorsque seul l'impôt sur le revenu est pris en compte, c'est, comme dans le cas d'un investissement marginal, le Danemark qui affiche le taux effectif moyen le plus élevé, à 41.7 %. Lorsque les cotisations salariales sont prises en compte, le taux effectif moyen le plus élevé est observé en Hongrie – comme dans le cas du taux marginal –, où il s'établit à 52.2 %. Lorsque seul l'impôt sur le revenu est pris en compte, le taux effectif moyen le plus faible est observé au Mexique, où il s'établit à -11.7%.

Graphique 2.2. **Taux effectif moyen d'imposition de l'acquisition de compétences lorsque seul l'impôt sur le revenu est pris en compte et lorsque l'impôt et les cotisations salariales de sécurité sociale sont pris en compte, 2011**

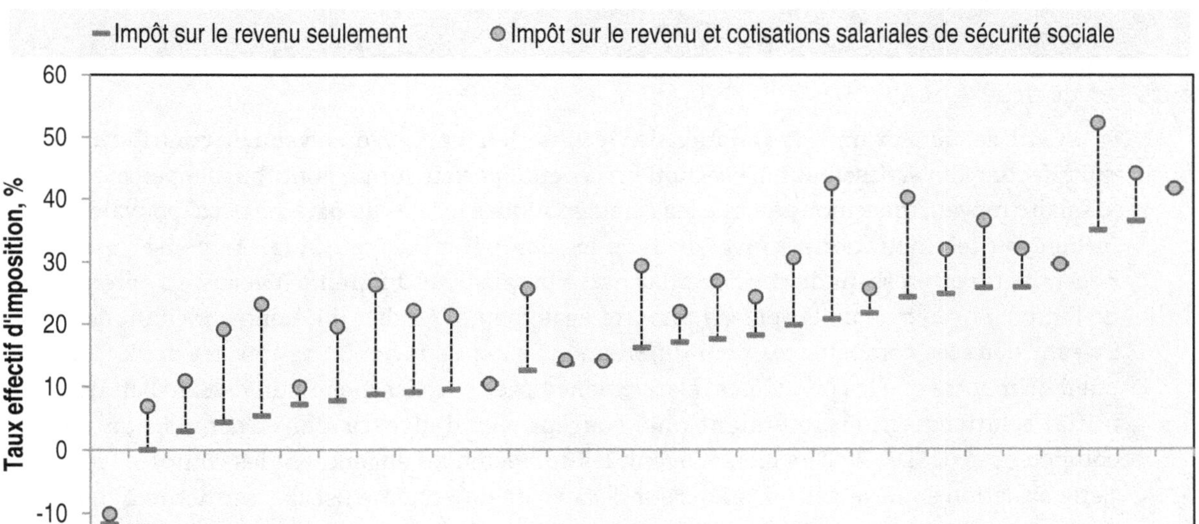

Note : Les résultats ont été obtenus pour un célibataire de 32 ans sans enfant, qui s'engage dans une formation liée à l'emploi de courte durée et perçoit une rémunération égale à 95 % du salaire moyen pendant l'année de sa formation. Les résultats présentés tiennent compte des avantages fiscaux au titre des coûts directs, de l'exonération appliquée aux bourses d'études et de l'application de taux réduits au revenu salarial des personnes en formation. Les dépenses fiscales au titre des frais de formation financés par les parents ou les entreprises ne sont pas prises en compte. On suppose que l'investissement dans les compétences est intégralement financé par l'épargne et que la personne en formation ne s'endette pas pour le financer. Les données présentées se rapportent à 2011.

StatLink http://dx.doi.org/10.1787/888933464436

La prise en compte des cotisations salariales entraîne une légère augmentation de ce taux, qui passe à -10.1 %, même si le Mexique reste classé en dernière position.

L'ampleur de la hausse du taux effectif moyen induite par la prise en compte des cotisations salariales varie selon les pays. Comme pour le taux effectif marginal, elle dépend du poids des cotisations dans le système d'imposition du revenu du travail d'un pays. La hausse la plus forte est observée en Slovénie, où le taux effectif moyen augmente de 21.7 points de pourcentage lorsque les cotisations sont incluses dans le modèle, passant de 20.6 % quand seul l'impôt est intégré au calcul, à 42.4 %. La Slovénie est l'un des pays où la part des cotisations de sécurité sociale dans la fiscalité du revenu du travail est la plus élevée, ce qui, d'après l'analyse, accroît la charge financière qui pèse sur l'investissement dans les compétences.

Comme dans le cas du taux effectif marginal, dans les pays de l'OCDE où les cotisations sociales ne comportent pas de part salariale, la hausse des indicateurs est nulle. Les Pays-Bas sont, des pays où une augmentation est observée, celui où cette augmentation est la plus faible, s'établissant à 0.6 %. La raison en est qu'aux Pays-Bas, le salaire moyen est supérieur au plafond de l'assiette de la plupart des cotisations salariales. Certaines cotisations sont prélevées sur le revenu des deux premières tranches du barème de l'impôt, mais une personne qui perçoit le salaire moyen et voit sa rémunération augmenter de 15 % franchit le plafond pour ces cotisations aussi. Ces résultats montrent à quel point les caractéristiques locales du barème fiscal peuvent influer sur les incitations à investir dans les compétences pour améliorer son revenu. à l'inverse, les plafonds existant au sein du système de cotisations sociales peuvent se traduire par des taux effectifs d'imposition plus faible pour les personnes relativement aisées que pour celles dont les ressources sont modestes.

Progressivité des taux effectifs d'imposition de l'investissement dans les compétences

Cette section examine la variation des résultats en fonction du revenu du contribuable qui effectue l'investissement. La section précédente portait sur un contribuable percevant le salaire moyen, mais montrait que les caractéristiques locales du barème fiscal pouvaient influer sur les incitations à investir dans les compétences, ce qui laisse penser qu'il pourrait être intéressant de comparer la charge fiscale pour différents niveaux du barème de l'impôt sur le revenu. De plus, il importe également d'étudier différentes incitations à investir dans les compétences pour différents niveaux de revenu. Des travaux de l'OCDE ont déjà montré que les personnes relativement aisées et celles qui ont un niveau d'études initial relativement élevé étaient plus susceptibles d'investir dans l'acquisition de compétences (OCDE, 2013b). Bien souvent, les compétences engendrent les compétences. Cette situation soulève des questions sur la capacité du système fiscal à permettre à tous d'acquérir des compétences. L'examen des taux d'imposition des compétences à différents niveaux de revenu pourrait apporter un élément de réponse.

Progressivité du taux effectif marginal lorsque les cotisations de sécurité sociale sont prises en compte

D'après le graphique 2.3a, le taux effectif marginal est modérément progressif lorsque seul l'impôt sur le revenu est pris en compte, mais cette moyenne dissimule d'importantes variations entre les pays. Ce graphique montre l'augmentation de la charge fiscale pesant sur l'investissement dans les compétences dans les pays de l'OCDE. En moyenne, lorsque seul l'impôt sur le revenu est inclus dans le modèle, le taux effectif marginal est de 10.4 % pour un

Graphique 2.3. **Taux effectif marginal d'imposition de l'investissement dans les compétences pour différents niveaux de revenu, 2011**

A. Impôt sur le revenu des personnes physiques seulement

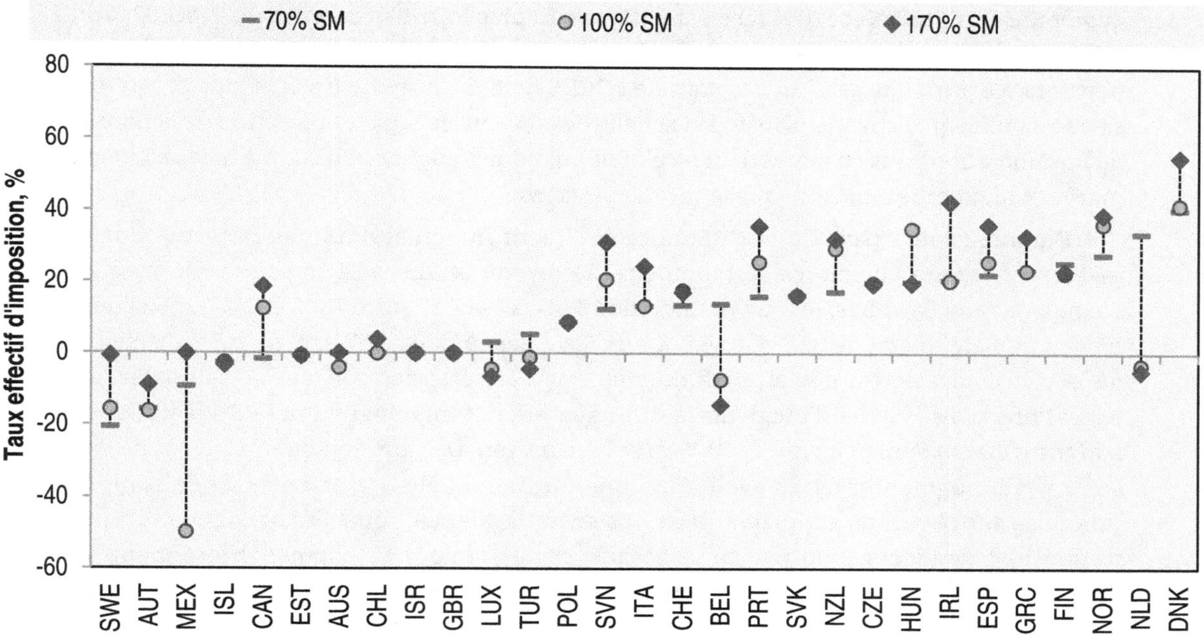

B. Impôt sur le revenu des personnes physiques et cotisations salariales de sécurité sociale

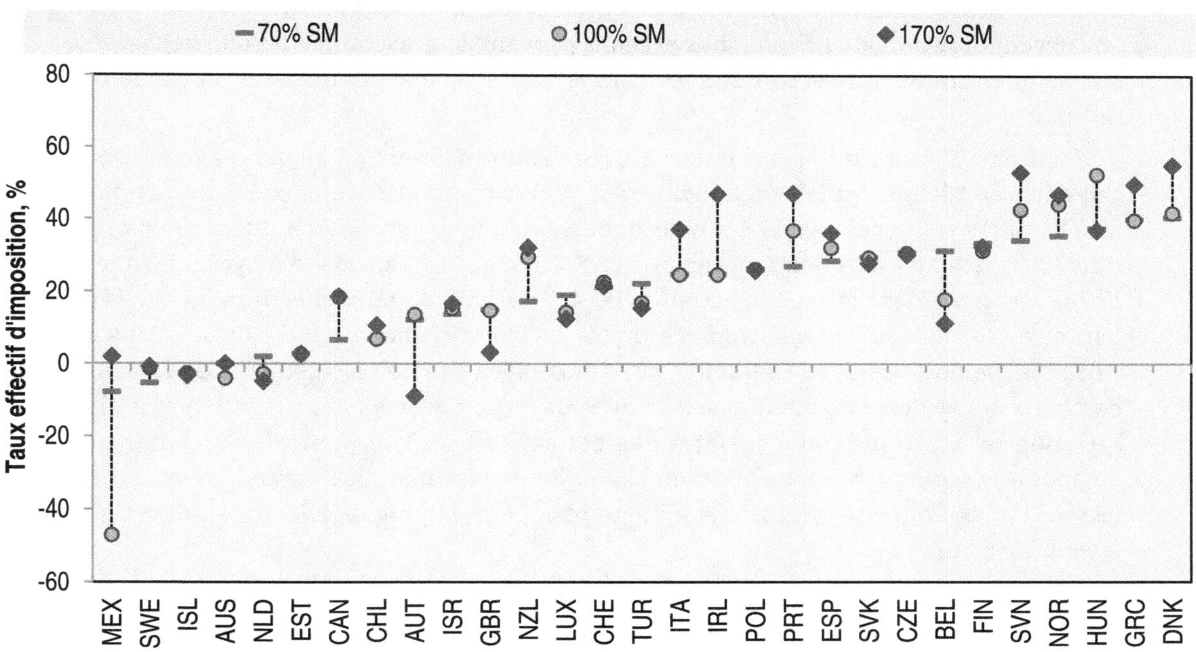

Note : Les résultats ont été obtenus pour un célibataire de 32 ans sans enfant, qui s'engage dans une formation liée à l'emploi de courte durée et perçoit une rémunération égale à 95 % du salaire moyen pendant l'année de sa formation. Les résultats présentés tiennent compte des avantages fiscaux au titre des coûts directs, de l'exonération appliquée aux bourses d'études et de l'application de taux réduits au revenu salarial des personnes en formation. Les dépenses fiscales au titre des frais de formation financés par les parents ou les entreprises ne sont pas prises en compte. On suppose que l'investissement dans les compétences est intégralement financé par l'épargne et que la personne en formation ne s'endette pas pour le financer. Les données présentées se rapportent à 2011.

StatLink http://dx.doi.org/10.1787/888933464449

salarié percevant 70 % du salaire moyen, 9.1 % pour un salarié rémunéré au salaire moyen et 14.2 % pour une rémunération égale à 170 % du salaire moyen. Dans 13 des 29 pays étudiés, le taux effectif augmente entre 70 % et 100 % du salaire moyen, et dans 16 pays sur 29, il augmente entre 100 % et 170 % du salaire moyen. La plus forte hausse entre 70 % et 100 % du salaire moyen est observée en Irlande, où le taux effectif marginal augmente de 22 points de pourcentage. L'Irlande est l'un des pays de l'OCDE doté du système fiscal le plus progressif, ce que signifie qu'à chaque niveau de l'échelle des revenus le taux d'imposition de la hausse de rémunération peut être supérieur à celui du manque à gagner, si bien que le taux effectif marginal augmente à mesure que le revenu progresse.

Dans plusieurs pays de l'OCDE, le taux effectif marginal diminue à mesure que le revenu augmente au sein de la fourchette de revenu étudiée. Cette baisse est forte en Belgique et aux Pays-Bas, le taux passant de 13.8 % à -14.4 % entre 70 % et 170 % du salaire moyen en Belgique et de 33.7 % à -4.9 % aux Pays-Bas. Aux Pays-Bas, cette baisse sensible de la charge fiscale est liée au plafonnement de l'assiette des cotisations salariales, les cotisations n'ayant plus d'incidence sur le taux effectif marginal au-delà du plafond. Ce plafond s'établit à un peu plus de 70 % du salaire moyen. Dès lors, lorsqu'une personne voit son revenu augmenter après avoir suivi une formation, elle ne paie pas de cotisations salariales sur ce revenu supplémentaire. Il s'ensuit également que les cotisations sociales ne sont pas déductibles du revenu imposable et que l'impôt dû augmente fortement. Le système fiscal absorbe donc une grande partie du rendement de l'investissement à un niveau de rémunération égal à 70 % du salaire moyen. Lorsque l'on s'élève dans l'échelle des revenus, cet effet du plafond disparaît. La charge fiscale diminue alors nettement, le système fiscal réduisant le rendement de l'investissement dans la même proportion qu'il en subventionne le coût. Les plafonds et seuils peuvent donc avoir un effet non négligeable sur les incitations à investir dans les compétences à divers niveaux de l'échelle des revenus.

Comme le montre le graphique 2.3b, les résultats obtenus lorsque les cotisations salariales de sécurité sociale sont incluses sont plus contrastés. Le taux effectif marginal s'établit alors en moyenne à 19.5 % pour une rémunération égale à 70 % du salaire moyen, à 19.7 % pour 100 % du salaire moyen et à 22.5 % pour 170 % du salaire moyen. Lorsque la prise en compte des cotisations accentue la progressivité du taux effectif marginal, cette hausse est le plus souvent relativement limitée. La plus forte hausse entre 70 % et 170 % du salaire moyen est observée en Irlande, où le taux effectif marginal augmente de 22 points de pourcentage. Contrairement à beaucoup de pays qui prélèvent des cotisations sociales, l'Irlande ne plafonne pas l'assiette des cotisations, ce qui pourrait entraîner une augmentation du taux d'imposition de la hausse de rémunération lorsque le revenu est élevé dans un contexte où, comme indiqué plus haut, la progressivité de l'impôt sur le revenu est forte.

À noter que plusieurs types de progressivité peuvent exercer une influence dans le cas de l'investissement dans les compétences. Il peut y avoir progressivité de l'imposition du revenu perçu avant un investissement dans les compétences et après cet investissement. D'une part, lorsque le système fiscal est progressif pour le revenu perçu avant l'investissement, les personnes relativement aisées avant de suivre une formation sont imposées à un taux plus élevé sur leur investissement. D'autre part, si le système fiscal est progressif pour le revenu perçu après l'investissement, les investissements qui ont des rendements plus élevés sont soumis à un taux d'imposition plus élevé également. Dans beaucoup de systèmes, ces deux types de progressivité co-existent. Les graphiques présentent cette progressivité pour le revenu antérieur à l'investissement dans les compétences. Dans la plupart des pays, le taux d'imposition de l'investissement dans les compétences est plus élevé pour les personnes relativement aisées. La deuxième forme de progressivité – celle de l'imposition du rendement – se déduit de la différence entre le taux effectif moyen et le taux effectif marginal : le premier est généralement plus élevé que le second, ce qui signifie que les investissements qui ont les rendements les plus élevés sont plus lourdement imposés que ceux dont le rendement ne fait que compenser le coût.

Progressivité du taux effectif moyen lorsque les cotisations de sécurité sociale sont prises en compte

Comme exposé précédemment, le taux effectif moyen d'imposition de l'investissement dans les compétences est plus élevé que le taux effectif marginal. En d'autres termes, ces investissements sont plus lourdement imposés lorsqu'ils ont un rendement plus élevé. Comme le taux effectif marginal, le taux effectif moyen augmente à mesure que le revenu progresse, mais cette progression varie moins selon les pays et est souvent plus forte que celle du taux effectif marginal. Ces résultats sont présentés sur le graphique 2.4a.

En moyenne dans les 29 pays étudiés, lorsque seul l'impôt sur le revenu est inclus dans le modèle, le taux effectif moyen s'établit à 11.5 % pour une rémunération égale à 70 % du salaire moyen, à 16.1 % au niveau du salaire moyen et à 26.1 % pour une rémunération égale à 170 % du salaire moyen. Tous les pays sauf deux voient le taux effectif moyen progresser entre 70 % et 100 % du salaire moyen et tous sauf un le voient augmenter entre 100 % et 170 %. La hausse la plus forte entre 70 % et 170 % du salaire moyen est observée en Suède, où le taux effectif moyen augmente de 42 points de pourcentage. La hausse la plus faible – quasi nulle – dans cette fourchette de rémunération est constatée aux Pays-Bas.

Cette hausse du taux effectif moyen à mesure que le revenu augmente s'explique en partie par la proximité entre ce taux et le taux d'imposition de la hausse de rémunération. Lorsque l'acquisition des compétences a un coût faible comparativement à son rendement, le rôle de l'imposition du rendement dans l'effet global du système fiscal l'emporte sur celui du subventionnement des coûts. En pareil cas, le taux effectif moyen est proche du taux d'imposition de la hausse de rémunération, qui est lui-même progressif puisqu'il suit le barème de l'impôt dans la plupart des pays.

Comme le montre le graphique 2.4b, la prise en compte des cotisations salariales fait peu évoluer la progressivité du taux effectif moyen par rapport à ce qu'elle est lorsque seul l'impôt sur le revenu est pris en compte. Cette situation s'explique en partie par le fait qu'en moyenne, le barème des cotisations sociales n'est pas progressif à proximité du salaire moyen comparativement au barème de l'impôt. Les résultats seraient peut-être différents à d'autres niveaux de l'échelle des revenus, non examinés dans cette étude spéciale. En moyenne, lorsque l'impôt sur le revenu et les cotisations salariales sont inclus dans le modèle, le taux effectif moyen s'établit à 19.4 % pour une rémunération égale à 70 % du salaire moyen, à 24.9 % pour 100 % du salaire moyen et à 33.2 % pour 170 % du salaire moyen. Le taux effectif moyen diminue entre 70 % et 100 % du salaire moyen dans un seul pays seulement – le Mexique –, et il ne diminue entre 100 % et 170 % que dans trois pays. La hausse la plus forte entre 70 % et 170 % du salaire moyen est observée en Suède. La République slovaque est le seul pays où le taux effectif moyen diminue dans la fourchette de revenu étudiée, et cette diminution est limitée à 0.1 %.

Graphique 2.4. **Taux effectif moyen d'imposition de l'investissement dans les compétences pour différents niveaux de revenu, 2011**

A. Impôt sur le revenu des personnes physiques seulement

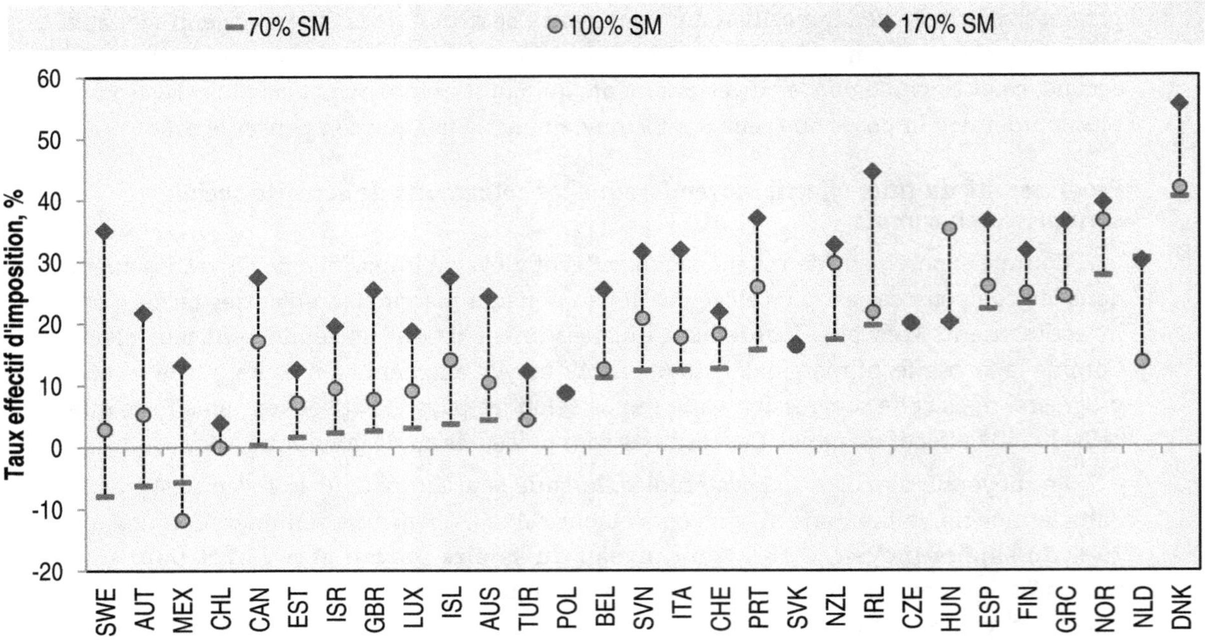

B. Impôt sur le revenu des personnes physiques et cotisations salariales de sécurité sociale

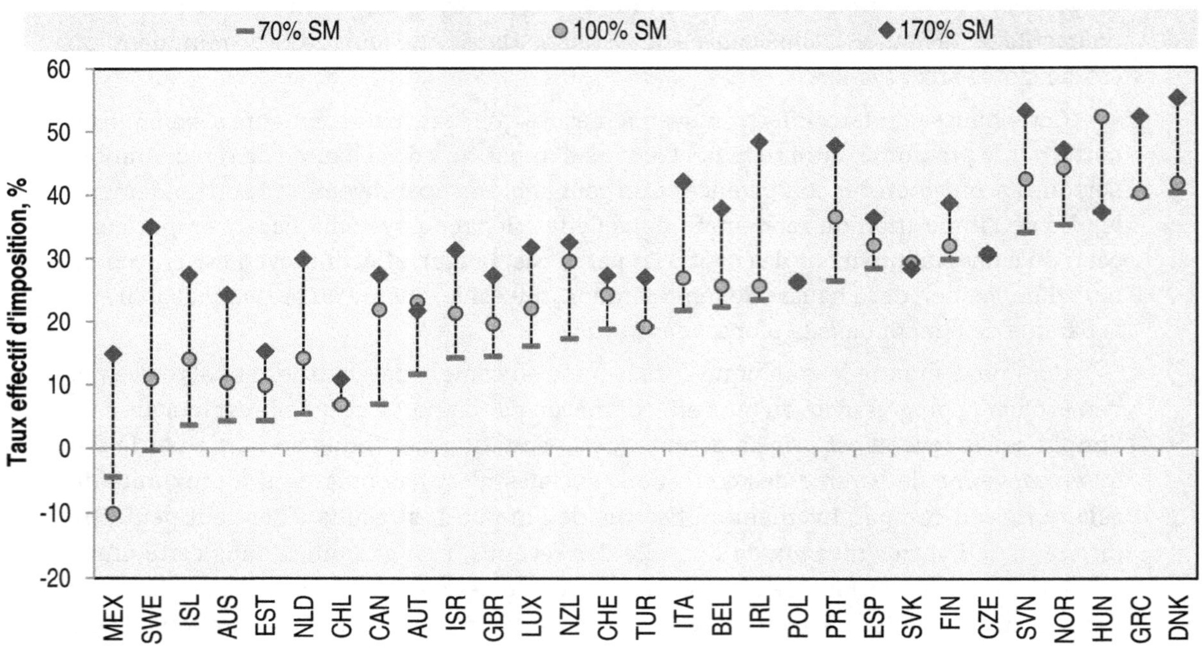

Note : Les résultats ont été obtenus pour un célibataire de 32 ans sans enfant, qui s'engage dans une formation liée à l'emploi de courte durée et perçoit une rémunération égale à 95 % du salaire moyen pendant l'année de sa formation. Les résultats présentés tiennent compte des avantages fiscaux au titre des coûts directs, de l'exonération appliquée aux bourses d'études et de l'application de taux réduits au revenu salarial des personnes en formation. Les dépenses fiscales au titre des frais de formation financés par les parents ou les entreprises ne sont pas prises en compte. On suppose que l'investissement dans les compétences est intégralement financé par l'épargne et que la personne en formation ne s'endette pas pour le financer. Les données présentées se rapportent à 2011.

StatLink http://dx.doi.org/10.1787/888933464450

Conclusion

Cette étude spéciale a présenté les taux effectifs d'imposition d'un investissement marginal et d'un investissement moyen dans les compétences, pour un individu parvenu au milieu de sa vie active s'engageant dans une formation liée à l'emploi de courte durée. Ces taux effectifs permettent d'évaluer dans quelle mesure un système fiscal est favorable ou défavorable à l'investissement dans les compétences. Globalement, l'inclusion dans le modèle de la part salariale des cotisations de sécurité sociale entraîne une hausse de la charge fiscale comparativement au calcul ne tenant compte que de l'impôt sur le revenu, que l'investissement soit marginal ou moyen. Lorsque la part salariale des cotisations sociales est prise en compte, le taux effectif moyen d'imposition des compétences s'établit à 24.9 % dans le scénario stylisé. Pour un investissement marginal, le taux effectif est de 19.7 %.

De récentes publications de l'OCDE montrent que la productivité est indispensable à l'installation d'une croissance à la fois inclusive et durable dans les économies de l'OCDE. La croissance de la productivité fait en effet partie des principaux éléments nécessaires pour augmenter les salaires et le niveau de vie des travailleurs (OCDE, 2016). Or, l'amélioration des compétences joue un rôle décisif dans la croissance de la productivité et a souvent des retombées positives sur l'emploi, la longévité et la santé, par exemple.

Malgré l'importance de leur rôle, les investissements dans les compétences suscitent moins l'intérêt des pouvoirs publics que les investissements dans le capital physique. Cette étude spéciale et l'étude fiscale *Taxation and Skills* (OCDE, 2017) tentent de remédier à cette situation. Elle montre que comme l'examen de la fiscalité du revenu du travail, l'étude des incitations à investir dans les compétences suppose d'évaluer l'effet global des cotisations de sécurité sociale et de l'impôt sur le revenu.

Dans la plupart des exemples examinés, la part salariale des cotisations sociales alourdit la fiscalité sur l'investissement dans les compétences. Alors que l'impôt sur le revenu des personnes physiques peut avoir, selon les pays et les scénarios, une incidence positive, négative voire neutre sur les incitations financières à investir dans les compétences, il en va différemment des cotisations sociales. La raison en est notamment que les dépenses de formation sont souvent déductibles du revenu imposable tandis qu'elles ne peuvent pas être retranchées de l'assiette des cotisations. Il s'ensuit une distorsion fiscale au niveau des incitations financières à investir dans les compétences. Néanmoins, dans certains pays, la prise en compte des cotisations se traduit par un allègement de la charge fiscale sur l'acquisition de compétences, parce que certains systèmes de cotisations sociales comportent des plafonds au-delà desquels le revenu n'est plus soumis à cotisation, ce qui réduit la charge fiscale sur le rendement financier des compétences. Du fait de ces plafonds, il arrive que les incitations financières à investir dans les compétences soient plus élevées pour les personnes les plus aisées.

Cette étude spéciale montre que la déductibilité des cotisations sociales du revenu imposable, l'existence de plafonds et de seuils au sein du système de cotisations et les changements au niveau des barèmes peuvent influer sur les incitations à investir dans les compétences. Ces incitations dépendent de la réduction du rendement qu'impose le système fiscal et du subventionnement du coût de l'investissement qu'il permet. En conséquence, les caractéristiques des barèmes de l'impôt sur le revenu et des cotisations de sécurité sociale peuvent avoir un effet sur les incitations à investir dans l'acquisition de compétences à un niveau de revenu inférieur et supérieur au revenu perçu par l'individu au moment de cet investissement. Ce constat montre à quel point il est important de calibrer ces deux barèmes de manière cohérente.

Il faudrait conduire d'autres travaux pour examiner les effets du système de prélèvements et de prestations sur les incitations à acquérir des compétences. Dans cette étude, les résultats ne sont présentés que pour un seul scénario stylisé. Beaucoup d'autres scénarios mériteraient d'être examinés concernant la formation des adultes, notamment les investissements dans les compétences financés par les entreprises et les investissements dans les compétences professionnelles sous la forme de dispositifs d'apprentissage. En outre, l'étude spéciale ne portant que sur la part salariale des cotisations sociales, de futurs travaux pourraient s'intéresser à la part patronale également. Enfin, l'analyse présentée ici ne tient compte que des sommes versées au système de sécurité sociale, à l'exclusion des sommes perçues, par exemple sous la forme de prestations de maladie, de pensions et d'indemnités d'assurance chômage. La prise en compte de ces prestations dans l'analyse pourrait considérablement modifier les résultats dans certains pays.

Notes

1. L'étude porte sur les pays suivants : Autriche, Belgique, Canada, Chili, Danemark, Espagne, Estonie, Finlande, Grèce, Hongrie, Islande, Irlande, Israël, Italie, Luxembourg, Mexique, Nouvelle-Zélande, Norvège, Pays-Bas, Pologne, Portugal, République slovaque, République tchèque, Royaume-Uni, Slovénie, Suède, Suisse, Turquie. L'Allemagne, la Corée, les États-Unis, la France et le Japon sont exclus en raison de limites imposées par les données. Les données se rapportent à 2011.
2. Ce décalage dans le temps est en partie imputable à des limites imposées par les données relatives aux coûts de la formation. Ces données sont en effet extraites de la publication *Regards sur l'éducation* (OCDE, 2014), publiée avec un décalage dans le temps.
3. Depuis que le système de comptabilité nationale du Danemark a été révisé, en 2014, à la suite du passage à la version 2010 du système européen des comptes (SEC 2010), les cotisations d'assurance-chômage ne font plus partie des impôts parce qu'elles ne sont pas obligatoires. Ce changement a eu un effet rétroactif.

Références

Brys, B. et C. Torres (2013), « Effective Personal Tax Rates on Marginal Skills Investments in OECD Countries: A New Methodology », *OECD Taxation Working Papers*, n° 16, *https://doi.org/10.1787/22235558.*

Devereux, M.P. et R. Griffith (2003), « Evaluating Tax Policy Decisions for Location Decisions », *International Tax and Public Finance*, vol. 10, pp. 107-126.

Lehmann, E., F. Marical et L. Rioux (2013), « Labor income responds differently to income-tax and payroll-tax reforms », *Journal of Public Economics*, vol. 99, pp. 66-84.

OCDE (2011), « Taxation and Employment », *Études de politique fiscale de l'OCDE*, Éditions OCDE, Paris.

OCDE (2012), *Des compétences meilleures pour des emplois meilleurs et une vie meilleure : Une approche stratégique des politiques sur les compétences, http://dx.doi.org/10.1787/9789264178717-fr.*

OCDE (2013a), *Les impôts sur les salaires 2013*, Éditions OCDE, Paris, *http://dx.doi.org/10.1787/tax_wages-2013-fr.*

OCDE (2013b), *Perspectives de l'OCDE sur les compétences 2013 : Premiers résultats de l'Évaluation des compétences des adultes*, Éditions OCDE, Paris, *http://dx.doi.org/10.1787/9789264204096-fr.*

OCDE (2014), *Regards sur l'éducation 2014: Les indicateurs de l'OCDE*, Éditions OCDE, Paris, *http://dx.doi.org/10.1787/eag-2014-fr.*

OCDE (2016), *L'articulation entre productivité et inclusivité*, Éditions OCDE, Paris.

OCDE (2017), « Taxation and Skills », *Études de politique fiscale de l'OCDE*, OCDE, Paris, vol. 24.

PARTIE I

Comparaisons internationales

Cette section fournit, pour chacun des pays de l'OCDE, des informations sans équivalent concernant les impôts sur le revenu acquittés par les salariés, leurs cotisations de sécurité sociale et les prestations familiales qu'ils perçoivent sous forme de transferts en espèces, ainsi que les cotisations de sécurité sociale et les taxes sur les salaires versées par leurs employeurs. Elle présente les résultats pour 2016 et pour 2015, et commente l'évolution intervenue entre les deux années. Les résultats communiqués englobent la charge fiscale marginale et moyenne pour huit catégories différentes de familles.

PARTIE I

Chapitre 3

Charges fiscales, 2016

Les résultats de la charge fiscale pour 2016 basés sur les huit catégories de familles sont présentés dans les tableaux 3.1 à 3.11 et les graphiques 3.1 à 3.7. Les catégories de familles varient selon la situation de famille, le nombre d'enfants et le statut économique: un célibataire, sans enfant, gagnant 67 %, 100% et 167% du salaire moyen (SM) ; un parent isolé gagnant 67% du SM, avec deux enfants; un couple avec deux enfants et un seul apporteur de revenu gagnant le SM ; un couple avec deux enfants et deux salaires gagnant au total 133% et 167% du SM ; un couple avec deux salaires gagnant au total 133% du SM, et sans enfant.

Ce chapitre présente différentes mesures de la charge fiscale moyenne (coin fiscal, taux de l'impôt et taux net de l'impôt sur les personnes physiques, taux de l'impôt sur le revenu des personnes physiques et taux des cotisations salariales de sécurité sociale) et marginale (coin fiscal et taux net de l'impôt sur les personnes physiques). Les résultats de deux indicateurs de la progressivité de l'impôt sont également examinés : mesures de l'élasticité de l'impôt basée sur le salaire brut et les coûts de main-d'œuvre.

Les données statistiques concernant Israël sont fournies par et sous la responsabilité des autorités israéliennes compétentes. L'utilisation de ces données par l'OCDE est sans préjudice du statut des hauteurs du Golan, de Jérusalem-Est et des colonies de peuplement israéliennes en Cisjordanie aux termes du droit international.

Charges fiscales moyennes

Le tableau 3.1 et le graphique 3.1 font apparaître le coin fiscal moyen (charge combinée de l'impôt sur le revenu et des cotisations salariales et patronales de sécurité sociale) en tenant compte du montant des prestations en espèces auquel a droit chaque catégorie de famille spécifique. Le montant total des impôts à verser diminués des transferts reçus est exprimé en pourcentage des coûts totaux de main-d'œuvre, définis comme le salaire brut plus les cotisations patronales de sécurité sociale (y compris les taxes sur les salaires). Dans le cas d'un célibataire disposant d'un salaire moyen, le coin fiscal va de 7.0 % au Chili et 17.9 % au Nouvelle-Zélande à 49.4 % en Allemagne et 54.0 % en Belgique. Pour un couple marié disposant d'un seul revenu du même niveau, et ayant deux enfants, le coin fiscal est le plus faible en Nouvelle-Zélande (6.2 %) et au Chili (7.0 %) et le plus élevé en France (40.0 %) et en Finlande (39.2 %). Comme l'explique le chapitre 1, le coin fiscal est généralement plus faible pour les couples mariés, ayant deux enfants, et disposant de ce niveau de salaire que pour les célibataires sans enfant en raison de la perception de prestations en espèces et/ou d'un traitement fiscal plus avantageux. Il est également intéressant de noter que le coin fiscal pour un parent isolé, ayant deux enfants, et gagnant 67 % du salaire moyen est négatif en Australie (-1.1 %), en Nouvelle-Zélande (-13.0 %), au Canada (-14.9 %) et en Irlande (-18.8 %). Ce résultat est dû au fait que la somme des transferts en espèces reçus par ces familles et des crédits d'impôt récupérables éventuels excède la somme de l'impôt dû et de l'ensemble des cotisations de sécurité sociale.

Le tableau 3.2 et le graphique 3.2 indiquent la charge combinée de l'impôt sur le revenu des personnes physiques et des cotisations salariales de sécurité sociale exprimée en pourcentage du salaire brut (les indicateurs correspondants faisant apparaître séparément l'impôt sur le revenu et les cotisations salariales de sécurité sociale figurent dans les tableaux 3.4 et 3.5). Un célibataire sans enfant percevant le salaire moyen est soumis à une charge moyenne au titre de l'impôt et des cotisations sociales supérieure à 40 % uniquement en Belgique (40.7 %). On observe les taux moyens les plus bas au Chili (7.0 %), au Mexique (10.8 %), en Corée (14.1 %), en Suisse (16.9 %), en Israël (17.8 %), en Nouvelle-Zélande (17.9 %), en Estonie (18.3 %) et en Irlande (19.2 %).

Le tableau 3.3 indique la charge combinée de l'impôt sur le revenu et des cotisations salariales de sécurité sociale, déduction faite des droits aux prestations en espèces, pour chaque catégorie de famille. Le graphique 3.3 fait apparaître cette charge pour les célibataires sans enfant et les couples mariés disposant d'un seul salaire ayant deux enfants, ces deux catégories de famille étant rémunérées au salaire moyen. Si l'on compare les tableaux 3.2 et 3.3, on observe que les taux moyens d'imposition pour les familles avec enfants (colonnes 4 à 7) sont moindres dans le tableau 3.3 car la plupart des pays de l'OCDE aident les familles ayant des enfants à charge au moyen de prestations en espèces.

On observe également une charge plus faible pour les célibataires, sans enfant, et rémunérés à 67 % du salaire moyen au Canada, du fait qu'une prestation en espèces est versée pour atténuer la charge imposée par l'impôt fédéral sur la consommation (à savoir le crédit de la taxe sur les produits et services : on trouvera plus de précisions sur ce point dans le chapitre par pays qui se trouve dans la troisième Partie de cette étude). Il en va de même au Danemark pour les célibataires rémunérés à 67 % et 100 % du salaire moyen et les couples mariés, sans enfant, disposant de deux revenus équivalents à 133 % du salaire moyen, qui perçoivent un chèque « vert » pour compenser la hausse des taxes environnementales.

Si l'on compare les tableaux 3.2 et 3.3, dans le cas des parents isolés ayant deux enfants et gagnant 67 % du salaire moyen, on observe que 28 pays accordent des prestations en espèces. Ces prestations représentent respectivement 39.3 % et 38.1 % du revenu au Canada et en Irlande, et au moins 25 % dans quatre autres pays : la Nouvelle-Zélande (28.0 %), la Slovénie (26.2 %), l'Australie (25.9 %) et le Danemark (25.6 %). 27 pays accordent des prestations à un couple marié, ayant deux enfants, et disposant d'un seul revenu égal au salaire moyen, bien que ces prestations soient moins généreuses par rapport au revenu, atteignant jusqu'à 17.1 % (Canada). Le niveau plus faible des prestations en espèces pour les couples mariés peut être imputé à trois raisons : les parents isolés peuvent avoir droit à un régime plus avantageux ; les prestations elles-mêmes peuvent être fixées en montant absolu ; ou l'octroi des prestations peut dépendre d'un critère de revenu.

Le tableau 3.4 indique le montant de l'impôt sur le revenu des personnes physiques dû en pourcentage du salaire brut. Pour les célibataires, sans enfant, percevant le salaire moyen (colonne 2 du tableau), la charge de l'impôt sur le revenu varie entre 0 % (Chili) et 36.2 % (Danemark). Dans la plupart des pays membres de l'OCDE, pour un niveau de salaire moyen, la charge de l'impôt sur le revenu qui pèse sur un couple marié disposant d'un seul revenu et ayant deux enfants est sensiblement moindre que celle supportée par un célibataire (comparer les colonnes 2 et 5). Le graphique 3.4 fait apparaître clairement ces différences. Dans 12 pays de l'OCDE, l'impôt sur le revenu à la charge d'un couple marié disposant d'un seul salaire et ayant deux enfants est inférieur de plus de la moitié à celle supportée par un célibataire (Allemagne, États-Unis, Hongrie, Irlande, Lettonie, Luxembourg, Pologne, Portugal, République slovaque, République tchèque, Slovénie et Suisse). En revanche, on ne relève aucune différence dans six pays : Australie, Chili, Israël, Mexique, Nouvelle-Zélande et Suède. En Finlande, le taux moyen de l'impôt sur le revenu des personnes physiques applicable à un célibataire est supérieur d'un dixième de point à celui qui s'applique à un couple marié disposant d'un seul revenu.

Un travailleur percevant un salaire moyen marié avec deux enfants supporte une charge d'impôt sur le revenu négative dans deux pays membres de l'OCDE seulement. Ce résultat est dû à l'existence de crédits d'impôt récupérables en vertu desquels des crédits dépassent le montant d'impôts dus. Cette situation aboutit à des charges fiscales de -4.2 % en République tchèque et -1.5 % en République slovaque. De même, les parents isolés ayant deux enfants et gagnant 67 % du salaire moyen ont une charge d'impôt négative dans sept pays – Allemagne, Espagne, États-Unis, Israël, République slovaque, République tchèque et Royaume-Uni. Dans quatre autres pays – Chili, Corée, Pologne et Portugal –, cette catégorie de famille ne paye pas d'impôt sur le revenu.

Une comparaison des colonnes 5 et 6 du tableau 3.4 montre que si le conjoint qui ne travaillait pas trouve un emploi rémunéré à 33 % du salaire moyen, la charge d'impôt sur le revenu de la famille (désormais exprimée à 133 % du salaire moyen) est légèrement plus élevée dans 19 pays, les différences les plus fortes concernant la République tchèque (6.7 points), l'Allemagne (5.6 points) et la République slovaque (5.4 points). Toutefois, la charge d'impôt sur le revenu est inférieure dans 14 pays, les différences les plus marquées concernant la Finlande (-5.0 points), l'Australie (-4.4 points) et le Mexique (-4.3 points). Il n'y a aucun impact sur la charge fiscale au Chili et en France.

Un élément important à prendre en compte dans la conception de l'impôt sur le revenu est sa progressivité – rythme auquel la charge de l'impôt s'accroît avec le revenu. Une comparaison des colonnes 1 à 3 du tableau 3.4 donne un aperçu des niveaux de progressivité des systèmes d'impôt sur le revenu des pays de l'OCDE. Si l'on compare la charge d'impôt sur le revenu de célibataires rémunérés au salaire moyen à celle de célibataires gagnant 167 % du salaire moyen (colonnes 2 et 3), le salarié le moins rémunéré supporte une charge fiscale moindre dans tous les pays sauf en Hongrie, où un taux forfaitaire s'applique aux revenus du travail et où tous les ménages sans enfant paient le même pourcentage d'impôt sur le revenu. Il en va de même pour les célibataires qui gagnent 67% du salaire moyen et les célibataires rémunérés au salaire moyen, sauf au Chili où aucune de ces deux catégories ne paye d'impôt sur le revenu. Enfin, la charge à laquelle doivent faire face les célibataires gagnant 67 % du salaire moyen représente moins de 25 % de celle supportée par leurs homologues gagnant 167 % de ce salaire dans quatre pays de l'OCDE : au Chili (0 %), au Mexique (18 %), en Corée (21 %) et aux Pays-Bas (23 %).

L'addition des cotisations de sécurité sociale et du taux moyen d'imposition réduit cette progressivité ainsi que l'économie d'impôt proportionnelle (c'est-à-dire l'économie d'impôt dont bénéficient les travailleurs à bas salaire par rapport aux travailleurs à haut revenu. Si l'on compare le tableau 3.2 et le tableau 3.4, on observe que la charge fiscale moyenne des célibataires gagnant 67 % du salaire moyen n'est inférieure que de 31 % à celle de leurs homologues gagnant 167 % de ce salaire, alors que l'économie d'impôt moyenne pour les seuls impôts sur le revenu des personnes physiques est de 47 % pour l'ensemble des pays de l'OCDE. L'économie d'impôt moyenne observée dans la zone OCDE pour les couples mariés disposant d'un seul revenu égal au salaire moyen et ayant deux enfants par rapport à celle des travailleurs célibataires disposant d'un revenu moyen baisse de 35 % à 22 %. Ces diminutions reflètent la quasi-absence de variation entre les taux des cotisations de sécurité sociale entre les catégories de familles, comme le montre le tableau 3.5.

Le tableau 3.5 illustre les cotisations salariales de sécurité sociale en pourcentage des salaires bruts. Pour un célibataire sans enfant disposant du salaire moyen (colonne 2), le taux de cotisation varie entre zéro (Australie, Danemark et Nouvelle-Zélande) et 22.1 % (Slovénie). L'Australie, le Danemark et la Nouvelle-Zélande ne prélèvent aucune cotisation salariale de sécurité sociale en faveur des administrations publiques, et trois autres pays appliquent des taux très faibles – Islande (0.3 %), Mexique (1.4 %) et Estonie (1.6 %). Ces cotisations de sécurité sociale sont généralement prélevées à un taux uniforme sur la totalité du salaire, c'est-à-dire sans seuil d'exonération. Dans un certain nombre de pays membres de l'OCDE, un plafond s'applique. Toutefois, ce « plafonnement » concerne généralement les niveaux de salaire supérieurs à 167 % du salaire moyen. Ces taux uniformes se traduisent par une charge moyenne des cotisations salariales de sécurité sociale constante dans la plupart des pays sur toute la fourchette des rémunérations comprises entre 33 % et 167 % du salaire moyen. Voici des exemples de charge proportionnelle constante des cotisations salariales de sécurité sociale pour les huit catégories de familles dans les pays suivants (par ordre décroissant de taux) : Slovénie (22.1 %), Hongrie (18.5 %), Pologne (17.8 %), Grèce (15.8 %), Turquie (15.0 %), République tchèque et Portugal (11.0 %), Lettonie (10.5 %), Norvège (8.2 %), États-Unis (7.7 %), Chili (7.0 %), Suisse (6.2 %) et Estonie (1.6 %).

Par ailleurs, seuls l'Allemagne et les Pays-Bas appliquent au niveau du salaire moyen des cotisations de sécurité sociale différentes aux salariés en fonction de leur situation de famille (voir graphique 3.5).

Charges fiscales marginales

Le tableau 3.6 et le graphique 3.6 indiquent le pourcentage d'augmentation marginale des coûts de main-d'œuvre qui est absorbé par l'effet conjugué de la hausse de l'impôt sur le revenu des personnes physiques et des cotisations salariales et patronales de sécurité sociale (y compris les taxes sur les salaires) et de la diminution des transferts en espèces. On suppose que le revenu brut principal du ménage augmente d'une unité monétaire. Il s'agit du coin fiscal marginal. Le plus souvent, celui-ci absorbe 25 % à 55 % d'une augmentation des coûts de main-d'œuvre pour les célibataires sans enfant rémunérés au niveau du salaire moyen. Cependant, dans huit pays de l'OCDE, ces contribuables sont soumis à des coins fiscaux marginaux plus élevés – Belgique (66.7 %), Allemagne (60.1 %), France (58.9 %), Autriche (56.0 %), Finlande (55.9 %) et Luxembourg (55.5 %). Ce sont le Mexique (25.2 %) et le Chili (7 %) qui ont les taux marginaux les plus bas.

Dans 23 pays membres de l'OCDE, le coin fiscal marginal pour les couples mariés avec deux enfants disposant d'un seul revenu égal au salaire moyen est le même que pour les célibataires sans enfant rémunérés au salaire moyen, ou la différence est inférieure à 5 points. Le coin fiscal marginal est inférieur de plus de 5 points pour les couples mariés disposant d'un seul revenu dans huit pays : Irlande (18.1 points), Luxembourg (16.1 points), France (15.9 points), Portugal (12.1 points), États-Unis (9.3 points), Allemagne (7.8 points), Slovénie (7.4 points) et Suisse (5.8 points). En revanche, le coin fiscal marginal pour les couples mariés avec deux enfants et disposant d'un seul revenu est supérieur de plus de 5 points à celui des célibataires sans enfant au Canada (35.8 points), en Nouvelle-Zélande (21.3 points), en Australie (18.9 points) et en Islande (9.0 points). Ces taux marginaux plus élevés sont dus à la suppression progressive des allégements fiscaux et/ou prestations en espèces accordés sous condition de ressources. Lorsqu'une disposition assortie d'un plafond de ressources est supprimée, la réduction de l'allégement fiscal ou de la prestation s'ajoute à l'accroissement de l'impôt dû par ailleurs. Ces programmes sont décrits de manière plus détaillée dans les chapitres par pays qui figurent dans la troisième Partie du rapport.

Le tableau 3.7 et le graphique 3.7 illustrent la variation progressive de l'impôt sur le revenu des personnes physiques et des cotisations salariales de sécurité sociale diminués des prestations en espèces en cas d'augmentation marginale du salaire brut (on suppose que le revenu brut principal du ménage augmente d'une unité monétaire). Comme pour le coin fiscal, dans la plupart des cas, l'impôt sur le revenu des personnes physiques et les cotisations salariales de sécurité sociale absorbent 25 % à 55 % de l'augmentation du salaire pour les célibataires sans enfant rémunérés au salaire moyen. Le taux marginal d'imposition est inférieur à 25 % uniquement au Chili (7.0 %), au Mexique (19.5 %), en Corée (21.0 %), en Estonie (21.3 %) et en Suisse (23.3 %).

Dans 22 pays membres de l'OCDE, le taux marginal net d'imposition applicable aux couples mariés avec deux enfants disposant d'un seul revenu égal au salaire moyen est le même que pour les célibataires sans enfant, ou la différence est inférieure à 5 points. Le taux marginal est inférieur de plus de 5 points pour les couples mariés disposant d'un seul salaire dans neuf pays : France (21.7 points), Irlande (20.0 points), Luxembourg (18.1 points), Portugal (15.0 points), États-Unis (10.0 points), Allemagne (9.3 points), Slovénie (8.5 points) Suisse

(6.1 points) et Espagne (5.6 points). En revanche, le taux marginal applicable aux couples mariés disposant d'un seul revenu et ayant deux enfants est supérieur de plus de 5 points à celui qui s'applique aux célibataires sans enfant au Canada (39.4 points), en Nouvelle-Zélande (21.3 points), en Australie (20.0 points) et en Islande (9.6 points). De même que pour le coin fiscal marginal, ces taux marginaux plus élevés sont dus à la suppression progressive des allégements fiscaux et/ou prestations en espèces accordés sous condition de ressources

Le tableau 3.8 indique l'augmentation en pourcentage du revenu net par rapport au pourcentage d'augmentation du salaire brut lorsque ce dernier augmente d'une unité monétaire, c'est-à-dire l'élasticité du revenu après impôt[1]. Dans un système fiscal proportionnel, le revenu net augmenterait du même pourcentage que l'augmentation du salaire brut, auquel cas l'élasticité serait égale à 1. Plus le système est progressif – au niveau de revenu considéré – plus cette élasticité est faible. Dans le cas d'un couple marié avec deux enfants disposant d'un seul revenu égal au salaire moyen, la colonne 5 du tableau 3.8 montre que le Canada (0.27), l'Australie (0.47), la Nouvelle-Zélande (0.52) et la Belgique (0.56) ont, selon cet indicateur, le système le plus progressif d'impôt sur le revenu et de cotisations salariales de sécurité sociale en tenant compte des dispositions fiscales et des prestations en espèces pour les enfants, à ce niveau de revenu. En revanche, le Chili (1.00), la France (0.95), la Pologne (0.91) et le Mexique (0.90), appliquent ou se rapprochent d'un système proportionnel d'impôt sur le revenu et de cotisations salariales de sécurité sociale – du moins pour ce type de famille.

Il est également intéressant de noter que l'élasticité est supérieure à 1 pour un célibataire dont le salaire est égal à 167 % du salaire moyen en Autriche (1.01), ce qui indique que le système d'impôt sur le revenu est régressif à ce point de l'échelle des revenus. En d'autres termes, une augmentation en pourcentage de la rémunération brute se traduit par un accroissement du revenu net supérieur à cette hausse du salaire brut.

Le tableau 3.9 propose une autre mesure de l'élasticité du revenu après impôt : le pourcentage d'augmentation du revenu net par rapport au pourcentage de hausse des coûts de main-d'œuvre (salaire brut, plus cotisations patronales de sécurité sociale et taxes sur les salaires) lorsque ces derniers augmentent d'une unité monétaire[2]. Dans ce cas, les impôts et les cotisations patronales de sécurité sociale sont compris dans l'analyse. Dans plus de la moitié des pays membres de l'OCDE, l'élasticité se situe entre 0.5 et 0.97 pour les huit catégories de familles. Cette élasticité est inférieure à 0.5 pour les parents isolés gagnant l'équivalent de 67 % du salaire moyen au Canada (0.42), en Australie (0.41), en France (0.35), en Irlande (0.28) et au Royaume-Uni (0.25), pour les couples mariés avec deux enfants disposant d'un seul salaire égal au salaire moyen en Australie (0.47) et au Canada (0.28) et pour les couples mariés avec deux enfants et deux salaires dont un conjoint gagne le salaire moyen et l'autre 33 % du salaire moyen en Australie (0.39). Elle est en revanche comprise entre 0.97 et 1.0 pour toutes les catégories de familles au Chili, et pour certaines catégories d'entre elles en Hongrie, au Japon, en Lettonie, au Mexique et en Pologne, et pour une catégorie de famille en Estonie (pour un célibataire dont le salaire est égal à 167 % du salaire moyen, à savoir 0.98) et en Corée (pour un célibataire avec deux enfants disposant d'un salaire égal à 67 % du salaire moyen, à savoir 1.0). Avec cette mesure de l'élasticité, le système d'impôt sur le revenu est régressif pour un célibataire dont le salaire est égal à 167 % du salaire moyen en Espagne (1.12), en Allemagne (1.15) et en Autriche (1.19).

Le tableau 3.10 renseigne sur le salaire brut et le revenu net pour les huit catégories de familles, après conversion de tous les montants en dollars des États-Unis à parité de pouvoir d'achat. Les travailleurs célibataires rémunérés au salaire moyen ont un salaire net disponible (voir tableau 3.10, colonne 4) supérieur à 37 000 USD dans 12 pays : Suisse (58 246 USD), Luxembourg (45 239 USD), Pays-Bas (44 200 USD), Norvège (43 258 USD), Australie (42 930 USD), Corée (42 051 USD), Islande (41 806 USD), Royaume-Uni (40 646 USD), Japon (39 118 USD), États-Unis (38 894 USD), Autriche (37 934 USD) et Allemagne (37 260 USD). Les niveaux correspondants les plus bas concernent le Mexique (11 691 USD), la Lettonie (14 571 USD), la Hongrie (17 042 USD) et la République slovaque (17 542 USD). Dans le cas d'un couple marié avec deux enfants disposant d'un seul salaire égal au salaire moyen, son revenu net est supérieur à 50 000 USD au Luxembourg et en Suisse, tandis que c'est de nouveau au Mexique qu'on enregistre le niveau le plus bas. Sauf dans le cas du Chili et du Mexique, le revenu net disponible du couple marié disposant d'un seul salaire est supérieur à celui du célibataire rémunéré au salaire moyen. Cela s'explique par le régime fiscal favorable applicable à cette catégorie de famille et/ou par les prestations en espèces auxquelles elle a droit.

Le tableau 3.11 contient les mêmes chiffres que le tableau 3.10 pour les coûts de main-d'œuvre et le revenu net. Les colonnes « net » des tableaux 3.10 et 3.11 sont par conséquent identiques. Généralement, les coûts de main-d'œuvre sont bien supérieurs aux salaires bruts, parce que les cotisations patronales de sécurité sociale (y compris les taxes sur les salaires) sont prises en compte. En dollars à parité de pouvoir d'achat, les coûts de main-d'œuvre pour un célibataire percevant le salaire moyen sont les plus élevés en Belgique (74 913 USD) et en Suisse (74 439 USD), et les plus faibles au Mexique (14 638 USD) et au Chili (20 517 USD). Les coûts annuels de main-d'œuvre sont égaux au salaire annuel brut au Chili et en Nouvelle-Zélande. Ces pays ne prélèvent aucune cotisation patronale de sécurité sociale obligatoire ni taxe sur les salaires. Cependant, les employeurs du Chili sont soumis à des prélèvements obligatoires non fiscaux liés notamment aux régimes de retraite.

Notes

1. Les élasticités indiquées dans le tableau 3.8 sont calculées de la manière suivante : (100–METR)/(100–AETR), où METR désigne le taux marginal de l'impôt sur le revenu, augmenté des cotisations salariales de sécurité sociale et diminué des transferts en espèces, figurant dans le tableau 3.7, et AETR désigne le taux moyen augmenté des cotisations salariales de sécurité sociale et diminué des transferts en espèces, figurant dans le tableau 3.3.
2. Les élasticités indiquées dans le tableau 3.9 sont calculées de la manière suivante : (100–METR)/(100–AETR), où METR désigne le taux marginal de l'impôt sur le revenu, augmenté des cotisations salariales et patronales de sécurité sociale et diminué des transferts en espèces, figurant dans le tableau 3.6, et AETR désigne le taux moyen augmenté des cotisations salariales et patronales de sécurité sociale et diminué des transferts en espèces, figurant dans le tableau 3.1.

Tableau 3.1. **Impôt sur le revenu et cotisations sociales des salariés et employeurs diminués des prestations versées, 2016**

En % des coûts de main-d'oeuvre, par catégorie de famille et niveau de salaire

	Célibataire sans enf 67 (% SM)	Célibataire sans enf 100 (% SM)	Célibataire sans enf 167 (% SM)	Célibataire 2 enf 67 (% SM)	Couple marié 2 enf 100-0 (% SM)	Couple marié 2 enf 100-33 (% SM)[2]	Couple marié 2 enf 100-67 (% SM)[2]	Couple marié sans enf 100-33 (% SM)[2]
Allemagne	45.3	49.4	51.4	31.0	34.0	38.8	42.4	45.2
Australie	23.4	28.6	34.1	-1.1	18.1	24.4	26.5	24.4
Autriche	42.8	47.1	50.8	27.0	36.5	36.3	39.6	43.4
Belgique	47.5	54.0	59.9	33.6	38.6	38.8	46.4	45.2
Canada	26.5	31.4	32.7	-14.9	11.9	20.5	24.7	28.3
Chili	7.0	7.0	8.0	6.1	7.0	4.6	6.6	7.0
Corée	19.0	22.2	24.5	17.0	20.0	19.6	19.8	20.9
Danemark	34.3	36.5	42.4	7.7	26.1	29.8	31.9	34.5
Espagne	35.9	39.5	43.7	24.4	33.8	35.6	36.4	36.6
Estonie	37.8	38.9	39.8	21.2	28.1	31.5	33.3	38.0
États-Unis	29.3	31.7	36.5	12.7	20.8	24.5	26.5	29.2
Finlande	37.9	43.8	49.8	27.5	39.2	36.1	38.6	39.6
France	43.0	48.1	54.4	24.5	40.0	37.5	42.6	42.7
Grèce	36.1	40.2	45.8	31.7	38.3	37.8	38.3	38.9
Hongrie	48.2	48.2	48.2	25.3	33.7	37.3	39.5	48.2
Irlande	21.2	27.1	38.0	-18.8	8.3	13.4	19.1	19.9
Islande	30.5	34.0	38.7	21.6	23.9	29.6	32.6	30.6
Israël[1]	15.1	22.1	31.3	-0.4	19.4	16.3	15.7	18.4
Italie	40.8	47.8	54.1	25.3	38.6	38.4	41.5	42.7
Japon	31.0	32.4	35.0	24.9	27.1	28.5	29.4	31.6
Lettonie	41.8	42.6	43.3	25.5	31.7	33.6	35.7	41.8
Luxembourg	31.2	38.4	45.3	7.5	16.1	20.5	26.3	29.5
Mexique	15.3	20.1	23.1	15.3	20.1	18.0	18.2	18.0
Norvège	33.2	36.2	42.0	22.0	31.6	30.8	32.8	33.5
Nouvelle-Zélande	13.6	17.9	23.6	-13.0	6.2	13.0	16.7	16.5
Pays-Bas	30.6	37.5	42.1	7.6	32.2	27.9	29.8	32.8
Pologne	35.1	35.8	36.4	29.6	30.8	32.1	33.1	35.1
Portugal	36.3	41.5	47.0	21.4	28.2	29.8	35.9	36.2
République slovaque	39.0	41.5	43.5	27.8	28.9	31.9	36.0	37.7
République tchèque	40.2	43.0	45.2	25.0	27.2	33.0	35.8	40.6
Royaume-Uni	25.9	30.8	37.3	6.2	25.8	22.4	26.2	25.8
Slovénie	38.7	42.7	46.1	10.4	23.9	30.9	34.3	40.2
Suède	40.8	42.8	51.4	33.6	38.0	37.4	39.1	41.1
Suisse	19.0	21.8	26.3	3.9	9.1	12.1	15.2	19.6
Turquie	35.5	38.1	42.0	33.9	36.4	35.0	36.4	35.8
Moyenne non pondérée								
OCDE-Moyenne	**32.3**	**36.0**	**40.4**	**16.6**	**26.6**	**28.2**	**30.9**	**32.8**
OCDE-UE 22	**37.7**	**41.7**	**46.2**	**20.7**	**30.8**	**32.3**	**35.5**	**38.0**

Note : enf = enfant

1. Informations sur les données concernant Israël : http://oe.cd/israel-disclaimer.
2. Famille disposant de deux revenus.

StatLink http://dx.doi.org/10.1787/888933465324

Graphique 3.1. **Impôt sur le revenu plus cotisations de sécurité sociale des salariés et des employeurs diminués des prestations versées, 2016**

En % des coûts de main-d'œuvre, par catégorie de famille

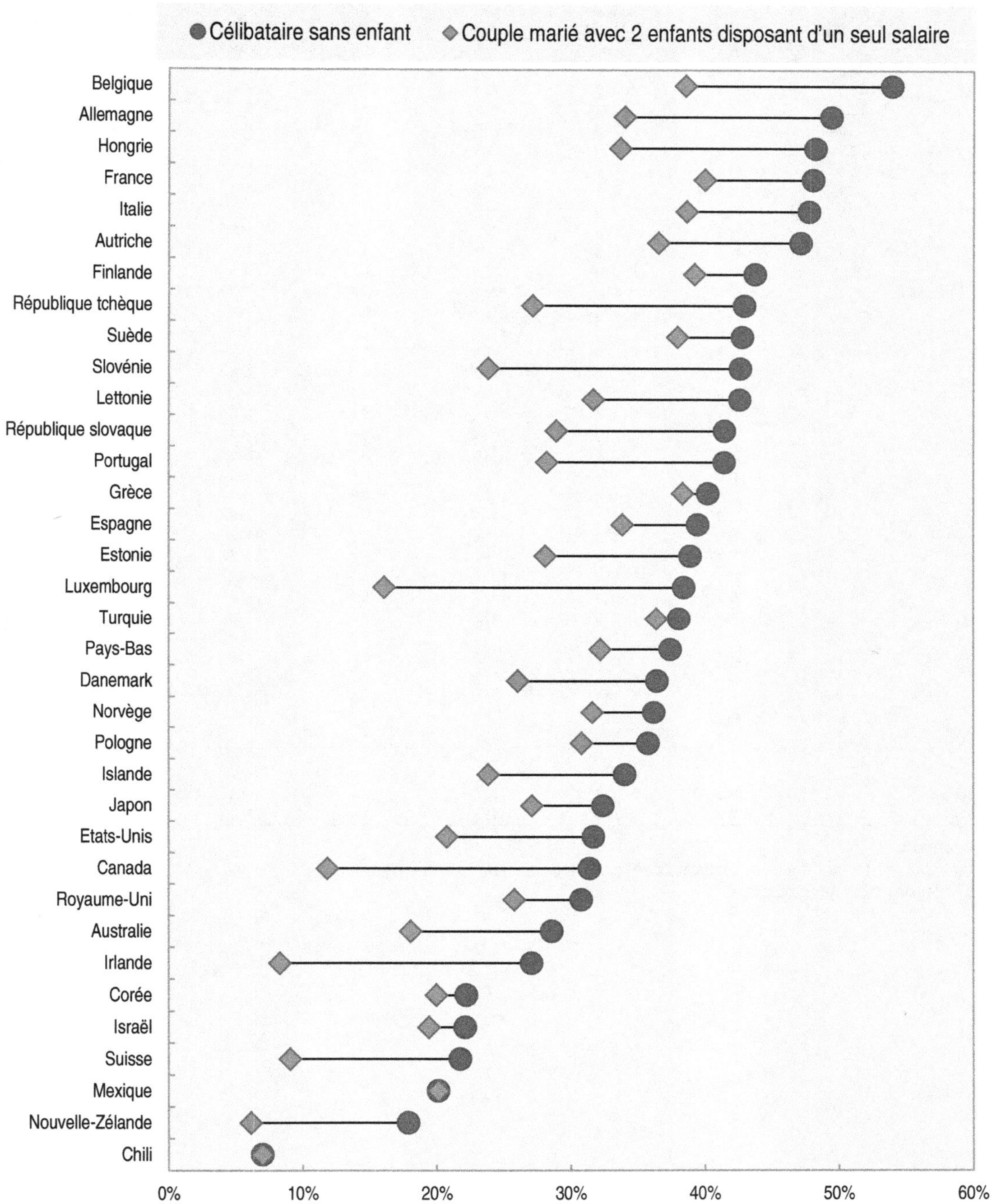

Note : Le type de ménage « célibataire sans enfant » correspond à un niveau de salaire de 100 % du salaire moyen. Le type de ménage « couple marié avec 2 enfants disposant d'un seul salaire » correspond à un niveau de salaire combiné de 100 %-0 % du salaire moyen.

Source : Calculs de l'OCDE basés sur les contributions des pays et sur les *Perspectives économiques de l'OCDE*, volume 2016 (no. 100).

StatLink http://dx.doi.org/10.1787/888933464467

Tableau 3.2. **Impôt sur le revenu et cotisations sociales des salariés, 2016**

En % du salaire brut, par catégorie de famille et niveau de salaire

	Célibataire sans enf 67 (% SM)	Célibataire sans enf 100 (% SM)	Célibataire sans enf 167 (% SM)	Célibataire 2 enf 67 (% SM)	Couple marié 2 enf 100-0 (% SM)	Couple marié 2 enf 100-33 (% SM)[2]	Couple marié 2 enf 100-67 (% SM)[2]	Couple marié sans enf 100-33 (% SM)[2]
Allemagne	34.7	39.7	43.9	17.6	21.3	26.9	31.2	34.6
Australie	18.8	24.3	30.2	18.8	24.3	19.9	22.1	19.9
Autriche	26.3	31.9	37.5	23.0	29.7	26.5	29.1	27.0
Belgique	33.4	40.7	48.5	27.9	29.1	30.1	36.4	32.0
Canada	19.0	23.1	26.3	10.7	18.3	19.7	21.4	19.7
Chili	7.0	7.0	8.0	7.0	7.0	7.0	7.0	7.0
Corée	10.6	14.1	17.7	8.4	11.7	11.3	11.5	12.7
Danemark	33.8	36.2	42.2	32.3	32.2	34.1	35.2	34.1
Espagne	16.8	21.4	27.3	1.8	14.1	16.3	17.4	17.7
Estonie	16.8	18.3	19.5	12.8	12.6	14.7	16.1	16.8
États-Unis	23.0	26.0	31.3	5.0	14.1	17.9	20.2	23.0
Finlande	23.6	30.8	38.2	22.9	30.7	25.5	27.7	25.7
France	25.3	29.1	34.5	22.2	22.2	22.2	25.3	25.8
Grèce	20.2	25.4	32.4	19.4	25.9	23.4	23.9	23.7
Hongrie	33.5	33.5	33.5	20.0	24.4	26.7	28.1	33.5
Irlande	12.7	19.2	31.4	6.5	10.8	11.7	16.0	11.7
Islande	25.4	29.2	34.2	25.4	21.8	25.5	27.7	25.5
Israël[1]	11.2	17.8	26.9	2.5	17.8	14.3	13.0	14.3
Italie	21.9	31.1	39.5	14.2	24.2	21.0	24.5	24.5
Japon	20.5	22.2	25.9	20.5	20.8	21.2	21.5	21.2
Lettonie	28.0	29.1	29.9	13.9	19.6	20.9	23.0	28.0
Luxembourg	22.8	31.0	38.6	16.2	19.3	20.9	25.3	20.9
Mexique	3.7	10.8	15.4	3.7	10.8	6.5	8.0	6.5
Norvège	24.5	27.9	34.4	21.1	26.8	24.9	26.6	24.9
Nouvelle-Zélande	13.6	17.9	23.6	15.0	17.9	16.5	16.7	16.5
Pays-Bas	22.8	30.4	37.9	14.7	28.4	22.6	24.1	25.2
Pologne	24.2	25.0	25.7	17.8	19.2	20.7	21.9	24.2
Portugal	21.2	27.6	34.4	11.0	15.3	15.9	20.7	21.0
République slovaque	20.0	23.2	25.9	13.0	11.9	16.3	19.1	19.8
République tchèque	19.9	23.6	26.6	6.1	6.8	13.5	16.6	20.5
Royaume-Uni	19.1	23.3	29.8	4.9	22.7	19.0	21.6	19.0
Slovénie	28.8	33.4	37.4	22.2	25.1	26.0	27.9	30.6
Suède	22.2	24.9	36.1	22.2	24.9	22.6	23.8	22.6
Suisse	14.0	16.9	21.7	8.3	10.4	11.9	14.2	14.6
Turquie	24.2	27.3	31.9	22.4	25.3	23.6	25.3	24.5
Moyenne non pondérée								
OCDE-Moyenne	**21.2**	**25.5**	**30.8**	**15.2**	**19.9**	**19.9**	**22.0**	**22.0**
OCDE-UE 22	**24.0**	**28.6**	**34.1**	**16.5**	**21.4**	**21.7**	**24.3**	**24.5**

Note : enf = enfant

1. Informations sur les données concernant Israël : http://oe.cd/israel-disclaimer.
2. Famille disposant de deux revenus.

StatLink http://dx.doi.org/10.1787/888933465337

Graphique 3.2. **Impôt sur le revenu et cotisations de sécurité sociale des salariés, 2016**

En % du salaire brut, par catégorie de famille et niveau de salaire

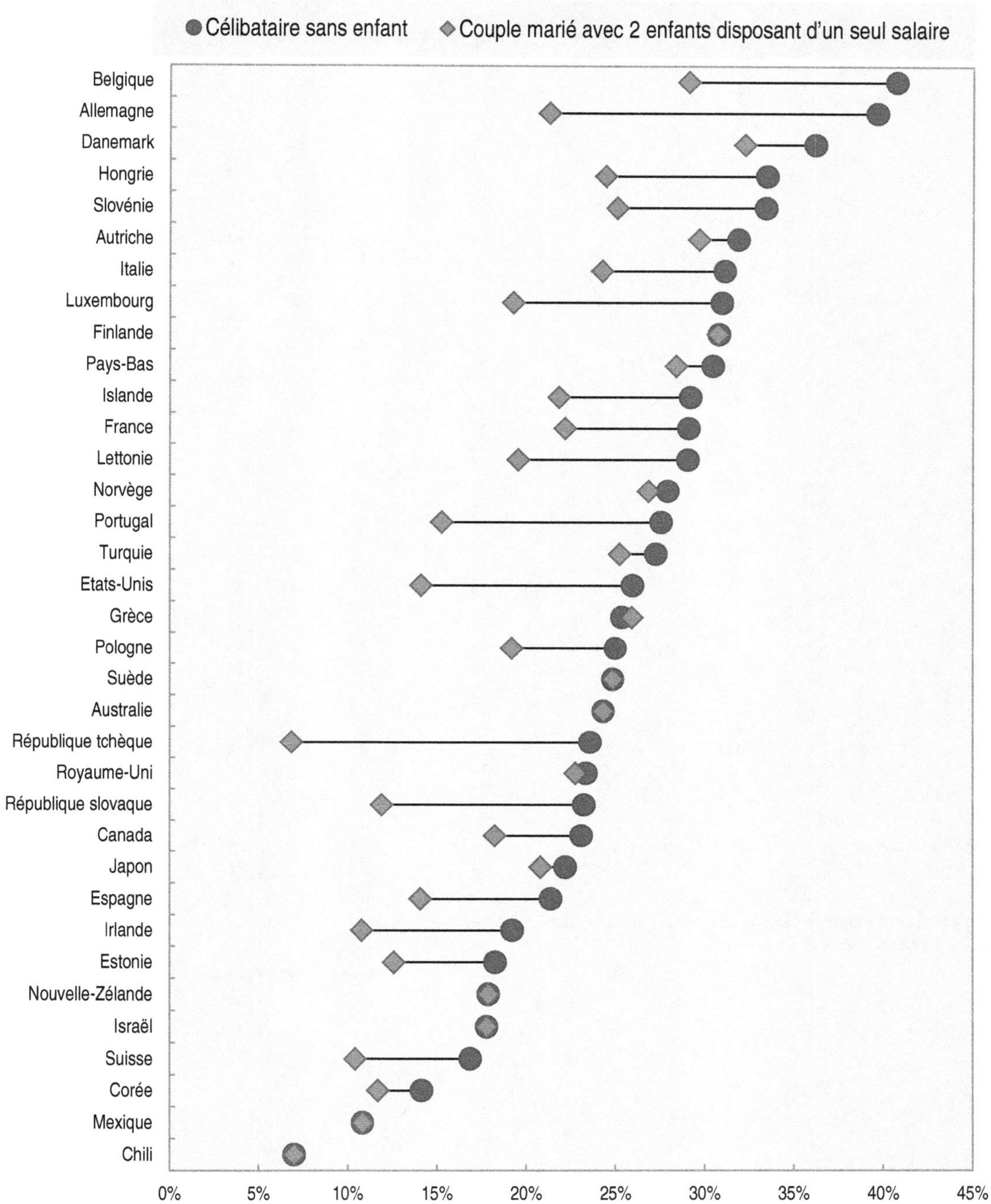

Note : Le type de ménage « célibataire sans enfant » correspond à un niveau de salaire de 100 % du salaire moyen. Le type de ménage « couple marié avec 2 enfants disposant d'un seul salaire » correspond à un niveau de salaire combiné de 100 %-0 % du salaire moyen.

Source : Contributions des pays et *Perspectives économiques de l'OCDE*, volume 2016 (no. 100).

StatLink http://dx.doi.org/10.1787/888933464472

Tableau 3.3. **Impôt sur le revenu et cotisations sociales des salariés diminués des prestations versées, 2016**

En % du salaire brut, par catégorie de famille et niveau de salaire

	Célibataire sans enf 67 (% SM)	Célibataire sans enf 100 (% SM)	Célibataire sans enf 167 (% SM)	Célibataire 2 enf 67 (% SM)	Couple marié 2 enf 100-0 (% SM)	Couple marié 2 enf 100-33 (% SM)[2]	Couple marié 2 enf 100-67 (% SM)[2]	Couple marié sans enf 100-33 (% SM)[2]
Allemagne	34.7	39.7	43.9	17.6	21.3	26.9	31.2	34.6
Australie	18.8	24.3	30.2	-7.1	13.2	19.9	22.1	19.9
Autriche	26.3	31.9	37.5	5.8	18.2	17.8	22.2	27.0
Belgique	33.4	40.7	48.5	15.8	20.9	24.0	31.5	32.0
Canada	17.7	23.1	26.3	-28.7	1.2	11.0	15.6	19.7
Chili	7.0	7.0	8.0	6.1	7.0	4.6	6.6	7.0
Corée	10.6	14.1	17.7	8.4	11.7	11.3	11.5	12.7
Danemark	33.5	36.0	42.2	6.6	25.5	29.0	31.2	33.7
Espagne	16.8	21.4	27.3	1.8	14.1	16.3	17.4	17.7
Estonie	16.8	18.3	19.5	-5.4	3.8	8.1	10.8	16.8
États-Unis	23.0	26.0	31.3	5.0	14.1	17.9	20.2	23.0
Finlande	23.6	30.8	38.2	10.7	25.2	21.3	24.4	25.7
France	25.3	29.1	34.5	1.0	18.1	19.1	22.9	25.8
Grèce	20.2	25.4	32.4	14.7	23.0	22.3	23.0	23.7
Hongrie	33.5	33.5	33.5	4.0	14.8	19.4	22.3	33.5
Irlande	12.7	19.2	31.4	-31.5	-1.6	4.6	10.4	11.7
Islande	25.4	29.2	34.2	15.8	18.3	24.4	27.7	25.5
Israël[1]	11.2	17.8	26.9	-5.1	14.9	12.1	11.3	14.3
Italie	21.9	31.1	39.5	1.4	19.1	18.7	22.8	24.5
Japon	20.5	22.2	25.9	13.5	16.1	17.7	18.7	21.2
Lettonie	28.0	29.1	29.9	7.9	15.5	17.9	20.6	28.0
Luxembourg	22.8	31.0	38.6	-3.8	5.9	10.9	17.3	20.9
Mexique	3.7	10.8	15.4	3.7	10.8	6.5	8.0	6.5
Norvège	24.5	27.9	34.4	11.8	22.7	21.8	24.1	24.9
Nouvelle-Zélande	13.6	17.9	23.6	-13.0	6.2	13.0	16.7	16.5
Pays-Bas	22.8	30.4	37.9	-2.8	24.6	19.8	21.9	25.2
Pologne	24.2	25.0	25.7	17.8	19.2	20.7	21.9	24.2
Portugal	21.2	27.6	34.4	2.7	11.2	13.1	20.7	21.0
République slovaque	20.0	23.2	25.9	5.2	6.7	12.4	16.0	19.8
République tchèque	19.9	23.6	26.6	-0.5	2.4	10.2	13.9	20.5
Royaume-Uni	19.1	23.3	29.8	-2.4	17.8	15.3	18.7	19.0
Slovénie	28.8	33.4	37.4	-4.0	11.6	19.7	23.8	30.6
Suède	22.2	24.9	36.1	12.7	18.5	17.8	20.0	22.6
Suisse	14.0	16.9	21.7	-2.1	3.4	6.6	10.0	14.6
Turquie	24.2	27.3	31.9	22.4	25.3	23.6	25.3	24.5
Moyenne non pondérée								
OCDE-Moyenne	**21.2**	**25.5**	**30.8**	**3.0**	**14.3**	**16.4**	**19.5**	**22.0**
OCDE-UE 22	**24.0**	**28.6**	**34.1**	**3.4**	**15.3**	**17.5**	**21.1**	**24.5**

Note : enf = enfant

1. Informations sur les données concernant Israël : http://oe.cd/israel-disclaimer.
2. Famille disposant de deux revenus.

StatLink http://dx.doi.org/10.1787/888933465347

Graphique 3.3. **Impôt sur le revenu et cotisations de sécurité sociale des salariés diminués des prestations versées, 2016**

En % du salaire brut, par catégorie de famille et niveau de salaire

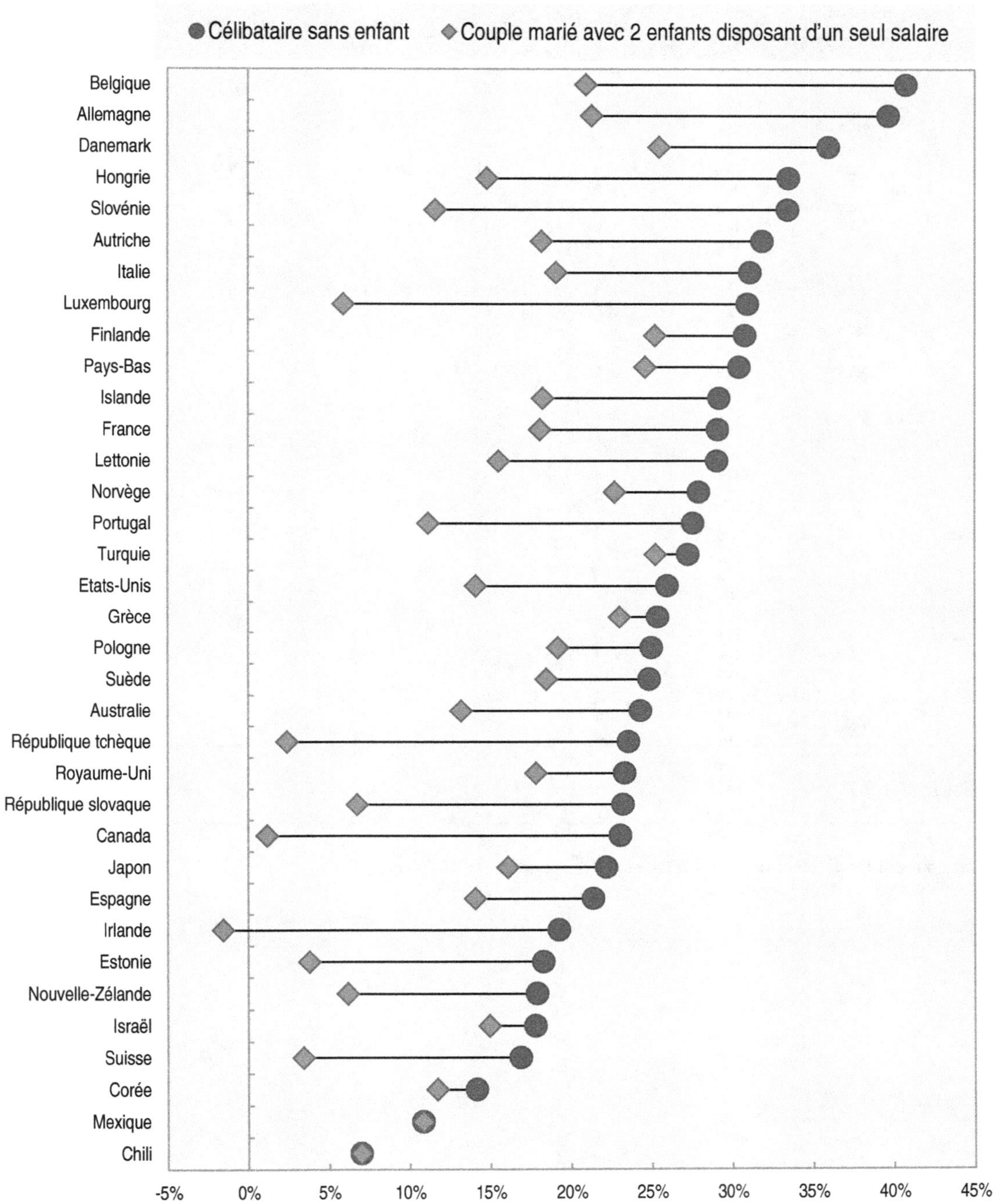

Note : Le type de ménage « célibataire sans enfant » correspond à un niveau de salaire de 100 % du salaire moyen. Le type de ménage « couple marié avec 2 enfants disposant d'un seul salaire » correspond à un niveau de salaire combiné de 100 %-0 % du salaire moyen.

Source : Calculs de l'OCDE basés sur les contributions des pays et sur les *Perspectives économiques de l'OCDE*, volume 2016 (no. 100).

StatLink *http://dx.doi.org/10.1787/888933464486*

Tableau 3.4. **Impôt sur le revenu, 2016**

En % du salaire brut, par catégorie de famille et niveau de salaire

	Célibataire sans enf 67 (% SM)	Célibataire sans enf 100 (% SM)	Célibataire sans enf 167 (% SM)	Célibataire 2 enf 67 (% SM)	Couple marié 2 enf 100-0 (% SM)	Couple marié 2 enf 100-33 (% SM)[2]	Couple marié 2 enf 100-67 (% SM)[2]	Couple marié sans enf 100-33 (% SM)[2]
Allemagne	14.0	19.0	27.5	-2.8	0.9	6.5	10.8	13.9
Australie	18.8	24.3	30.2	18.8	24.3	19.9	22.1	19.9
Autriche	8.3	13.9	21.0	5.0	11.7	9.2	11.1	9.8
Belgique	19.5	26.8	34.5	14.1	15.1	19.3	22.4	21.2
Canada	11.8	15.4	21.4	3.5	10.6	12.5	13.9	12.5
Chili	0.0	0.0	1.0	0.0	0.0	0.0	0.0	0.0
Corée	2.2	5.7	10.6	0.0	3.3	2.9	3.1	4.3
Danemark	33.8	36.2	42.2	32.3	32.2	34.1	35.2	34.1
Espagne	10.4	15.0	21.0	-4.6	7.7	9.9	11.0	11.3
Estonie	15.2	16.7	17.9	11.2	11.0	13.1	14.5	15.2
États-Unis	15.4	18.3	23.7	-2.6	6.5	10.2	12.5	15.4
Finlande	15.0	22.0	29.4	14.4	21.9	16.9	19.0	17.1
France	11.0	14.8	20.9	7.9	7.9	7.9	11.0	11.5
Grèce	4.4	9.6	16.6	3.7	10.1	7.6	8.1	8.0
Hongrie	15.0	15.0	15.0	1.5	5.9	8.2	9.6	15.0
Irlande	8.7	15.2	27.4	2.5	6.8	8.7	12.0	8.7
Islande	25.0	28.9	34.0	25.0	21.5	25.0	27.3	25.0
Israël[1]	5.3	9.9	17.3	-3.5	9.9	7.4	5.9	7.4
Italie	12.4	21.6	29.9	4.7	14.7	11.5	15.0	15.0
Japon	6.2	7.8	12.7	6.2	6.4	6.9	7.2	6.9
Lettonie	17.5	18.6	19.4	3.4	9.1	10.4	12.5	17.5
Luxembourg	10.1	18.1	25.8	3.5	6.5	8.2	12.5	8.2
Mexique	2.5	9.5	14.0	2.5	9.5	5.2	6.7	5.2
Norvège	16.3	19.7	26.2	12.9	18.6	16.7	18.4	16.7
Nouvelle-Zélande	13.6	17.9	23.6	15.0	17.9	16.5	16.7	16.5
Pays-Bas	6.4	16.9	27.9	4.5	16.4	12.7	11.9	13.2
Pologne	6.4	7.2	7.8	0.0	1.4	2.8	4.1	6.3
Portugal	10.2	16.6	23.4	0.0	4.3	4.9	9.7	10.0
République slovaque	6.6	9.8	12.5	-0.4	-1.5	3.9	5.7	7.4
République tchèque	8.9	12.6	15.6	-4.9	-4.2	2.5	5.6	9.5
Royaume-Uni	11.0	14.0	22.3	-3.2	13.4	11.0	12.8	11.0
Slovénie	6.7	11.3	15.3	0.1	3.0	3.9	5.8	8.5
Suède	15.2	17.9	31.4	15.2	17.9	15.6	16.8	15.6
Suisse	7.8	10.7	15.5	2.1	4.2	5.7	7.9	8.3
Turquie	9.2	12.3	16.9	7.4	10.3	8.6	10.3	9.5
Moyenne non pondérée								
OCDE-Moyenne	**11.4**	**15.7**	**21.5**	**5.6**	**10.1**	**10.5**	**12.3**	**12.4**
OCDE-UE 22	**12.1**	**16.8**	**22.9**	**4.9**	**9.6**	**10.4**	**12.6**	**13.1**

Note : enf = enfant

1. Informations sur les données concernant Israël : http://oe.cd/israel-disclaimer.
2. Famille disposant de deux revenus.

StatLink http://dx.doi.org/10.1787/888933465357

Graphique 3.4. **Impôt sur le revenu, par catégorie de famille, 2016**

En % du salaire brut

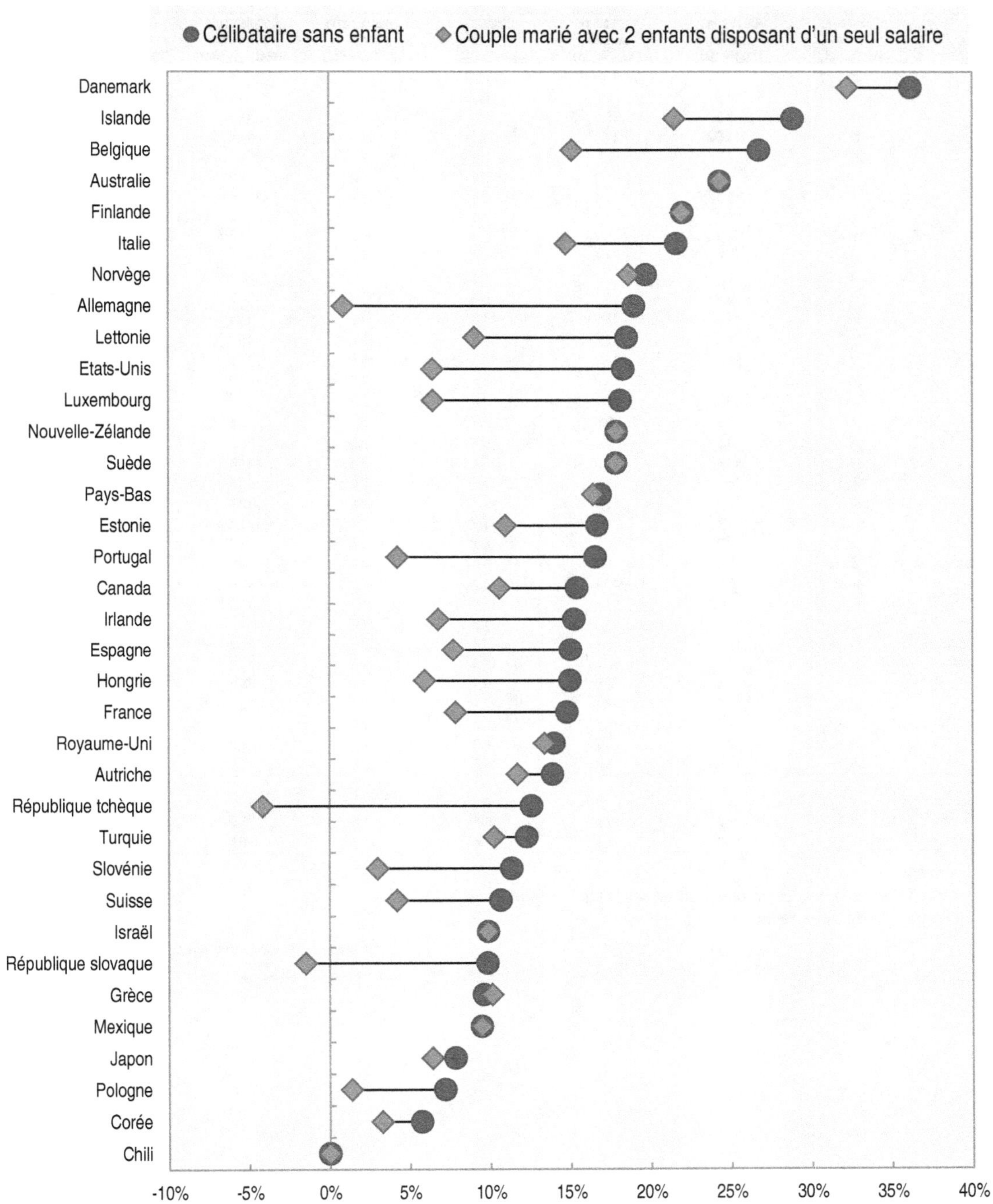

Note : Le type de ménage « célibataire sans enfant » correspond à un niveau de salaire de 100 % du salaire moyen. Le type de ménage « couple marié avec 2 enfants disposant d'un seul salaire » correspond à un niveau de salaire combiné de 100 %-0 % du salaire moyen.

Source : Calculs de l'OCDE basés sur les contributions des pays et sur les *Perspectives économiques de l'OCDE*, volume 2016 (no. 100).

StatLink http://dx.doi.org/10.1787/888933464495

Tableau 3.5. **Cotisations sociales des salariés, 2016**

En % du salaire brut, par catégorie de famille et niveau de salaire

	Célibataire sans enf 67 (% SM)	Célibataire sans enf 100 (% SM)	Célibataire sans enf 167 (% SM)	Célibataire 2 enf 67 (% SM)	Couple marié 2 enf 100-0 (% SM)	Couple marié 2 enf 100-33 (% SM)[2]	Couple marié 2 enf 100-67 (% SM)[2]	Couple marié sans enf 100-33 (% SM)[2]
Allemagne	20.7	20.7	16.4	20.4	20.4	20.4	20.4	20.7
Australie	0.0	0.0	0.0	0.0	0.0	0.0	0.0	0.0
Autriche	18.0	18.0	16.5	18.0	18.0	17.2	18.0	17.2
Belgique	13.9	14.0	14.0	13.9	14.0	10.8	14.0	10.8
Canada	7.2	7.7	5.0	7.2	7.7	7.2	7.5	7.2
Chili	7.0	7.0	7.0	7.0	7.0	7.0	7.0	7.0
Corée	8.4	8.4	7.1	8.4	8.4	8.4	8.4	8.4
Danemark	0.0	0.0	0.0	0.0	0.0	0.0	0.0	0.0
Espagne	6.4	6.4	6.2	6.4	6.4	6.4	6.4	6.4
Estonie	1.6	1.6	1.6	1.6	1.6	1.6	1.6	1.6
États-Unis	7.7	7.7	7.7	7.7	7.7	7.7	7.7	7.7
Finlande	8.6	8.8	8.8	8.6	8.8	8.5	8.7	8.5
France	14.3	14.3	13.6	14.3	14.3	14.3	14.3	14.3
Grèce	15.8	15.8	15.8	15.8	15.8	15.8	15.8	15.8
Hongrie	18.5	18.5	18.5	18.5	18.5	18.5	18.5	18.5
Irlande	4.0	4.0	4.0	4.0	4.0	3.0	4.0	3.0
Islande	0.5	0.3	0.2	0.5	0.3	0.5	0.4	0.5
Israël[1]	5.9	7.9	9.6	5.9	7.9	6.8	7.1	6.8
Italie	9.5	9.5	9.6	9.5	9.5	9.5	9.5	9.5
Japon	14.4	14.4	13.2	14.4	14.4	14.4	14.4	14.4
Lettonie	10.5	10.5	10.5	10.5	10.5	10.5	10.5	10.5
Luxembourg	12.7	12.8	12.9	12.7	12.8	12.7	12.8	12.7
Mexique	1.3	1.4	1.5	1.3	1.4	1.3	1.3	1.3
Norvège	8.2	8.2	8.2	8.2	8.2	8.2	8.2	8.2
Nouvelle-Zélande	0.0	0.0	0.0	0.0	0.0	0.0	0.0	0.0
Pays-Bas	16.4	13.5	10.1	10.2	12.0	10.0	12.2	12.0
Pologne	17.8	17.8	17.8	17.8	17.8	17.8	17.8	17.8
Portugal	11.0	11.0	11.0	11.0	11.0	11.0	11.0	11.0
République slovaque	13.4	13.4	13.4	13.4	13.4	12.4	13.4	12.4
République tchèque	11.0	11.0	11.0	11.0	11.0	11.0	11.0	11.0
Royaume-Uni	8.1	9.4	7.5	8.1	9.4	8.0	8.8	8.0
Slovénie	22.1	22.1	22.1	22.1	22.1	22.1	22.1	22.1
Suède	7.0	7.0	4.7	7.0	7.0	7.0	7.0	7.0
Suisse	6.2	6.2	6.2	6.2	6.2	6.2	6.2	6.2
Turquie	15.0	15.0	15.0	15.0	15.0	15.0	15.0	15.0
Moyenne non pondérée								
OCDE-Moyenne	**9.8**	**9.8**	**9.3**	**9.6**	**9.8**	**9.5**	**9.7**	**9.5**
OCDE-UE 22	**11.9**	**11.8**	**11.2**	**11.6**	**11.7**	**11.3**	**11.7**	**11.4**

Note : enf = enfant

1. Informations sur les données concernant Israël : http://oe.cd/israel-disclaimer.
2. Famille disposant de deux revenus.

StatLink http://dx.doi.org/10.1787/888933465367

Graphique 3.5. **Cotisations de sécurité sociale des salariés, 2015**

En % du salaire brut, par catégorie de famille

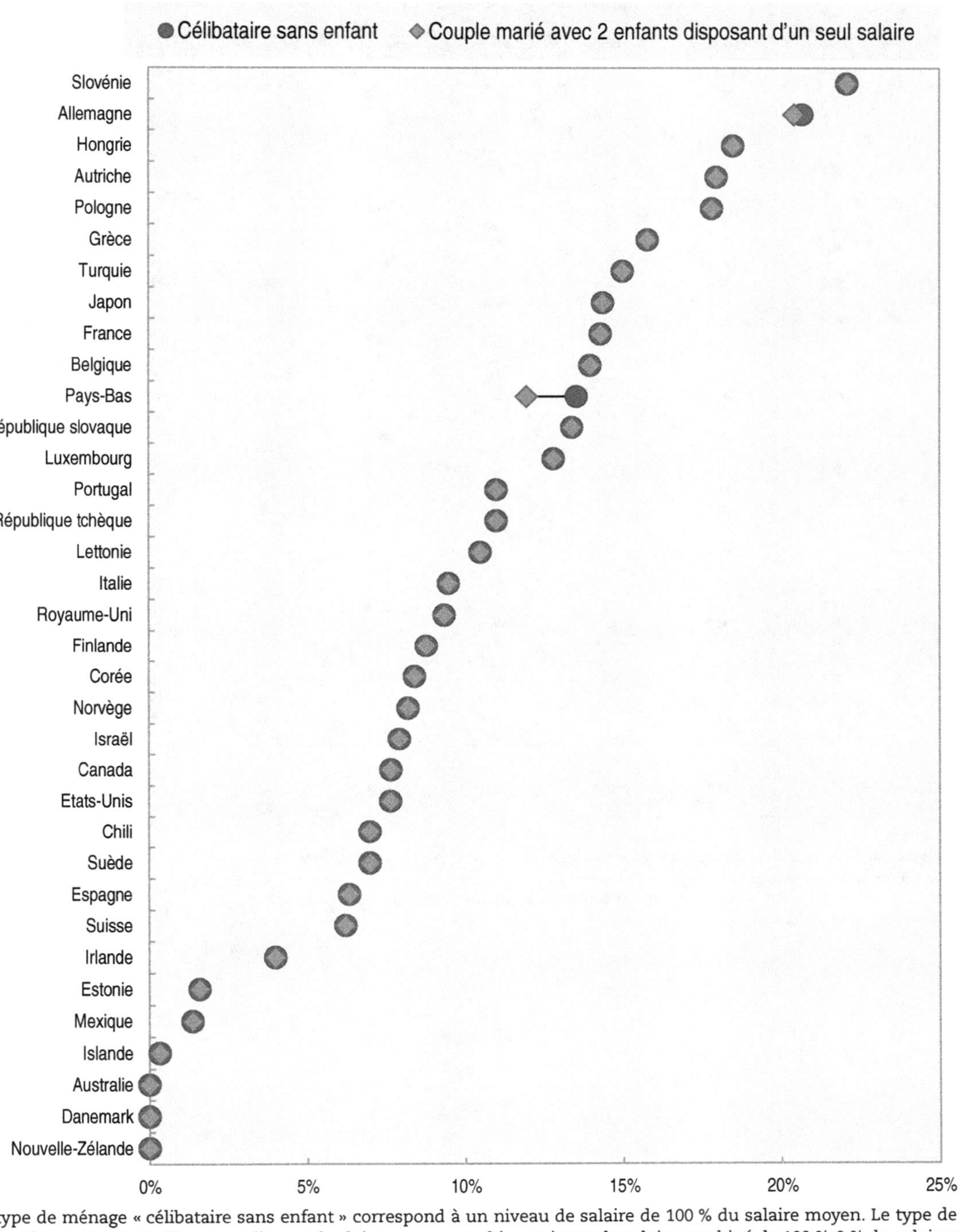

Note : Le type de ménage « célibataire sans enfant » correspond à un niveau de salaire de 100 % du salaire moyen. Le type de ménage « couple marié avec 2 enfants disposant d'un seul salaire » correspond à un niveau de salaire combiné de 100 %-0 % du salaire moyen.
Source : Calculs de l'OCDE basés sur les contributions des pays et sur les *Perspectives économiques de l'OCDE*, volume 2016 (no. 100).

StatLink http://dx.doi.org/10.1787/888933464502

Tableau 3.6. **Taux marginal applicable à l'impôt sur le revenu et aux cotisations sociales des salariés et employeurs diminués des prestations versées, 2016**

En % des coûts de main-d'oeuvre, par catégorie de famille et niveau de salaire

	Célibataire sans enf 67 (% SM)	Célibataire sans enf 100 (% SM)	Célibataire sans enf 167 (% SM)	Célibataire 2 enf 67 (% SM)	Couple marié 2 enf 100-0 (% SM)	Couple marié 2 enf 100-33 (% SM)[2]	Couple marié 2 enf 100-67 (% SM)[2]	Couple marié sans enf 100-33 (% SM)[2]
Allemagne	55.6	60.1	44.3	53.6	52.3	55.3	57.6	55.5
Australie	39.6	42.4	42.4	58.5	61.3	70.7	42.4	42.4
Autriche	56.0	56.0	41.3	56.0	56.0	56.0	56.0	56.0
Belgique	65.7	66.7	67.9	65.7	66.7	66.7	66.7	66.7
Canada	33.8	39.6	37.0	52.3	75.4	44.7	44.7	39.6
Chili	7.0	7.0	10.2	7.0	7.0	7.0	7.0	7.0
Corée	29.0	28.5	31.9	17.0	28.5	28.5	28.5	28.5
Danemark	39.7	42.0	55.8	38.2	42.0	42.0	42.0	42.0
Espagne	45.2	49.5	37.0	45.2	45.2	49.5	49.5	49.5
Estonie	41.2	41.2	41.2	41.2	41.2	41.2	41.2	41.2
États-Unis	34.3	43.6	43.6	55.1	34.3	34.3	34.3	34.3
Finlande	54.8	55.9	59.0	54.8	56.8	56.8	56.8	55.9
France	69.3	58.9	59.9	73.6	43.0	43.0	60.5	53.4
Grèce	47.4	48.9	56.2	47.4	48.9	48.9	48.9	48.9
Hongrie	48.2	48.2	48.2	48.2	48.2	48.2	48.2	48.2
Irlande	36.3	54.4	54.4	67.3	36.3	36.3	36.3	36.3
Islande	41.1	41.1	48.2	50.1	50.1	46.5	41.1	41.1
Israël[1]	31.2	37.7	47.0	34.3	37.7	37.7	37.7	37.7
Italie	54.8	54.8	63.2	56.0	56.0	56.0	55.4	54.8
Japon	32.9	37.1	35.1	32.9	37.1	37.1	37.1	37.1
Lettonie	44.2	44.2	44.2	44.2	44.2	44.2	44.2	44.2
Luxembourg	47.8	55.5	55.5	50.4	39.4	44.5	52.9	44.5
Mexique	17.5	25.2	28.4	17.5	25.2	25.2	25.2	25.2
Norvège	42.4	42.4	53.0	42.4	42.4	42.4	42.4	42.4
Nouvelle-Zélande	17.5	30.0	33.0	38.8	51.3	51.3	30.0	30.0
Pays-Bas	48.2	51.6	52.7	48.7	51.6	51.6	51.6	51.6
Pologne	37.2	37.2	37.2	29.6	37.2	37.2	37.2	37.2
Portugal	51.9	51.9	59.4	28.1	39.8	51.1	51.1	51.9
République slovaque	46.5	46.5	46.5	46.5	46.5	46.5	46.5	46.5
République tchèque	48.6	48.6	48.6	48.6	48.6	48.6	48.6	48.6
Royaume-Uni	40.2	40.2	49.0	76.3	40.2	40.2	40.2	40.2
Slovénie	43.6	51.0	60.4	43.6	43.6	43.6	43.6	51.0
Suède	45.6	48.3	69.6	45.6	48.3	48.3	48.3	48.3
Suisse	26.3	27.8	36.6	18.8	22.0	26.1	29.4	26.9
Turquie	42.8	47.8	47.8	42.8	47.8	47.8	47.8	47.8
Moyenne non pondérée								
OCDE-Moyenne	**41.8**	**44.6**	**47.0**	**45.0**	**44.3**	**44.4**	**43.8**	**43.2**
OCDE-UE 22	**48.6**	**50.5**	**52.3**	**50.4**	**46.9**	**48.0**	**49.3**	**48.8**

Note : enf = enfant

On suppose que le revenu brut principal du ménage augmente. Le résultat peut être différent si le salaire du conjoint augmente, surtout si les deux conjoints sont imposés séparément.

1. Informations sur les données concernant Israël : http://oe.cd/israel-disclaimer.
2. Famille disposant de deux revenus.

StatLink http://dx.doi.org/10.1787/888933465377

Graphique 3.6. **Taux marginal applicable à l'impôt sur le revenu et aux cotisations de sécurité sociale des salariés et des employeurs diminués des prestations versées, 2016**

En % des coûts de main-d'œuvre, par catégorie de famille

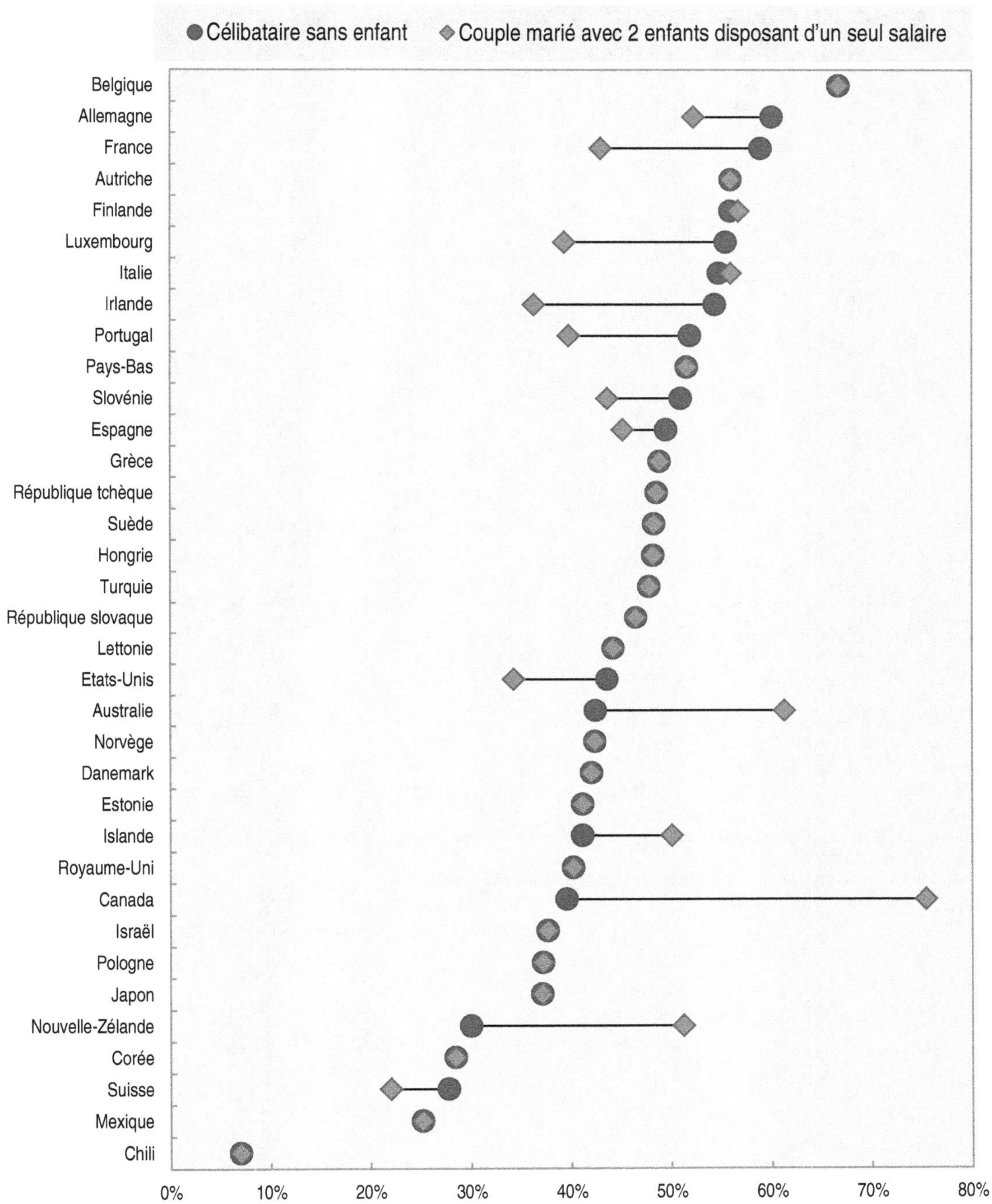

Note : Le type de ménage « célibataire sans enfant » correspond à un niveau de salaire de 100 % du salaire moyen. Le type de ménage « couple marié avec 2 enfants disposant d'un seul salaire » correspond à un niveau de salaire combiné de 100 %-0 % du salaire moyen.
Source : Calculs de l'OCDE basés sur les contributions des pays et sur les *Perspectives économiques de l'OCDE*, volume 2016 (no. 100).

StatLink http://dx.doi.org/10.1787/888933464518

Tableau 3.7. **Taux marginal applicable à l'impôt sur le revenu et aux cotisations sociales des salariés diminués des prestations versées, 2016**

En % du salaire brut, par catégorie de famille et niveau de salaire

	Célibataire sans enf 67 (% SM)	Célibataire sans enf 100 (% SM)	Célibataire sans enf 167 (% SM)	Célibataire 2 enf 67 (% SM)	Couple marié 2 enf 100-0 (% SM)	Couple marié 2 enf 100-33 (% SM)[2]	Couple marié 2 enf 100-67 (% SM)[2]	Couple marié sans enf 100-33 (% SM)[2]
Allemagne	47.0	52.4	44.3	44.7	43.1	46.6	49.4	46.9
Australie	36.0	39.0	39.0	56.0	59.0	69.0	39.0	39.0
Autriche	43.3	43.3	36.9	43.3	43.3	43.3	43.3	43.3
Belgique	54.6	55.9	59.4	54.6	55.9	55.9	55.9	55.9
Canada	25.5	33.6	33.9	46.3	73.0	39.3	39.3	33.6
Chili	7.0	7.0	10.2	7.0	7.0	7.0	7.0	7.0
Corée	21.7	21.0	28.0	8.4	21.0	21.0	21.0	21.0
Danemark	39.7	42.0	55.8	38.2	42.0	42.0	42.0	42.0
Espagne	28.8	34.4	37.0	28.8	28.8	34.4	34.4	34.4
Estonie	21.3	21.3	21.3	21.3	21.3	21.3	21.3	21.3
États-Unis	29.3	39.3	39.3	51.6	29.3	29.3	29.3	29.3
Finlande	44.3	45.8	49.5	44.3	46.8	46.8	46.8	45.8
France	43.6	43.9	42.6	51.6	22.2	22.2	46.1	36.4
Grèce	34.3	36.2	45.3	34.3	36.2	36.2	36.2	36.2
Hongrie	33.5	33.5	33.5	33.5	33.5	33.5	33.5	33.5
Irlande	29.5	49.5	49.5	63.8	29.5	29.5	29.5	29.5
Islande	36.8	36.8	44.4	46.4	46.4	42.6	36.8	36.8
Israël[1]	26.0	33.0	43.0	29.4	33.0	33.0	33.0	33.0
Italie	40.4	40.4	51.5	42.0	42.0	42.0	41.2	40.4
Japon	22.8	27.6	31.1	22.8	27.6	27.6	27.6	27.6
Lettonie	31.1	31.1	31.1	31.1	31.1	31.1	31.1	31.1
Luxembourg	41.5	50.1	50.1	44.4	32.0	37.7	47.2	37.7
Mexique	12.1	19.5	22.9	12.1	19.5	19.5	19.5	19.5
Norvège	34.9	34.9	46.9	34.9	34.9	34.9	34.9	34.9
Nouvelle-Zélande	17.5	30.0	33.0	38.8	51.3	51.3	30.0	30.0
Pays-Bas	42.5	46.3	52.7	43.1	46.3	46.3	46.3	46.3
Pologne	26.7	26.7	26.7	17.8	26.7	26.7	26.7	26.7
Portugal	40.5	40.5	49.8	11.0	25.5	39.5	39.5	40.5
République slovaque	29.9	29.9	29.9	29.9	29.9	29.9	29.9	29.9
République tchèque	31.1	31.1	31.1	31.1	31.1	31.1	31.1	31.1
Royaume-Uni	32.0	32.0	42.0	73.0	32.0	32.0	32.0	32.0
Slovénie	34.6	43.1	54.0	34.6	34.6	34.6	34.6	43.1
Suède	28.5	32.1	60.1	28.5	32.1	32.1	32.1	32.1
Suisse	21.7	23.3	32.6	13.8	17.2	21.5	25.0	22.3
Turquie	32.8	38.7	38.7	32.8	38.7	38.7	38.7	38.7
Moyenne non pondérée								
OCDE-Moyenne	**32.1**	**35.6**	**39.9**	**35.6**	**35.0**	**35.1**	**34.6**	**34.0**
OCDE-UE 22	**36.3**	**39.2**	**43.4**	**38.4**	**34.8**	**36.1**	**37.7**	**37.1**

Note : enf = enfant

On suppose que le revenu brut principal du ménage augmente. Le résultat peut être différent si le salaire du conjoint augmente, surtout si les deux conjoints sont imposés séparément.

1. Informations sur les données concernant Israël : http://oe.cd/israel-disclaimer.
2. Famille disposant de deux revenus.

StatLink http://dx.doi.org/10.1787/888933465385

Graphique 3.7. **Taux marginal applicable à l'impôt sur le revenu et aux cotisations de sécurité sociale des salariés diminués des prestations versées, 2016**

En % du salaire brut, par catégorie de famille

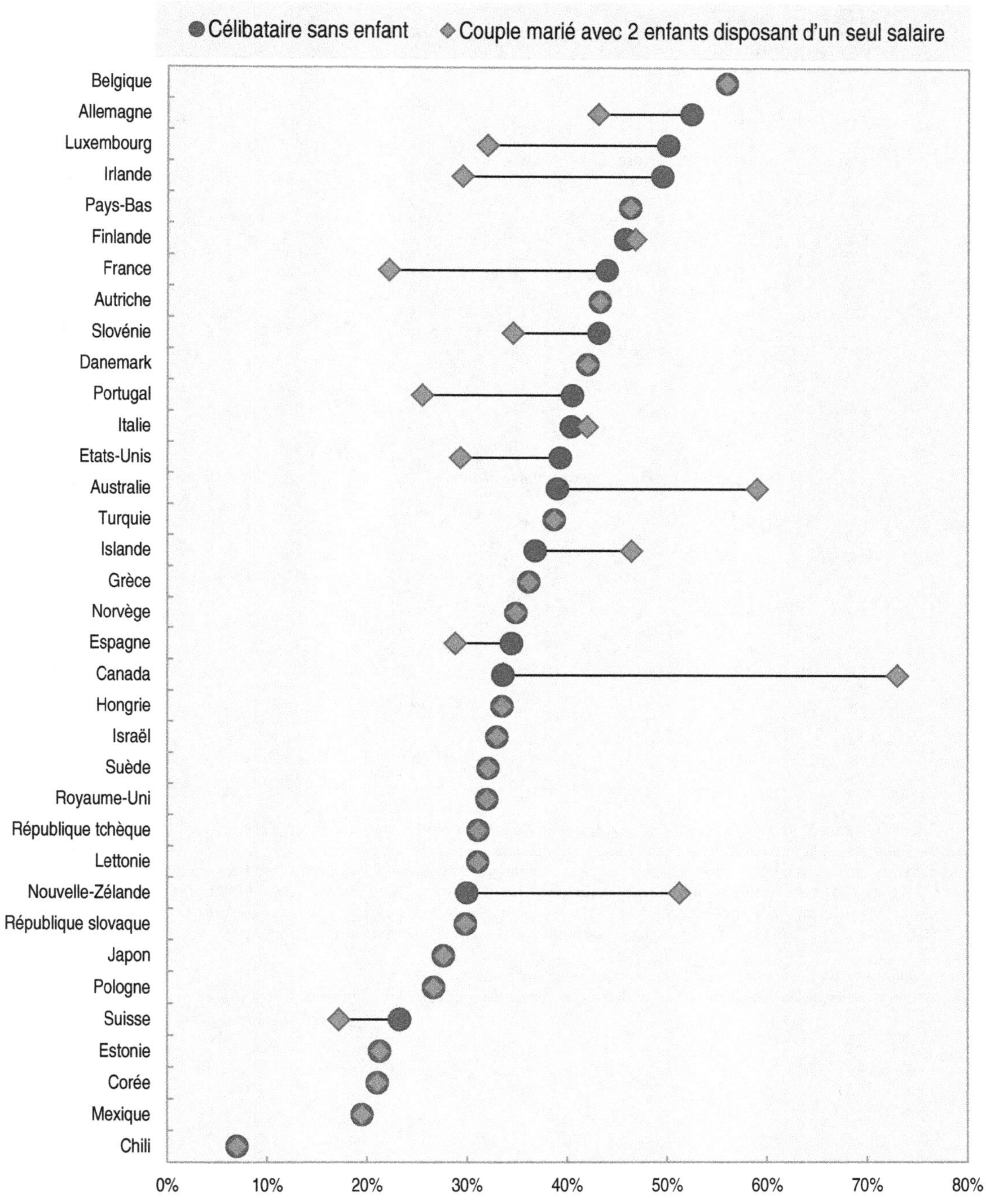

Note : Le type de ménage « célibataire sans enfant » correspond à un niveau de salaire de 100 % du salaire moyen. Le type de ménage « couple marié avec 2 enfants disposant d'un seul salaire » correspond à un niveau de salaire combiné de 100 %-0 % du salaire moyen.

Source : Calculs de l'OCDE basés sur les contributions des pays et sur les *Perspectives économiques de l'OCDE*, volume 2016 (no. 100).

StatLink http://dx.doi.org/10.1787/888933464524

Tableau 3.8. Augmentation en pourcentage du revenu net selon l'augmentation en pourcentage du salaire brut, 2016

Après une augmentation d'une unité monétaire du salaire brut, par catégorie de famille et niveau de salaire

	Célibataire sans enf 67 (% SM)	Célibataire sans enf 100 (% SM)	Célibataire sans enf 167 (% SM)	Célibataire 2 enf 67 (% SM)	Couple marié 2 enf 100-0 (% SM)	Couple marié 2 enf 100-33 (% SM)[2]	Couple marié 2 enf 100-67 (% SM)[2]	Couple marié sans enf 100-33 (% SM)[2]
Allemagne	0.81	0.79	0.99	0.67	0.72	0.73	0.74	0.81
Australie	0.79	0.81	0.87	0.41	0.47	0.39	0.78	0.76
Autriche	0.77	0.83	1.01	0.60	0.69	0.69	0.73	0.78
Belgique	0.68	0.74	0.79	0.54	0.56	0.58	0.64	0.65
Canada	0.91	0.86	0.90	0.42	0.27	0.68	0.72	0.83
Chili	1.00	1.00	0.98	0.99	1.00	0.98	1.00	1.00
Corée	0.88	0.92	0.88	1.00	0.89	0.89	0.89	0.90
Danemark	0.91	0.91	0.76	0.66	0.78	0.82	0.84	0.87
Espagne	0.86	0.83	0.87	0.72	0.83	0.78	0.79	0.80
Estonie	0.95	0.96	0.98	0.75	0.82	0.86	0.88	0.95
États-Unis	0.92	0.82	0.88	0.51	0.82	0.86	0.89	0.92
Finlande	0.73	0.78	0.82	0.62	0.71	0.68	0.70	0.73
France	0.75	0.79	0.88	0.49	0.95	0.96	0.70	0.86
Grèce	0.82	0.86	0.81	0.77	0.83	0.82	0.83	0.84
Hongrie	1.00	1.00	1.00	0.69	0.78	0.83	0.86	1.00
Irlande	0.81	0.63	0.74	0.28	0.69	0.74	0.79	0.80
Islande	0.85	0.89	0.85	0.64	0.66	0.76	0.87	0.85
Israël[1]	0.83	0.82	0.78	0.67	0.79	0.76	0.76	0.78
Italie	0.76	0.87	0.80	0.59	0.72	0.71	0.76	0.79
Japon	0.97	0.93	0.93	0.89	0.86	0.88	0.89	0.92
Lettonie	0.96	0.97	0.98	0.75	0.82	0.84	0.87	0.96
Luxembourg	0.76	0.72	0.81	0.54	0.72	0.70	0.64	0.79
Mexique	0.91	0.90	0.91	0.91	0.90	0.86	0.87	0.86
Norvège	0.86	0.90	0.81	0.74	0.84	0.83	0.86	0.87
Nouvelle-Zélande	0.96	0.85	0.88	0.54	0.52	0.56	0.84	0.84
Pays-Bas	0.74	0.77	0.76	0.55	0.71	0.67	0.69	0.72
Pologne	0.97	0.98	0.99	1.00	0.91	0.92	0.94	0.97
Portugal	0.76	0.82	0.77	0.92	0.84	0.70	0.76	0.75
République slovaque	0.88	0.91	0.95	0.74	0.75	0.80	0.84	0.87
République tchèque	0.86	0.90	0.94	0.69	0.71	0.77	0.80	0.87
Royaume-Uni	0.84	0.89	0.83	0.26	0.83	0.80	0.84	0.84
Slovénie	0.92	0.85	0.73	0.63	0.74	0.82	0.86	0.82
Suède	0.92	0.90	0.62	0.82	0.83	0.83	0.85	0.88
Suisse	0.91	0.92	0.86	0.84	0.86	0.84	0.83	0.91
Turquie	0.89	0.84	0.90	0.87	0.82	0.80	0.82	0.81
Moyenne non pondérée								
OCDE-Moyenne	**0.86**	**0.86**	**0.86**	**0.68**	**0.76**	**0.78**	**0.81**	**0.84**
OCDE-UE 22	**0.84**	**0.85**	**0.86**	**0.65**	**0.77**	**0.77**	**0.79**	**0.83**

Note : enf = enfant

Le revenu net est calculé à partir des revenus bruts diminués de l'impôt sur le revenu des personnes physiques, des cotisations sociales et augmentés des prestations versées aux familles. L'augmentation qui est rapportée dans le tableau représente une sorte d'élasticité. Dans un système fiscal proportionnel, l'élasticité est égale à 1. A ce niveau de revenu, plus les système est progressif plus l'élasticité est faible. Les élasticités indiquées dans le tableau 3.8 sont calculées de la manière suivante : (100 – METR) / (100 – AETR), où METR désigne le taux marginal de l'impôt sur le revenu, augmenté des cotisations salariales de sécurité sociale et diminué des transferts en espèces, figurant dans le tableau 3.7, et AETR désigne le taux moyen augmenté des cotisations salariales de sécurité sociale et diminué des transferts en espèces, figurant dans le tableau 3.3.

1. Informations sur les données concernant Israël : http://oe.cd/israel-disclaimer.
2. Famille disposant de deux revenus. On fait l'hypothèse que le revenu brut principal du ménage augmente.

StatLink http://dx.doi.org/10.1787/888933465390

Tableau 3.9. **Augmentation en pourcentage du revenu net selon l'augmentation en pourcentage des coûts bruts de main d'oeuvre, 2016**

Après une augmentation d'une unité monétaire des coûts bruts de main d'oeuvre, par catégorie de famille et niveau de salaire

	Célibataire sans enf 67 (% SM)	Célibataire sans enf 100 (% SM)	Célibataire sans enf 167 (% SM)	Célibataire 2 enf 67 (% SM)	Couple marié 2 enf 100-0 (% SM)	Couple marié 2 enf 100-33 (% SM)[2]	Couple marié 2 enf 100-67 (% SM)[2]	Couple marié sans enf 100-33 (% SM)[2]
Allemagne	0.81	0.79	1.15	0.67	0.72	0.73	0.74	0.81
Australie	0.79	0.81	0.87	0.41	0.47	0.39	0.78	0.76
Autriche	0.77	0.83	1.19	0.60	0.69	0.69	0.73	0.78
Belgique	0.65	0.72	0.80	0.52	0.54	0.54	0.62	0.61
Canada	0.90	0.88	0.94	0.42	0.28	0.69	0.73	0.84
Chili	1.00	1.00	0.98	0.99	1.00	0.98	1.00	1.00
Corée	0.88	0.92	0.90	1.00	0.89	0.89	0.89	0.90
Danemark	0.92	0.91	0.77	0.67	0.78	0.83	0.85	0.88
Espagne	0.86	0.83	1.12	0.72	0.83	0.78	0.79	0.80
Estonie	0.95	0.96	0.98	0.75	0.82	0.86	0.88	0.95
États-Unis	0.93	0.83	0.89	0.51	0.83	0.87	0.89	0.93
Finlande	0.73	0.78	0.82	0.62	0.71	0.68	0.70	0.73
France	0.54	0.79	0.88	0.35	0.95	0.91	0.69	0.81
Grèce	0.82	0.86	0.81	0.77	0.83	0.82	0.83	0.84
Hongrie	1.00	1.00	1.00	0.69	0.78	0.83	0.86	1.00
Irlande	0.81	0.63	0.74	0.28	0.69	0.74	0.79	0.79
Islande	0.85	0.89	0.85	0.64	0.66	0.76	0.87	0.85
Israël[1]	0.81	0.80	0.77	0.65	0.77	0.74	0.74	0.76
Italie	0.76	0.87	0.80	0.59	0.72	0.71	0.76	0.79
Japon	0.97	0.93	1.00	0.89	0.86	0.88	0.89	0.92
Lettonie	0.96	0.97	0.98	0.75	0.82	0.84	0.87	0.96
Luxembourg	0.76	0.72	0.81	0.54	0.72	0.70	0.64	0.79
Mexique	0.98	0.94	0.93	0.98	0.94	0.91	0.91	0.91
Norvège	0.86	0.90	0.81	0.74	0.84	0.83	0.86	0.87
Nouvelle-Zélande	0.96	0.85	0.88	0.54	0.52	0.56	0.84	0.84
Pays-Bas	0.75	0.77	0.82	0.55	0.71	0.67	0.69	0.72
Pologne	0.97	0.98	0.99	1.00	0.91	0.92	0.94	0.97
Portugal	0.76	0.82	0.77	0.92	0.84	0.70	0.76	0.75
République slovaque	0.88	0.91	0.95	0.74	0.75	0.79	0.84	0.86
République tchèque	0.86	0.90	0.94	0.69	0.71	0.77	0.80	0.87
Royaume-Uni	0.81	0.86	0.81	0.25	0.81	0.77	0.81	0.81
Slovénie	0.92	0.85	0.73	0.63	0.74	0.82	0.86	0.82
Suède	0.92	0.90	0.62	0.82	0.83	0.83	0.85	0.88
Suisse	0.91	0.92	0.86	0.84	0.86	0.84	0.83	0.91
Turquie	0.89	0.84	0.90	0.87	0.82	0.80	0.82	0.81
Moyenne non pondérée								
OCDE-Moyenne	**0.85**	**0.86**	**0.89**	**0.67**	**0.76**	**0.77**	**0.81**	**0.84**
OCDE-UE 22	**0.83**	**0.85**	**0.89**	**0.64**	**0.77**	**0.77**	**0.79**	**0.83**

Note : enf = enfant

Le revenu net est calculé à partir des revenus bruts diminués de l'impôt sur le revenu des personnes physiques, des cotisations sociales et augmentés des prestations versées aux familles. L'augmentation qui est rapportée dans le tableau représente une sorte d'élasticité. Dans un système fiscal proportionnel, l'élasticité est égale à 1. A ce niveau de revenu, plus les système est progressif plus l'élasticité est faible. Les élasticités indiquées dans le tableau 3.9 sont calculées de la manière suivante : (100 – METR) / (100 – AETR), où METR désigne le taux marginal de l'impôt sur le revenu, augmenté des cotisations salariales et patronales de sécurité sociale et diminué des transferts en espèces, figurant dans le tableau 3.6, et AETR désigne le taux moyen augmenté des cotisations salariales et patronales de sécurité sociale et diminué des transferts en espèces, figurant dans le tableau 3.1.

1. Informations sur les données concernant Israël : http://oe.cd/israel-disclaimer.
2. Famille disposant de deux revenus. On fait l'hypothèse que le revenu brut principal du ménage augmente.

StatLink http://dx.doi.org/10.1787/888933465403

Tableau 3.10a. **Salaire brut annuel et revenu net, célibataire, 2016**

En dollars US convertis sur la base des PPA, par catégorie de famille et niveau de salaire

	Célibataire sans enf 67 (% SM)		Célibataire sans enf 100 (% SM)		Célibataire sans enf 167 (% SM)		Célibataire 2 enf 67 (% SM)	
	Total des revenus bruts avant impôts	Revenus nets après impôts	Total des revenus bruts avant impôts	Revenus nets après impôts	Total des revenus bruts avant impôts	Revenus nets après impôts	Total des revenus bruts avant impôts	Revenus nets après impôts
Allemagne	41 372	27 011	61 750	37 260	103 122	57 892	41 372	34 085
Australie	38 007	30 855	56 727	42 930	94 733	66 114	38 007	40 706
Autriche	37 305	27 507	55 680	37 934	92 985	58 142	37 305	35 125
Belgique	39 003	25 979	58 214	34 492	97 217	50 060	39 003	32 859
Canada	27 484	22 618	41 021	31 554	68 505	50 455	27 484	35 367
Chili	13 746	12 784	20 517	19 081	34 263	31 518	13 746	12 908
Corée	32 816	29 336	48 979	42 051	81 794	67 343	32 816	30 056
Danemark	38 398	25 541	57 310	36 701	95 709	55 367	38 398	35 851
Espagne	26 985	22 459	40 276	31 664	67 261	48 926	26 985	26 507
Estonie	17 112	14 234	25 540	20 869	42 652	34 340	17 112	18 035
États-Unis	35 204	27 090	52 543	38 894	87 747	60 263	35 204	33 430
Finlande	32 481	24 809	48 479	33 551	80 960	50 004	32 481	28 996
France	32 037	23 939	47 817	33 904	79 854	52 274	32 037	31 716
Grèce	22 093	17 632	32 974	24 602	55 067	37 244	22 093	18 848
Hongrie	17 170	11 418	25 627	17 042	42 797	28 460	17 170	16 487
Irlande	29 974	26 168	44 737	36 126	74 711	51 263	29 974	39 430
Islande	39 560	29 495	59 044	41 806	98 604	64 864	39 560	33 291
Israël[1]	24 981	22 190	37 286	30 649	62 267	45 519	24 981	26 247
Italie	28 251	22 071	42 166	29 045	70 418	42 609	28 251	27 848
Japon	33 687	26 773	50 278	39 118	83 965	62 201	33 687	29 134
Lettonie	13 760	9 901	20 537	14 571	34 297	24 054	13 760	12 678
Luxembourg	43 900	33 872	65 522	45 239	109 421	67 154	43 900	45 552
Mexique	8 785	8 456	13 112	11 691	21 897	18 516	8 785	8 456
Norvège	40 213	30 363	60 020	43 258	100 233	65 724	40 213	35 456
Nouvelle-Zélande	26 590	22 969	39 687	32 586	66 277	50 656	26 590	30 053
Pays-Bas	42 578	32 873	63 549	44 200	106 126	65 870	42 578	43 783
Pologne	18 320	13 889	27 343	20 506	45 663	33 940	18 320	15 054
Portugal	20 064	15 811	29 946	21 691	50 009	32 828	20 064	19 513
République slovaque	15 311	12 252	22 852	17 542	38 162	28 282	15 311	14 509
République tchèque	17 348	13 902	25 893	19 789	43 242	31 742	17 348	17 436
Royaume-Uni	35 524	28 748	53 020	40 646	88 544	62 182	35 524	36 390
Slovénie	21 063	14 998	31 437	20 927	52 500	32 882	21 063	21 914
Suède	31 791	24 727	47 450	35 658	79 241	50 598	31 791	27 755
Suisse	46 951	40 381	70 077	58 246	117 028	91 594	46 951	47 954
Turquie	18 827	14 272	28 099	20 438	46 926	31 977	18 827	14 611
Moyenne non pondérée								
OCDE-Moyenne	**28 820**	**22 495**	**43 015**	**31 607**	**71 834**	**48 653**	**28 820**	**27 944**
OCDE-UE 22	**28 265**	**21 352**	**42 187**	**29 725**	**70 453**	**45 278**	**28 265**	**27 290**

Note : enf = enfant

1. Informations sur les données concernant Israël : http://oe.cd/israel-disclaimer.

StatLink http://dx.doi.org/10.1787/888933465419

Tableau 3.10b. **Salaire brut annuel et revenu net, couple marié, 2016**

En dollars US convertis sur la base des PPA, par catégorie de famille et niveau de salaire

	Couple marié 2 enf 100-0 (% SM)		Couple marié 2 enf 100-33 (% SM)[2]		Couple marié 2 enf 100-67 (% SM)[2]		Couple marié sans enf 100-33 (% SM)[2]	
	Total des revenus bruts avant impôts	Revenus nets après impôts	Total des revenus bruts avant impôts	Revenus nets après impôts	Total des revenus bruts avant impôts	Revenus nets après impôts	Total des revenus bruts avant impôts	Revenus nets après impôts
Allemagne	61 750	48 603	82 127	60 012	103 122	70 922	82 127	53 696
Australie	56 727	49 245	75 446	60 459	94 733	73 784	75 446	60 415
Autriche	55 680	45 552	74 054	60 837	92 985	72 361	74 054	54 058
Belgique	58 214	46 026	77 425	58 880	97 217	66 611	77 425	52 676
Canada	41 021	40 547	54 558	48 571	68 505	57 790	54 558	43 814
Chili	20 517	19 081	27 287	26 018	34 263	31 989	27 287	25 377
Corée	48 979	43 249	65 142	57 776	81 794	72 400	65 142	56 855
Danemark	57 310	42 706	76 223	54 108	95 709	65 816	76 223	50 534
Espagne	40 276	34 610	53 567	44 842	67 261	55 584	53 567	44 111
Estonie	25 540	24 572	33 968	31 207	42 652	38 043	33 968	28 268
États-Unis	52 543	45 133	69 882	57 392	87 747	70 022	69 882	53 808
Finlande	48 479	36 258	64 477	50 733	80 960	61 179	64 477	47 915
France	47 817	39 173	63 596	51 456	79 854	61 604	63 596	47 165
Grèce	36 272	27 922	48 241	37 476	60 574	46 628	48 241	36 786
Hongrie	25 627	21 833	34 084	27 456	42 797	33 251	34 084	22 666
Irlande	44 737	45 438	59 501	56 758	74 711	66 968	59 501	52 535
Islande	59 044	48 265	78 529	59 390	98 604	71 302	78 529	58 502
Israël[1]	37 286	31 712	49 590	43 586	62 267	55 214	49 590	42 522
Italie	42 166	34 122	56 081	45 592	70 418	54 345	56 081	42 361
Japon	50 278	42 186	66 870	55 034	83 965	68 252	66 870	52 673
Lettonie	20 537	17 348	27 315	22 437	34 297	27 249	27 315	19 660
Luxembourg	65 522	61 658	87 144	77 680	109 421	90 488	87 144	68 910
Mexique	13 112	11 691	17 483	16 338	21 853	20 109	17 483	16 338
Norvège	60 020	46 386	79 827	62 458	100 233	76 097	79 827	59 981
Nouvelle-Zélande	39 687	37 244	52 783	45 941	66 277	55 197	52 783	44 065
Pays-Bas	63 549	47 907	84 520	67 780	106 126	82 920	84 520	63 193
Pologne	27 343	22 097	36 366	28 851	45 663	35 668	36 366	27 578
Portugal	29 946	26 605	39 828	34 622	50 009	39 671	39 828	31 444
République slovaque	22 852	21 311	30 393	26 631	38 162	32 051	30 393	24 374
République tchèque	25 893	25 271	34 438	30 928	43 242	37 225	34 438	27 394
Royaume-Uni	53 020	43 565	70 517	59 736	88 544	71 994	70 517	57 135
Slovénie	31 437	27 792	41 812	33 554	52 500	40 023	41 812	29 008
Suède	47 450	38 686	63 108	51 882	79 241	63 413	63 108	48 854
Suisse	70 077	67 688	93 202	87 037	117 028	105 369	93 202	79 641
Turquie	28 099	21 004	37 372	28 539	46 926	35 050	37 372	28 199
Moyenne non pondérée								
OCDE-Moyenne	**43 109**	**36 643**	**57 336**	**47 486**	**71 990**	**57 331**	**57 336**	**44 358**
OCDE-UE 22	**42 337**	**35 412**	**56 308**	**46 066**	**70 703**	**55 182**	**56 308**	**42 287**

Note : enf = enfant

1. Informations sur les données concernant Israël : http://oe.cd/israel-disclaimer.
2. Famille disposant de deux revenus.

StatLink http://dx.doi.org/10.1787/888933465429

Tableau 3.11a. **Coûts annuels de main-d'oeuvre et revenu net, célibataire, 2016**

En dollars US convertis sur la base des PPA, par catégorie de famille et niveau de salaire

	Célibataire sans enf 67 (% SM)		Célibataire sans enf 100 (% SM)		Célibataire sans enf 167 (% SM)		Célibataire 2 enf 67 (% SM)	
	Coûts bruts de main d'oeuvre avant impôts	Revenus nets après impôts	Coûts bruts de main d'oeuvre avant impôts	Revenus nets après impôts	Coûts bruts de main d'oeuvre avant impôts	Revenus nets après impôts	Coûts bruts de main d'oeuvre avant impôts	Revenus nets après impôts
Allemagne	49 368	27 011	73 683	37 260	119 115	57 892	49 368	34 085
Australie	40 275	30 855	60 112	42 930	100 387	66 114	40 275	40 706
Autriche	48 090	27 507	71 776	37 934	118 222	58 142	48 090	35 125
Belgique	49 459	25 979	74 913	34 492	124 820	50 060	49 459	32 859
Canada	30 775	22 618	45 998	31 554	74 984	50 455	30 775	35 367
Chili	13 746	12 784	20 517	19 081	34 263	31 518	13 746	12 908
Corée	36 216	29 336	54 053	42 051	89 205	67 343	36 216	30 056
Danemark	38 846	25 541	57 759	36 701	96 157	55 367	38 846	35 851
Espagne	35 053	22 459	52 319	31 664	86 965	48 926	35 053	26 507
Estonie	22 896	14 234	34 173	20 869	57 068	34 340	22 896	18 035
États-Unis	38 291	27 090	56 956	38 894	94 853	60 263	38 291	33 430
Finlande	39 974	24 809	59 663	33 551	99 637	50 004	39 974	28 996
France	42 016	23 939	65 294	33 904	114 613	52 274	42 016	31 716
Grèce	27 583	17 632	41 169	24 602	68 752	37 244	27 583	18 848
Hongrie	22 063	11 418	32 930	17 042	54 994	28 460	22 063	16 487
Irlande	33 196	26 168	49 547	36 126	82 743	51 263	33 196	39 430
Islande	42 467	29 495	63 384	41 806	105 851	64 864	42 467	33 291
Israël[1]	26 132	22 190	39 359	30 649	66 214	45 519	26 132	26 247
Italie	37 258	22 071	55 609	29 045	92 867	42 609	37 258	27 848
Japon	38 781	26 773	57 882	39 118	95 696	62 201	38 781	29 134
Lettonie	17 015	9 901	25 391	14 571	42 397	24 054	17 015	12 678
Luxembourg	49 238	33 872	73 489	45 239	122 727	67 154	49 238	45 552
Mexique	9 988	8 456	14 638	11 691	24 091	18 516	9 988	8 456
Norvège	45 441	30 363	67 823	43 258	113 264	65 724	45 441	35 456
Nouvelle-Zélande	26 590	22 969	39 687	32 586	66 277	50 656	26 590	30 053
Pays-Bas	47 383	32 873	70 665	44 200	113 854	65 870	47 383	43 783
Pologne	21 394	13 889	31 931	20 506	53 325	33 940	21 394	15 054
Portugal	24 829	15 811	37 058	21 691	61 886	32 828	24 829	19 513
République slovaque	20 087	12 252	29 981	17 542	50 069	28 282	20 087	14 509
République tchèque	23 247	13 902	34 697	19 789	57 944	31 742	23 247	17 436
Royaume-Uni	38 803	28 748	58 714	40 646	99 140	62 182	38 803	36 390
Slovénie	24 454	14 998	36 499	20 927	60 953	32 882	24 454	21 914
Suède	41 780	24 727	62 359	35 658	104 139	50 598	41 780	27 755
Suisse	49 874	40 381	74 439	58 246	124 313	91 594	49 874	47 954
Turquie	22 121	14 272	33 017	20 438	55 138	31 977	22 121	14 611
Moyenne non pondérée								
OCDE-Moyenne	**33 564**	**22 495**	**50 214**	**31 607**	**83 626**	**48 653**	**33 564**	**27 944**
OCDE-UE 22	**34 274**	**21 352**	**51 346**	**29 725**	**85 563**	**45 278**	**34 274**	**27 290**

Note : enf = enfant

1. Informations sur les données concernant Israël : http://oe.cd/israel-disclaimer.

StatLink http://dx.doi.org/10.1787/888933465438

Tableau 3.11b. **Coûts annuels de main-d'oeuvre et revenu net, couple marié, 2016**

En dollars US convertis sur la base des PPA, par catégorie de famille et niveau de salaire

	Couple marié 2 enf 100-0 (% SM)		Couple marié 2 enf 100-33 (% SM)[2]		Couple marié 2 enf 100-67 (% SM)[2]		Couple marié sans enf 100-33 (% SM)[2]	
	Coûts bruts de main d'oeuvre avant impôts	Revenus nets après impôts	Coûts bruts de main d'oeuvre avant impôts	Revenus nets après impôts	Coûts bruts de main d'oeuvre avant impôts	Revenus nets après impôts	Coûts bruts de main d'oeuvre avant impôts	Revenus nets après impôts
Allemagne	73 683	48 603	97 998	60 012	123 051	70 922	97 998	53 696
Australie	60 112	49 245	79 949	60 459	100 387	73 784	79 949	60 415
Autriche	71 776	45 552	95 462	60 837	119 866	72 361	95 462	54 058
Belgique	74 913	46 026	96 147	58 880	124 371	66 611	96 147	52 676
Canada	45 998	40 547	61 085	48 571	76 773	57 790	61 085	43 814
Chili	20 517	19 081	27 287	26 018	34 263	31 989	27 287	25 377
Corée	54 053	43 249	71 891	57 776	90 269	72 400	71 891	56 855
Danemark	57 759	42 706	77 120	54 108	96 605	65 816	77 120	50 534
Espagne	52 319	34 610	69 584	44 842	87 372	55 584	69 584	44 111
Estonie	34 173	24 572	45 560	31 207	57 068	38 043	45 560	28 268
États-Unis	56 956	45 133	76 016	57 392	95 247	70 022	76 016	53 808
Finlande	59 663	36 258	79 352	50 733	99 637	61 179	79 352	47 915
France	65 294	39 173	82 285	51 456	107 310	61 604	82 285	47 165
Grèce	45 286	27 922	60 230	37 476	75 627	46 628	60 230	36 786
Hongrie	32 930	21 833	43 797	27 456	54 994	33 251	43 797	22 666
Irlande	49 547	45 438	65 565	56 758	82 743	66 968	65 565	52 535
Islande	63 384	48 265	84 301	59 390	105 851	71 302	84 301	58 502
Israël[1]	39 359	31 712	52 087	43 586	65 490	55 214	52 087	42 522
Italie	55 609	34 122	73 960	45 592	92 867	54 345	73 960	42 361
Japon	57 882	42 186	76 983	55 034	96 663	68 252	76 983	52 673
Lettonie	25 391	17 348	33 775	22 437	42 405	27 249	33 775	19 660
Luxembourg	73 489	61 658	97 741	77 680	122 727	90 488	97 741	68 910
Mexique	14 638	11 691	19 925	16 338	24 580	20 109	19 925	16 338
Norvège	67 823	46 386	90 204	62 458	113 264	76 097	90 204	59 981
Nouvelle-Zélande	39 687	37 244	52 783	45 941	66 277	55 197	52 783	44 065
Pays-Bas	70 665	47 907	94 043	67 780	118 048	82 920	94 043	63 193
Pologne	31 931	22 097	42 468	28 851	53 325	35 668	42 468	27 578
Portugal	37 058	26 605	49 287	34 622	61 886	39 671	49 287	31 444
République slovaque	29 981	21 311	39 121	26 631	50 069	32 051	39 121	24 374
République tchèque	34 697	25 271	46 147	30 928	57 944	37 225	46 147	27 394
Royaume-Uni	58 714	43 565	77 003	59 736	97 517	71 994	77 003	57 135
Slovénie	36 499	27 792	48 543	33 554	60 953	40 023	48 543	29 008
Suède	62 359	38 686	82 937	51 882	104 139	63 413	82 937	48 854
Suisse	74 439	67 688	99 004	87 037	124 313	105 369	99 004	79 641
Turquie	33 017	21 004	43 912	28 539	55 138	35 050	43 912	28 199
Moyenne non pondérée								
OCDE-Moyenne	**50 331**	**36 643**	**66 673**	**47 486**	**83 973**	**57 331**	**66 673**	**44 358**
OCDE-UE 22	**51 533**	**35 412**	**68 097**	**46 066**	**85 933**	**55 182**	**68 097**	**42 287**

Note : enf = enfant

1. Informations sur les données concernant Israël : http://oe.cd/israel-disclaimer.
2. Famille disposant de deux revenus.

StatLink http://dx.doi.org/10.1787/888933465440

PARTIE I

Chapitre 4

Illustration graphique de la charge fiscale pour 2016

Ce chapitre présente les données relatives à la pression fiscale sur les revenus d'activité en 2016 pour des salaires bruts compris entre 50 % et 250 % du salaire moyen. Elles sont illustrées dans des graphiques séparés pour chacune des quatre catégories de familles et pour chaque pays membre de l'OCDE. Les catégories de familles sont les suivantes : contribuables sans enfant ; parents isolés avec deux enfants ; couples mariés sans enfant disposant d'un seul salaire ; couples mariés avec deux enfants disposant d'un seul salaire.

Les graphiques se divisent en deux séries qui indiquent la décomposition du coin fiscal moyen et marginal en pourcentage des coûts totaux de main-d'œuvre (les impôts sur le revenu centraux et locaux ; les cotisations de sécurité sociale salariales et patronales et les prestations familiales). Les graphiques montrent également les taux moyens et marginaux nets de l'impôt sur le revenu des personnes physiques.

Les données statistiques concernant Israël sont fournies par et sous la responsabilité des autorités israéliennes compétentes. L'utilisation de ces données par l'OCDE est sans préjudice du statut des hauteurs du Golan, de Jérusalem-Est et des colonies de peuplement israéliennes en Cisjordanie aux termes du droit international.

Les graphiques présentés dans cette section indiquent la pression fiscale sur les revenus d'activité en 2016 pour des salaires bruts compris entre 50 % et 250 % du salaire moyen (SM). Pour chaque pays membre de l'OCDE, des graphiques séparés portent sur quatre catégories de familles : célibataires sans enfant, parents isolés avec deux enfants, couples mariés sans enfant disposant d'un seul salaire et couples mariés avec deux enfants disposant d'un seul salaire. En outre, le taux moyen et le taux marginal net d'imposition des personnes ([la variation de] l'impôt sur le revenu des personnes physiques et des cotisations salariales de sécurité sociale nets des prestations en espèces en pourcentage des [de la variation des] salaires bruts) figurent dans les graphiques montrant respectivement le coin fiscal moyen et marginal[1].

Les graphiques illustrent l'importance relative des divers éléments constitutifs des coins fiscaux : impôts nationaux sur le revenu, impôts locaux sur le revenu, cotisations salariales de sécurité sociale, cotisations patronales de sécurité sociale (y compris les taxes sur les salaires éventuellement applicables) et prestations familiales en pourcentage des coûts totaux de main-d'œuvre. Il y a lieu de noter que si leur part des coûts totaux de main-d'œuvre diminue, cela signifie que la valeur des prélèvements diminués des prestations n'augmente pas aussi vite que le total des coûts de main-d'œuvre correspondants. Cela n'implique pas nécessairement que la valeur des prélèvements diminués des prestations baisse en valeur nominale.

Les ménages à faibles revenus bénéficient d'un traitement fiscal favorable dans de nombreux pays de l'OCDE. Les impôts sur le revenu prélevés par les administrations centrales sont négatifs en Belgique, en raison des crédits d'impôt récupérables pour les travailleurs à faibles revenus et les enfants à charge ; en Allemagne, en République slovaque, en République tchèque et au Royaume-Uni en raison des crédits d'impôt récupérables pour enfant à charge ; au Canada en raison de la prestation fiscale récupérable pour le revenu du travail ; en Israël du fait du crédit d'impôt récupérable au titre des revenus du travail pour les familles avec enfants (depuis 2016, la fourchette des revenus ouvrant droit au bénéfice de ce crédit d'impôt pour les parents isolés a été étendue) ; en Italie sous l'effet de la prime fiscale en faveur des travailleurs à bas salaire ; en Espagne et au Luxembourg en raison des crédits d'impôt récupérables pour les parents isolés ; au Mexique sous l'effet des crédits d'impôt récupérables au titre des subventions à l'emploi ; et aux États-Unis du fait du crédit d'impôt récupérable au titre des revenus du travail et du crédit d'impôt pour enfant à charge. S'agissant de la Suède, les graphiques montrent que les impôts sur le revenu prélevés par les administrations centrales sont négatifs, du fait du crédit d'impôt au titre des revenus du travail. Ce crédit d'impôt n'est toutefois pas récupérable dans la mesure où il ne permet pas de ramener le total des prélèvements du contribuable à moins de zéro. En fait, ce crédit d'impôt est également déduit des impôts locaux sur le revenu.

Lorsque les prestations versées en espèces sont prises en compte, les parents isolés et/ou les couples mariés ayant deux enfants qui disposent d'un seul salaire ne paient pas d'impôt sur le revenu et de cotisations salariales de sécurité sociale lorsque leur niveau de rémunération se situe entre 50 % et 101 % du SM dans 21 pays de l'OCDE. À titre d'exemple, le taux moyen net d'imposition du revenu applicable aux parents isolés avec deux enfants devient positif à partir d'un revenu équivalant à 89 % du SM en Nouvelle-Zélande, 97 % du SM en Irlande et à 98 % du SM au Canada. La mesure correspondante pour les couples mariés avec deux enfants et un seul salaire devient positive à partir d'un revenu équivalant à 89 % du SM en Nouvelle-Zélande, 93 % du SM en République tchèque, 99 % du SM au Canada et 101 % du SM en Irlande.

On observe des écarts marqués entre les pays de l'OCDE en ce qui concerne le niveau des prestations familiales. Elles représentent environ un quart ou plus des coûts totaux de main-d'œuvre pour les parents isolés à faibles revenus et/ou les couples mariés avec deux enfants et un seul salaire en Australie, au Canada, au Danemark, en Estonie, en France, en Irlande, au Luxembourg, en Nouvelle-Zélande aux Pays-Bas et en Slovénie.

Le coin fiscal marginal est relativement uniforme sur toute l'échelle des revenus dans certains pays en raison de l'uniformité des taux des cotisations de sécurité sociale et de l'impôt sur le revenu des personnes physiques. Les célibataires sans enfant sont soumis à un coin fiscal marginal uniforme dans tout l'intervalle de revenu compris entre 50 % et 250 % du SM en République tchèque (48.6 %), en Hongrie (48.3 %) et en Lettonie (44.2 %). Le coin fiscal marginal est aussi relativement constant au Chili, en Estonie, en Islande, en Pologne au Royaume-Uni et en Turquie. Au Chili, il s'établit à 7.0 % sur les gains inférieurs à 115 % du SM, puis à 10.3 % sur les gains supérieurs jusqu'à 250 % du SM. En Estonie, il s'établit à 41.2 % pour les gains compris entre 58 % et 250 % du SM. En Islande, le coin fiscal marginal est de 41.1 % sur les gains compris entre 50 % et 123 % du SM, puis de 48.2 % sur les gains supérieurs à 124 % du SM jusqu'à 250 % du SM. En Pologne, il s'établit à 37.2 % pour les gains compris entre 50 % et 209 % du SM, puis à 47.6 % pour les gains allant jusqu'à 250 % du SM. En Turquie, il est de 42.8 % sur les gains inférieurs à 95 % du SM et de 47.8 % sur les gains compris entre 96 % et 250 % du SM. Au Royaume-Uni, il est de 40.3 % sur les gains inférieurs à 117 % du SM, puis de 49.0 % sur les gains compris entre 118 % et 250 % du SM.

Les cotisations de sécurité sociale sont prélevées à des taux forfaitaires dans de nombreux pays de l'OCDE. Certains d'entre eux appliquent un plafond de rémunération au-dessus duquel les cotisations de sécurité sociale n'augmentent pas. Les écarts de cotisations marginales de sécurité sociale sont généralement identiques pour les quatre catégories de familles, puisque les taux de cotisation ou les plafonds de revenu ne varient pas selon la situation maritale ou le nombre d'enfants à charge. Néanmoins, en Hongrie, les cotisations marginales de sécurité sociale sont plus élevées pour les ménages avec enfant à bas revenus, en raison de l'impact de la suppression des déductions fiscales pour enfant à charge lorsque les revenus augmentent. Les familles dont l'assiette globale de l'impôt sur le revenu des personnes physiques est insuffisante pour leur permettre de prétendre au montant maximal des déductions fiscales accordées pour enfant à charge peuvent déduire la somme non imputée de leurs cotisations de retraite et d'assurance maladie.

Dans l'intervalle de revenu de 50 % à 250 % du SM, les taux marginaux des cotisations patronales de sécurité sociale deviennent nuls en raison du plafond de rémunération en Allemagne (à 156% du SM), en Espagne (à 164 % du SM), au Luxembourg (à 206 % du SM) et aux Pays-Bas (à 109 % du SM). Les taux marginaux des cotisations salariales de sécurité sociale deviennent nuls en Allemagne (à 156 % du SM), en Autriche (à 154 % du SM), au Canada (à 108 % du SM), en Espagne (à 164 % du SM), aux Pays-Bas (à 230 % du SM) et en Suède (à 113 % du SM).

En outre, les taux marginaux des cotisations patronales et/ou salariales de sécurité sociale diminuent en pourcentage des coûts totaux de main-d'œuvre à certains niveaux de l'échelle des salaires à mesure que le revenu augmente. C'est le cas en Allemagne, en Autriche, en Belgique, au Canada, en Corée, aux États-Unis, en France, au Japon, au Luxembourg, aux Pays-Bas, en République slovaque, au Royaume-Uni et en Suisse. Cette diminution est marquée au Luxembourg, où les taux marginaux des cotisations salariales de sécurité sociale passent de 11.55 % à 1.9 % pour les gains supérieurs à 205 % du SM ; au Royaume-Uni où les taux marginaux des cotisations salariales de sécurité sociale passent de 10.54 % à 1.76 % pour les gains supérieurs à 117 % du SM ; et aux États-Unis, où les taux marginaux des cotisations patronales et salariales de sécurité sociale passent de 7.11 % à 1.43 % pour les gains supérieurs à 225 % du SM.

Les contribuables supportent des taux d'imposition et des coins fiscaux marginaux d'environ 80 % ou plus dans plusieurs pays de l'OCDE à certains niveaux de revenu. Tel est le cas des contribuables à bas revenu sans enfant en Australie, en Autriche, en Belgique, en France, en Irlande, en Italie, au Mexique, au Portugal, au Royaume-Uni et en Slovénie. Ces taux s'appliquent aussi aux familles avec enfants en Australie, en Autriche, en Belgique, au Canada, au Chili, en Espagne, en Estonie, en Finlande, en France, en Grèce, en Irlande, en Italie, au Japon, au Luxembourg, au Mexique, en Pologne, au Portugal, en République slovaque, en République tchèque, au Royaume-Uni et en Slovénie. Dans de nombreux pays, ces taux d'imposition marginaux élevés résultent en partie d'une réduction, à mesure que le revenu augmente, des prestations, abattements ou crédits d'impôt ciblant les contribuables à bas revenu.

Le mouvement de zigzag des pressions fiscales marginales qui transparaît de certains graphiques se produit lorsque les modifications des impôts, des cotisations de sécurité sociale et/ou des prestations consécutives à de faibles augmentations du revenu varient de manière discontinue sur l'échelle des revenus. Tel est le cas en Allemagne, au Luxembourg, en Suède et en Suisse à cause des règles d'arrondi ; en raison des caractéristiques discrètes du crédit d'impôt dans le cadre du système PAYE (prélèvement à la source), du crédit d'impôt pour conjoint à charge et des allocations familiales en Italie ; et à cause de l'arrondissement à la décimale inférieure des salaires bruts dans le calcul du crédit d'impôt pour enfant à charge aux États-Unis.

Notes

1. Les coins fiscaux marginaux figurant dans les graphiques sont calculés d'une manière légèrement différente de celle adoptée pour les taux d'imposition marginaux figurant dans le reste de la publication Les Impôts sur les salaires. Dans cette publication, les taux marginaux sont généralement calculés en majorant les salaires bruts d'une unité monétaire (excepté pour le conjoint d'un couple marié disposant d'un seul salaire dont les gains augmentent de 33 % du salaire moyen). Cependant la démarche fondée sur l'ajout d'une unité monétaire exige que l'on calcule les taux marginaux pour chaque unité monétaire à l'intérieur de la tranche de revenu représentée dans les graphiques ; à défaut, il ne serait pas correct de relier les différents points de données dans la mesure où on ne disposerait pas des données pour les niveaux de revenu situés entre les différents points. Pour réduire le nombre de calculs à effectuer, les taux marginaux qui sont présentés dans les graphiques sont calculés en majorant les salaires bruts d'un point de pourcentage, au lieu d'une unité monétaire, si bien que chaque ligne du graphique se compose de 200 points de données.

Allemagne 2016 : décomposition du coin fiscal moyen

En fonction du salaire brut exprimé en % du salaire moyen

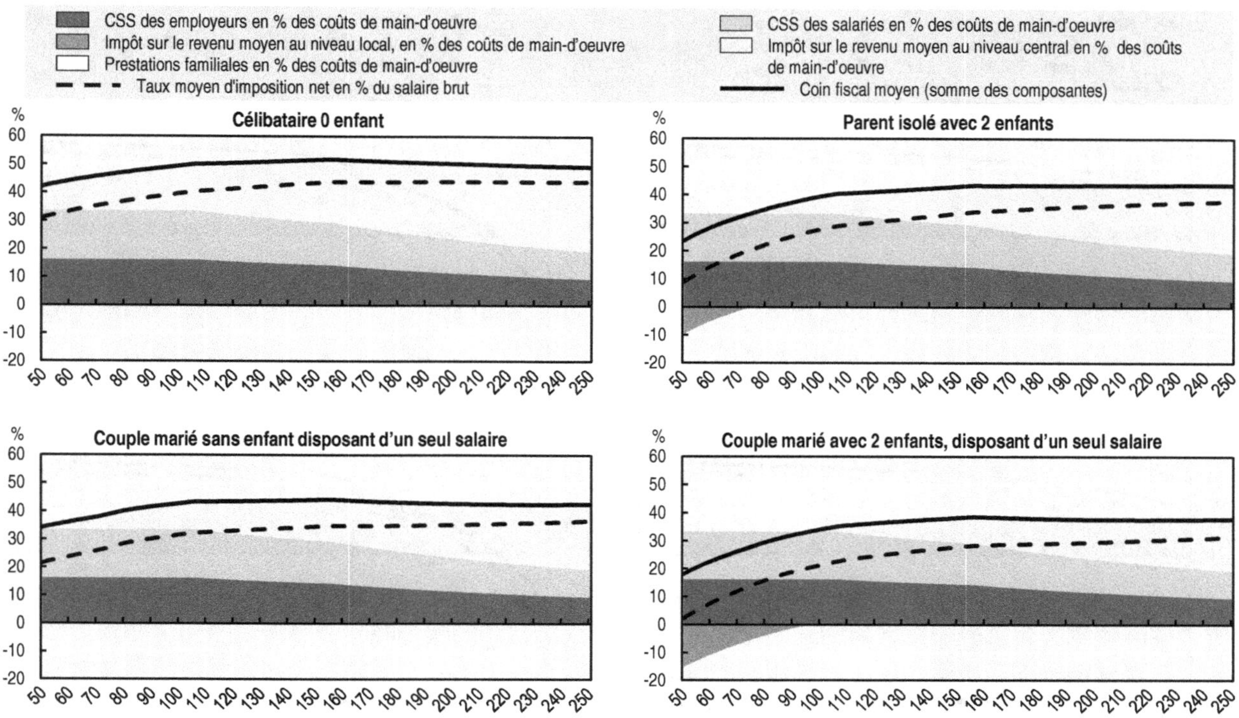

StatLink http://dx.doi.org/10.1787/888933464674

Allemagne 2016 : décomposition du coin fiscal marginal

En fonction du salaire brut exprimé en % du salaire moyen

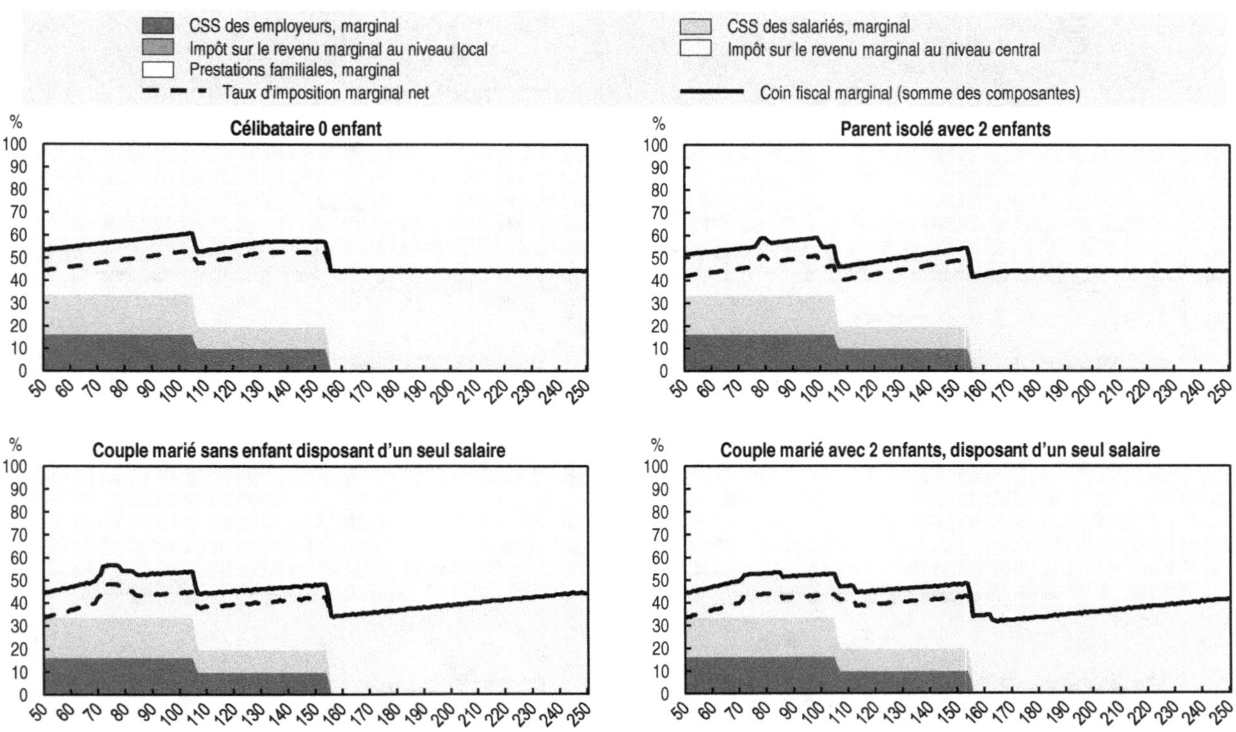

StatLink http://dx.doi.org/10.1787/888933464685

Australie 2016 : décomposition du coin fiscal moyen

En fonction du salaire brut exprimé en % du salaire moyen

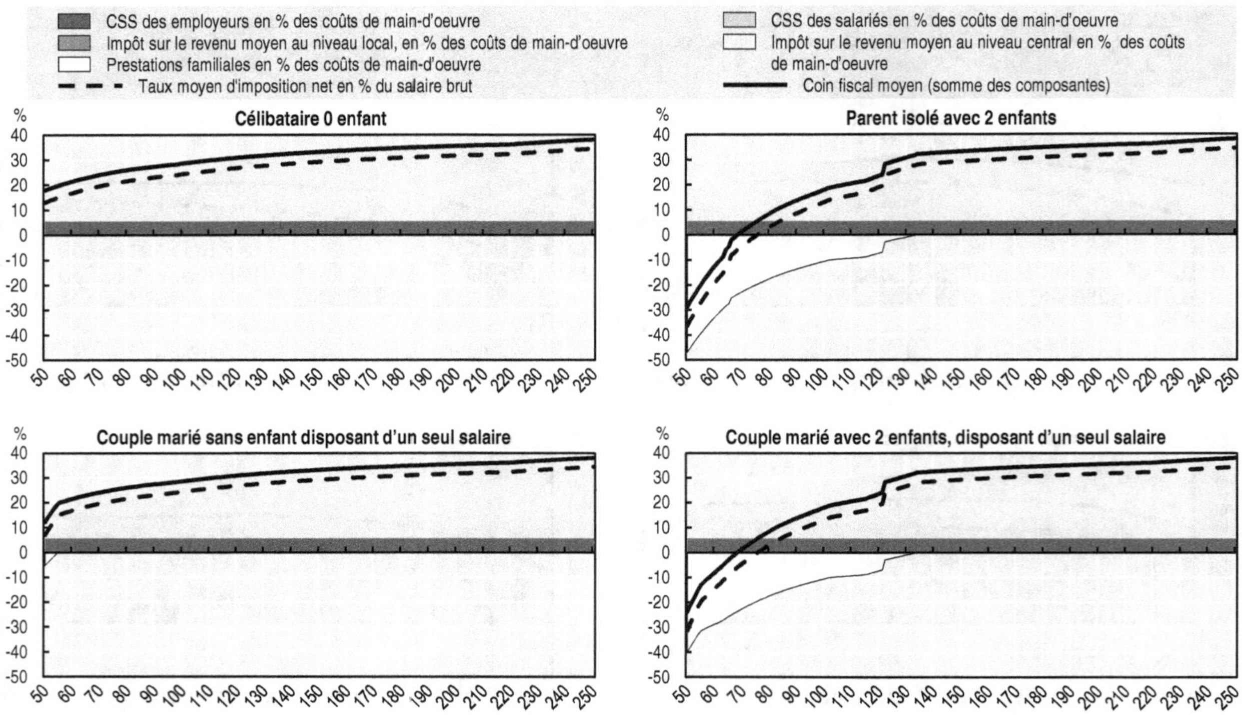

StatLink http://dx.doi.org/10.1787/888933464530

Australie 2016 : décomposition du coin fiscal marginal

En fonction du salaire brut exprimé en % du salaire moyen

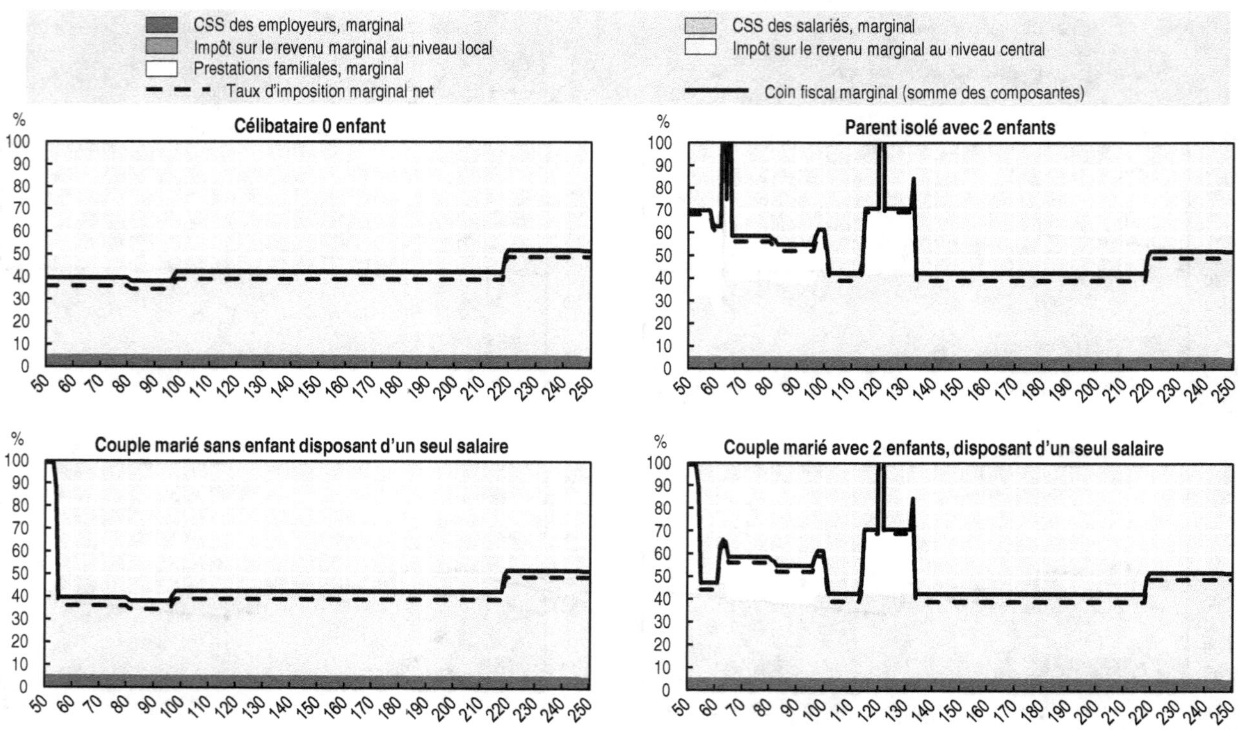

StatLink http://dx.doi.org/10.1787/888933464545

Autriche 2016 : décomposition du coin fiscal moyen

En fonction du salaire brut exprimé en % du salaire moyen

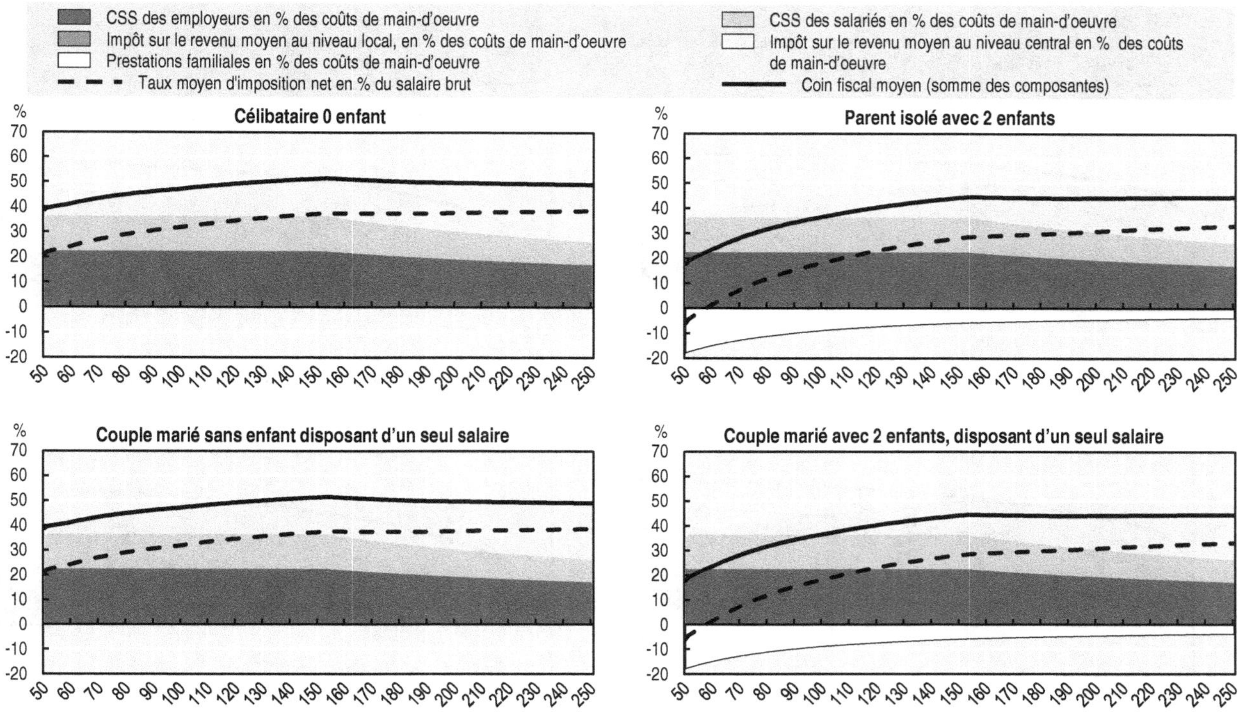

StatLink http://dx.doi.org/10.1787/888933464551

Autriche 2016 : décomposition du coin fiscal marginal

En fonction du salaire brut exprimé en % du salaire moyen

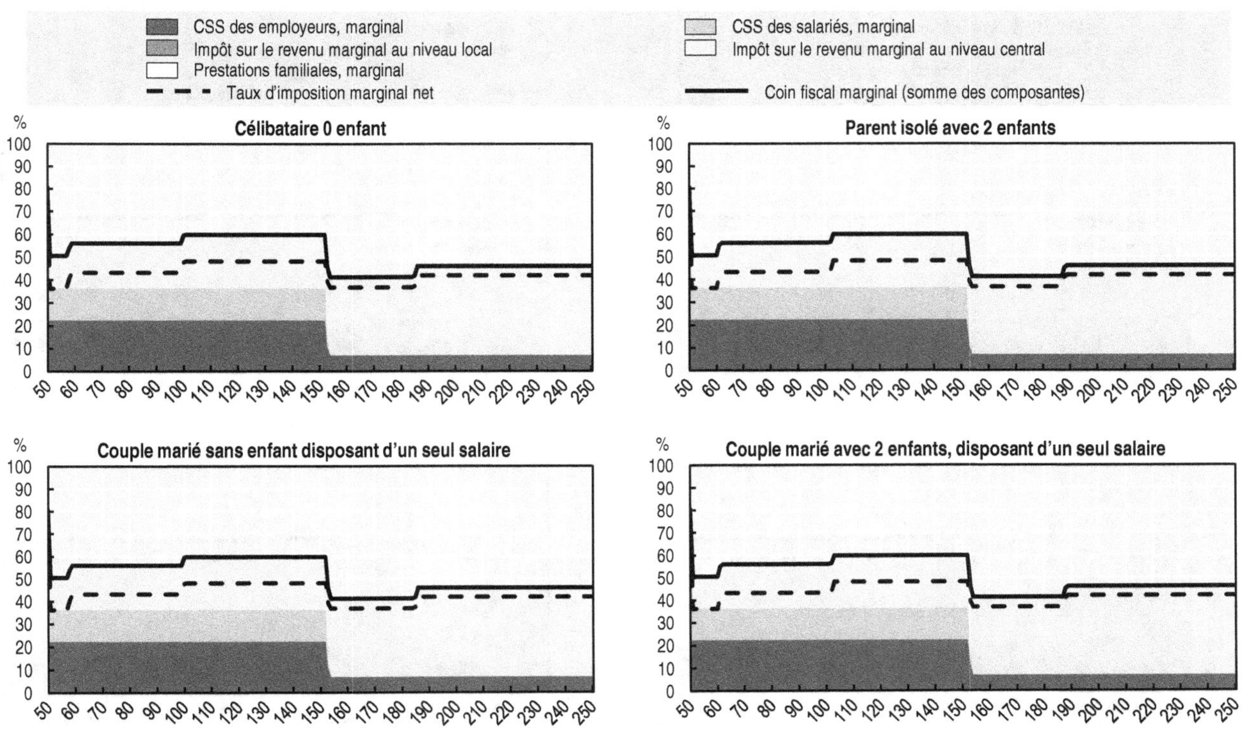

StatLink http://dx.doi.org/10.1787/888933464562

Belgique 2016 : décomposition du coin fiscal moyen

En fonction du salaire brut exprimé en % du salaire moyen

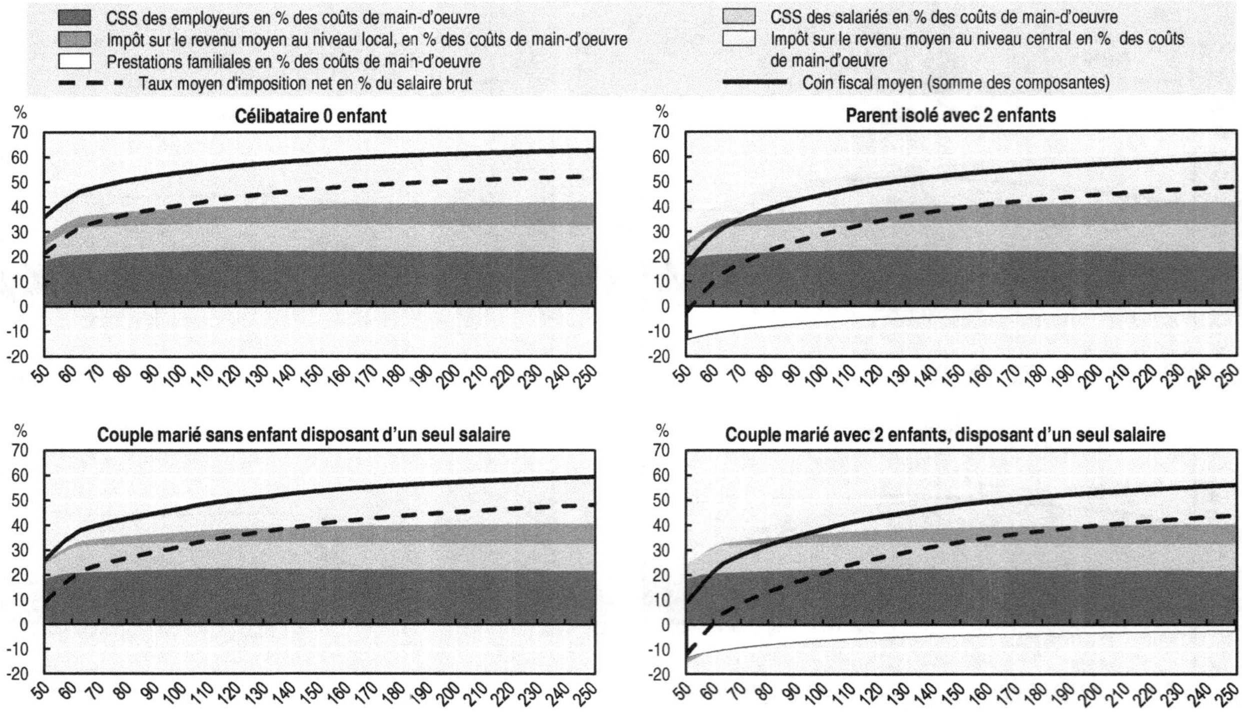

StatLink http://dx.doi.org/10.1787/888933464571

Belgique 2016 : décomposition du coin fiscal marginal

En fonction du salaire brut exprimé en % du salaire moyen

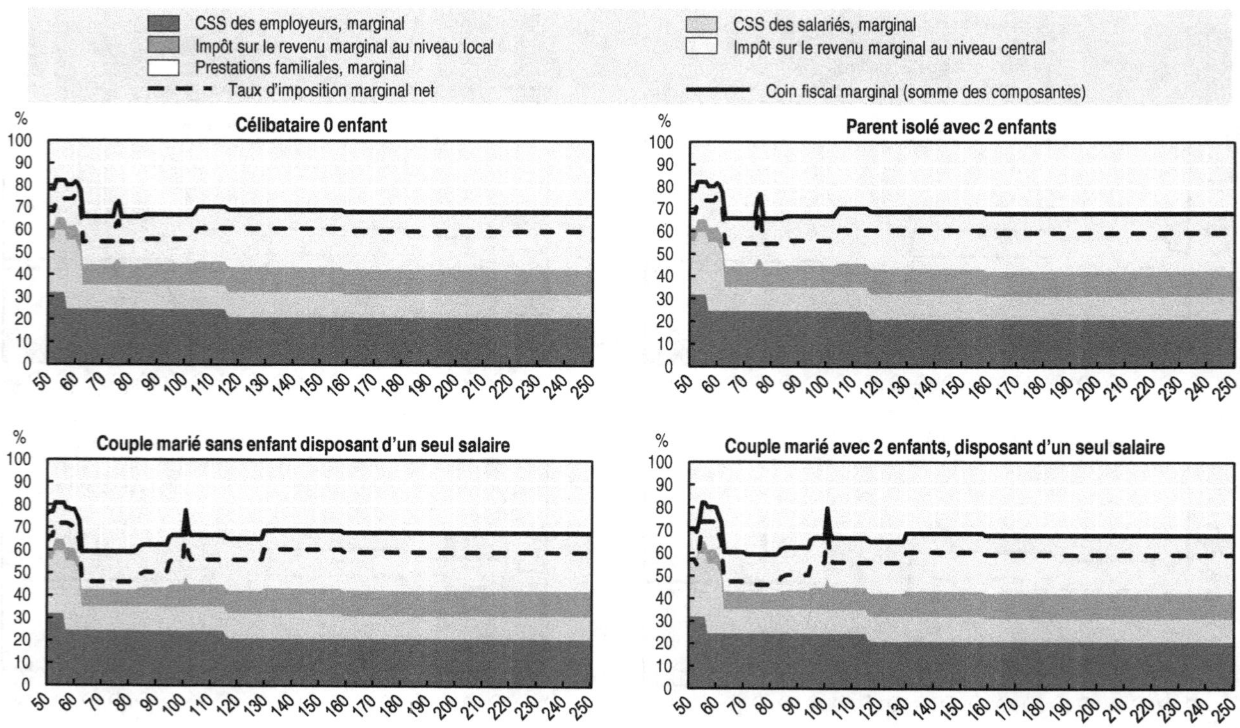

StatLink http://dx.doi.org/10.1787/888933464582

Canada 2016 : décomposition du coin fiscal moyen

En fonction du salaire brut exprimé en % du salaire moyen

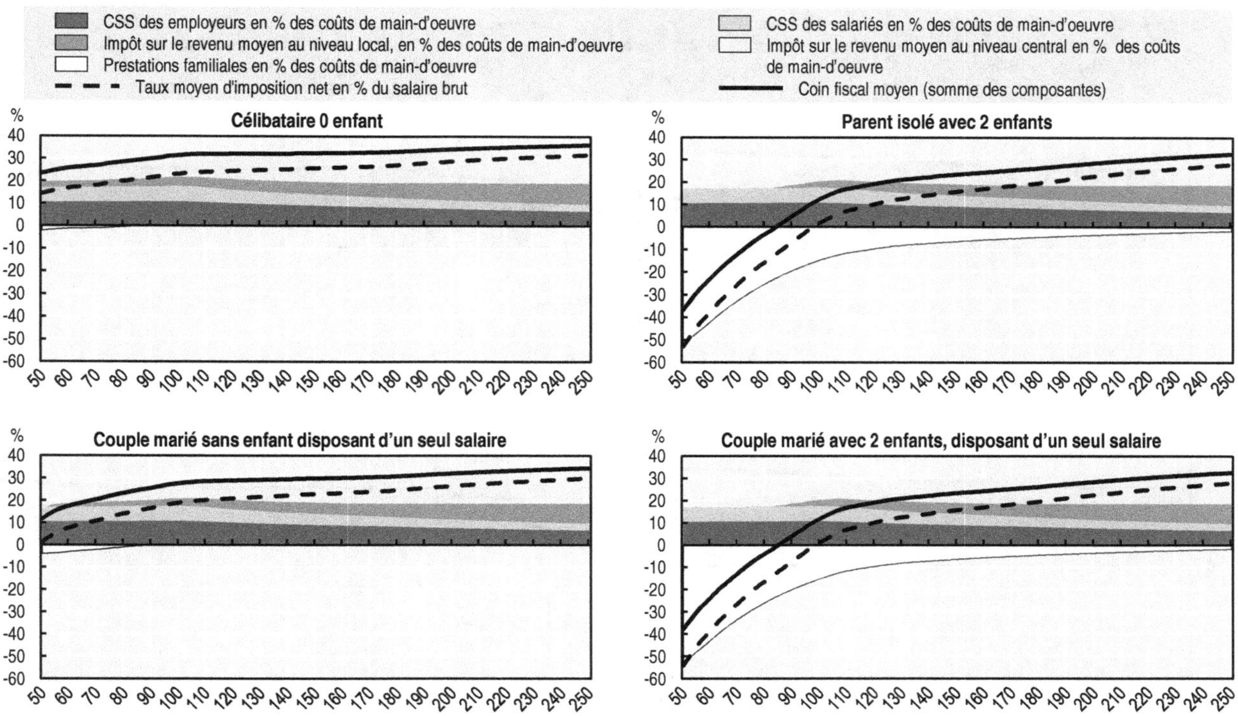

StatLink http://dx.doi.org/10.1787/888933464597

Canada 2016 : décomposition du coin fiscal marginal

En fonction du salaire brut exprimé en % du salaire moyen

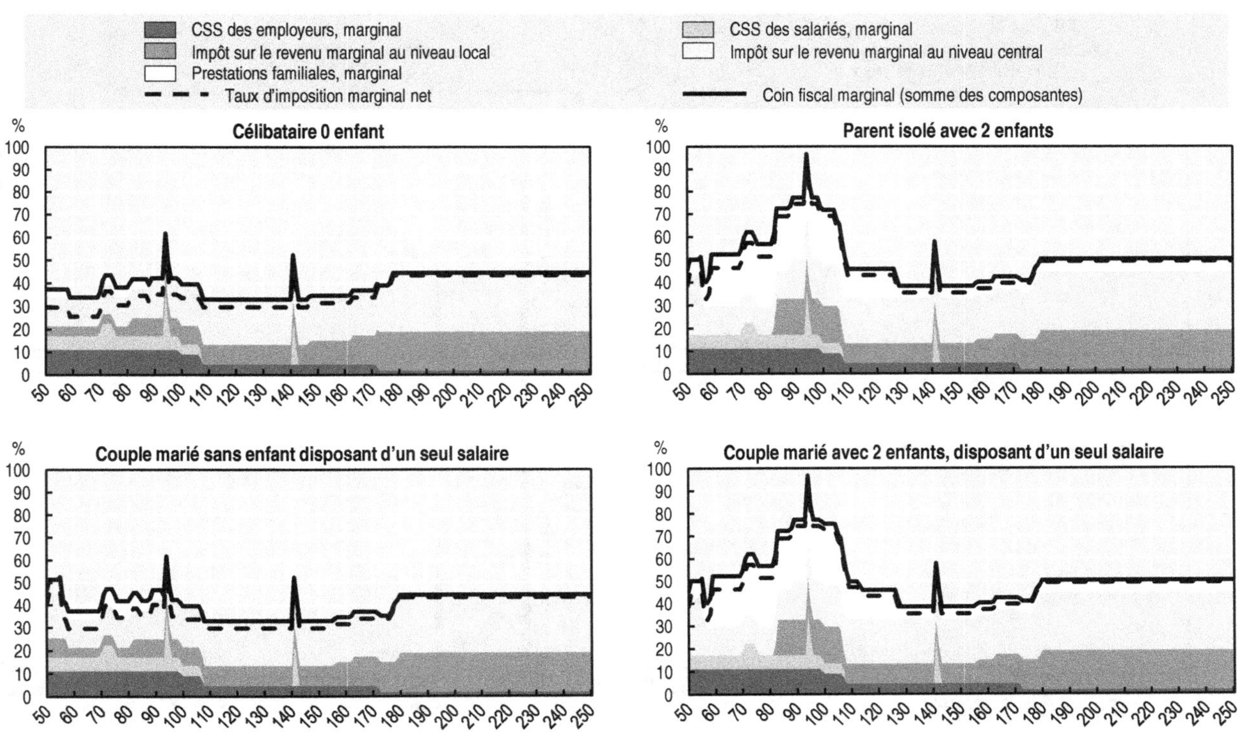

StatLink http://dx.doi.org/10.1787/888933464606

Chili 2016 : décomposition du coin fiscal moyen

En fonction du salaire brut exprimé en % du salaire moyen

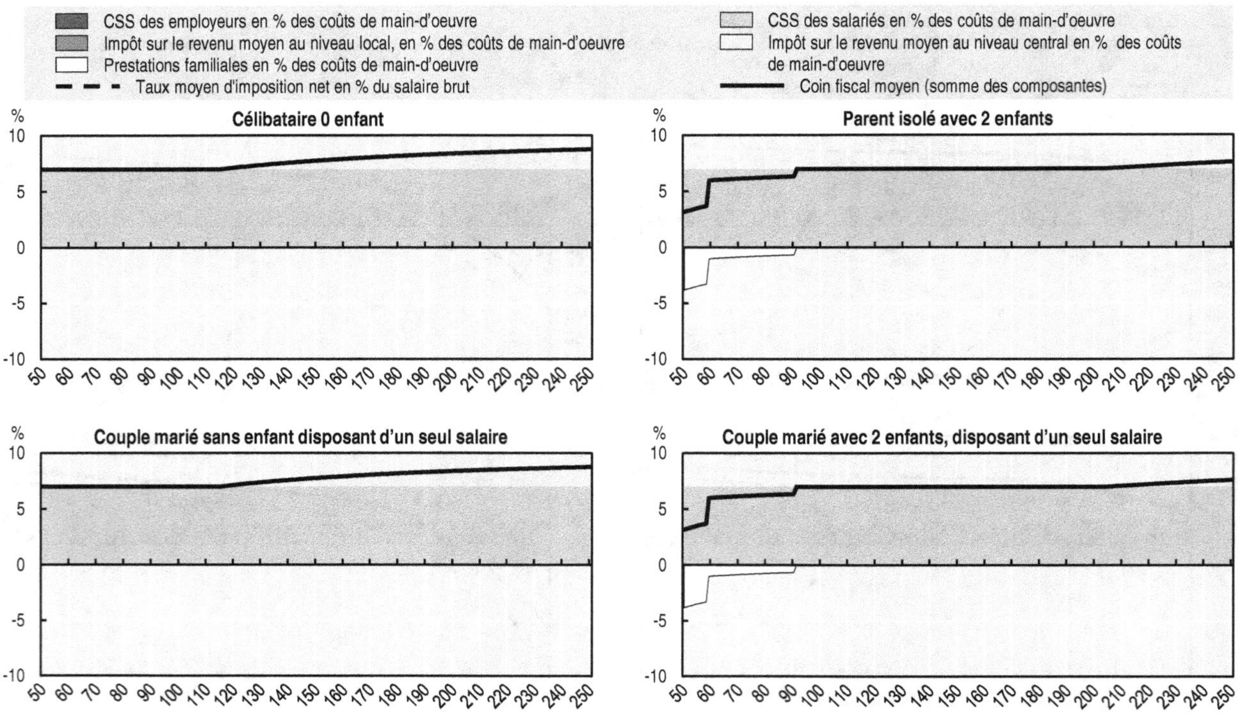

StatLink http://dx.doi.org/10.1787/888933464632

Chili 2016 : décomposition du coin fiscal marginal

En fonction du salaire brut exprimé en % du salaire moyen

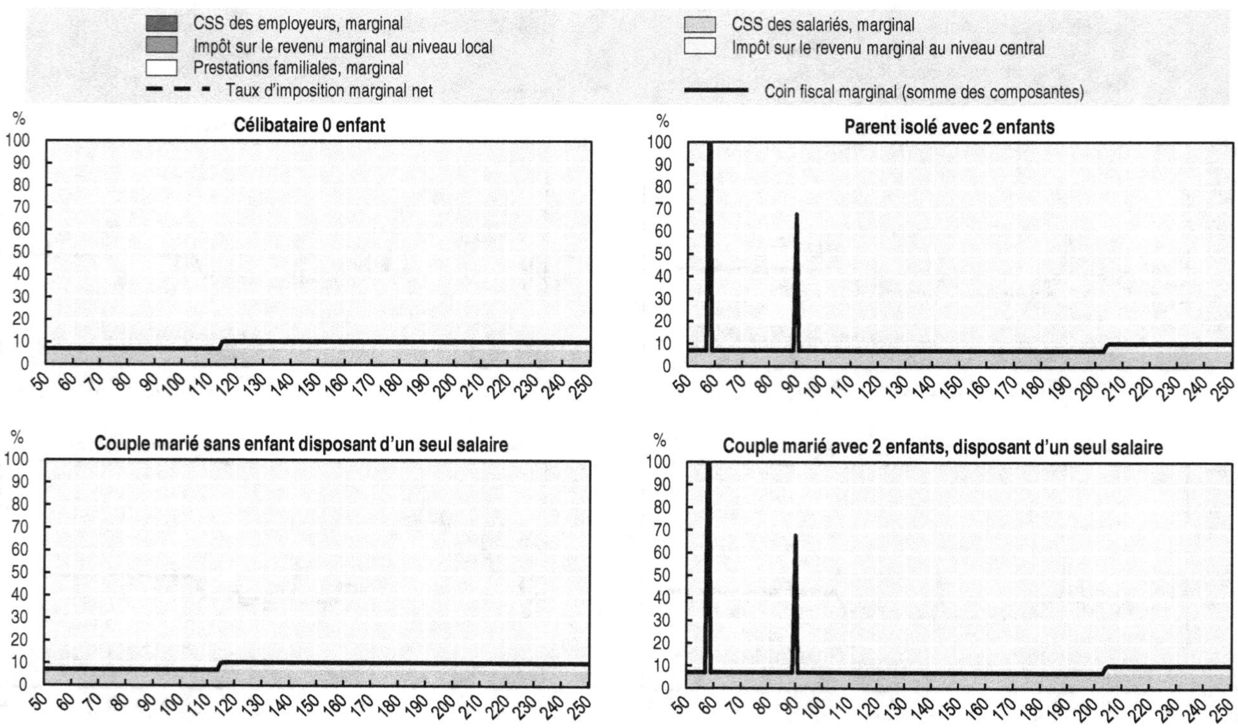

StatLink http://dx.doi.org/10.1787/888933464640

Corée 2016 : décomposition du coin fiscal moyen

En fonction du salaire brut exprimé en % du salaire moyen

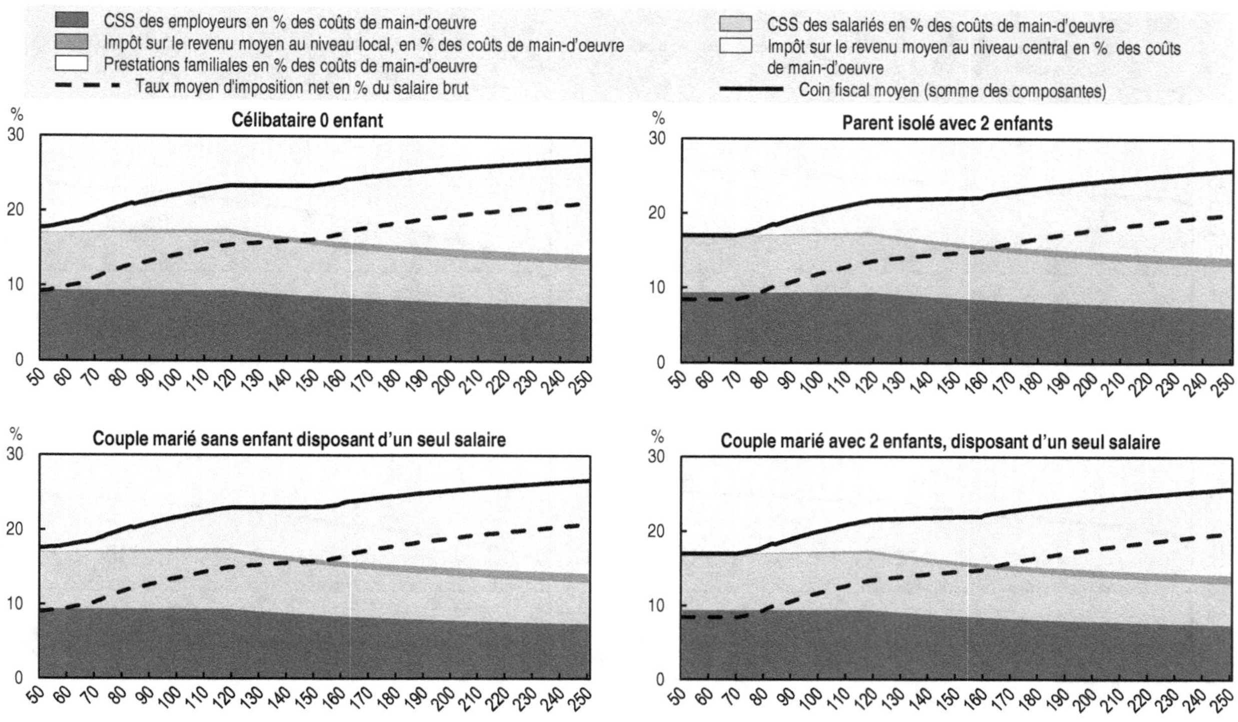

StatLink http://dx.doi.org/10.1787/888933464952

Corée 2016 : décomposition du coin fiscal marginal

En fonction du salaire brut exprimé en % du salaire moyen

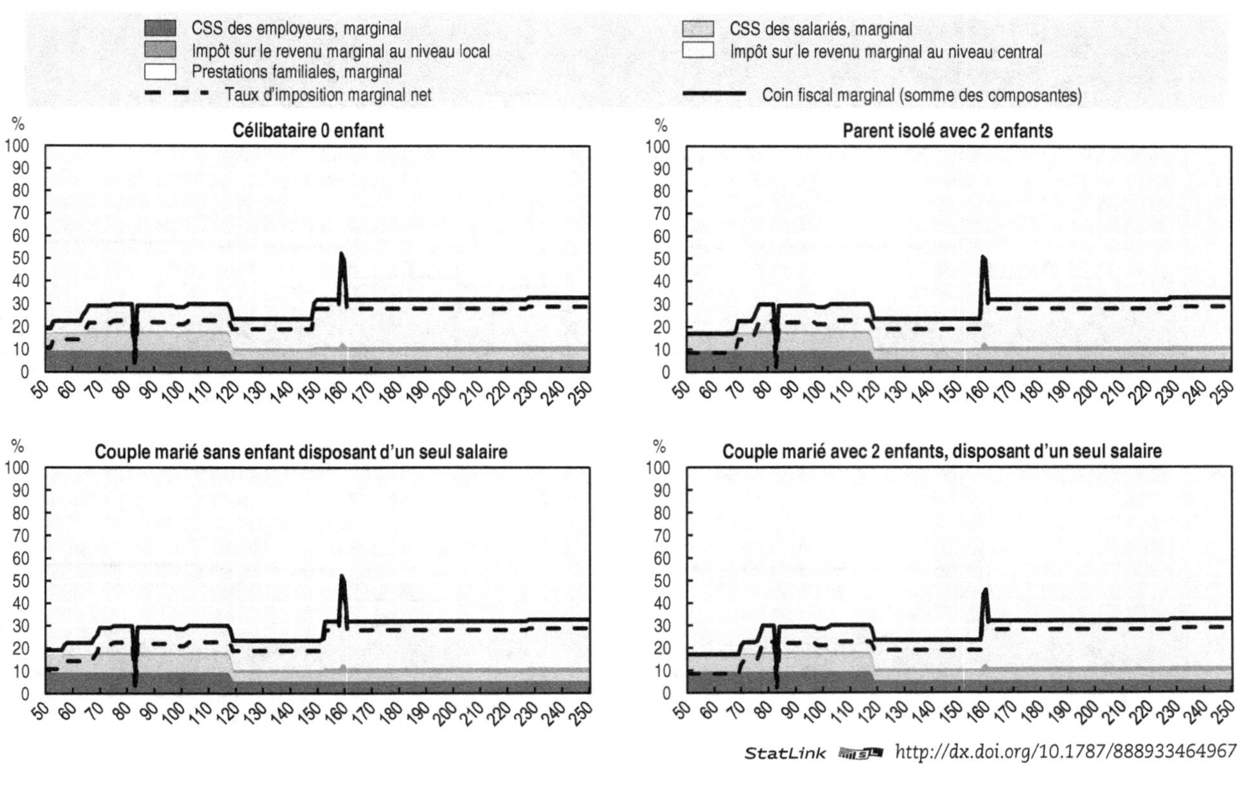

StatLink http://dx.doi.org/10.1787/888933464967

Danemark 2016 : décomposition du coin fiscal moyen

En fonction du salaire brut exprimé en % du salaire moyen

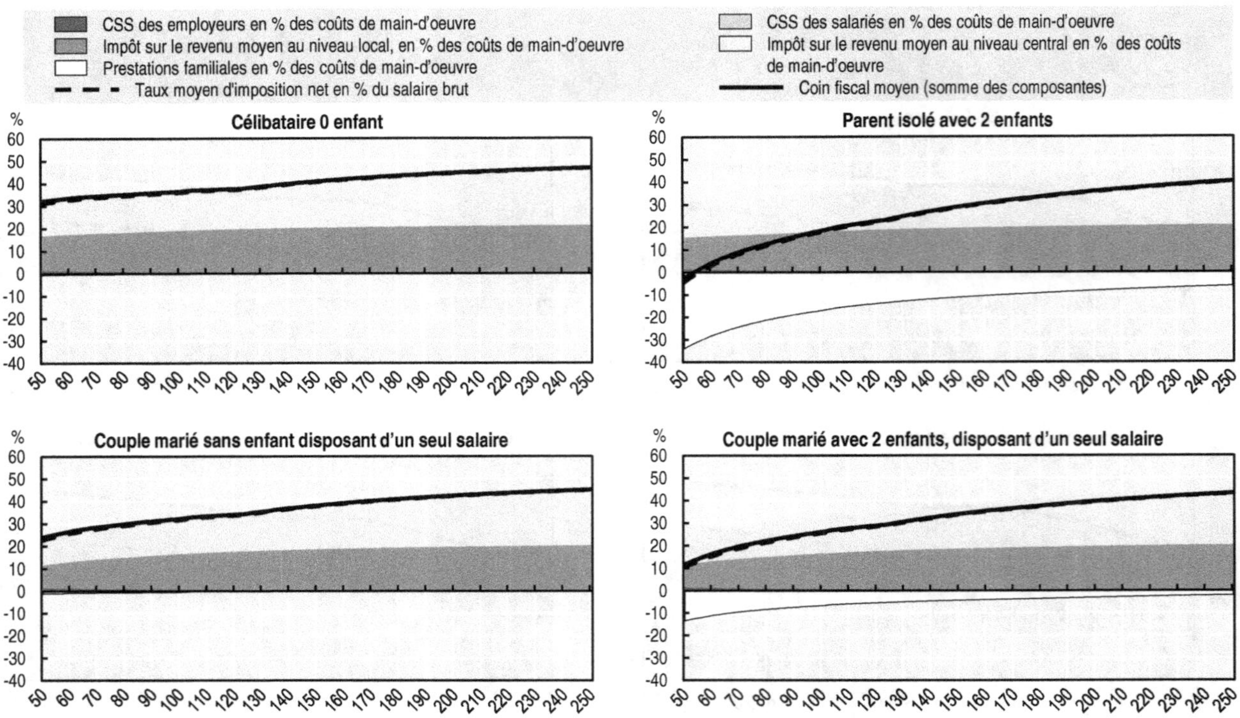

StatLink http://dx.doi.org/10.1787/888933464691

Danemark 2016 : décomposition du coin fiscal marginal

En fonction du salaire brut exprimé en % du salaire moyen

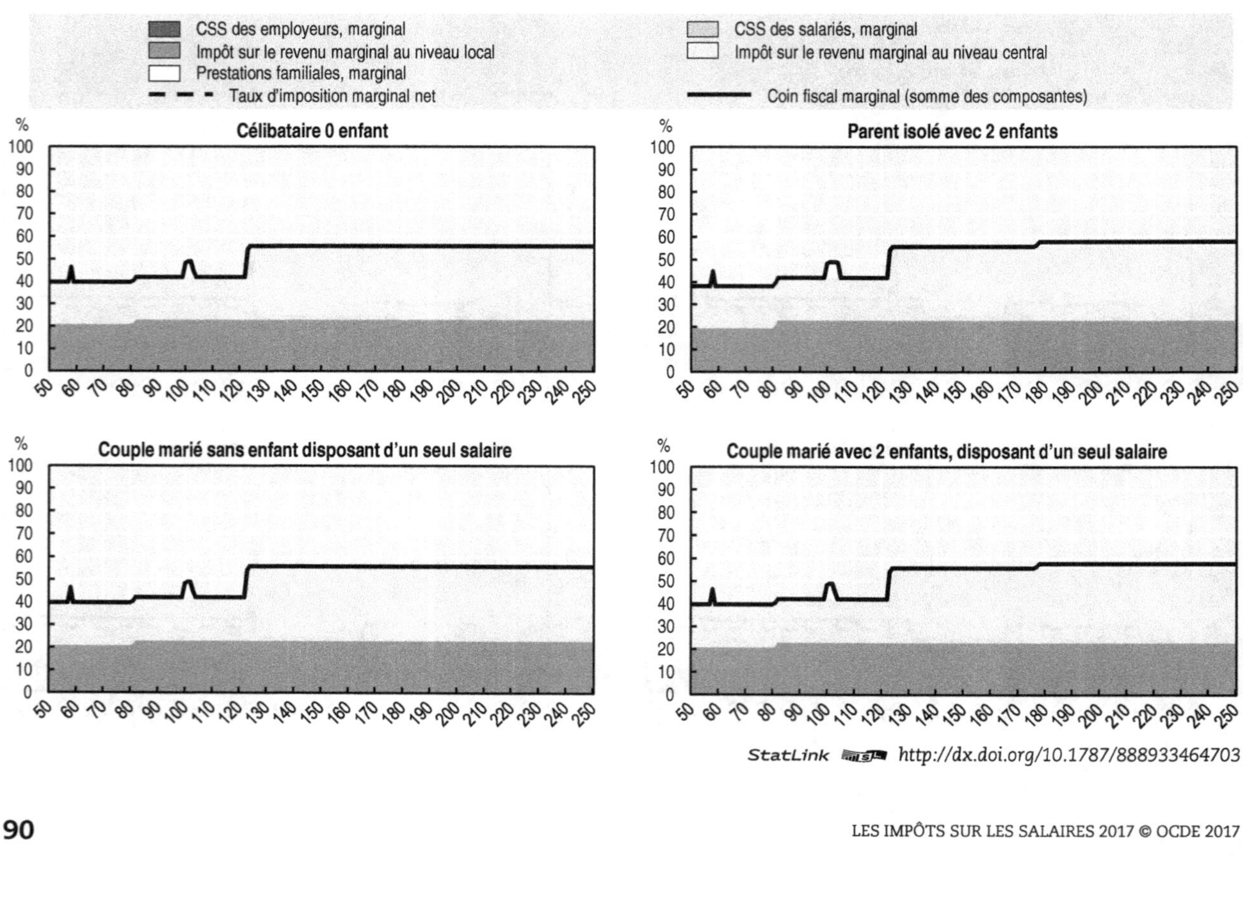

StatLink http://dx.doi.org/10.1787/888933464703

Espagne 2016 : décomposition du coin fiscal moyen

En fonction du salaire brut exprimé en % du salaire moyen

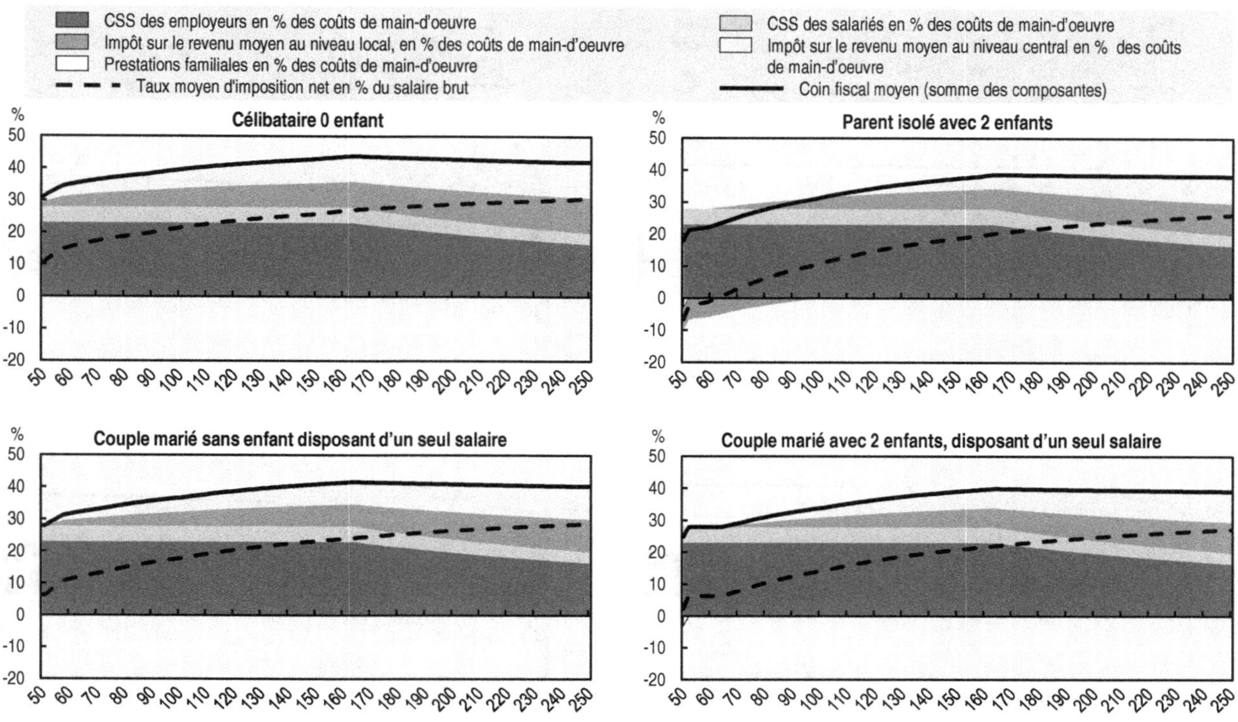

StatLink http://dx.doi.org/10.1787/888933464711

Espagne 2016 : décomposition du coin fiscal marginal

En fonction du salaire brut exprimé en % du salaire moyen

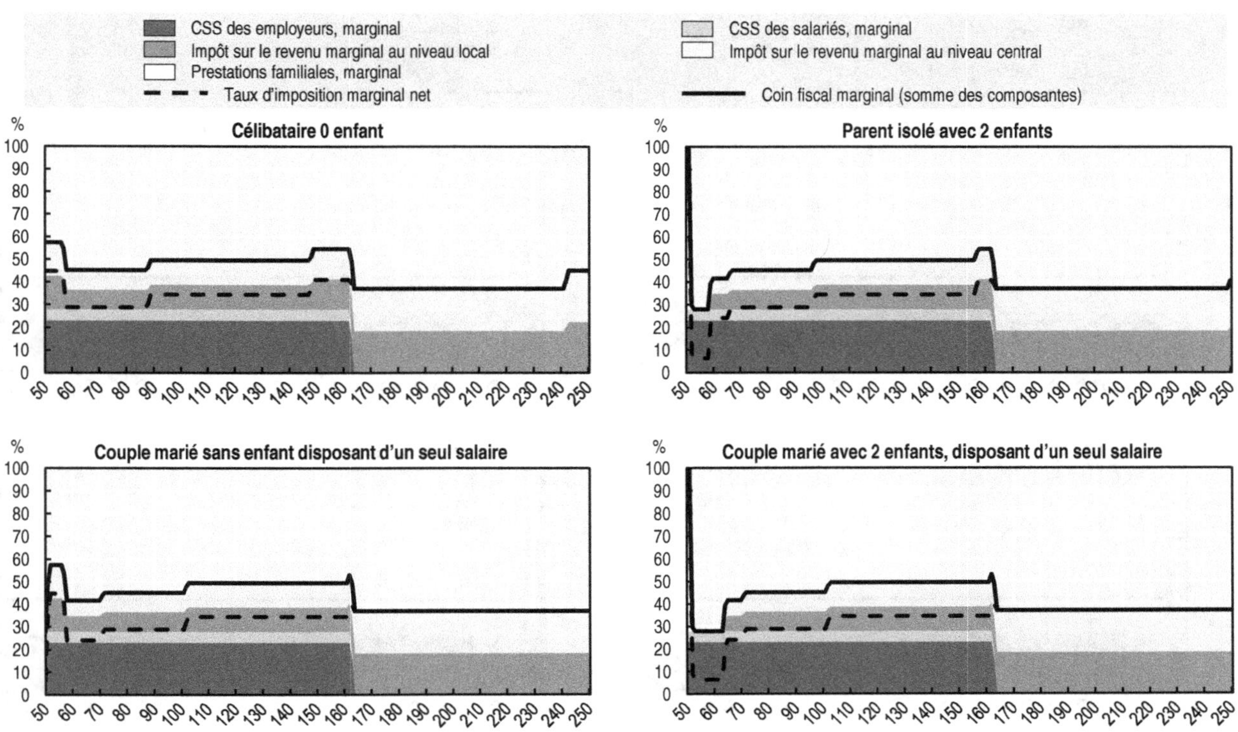

StatLink http://dx.doi.org/10.1787/888933464721

Estonie 2016 : décomposition du coin fiscal moyen

En fonction du salaire brut exprimé en % du salaire moyen

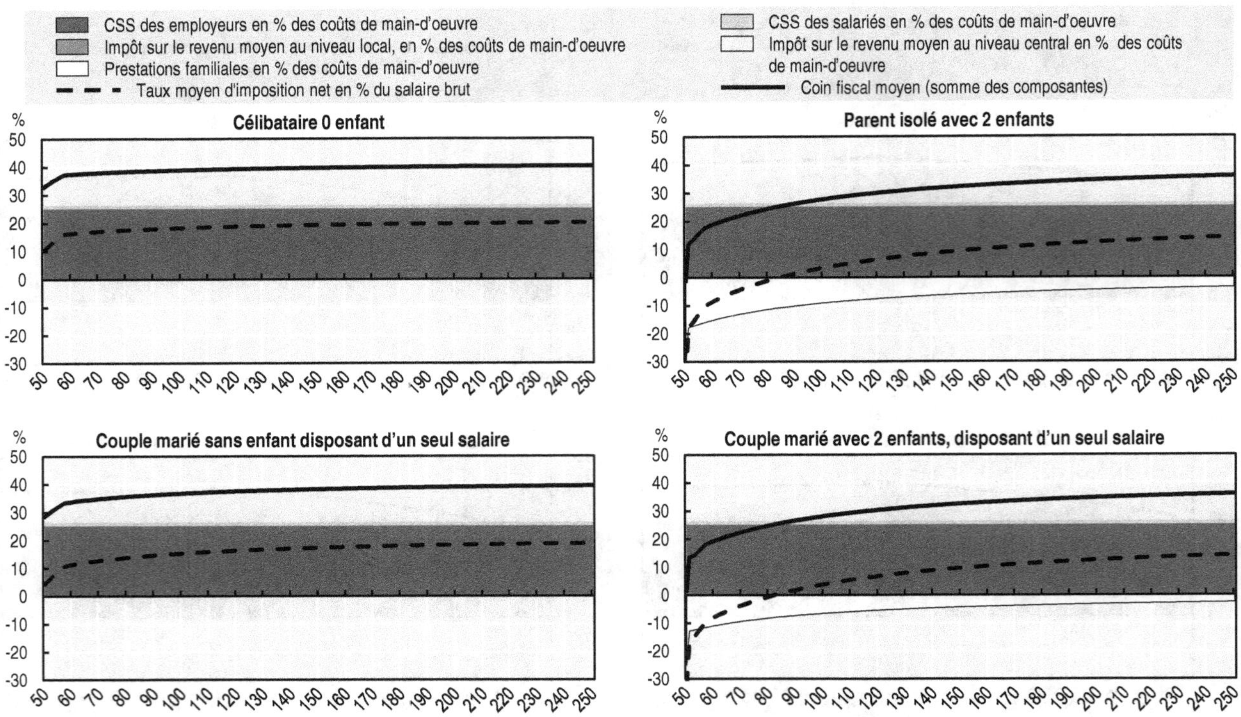

StatLink http://dx.doi.org/10.1787/888933464731

Estonie 2016 : décomposition du coin fiscal marginal

En fonction du salaire brut exprimé en % du salaire moyen

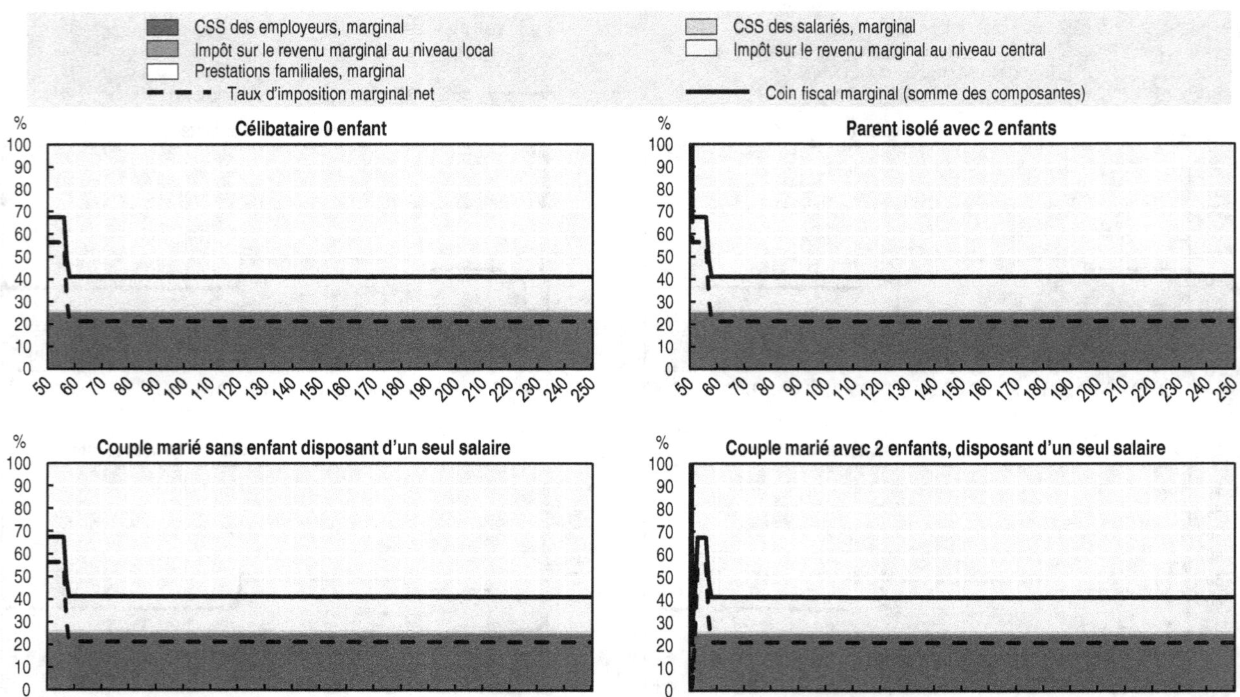

StatLink http://dx.doi.org/10.1787/888933464741

États-Unis 2016 : décomposition du coin fiscal moyen

En fonction du salaire brut exprimé en % du salaire moyen

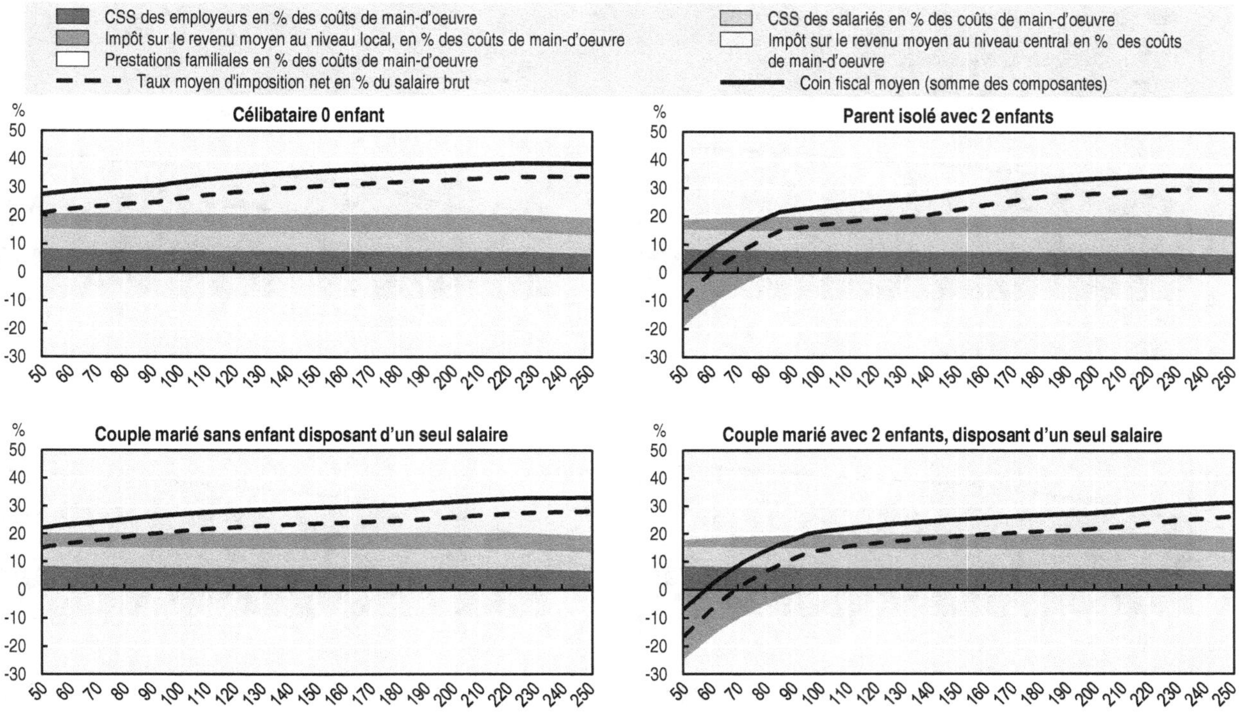

StatLink http://dx.doi.org/10.1787/888933465214

États-Unis 2016 : décomposition du coin fiscal marginal

En fonction du salaire brut exprimé en % du salaire moyen

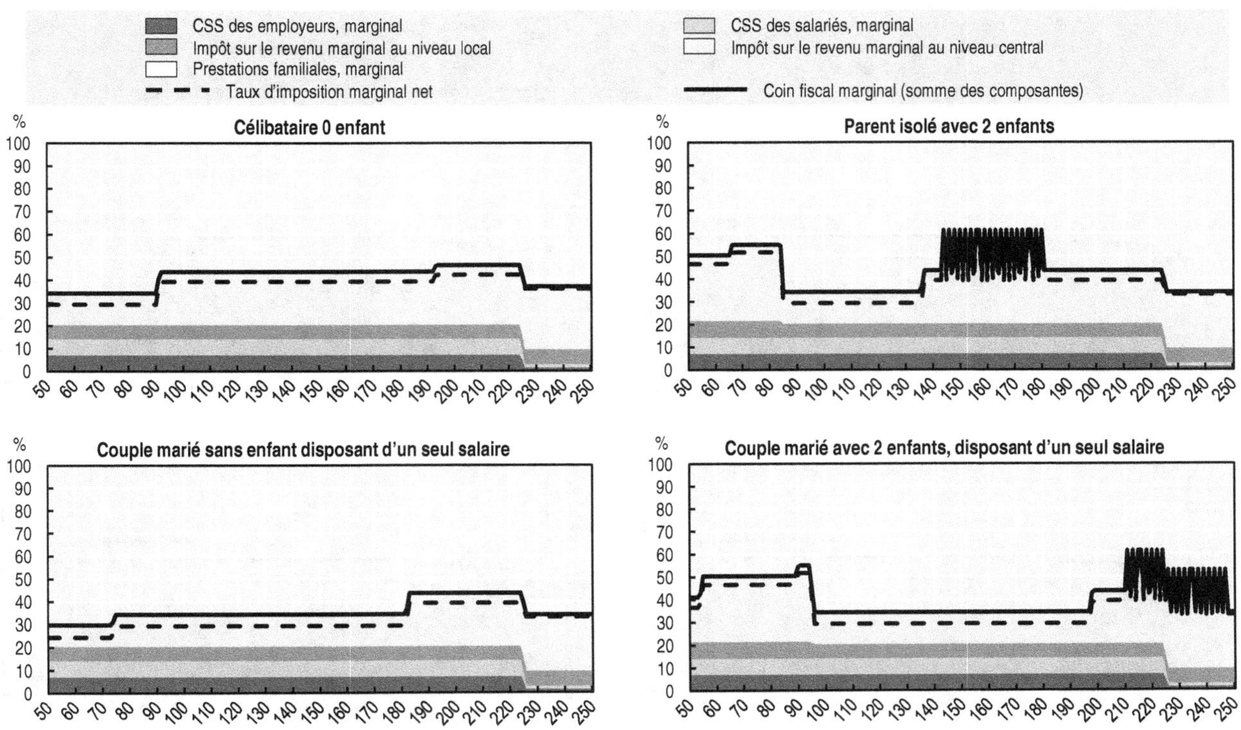

StatLink http://dx.doi.org/10.1787/888933465225

Finlande 2016 : décomposition du coin fiscal moyen

En fonction du salaire brut exprimé en % du salaire moyen

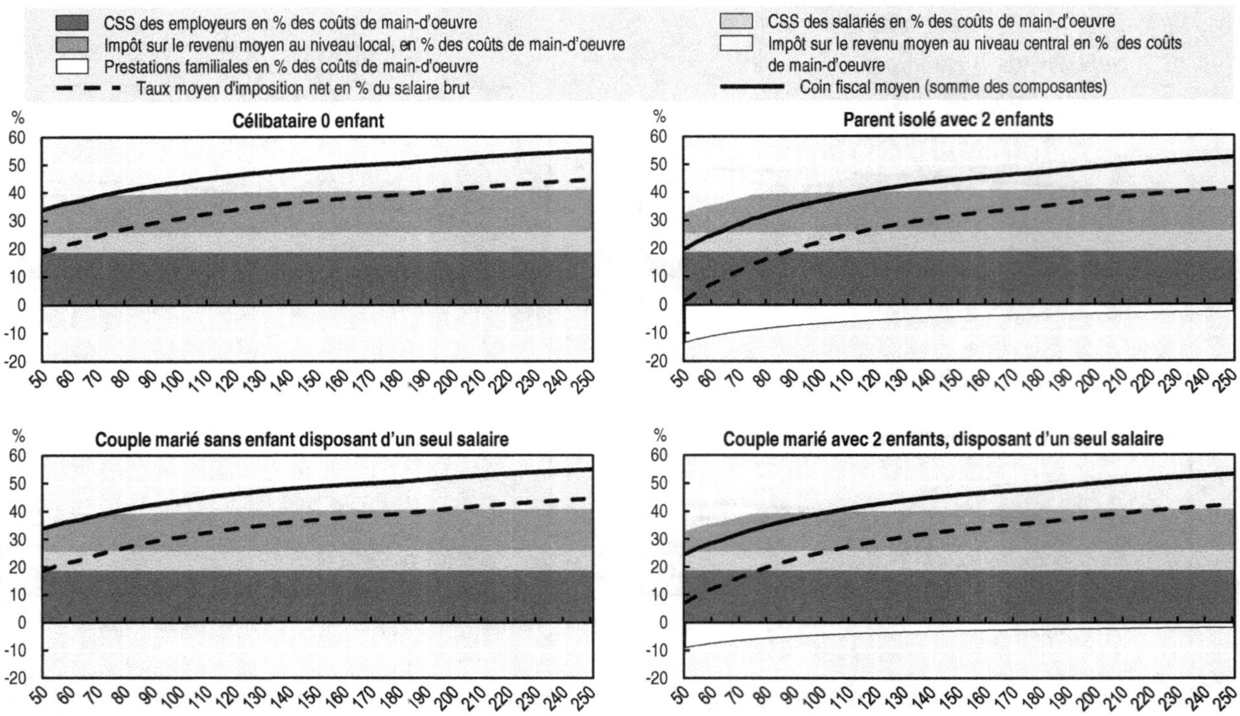

StatLink http://dx.doi.org/10.1787/888933464752

Finlande 2016 : décomposition du coin fiscal marginal

En fonction du salaire brut exprimé en % du salaire moyen

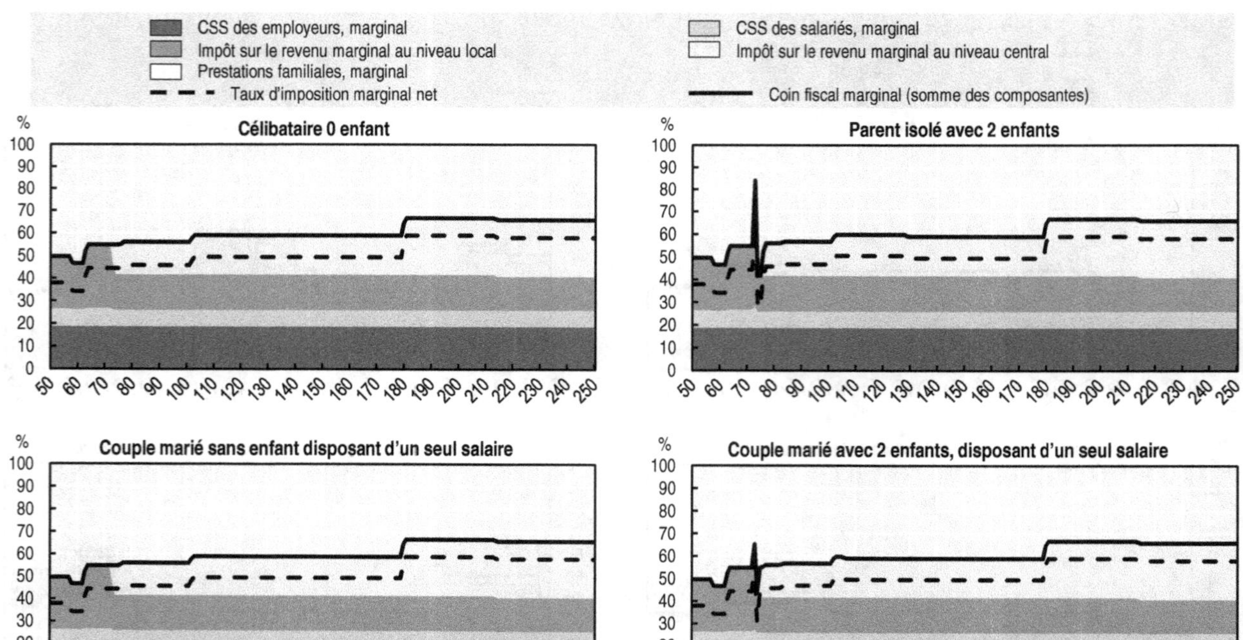

StatLink http://dx.doi.org/10.1787/888933464765

France 2016 : décomposition du coin fiscal moyen

En fonction du salaire brut exprimé en % du salaire moyen

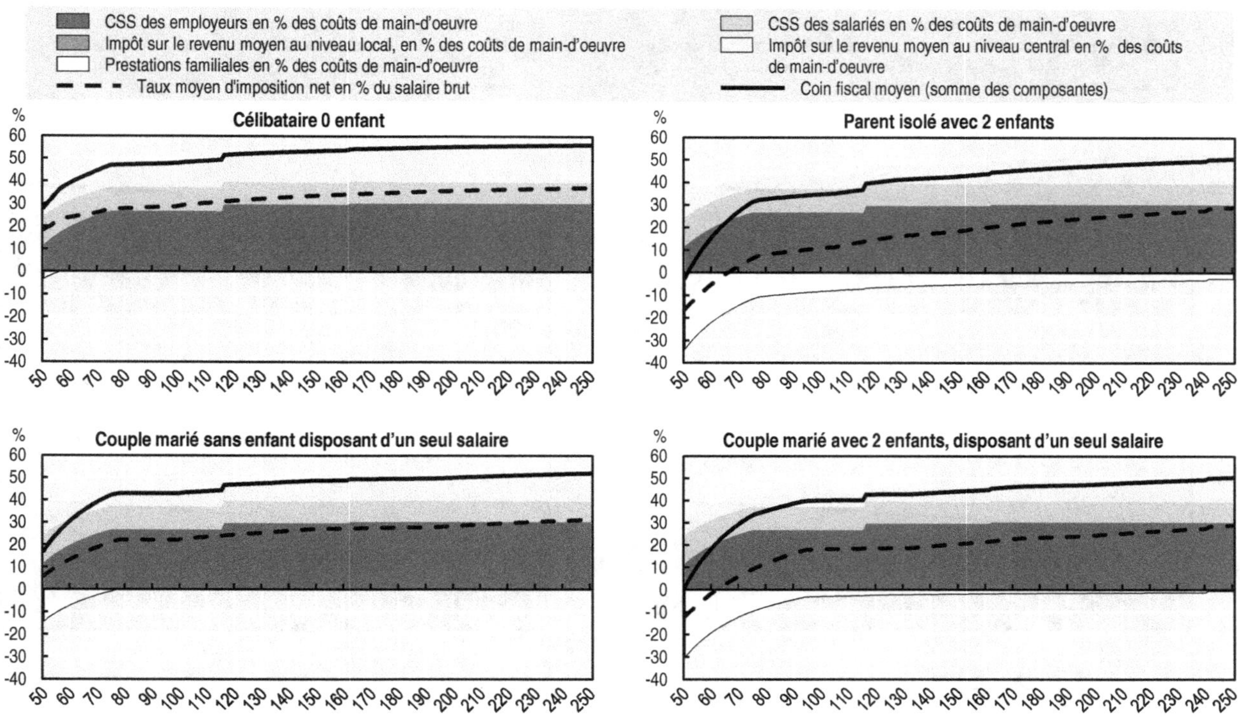

StatLink http://dx.doi.org/10.1787/888933464775

France 2016 : décomposition du coin fiscal marginal

En fonction du salaire brut exprimé en % du salaire moyen

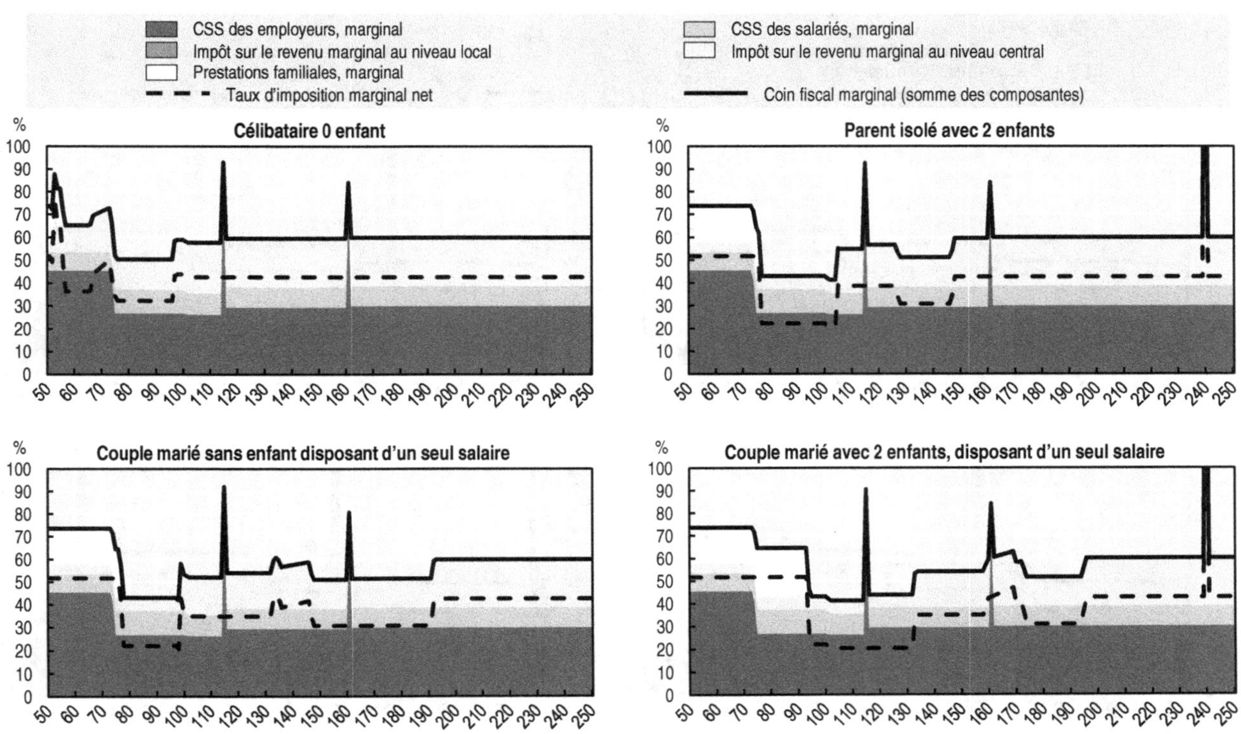

StatLink http://dx.doi.org/10.1787/888933464782

Grèce 2016 : décomposition du coin fiscal moyen

En fonction du salaire brut exprimé en % du salaire moyen

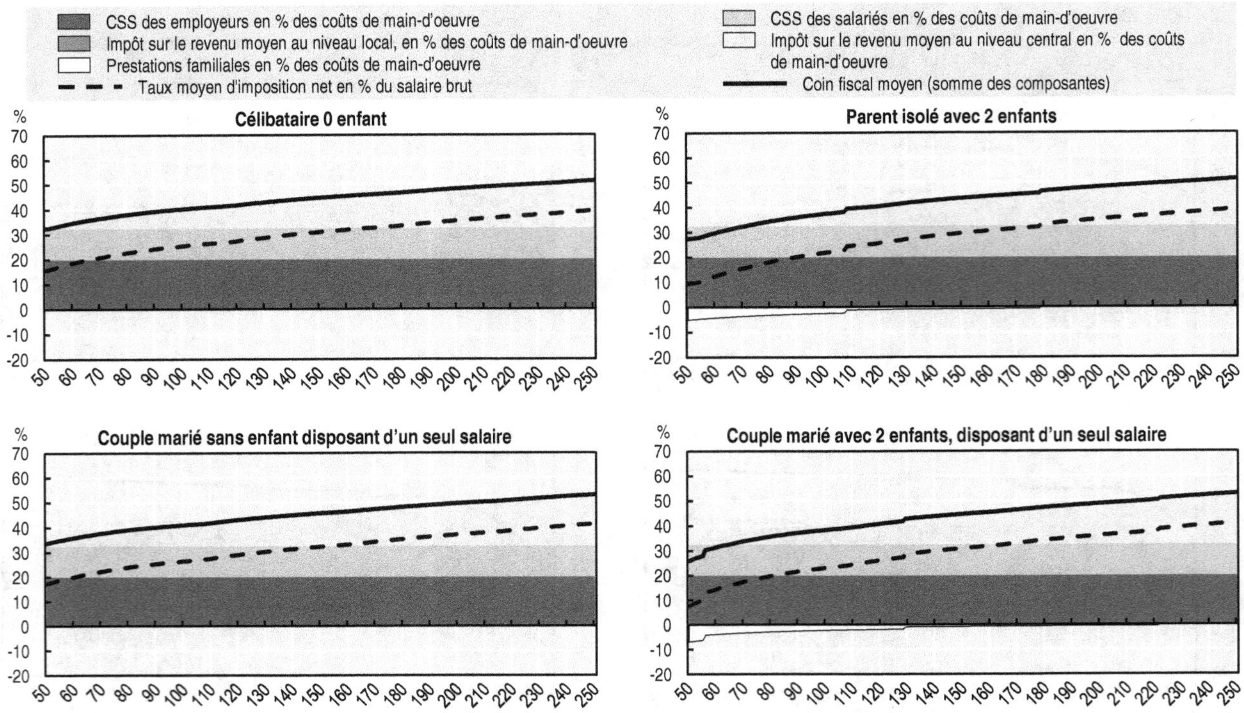

StatLink http://dx.doi.org/10.1787/888933464811

Grèce 2016 : décomposition du coin fiscal marginal

En fonction du salaire brut exprimé en % du salaire moyen

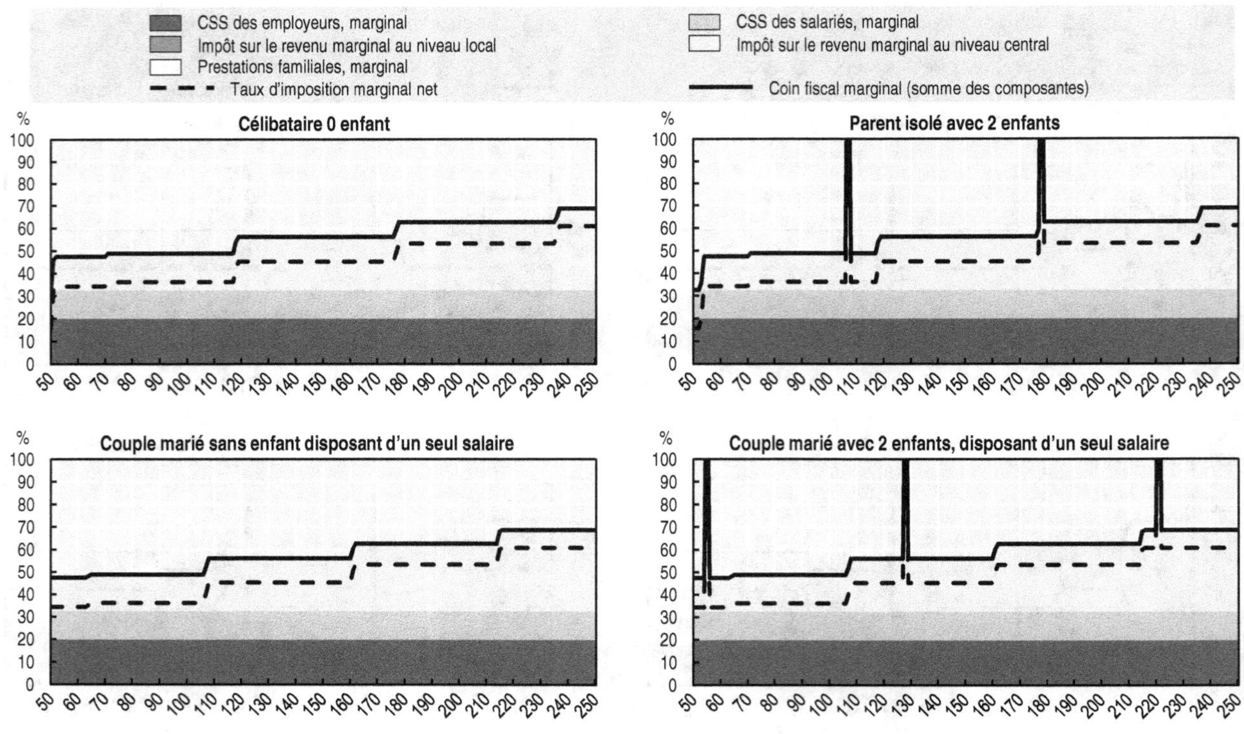

StatLink http://dx.doi.org/10.1787/888933464827

Hongrie 2016 : décomposition du coin fiscal moyen

En fonction du salaire brut exprimé en % du salaire moyen

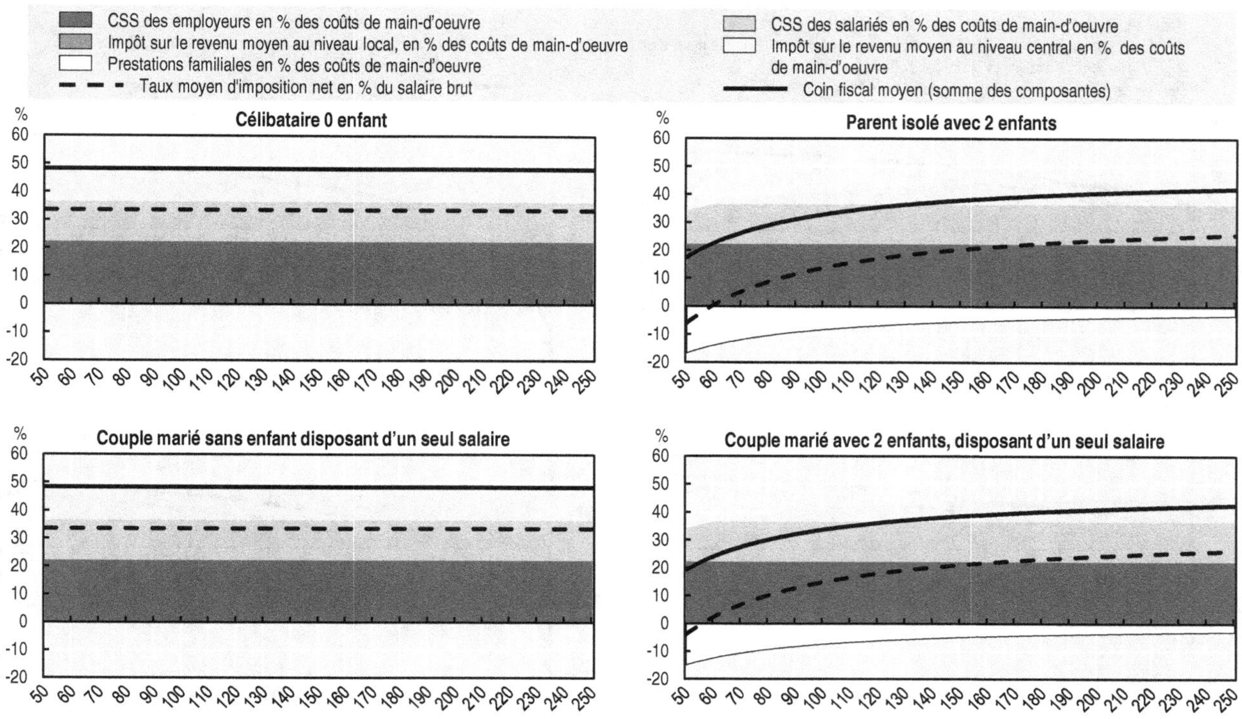

StatLink http://dx.doi.org/10.1787/888933464836

Hongrie 2016 : décomposition du coin fiscal marginal

En fonction du salaire brut exprimé en % du salaire moyen

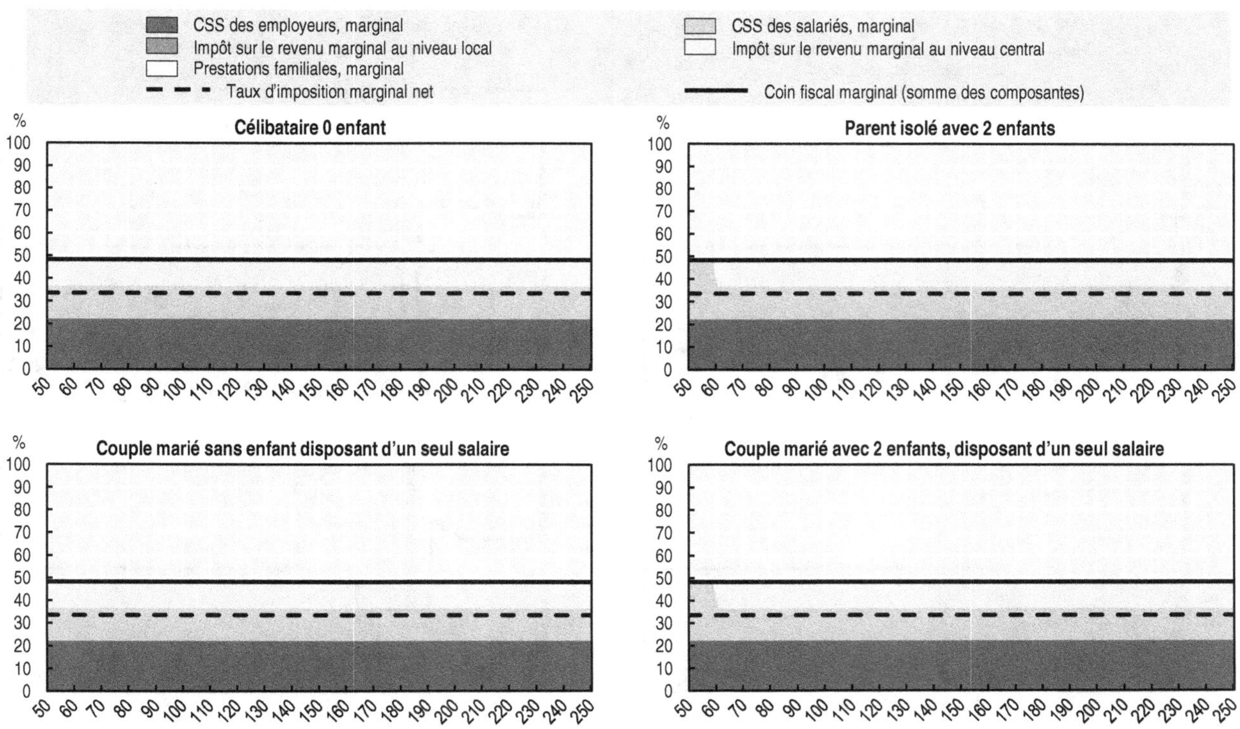

StatLink http://dx.doi.org/10.1787/888933464849

Irlande 2016 : décomposition du coin fiscal moyen

En fonction du salaire brut exprimé en % du salaire moyen

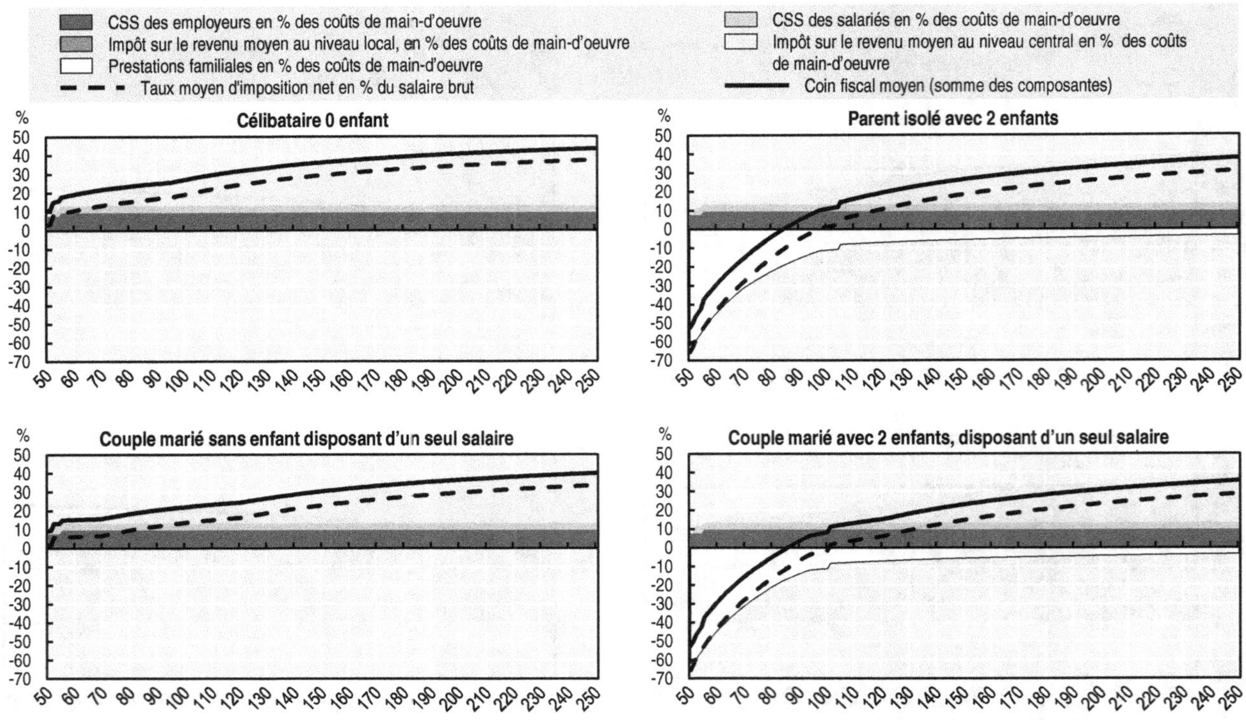

StatLink http://dx.doi.org/10.1787/888933464855

Irlande 2016 : décomposition du coin fiscal marginal

En fonction du salaire brut exprimé en % du salaire moyen

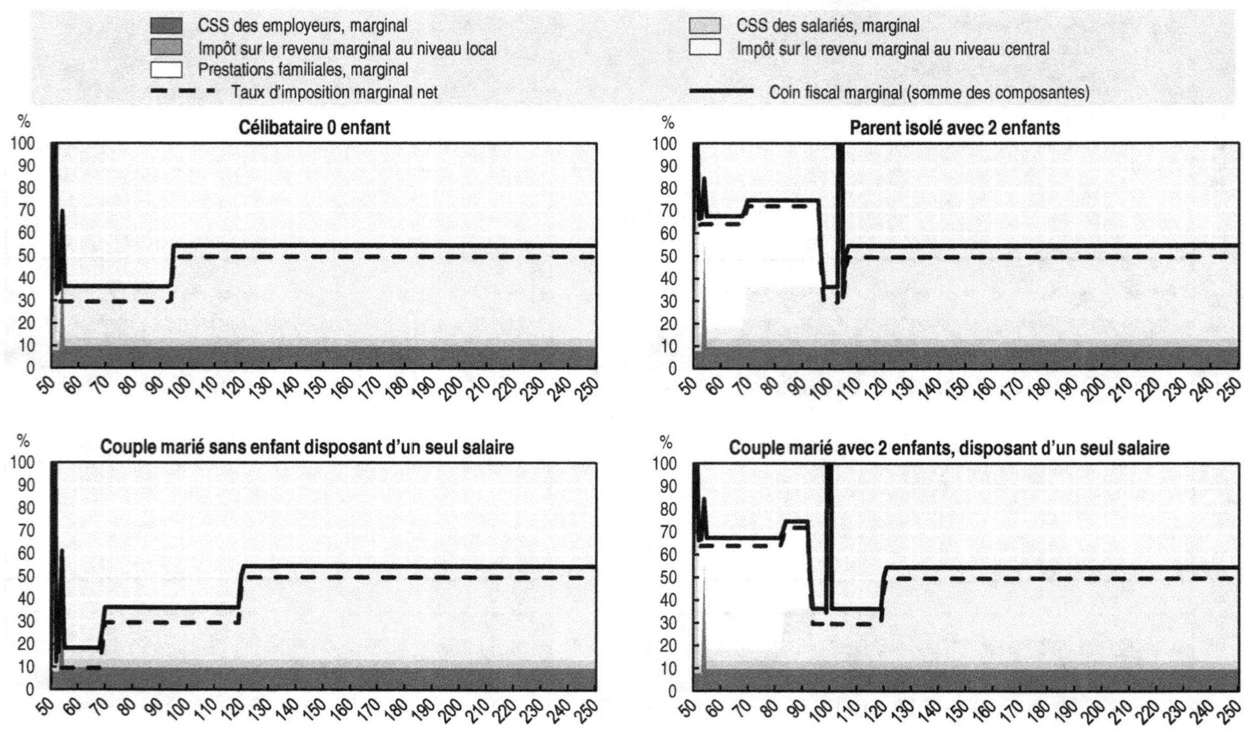

StatLink http://dx.doi.org/10.1787/888933464862

Islande 2016 : décomposition du coin fiscal moyen

En fonction du salaire brut exprimé en % du salaire moyen

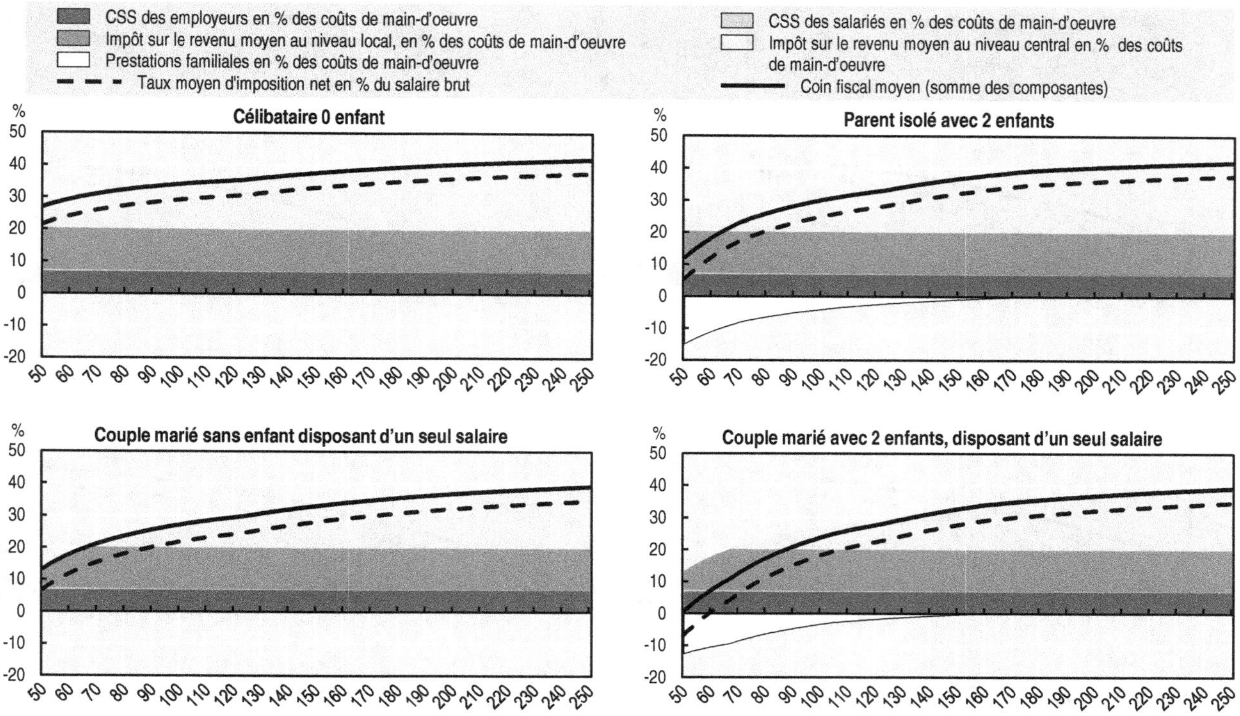

StatLink http://dx.doi.org/10.1787/888933464876

Islande 2016 : décomposition du coin fiscal marginal

En fonction du salaire brut exprimé en % du salaire moyen

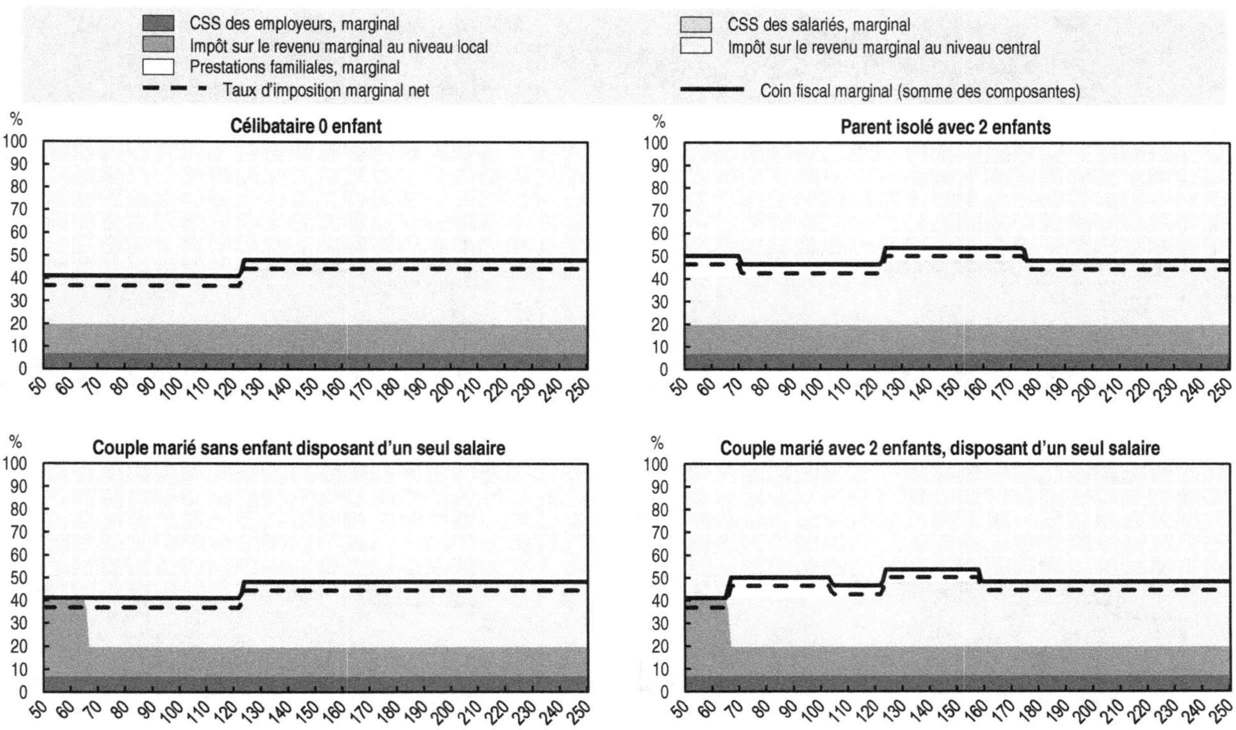

StatLink http://dx.doi.org/10.1787/888933464886

Israël 2016 : décomposition du coin fiscal moyen

En fonction du salaire brut exprimé en % du salaire moyen

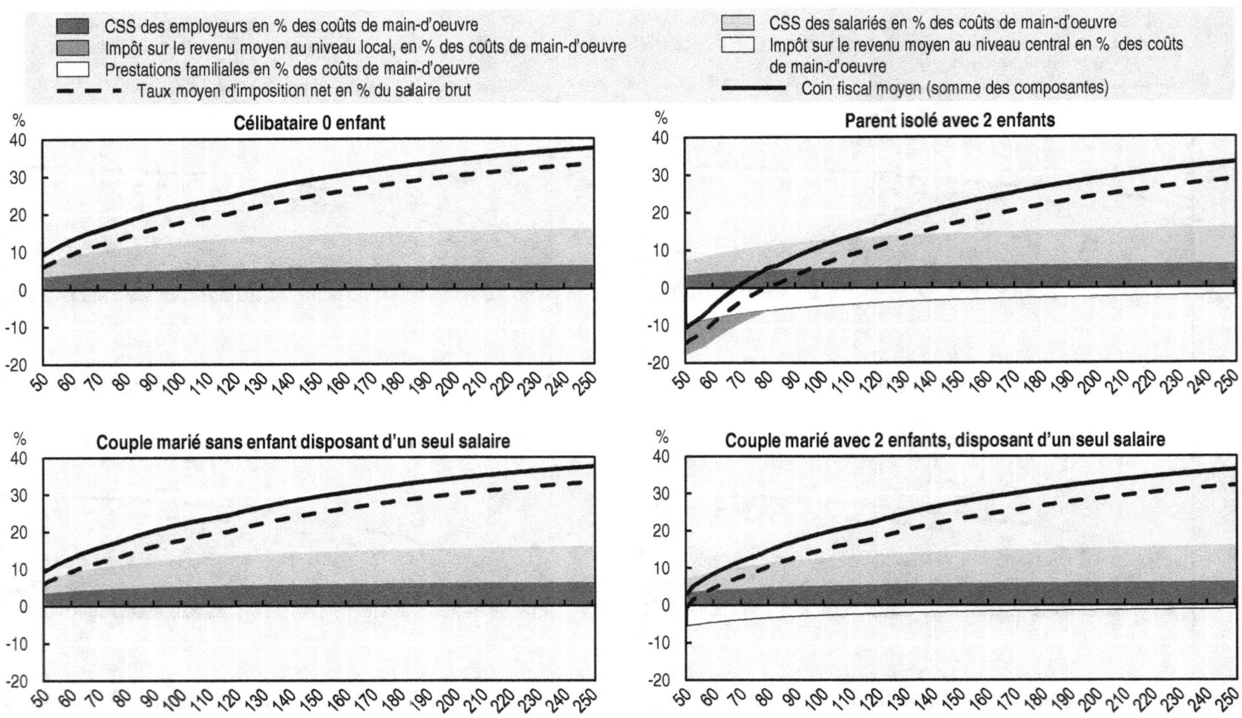

StatLink http://dx.doi.org/10.1787/888933464890

Israël 2016 : décomposition du coin fiscal marginal

En fonction du salaire brut exprimé en % du salaire moyen

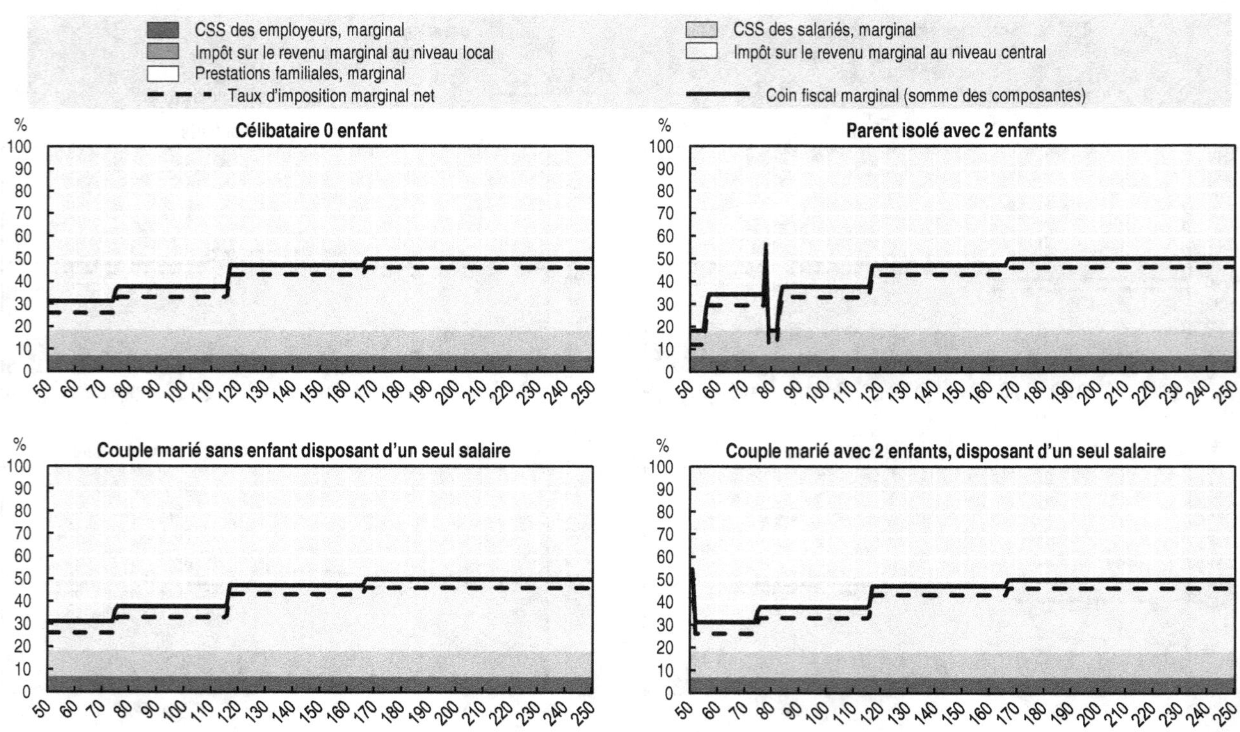

StatLink http://dx.doi.org/10.1787/888933464901

Italie 2016 : décomposition du coin fiscal moyen

En fonction du salaire brut exprimé en % du salaire moyen

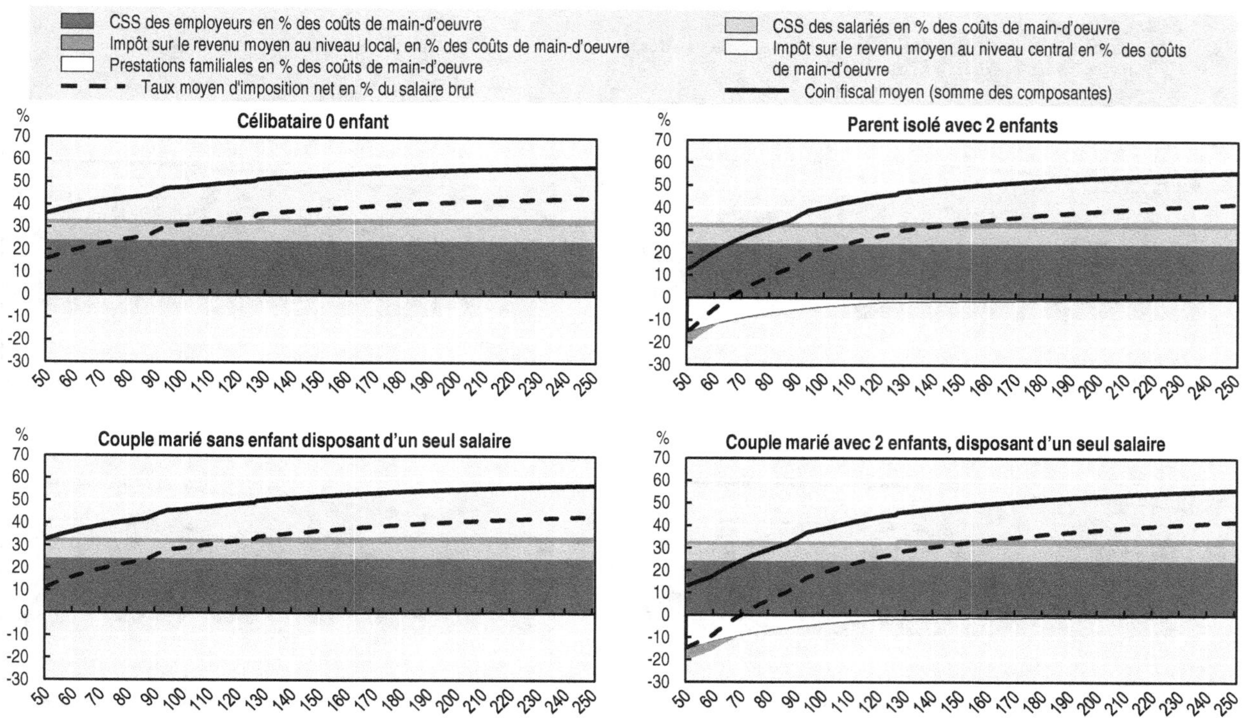

StatLink http://dx.doi.org/10.1787/888933464912

Italie 2016 : décomposition du coin fiscal marginal

En fonction du salaire brut exprimé en % du salaire moyen

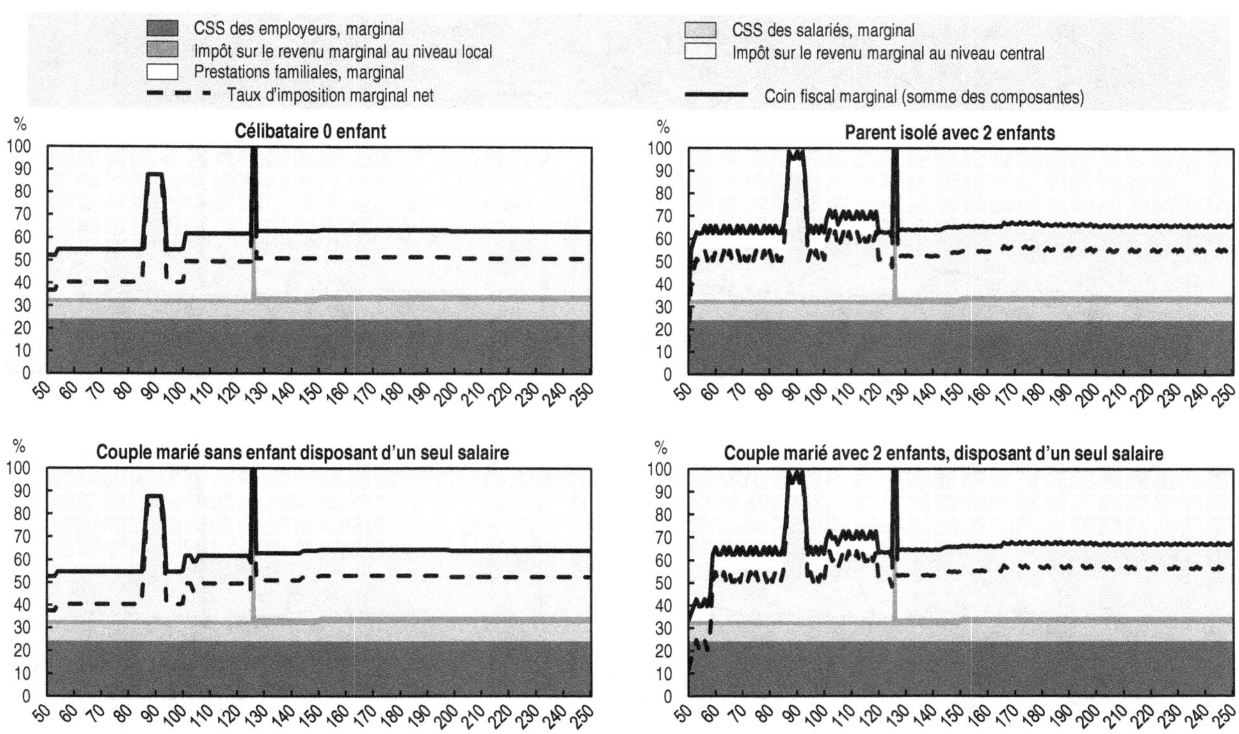

StatLink http://dx.doi.org/10.1787/888933464923

Japon 2016 : décomposition du coin fiscal moyen

En fonction du salaire brut exprimé en % du salaire moyen

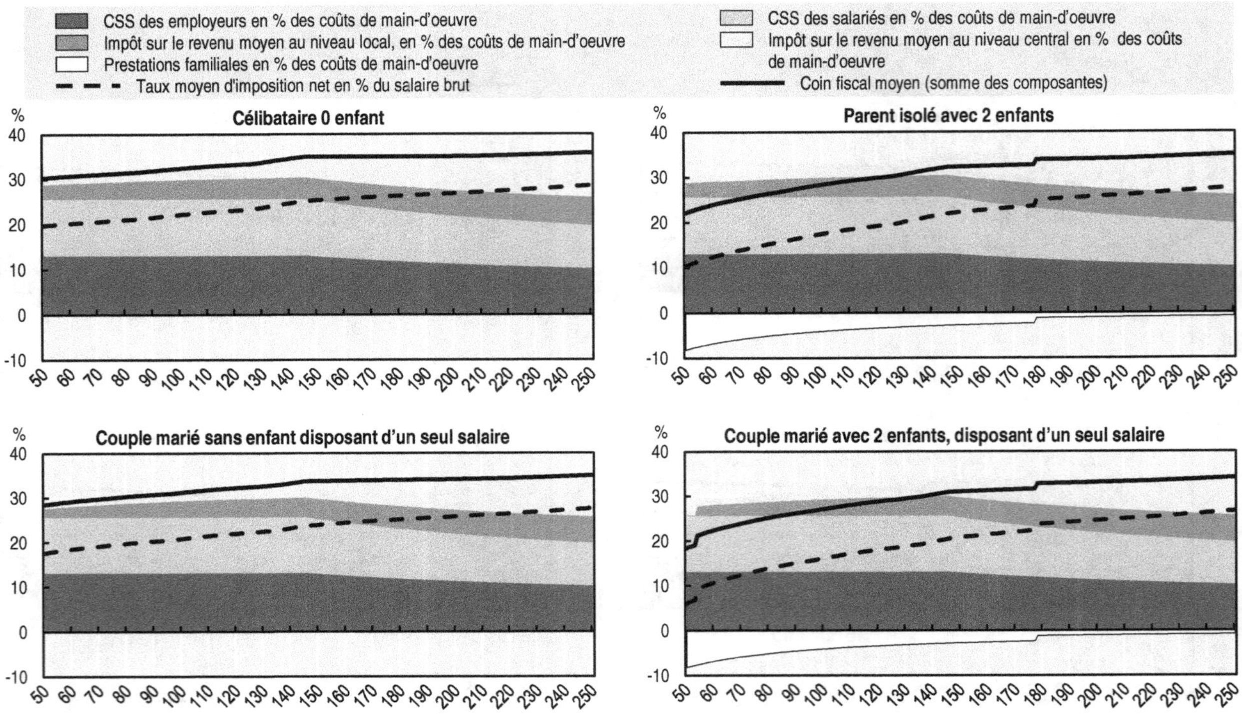

StatLink http://dx.doi.org/10.1787/888933464935

Japon 2016 : décomposition du coin fiscal marginal

En fonction du salaire brut exprimé en % du salaire moyen

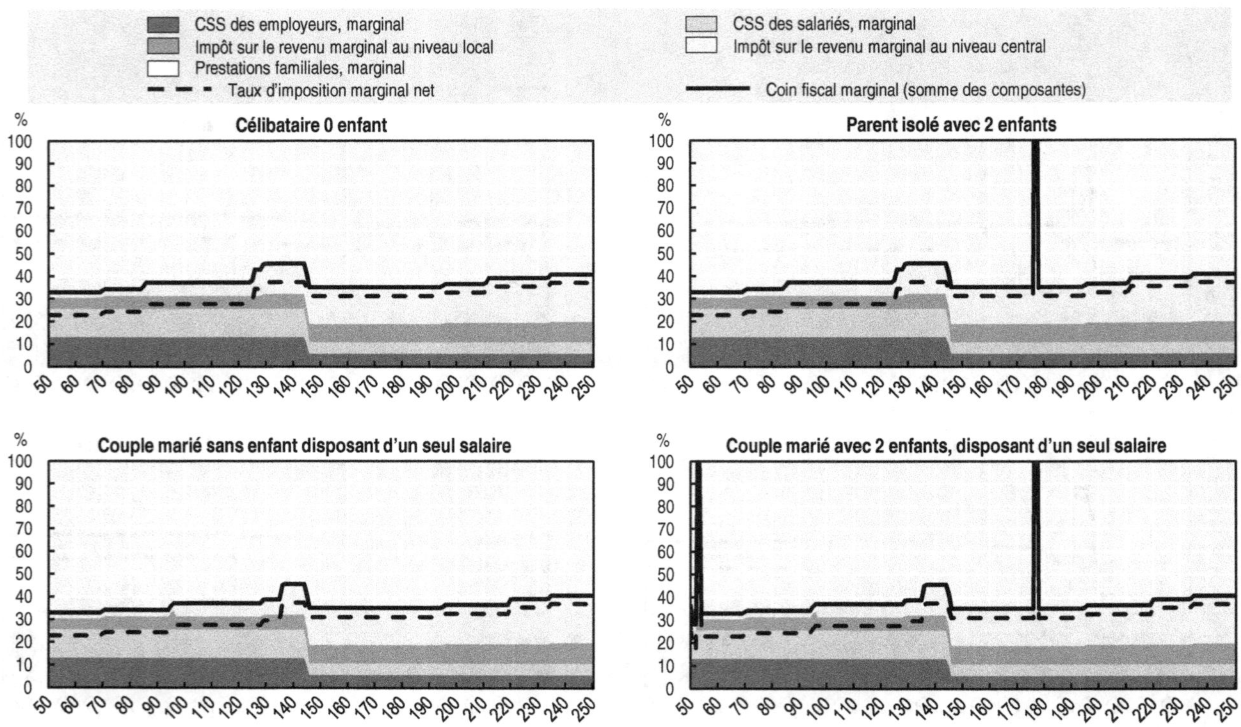

StatLink http://dx.doi.org/10.1787/888933464942

Lettonie 2016: décomposition du coin fiscal moyen

En fonction du salaire brut exprimé en % du salaire moyen

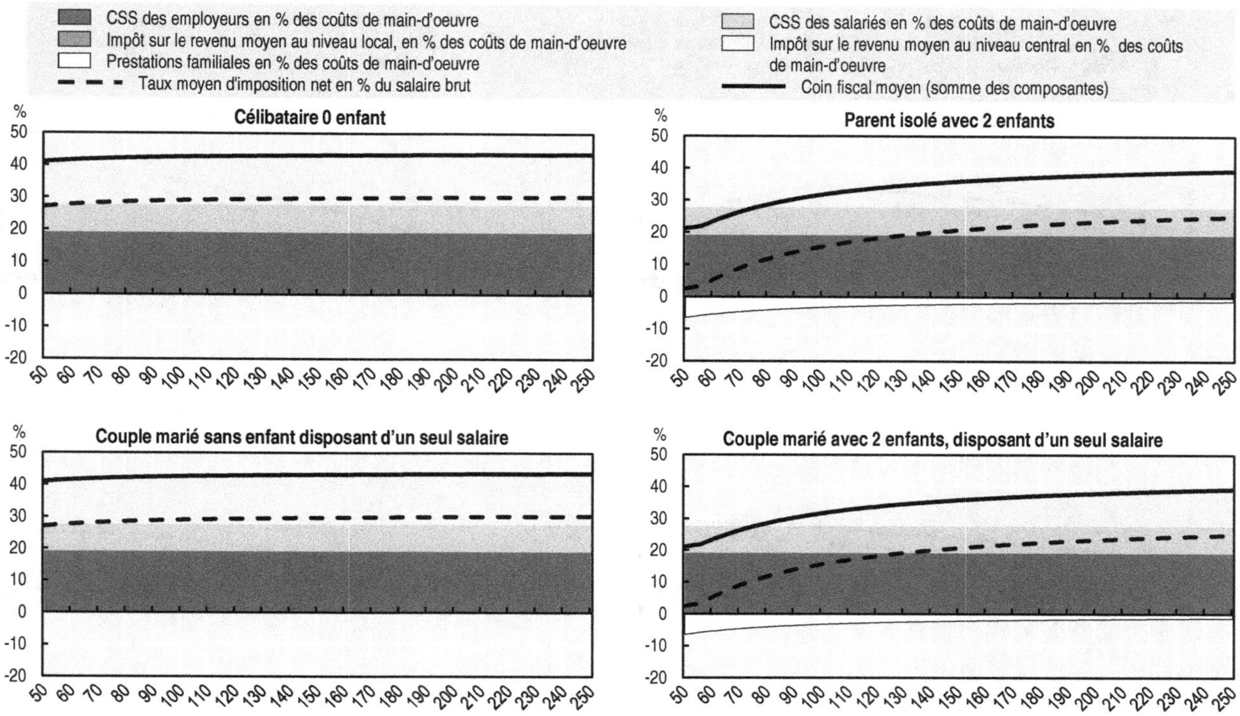

StatLink http://dx.doi.org/10.1787/888933464993

Lettonie 2016 : décomposition du coin fiscal marginal

En fonction du salaire brut exprimé en % du salaire moyen

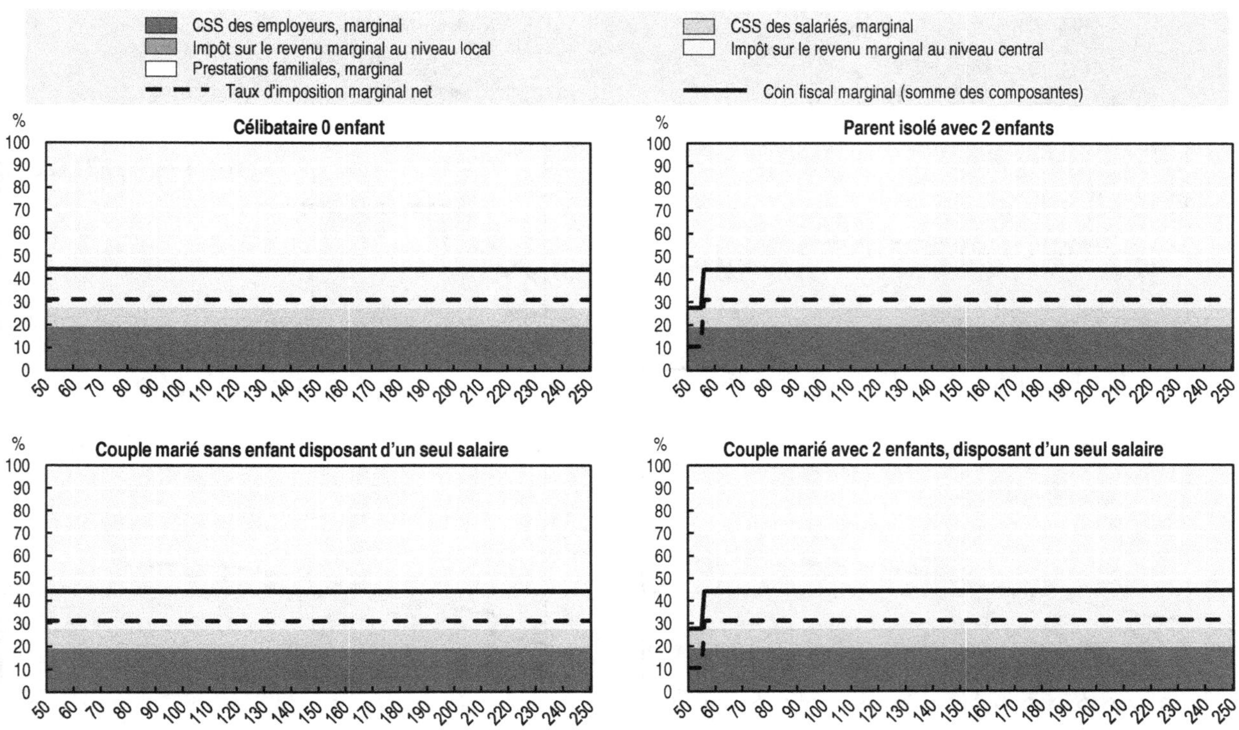

StatLink http://dx.doi.org/10.1787/888933465008

Luxembourg 2016: décomposition du coin fiscal moyen

En fonction du salaire brut exprimé en % du salaire moyen

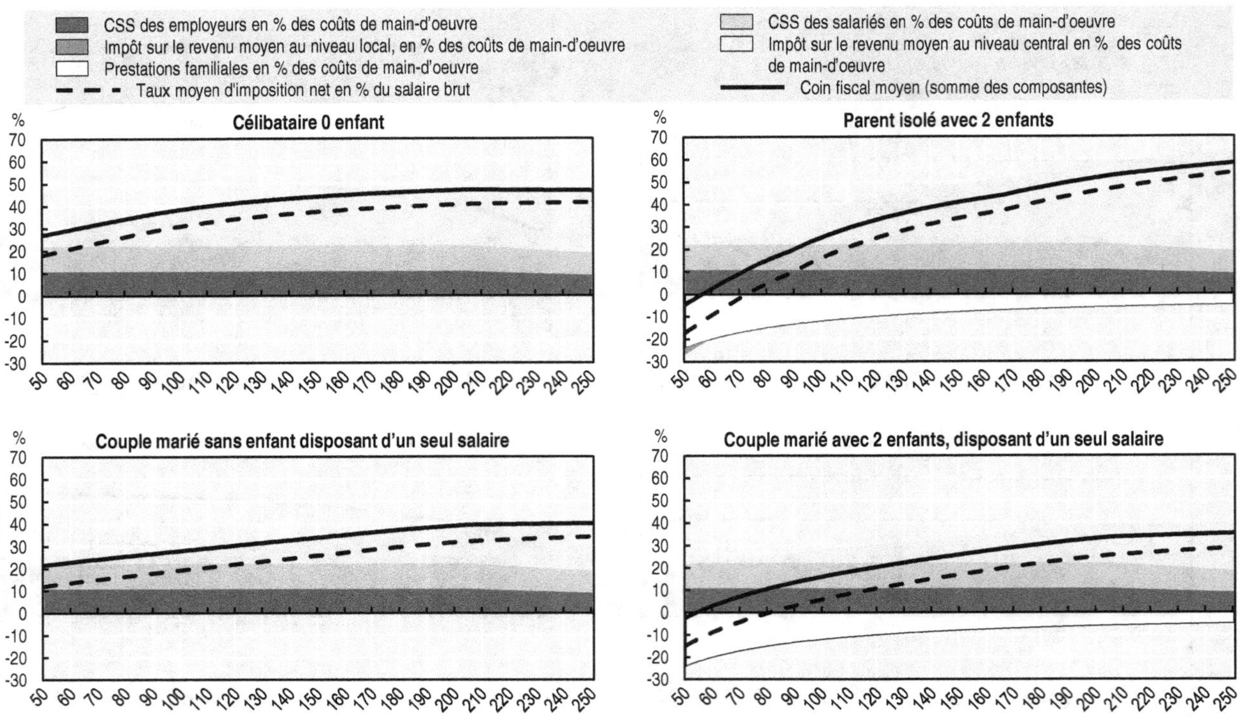

StatLink http://dx.doi.org/10.1787/888933464976

Luxembourg 2016 : décomposition du coin fiscal marginal

En fonction du salaire brut exprimé en % du salaire moyen

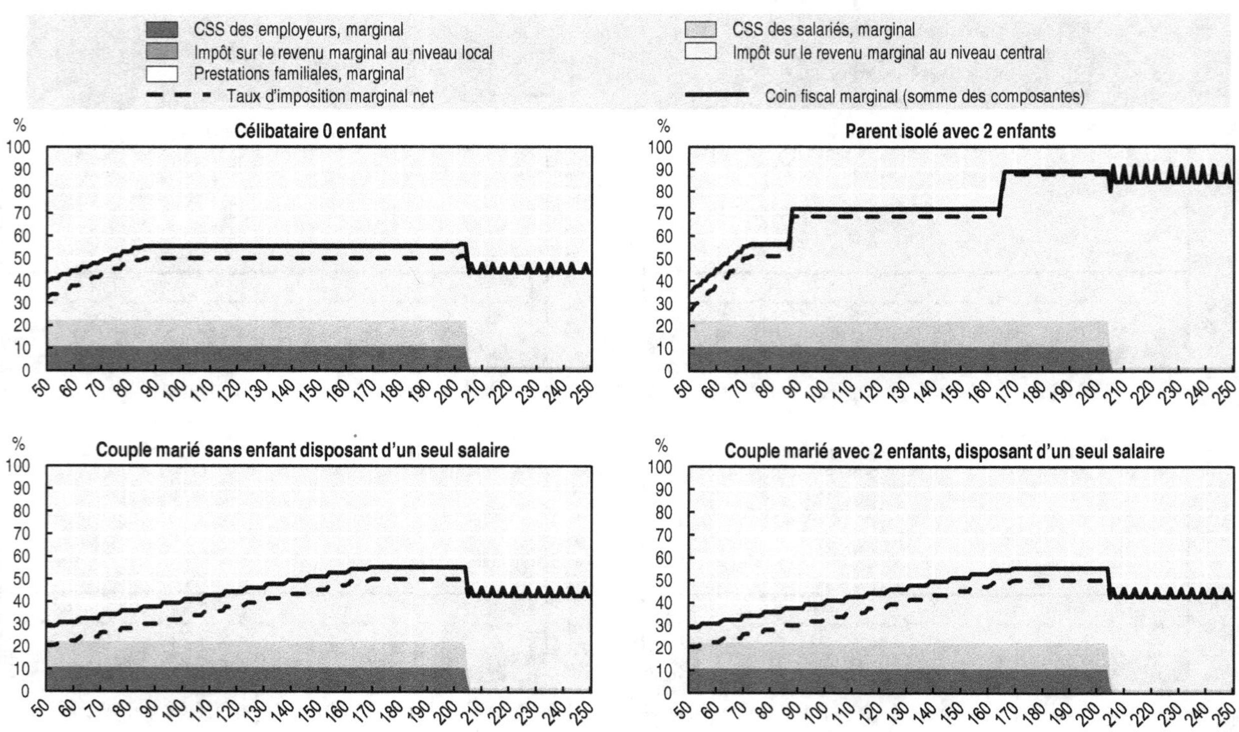

StatLink http://dx.doi.org/10.1787/888933464988

Mexique 2016 : décomposition du coin fiscal moyen

En fonction du salaire brut exprimé en % du salaire moyen

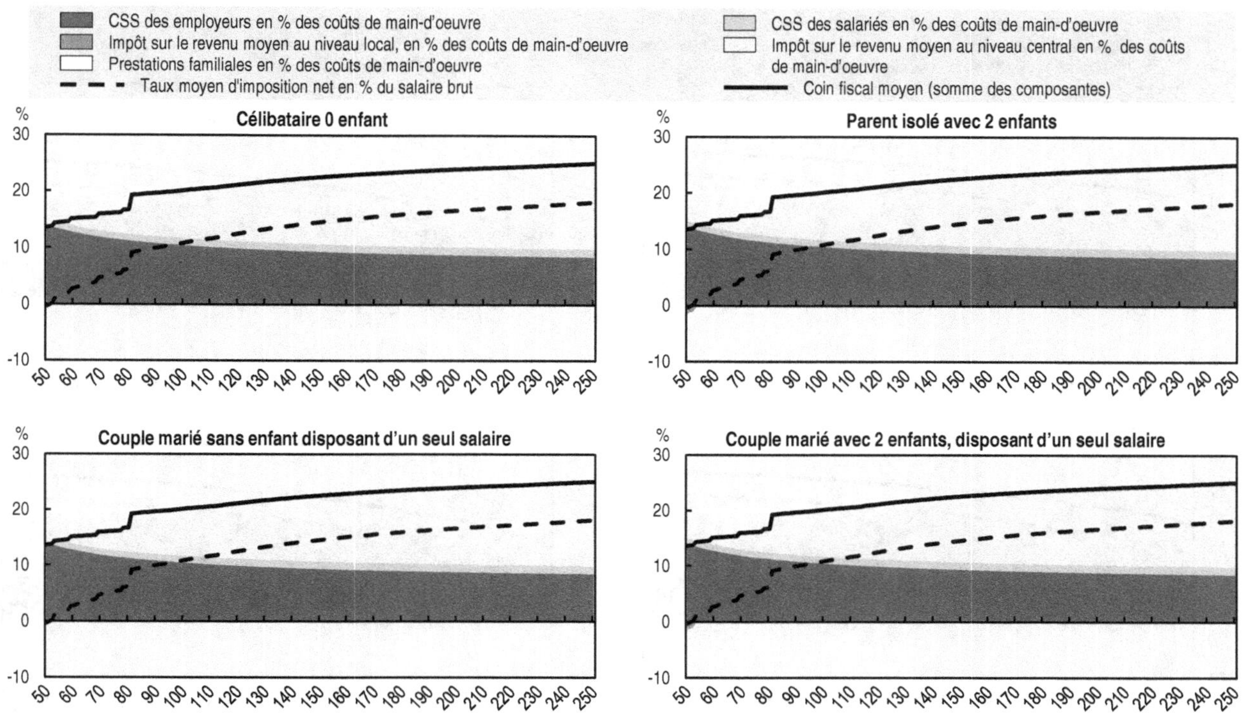

StatLink http://dx.doi.org/10.1787/888933465010

Mexique 2016 : décomposition du coin fiscal marginal

En fonction du salaire brut exprimé en % du salaire moyen

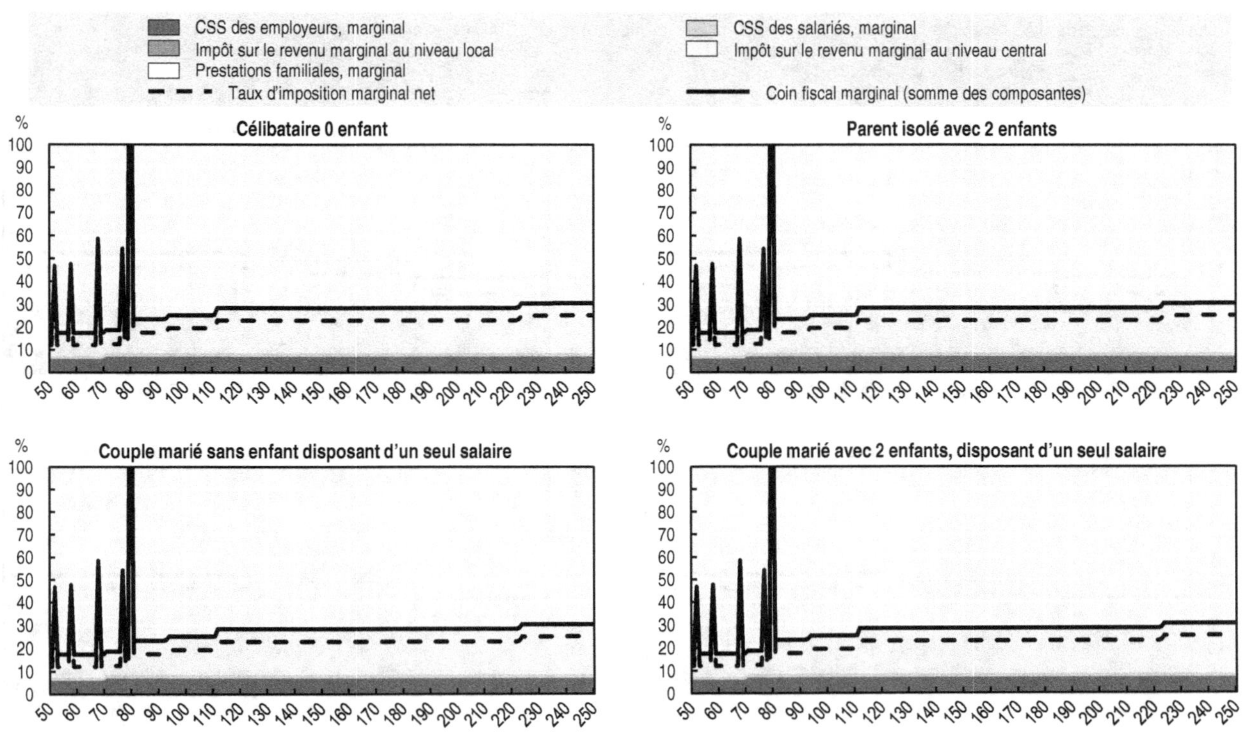

StatLink http://dx.doi.org/10.1787/888933465028

Norvège 2016 : décomposition du coin fiscal moyen

En fonction du salaire brut exprimé en % du salaire moyen

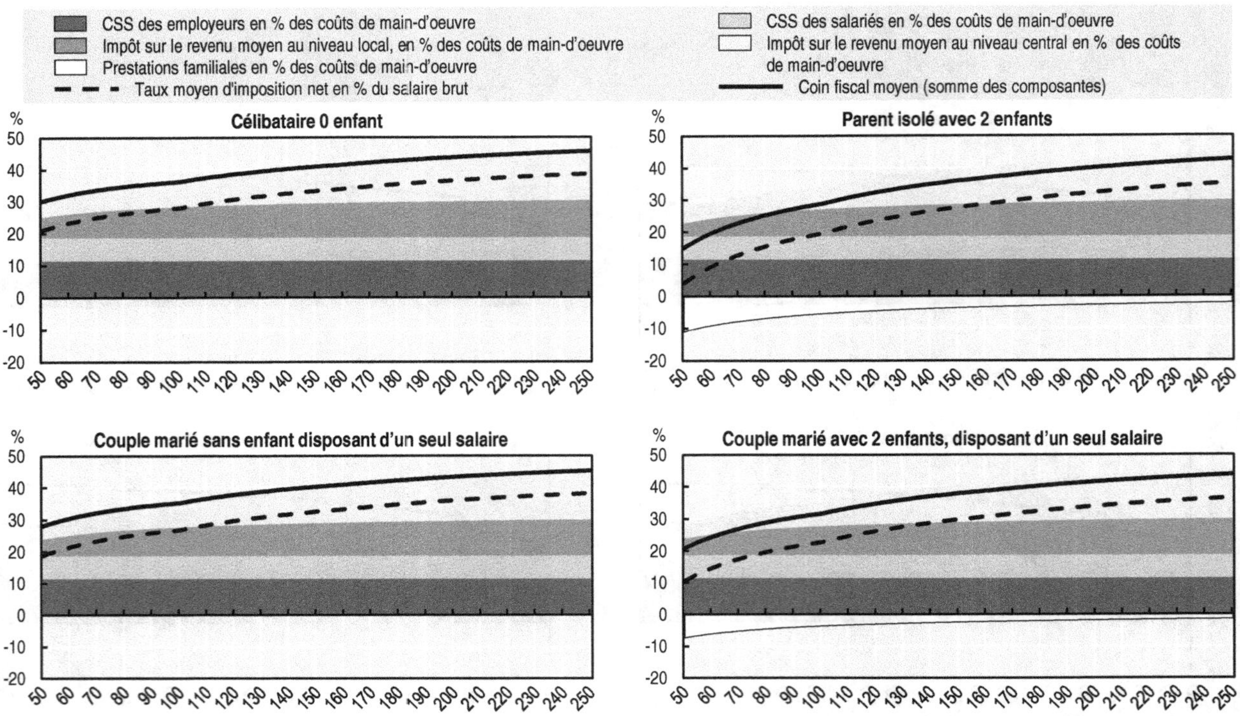

StatLink http://dx.doi.org/10.1787/888933465050

Norvège 2016 : décomposition du coin fiscal marginal

En fonction du salaire brut exprimé en % du salaire moyen

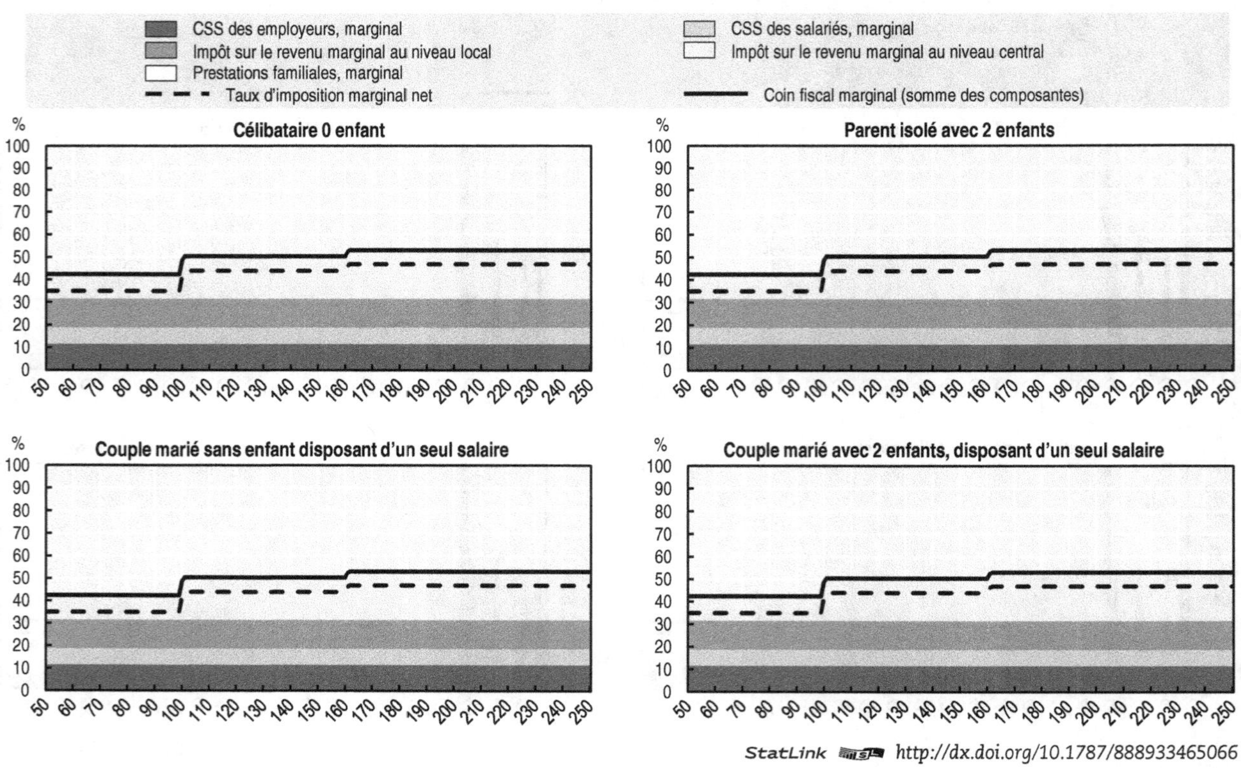

StatLink http://dx.doi.org/10.1787/888933465066

Nouvelle-Zélande 2016 : décomposition du coin fiscal moyen

En fonction du salaire brut exprimé en % du salaire moyen

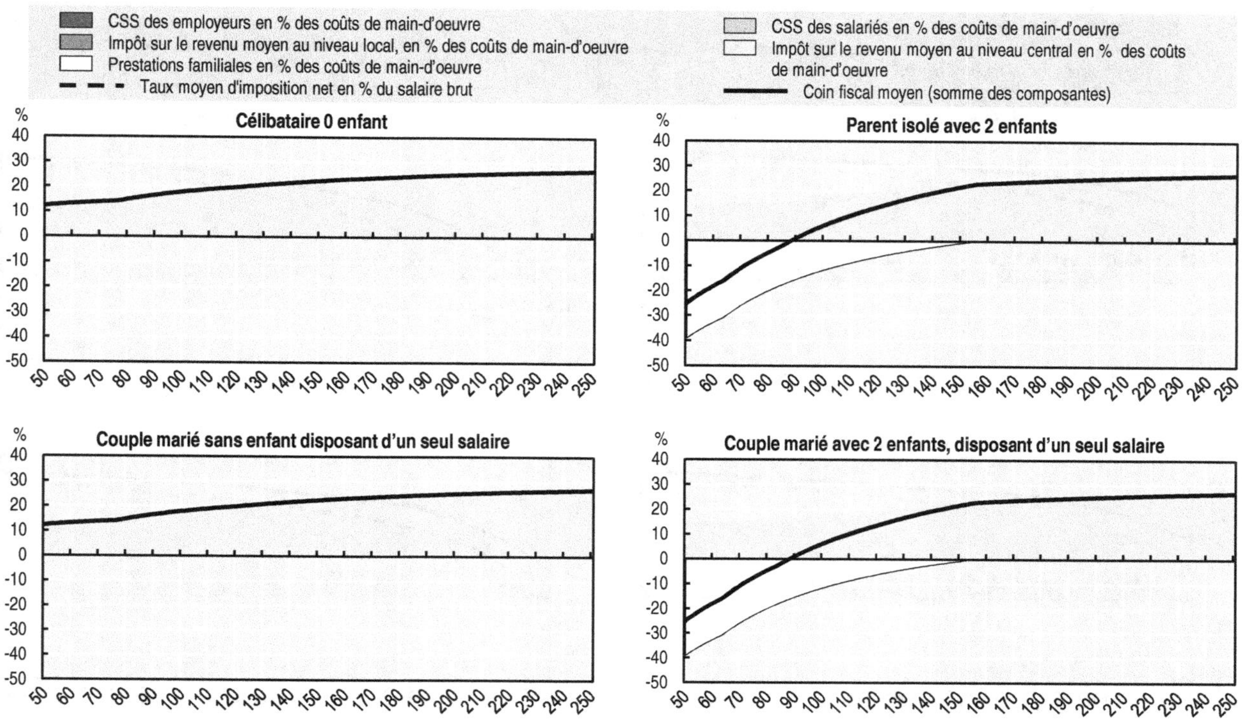

StatLink http://dx.doi.org/10.1787/888933465077

Nouvelle-Zélande 2016 : décomposition du coin fiscal marginal

En fonction du salaire brut exprimé en % du salaire moyen

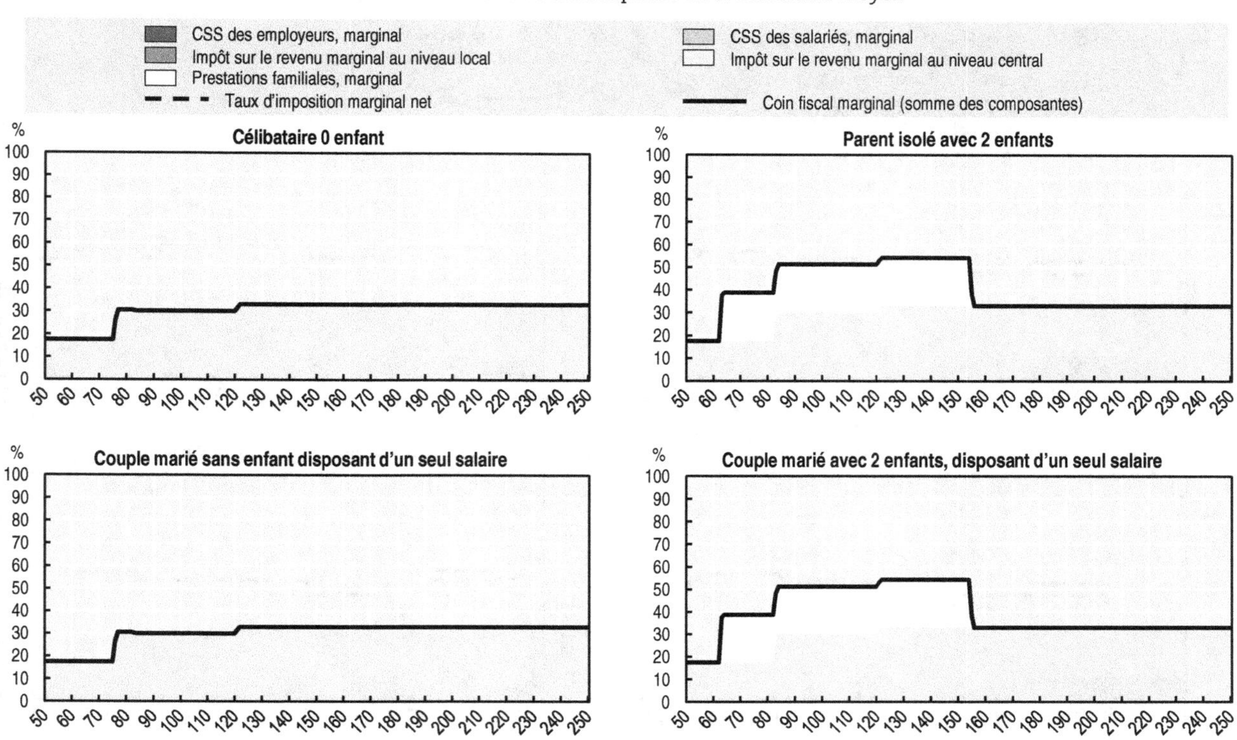

StatLink http://dx.doi.org/10.1787/888933465082

Pays-Bas 2016 : décomposition du coin fiscal moyen

En fonction du salaire brut exprimé en % du salaire moyen

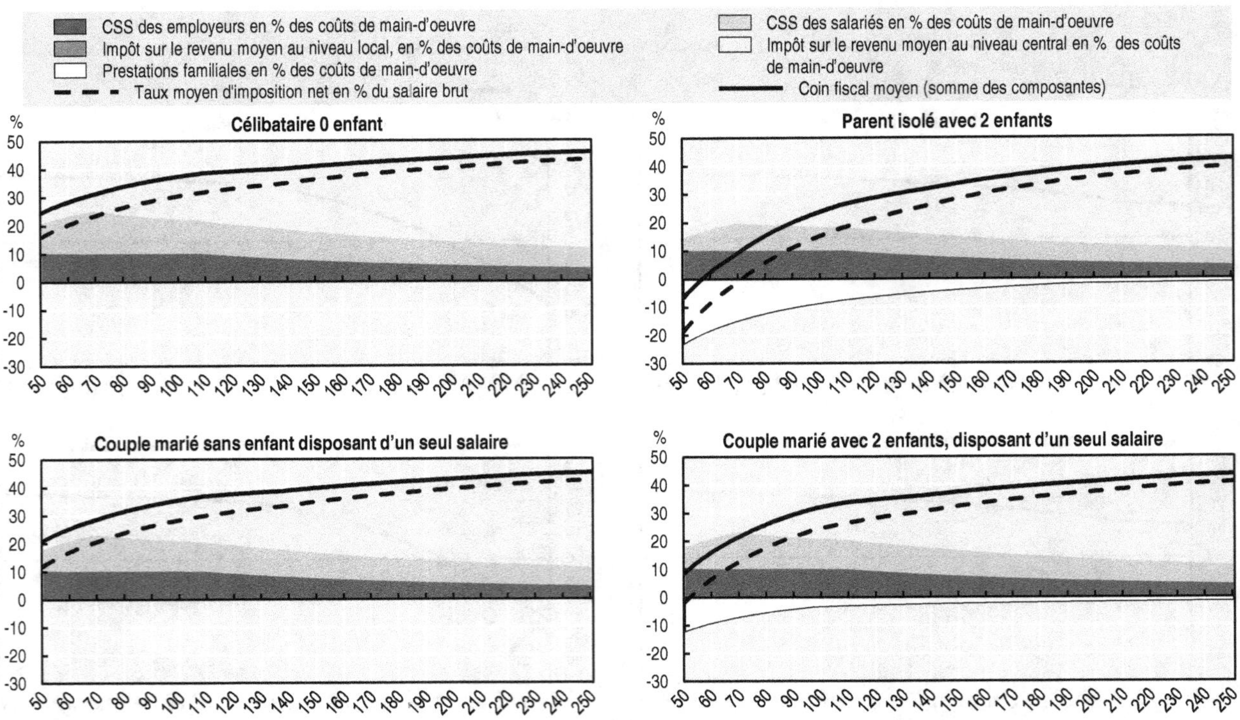

StatLink http://dx.doi.org/10.1787/888933465035

Pays-Bas 2016 : décomposition du coin fiscal marginal

En fonction du salaire brut exprimé en % du salaire moyen

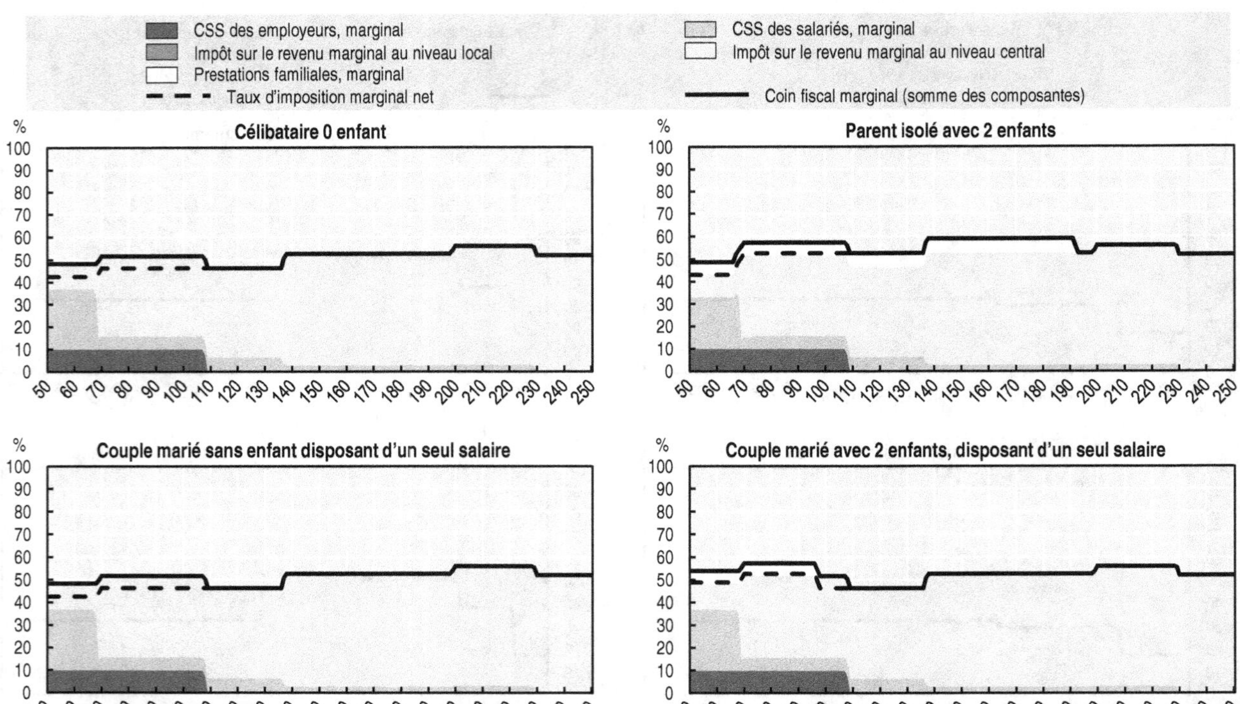

StatLink http://dx.doi.org/10.1787/888933465041

Pologne 2016 : décomposition du coin fiscal moyen

En fonction du salaire brut exprimé en % du salaire moyen

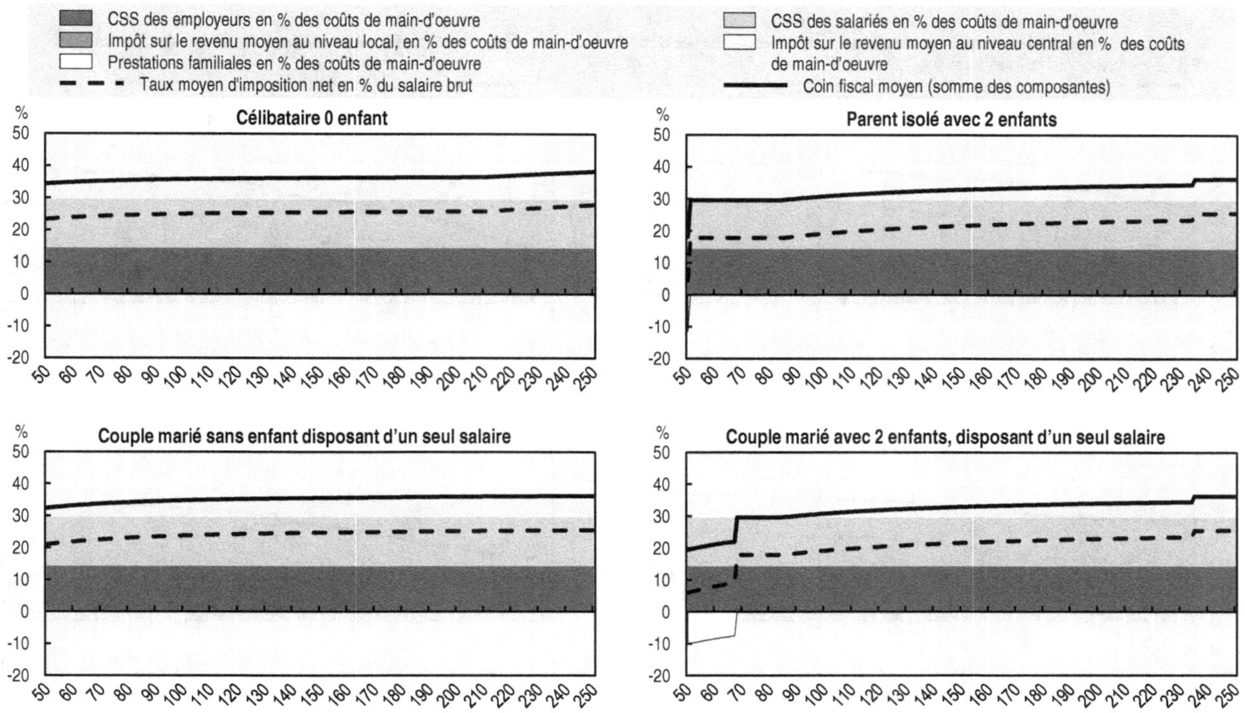

StatLink http://dx.doi.org/10.1787/888933465097

Pologne 2016 : décomposition du coin fiscal marginal

En fonction du salaire brut exprimé en % du salaire moyen

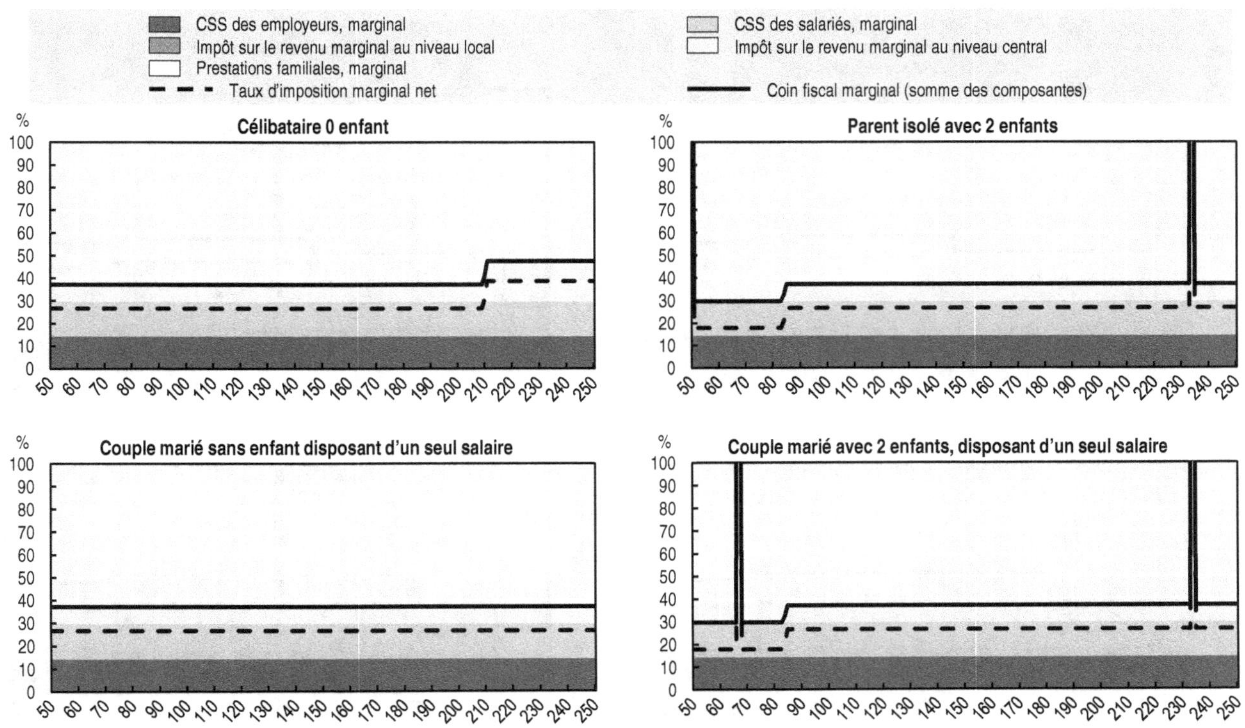

StatLink http://dx.doi.org/10.1787/888933465108

Portugal 2016 : décomposition du coin fiscal moyen

En fonction du salaire brut exprimé en % du salaire moyen

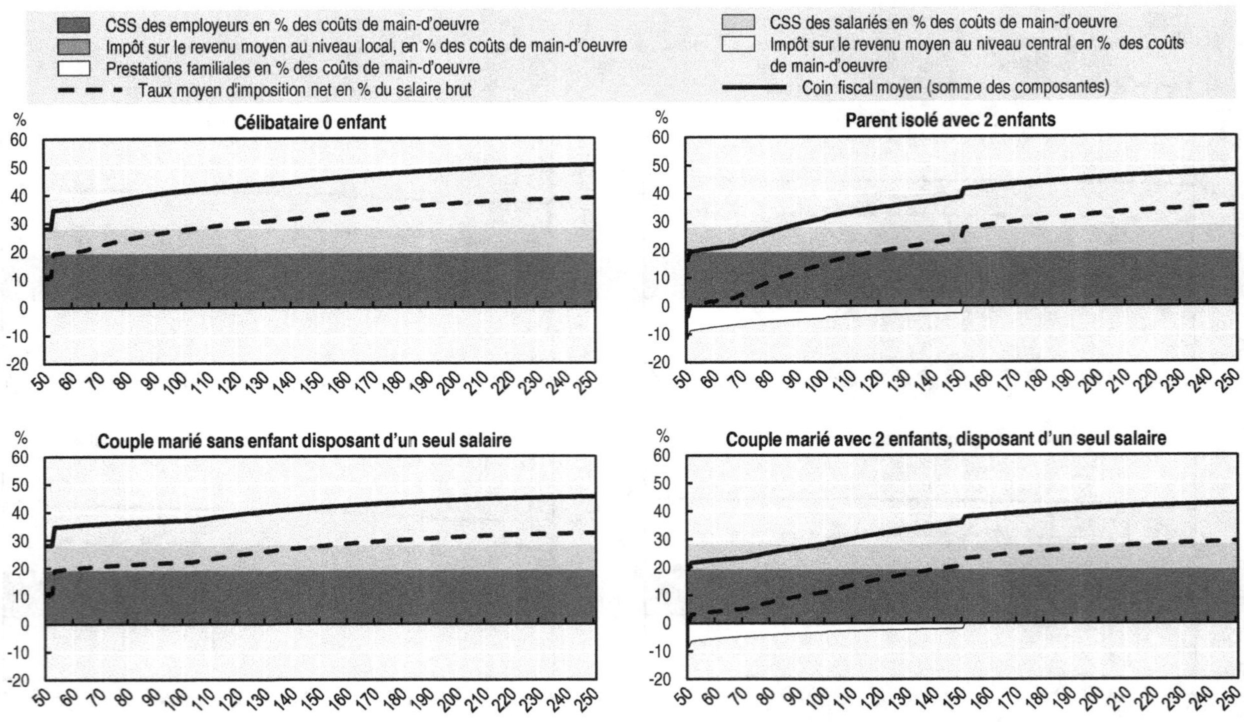

StatLink http://dx.doi.org/10.1787/888933465118

Portugal 2016 : décomposition du coin fiscal marginal

En fonction du salaire brut exprimé en % du salaire moyen

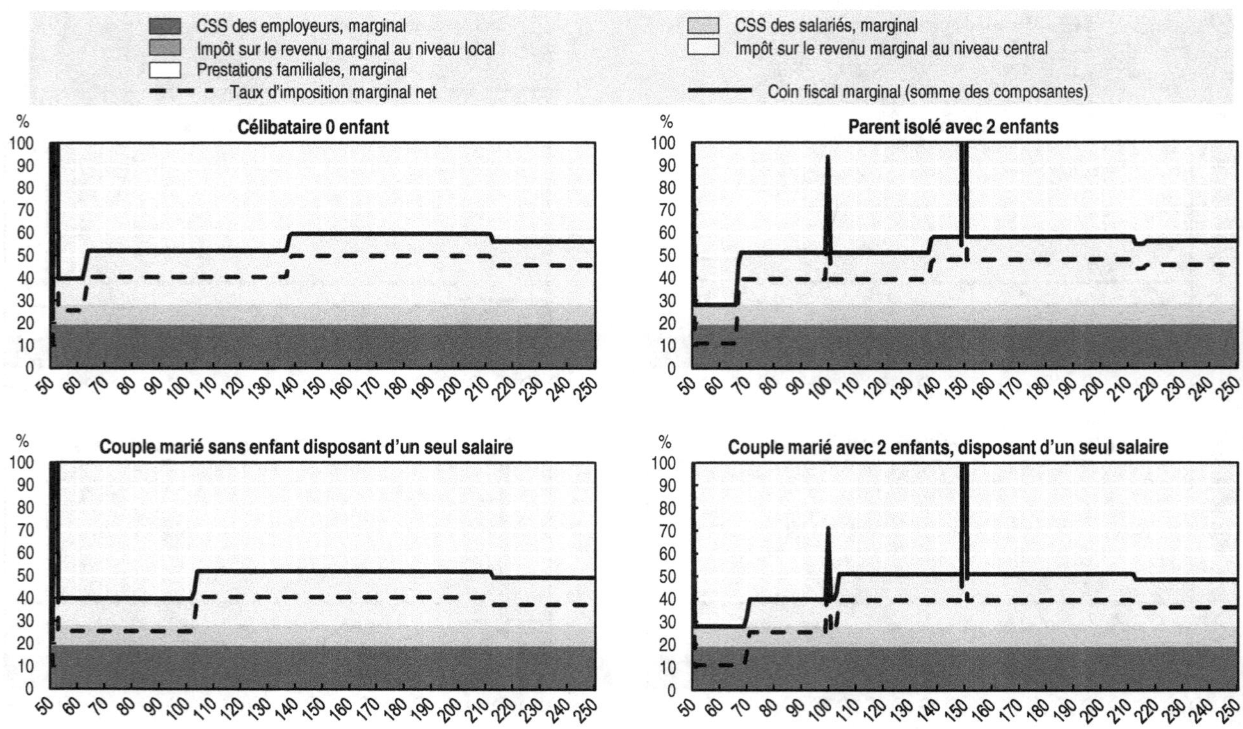

StatLink http://dx.doi.org/10.1787/888933465123

République slovaque 2016 : décomposition du coin fiscal moyen

En fonction du salaire brut exprimé en % du salaire moyen

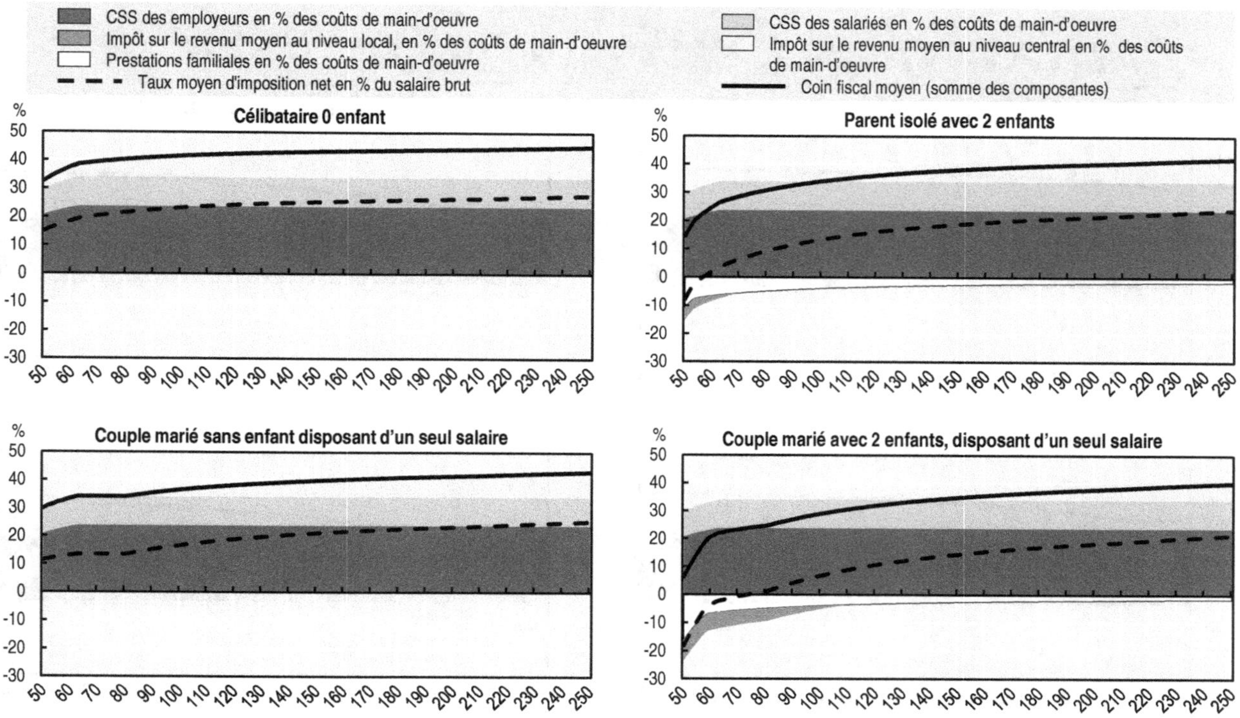

StatLink http://dx.doi.org/10.1787/888933465132

République slovaque 2016 : décomposition du coin fiscal marginal

En fonction du salaire brut exprimé en % du salaire moyen

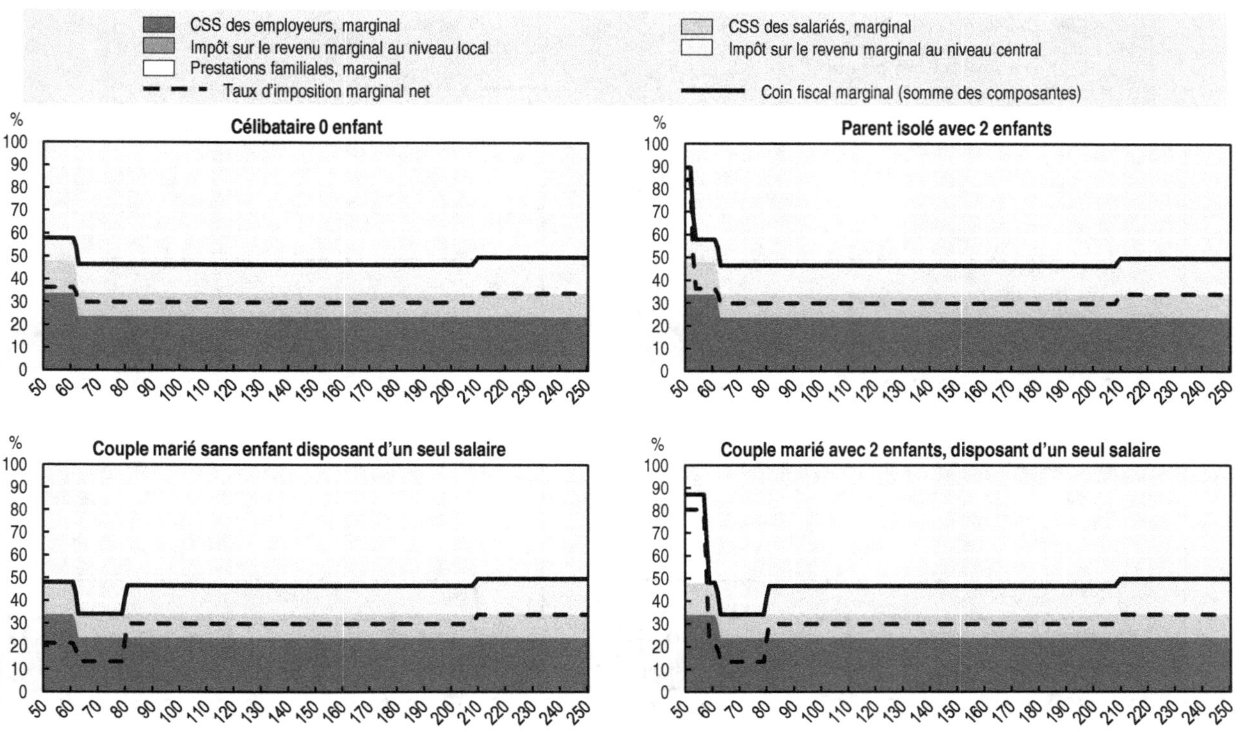

StatLink http://dx.doi.org/10.1787/888933465146

République tchèque 2016 : décomposition du coin fiscal moyen

En fonction du salaire brut exprimé en % du salaire moyen

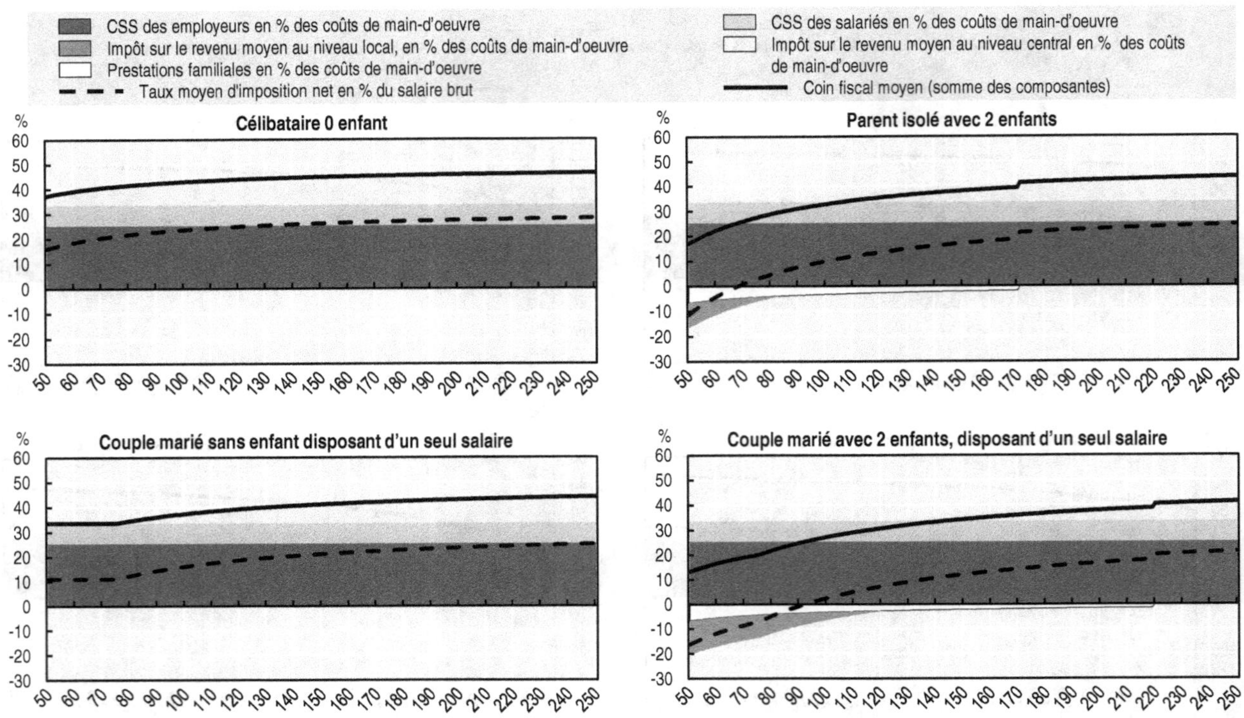

StatLink http://dx.doi.org/10.1787/888933464652

République tchèque 2016 : décomposition du coin fiscal marginal

En fonction du salaire brut exprimé en % du salaire moyen

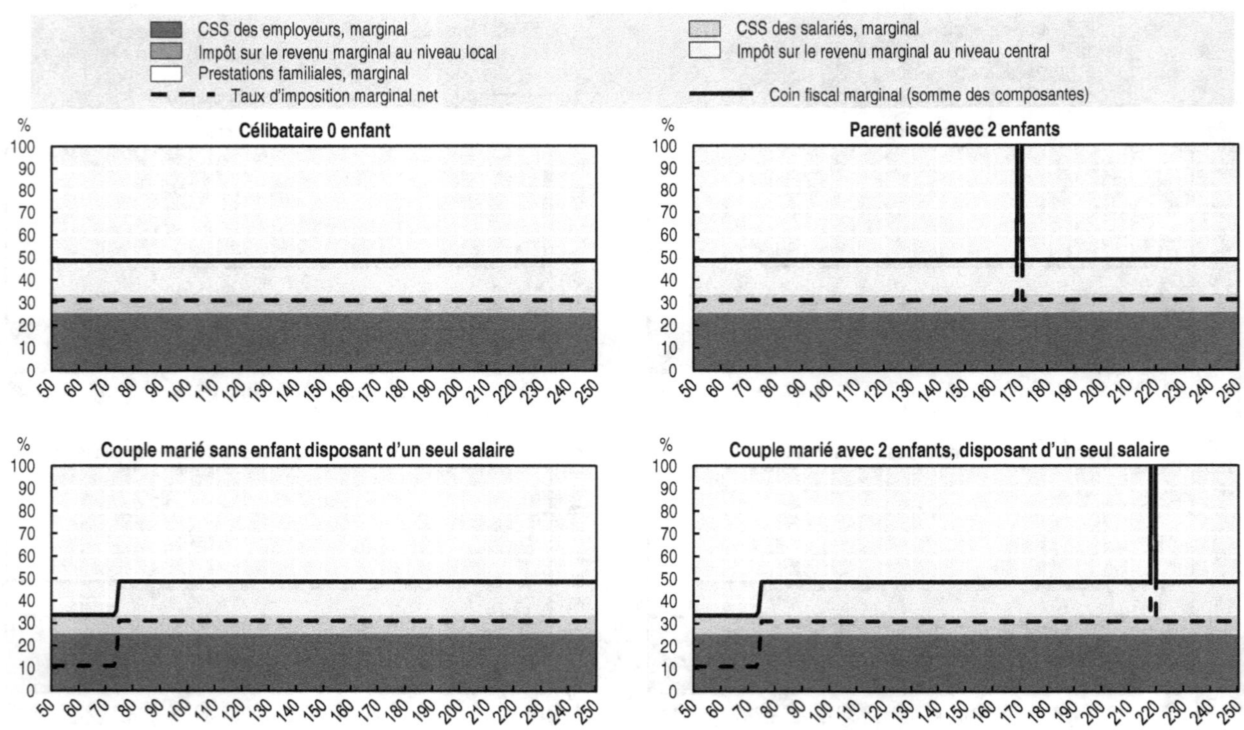

StatLink http://dx.doi.org/10.1787/888933464668

Royaume-Uni 2016 : décomposition du coin fiscal moyen

En fonction du salaire brut exprimé en % du salaire moyen

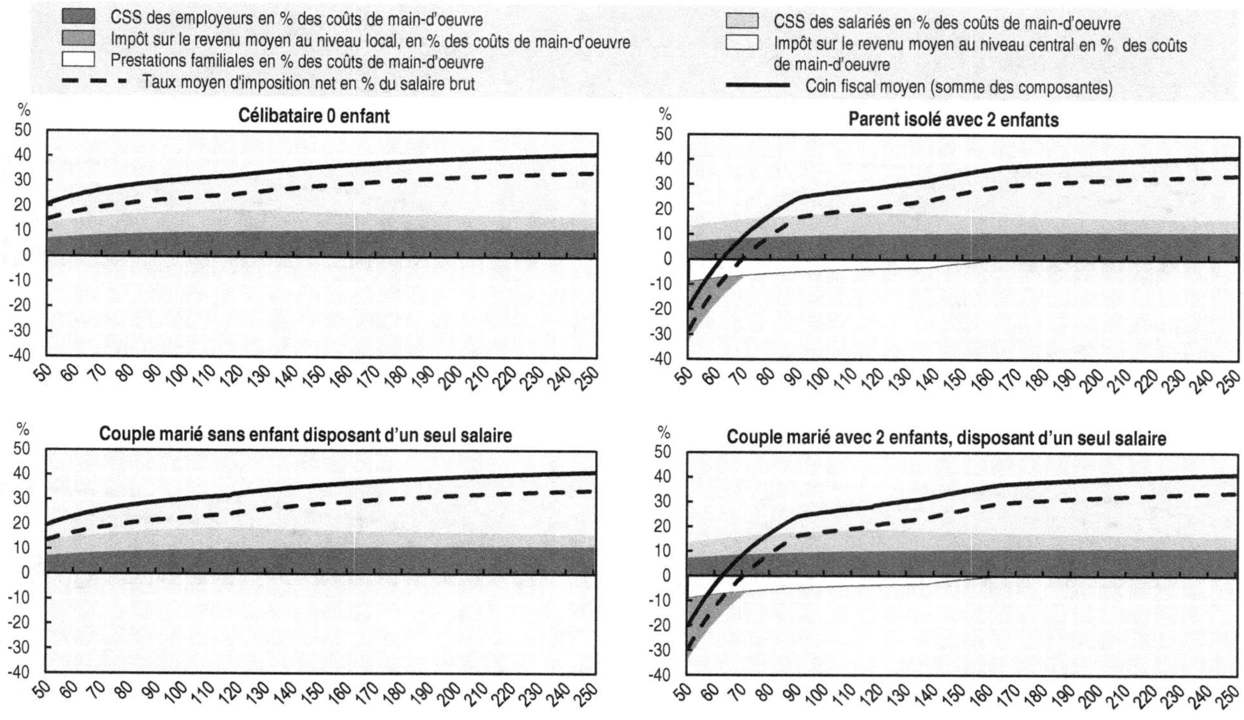

StatLink http://dx.doi.org/10.1787/888933464795

Royaume-Uni 2016 : décomposition du coin fiscal marginal

En fonction du salaire brut exprimé en % du salaire moyen

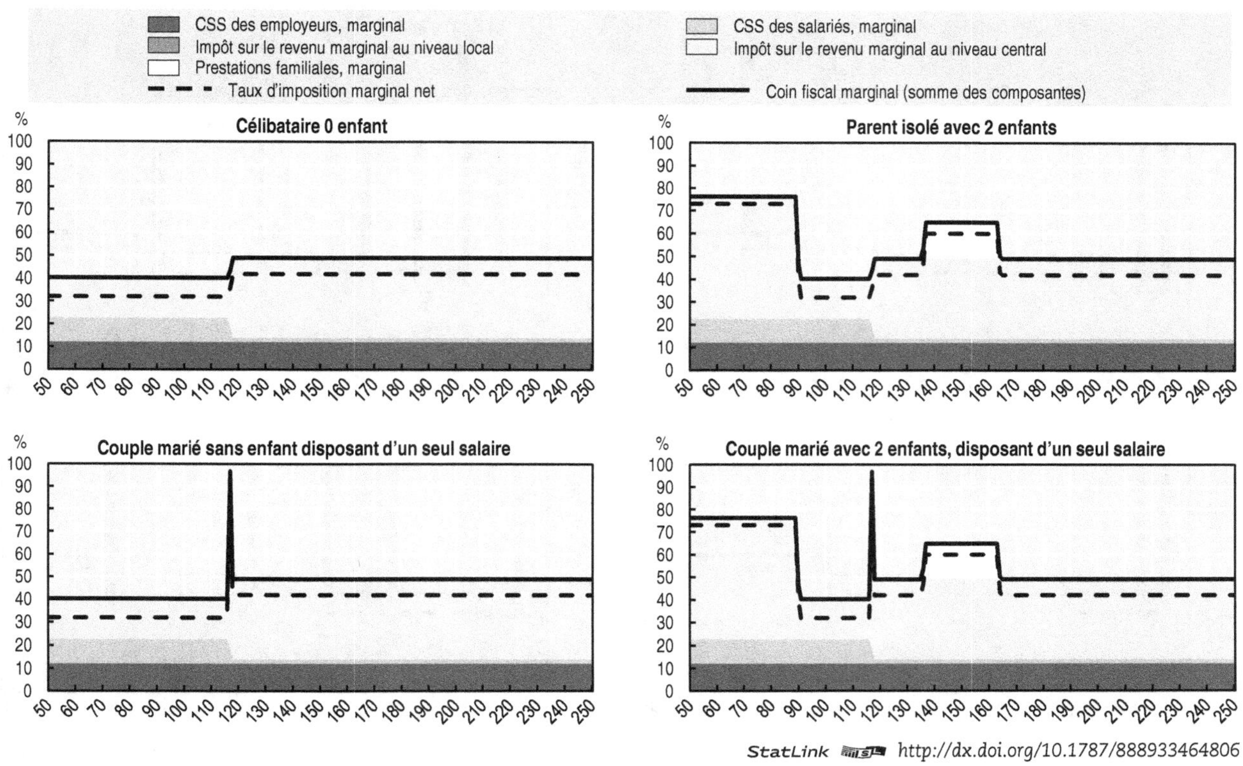

StatLink http://dx.doi.org/10.1787/888933464806

Slovénie 2016 : décomposition du coin fiscal moyen

En fonction du salaire brut exprimé en % du salaire moyen

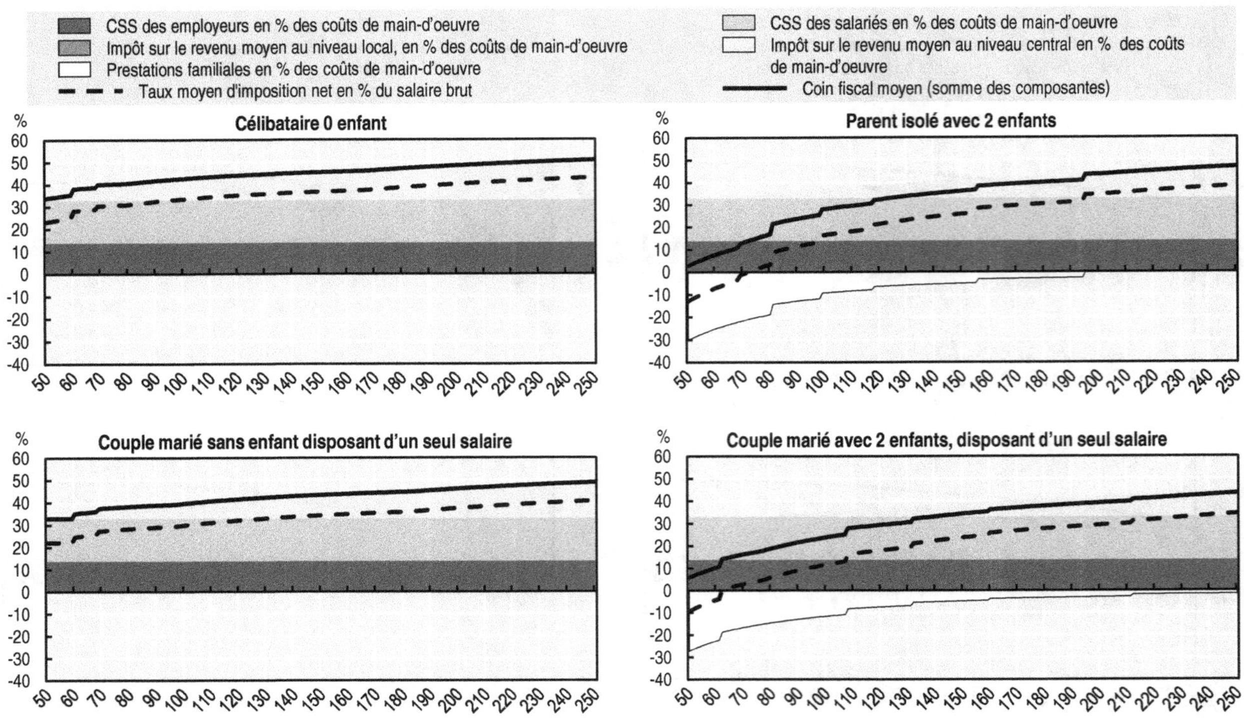

StatLink http://dx.doi.org/10.1787/888933465150

Slovénie 2016 : décomposition du coin fiscal marginal

En fonction du salaire brut exprimé en % du salaire moyen

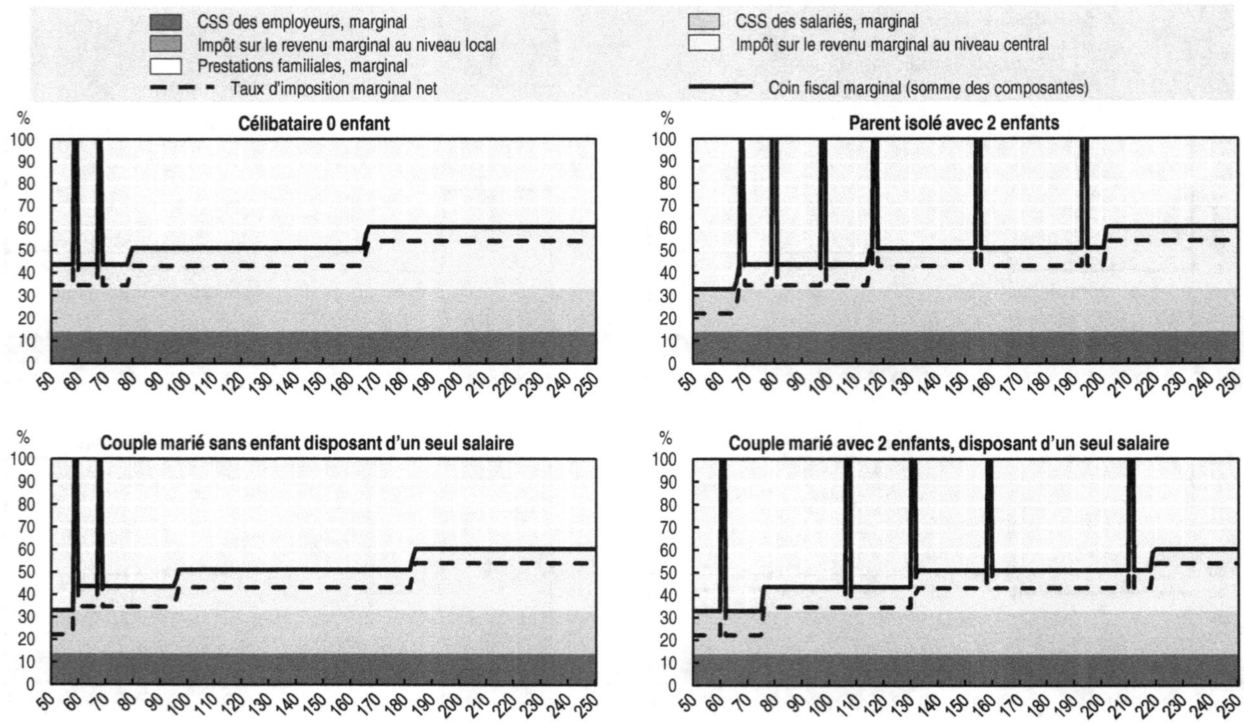

StatLink http://dx.doi.org/10.1787/888933465167

Suède 2016 : décomposition du coin fiscal moyen

En fonction du salaire brut exprimé en % du salaire moyen

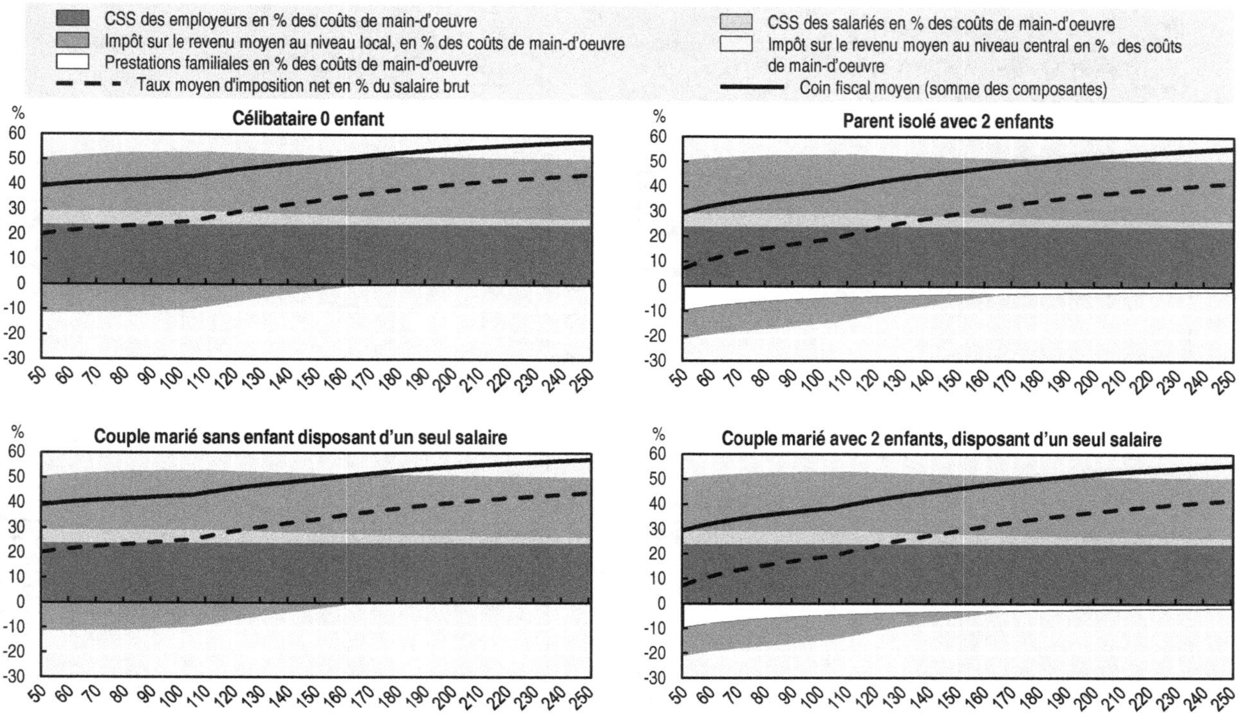

StatLink http://dx.doi.org/10.1787/888933465176

Suède 2016 : décomposition du coin fiscal marginal

En fonction du salaire brut exprimé en % du salaire moyen

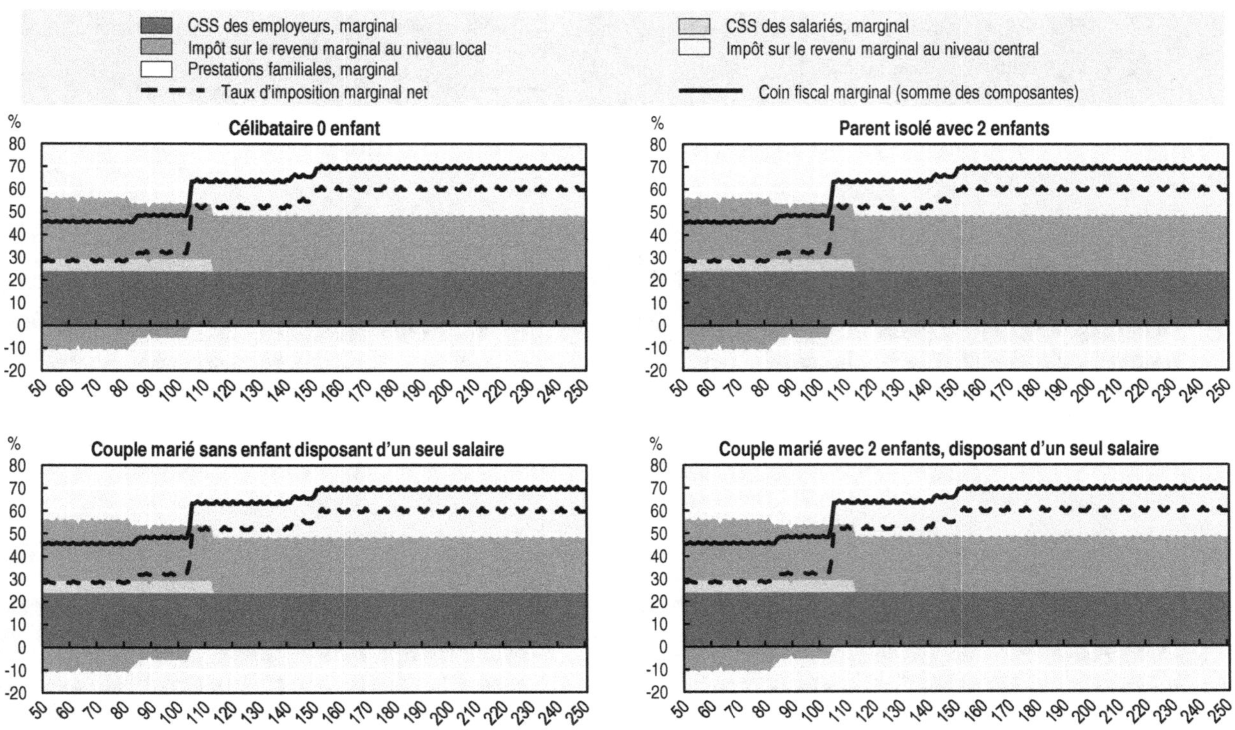

StatLink http://dx.doi.org/10.1787/888933465185

Suisse 2016 : décomposition du coin fiscal moyen

En fonction du salaire brut exprimé en % du salaire moyen

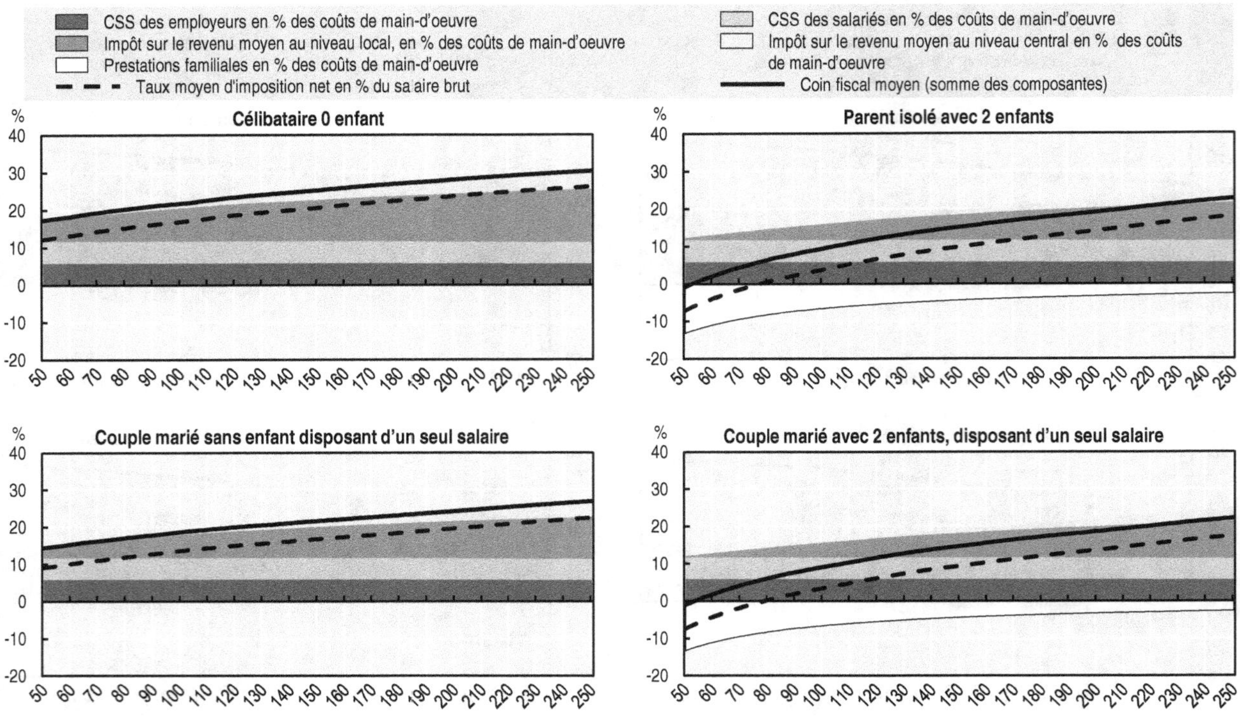

StatLink http://dx.doi.org/10.1787/888933464617

Suisse 2016 : décomposition du coin fiscal marginal

En fonction du salaire brut exprimé en % du salaire moyen

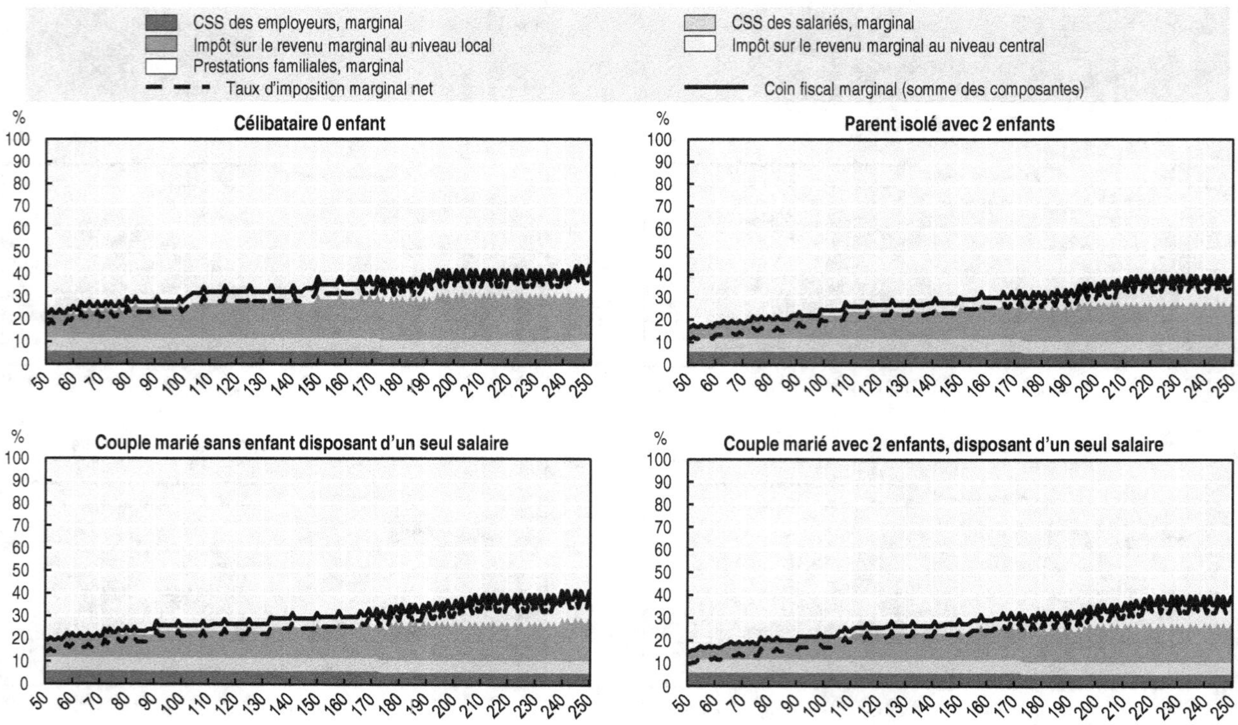

StatLink http://dx.doi.org/10.1787/888933464621

Turquie 2016 : décomposition du coin fiscal moyen

En fonction du salaire brut exprimé en % du salaire moyen

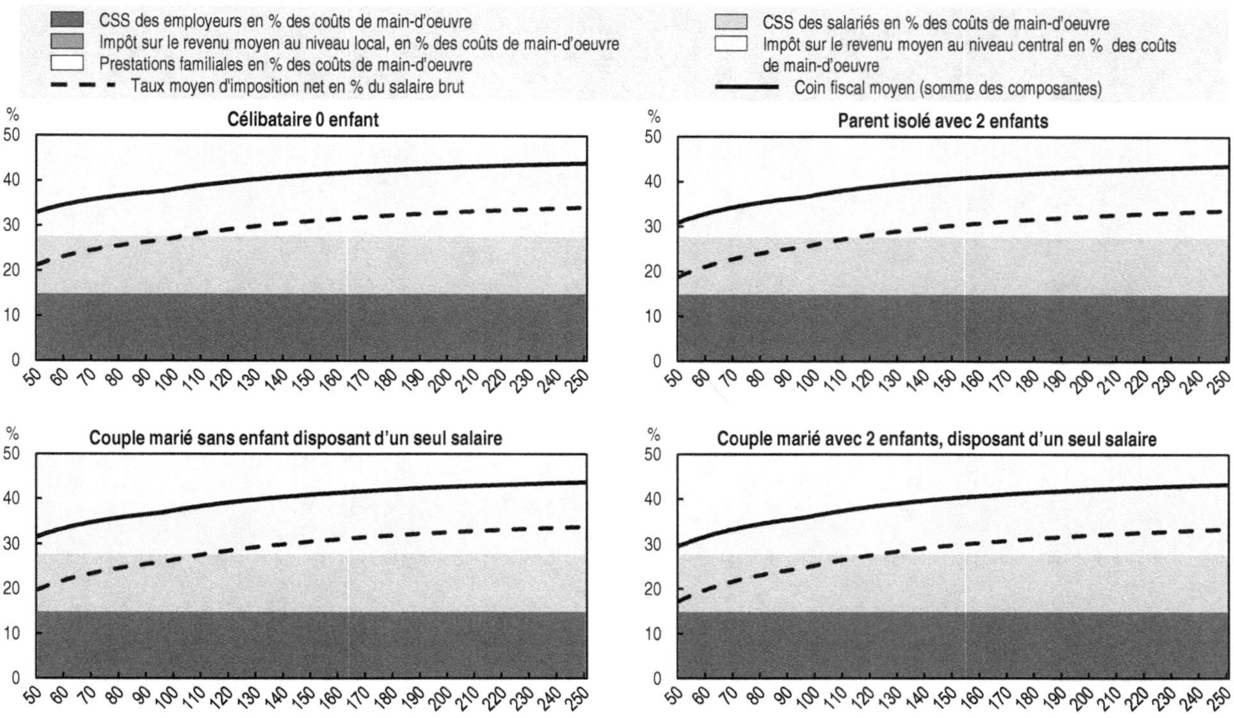

StatLink http://dx.doi.org/10.1787/888933465196

Turquie 2016 : décomposition du coin fiscal marginal

En fonction du salaire brut exprimé en % du salaire moyen

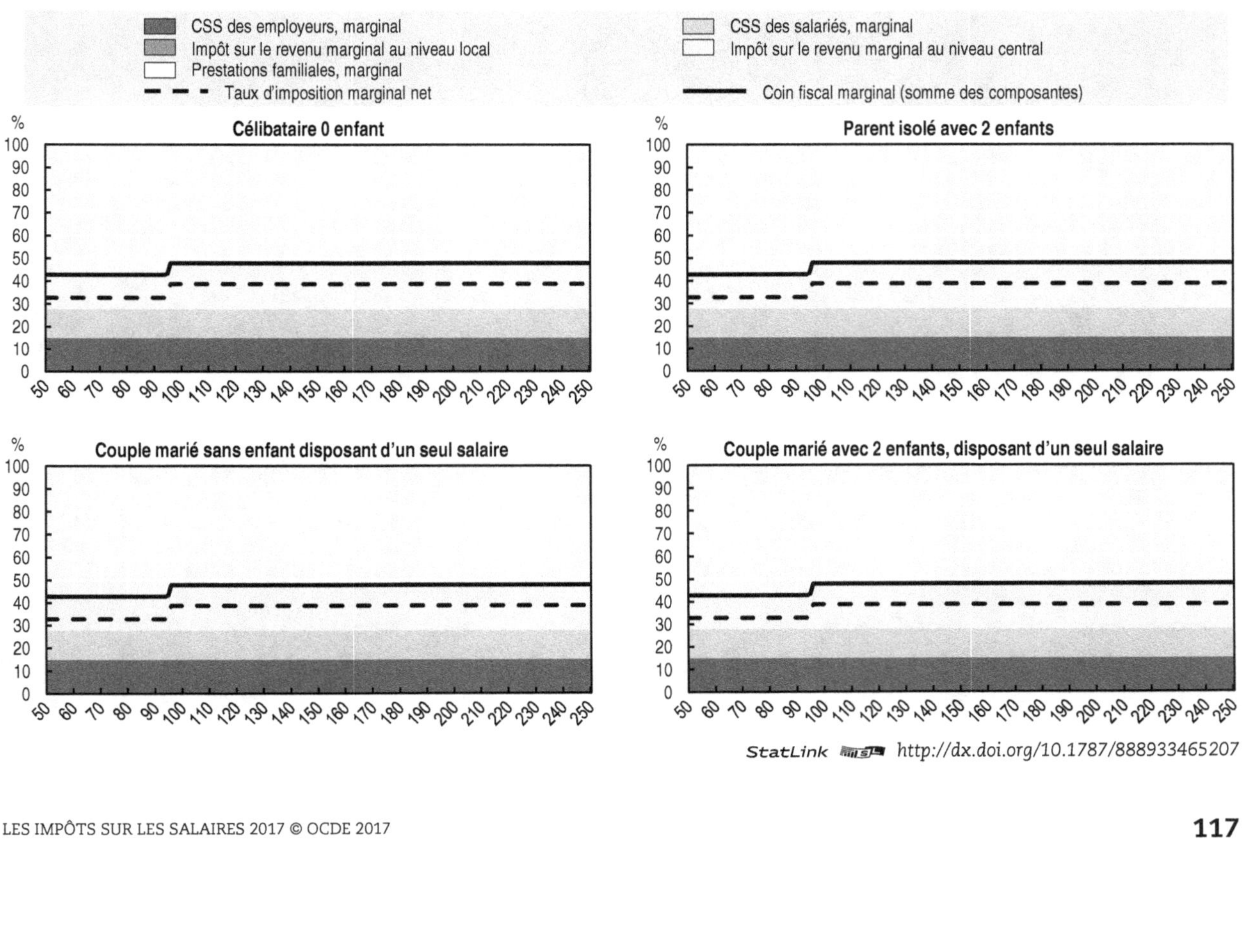

StatLink http://dx.doi.org/10.1787/888933465207

PARTIE I

Chapitre 5

Charges fiscales, 2015 (et variations par rapport à 2016)

Ce chapitre présente les résultats des mesures de la charge fiscale pesant sur les revenus du travail en 2015 pour les huit catégories de famille étudiées. Il contient les tableaux 5.1 à 5.11 qui présentent un certain nombre de mesures de la charge fiscale moyenne (coin fiscal, taux de l'impôt et taux net de l'impôt sur les personnes physiques, taux de l'impôt sur le revenu des personnes physiques et taux des cotisations salariales de sécurité sociale) et marginale (coin fiscal et taux net de l'impôt sur les personnes physiques). Les résultats de deux indicateurs de la progressivité de l'impôt sont également examinés : mesures de l'élasticité de l'impôt basée sur le salaire brut et les coûts de main-d'œuvre.

Les formats des tableaux sont identiques aux tableaux 3.1 à 3.11 examinés dans le chapitre 3 portant sur les résultats de la charge fiscale pesant sur les revenus du travail en 2016. Ce chapitre compare les deux séries de tableaux et analyse les changements de la charge fiscale qui se sont produits entre 2015 et 2016.

Les données statistiques concernant Israël sont fournies par et sous la responsabilité des autorités israéliennes compétentes. L'utilisation de ces données par l'OCDE est sans préjudice du statut des hauteurs du Golan, de Jérusalem-Est et des colonies de peuplement israéliennes en Cisjordanie aux termes du droit international.

Les commentaires qui suivent relatifs à l'évolution de la charge fiscale et du taux marginal d'imposition entre 2015 et 2016 concernent deux des huit catégories de familles, les célibataires sans enfant percevant le salaire moyen (colonne 2 des tableaux) et les couples mariés avec deux enfants et un seul salaire égal au salaire moyen (colonne 5). En comparant les colonnes 1, 3 à 4 et 6 à 8 des tableaux, on obtiendra les résultats pour les six autres catégories de familles. En général, on ne signalera dans ce chapitre que les changements dépassant 1 point (pour les taux effectifs moyens) et 5 points (pour les taux effectifs marginaux). La plupart de ces changements s'expliquent par des réformes fiscales ou par des modifications apportées aux systèmes fiscaux. La partie III du Rapport, intitulée « Informations détaillées par pays, 2016 », donne des précisions sur les systèmes fiscaux des différents pays.

Le tableau 5.1 indique le coin fiscal total (constitué de l'impôt sur le revenu majoré des cotisations salariales et patronales de sécurité sociale et diminué des prestations en espèces versées) par catégorie de famille et en pourcentage des coûts totaux de main-d'œuvre – salaire brut plus cotisations patronales de sécurité sociale (y compris les taxes sur les salaires). Dans la majorité des pays, les variations entre 2015 et 2016 de l'écart entre les coûts totaux de main-d'œuvre et le salaire net disponible correspondant étaient comprises entre plus ou moins 1 point.

Si l'on compare la colonne 2 des tableaux 3.1 et 5.1, le coin fiscal moyen dans la zone OCDE a baissé de 0.1 point entre 2015 et 2016, passant de 36.1 % à 36.0 % pour un célibataire percevant le salaire moyen. Il a diminué de plus d'un point en Autriche (2.5 points) et en Belgique (1.3 point). En Autriche, une réforme fiscale menée en 2016 a réduit les taux marginaux du barème de l'impôt sur le revenu et accru le crédit d'impôt en faveur des salariés. Cette même année, en Belgique, des modifications du système fiscal ont eu des effets sur le coin fiscal. Ainsi, l'abattement pour frais professionnels et les barèmes de l'impôt sur le revenu ont été réformés, tandis que les taux de cotisation patronale de sécurité sociale ont baissé. En revanche, aucune augmentation du coin fiscal supérieure à un point n'a été enregistrée pour les célibataires percevant le salaire moyen dans les pays membres de l'OCDE.

Pour les couples mariés disposant d'un seul revenu (comparaison de la colonne 5 des tableaux 3.1 et 5.1), le coin fiscal moyen dans la zone OCDE a également diminué de 0.1 point au cours de cette période, bien que le coin fiscal total arrondi à la première décimale soit resté de 26.6 %. Le coin fiscal a augmenté de plus d'un point en Nouvelle-Zélande uniquement (1.3 point), où le système fiscal est resté inchangé. Par conséquent, sous l'effet du gel du crédit d'impôt pour famille et du crédit d'impôt pour les revenus du travail pour les familles avec enfants, les paiements des prestations en espèces sous condition de ressources ont baissé entre 2015 et 2016. À l'inverse, le coin fiscal a diminué de plus d'un point en Autriche (2.7 points), au Portugal (2.5 points), en Belgique (1.7 point) et en Hongrie (1.6 point). En Autriche, outre les modifications du système fiscal décrites au paragraphe précédent, les allégements pour enfants à charge ont augmenté. Au Portugal, la surtaxe est devenue progressive et le crédit d'impôt pour enfants à charge a été relevé en 2016. La même année, en Hongrie, le taux unique légal de l'impôt sur le revenu des personnes physiques a été ramené de 16 % à 15 %. De même, les familles avec enfants ont bénéficié d'une hausse de l'abattement pour enfants.

Le tableau 5.2 indique la charge cumulée de l'impôt sur le revenu et des cotisations salariales de sécurité sociale sous la forme de taux moyens d'imposition des personnes physiques en pourcentage du salaire brut. Pour les célibataires rémunérés au salaire moyen, cette charge a augmenté de plus d'un point entre 2015 et 2016 uniquement en Grèce (1.2 point), où le crédit d'impôt de base a été réduit et le taux de cotisation salariale de sécurité sociale a augmenté. Les taux moyens de l'impôt sur le revenu des personnes physiques ont baissé de plus d'un point en Autriche (3.1 points) et en Belgique (1.3 point). Pour les couples mariés avec deux enfants et un seul salaire, l'augmentation de la charge fiscale n'a pas dépassé un point. En revanche, les taux moyens de l'impôt sur le revenu ont baissé de plus d'un point en Autriche (3.4 points), au Portugal (3.0 points), en Hongrie (2.5 points), en Belgique (1.6 point) et en Irlande (1.1 point). En Irlande, le *Home Carers Allowance*, un crédit d'impôt en faveur des couples mariés avec deux enfants et disposant d'un seul salaire égal au salaire moyen, a augmenté. En outre, les taux marginaux de la *Universal Social Charge* (cotisation sociale universelle) ont été réduits.

Le tableau 5.3 indique la charge cumulée de l'impôt sur le revenu et des cotisations salariales de sécurité sociale diminués du montant des prestations familiales en pourcentage du salaire brut, ce qui mesure le taux moyen net d'imposition des personnes physiques. Si l'on compare la colonne 2 des tableaux 3.3 et 5.3, pour les célibataires disposant d'un salaire moyen, on constate une variation de plus d'un point entre 2015 et 2016 en Autriche (-3.1 points), Belgique (-1.3 point) et Grèce (+1.2 point). Si l'on compare la colonne 5 des tableaux 3.3 et 5.3, une augmentation de plus d'un point du taux moyen net d'imposition pour les couples mariés disposant d'un seul salaire s'est produite uniquement en Nouvelle-Zélande (1.3 point). Il a reculé de plus d'un point en Autriche (3.4 points), au Portugal (3.1 points), en Hongrie (2.1 points), en Belgique (1.7 point) et en Irlande (1.2 point).

Le tableau 5.4 donne des informations sur le montant de l'impôt sur le revenu dû en pourcentage du salaire brut. Si l'on compare la colonne 2 des tableaux 3.4 et 5.4, dans la plupart des pays de l'OCDE, les taux moyens de l'impôt sur le revenu des célibataires rémunérés au salaire moyen n'ont que légèrement évolué entre 2015 et 2016 et le taux moyen d'imposition dans la zone OCDE a baissé de 0.1 point. Le taux moyen de l'impôt sur le revenu n'a augmenté de plus d'un point dans aucun pays de l'OCDE. À l'inverse, il a diminué de plus d'un point en Autriche (3.1 points) et en Belgique (1.2 point). Si l'on compare la colonne 5 des tableaux 3.4 et 5.4, le taux moyen d'imposition dans la zone OCDE applicable aux couples mariés avec deux enfants et un seul salaire a reculé de 0.3 point sur la période considérée. Concernant les célibataires, le taux moyen de l'impôt sur le revenu n'a augmenté de plus d'un point dans aucun pays de l'OCDE. Toutefois, ce taux a diminué de plus d'un point en Autriche (3.3 points), au Portugal (3.0 points), en Hongrie (2.5 points), en Belgique (1.6 point) et en Irlande (1.1 point).

Le tableau 5.5 donne des informations sur les cotisations salariales de sécurité sociale en pourcentage du salaire brut. Si l'on compare les colonnes 2 et 5 des tableaux 3.5 et 5.5, aucun changement de plus d'un point ne s'est produit dans les pays de l'OCDE entre 2015 et 2016 pour ces catégories de familles. Le taux moyen de cotisation salariale de sécurité sociale dans la zone OCDE s'est accru de 0.1 point pour les couples mariés avec deux enfants et disposant d'un seul salaire au cours de cette période. Il est resté inchangé pour les célibataires.

Le tableau 5.6 indique le coin fiscal marginal (taux de l'impôt sur le revenu majoré des cotisations salariales et patronales de sécurité sociale et des taxes sur les salaires lorsqu'elles s'appliquent et diminué des transferts) en pourcentage des coûts totaux de main-d'œuvre lorsque le salaire brut du principal apporteur augmente d'une unité monétaire, en 2015. Si l'on compare les colonnes 2 et 5 respectivement dans les tableaux 3.6 et 5.6, les variations du coin marginal observées entre 2015 et 2016 restent généralement comprises dans l'intervalle de plus ou moins 5 points. On observe un changement supérieur à 5 points dans deux pays de l'OCDE : la Belgique (-20.0 points pour les couples mariés avec deux enfants et un seul salaire) et la Norvège (-8.2 points pour les deux catégories de familles). Dans ce dernier pays, le barème de l'impôt sur le revenu du gouvernement central a été réformé et étendu avec l'ajout de deux tranches de revenu inférieures.

Le tableau 5.7 indique le taux marginal de l'impôt sur le revenu majoré des cotisations salariales de sécurité sociale et diminué des transferts par catégorie de famille et niveau de salaire, lorsque le salaire brut du principal apporteur augmente d'une unité monétaire, en 2015. Si l'on compare respectivement les colonnes 2 et 5 des tableaux 3.7 et 5.7, la trajectoire d'évolution des taux marginaux nets intervenue entre 2015 et 2016 est similaire à celle du coin fiscal marginal examinée ci-dessus. Des variations au-delà de l'intervalle de plus ou moins 5 points sont observées en Belgique (-26.3 points pour les couples mariés avec deux enfants et un seul salaire) et en Norvège (-9.3 points pour les deux catégories de familles). En outre, des changements supérieurs à 5 points ont aussi été observés en Autriche (-5.8 points pour les deux catégories de familles), au Canada (+5.5 points pour les couples mariés avec deux enfants et un seul salaire) et en Turquie (+5.9 points pour les deux catégories de familles). Au Canada, la variation du taux marginal net d'imposition s'explique notamment par la suppression de la baisse d'impôt pour les familles (*Famiy tax Cut*), grâce à laquelle les couples avec enfants mineurs pouvaient transférer une partie de leur revenu imposable du conjoint au revenu plus élevé au conjoint appartenant à une tranche d'imposition inférieure.

Le tableau 5.8 indique le pourcentage d'augmentation du revenu net par rapport au pourcentage d'augmentation du revenu brut lorsque celui-ci s'accroît d'une unité monétaire[1]. Le tableau 5.9 indique le pourcentage d'augmentation du revenu net par rapport au pourcentage d'augmentation des coûts de main-d'œuvre (salaire brut majoré des cotisations patronales de sécurité sociale et des impôts sur les salaires) lorsque ceux-ci s'accroissent d'une unité monétaire[2]. Les résultats indiqués dans ces deux tableaux dépendent directement des taux marginaux et moyens d'imposition qui ont été examinés dans les paragraphes ci-dessus. Les tableaux 5.10 et 5.11 donnent des informations générales sur les niveaux des coûts de main-d'œuvre, les salaires bruts et les salaires nets en 2015.

Notes

1. Les élasticités indiquées dans le tableau 5.8 sont calculées de la manière suivante : (100–METR)/(100–AETR), où METR désigne le taux marginal de l'impôt sur le revenu, augmenté des cotisations salariales de sécurité sociale et diminué des transferts en espèces, figurant dans le tableau 5.7, et AETR désigne le taux moyen augmenté des cotisations salariales de sécurité sociale et diminué des transferts en espèces, figurant dans le tableau 5.3.
2. Les élasticités indiquées dans le tableau 5.9 sont calculées de la manière suivante : (100–METR)/(100–AETR), où METR désigne le taux marginal de l'impôt sur le revenu, augmenté des cotisations salariales et patronales de sécurité sociale et diminué des transferts en espèces, figurant dans le tableau 5.6, et AETR désigne le taux moyen augmenté des cotisations salariales et patronales de sécurité sociale et diminué des transferts en espèces, figurant dans le tableau 5.1.

Tableau 5.1. Impôt sur le revenu et cotisations sociales des salariés et employeurs diminués des prestations versées, 2015

En % des coûts de main d'oeuvre, par catégorie de famille et niveau de salaire

	Célibataire sans enf 67 (% SM)	Célibataire sans enf 100 (% SM)	Célibataire sans enf 167 (% SM)	Célibataire 2 enf 67 (% SM)	Couple marié 2 enf 100-0 (% SM)	Couple marié 2 enf 100-33 (% SM)[2]	Couple marié 2 enf 100-67 (% SM)[2]	Couple marié sans enf 100-33 (% SM)[2]
Allemagne	45.2	49.4	51.3	30.7	33.9	38.6	42.2	45.1
Australie	23.1	28.4	34.0	-1.4	17.8	22.7	26.3	24.2
Autriche	45.1	49.6	52.1	29.6	39.2	38.5	42.2	45.5
Belgique	49.4	55.3	60.7	35.6	40.3	41.3	48.1	47.6
Canada	26.5	31.5	33.3	-15.4	11.0	19.9	24.3	28.4
Chili	7.0	7.0	7.9	6.1	7.0	4.7	6.6	7.0
Corée	18.7	22.0	24.2	17.0	19.8	19.5	19.6	20.8
Danemark	34.3	36.4	42.4	7.5	25.9	29.8	31.8	34.5
Espagne	35.8	39.4	43.8	24.2	33.7	35.5	36.3	36.5
Estonie	38.0	39.0	39.9	21.7	28.6	31.7	33.7	38.0
États-Unis	29.2	31.6	36.4	12.1	20.6	24.4	26.4	29.2
Finlande	37.9	43.5	49.4	27.3	38.9	36.0	38.4	39.6
France	43.3	48.4	54.3	35.8	40.5	37.8	43.0	43.7
Grèce	34.6	39.2	45.6	30.8	37.6	37.1	37.7	38.0
Hongrie	49.0	49.0	49.0	27.2	35.3	38.7	40.8	49.0
Irlande	21.5	27.3	38.7	-19.1	9.3	13.9	19.7	20.2
Islande	30.2	34.3	38.6	20.4	23.1	29.1	32.6	30.4
Israël[1]	14.6	21.6	30.6	2.8	18.9	15.9	15.3	17.9
Italie	40.9	47.9	54.2	25.4	38.7	38.5	41.6	42.8
Japon	30.9	32.3	34.9	24.7	27.0	28.4	29.3	31.5
Lettonie	41.7	42.5	43.2	25.0	31.4	33.3	35.5	41.6
Luxembourg	31.2	38.4	45.3	7.3	16.0	20.5	26.2	29.5
Mexique	15.0	19.8	22.8	15.0	19.8	17.6	17.9	17.6
Norvège	33.6	36.6	42.3	22.1	31.8	31.1	33.2	33.9
Nouvelle-Zélande	13.5	17.6	23.3	-14.4	4.9	12.0	16.5	16.2
Pays-Bas	32.2	37.0	42.3	10.6	31.6	28.6	30.8	33.2
Pologne	35.0	35.7	36.3	29.6	30.6	31.9	33.0	35.0
Portugal	36.2	42.1	48.0	25.3	30.7	31.1	35.6	36.1
République slovaque	38.8	41.4	43.4	27.3	28.5	31.7	35.7	37.6
République tchèque	39.9	42.8	45.1	24.6	26.7	32.8	35.5	40.5
Royaume-Uni	26.0	30.8	37.3	5.2	25.8	22.4	26.2	25.8
Slovénie	38.6	42.6	46.5	10.1	23.6	30.8	34.6	40.2
Suède	40.6	42.6	50.7	33.2	37.7	37.1	38.8	40.9
Suisse	19.1	21.8	26.3	4.0	9.2	12.2	15.4	19.6
Turquie	35.9	38.2	41.8	34.6	36.7	35.5	36.7	36.2
Moyenne non pondérée								
OCDE-Moyenne	**32.4**	**36.1**	**40.5**	**17.2**	**26.6**	**28.3**	**31.1**	**33.0**
OCDE-UE 22	**38.0**	**41.8**	**46.3**	**21.6**	**31.1**	**32.6**	**35.8**	**38.2**

Note : enf = enfant

1. Informations sur les données concernant Israël : http://oe.cd/israel-disclaimer.
2. Famille disposant de deux revenus.

StatLink http://dx.doi.org/10.1787/888933465450

Tableau 5.2. **Impôt sur le revenu et cotisations sociales des salariés, 2015**

En % du salaire brut, par catégorie de famille et niveau de salaire

	Célibataire sans enf 67 (% SM)	Célibataire sans enf 100 (% SM)	Célibataire sans enf 167 (% SM)	Célibataire 2 enf 67 (% SM)	Couple marié 2 enf 100-0 (% SM)	Couple marié 2 enf 100-33 (% SM)[2]	Couple marié 2 enf 100-67 (% SM)[2]	Couple marié sans enf 100-33 (% SM)[2]
Allemagne	34.6	39.6	43.8	17.3	21.1	26.8	31.1	34.5
Australie	18.5	24.1	30.1	18.5	24.1	19.7	21.9	19.7
Autriche	29.2	35.0	39.4	26.4	33.1	29.4	32.4	29.7
Belgique	35.4	42.0	49.1	29.9	30.7	32.2	37.9	34.1
Canada	19.0	23.2	27.0	10.7	17.7	19.2	21.1	19.8
Chili	7.0	7.0	7.9	7.0	7.0	7.0	7.0	7.0
Corée	10.3	14.0	17.3	8.4	11.5	11.1	11.3	12.6
Danemark	33.8	36.1	42.1	32.2	32.2	34.0	35.2	34.0
Espagne	16.7	21.3	27.3	1.5	13.9	16.2	17.2	17.6
Estonie	17.1	18.4	19.6	12.8	12.8	14.9	16.2	17.0
États-Unis	23.0	25.8	31.2	4.3	13.9	17.7	20.1	22.9
Finlande	24.0	30.9	38.1	23.4	30.8	25.8	28.0	26.1
France	25.8	28.9	34.4	22.1	22.1	22.1	25.5	26.5
Grèce	18.5	24.2	32.2	18.5	25.2	22.8	23.3	22.8
Hongrie	34.5	34.5	34.5	23.2	26.9	28.8	30.0	34.5
Irlande	13.1	19.5	32.1	7.3	11.9	12.1	16.6	12.1
Islande	25.0	29.3	34.0	25.0	21.3	25.2	27.6	25.2
Israël[1]	10.8	17.3	26.3	5.9	17.3	13.9	12.7	13.9
Italie	21.9	31.1	39.5	14.2	24.2	21.0	24.5	24.5
Japon	20.4	22.1	25.9	20.4	20.7	21.1	21.4	21.1
Lettonie	27.9	28.9	29.8	13.7	19.4	20.7	22.8	27.8
Luxembourg	22.7	30.8	38.6	16.0	19.2	20.8	25.2	20.8
Mexique	3.3	10.4	15.1	3.3	10.4	6.1	7.6	6.1
Norvège	25.0	28.4	34.8	21.4	27.2	25.3	27.0	25.3
Nouvelle-Zélande	13.5	17.6	23.3	14.9	17.6	16.2	16.5	16.2
Pays-Bas	24.9	30.4	38.3	18.5	28.0	23.8	25.6	26.0
Pologne	24.1	24.9	25.6	17.8	18.9	20.5	21.7	24.1
Portugal	21.1	28.3	35.6	14.8	18.3	17.5	20.3	20.9
République slovaque	19.7	23.1	25.8	12.5	11.5	16.1	18.9	19.7
République tchèque	19.5	23.3	26.4	5.8	6.4	13.4	16.3	20.3
Royaume-Uni	19.2	23.4	29.8	4.0	22.8	19.1	21.7	19.1
Slovénie	28.7	33.3	37.9	22.1	25.0	25.9	27.8	30.5
Suède	22.0	24.6	35.2	22.0	24.6	22.3	23.5	22.3
Suisse	14.0	16.9	21.7	8.4	10.5	12.0	14.2	14.6
Turquie	24.7	27.4	31.6	23.2	25.6	24.3	25.7	25.0
Moyenne non pondérée								
OCDE-Moyenne	**21.4**	**25.6**	**30.9**	**15.6**	**20.1**	**20.1**	**22.2**	**22.1**
OCDE-UE 22	**24.3**	**28.8**	**34.3**	**17.1**	**21.8**	**22.1**	**24.6**	**24.8**

Note : enf = enfant

1. Informations sur les données concernant Israël : http://oe.cd/israel-disclaimer.
2. Famille disposant de deux revenus.

StatLink http://dx.doi.org/10.1787/888933465466

Tableau 5.3. **Impôt sur le revenu et cotisations sociales des salariés diminués des prestations versées, 2015**

En % du salaire brut, par catégorie de famille et niveau de salaire

	Célibataire sans enf 67 (% SM)	Célibataire sans enf 100 (% SM)	Célibataire sans enf 167 (% SM)	Célibataire 2 enf 67 (% SM)	Couple marié 2 enf 100-0 (% SM)	Couple marié 2 enf 100-33 (% SM)[2]	Couple marié 2 enf 100-67 (% SM)[2]	Couple marié sans enf 100-33 (% SM)[2]
Allemagne	34.6	39.6	43.8	17.3	21.1	26.8	31.1	34.5
Australie	18.5	24.1	30.1	-7.4	12.9	18.1	21.9	19.7
Autriche	29.2	35.0	39.4	9.3	21.6	20.8	25.5	29.7
Belgique	35.4	42.0	49.1	17.8	22.6	26.1	33.1	34.1
Canada	17.7	23.2	27.0	-29.2	0.2	10.3	15.1	19.8
Chili	7.0	7.0	7.9	6.1	7.0	4.7	6.6	7.0
Corée	10.3	14.0	17.3	8.4	11.5	11.1	11.3	12.6
Danemark	33.4	35.9	42.1	6.3	25.3	28.8	31.1	33.6
Espagne	16.7	21.3	27.3	1.5	13.9	16.2	17.2	17.6
Estonie	17.1	18.4	19.6	-4.8	4.5	8.7	11.2	17.0
États-Unis	23.0	25.8	31.2	4.3	13.9	17.7	20.1	22.9
Finlande	24.0	30.9	38.1	11.0	25.2	21.6	24.6	26.1
France	25.8	28.9	34.4	15.9	17.9	19.0	23.0	26.5
Grèce	18.5	24.2	32.2	13.8	22.3	21.7	22.4	22.8
Hongrie	34.5	34.5	34.5	6.5	16.9	21.2	23.9	34.5
Irlande	13.1	19.5	32.1	-31.9	-0.4	5.1	11.1	12.1
Islande	25.0	29.3	34.0	14.4	17.4	23.8	27.6	25.2
Israël[1]	10.8	17.3	26.3	-1.6	14.5	11.8	11.1	13.9
Italie	21.9	31.1	39.5	1.4	19.1	18.7	22.8	24.5
Japon	20.4	22.1	25.9	13.4	16.0	17.6	18.6	21.1
Lettonie	27.9	28.9	29.8	7.3	15.2	17.5	20.3	27.8
Luxembourg	22.7	30.8	38.6	-4.1	5.7	10.7	17.1	20.8
Mexique	3.3	10.4	15.1	3.3	10.4	6.1	7.6	6.1
Norvège	25.0	28.4	34.8	12.0	23.0	22.2	24.5	25.3
Nouvelle-Zélande	13.5	17.6	23.3	-14.4	4.9	12.0	16.5	16.2
Pays-Bas	24.9	30.4	38.3	1.0	24.3	21.0	23.4	26.0
Pologne	24.1	24.9	25.6	17.8	18.9	20.5	21.7	24.1
Portugal	21.1	28.3	35.6	7.5	14.3	14.7	20.3	20.9
République slovaque	19.7	23.1	25.8	4.6	6.2	12.1	15.7	19.7
République tchèque	19.5	23.3	26.4	-1.0	1.8	9.9	13.6	20.3
Royaume-Uni	19.2	23.4	29.8	-3.5	17.8	15.3	18.7	19.1
Slovénie	28.7	33.3	37.9	-4.4	11.3	19.6	24.1	30.5
Suède	22.0	24.6	35.2	12.2	18.1	17.4	19.6	22.3
Suisse	14.0	16.9	21.7	-2.0	3.5	6.7	10.1	14.6
Turquie	24.7	27.4	31.6	23.2	25.6	24.3	25.7	25.0
Moyenne non pondérée								
OCDE-Moyenne	**21.3**	**25.6**	**30.9**	**3.8**	**14.4**	**16.6**	**19.7**	**22.1**
OCDE-UE 22	**24.3**	**28.8**	**34.3**	**4.6**	**15.6**	**17.9**	**21.4**	**24.8**

Note : enf = enfant

1. Informations sur les données concernant Israël : http://oe.cd/israel-disclaimer.
2. Famille disposant de deux revenus.

StatLink http://dx.doi.org/10.1787/888933465479

Tableau 5.4. **Impôt sur le revenu, 2015**

En % du salaire brut, par catégorie de famille et niveau de salaire

	Célibataire sans enf 67 (% SM)	Célibataire sans enf 100 (% SM)	Célibataire sans enf 167 (% SM)	Célibataire 2 enf 67 (% SM)	Couple marié 2 enf 100-0 (% SM)	Couple marié 2 enf 100-33 (% SM)[2]	Couple marié 2 enf 100-67 (% SM)[2]	Couple marié sans enf 100-33 (% SM)[2]
Allemagne	14.2	19.1	27.7	-2.9	0.9	6.5	10.9	14.1
Australie	18.5	24.1	30.1	18.5	24.1	19.7	21.9	19.7
Autriche	11.1	17.0	23.4	8.3	15.0	12.1	14.3	12.4
Belgique	21.5	28.0	35.1	16.0	16.7	21.4	23.9	23.3
Canada	11.8	15.6	22.1	3.5	10.0	12.0	13.6	12.6
Chili	0.0	0.0	0.9	0.0	0.0	0.0	0.0	0.0
Corée	2.0	5.6	10.3	0.0	3.1	2.8	2.9	4.2
Danemark	33.8	36.1	42.1	32.2	32.2	34.0	35.2	34.0
Espagne	10.3	14.9	21.1	-4.8	7.6	9.8	10.9	11.2
Estonie	15.5	16.8	18.0	11.2	11.2	13.3	14.6	15.4
États-Unis	15.3	18.1	23.6	-3.3	6.2	10.0	12.4	15.3
Finlande	15.9	22.6	29.8	15.2	22.5	17.8	19.7	18.0
France	11.6	14.7	20.9	7.9	7.9	7.9	11.3	12.3
Grèce	3.0	8.7	16.7	3.0	9.7	7.3	7.8	7.3
Hongrie	16.0	16.0	16.0	4.7	8.4	10.3	11.5	16.0
Irlande	9.1	15.5	28.1	3.3	7.9	9.1	12.6	9.1
Islande	24.5	29.0	33.8	24.5	21.0	24.7	27.2	24.7
Israël[1]	4.9	9.4	16.8	0.0	9.4	7.1	5.6	7.1
Italie	12.4	21.6	29.9	4.7	14.7	11.5	15.0	15.0
Japon	6.2	7.8	12.6	6.2	6.4	6.8	7.1	6.8
Lettonie	17.4	18.4	19.3	3.2	8.9	10.2	12.3	17.3
Luxembourg	10.0	18.0	25.7	3.3	6.4	8.1	12.4	8.1
Mexique	2.1	9.1	13.6	2.1	9.1	4.7	6.3	4.7
Norvège	16.8	20.2	26.6	13.2	19.0	17.1	18.8	17.1
Nouvelle-Zélande	13.5	17.6	23.3	14.9	17.6	16.2	16.5	16.2
Pays-Bas	7.3	17.3	29.1	5.8	16.7	13.2	12.7	13.7
Pologne	6.3	7.1	7.8	0.0	1.1	2.6	3.9	6.2
Portugal	10.1	17.3	24.6	3.8	7.3	6.5	9.3	9.9
République slovaque	6.3	9.7	12.4	-0.9	-1.9	3.7	5.5	7.3
République tchèque	8.5	12.3	15.4	-5.2	-4.6	2.4	5.3	9.3
Royaume-Uni	11.2	14.1	22.3	-4.0	13.5	11.1	12.9	11.1
Slovénie	6.6	11.2	15.8	0.0	2.9	3.8	5.7	8.4
Suède	15.0	17.6	30.4	15.0	17.6	15.3	16.5	15.3
Suisse	7.8	10.7	15.6	2.1	4.2	5.7	8.0	8.4
Turquie	9.7	12.4	16.6	8.2	10.6	9.3	10.7	10.0
Moyenne non pondérée								
OCDE-Moyenne	**11.6**	**15.8**	**21.6**	**6.0**	**10.4**	**10.7**	**12.4**	**12.6**
OCDE-UE 22	**12.4**	**17.0**	**23.3**	**5.4**	**10.1**	**10.8**	**12.9**	**13.4**

Note : enf = enfant

1. Informations sur les données concernant Israël : http://oe.cd/israel-disclaimer.
2. Famille disposant de deux revenus.

StatLink http://dx.doi.org/10.1787/888933465486

Tableau 5.5. **Cotisations sociales des salariés, 2015**

En % du salaire brut, par catégorie de famille et niveau de salaire

	Célibataire sans enf 67 (% SM)	Célibataire sans enf 100 (% SM)	Célibataire sans enf 167 (% SM)	Célibataire 2 enf 67 (% SM)	Couple marié 2 enf 100-0 (% SM)	Couple marié 2 enf 100-33 (% SM)[2]	Couple marié 2 enf 100-67 (% SM)[2]	Couple marié sans enf 100-33 (% SM)[2]
Allemagne	20.5	20.5	16.2	20.2	20.2	20.2	20.2	20.5
Australie	0.0	0.0	0.0	0.0	0.0	0.0	0.0	0.0
Autriche	18.1	18.1	16.0	18.1	18.1	17.3	18.1	17.3
Belgique	13.9	14.0	14.0	13.9	14.0	10.8	14.0	10.8
Canada	7.2	7.6	4.9	7.2	7.6	7.2	7.5	7.2
Chili	7.0	7.0	7.0	7.0	7.0	7.0	7.0	7.0
Corée	8.4	8.4	7.1	8.4	8.4	8.4	8.4	8.4
Danemark	0.0	0.0	0.0	0.0	0.0	0.0	0.0	0.0
Espagne	6.4	6.4	6.2	6.4	6.4	6.4	6.4	6.4
Estonie	1.6	1.6	1.6	1.6	1.6	1.6	1.6	1.6
États-Unis	7.7	7.7	7.7	7.7	7.7	7.7	7.7	7.7
Finlande	8.2	8.3	8.3	8.1	8.3	8.0	8.2	8.0
France	14.2	14.2	13.5	14.2	14.2	14.2	14.2	14.2
Grèce	15.5	15.5	15.5	15.5	15.5	15.5	15.5	15.5
Hongrie	18.5	18.5	18.5	18.5	18.5	18.5	18.5	18.5
Irlande	4.0	4.0	4.0	4.0	4.0	3.0	4.0	3.0
Islande	0.5	0.4	0.2	0.5	0.4	0.5	0.4	0.5
Israël[1]	5.9	7.9	9.5	5.9	7.9	6.8	7.1	6.8
Italie	9.5	9.5	9.6	9.5	9.5	9.5	9.5	9.5
Japon	14.3	14.3	13.2	14.3	14.3	14.3	14.3	14.3
Lettonie	10.5	10.5	10.5	10.5	10.5	10.5	10.5	10.5
Luxembourg	12.7	12.8	12.9	12.7	12.8	12.7	12.8	12.7
Mexique	1.3	1.4	1.5	1.3	1.4	1.3	1.3	1.3
Norvège	8.2	8.2	8.2	8.2	8.2	8.2	8.2	8.2
Nouvelle-Zélande	0.0	0.0	0.0	0.0	0.0	0.0	0.0	0.0
Pays-Bas	17.6	13.1	9.2	12.7	11.3	10.6	12.9	12.3
Pologne	17.8	17.8	17.8	17.8	17.8	17.8	17.8	17.8
Portugal	11.0	11.0	11.0	11.0	11.0	11.0	11.0	11.0
République slovaque	13.4	13.4	13.4	13.4	13.4	12.4	13.4	12.4
République tchèque	11.0	11.0	11.0	11.0	11.0	11.0	11.0	11.0
Royaume-Uni	8.0	9.3	7.4	8.0	9.3	8.0	8.8	8.0
Slovénie	22.1	22.1	22.1	22.1	22.1	22.1	22.1	22.1
Suède	7.0	7.0	4.7	7.0	7.0	7.0	7.0	7.0
Suisse	6.3	6.3	6.2	6.3	6.3	6.3	6.3	6.3
Turquie	15.0	15.0	15.0	15.0	15.0	15.0	15.0	15.0
Moyenne non pondérée								
OCDE-Moyenne	**9.8**	**9.8**	**9.3**	**9.7**	**9.7**	**9.5**	**9.7**	**9.5**
OCDE-UE 22	**11.9**	**11.7**	**11.1**	**11.6**	**11.7**	**11.3**	**11.7**	**11.4**

Note : enf = enfant

1. Informations sur les données concernant Israël : http://oe.cd/israel-disclaimer.
2. Famille disposant de deux revenus.

StatLink http://dx.doi.org/10.1787/888933465492

Tableau 5.6. **Taux marginal applicable à l'impôt sur le revenu et aux cotisations sociales des salariés et employeurs diminués des prestations versées, 2015**

En % du salaire brut, par catégorie de famille et niveau de salaire

	Célibataire sans enf 67 (% SM)	Célibataire sans enf 100 (% SM)	Célibataire sans enf 167 (% SM)	Célibataire 2 enf 67 (% SM)	Couple marié 2 enf 100-0 (% SM)	Couple marié 2 enf 100-33 (% SM)[2]	Couple marié 2 enf 100-67 (% SM)[2]	Couple marié sans enf 100-33 (% SM)[2]
Allemagne	55.6	60.1	44.3	53.6	52.2	55.3	57.6	55.5
Australie	39.6	42.4	42.4	58.5	61.3	70.7	42.4	42.4
Autriche	56.8	60.5	42.2	56.8	60.5	60.5	60.5	60.5
Belgique	66.3	66.3	68.5	66.3	86.7	66.3	65.5	66.3
Canada	33.8	40.9	38.4	52.3	70.4	39.7	39.7	40.9
Chili	7.0	7.0	10.2	7.0	7.0	7.0	7.0	7.0
Corée	25.4	29.2	31.9	17.0	29.2	29.2	29.2	29.2
Danemark	39.7	42.0	55.8	38.1	42.0	42.0	42.0	42.0
Espagne	45.2	49.5	37.0	45.2	45.2	49.5	49.5	49.5
Estonie	41.2	41.2	41.2	41.2	41.2	41.2	41.2	41.2
États-Unis	34.3	43.6	43.6	55.1	34.3	34.3	34.3	34.3
Finlande	54.2	55.2	58.3	54.2	56.0	56.0	56.0	55.2
France	67.2	59.3	59.8	57.5	43.5	43.5	56.4	56.4
Grèce	47.1	47.6	61.6	47.1	47.6	47.6	47.6	47.6
Hongrie	49.0	49.0	49.0	49.0	49.0	49.0	49.0	49.0
Irlande	37.7	55.8	55.8	67.9	37.7	37.7	37.7	37.7
Islande	42.5	42.5	48.3	51.4	51.4	47.8	42.5	42.5
Israël[1]	31.0	37.5	46.9	17.9	37.5	37.5	37.5	37.5
Italie	54.9	54.9	63.3	56.1	56.1	56.1	55.5	54.9
Japon	32.8	37.0	35.3	32.8	37.0	37.0	37.0	37.0
Lettonie	44.2	44.2	44.2	44.2	44.2	44.2	44.2	44.2
Luxembourg	47.9	55.5	55.5	50.4	39.4	44.5	53.0	44.5
Mexique	17.5	25.2	28.4	17.5	25.2	25.2	25.2	25.2
Norvège	42.7	50.6	53.3	42.7	50.6	50.6	50.6	50.6
Nouvelle-Zélande	17.5	30.0	33.0	38.8	51.3	51.3	30.0	30.0
Pays-Bas	47.0	47.0	52.7	49.3	47.0	47.0	47.0	47.0
Pologne	37.2	37.2	37.2	29.6	37.2	37.2	37.2	37.2
Portugal	53.9	53.9	60.8	39.8	39.8	39.8	51.1	53.9
République slovaque	46.5	46.5	46.5	46.5	46.5	46.5	46.5	46.5
République tchèque	48.6	48.6	48.6	48.6	48.6	48.6	48.6	48.6
Royaume-Uni	40.2	40.2	49.0	76.3	40.2	40.2	40.2	40.2
Slovénie	43.6	51.0	60.4	32.9	43.6	43.6	43.6	51.0
Suède	45.5	48.2	67.3	45.5	48.2	48.2	48.2	48.2
Suisse	26.3	27.8	35.9	18.9	22.1	26.1	29.4	26.9
Turquie	42.8	42.8	47.8	42.8	42.8	42.8	42.8	42.8
Moyenne non pondérée								
OCDE-Moyenne	**41.8**	**44.9**	**47.3**	**44.2**	**44.9**	**44.1**	**43.6**	**43.5**
OCDE-UE 22	**48.6**	**50.6**	**52.7**	**49.8**	**47.8**	**47.5**	**49.0**	**49.0**

Note : enf = enfant

On suppose que le revenu brut principal du ménage augmente. Le résultat peut être différent si le salaire du conjoint augmente, surtout si les deux conjoints sont imposés séparément.

1. Informations sur les données concernant Israël : http://oe.cd/israel-disclaimer.
2. Famille disposant de deux revenus.

StatLink http://dx.doi.org/10.1787/888933465500

Tableau 5.7. **Taux marginal applicable à l'impôt sur le revenu et aux cotisations sociales des salariés diminués des prestations versées, 2015**

En % du salaire brut, par catégorie de famille et niveau de salaire

	Célibataire sans enf 67 (% SM)	Célibataire sans enf 100 (% SM)	Célibataire sans enf 167 (% SM)	Célibataire 2 enf 67 (% SM)	Couple marié 2 enf 100-0 (% SM)	Couple marié 2 enf 100-33 (% SM)[2]	Couple marié 2 enf 100-67 (% SM)[2]	Couple marié sans enf 100-33 (% SM)[2]
Allemagne	47.0	52.4	44.3	44.6	43.0	46.6	49.4	46.9
Australie	36.0	39.0	39.0	56.0	59.0	69.0	39.0	39.0
Autriche	44.4	49.1	37.9	44.4	49.1	49.1	49.1	49.1
Belgique	55.0	55.0	59.8	55.0	82.2	55.0	53.9	55.0
Canada	25.5	35.1	35.4	46.3	67.5	33.8	33.8	35.1
Chili	7.0	7.0	10.2	7.0	7.0	7.0	7.0	7.0
Corée	17.7	21.9	27.9	8.4	21.9	21.9	21.9	21.9
Danemark	39.7	42.0	55.8	38.1	42.0	42.0	42.0	42.0
Espagne	28.8	34.4	37.0	28.8	28.8	34.4	34.4	34.4
Estonie	21.3	21.3	21.3	21.3	21.3	21.3	21.3	21.3
États-Unis	29.3	39.3	39.3	51.6	29.3	29.3	29.3	29.3
Finlande	44.0	45.2	48.9	44.0	46.2	46.2	46.2	45.2
France	39.9	43.9	42.6	22.1	22.1	22.1	39.9	39.9
Grèce	34.1	34.7	52.2	34.1	34.7	34.7	34.7	34.7
Hongrie	34.5	34.5	34.5	34.5	34.5	34.5	34.5	34.5
Irlande	31.0	51.0	51.0	64.4	31.0	31.0	31.0	31.0
Islande	38.2	38.2	44.4	47.8	47.8	43.9	38.2	38.2
Israël[1]	26.0	33.0	43.0	12.0	33.0	33.0	33.0	33.0
Italie	40.4	40.4	51.5	42.0	42.0	42.0	41.2	40.4
Japon	22.7	27.6	31.2	22.7	27.6	27.6	27.6	27.6
Lettonie	31.1	31.1	31.1	31.1	31.1	31.1	31.1	31.1
Luxembourg	41.5	50.1	50.1	44.4	32.0	37.7	47.2	37.7
Mexique	12.1	19.5	22.9	12.1	19.5	19.5	19.5	19.5
Norvège	35.2	44.2	47.2	35.2	44.2	44.2	44.2	44.2
Nouvelle-Zélande	17.5	30.0	33.0	38.8	51.3	51.3	30.0	30.0
Pays-Bas	41.5	41.5	52.7	44.1	41.5	41.5	41.5	41.5
Pologne	26.7	26.7	26.7	17.8	26.7	26.7	26.7	26.7
Portugal	43.0	43.0	51.5	25.5	25.5	25.5	39.5	43.0
République slovaque	29.9	29.9	29.9	29.9	29.9	29.9	29.9	29.9
République tchèque	31.1	31.1	31.1	31.1	31.1	31.1	31.1	31.1
Royaume-Uni	32.0	32.0	42.0	73.0	32.0	32.0	32.0	32.0
Slovénie	34.6	43.1	54.0	22.1	34.6	34.6	34.6	43.1
Suède	28.4	32.0	57.0	28.4	32.0	32.0	32.0	32.0
Suisse	21.7	23.3	32.2	13.8	17.2	21.5	25.0	22.3
Turquie	32.8	32.8	38.7	32.8	32.8	32.8	32.8	32.8
Moyenne non pondérée								
OCDE-Moyenne	**32.0**	**35.9**	**40.2**	**34.4**	**35.7**	**34.7**	**34.4**	**34.3**
OCDE-UE 22	**36.4**	**39.3**	**43.8**	**37.3**	**36.0**	**35.5**	**37.4**	**37.4**

Note : enf = enfant

On suppose que le revenu brut principal du ménage augmente. Le résultat peut être différent si le salaire du conjoint augmente, surtout si les deux conjoints sont imposés séparément.

1. Informations sur les données concernant Israël : http://oe.cd/israel-disclaimer.
2. Famille disposant de deux revenus.

StatLink http://dx.doi.org/10.1787/888933465515

Tableau 5.8. **Augmentation en pourcentage du revenu net selon l'augmentation en pourcentage du salaire brut, 2015**

Après une augmentation d'une unité monétaire du salaire brut, par catégorie de famille et niveau de salaire

	Célibataire sans enf 67 (% SM)	Célibataire sans enf 100 (% SM)	Célibataire sans enf 167 (% SM)	Célibataire 2 enf 67 (% SM)	Couple marié 2 enf 100-0 (% SM)	Couple marié 2 enf 100-33 (% SM)[2]	Couple marié 2 enf 100-67 (% SM)[2]	Couple marié sans enf 100-33 (% SM)[2]
Allemagne	0.81	0.79	0.99	0.67	0.72	0.73	0.73	0.81
Australie	0.79	0.80	0.87	0.41	0.47	0.38	0.78	0.76
Autriche	0.79	0.78	1.03	0.61	0.65	0.64	0.68	0.72
Belgique	0.70	0.78	0.79	0.55	0.23	0.61	0.69	0.68
Canada	0.91	0.85	0.89	0.42	0.33	0.74	0.78	0.81
Chili	1.00	1.00	0.97	0.99	1.00	0.98	1.00	1.00
Corée	0.92	0.91	0.87	1.00	0.88	0.88	0.88	0.89
Danemark	0.91	0.90	0.76	0.66	0.78	0.81	0.84	0.87
Espagne	0.85	0.83	0.87	0.72	0.83	0.78	0.79	0.80
Estonie	0.95	0.97	0.98	0.75	0.82	0.86	0.89	0.95
États-Unis	0.92	0.82	0.88	0.51	0.82	0.86	0.88	0.92
Finlande	0.74	0.79	0.83	0.63	0.72	0.69	0.71	0.74
France	0.81	0.79	0.87	0.93	0.95	0.96	0.78	0.82
Grèce	0.81	0.86	0.71	0.76	0.84	0.83	0.84	0.85
Hongrie	1.00	1.00	1.00	0.70	0.79	0.83	0.86	1.00
Irlande	0.79	0.61	0.72	0.27	0.69	0.73	0.78	0.79
Islande	0.82	0.88	0.84	0.61	0.63	0.74	0.85	0.83
Israël[1]	0.83	0.81	0.77	0.87	0.78	0.76	0.75	0.78
Italie	0.76	0.87	0.80	0.59	0.72	0.71	0.76	0.79
Japon	0.97	0.93	0.93	0.89	0.86	0.88	0.89	0.92
Lettonie	0.96	0.97	0.98	0.74	0.81	0.84	0.86	0.96
Luxembourg	0.76	0.72	0.81	0.53	0.72	0.70	0.64	0.79
Mexique	0.91	0.90	0.91	0.91	0.90	0.86	0.87	0.86
Norvège	0.86	0.78	0.81	0.74	0.72	0.72	0.74	0.75
Nouvelle-Zélande	0.95	0.85	0.87	0.54	0.51	0.55	0.84	0.84
Pays-Bas	0.78	0.84	0.77	0.56	0.77	0.74	0.76	0.79
Pologne	0.97	0.98	0.99	1.00	0.90	0.92	0.94	0.97
Portugal	0.72	0.80	0.75	0.81	0.87	0.87	0.76	0.72
République slovaque	0.87	0.91	0.95	0.74	0.75	0.80	0.83	0.87
République tchèque	0.86	0.90	0.94	0.68	0.70	0.76	0.80	0.86
Royaume-Uni	0.84	0.89	0.83	0.26	0.83	0.80	0.84	0.84
Slovénie	0.92	0.85	0.74	0.75	0.74	0.81	0.86	0.82
Suède	0.92	0.90	0.66	0.82	0.83	0.82	0.85	0.88
Suisse	0.91	0.92	0.87	0.84	0.86	0.84	0.83	0.91
Turquie	0.89	0.93	0.90	0.88	0.90	0.89	0.90	0.90
Moyenne non pondérée								
OCDE-Moyenne	**0.86**	**0.86**	**0.86**	**0.69**	**0.75**	**0.78**	**0.81**	**0.84**
OCDE-UE 22	**0.84**	**0.85**	**0.85**	**0.67**	**0.76**	**0.78**	**0.80**	**0.83**

Note : enf = enfant

Le revenu net est calculé à partir des revenus bruts diminués de l'impôt sur le revenu des personnes physiques, des cotisations sociales et augmentés des prestations versées aux familles. L'augmentation qui est rapportée dans le tableau représente une sorte d'élasticité. Dans un système fiscal proportionnel, l'élasticité est égale à 1. A ce niveau de revenu, plus les système est progressif plus l'élasticité est faible. Les élasticités indiquées dans le tableau 5.8 sont calculées de la manière suivante : (100 – METR) / (100 – AETR), où METR désigne le taux marginal de l'impôt sur le revenu, augmenté des cotisations salariales de sécurité sociale et diminué des transferts en espèces, figurant dans le tableau 5.7, et AETR désigne le taux moyen augmenté des cotisations salariales de sécurité sociale et diminué des transferts en espèces, figurant dans le tableau 5.3.

1. Informations sur les données concernant Israël : http://oe.cd/israel-disclaimer.
2. Famille disposant de deux revenus. On fait l'hypothèse que le revenu brut principal du ménage augmente.

StatLink http://dx.doi.org/10.1787/888933465529

Tableau 5.9. **Augmentation en pourcentage du revenu net selon l'augmentation en pourcentage des coûts bruts de main d'oeuvre, 2015**

Après une augmentation d'une unité monétaire des coûts bruts de main d'oeuvre, par catégorie de famille et niveau de salaire

	Célibataire sans enf 67 (% SM)	Célibataire sans enf 100 (% SM)	Célibataire sans enf 167 (% SM)	Célibataire 2 enf 67 (% SM)	Couple marié 2 enf 100-0 (% SM)	Couple marié 2 enf 100-33 (% SM)[2]	Couple marié 2 enf 100-67 (% SM)[2]	Couple marié sans enf 100-33 (% SM)[2]
Allemagne	0.81	0.79	1.14	0.67	0.72	0.73	0.73	0.81
Australie	0.79	0.80	0.87	0.41	0.47	0.38	0.78	0.76
Autriche	0.79	0.78	1.21	0.61	0.65	0.64	0.68	0.72
Belgique	0.67	0.75	0.80	0.52	0.22	0.57	0.66	0.64
Canada	0.90	0.86	0.92	0.41	0.33	0.75	0.80	0.82
Chili	1.00	1.00	0.97	0.99	1.00	0.98	1.00	1.00
Corée	0.92	0.91	0.90	1.00	0.88	0.88	0.88	0.89
Danemark	0.92	0.91	0.77	0.67	0.78	0.83	0.85	0.88
Espagne	0.85	0.83	1.12	0.72	0.83	0.78	0.79	0.80
Estonie	0.95	0.97	0.98	0.75	0.82	0.86	0.89	0.95
États-Unis	0.93	0.82	0.89	0.51	0.83	0.87	0.89	0.93
Finlande	0.74	0.79	0.83	0.63	0.72	0.69	0.71	0.74
France	0.58	0.79	0.88	0.66	0.95	0.91	0.77	0.77
Grèce	0.81	0.86	0.71	0.76	0.84	0.83	0.84	0.85
Hongrie	1.00	1.00	1.00	0.70	0.79	0.83	0.86	1.00
Irlande	0.79	0.61	0.72	0.27	0.69	0.72	0.78	0.78
Islande	0.82	0.88	0.84	0.61	0.63	0.74	0.85	0.83
Israël[1]	0.81	0.80	0.77	0.84	0.77	0.74	0.74	0.76
Italie	0.76	0.87	0.80	0.59	0.72	0.71	0.76	0.79
Japon	0.97	0.93	1.00	0.89	0.86	0.88	0.89	0.92
Lettonie	0.96	0.97	0.98	0.74	0.81	0.84	0.86	0.96
Luxembourg	0.76	0.72	0.81	0.53	0.72	0.70	0.64	0.79
Mexique	0.97	0.93	0.93	0.97	0.93	0.91	0.91	0.91
Norvège	0.86	0.78	0.81	0.74	0.72	0.72	0.74	0.75
Nouvelle-Zélande	0.95	0.85	0.87	0.54	0.51	0.55	0.84	0.84
Pays-Bas	0.78	0.84	0.82	0.57	0.77	0.74	0.77	0.79
Pologne	0.97	0.98	0.99	1.00	0.90	0.92	0.94	0.97
Portugal	0.72	0.80	0.75	0.81	0.87	0.87	0.76	0.72
République slovaque	0.87	0.91	0.95	0.74	0.75	0.78	0.83	0.86
République tchèque	0.86	0.90	0.94	0.68	0.70	0.76	0.80	0.86
Royaume-Uni	0.81	0.86	0.81	0.25	0.80	0.77	0.81	0.81
Slovénie	0.92	0.85	0.74	0.75	0.74	0.81	0.86	0.82
Suède	0.92	0.90	0.66	0.82	0.83	0.82	0.85	0.88
Suisse	0.91	0.92	0.87	0.84	0.86	0.84	0.83	0.91
Turquie	0.89	0.93	0.90	0.88	0.90	0.89	0.90	0.90
Moyenne non pondérée								
OCDE-Moyenne	**0.86**	**0.86**	**0.88**	**0.69**	**0.75**	**0.78**	**0.81**	**0.84**
OCDE-UE 22	**0.83**	**0.85**	**0.88**	**0.66**	**0.76**	**0.78**	**0.79**	**0.83**

Note : enf = enfant

Le revenu net est calculé à partir des revenus bruts diminués de l'impôt sur le revenu des personnes physiques, des cotisations sociales et augmentés des prestations versées aux familles. L'augmentation qui est rapportée dans le tableau représente une sorte d'élasticité. Dans un système fiscal proportionnel, l'élasticité est égale à 1. A ce niveau de revenu, plus les système est progressif plus l'élasticité est faible. Les élasticités indiquées dans le tableau 5.9 sont calculées de la manière suivante : (100 – METR) / (100 – AETR), où METR désigne le taux marginal de l'impôt sur le revenu, augmenté des cotisations salariales et patronales de sécurité sociale et diminué des transferts en espèces, figurant dans le tableau 5.6, et AETR désigne le taux moyen augmenté des cotisations salariales et patronales de sécurité sociale et diminué des transferts en espèces, figurant dans le tableau 5.1.

1. Informations sur les données concernant Israël : http://oe.cd/israel-disclaimer.
2. Famille disposant de deux revenus. On fait l'hypothèse que le revenu brut principal du ménage augmente.

StatLink http://dx.doi.org/10.1787/888933465538

Tableau 5.10a. **Salaire brut annuel et revenu net, célibataire, 2015**

En dollars US convertis sur la base des PPA, par catégorie de famille et niveau de salaire

	Célibataire sans enf 67 (% SM)		Célibataire sans enf 100 (% SM)		Célibataire sans enf 167 (% SM)		Célibataire 2 enf 67 (% SM)	
	Total des revenus bruts avant impôts	Revenus nets après impôts	Total des revenus bruts avant impôts	Revenus nets après impôts	Total des revenus bruts avant impôts	Revenus nets après impôts	Total des revenus bruts avant impôts	Revenus nets après impôts
Allemagne	40 537	26 501	60 504	36 545	101 041	56 758	40 537	33 513
Australie	37 003	30 146	55 229	41 931	92 233	64 503	37 003	39 751
Autriche	36 929	26 155	55 118	35 804	92 047	55 767	36 929	33 512
Belgique	39 032	25 229	58 256	33 783	97 288	49 511	39 032	32 078
Canada	26 915	22 146	40 172	30 832	67 087	48 950	26 915	34 773
Chili	13 369	12 433	19 953	18 556	33 322	30 675	13 369	12 550
Corée	32 276	28 940	48 173	41 444	80 449	66 492	32 276	29 570
Danemark	37 134	24 728	55 424	35 531	92 559	53 622	37 134	34 803
Espagne	26 576	22 147	39 666	31 231	66 243	48 142	26 576	26 170
Estonie	16 433	13 631	24 526	20 002	40 959	32 938	16 433	17 222
États-Unis	34 511	26 590	51 509	38 232	86 020	59 180	34 511	33 017
Finlande	32 137	24 412	47 966	33 149	80 103	49 599	32 137	28 596
France	31 538	23 390	47 071	33 477	78 609	51 575	31 538	26 521
Grèce	21 870	17 823	32 641	24 730	54 511	36 947	21 870	18 862
Hongrie	16 251	10 644	24 255	15 887	40 506	26 531	16 251	15 200
Irlande	28 870	25 084	43 090	34 679	71 960	48 825	28 870	38 070
Islande	36 494	27 377	54 468	38 494	90 962	60 038	36 494	31 240
Israël[1]	24 330	21 710	36 313	30 025	60 643	44 680	24 330	24 728
Italie	28 241	22 060	42 150	29 032	70 391	42 590	28 241	27 833
Japon	33 211	26 420	49 569	38 610	82 779	61 377	33 211	28 760
Lettonie	12 980	9 364	19 374	13 770	32 354	22 715	12 980	12 032
Luxembourg	42 442	32 794	63 346	43 810	105 788	64 996	42 442	44 162
Mexique	8 533	8 250	12 799	11 463	21 332	18 115	8 533	8 250
Norvège	38 142	28 605	56 928	40 772	95 070	61 947	38 142	33 572
Nouvelle-Zélande	26 043	22 524	38 870	32 044	64 913	49 782	26 043	29 804
Pays-Bas	41 568	31 228	62 042	43 206	103 611	63 920	41 568	41 152
Pologne	17 526	13 303	26 158	19 633	43 683	32 484	17 526	14 401
Portugal	19 854	15 669	29 633	21 243	49 487	31 863	19 854	18 364
République slovaque	14 725	11 819	21 978	16 906	36 702	27 235	14 725	14 042
République tchèque	16 707	13 452	24 937	19 122	41 644	30 633	16 707	16 878
Royaume-Uni	34 985	28 274	52 216	39 991	87 200	61 217	34 985	36 193
Slovénie	20 730	14 774	30 940	20 628	51 670	32 112	20 730	21 638
Suède	31 097	24 262	46 414	35 005	77 511	50 243	31 097	27 288
Suisse	46 212	39 725	68 974	57 304	115 186	90 135	46 212	47 152
Turquie	16 832	12 672	25 123	18 247	41 955	28 704	16 832	12 934
Moyenne non pondérée								
OCDE-Moyenne	**28 058**	**21 837**	**41 880**	**30 718**	**69 938**	**47 280**	**28 058**	**26 989**
OCDE-UE 22	**27 644**	**20 761**	**41 259**	**28 962**	**68 903**	**44 101**	**27 644**	**26 297**

Note : enf = enfant

1. Informations sur les données concernant Israël : http://oe.cd/israel-disclaimer.

StatLink http://dx.doi.org/10.1787/888933465542

Tableau 5.10b. **Salaire brut annuel et revenu net, couple marié, 2015**

En dollars US convertis sur la base des PPA, par catégorie de famille et niveau de salaire

	Couple marié 2 enf 100-0 (% SM)		Couple marié 2 enf 100-33 (% SM)[2]		Couple marié 2 enf 100-67 (% SM)[2]		Couple marié sans enf 100-33 (% SM)[2]	
	Total des revenus bruts avant impôts	Revenus nets après impôts	Total des revenus bruts avant impôts	Revenus nets après impôts	Total des revenus bruts avant impôts	Revenus nets après impôts	Total des revenus bruts avant impôts	Revenus nets après impôts
Allemagne	60 504	47 742	80 470	58 936	101 041	69 628	80 470	52 681
Australie	55 229	48 096	73 455	60 151	92 233	72 077	73 455	58 998
Autriche	55 118	43 198	73 307	58 084	92 047	68 539	73 307	51 530
Belgique	58 256	45 108	77 481	57 232	97 288	65 127	77 481	51 064
Canada	40 172	40 084	53 428	47 911	67 087	56 937	53 428	42 838
Chili	19 953	18 556	26 538	25 286	33 322	31 107	26 538	24 680
Corée	48 173	42 648	64 070	56 935	80 449	71 375	64 070	56 009
Danemark	55 424	41 420	73 714	52 449	92 559	63 774	73 714	48 934
Espagne	39 666	34 138	52 756	44 215	66 243	54 830	52 756	43 489
Estonie	24 526	23 423	32 620	29 794	40 959	36 358	32 620	27 068
États-Unis	51 509	44 367	68 507	56 385	86 020	68 766	68 507	52 816
Finlande	47 966	35 859	63 795	49 996	80 103	60 381	63 795	47 176
France	47 071	38 628	62 605	50 735	78 609	60 520	62 605	45 985
Grèce	35 905	27 901	47 754	37 393	59 962	46 504	47 754	36 874
Hongrie	24 255	20 167	32 259	25 410	40 506	30 811	32 259	21 130
Irlande	43 090	43 272	57 309	54 399	71 960	64 007	57 309	50 372
Islande	54 468	45 008	72 443	55 193	90 962	65 872	72 443	54 194
Israël[1]	36 313	31 032	48 297	42 596	60 643	53 933	48 297	41 589
Italie	42 150	34 105	56 060	45 570	70 391	54 319	56 060	42 341
Japon	49 569	41 650	65 926	54 327	82 779	67 371	65 926	51 987
Lettonie	19 374	16 438	25 767	21 262	32 354	25 802	25 767	18 594
Luxembourg	63 346	59 710	84 250	75 237	105 788	87 674	84 250	66 707
Mexique	12 799	11 463	17 066	16 027	21 332	19 713	17 066	16 027
Norvège	56 928	43 841	75 714	58 936	95 070	71 781	75 714	56 532
Nouvelle-Zélande	38 870	36 959	51 697	45 494	64 913	54 208	51 697	43 305
Pays-Bas	62 042	46 974	82 516	65 185	103 611	79 386	82 516	61 030
Pologne	26 158	21 209	34 790	27 675	43 683	34 197	34 790	26 414
Portugal	29 633	25 409	39 412	33 605	49 487	39 425	39 412	31 170
République slovaque	21 978	20 619	29 230	25 700	36 702	30 948	29 230	23 477
République tchèque	24 937	24 489	33 166	29 872	41 644	36 000	33 166	26 446
Royaume-Uni	52 216	42 912	69 447	58 805	87 200	70 878	69 447	56 193
Slovénie	30 940	27 431	41 150	33 076	51 670	39 238	41 150	28 582
Suède	46 414	38 031	61 731	51 000	77 511	62 293	61 731	47 974
Suisse	68 974	66 562	91 735	85 575	115 186	103 597	91 735	78 332
Turquie	25 123	18 682	33 413	25 306	41 955	31 181	33 413	25 045
Moyenne non pondérée								
OCDE-Moyenne	**41 973**	**35 632**	**55 825**	**46 164**	**70 093**	**55 673**	**55 825**	**43 074**
OCDE-UE 22	**41 408**	**34 463**	**55 072**	**44 801**	**69 151**	**53 665**	**55 072**	**41 147**

Note : enf = enfant

1. Informations sur les données concernant Israël : http://oe.cd/israel-disclaimer.
2. Famille disposant de deux revenus.

StatLink http://dx.doi.org/10.1787/888933465557

Tableau 5.11a. **Coûts annuels de main-d'oeuvre et revenu net, célibataire, 2015**

En dollars US convertis sur la base des PPA, par catégorie de famille et niveau de salaire

	Célibataire sans enf 67 (% SM)		Célibataire sans enf 100 (% SM)		Célibataire sans enf 167 (% SM)		Célibataire 2 enf 67 (% SM)	
	Coûts bruts de main d'oeuvre avant impôts	Revenus nets après impôts	Coûts bruts de main d'oeuvre avant impôts	Revenus nets après impôts	Coûts bruts de main d'oeuvre avant impôts	Revenus nets après impôts	Coûts bruts de main d'oeuvre avant impôts	Revenus nets après impôts
Allemagne	48 371	26 501	72 196	36 545	116 648	56 758	48 371	33 513
Australie	39 212	30 146	58 525	41 931	97 737	64 503	39 212	39 751
Autriche	47 612	26 155	71 063	35 804	116 461	55 767	47 612	33 512
Belgique	49 847	25 229	75 540	33 783	125 900	49 511	49 847	32 078
Canada	30 139	22 146	45 034	30 832	73 399	48 950	30 139	34 773
Chili	13 369	12 433	19 953	18 556	33 322	30 675	13 369	12 550
Corée	35 611	28 940	53 151	41 444	87 694	66 492	35 611	29 570
Danemark	37 610	24 728	55 900	35 531	93 034	53 622	37 610	34 803
Espagne	34 523	22 147	51 527	31 231	85 628	48 142	34 523	26 170
Estonie	21 987	13 631	32 816	20 002	54 803	32 938	21 987	17 222
États-Unis	37 567	26 590	55 866	38 232	93 017	59 180	37 567	33 017
Finlande	39 339	24 412	58 715	33 149	98 055	49 599	39 339	28 596
France	41 283	23 390	64 897	33 477	112 815	51 575	41 283	26 521
Grèce	27 241	17 823	40 658	24 730	67 899	36 947	27 241	18 862
Hongrie	20 882	10 644	31 168	15 887	52 050	26 531	20 882	15 200
Irlande	31 974	25 084	47 722	34 679	79 696	48 825	31 974	38 070
Islande	39 227	27 377	58 548	38 494	97 775	60 038	39 227	31 240
Israël[1]	25 427	21 710	38 279	30 025	64 373	44 680	25 427	24 728
Italie	37 300	22 060	55 672	29 032	92 972	42 590	37 300	27 833
Japon	38 208	26 420	57 027	38 610	94 334	61 377	38 208	28 760
Lettonie	16 051	9 364	23 953	13 770	39 995	22 715	16 051	12 032
Luxembourg	47 645	32 794	71 112	43 810	118 758	64 996	47 645	44 162
Mexique	9 709	8 250	14 293	11 463	23 474	18 115	9 709	8 250
Norvège	43 100	28 605	64 329	40 772	107 429	61 947	43 100	33 572
Nouvelle-Zélande	26 043	22 524	38 870	32 044	64 913	49 782	26 043	29 804
Pays-Bas	46 026	31 228	68 634	43 206	110 788	63 920	46 026	41 152
Pologne	20 466	13 303	30 547	19 633	51 013	32 484	20 466	14 401
Portugal	24 569	15 669	36 671	21 243	61 240	31 863	24 569	18 364
République slovaque	19 319	11 819	28 835	16 906	48 154	27 235	19 319	14 042
République tchèque	22 388	13 452	33 415	19 122	55 803	30 633	22 388	16 878
Royaume-Uni	38 186	28 274	57 795	39 991	97 608	61 217	38 186	36 193
Slovénie	24 067	14 774	35 921	20 628	59 988	32 112	24 067	21 638
Suède	40 868	24 262	60 997	35 005	101 865	50 243	40 868	27 288
Suisse	49 101	39 725	73 284	57 304	122 300	90 135	49 101	47 152
Turquie	19 778	12 672	29 519	18 247	49 297	28 704	19 778	12 934
Moyenne non pondérée								
OCDE-Moyenne	**32 687**	**21 837**	**48 927**	**30 718**	**81 435**	**47 280**	**32 687**	**26 989**
OCDE-UE 22	**33 525**	**20 761**	**50 261**	**28 962**	**83 690**	**44 101**	**33 525**	**26 297**

Note : enf = enfant

1. Informations sur les données concernant Israël : http://oe.cd/israel-disclaimer.

StatLink http://dx.doi.org/10.1787/888933465564

Tableau 5.11b. **Coûts annuels de main-d'oeuvre et revenu net, couple marié, 2015**

En dollars US convertis sur la base des PPA, par catégorie de famille et niveau de salaire

	Couple marié 2 enf 100-0 (% SM)		Couple marié 2 enf 100-33 (% SM)[2]		Couple marié 2 enf 100-67 (% SM)[2]		Couple marié sans enf 100-33 (% SM)[2]	
	Coûts bruts de main d'oeuvre avant impôts	Revenus nets après impôts	Coûts bruts de main d'oeuvre avant impôts	Revenus nets après impôts	Coûts bruts de main d'oeuvre avant impôts	Revenus nets après impôts	Coûts bruts de main d'oeuvre avant impôts	Revenus nets après impôts
Allemagne	72 196	47 742	96 021	58 936	120 567	69 628	96 021	52 681
Australie	58 525	48 096	77 838	60 151	97 737	72 077	77 838	58 998
Autriche	71 063	43 198	94 513	58 084	118 675	68 539	94 513	51 530
Belgique	75 540	45 108	97 513	57 232	125 387	65 127	97 513	51 064
Canada	45 034	40 084	59 808	47 911	75 173	56 937	59 808	42 838
Chili	19 953	18 556	26 538	25 286	33 322	31 107	26 538	24 680
Corée	53 151	42 648	70 691	56 935	88 762	71 375	70 691	56 009
Danemark	55 900	41 420	74 665	52 449	93 510	63 774	74 665	48 934
Espagne	51 527	34 138	68 530	44 215	86 049	54 830	68 530	43 489
Estonie	32 816	23 423	43 646	29 794	54 803	36 358	43 646	27 068
États-Unis	55 866	44 367	74 580	56 385	93 433	68 766	74 580	52 816
Finlande	58 715	35 859	78 091	49 996	98 055	60 381	78 091	47 176
France	64 897	38 628	81 630	50 735	106 180	60 520	81 630	45 985
Grèce	44 724	27 901	59 482	37 393	74 689	46 504	59 482	36 874
Hongrie	31 168	20 167	41 453	25 410	52 050	30 811	41 453	21 130
Irlande	47 722	43 272	63 150	54 399	79 696	64 007	63 150	50 372
Islande	58 548	45 008	77 869	55 193	97 775	65 872	77 869	54 194
Israël[1]	38 279	31 032	50 676	42 596	63 706	53 933	50 676	41 589
Italie	55 672	34 105	74 044	45 570	92 972	54 319	74 044	42 341
Japon	57 027	41 650	75 845	54 327	95 234	67 371	75 845	51 987
Lettonie	23 953	16 438	31 863	21 262	40 004	25 802	31 863	18 594
Luxembourg	71 112	59 710	94 579	75 237	118 758	87 674	94 579	66 707
Mexique	14 293	11 463	19 458	16 027	24 001	19 713	19 458	16 027
Norvège	64 329	43 841	85 557	58 936	107 429	71 781	85 557	56 532
Nouvelle-Zélande	38 870	36 959	51 697	45 494	64 913	54 208	51 697	43 305
Pays-Bas	68 634	46 974	91 348	65 185	114 660	79 386	91 348	61 030
Pologne	30 547	21 209	40 627	27 675	51 013	34 197	40 627	26 414
Portugal	36 671	25 409	48 772	33 605	61 240	39 425	48 772	31 170
République slovaque	28 835	20 619	37 625	25 700	48 154	30 948	37 625	23 477
République tchèque	33 415	24 489	44 442	29 872	55 803	36 000	44 442	26 446
Royaume-Uni	57 795	42 912	75 778	58 805	95 982	70 878	75 778	56 193
Slovénie	35 921	27 431	47 775	33 076	59 988	39 238	47 775	28 582
Suède	60 997	38 031	81 126	51 000	101 865	62 293	81 126	47 974
Suisse	73 284	66 562	97 468	85 575	122 385	103 597	97 468	78 332
Turquie	29 519	18 682	39 260	25 306	49 297	31 181	39 260	25 045
Moyenne non pondérée								
OCDE-Moyenne	**49 043**	**35 632**	**64 970**	**46 164**	**81 808**	**55 673**	**64 970**	**43 074**
OCDE-UE 22	**50 446**	**34 463**	**66 667**	**44 801**	**84 095**	**53 665**	**66 667**	**41 147**

Note : enf = enfant

1. Informations sur les données concernant Israël : http://oe.cd/israel-disclaimer.
2. Famille disposant de deux revenus.

StatLink http://dx.doi.org/10.1787/888933465579

PARTIE II

Évolution de la charge fiscale 2000-16

Cette section donne les résultats détaillés de l'évolution de la charge fiscale entre 2000 et 2016. Elle fournit, pour chacun des pays de l'OCDE, des informations concernant les impôts sur le revenu acquittés par les salariés, leurs cotisations de sécurité sociale et les prestations familiales qu'ils perçoivent sous forme de transferts en espèces, ainsi que les cotisations de sécurité sociale et les taxes sur les salaires versées par leurs employeurs au cours de cette période.

Les données statistiques concernant Israël sont fournies par et sous la responsabilité des autorités israéliennes compétentes. L'utilisation de ces données par l'OCDE est sans préjudice du statut des hauteurs du Golan, de Jérusalem-Est et des colonies de peuplement israéliennes en Cisjordanie aux termes du droit international.

PARTIE II

Chapitre 6

Évolution de la charge fiscale (2000-16)

Ce chapitre présente l'évolution de la charge fiscale pesant sur les revenus du travail entre 2000 et 2016. Le chapitre contient les tableaux 6.1 à 6.8, chacun correspondant à une catégorie particulière de famille et est divisé en trois parties : la partie (a) : tableaux indiquant le coin fiscal (moyen), qui est constitué des impôts sur le revenu majorés des cotisations salariales et patronales de sécurité sociale (y compris les taxes sur les salaires éventuellement applicables) et diminués des prestations en espèces ; la partie (b) : tableaux contenant des données liées à la charge (moyenne) des impôts sur le revenu ; et la partie (c) : tableaux indiquant la charge (moyenne) des impôts sur le revenu majorée des cotisations salariales de sécurité sociale et diminuée des prestations en espèces (taux moyens nets d'imposition des personnes physiques).

Les données statistiques concernant Israël sont fournies par et sous la responsabilité des autorités israéliennes compétentes. L'utilisation de ces données par l'OCDE est sans préjudice du statut des hauteurs du Golan, de Jérusalem-Est et des colonies de peuplement israéliennes en Cisjordanie aux termes du droit international.

Évolution chronologique

L'évolution de la charge fiscale pour les huit catégories de famille étudiées au cours de la période 2000 à 2016 ressort des tableaux 6.1 à 6.8 dans la dernière section de ce chapitre intitulée « Tableaux indiquant les impôts sur le revenu, les cotisations de sécurité sociale et les prestations en espèces ». Chacun des tableaux 1 à 8 correspond à une catégorie particulière de famille et est divisé en trois parties.

L'examen est centré sur les principales tendances observables au cours de cette période et met en lumière certaines variations importantes d'une année sur l'autre.

Faits marquants

Le coin fiscal moyen pour l'ensemble des pays de l'OCDE, la charge de l'impôt sur le revenu et la charge fiscale nette (impôt sur le revenu des personnes physiques plus cotisations de sécurité sociale moins prestations en espèces) ont tous baissé entre 2000 et 2016 pour chacune des catégories de famille étudiées.

Sur la période considérée, les baisses du coin fiscal moyen constatées dans les pays de la zone OCDE se sont échelonnées entre 1.0 point de pourcentage (pour les célibataires rémunérés au niveau du salaire moyen (SM) ou percevant 167 % du SM) et 2.4 points (pour les parents isolés gagnant 67 % du SM).

La baisse de la charge fiscale moyenne sur le revenu est comprise entre 0.4 point (pour les célibataires rémunérés au niveau du SM) et 1.9 point (pour les parents isolés gagnant 67 % du SM).

La charge fiscale moyenne nette des personnes physiques a également reculé dans les pays de l'OCDE pour toutes les catégories de famille pendant la période étudiée. Ce repli varie entre 0.6 point (pour les célibataires rémunérés au niveau du SM) et 1.9 point (pour les parents isolés gagnant 67 % du SM).

Coin fiscal

Si l'on examine plus particulièrement le coin fiscal moyen total (Partie (a) des tableaux), on observe une réduction de plus de 5 points entre 2000 et 2016 pour au moins une des catégories de famille dans 15 pays membres de l'OCDE : Australie, Belgique, Canada, Danemark, Finlande, France, Hongrie, Irlande, Israël, Nouvelle-Zélande, Pays-Bas, Portugal, Royaume-Uni, Suède et Turquie.

La diminution la plus importante est observée aux Pays-Bas où les parents isolés ont bénéficié d'une réduction du coin fiscal de 18.8 points. Les célibataires sans enfant gagnant 67 % du SM ont également bénéficié d'une réduction de 11.7 points. En Irlande, les parents isolés gagnant 67 % du SM ont vu leur coin fiscal baisser de 18.1 points.

On observe une réduction du coin fiscal d'au moins 7 points pour au moins une catégorie de famille dans huit autres pays – Canada, Danemark, France, Hongrie, Israël, Nouvelle-Zélande, Royaume-Uni et Suède. Au Canada, le coin fiscal a reculé de 14.5 points pour les parents isolés gagnant 67 % du SM et de 11.2 points pour les couples mariés avec deux enfants et un seul salaire égal au SM. Au Danemark, c'est pour les célibataires rémunérés à 167 % du SM que la baisse est la plus importante (7.6 points). En France, les parents isolés sont la catégorie de famille qui a bénéficié de la plus forte baisse du coin fiscal (10.0 points). En Hongrie, les baisses dépassent 7 points pour 5 des 8 catégories de famille. Les plus fortes réductions concernent les salariés célibataires rémunérés à 167 % du SM (11.0 points) et les couples mariés ayant deux enfants et disposant d'un seul revenu égal au SM (10.2 points). En Israël, le coin fiscal a diminué de plus de 7 points pour les célibataires sans enfant gagnant 67 % du SM (8.1 points) et le SM (7.5 points). En Nouvelle-Zélande, les parents isolés gagnant 67 % du SM ont le plus bénéficié de la réduction du coin fiscal (10.0 points). Il a également baissé de 7.4 points pour les couples mariés ayant deux enfants et disposant d'un seul revenu égal au SM. En Suède, le coin fiscal a diminué de plus de 7 points pour la moitié des catégories de famille : de 8.0 points pour les couples mariés sans enfant ayant deux revenus représentant 133 % du SM, de 7.8 points pour les célibataires sans enfant rémunérés à 67 % du SM et de 7.3 points pour les célibataires gagnant le SM et les couples mariés avec deux enfants et disposant de deux revenus représentant 133 % du SM.

Le coin fiscal a diminué pour toutes les catégories de famille dans 13 pays membres de l'OCDE (Allemagne, Australie, Belgique Canada, Danemark, Finlande, Hongrie, Israël, Nouvelle-Zélande, Pologne, Slovénie, Suède et Suisse), alors qu'il a augmenté pour toutes les catégories de famille dans 3 pays (Corée, Luxembourg et Mexique).

Taux moyen de l'impôt sur le revenu

Entre 2000 et 2016, la charge fiscale moyenne sur le revenu (Partie (b) des tableaux) a baissé pour toutes les catégories de famille dans 13 pays membres de l'OCDE : Allemagne, Belgique, Canada, Estonie, Finlande, Hongrie, Israël, Nouvelle-Zélande, Royaume-Uni, Slovénie, Suède, Suisse et Turquie. Parmi ces pays, les réductions les plus importantes touchant la plupart des catégories de famille sont observées en Suède où 7 des 8 catégories de famille ont bénéficié de diminutions d'environ 9 à 10 points sauf le contribuable célibataire gagnant 167 % du SM. Pour ce dernier, la baisse a été de 4.9 points. En Estonie, la charge moyenne de l'impôt sur le revenu a diminué de plus de 6 points pour toutes les catégories de famille ayant des enfants, les parents isolés rémunérés à 67 % du SM bénéficiant d'une réduction d'impôt sur le revenu de 8.7 points. En Hongrie, on enregistre des baisses considérables, de 15.3 points, pour les célibataires rémunérés à 167 % du SM, et de 12.5 points pour les couples mariés ayant des enfants et disposant d'un seul revenu égal au SM. En Israël, le taux moyen de l'impôt sur le revenu a reculé de 6 à environ 9 points pour tous les types de ménage sauf pour les parents isolés rémunérés à 67 % du SM pour qui la diminution était de 4.6 points. D'autres réductions de plus de 5 points ont été observées en Finlande (de 6.5 points pour les parents isolés gagnant 67 % du SM et de respectivement de 6.5 et 6.3 points pour les couples mariés avec et sans enfants gagnant 133 % du SM), en Turquie (de 5.8 points pour les parents isolés rémunérés à 67 % du SM et de 5.4 points pour les couples mariés avec deux enfants et ayant deux revenus représentant 133 % du SM) et au Royaume-Uni où la baisse atteint 11.8 points pour les parents isolés gagnant 67 % du SM. Des baisses inférieures à 5 points des taux moyens de l'impôt sur le revenu sont observées pour toutes les catégories de famille en Allemagne, en Belgique, au Canada, en Nouvelle-Zélande, en Slovénie et en Suisse.

Seize autres pays membres de l'OCDE font apparaître des réductions de l'impôt sur le revenu des personnes physiques pour certaines catégories de famille : Australie, Autriche, Corée, Espagne, États-Unis, France, Irlande, Islande, Italie, Lettonie, Luxembourg, Norvège,

Pologne, Portugal, République slovaque et République tchèque. Dans deux de ces pays, les réductions des taux moyens de l'impôt sur le revenu ont dépassé 6 points, en République tchèque (de 8.2 points pour les couples mariés ayant des enfants et disposant d'un seul revenu égal au SM et 7.2 points pour les parents isolés gagnant 67 % du SM) et en République slovaque (de 6.3 points pour les couples mariés ayant des enfants et disposant d'un seul revenu égal au SM).

À l'autre extrême, la charge de l'impôt sur le revenu des personnes physiques a augmenté pour toutes les catégories de famille dans cinq pays membres de l'OCDE : Danemark, Grèce, Japon, Mexique et Pays-Bas. Au Mexique, les augmentations se sont échelonnées entre 6 et 9 points pour les huit catégories de famille. Aux Pays-Bas, on a enregistré des augmentations de 11.6 points pour les couples mariés mono-actifs ayant deux enfants et de 7.3 points pour les célibataires rémunérés au SM.

En revanche, au Chili, la charge moyenne de l'impôt sur le revenu n'a légèrement augmenté seulement dans le cas du salarié célibataire percevant 167 % du SM (0.5 point). Entre 2000 et 2016, les taux moyens de l'impôt sur le revenu sont restés constants pour les autres catégories de famille, dans la mesure où celles-ci ne paient pas d'impôt sur le revenu.

Taux moyen net d'imposition des personnes physiques

La charge fiscale *nette* tient compte de la somme de l'impôt sur le revenu des personnes physiques, des cotisations salariales de sécurité sociale et des prestations en espèces (Partie (c) des tableaux). Elle a diminué entre 2000 et 2016 pour toutes les catégories de famille dans 9 pays de l'OCDE : Allemagne, Belgique, Canada, Danemark, Israël, Nouvelle-Zélande, Pologne, Suède et Suisse. Parmi ces pays, c'est la Suède qui connaît les réductions les plus importantes, puisqu'elles ont dépassé 7 points pour 7 des 8 catégories de famille. Dans ce pays, le taux moyen net d'imposition des personnes physiques a baissé le plus pour les couples mariés sans enfant disposant de deux revenus représentant 133 % du SM (9.7 points). Des réductions comprises entre 5 et 8 points ont été observées en Israël pour toutes les catégories de famille sauf une, l'exception étant les parents isolés gagnant 67 % du SM, pour qui la baisse n'a été que de 3.6 points. Au Canada, le taux net moyen d'imposition des personnes physiques a fortement diminué pour la moitié des catégories de famille, notamment de 16.9 points pour les parents isolés et de 13.0 points pour les couples mariés ayant deux enfants et un seul salaire égal au SM. Au Danemark, la charge fiscale a également beaucoup baissé pour la moitié des catégories de famille, de 5.1 points (pour les couples mariés ayant deux enfants et deux revenus représentant 167 % du SM) à 7.7 points (pour les célibataires gagnant 167 % du SM).

Le taux moyen net d'imposition des personnes physiques a également enregistré une baisse sensible en Irlande et en Nouvelle-Zélande pour la plupart des familles ayant des enfants, et notamment pour les parents isolés rémunérés à 67 % du SM (22.2 points en Irlande et 10.0 points en Nouvelle-Zélande). On constate une diminution d'ampleur comparable pour cette dernière catégorie de famille aux Pays-Bas (17.3 points) et au Royaume-Uni (10.1 points).

Dans huit autres pays membres de l'OCDE, les réductions du taux moyen net d'imposition des personnes physiques excèdent 5 points pour au moins une catégorie de famille : Australie, Belgique, Espagne, Estonie, France, Hongrie, Pologne et Portugal. En Australie, les diminutions étaient de 5.2 points pour les couples mariés mono-actifs ayant deux enfants et de 5.0 points pour les parents isolés. Pour cette dernière catégorie, le taux moyen net d'imposition des personnes physiques a reculé de 12.5 points en France, 6.4 points au Portugal et 5.0 points en Espagne. On constate une réduction significative en Hongrie pour les célibataires rémunérés à 167 % du SM (9.3 points) et les couples mariés mono-actifs avec deux enfants (5.7 points). En Estonie, les couples mariés avec enfants ont vu leur charge fiscale nette baisser de plus de 5 points : 6.8 points pour les couples avec un salaire égal au SM, 6.3 points pour les couples mariés avec deux enfants ayant deux salaires représentant 133 % du SM et 6.0 points pour les couples avec deux enfants et ayant deux salaires représentant 167 % du SM. En Belgique, le taux moyen net d'imposition des personnes physiques a baissé de plus de 5 points pour les couples mariés sans enfant et ayant deux salaires représentant 133 % du SM (6.1 points) et ceux dans la même situation mais ayant deux enfants (5.3 points). En Pologne, il a baissé de 5.4 points pour les couples mariés avec deux enfants ayant deux salaires représentant 167 % du SM.

Entre 2000 et 2016, le taux moyen net d'imposition des personnes physiques augmente de 5 points ou plus pour une ou plusieurs catégories de famille dans sept pays seulement. Dans cinq de ces pays (Islande, Mexique, Norvège, République slovaque et République tchèque), les parents isolés gagnant 67 % du SM ont subi des augmentations comprises entre 6 et 17 points. On constate également des hausses d'importance similaire pour d'autres catégories de famille. Par exemple, au Mexique, les augmentations varient entre 8 et 9 points pour chacune des catégories de famille sauf pour les célibataires rémunérés à 167 % du SM (+ 5.3 points). En Islande, le taux moyen net de l'impôt sur le revenu des personnes physiques a augmenté de 8.0 points pour les couples mariés ayant des enfants et deux salaires représentant 133 % du SM et de 9.4 points pour les couples mariés avec des enfants et un salaire. Pour cette dernière catégorie, il a également sensiblement augmenté en République tchèque (7.7 points).

Progressivité

L'examen des résultats 2016 présentés dans la première Partie de cette publication a notamment porté sur la manière dont ils pourraient être utilisés pour évaluer la progressivité des impôts sur le revenu des personnes physiques, et les résultats qui figurent dans la deuxième Partie peuvent également servir à examiner l'évolution de cet indicateur.

Le degré de progressivité de l'impôt sur le revenu des personnes physiques peut être évalué en comparant la charge supportée par des célibataires gagnant 67 % du SM à celle des célibataires gagnant 167 % du SM. Le tableau 6.1b est donc comparé au tableau 6.3b. Pour tous les pays de l'OCDE (à l'exception de la Hongrie et du Mexique) et toutes les années comprises entre 2000 et 2016, les salariés les moins bien payés reversent toujours un pourcentage plus faible de leurs revenus au titre de l'impôt sur le revenu des personnes physiques que ceux mieux rémunérés. Concernant la Hongrie, les niveaux sont les mêmes pour les deux catégories de salariés à partir de 2013. Au Mexique, de 2000 à 2010, le taux de l'impôt sur le revenu des personnes physiques est négatif pour les célibataires rémunérés à 67 % du SM en raison des crédits d'impôts récupérables.

La progressivité des impôts sur le revenu des personnes physiques n'a pas beaucoup évolué, en moyenne, dans les pays de l'OCDE. En moyenne (à l'exclusion du Mexique), la charge fiscale pesant sur un salarié célibataire gagnant 67 % du SM représentait 53 % de celle grevant un salarié gagnant 167 % du SM en 2000 et 52 % en 2016.

Si l'on compare la situation dans chaque pays de l'OCDE, on constate que les impôts sur le revenu des personnes physiques sont devenus plus progressifs dans 16 pays. Les variations les plus importantes sont observées en Nouvelle-Zélande où la charge pesant sur les bas salaires a baissé de 77 % à 58 % ; en Suède, où elle est passée d'environ 68 % à 48 % ; et en Turquie, où elle a baissé de 73 % à 54 %.

Les impôts sur le revenu des personnes physiques sont devenus légèrement moins progressifs (sur la base de cet indicateur) dans 14 pays de l'OCDE : Australie, Autriche, Corée, Danemark, Espagne, États-Unis, Grèce, Hongrie, Islande, Lettonie, Pays-Bas, Pologne, Portugal et République slovaque. La variation la plus importante est intervenue en Hongrie, où le ratio est passé, à partir de 2013, de 58 % à 100 % de celui du salarié le mieux payé. La charge fiscale est restée au même niveau au Chili, en Estonie, au Japon et au Luxembourg en 2000 et 2016.

Familles

Les résultats présentés dans les tableaux 6.5 et 6.2 peuvent être utilisés pour comparer les charges fiscales auxquelles doit faire face un couple marié ayant deux enfants et disposant d'un seul revenu égal au SM et un célibataire sans enfant disposant du même niveau de revenu. Si l'on s'intéresse à la charge fiscale nette (impôt sur le revenu des personnes physiques plus cotisations salariales de sécurité sociale moins prestations en espèces, voir la Partie (c) des tableaux), on constate que l'économie moyenne d'impôt pour le couple marié comparé au salarié célibataire représentait 11.0 % du salaire brut en 2000 et 11.2 % en 2016.

L'économie d'impôt dont bénéficie le couple marié disposant d'un seul revenu a augmenté dans 18 pays et diminué dans 16 autres. Elle a augmenté de plus de 5 points dans quatre pays : au Canada, où elle s'est accrue de 11.0 points, passant de 10.9 % à 21.9 %, au Portugal où elle a gagné 7.6 points (de 8.8 % à 16.4 %), ainsi qu'en Irlande et en Nouvelle-Zélande où elle a progressé de 5.9 points dans les deux cas, passant de 14.9 % à 20.8 % et de 5.8 % à 11.7 % du revenu brut. On observe des réductions correspondantes de plus de 5 points en République tchèque, où l'économie d'impôt a diminué de 6.6 points, passant de 27.8 % à 21.2 % du revenu, en Norvège où la baisse était de 6.2 points, passant de 11.4 % à 5.2 %, en Islande où la baisse atteignait 5.6 points, de 16.5 % à 10.9 % et aux Pays-Bas avec une réduction de l'économie d'impôt de 5.4 points, de 11.2 % à 5.8 % du revenu brut.

Tableaux indiquant les impôts sur le revenu, les cotisations de sécurité sociale et les prestations en espèces

L'évolution des impôts sur le revenu, cotisations de sécurité sociale et prestations en espèces pour les huit catégories de famille dans les pays de l'OCDE étudiées au cours de la période 2000 à 2016 ressort des tableaux 6.1 à 6.8. Chacun des tableaux 1 à 8 correspond à une catégorie particulière de famille et est divisé en trois parties :

- Partie (a) : tableaux indiquant le coin fiscal (moyen), qui est constitué des impôts sur le revenu majorés des cotisations salariales et patronales de sécurité sociale (y compris les taxes sur les salaires éventuellement applicables) et diminués des prestations en espèces,
- Partie (b) : tableaux contenant des données liées à la charge (moyenne) des impôts sur le revenu,
- Partie (c) : tableaux indiquant la charge (moyenne) des impôts sur le revenu majorée des cotisations salariales de sécurité sociale et diminuée des prestations en espèces (taux moyens *nets* d'imposition des personnes physiques).

Les tableaux 6.9 et 6.10 indiquent le salaire brut et le salaire net moyen d'un célibataire entre 2000 et 2016, exprimés en dollars US à parité de pouvoir d'achat des monnaies nationales et en monnaies nationales.

Tableau 6.1a. **Impôt sur le revenu et cotisations sociales des salariés et employeurs diminués des prestations versées, célibataire, salaire égal à 67 % du salaire moyen**

Pression fiscale en % des coûts de main-d'oeuvre, célibataire sans enfant

	2000	2006	2009	2010	2011	2012	2013	2014	2015	2016
Allemagne	47.6	47.5	45.9	44.9	45.6	45.5	45.1	45.1	45.2	45.3
Australie	25.9	24.8	20.8	21.0	20.7	21.7	21.9	22.4	23.1	23.4
Autriche	43.2	43.8	43.3	43.5	43.9	44.2	44.6	44.8	45.1	42.8
Belgique	51.4	49.5	50.0	50.4	50.6	50.5	50.0	49.9	49.4	47.5
Canada	27.7	27.3	26.1	25.8	26.0	26.2	26.3	26.5	26.5	26.5
Chili	7.0	7.0	7.0	7.0	7.0	7.0	7.0	7.0	7.0	7.0
Corée	15.0	16.0	16.9	17.4	17.8	18.0	18.4	18.5	18.7	19.0
Danemark	38.2	36.2	35.4	34.2	34.5	34.6	34.3	34.1	34.3	34.3
Espagne	34.9	36.0	34.4	36.5	36.8	37.2	37.2	37.3	35.8	35.9
Estonie	39.8	37.3	37.8	38.7	39.0	39.2	38.8	38.9	38.0	37.8
États-Unis	29.0	28.8	28.0	28.3	27.8	27.8	29.4	29.5	29.2	29.3
Finlande	42.7	38.9	37.2	36.8	36.8	36.8	37.6	38.0	37.9	37.9
France	43.9	46.3	46.6	46.8	47.0	46.9	45.5	45.0	43.3	43.0
Grèce	36.0	36.5	36.6	35.8	40.0	39.8	37.0	35.8	34.6	36.1
Hongrie	51.4	43.3	46.2	43.8	45.2	47.9	49.0	49.0	49.0	48.2
Irlande	18.2	16.1	16.2	16.8	20.0	20.8	21.8	22.0	21.5	21.2
Islande	23.8	28.3	26.1	28.4	29.4	29.3	29.7	29.3	30.2	30.5
Israël[1]	23.2	16.4	14.5	14.1	13.9	13.8	13.6	14.2	14.6	15.1
Italie	43.6	42.8	43.5	44.0	44.5	44.7	44.9	41.9	40.9	40.8
Japon	28.7	27.5	27.8	28.9	29.5	29.9	30.2	30.6	30.9	31.0
Lettonie	41.7	41.6	39.6	43.2	43.2	43.3	42.8	42.1	41.7	41.8
Luxembourg	29.8	27.8	27.4	27.7	29.5	29.2	30.1	30.5	31.2	31.2
Mexique	7.6	10.6	11.9	12.9	13.2	13.6	14.4	14.7	15.0	15.3
Norvège	35.1	34.4	34.1	34.1	34.3	34.2	34.1	33.8	33.6	33.2
Nouvelle-Zélande	18.6	18.9	15.5	14.3	13.0	13.1	13.3	13.4	13.5	13.6
Pays-Bas	42.3	33.2	33.3	33.6	33.5	33.5	33.1	32.3	32.2	30.6
Pologne	37.0	37.9	33.1	33.3	33.4	34.7	34.8	34.9	35.0	35.1
Portugal	33.2	32.8	31.9	32.2	32.3	32.6	35.2	34.9	36.2	36.3
République slovaque	40.6	35.3	34.4	34.7	36.1	36.9	38.5	38.6	38.8	39.0
République tchèque	41.3	40.1	38.8	39.0	39.7	39.4	39.4	39.7	39.9	40.2
Royaume-Uni	29.1	30.6	29.1	29.4	28.5	27.9	26.8	26.2	26.0	25.9
Slovénie	42.6	41.4	39.7	38.6	38.7	38.6	38.5	38.6	38.6	38.7
Suède	48.6	46.0	41.3	40.7	40.7	40.8	40.9	40.5	40.6	40.8
Suisse	20.2	19.4	19.2	19.3	19.6	19.4	19.4	19.2	19.1	19.0
Turquie[2]	39.1	41.8	34.1	34.4	34.5	34.6	34.9	35.8	35.9	35.5
Moyenne non pondérée										
OCDE-Moyenne	**33.7**	**32.6**	**31.5**	**31.7**	**32.2**	**32.4**	**32.5**	**32.4**	**32.4**	**32.3**
OCDE-UE 22	**39.9**	**38.2**	**37.4**	**37.5**	**38.1**	**38.4**	**38.4**	**38.2**	**38.0**	**37.7**

1. Informations sur les données concernant Israël : http://oe.cd/israel-disclaimer.
2. Les données sur les salaires sont basées sur l'ancienne définition de l'ouvrier moyen (CITI D, Rév. 3) pour les années 2000 à 2006.

StatLink http://dx.doi.org/10.1787/888933465589

Tableau 6.1b. **Impôt sur le revenu, célibataire, salaire égal à 67 % du salaire moyen**

Pression fiscale en % du salaire brut, célibataire sans enfant

	2000	2006	2009	2010	2011	2012	2013	2014	2015	2016
Allemagne	16.3	15.0	14.8	13.8	13.9	14.1	14.1	14.1	14.2	14.0
Australie	21.1	20.3	15.8	16.0	16.0	17.1	17.3	17.7	18.5	18.8
Autriche	7.6	9.4	8.7	9.0	9.5	9.9	10.4	10.7	11.1	8.3
Belgique	22.8	21.7	21.9	22.5	22.6	22.5	22.1	22.0	21.5	19.5
Canada	15.0	13.0	11.9	11.5	11.6	11.6	11.6	11.8	11.8	11.8
Chili	0.0	0.0	0.0	0.0	0.0	0.0	0.0	0.0	0.0	0.0
Corée	0.8	1.1	1.3	1.4	1.4	1.5	1.8	1.7	2.0	2.2
Danemark	28.9	27.6	34.8	34.0	34.2	34.3	33.8	33.6	33.8	33.8
Espagne	8.6	10.0	8.4	11.2	11.5	12.0	12.1	12.2	10.3	10.4
Estonie	19.9	15.8	14.9	14.8	15.2	15.5	16.0	16.2	15.5	15.2
États-Unis	15.0	14.4	13.6	13.8	15.2	15.3	15.1	15.2	15.3	15.4
Finlande	20.9	17.6	16.5	15.7	15.5	14.9	15.9	15.8	15.9	15.0
France	12.5	12.0	12.2	12.2	12.4	12.6	12.6	12.6	11.6	11.0
Grèce	2.3	2.6	2.8	1.8	6.6	6.1	3.2	3.2	3.0	4.4
Hongrie	17.6	9.0	11.8	10.8	12.1	16.0	16.0	16.0	16.0	15.0
Irlande	11.2	4.4	4.5	5.1	8.6	9.4	9.4	9.6	9.1	8.7
Islande	20.0	23.9	20.8	21.5	22.6	23.1	23.7	23.3	24.5	25.0
Israël[1]	12.1	6.5	5.0	4.4	4.4	4.4	4.2	4.7	4.9	5.3
Italie	15.2	15.2	15.9	16.6	17.2	17.5	17.7	13.8	12.4	12.4
Japon	5.1	5.7	6.3	6.1	6.1	6.1	6.1	6.1	6.2	6.2
Lettonie	17.0	18.4	16.0	20.5	18.5	18.6	18.0	17.9	17.4	17.5
Luxembourg	10.3	7.8	6.9	7.3	7.8	8.2	9.3	9.7	10.0	10.1
Mexique	-5.7	-2.7	-1.4	-0.4	0.0	0.4	1.4	1.8	2.1	2.5
Norvège	19.0	17.9	17.8	17.8	17.9	17.8	17.8	17.0	16.8	16.3
Nouvelle-Zélande	18.6	18.9	15.5	14.3	13.0	13.1	13.3	13.4	13.5	13.6
Pays-Bas	5.3	4.4	5.4	5.3	5.3	5.3	5.8	5.3	7.3	6.4
Pologne	5.3	5.3	5.4	5.6	5.8	5.9	6.0	6.2	6.3	6.4
Portugal	6.4	5.9	4.7	5.1	5.2	5.6	8.8	8.4	10.1	10.2
République slovaque	6.0	4.9	3.8	4.2	5.9	5.9	5.9	6.1	6.3	6.6
République tchèque	8.3	6.6	6.9	7.2	8.2	7.8	7.8	8.2	8.5	8.9
Royaume-Uni	15.1	15.5	14.2	14.4	13.5	13.1	12.0	11.5	11.2	11.0
Slovénie	10.2	8.1	7.9	6.6	6.7	6.6	6.5	6.6	6.6	6.7
Suède	24.7	21.5	15.9	15.0	15.1	15.2	15.3	14.8	15.0	15.2
Suisse	8.4	8.5	8.2	8.3	8.3	8.1	8.1	7.9	7.8	7.8
Turquie[2]	13.2	14.3	8.2	8.6	8.7	8.8	9.2	9.5	9.7	9.2
Moyenne non pondérée										
OCDE-Moyenne	**12.4**	**11.4**	**10.8**	**10.9**	**11.3**	**11.5**	**11.7**	**11.6**	**11.6**	**11.4**
OCDE-UE 22	**13.3**	**11.8**	**11.6**	**11.8**	**12.3**	**12.6**	**12.7**	**12.5**	**12.4**	**12.1**

1. Informations sur les données concernant Israël : http://oe.cd/israel-disclaimer.
2. Les données sur les salaires sont basées sur l'ancienne définition de l'ouvrier moyen (CITI D, Rév. 3) pour les années 2000 à 2006.

StatLink http://dx.doi.org/10.1787/888933465591

Tableau 6.1c. **Impôt sur le revenu et cotisations sociales des salariés diminués des prestations versées, célibataire, salaire égal à 67 % du salaire moyen**

Pression fiscale en % du salaire brut, célibataire sans enfant

	2000	2006	2009	2010	2011	2012	2013	2014	2015	2016
Allemagne	36.8	36.7	35.4	34.3	34.8	34.9	34.5	34.5	34.6	34.7
Australie	21.1	20.3	15.8	16.0	16.0	17.1	17.3	17.7	18.5	18.8
Autriche	25.6	27.4	26.7	27.0	27.6	28.0	28.5	28.8	29.2	26.3
Belgique	35.8	35.2	35.8	36.4	36.5	36.4	36.0	35.9	35.4	33.4
Canada	19.5	18.9	17.7	17.4	17.4	17.5	17.6	17.8	17.7	17.7
Chili	7.0	7.0	7.0	7.0	7.0	7.0	7.0	7.0	7.0	7.0
Corée	7.5	8.3	8.9	9.2	9.5	9.7	10.0	10.1	10.3	10.6
Danemark	37.9	35.6	34.8	33.5	33.7	33.8	33.3	33.1	33.4	33.5
Espagne	15.0	16.4	14.8	17.5	17.9	18.4	18.5	18.5	16.7	16.8
Estonie	19.9	16.4	16.7	17.6	18.0	18.3	18.0	18.2	17.1	16.8
États-Unis	22.6	22.1	21.3	21.5	20.9	20.9	22.8	22.9	23.0	23.0
Finlande	27.8	24.3	22.7	22.7	22.6	22.4	23.4	23.7	24.0	23.6
France	25.9	25.7	25.9	25.9	26.1	26.3	26.4	26.7	25.8	25.3
Grèce	18.2	18.6	18.8	17.8	22.8	22.6	19.7	19.2	18.5	20.2
Hongrie	30.1	23.3	28.8	27.8	29.6	34.5	34.5	34.5	34.5	33.5
Irlande	11.2	7.1	7.2	7.9	11.4	12.3	13.4	13.6	13.1	12.7
Islande	20.2	24.1	21.6	22.2	23.3	23.8	24.3	23.9	25.0	25.4
Israël[1]	19.4	12.1	10.9	10.4	10.3	10.2	10.0	10.5	10.8	11.2
Italie	24.4	24.4	25.4	26.1	26.7	27.0	27.2	23.3	21.9	21.9
Japon	18.4	17.9	18.5	19.1	19.5	19.8	20.0	20.2	20.4	20.5
Lettonie	26.0	27.4	25.0	29.5	29.5	29.6	29.0	28.4	27.9	28.0
Luxembourg	21.8	19.5	19.1	19.4	20.8	20.4	21.5	22.0	22.7	22.8
Mexique	-4.4	-1.5	-0.1	0.8	1.3	1.7	2.6	3.0	3.3	3.7
Norvège	26.8	25.7	25.6	25.6	25.7	25.6	25.6	25.2	25.0	24.5
Nouvelle-Zélande	18.6	18.9	15.5	14.3	13.0	13.1	13.3	13.4	13.5	13.6
Pays-Bas	32.9	27.2	27.1	27.1	27.1	26.8	26.5	25.0	24.9	22.8
Pologne	26.5	27.4	23.3	23.4	23.6	23.7	23.8	24.0	24.1	24.2
Portugal	17.4	16.9	15.7	16.1	16.2	16.6	19.8	19.4	21.1	21.2
République slovaque	18.0	18.3	17.2	17.6	19.3	19.3	19.3	19.5	19.7	20.0
République tchèque	20.8	19.1	17.9	18.2	19.2	18.8	18.8	19.2	19.5	19.9
Royaume-Uni	22.8	23.9	22.4	22.6	21.7	21.2	20.0	19.4	19.2	19.1
Slovénie	32.3	30.2	30.0	28.7	28.8	28.7	28.6	28.7	28.7	28.8
Suède	31.7	28.5	22.9	22.0	22.1	22.2	22.4	21.8	22.0	22.2
Suisse	14.9	14.6	14.3	14.4	14.5	14.3	14.4	14.1	14.0	14.0
Turquie[2]	27.2	29.3	23.2	23.6	23.7	23.8	24.2	24.5	24.7	24.2
Moyenne non pondérée										
OCDE-Moyenne	**22.2**	**21.4**	**20.4**	**20.6**	**21.1**	**21.3**	**21.5**	**21.4**	**21.3**	**21.2**
OCDE-UE 22	**25.4**	**24.1**	**23.3**	**23.6**	**24.4**	**24.6**	**24.7**	**24.4**	**24.3**	**24.0**

1. Informations sur les données concernant Israël : http://oe.cd/israel-disclaimer.
2. Les données sur les salaires sont basées sur l'ancienne définition de l'ouvrier moyen (CITI D, Rév. 3) pour les années 2000 à 2006.

StatLink http://dx.doi.org/10.1787/888933465607

Tableau 6.2a. Impôt sur le revenu et cotisations sociales des salariés et employeurs diminués des prestations versées, célibataire, salaire égal à 100 % du salaire moyen

Pression fiscale en % des coûts de main-d'oeuvre, célibataire sans enfant

	2000	2006	2009	2010	2011	2012	2013	2014	2015	2016
Allemagne	52.9	52.3	50.8	49.0	49.7	49.6	49.2	49.3	49.4	49.4
Australie	31.0	28.3	26.7	26.8	26.7	27.3	27.4	27.7	28.4	28.6
Autriche	47.3	48.5	47.9	48.2	48.5	48.8	49.2	49.4	49.6	47.1
Belgique	57.1	55.5	55.7	55.9	56.1	56.0	55.7	55.6	55.3	54.0
Canada	32.9	31.8	30.5	30.4	30.7	30.8	31.0	31.6	31.5	31.4
Chili	7.0	7.0	7.0	7.0	7.0	7.0	7.0	7.0	7.0	7.0
Corée	16.4	18.2	19.5	20.1	20.5	21.0	21.5	21.7	22.0	22.2
Danemark	42.1	38.9	37.6	36.4	36.6	36.7	36.4	36.3	36.4	36.5
Espagne	38.6	39.1	38.3	39.7	40.0	40.6	40.7	40.7	39.4	39.5
Estonie	41.3	39.0	39.2	40.1	40.3	40.4	39.9	40.0	39.0	38.9
États-Unis	30.8	30.6	30.3	30.7	29.9	29.8	31.5	31.6	31.6	31.7
Finlande	47.5	44.0	42.5	42.3	42.3	42.5	43.1	43.6	43.5	43.8
France	50.4	49.7	49.8	49.9	50.0	50.1	48.8	48.4	48.4	48.1
Grèce	39.1	42.3	41.3	40.1	43.2	42.9	41.6	40.5	39.2	40.2
Hongrie	54.7	51.9	53.1	46.6	49.5	49.5	49.0	49.0	49.0	48.2
Irlande	28.9	23.0	24.7	25.8	25.8	26.9	27.6	27.9	27.3	27.1
Islande	28.8	31.8	30.5	33.4	34.1	33.8	34.1	33.7	34.3	34.0
Israël[1]	29.6	24.3	21.3	20.7	20.8	20.4	20.4	21.1	21.6	22.1
Italie	47.1	46.1	46.8	47.2	47.6	47.7	47.8	47.8	47.9	47.8
Japon	29.8	28.8	29.2	30.2	30.8	31.3	31.6	32.0	32.3	32.4
Lettonie	43.2	42.7	40.9	44.0	44.2	44.3	43.7	43.0	42.5	42.6
Luxembourg	35.8	34.0	33.9	34.3	36.3	36.0	37.2	37.6	38.4	38.4
Mexique	12.7	15.1	15.3	16.0	18.7	19.0	19.3	19.5	19.8	20.1
Norvège	38.6	37.4	37.3	37.3	37.6	37.4	37.4	36.9	36.6	36.2
Nouvelle-Zélande	19.4	20.4	18.1	17.0	15.9	16.4	16.9	17.2	17.6	17.9
Pays-Bas	40.0	38.4	38.0	38.1	38.0	38.8	41.5	39.8	37.0	37.5
Pologne	38.2	39.0	34.1	34.2	34.3	35.5	35.6	35.7	35.7	35.8
Portugal	37.3	37.5	36.5	37.1	38.0	37.6	41.4	41.2	42.1	41.5
République slovaque	41.9	38.3	37.7	37.9	38.8	39.6	41.1	41.3	41.4	41.5
République tchèque	42.6	42.5	42.0	42.1	42.6	42.5	42.4	42.6	42.8	43.0
Royaume-Uni	32.6	34.0	32.4	32.6	32.5	32.1	31.4	31.0	30.8	30.8
Slovénie	46.3	45.3	42.2	42.5	42.6	42.5	42.4	42.5	42.6	42.7
Suède	50.1	47.8	43.2	42.8	42.8	42.9	43.0	42.5	42.6	42.8
Suisse	22.9	22.1	22.0	22.1	22.3	22.1	22.2	21.9	21.8	21.8
Turquie[2]	40.4	42.7	36.7	37.0	37.0	37.1	37.4	38.1	38.2	38.1
Moyenne non pondérée										
OCDE-Moyenne	**37.0**	**36.2**	**35.2**	**35.3**	**35.8**	**35.9**	**36.2**	**36.2**	**36.1**	**36.0**
OCDE-UE 22	**43.4**	**42.3**	**41.3**	**41.2**	**41.8**	**42.0**	**42.2**	**42.1**	**41.8**	**41.7**

1. Informations sur les données concernant Israël : http://oe.cd/israel-disclaimer.
2. Les données sur les salaires sont basées sur l'ancienne définition de l'ouvrier moyen (CITI D, Rév. 3) pour les années 2000 à 2006.

StatLink http://dx.doi.org/10.1787/888933465619

Tableau 6.2b. **Impôt sur le revenu, célibataire, salaire égal à 100 % du salaire moyen**

Pression fiscale en % du salaire brut, célibataire sans enfant

	2000	2006	2009	2010	2011	2012	2013	2014	2015	2016
Allemagne	22.7	20.8	20.6	18.7	18.9	19.0	19.0	19.0	19.1	19.0
Australie	26.6	24.0	22.1	22.3	22.3	23.0	23.1	23.4	24.1	24.3
Autriche	12.9	15.4	14.7	15.0	15.5	15.9	16.3	16.6	17.0	13.9
Belgique	29.0	27.9	28.3	28.7	28.8	28.7	28.4	28.4	28.0	26.8
Canada	19.2	16.3	15.2	15.1	15.2	15.3	15.3	15.7	15.6	15.4
Chili	0.0	0.0	0.0	0.0	0.0	0.0	0.0	0.0	0.0	0.0
Corée	2.2	3.4	4.1	4.5	4.4	4.9	5.2	5.3	5.6	5.7
Danemark	32.9	30.6	37.2	36.3	36.4	36.5	36.1	36.0	36.1	36.2
Espagne	13.5	14.1	13.4	15.4	15.7	16.5	16.6	16.6	14.9	15.0
Estonie	21.9	18.1	16.8	16.7	16.9	17.1	17.5	17.6	16.8	16.7
États-Unis	17.3	16.8	16.5	17.0	18.0	18.0	17.8	18.0	18.1	18.3
Finlande	26.9	23.8	23.0	22.3	22.2	21.8	22.5	22.6	22.6	22.0
France	15.7	14.0	14.1	14.2	14.2	14.4	14.5	14.6	14.7	14.8
Grèce	6.1	10.1	8.8	7.2	10.8	10.1	9.1	9.1	8.7	9.6
Hongrie	23.2	20.9	20.8	14.4	17.6	16.6	16.0	16.0	16.0	15.0
Irlande	17.2	11.6	13.5	14.7	14.7	15.9	15.8	16.2	15.5	15.2
Islande	25.3	27.7	25.7	27.1	27.9	28.2	28.6	28.2	29.0	28.9
Israël[1]	18.0	12.6	9.7	9.0	9.1	8.7	8.6	9.1	9.4	9.9
Italie	19.9	19.6	20.2	20.7	21.3	21.5	21.6	21.5	21.6	21.6
Japon	6.4	7.2	7.9	7.6	7.6	7.6	7.6	7.7	7.8	7.8
Lettonie	18.9	19.9	17.6	21.5	19.7	19.8	19.1	19.1	18.4	18.6
Luxembourg	17.0	14.9	14.0	14.6	15.3	15.8	17.2	17.7	18.0	18.1
Mexique	1.0	3.6	4.1	4.8	7.9	8.2	8.5	8.8	9.1	9.5
Norvège	22.9	21.3	21.5	21.5	21.6	21.4	21.4	20.5	20.2	19.7
Nouvelle-Zélande	19.4	20.4	18.1	17.0	15.9	16.4	16.9	17.2	17.6	17.9
Pays-Bas	9.6	13.2	16.6	16.2	16.4	17.0	16.9	16.1	17.3	16.9
Pologne	6.6	6.5	6.6	6.7	6.8	6.9	6.9	7.1	7.1	7.2
Portugal	11.4	11.7	10.5	11.2	12.3	11.8	16.5	16.2	17.3	16.6
République slovaque	7.8	8.7	8.0	8.3	9.4	9.4	9.4	9.5	9.7	9.8
République tchèque	10.0	9.9	11.3	11.5	12.1	11.9	11.9	12.1	12.3	12.6
Royaume-Uni	17.4	17.7	16.1	16.2	15.6	15.4	14.6	14.3	14.1	14.0
Slovénie	13.5	12.7	10.8	11.2	11.3	11.1	11.0	11.1	11.2	11.3
Suède	26.7	23.9	18.4	17.8	17.9	17.9	18.1	17.4	17.6	17.9
Suisse	11.3	11.3	11.2	11.3	11.2	11.0	11.1	10.7	10.7	10.7
Turquie[2]	14.7	15.4	11.3	11.6	11.6	11.8	12.0	12.3	12.4	12.3
Moyenne non pondérée										
OCDE-Moyenne	**16.1**	**15.6**	**15.1**	**15.1**	**15.5**	**15.6**	**15.7**	**15.8**	**15.8**	**15.7**
OCDE-UE 22	**17.3**	**16.6**	**16.4**	**16.3**	**16.8**	**16.9**	**17.0**	**17.0**	**17.0**	**16.8**

1. Informations sur les données concernant Israël : http://oe.cd/israel-disclaimer.
2. Les données sur les salaires sont basées sur l'ancienne définition de l'ouvrier moyen (CITI D, Rév. 3) pour les années 2000 à 2006.

StatLink http://dx.doi.org/10.1787/888933465627

Tableau 6.2c. Impôt sur le revenu et cotisations sociales des salariés diminués des prestations versées, célibataire, salaire égal à 100 % du salaire moyen

Pression fiscale en % du salaire brut, célibataire sans enfant

	2000	2006	2009	2010	2011	2012	2013	2014	2015	2016
Allemagne	43.2	42.5	41.2	39.2	39.8	39.8	39.4	39.5	39.6	39.7
Australie	26.6	24.0	22.1	22.3	22.3	23.0	23.1	23.4	24.1	24.3
Autriche	31.0	33.4	32.8	33.1	33.6	33.9	34.4	34.7	35.0	31.9
Belgique	43.0	41.9	42.3	42.7	42.8	42.7	42.4	42.4	42.0	40.7
Canada	25.1	23.8	22.5	22.4	22.5	22.6	22.7	23.3	23.2	23.1
Chili	7.0	7.0	7.0	7.0	7.0	7.0	7.0	7.0	7.0	7.0
Corée	8.9	10.6	11.7	12.3	12.5	13.0	13.5	13.6	14.0	14.1
Danemark	41.9	38.6	37.2	35.9	36.1	36.2	35.8	35.6	35.9	36.0
Espagne	19.8	20.5	19.8	21.7	22.0	22.9	22.9	23.0	21.3	21.4
Estonie	21.9	18.7	18.6	19.5	19.7	19.9	19.5	19.6	18.4	18.3
États-Unis	24.9	24.4	24.2	24.6	23.6	23.6	25.5	25.6	25.8	26.0
Finlande	33.9	30.6	29.3	29.4	29.4	29.4	30.1	30.6	30.9	30.8
France	29.2	27.7	27.8	27.8	27.9	28.1	28.3	28.6	28.9	29.1
Grèce	22.0	26.1	24.8	23.2	27.0	26.6	25.6	25.1	24.2	25.4
Hongrie	35.7	35.2	37.8	31.4	35.1	35.1	34.5	34.5	34.5	33.5
Irlande	20.3	14.7	16.7	17.9	17.8	19.1	19.8	20.2	19.5	19.2
Islande	25.4	27.8	26.2	27.6	28.4	28.7	29.1	28.6	29.3	29.2
Israël[1]	26.1	20.3	17.7	17.0	17.0	16.6	16.4	17.0	17.3	17.8
Italie	29.0	28.7	29.7	30.2	30.8	31.0	31.1	31.0	31.1	31.1
Japon	19.7	19.4	20.0	20.6	21.0	21.3	21.5	21.8	22.1	22.2
Lettonie	27.9	28.9	26.6	30.5	30.7	30.8	30.1	29.6	28.9	29.1
Luxembourg	28.7	26.6	26.2	26.8	28.4	28.1	29.5	30.0	30.8	31.0
Mexique	2.5	5.0	5.4	6.1	9.2	9.6	9.8	10.1	10.4	10.8
Norvège	30.7	29.1	29.3	29.3	29.4	29.2	29.2	28.7	28.4	27.9
Nouvelle-Zélande	19.4	20.4	18.1	17.0	15.9	16.4	16.9	17.2	17.6	17.9
Pays-Bas	33.6	32.5	31.8	31.7	31.7	32.1	35.8	33.4	30.4	30.4
Pologne	27.8	28.7	24.4	24.5	24.6	24.7	24.8	24.9	24.9	25.0
Portugal	22.4	22.7	21.5	22.2	23.3	22.8	27.5	27.2	28.3	27.6
République slovaque	19.8	22.1	21.4	21.7	22.8	22.8	22.8	22.9	23.1	23.2
République tchèque	22.5	22.4	22.3	22.5	23.1	22.9	22.9	23.1	23.3	23.6
Royaume-Uni	25.8	26.9	25.2	25.4	25.1	24.7	24.0	23.6	23.4	23.3
Slovénie	35.6	34.8	32.9	33.3	33.4	33.2	33.1	33.2	33.3	33.4
Suède	33.7	30.9	25.4	24.8	24.8	24.9	25.1	24.4	24.6	24.9
Suisse	17.8	17.4	17.2	17.4	17.5	17.2	17.3	17.0	16.9	16.9
Turquie[2]	28.7	30.4	26.3	26.6	26.6	26.8	27.0	27.3	27.4	27.3
Moyenne non pondérée										
OCDE-Moyenne	**26.1**	**25.6**	**24.7**	**24.7**	**25.2**	**25.3**	**25.7**	**25.6**	**25.6**	**25.5**
OCDE-UE 22	**29.5**	**28.9**	**28.0**	**28.0**	**28.6**	**28.7**	**29.1**	**29.0**	**28.8**	**28.6**

1. Informations sur les données concernant Israël : http://oe.cd/israel-disclaimer.
2. Les données sur les salaires sont basées sur l'ancienne définition de l'ouvrier moyen (CITI D, Rév. 3) pour les années 2000 à 2006.

StatLink http://dx.doi.org/10.1787/888933465630

Tableau 6.3a. **Impôt sur le revenu et cotisations sociales des salariés et employeurs diminués des prestations versées, célibataire, salaire égal à 167 % du salaire moyen**

Pression fiscale en % des coûts de main-d'oeuvre, célibataire sans enfant

	2000	2006	2009	2010	2011	2012	2013	2014	2015	2016
Allemagne	56.2	55.0	53.1	51.5	51.3	51.3	51.3	51.4	51.3	51.4
Australie	38.8	34.7	32.6	32.4	32.2	33.1	33.2	33.4	34.0	34.1
Autriche	50.4	51.6	51.2	51.4	51.5	51.4	51.9	52.0	52.1	50.8
Belgique	62.6	60.8	60.9	61.0	61.1	61.0	60.8	60.8	60.7	59.9
Canada	35.2	33.2	32.6	32.7	32.8	33.0	33.1	33.3	33.3	32.7
Chili	7.5	7.0	7.0	7.6	7.7	7.9	7.8	7.9	7.9	8.0
Corée	20.5	21.8	21.8	21.7	22.2	22.6	23.0	23.5	24.2	24.5
Danemark	50.0	47.9	47.1	43.2	43.5	43.7	42.9	42.3	42.4	42.4
Espagne	41.0	42.6	41.6	42.4	42.5	43.5	44.3	45.0	43.8	43.7
Estonie	42.5	40.5	40.3	41.2	41.3	41.4	40.8	40.9	39.9	39.8
États-Unis	37.1	35.6	35.6	35.9	34.7	34.6	36.3	36.4	36.4	36.5
Finlande	53.2	49.9	48.3	48.2	48.3	48.5	48.9	49.4	49.4	49.8
France	52.5	53.3	53.6	53.6	53.8	54.0	54.1	54.3	54.3	54.4
Grèce	45.1	49.1	46.0	45.6	48.6	48.2	49.3	48.3	45.6	45.8
Hongrie	59.2	56.7	58.3	53.1	51.6	50.7	49.0	49.0	49.0	48.2
Irlande	39.4	34.0	35.2	36.4	38.0	38.9	39.2	39.5	38.7	38.0
Islande	39.6	34.6	34.1	37.8	38.4	38.3	38.6	38.1	38.6	38.7
Israël[1]	38.1	33.8	30.0	29.5	29.2	28.6	29.2	30.0	30.6	31.3
Italie	51.1	50.9	52.0	52.5	53.0	53.2	53.3	53.6	54.2	54.1
Japon	31.6	31.6	32.3	33.3	33.8	34.2	34.5	34.7	34.9	35.0
Lettonie	44.4	43.6	41.9	44.7	45.0	45.0	44.4	43.8	43.2	43.3
Luxembourg	44.1	41.1	41.4	41.6	43.7	43.3	44.4	44.6	45.3	45.3
Mexique	19.5	22.0	20.9	21.4	21.6	22.0	22.2	22.6	22.8	23.1
Norvège	45.2	43.0	43.0	43.0	43.2	43.1	43.0	42.5	42.3	42.0
Nouvelle-Zélande	24.2	26.2	24.6	23.3	22.0	22.4	22.8	23.1	23.3	23.6
Pays-Bas	44.9	41.4	41.8	41.8	41.8	42.5	42.3	51.0	42.3	42.1
Pologne	39.1	40.1	34.9	35.0	35.0	36.2	36.2	36.3	36.3	36.4
Portugal	42.3	43.3	42.2	43.1	44.6	43.6	47.7	47.4	48.0	47.0
République slovaque	45.2	40.4	40.1	40.3	40.8	41.6	43.3	43.4	43.4	43.5
République tchèque	44.8	46.1	44.6	44.7	45.0	44.9	44.9	45.0	45.1	45.2
Royaume-Uni	35.8	37.8	36.9	37.2	37.9	37.8	37.6	37.3	37.3	37.3
Slovénie	51.0	51.7	47.1	47.6	47.7	47.5	46.1	46.4	46.5	46.1
Suède	55.7	54.5	51.2	51.0	50.9	50.7	50.8	50.6	50.7	51.4
Suisse	27.4	26.4	26.5	26.6	26.8	26.7	26.7	26.4	26.3	26.3
Turquie[2]	35.0	44.4	39.2	39.8	40.0	40.2	40.6	41.5	41.8	42.0
Moyenne non pondérée										
OCDE-Moyenne	**41.4**	**40.8**	**39.7**	**39.8**	**40.1**	**40.2**	**40.4**	**40.7**	**40.5**	**40.4**
OCDE-UE 22	**47.8**	**46.9**	**45.9**	**45.8**	**46.2**	**46.3**	**46.5**	**46.9**	**46.3**	**46.2**

1. Informations sur les données concernant Israël : http://oe.cd/israel-disclaimer.
2. Les données sur les salaires sont basées sur l'ancienne définition de l'ouvrier moyen (CITI D, Rév. 3) pour les années 2000 à 2006.

StatLink http://dx.doi.org/10.1787/888933465641

Tableau 6.3b. **Impôt sur le revenu, célibataire, salaire égal à 167 % du salaire moyen**

Pression fiscale en % du salaire brut, célibataire sans enfant

	2000	2006	2009	2010	2011	2012	2013	2014	2015	2016
Allemagne	31.7	28.9	28.6	27.1	27.5	27.6	27.5	27.5	27.7	27.5
Australie	34.9	30.8	28.3	28.2	28.2	29.2	29.2	29.4	30.1	30.2
Autriche	20.4	22.5	22.0	22.2	22.5	22.8	23.0	23.2	23.4	21.0
Belgique	36.0	34.7	35.2	35.5	35.5	35.5	35.2	35.2	35.1	34.5
Canada	25.6	22.3	21.6	21.7	21.8	21.8	21.8	22.2	22.1	21.4
Chili	0.5	0.0	0.0	0.6	0.7	0.9	0.8	0.9	0.9	1.0
Corée	6.7	8.6	8.6	8.6	8.5	8.8	9.2	9.6	10.3	10.6
Danemark	40.9	39.7	46.9	42.9	43.2	43.4	42.6	41.9	42.1	42.2
Espagne	18.5	19.1	19.2	20.6	21.0	22.5	22.5	22.5	21.1	21.0
Estonie	23.6	20.0	18.3	18.2	18.3	18.4	18.7	18.8	18.0	17.9
États-Unis	24.3	22.6	22.6	22.9	23.5	23.5	23.4	23.4	23.6	23.7
Finlande	34.0	31.0	30.0	29.5	29.4	29.0	29.6	29.7	29.8	29.4
France	21.2	19.9	20.3	20.3	20.5	20.7	20.8	20.8	20.9	20.9
Grèce	13.8	18.8	14.8	14.4	17.7	16.9	18.8	18.9	16.7	16.6
Hongrie	30.3	27.6	27.6	22.8	20.3	18.1	16.0	16.0	16.0	15.0
Irlande	28.7	23.7	24.7	26.0	27.8	28.8	28.7	29.0	28.1	27.4
Islande	36.6	30.7	29.7	32.1	32.7	33.2	33.6	33.2	33.8	34.0
Israël[1]	26.3	20.7	16.9	16.4	16.0	15.4	15.7	16.4	16.8	17.3
Italie	25.3	25.9	27.1	27.7	28.3	28.5	28.7	29.2	29.9	29.9
Japon	10.6	11.7	12.4	12.0	12.0	12.2	12.1	12.4	12.6	12.7
Lettonie	20.4	21.0	18.9	22.4	20.7	20.8	20.0	20.0	19.3	19.4
Luxembourg	26.2	22.8	22.3	22.6	23.6	23.9	25.2	25.5	25.7	25.8
Mexique	8.0	12.1	11.5	11.9	12.3	12.7	13.0	13.3	13.6	14.0
Norvège	30.4	27.6	27.9	27.9	28.0	27.8	27.8	26.9	26.6	26.2
Nouvelle-Zélande	24.2	26.2	24.6	23.3	22.0	22.4	22.8	23.1	23.3	23.6
Pays-Bas	25.4	25.7	28.8	28.4	28.6	29.2	28.6	29.2	29.1	27.9
Pologne	7.7	7.9	7.5	7.5	7.6	7.7	7.7	7.8	7.8	7.8
Portugal	17.6	18.8	17.4	18.5	20.4	19.2	24.2	23.9	24.6	23.4
République slovaque	12.4	11.9	11.4	11.6	12.3	12.3	12.2	12.3	12.4	12.5
République tchèque	13.0	14.7	14.8	14.9	15.3	15.2	15.2	15.3	15.4	15.6
Royaume-Uni	23.1	24.2	21.9	22.4	22.4	22.6	22.6	22.3	22.3	22.3
Slovénie	19.1	18.7	16.5	17.0	17.2	17.0	15.4	15.6	15.8	15.3
Suède	36.3	35.2	31.1	30.9	30.8	30.5	30.6	30.4	30.4	31.4
Suisse	16.2	16.3	16.1	16.3	16.1	16.0	16.1	15.7	15.6	15.5
Turquie[2]	18.0	17.4	14.2	14.9	15.1	15.3	15.9	16.3	16.6	16.9
Moyenne non pondérée										
OCDE-Moyenne	**22.5**	**21.7**	**21.1**	**21.1**	**21.4**	**21.4**	**21.6**	**21.7**	**21.6**	**21.5**
OCDE-UE 22	**23.9**	**23.3**	**23.0**	**22.9**	**23.2**	**23.2**	**23.4**	**23.4**	**23.3**	**22.9**

1. Informations sur les données concernant Israël : http://oe.cd/israel-disclaimer.
2. Les données sur les salaires sont basées sur l'ancienne définition de l'ouvrier moyen (CITI D, Rév. 3) pour les années 2000 à 2006.

StatLink http://dx.doi.org/10.1787/888933465656

Tableau 6.3c. **Impôt sur le revenu et cotisations sociales des salariés diminués des prestations versées, célibataire, salaire égal à 167 % du salaire moyen**

Pression fiscale en % du salaire brut, célibataire sans enfant

	2000	2006	2009	2010	2011	2012	2013	2014	2015	2016
Allemagne	48.8	47.1	45.5	43.8	43.8	43.8	43.7	43.8	43.8	43.9
Australie	34.9	30.8	28.3	28.2	28.2	29.2	29.2	29.4	30.1	30.2
Autriche	36.3	38.6	38.1	38.3	38.5	38.6	39.0	39.2	39.4	37.5
Belgique	50.1	48.8	49.2	49.5	49.6	49.5	49.2	49.2	49.1	48.5
Canada	29.3	27.2	26.5	26.6	26.7	26.8	26.8	27.1	27.0	26.3
Chili	7.5	7.0	7.0	7.6	7.7	7.9	7.8	7.9	7.9	8.0
Corée	13.4	15.1	15.1	15.0	15.3	15.7	16.2	16.6	17.3	17.7
Danemark	49.9	47.7	46.9	42.9	43.2	43.4	42.6	41.9	42.1	42.2
Espagne	24.4	25.3	25.2	26.5	26.8	28.3	28.5	28.7	27.3	27.3
Estonie	23.6	20.6	20.1	21.0	21.1	21.2	20.7	20.8	19.6	19.5
États-Unis	31.9	30.2	30.3	30.6	29.1	29.2	31.0	31.1	31.2	31.3
Finlande	41.1	37.8	36.4	36.6	36.6	36.7	37.3	37.8	38.1	38.2
France	33.1	33.0	33.4	33.4	33.6	33.8	33.9	34.2	34.4	34.5
Grèce	29.7	34.8	30.8	30.4	34.0	33.4	35.3	34.9	32.2	32.4
Hongrie	42.8	41.9	44.6	39.8	37.8	36.6	34.5	34.5	34.5	33.5
Irlande	32.1	26.9	28.2	29.6	31.3	32.3	32.7	33.0	32.1	31.4
Islande	36.7	30.8	30.0	32.4	33.0	33.5	33.9	33.4	34.0	34.2
Israël[1]	35.0	30.1	26.5	26.0	25.6	24.9	25.2	26.0	26.3	26.9
Italie	34.5	35.2	36.6	37.3	37.9	38.1	38.3	38.8	39.5	39.5
Japon	22.6	23.1	24.0	24.5	24.8	25.1	25.3	25.6	25.9	25.9
Lettonie	29.4	30.0	27.9	31.4	31.7	31.8	31.0	30.5	29.8	29.9
Luxembourg	37.9	34.6	34.6	34.9	36.8	36.3	37.6	37.9	38.6	38.6
Mexique	10.1	13.7	13.0	13.4	13.8	14.1	14.4	14.8	15.1	15.4
Norvège	38.2	35.4	35.7	35.7	35.8	35.6	35.6	35.1	34.8	34.4
Nouvelle-Zélande	24.2	26.2	24.6	23.3	22.0	22.4	22.8	23.1	23.3	23.6
Pays-Bas	40.6	37.5	37.9	37.7	37.8	38.3	38.6	47.6	38.3	37.9
Pologne	28.9	30.1	25.3	25.4	25.4	25.5	25.5	25.6	25.6	25.7
Portugal	28.6	29.8	28.4	29.5	31.4	30.2	35.2	34.9	35.6	34.4
République slovaque	24.4	25.0	24.6	24.8	25.4	25.5	25.6	25.7	25.8	25.9
République tchèque	25.5	27.2	25.8	25.9	26.3	26.2	26.2	26.3	26.4	26.6
Royaume-Uni	28.8	30.6	29.7	30.0	30.4	30.4	30.1	29.8	29.8	29.8
Slovénie	41.2	40.8	38.6	39.1	39.3	39.1	37.5	37.7	37.9	37.4
Suède	41.1	39.8	35.8	35.6	35.5	35.3	35.4	35.1	35.2	36.1
Suisse	22.7	22.1	22.1	22.2	22.3	22.2	22.2	21.9	21.7	21.7
Turquie[2]	26.9	32.4	29.2	29.9	30.1	30.3	30.9	31.3	31.6	31.9
Moyenne non pondérée										
OCDE-Moyenne	**31.6**	**31.1**	**30.2**	**30.2**	**30.5**	**30.6**	**30.9**	**31.2**	**30.9**	**30.8**
OCDE-UE 22	**35.1**	**34.7**	**33.8**	**33.8**	**34.3**	**34.3**	**34.5**	**34.9**	**34.3**	**34.1**

1. Informations sur les données concernant Israël : http://oe.cd/israel-disclaimer.
2. Les données sur les salaires sont basées sur l'ancienne définition de l'ouvrier moyen (CITI D, Rév. 3) pour les années 2000 à 2006.

StatLink http://dx.doi.org/10.1787/888933465668

Tableau 6.4a. **Impôt sur le revenu et cotisations sociales des salariés et employeurs diminués des prestations versées, parent isolé, salaire égal à 67 % du salaire moyen**

Pression fiscale en % des coûts de main-d'oeuvre, parent isolé ayant deux enfants

	2000	2006	2009	2010	2011	2012	2013	2014	2015	2016
Allemagne	31.8	33.8	31.2	29.8	31.0	31.2	30.9	31.2	30.7	31.0
Australie	4.0	-1.2	-7.2	-6.5	-5.7	-3.2	-2.6	-1.8	-1.4	-1.1
Autriche	25.2	26.7	25.5	26.1	27.2	28.0	28.8	29.2	29.6	27.0
Belgique	36.4	35.6	35.7	36.8	37.0	36.9	36.2	36.1	35.6	33.6
Canada	-0.4	-0.2	-9.7	-7.4	-7.0	-6.5	-6.1	-4.7	-15.4	-14.9
Chili	2.8	3.0	3.3	6.0	6.0	6.1	6.1	6.1	6.1	6.1
Corée	14.4	15.7	16.3	16.7	17.1	17.3	17.5	16.9	17.0	17.0
Danemark	12.4	10.6	10.7	9.1	9.7	9.7	9.2	7.2	7.5	7.7
Espagne	28.6	30.3	28.4	29.2	29.9	30.3	30.4	30.6	24.2	24.4
Estonie	18.5	18.2	22.7	24.1	25.2	26.3	26.6	27.4	21.7	21.2
États-Unis	10.7	8.5	7.4	8.9	8.9	9.8	11.3	12.0	12.1	12.7
Finlande	28.3	26.7	25.6	25.5	25.7	25.6	26.8	27.3	27.3	27.5
France	34.5	38.1	38.5	38.8	38.9	38.8	37.1	36.6	35.8	24.5
Grèce	35.4	36.7	35.7	34.4	38.8	38.6	33.4	32.1	30.8	31.7
Hongrie	34.0	26.0	29.8	27.4	20.2	23.0	25.5	26.4	27.2	25.3
Irlande	-0.7	-30.5	-29.4	-27.8	-26.2	-21.9	-20.7	-19.6	-19.1	-18.8
Islande	5.9	15.5	12.2	16.7	19.0	17.0	19.0	18.1	20.4	21.6
Israël[1]	3.3	2.2	1.8	1.6	0.8	0.5	1.2	2.9	2.8	-0.4
Italie	29.5	28.0	26.9	28.1	29.0	29.4	29.0	26.2	25.4	25.3
Japon	26.3	21.7	21.5	18.6	19.8	23.5	23.8	24.3	24.7	24.9
Lettonie	24.0	31.1	27.1	29.5	29.5	30.1	29.9	25.5	25.0	25.5
Luxembourg	4.4	3.3	-0.4	0.6	3.1	3.5	5.1	6.1	7.3	7.5
Mexique	7.6	10.6	11.9	12.9	13.2	13.6	14.4	14.7	15.0	15.3
Norvège	16.4	19.5	20.6	20.9	21.6	21.7	22.0	22.0	22.1	22.0
Nouvelle-Zélande	-3.0	-15.1	-17.1	-17.7	-18.3	-18.2	-16.9	-15.8	-14.4	-13.0
Pays-Bas	26.4	13.0	11.4	12.2	12.1	12.2	12.8	12.5	10.6	7.6
Pologne	29.8	35.5	28.4	28.4	28.4	29.6	29.6	29.6	29.6	29.6
Portugal	26.6	24.9	19.5	20.6	22.3	23.1	25.5	25.0	25.3	21.4
République slovaque	25.3	21.6	21.6	21.9	23.6	24.5	26.4	26.9	27.3	27.8
République tchèque	12.7	19.2	15.6	15.8	25.4	24.2	24.1	24.8	24.6	25.0
Royaume-Uni	15.3	14.4	8.5	9.3	7.1	6.7	5.7	4.6	5.2	6.2
Slovénie	13.4	15.1	12.5	12.4	12.8	13.0	13.1	9.9	10.1	10.4
Suède	39.9	36.8	33.0	32.3	32.6	32.9	33.2	33.0	33.2	33.6
Suisse	6.5	5.7	4.4	4.7	5.0	5.0	4.6	4.1	4.0	3.9
Turquie[2]	39.1	41.8	32.7	33.0	33.1	33.2	33.6	34.4	34.6	33.9
Moyenne non pondérée										
OCDE-Moyenne	**19.0**	**17.8**	**15.9**	**16.4**	**17.1**	**17.6**	**17.9**	**17.8**	**17.2**	**16.6**
OCDE-UE 22	**24.2**	**22.5**	**20.8**	**21.1**	**22.0**	**22.5**	**22.7**	**22.2**	**21.6**	**20.7**

1. Informations sur les données concernant Israël : http://oe.cd/israel-disclaimer.
2. Les données sur les salaires sont basées sur l'ancienne définition de l'ouvrier moyen (CITI D, Rév. 3) pour les années 2000 à 2006.

StatLink http://dx.doi.org/10.1787/888933465670

Tableau 6.4b. **Impôt sur le revenu, parent isolé, salaire égal à 67 % du salaire moyen**

Pression fiscale en % du salaire brut, parent isolé ayant deux enfants

	2000	2006	2009	2010	2011	2012	2013	2014	2015	2016
Allemagne	-2.6	-1.3	-2.6	-4.0	-3.2	-2.7	-2.6	-2.2	-2.9	-2.8
Australie	15.5	20.3	14.0	14.3	14.3	15.4	17.3	17.7	18.5	18.8
Autriche	5.8	6.5	5.4	5.8	6.4	6.9	7.5	7.8	8.3	5.0
Belgique	16.7	16.2	16.4	17.2	17.3	17.2	16.6	16.5	16.0	14.1
Canada	6.6	4.9	0.5	1.0	1.1	1.1	1.1	1.5	3.5	3.5
Chili	0.0	0.0	0.0	0.0	0.0	0.0	0.0	0.0	0.0	0.0
Corée	0.1	0.7	0.6	0.7	0.7	0.8	0.7	0.0	0.0	0.0
Danemark	28.9	27.6	34.8	34.0	34.2	34.3	33.8	32.0	32.2	32.3
Espagne	0.4	2.6	0.7	1.7	2.6	3.1	3.3	3.5	-4.8	-4.6
Estonie	19.9	8.7	9.2	9.3	10.0	10.6	11.3	11.8	11.2	11.2
États-Unis	-5.0	-7.7	-8.8	-7.4	-5.4	-4.4	-4.5	-4.0	-3.3	-2.6
Finlande	20.9	17.6	16.5	15.7	15.5	14.9	15.9	15.8	15.2	14.4
France	7.1	7.2	7.4	7.5	7.5	7.6	7.6	7.6	7.9	7.9
Grèce	1.4	3.0	1.7	0.0	5.1	4.5	3.2	3.2	3.0	3.7
Hongrie	10.3	9.0	11.8	10.8	0.0	3.4	3.8	4.3	4.7	1.5
Irlande	2.3	0.0	1.7	2.0	3.8	4.0	4.0	4.0	3.3	2.5
Islande	20.0	23.9	20.8	21.5	22.6	23.1	23.7	23.3	24.5	25.0
Israël[1]	1.1	0.0	0.0	0.0	0.0	0.0	0.0	0.0	0.0	-3.5
Italie	10.0	7.4	8.5	9.3	10.2	10.6	9.8	6.0	4.7	4.7
Japon	2.4	2.8	2.9	2.7	4.1	6.1	6.1	6.1	6.2	6.2
Lettonie	5.4	12.5	6.0	9.0	6.8	7.3	6.9	1.9	3.2	3.4
Luxembourg	0.0	0.0	-0.8	-0.3	0.3	0.9	2.2	2.8	3.3	3.5
Mexique	-5.7	-2.7	-1.4	-0.4	0.0	0.4	1.4	1.8	2.1	2.5
Norvège	13.3	14.1	14.1	14.1	14.2	14.0	14.0	13.4	13.2	12.9
Nouvelle-Zélande	18.6	18.9	17.2	15.9	14.5	14.6	14.8	14.8	14.9	15.0
Pays-Bas	3.0	2.2	3.5	3.5	3.5	3.3	3.4	3.1	5.8	4.5
Pologne	2.5	2.6	0.0	0.0	0.0	0.0	0.0	0.0	0.0	0.0
Portugal	3.4	2.2	0.1	0.6	0.6	1.2	3.9	3.5	3.8	0.0
République slovaque	3.3	-3.7	-4.0	-3.5	-1.6	-1.7	-1.7	-1.3	-0.9	-0.4
République tchèque	2.3	-1.1	-4.4	-4.9	-3.6	-5.4	-5.4	-4.7	-5.2	-4.9
Royaume-Uni	8.6	5.0	-0.7	0.0	-2.3	-2.6	-3.7	-4.5	-4.0	-3.2
Slovénie	3.4	0.7	1.0	0.0	0.0	0.0	0.0	0.0	0.0	0.1
Suède	24.7	21.5	15.9	15.0	15.1	15.2	15.3	14.8	15.0	15.2
Suisse	4.0	3.7	3.3	3.4	3.2	2.8	2.4	2.2	2.1	2.1
Turquie[2]	13.2	14.3	6.6	7.0	7.0	7.2	7.6	8.0	8.2	7.4
Moyenne non pondérée										
OCDE-Moyenne	**7.5**	**6.8**	**5.7**	**5.8**	**5.8**	**6.1**	**6.3**	**6.0**	**6.0**	**5.6**
OCDE-UE 22	**8.1**	**6.7**	**5.8**	**5.9**	**5.8**	**6.0**	**6.1**	**5.7**	**5.4**	**4.9**

1. Informations sur les données concernant Israël : http://oe.cd/israel-disclaimer.
2. Les données sur les salaires sont basées sur l'ancienne définition de l'ouvrier moyen (CITI D, Rév. 3) pour les années 2000 à 2006.

StatLink http://dx.doi.org/10.1787/888933465689

Tableau 6.4c. **Impôt sur le revenu et cotisations sociales des salariés diminués des prestations versées, parent isolé, salaire égal à 67 % du salaire moyen**

Pression fiscale en % du salaire brut, parent isolé ayant deux enfants

	2000	2006	2009	2010	2011	2012	2013	2014	2015	2016
Allemagne	17.9	20.2	17.8	16.2	17.4	17.8	17.6	17.9	17.3	17.6
Australie	-2.1	-7.2	-14.0	-13.2	-12.0	-9.3	-8.6	-7.9	-7.4	-7.1
Autriche	2.0	5.4	3.8	4.6	6.0	7.0	8.1	8.6	9.3	5.8
Belgique	16.1	17.3	17.6	18.9	19.1	19.0	18.4	18.3	17.8	15.8
Canada	-11.8	-11.8	-22.2	-19.6	-19.5	-19.1	-18.8	-17.2	-29.2	-28.7
Chili	2.8	3.0	3.3	6.0	6.0	6.1	6.1	6.1	6.1	6.1
Corée	6.8	7.9	8.2	8.5	8.7	8.9	9.0	8.3	8.4	8.4
Danemark	11.9	9.8	9.9	8.0	8.6	8.5	7.9	5.8	6.3	6.6
Espagne	6.8	8.9	7.0	8.1	8.9	9.5	9.6	9.8	1.5	1.8
Estonie	-8.5	-9.1	-3.5	-2.1	-0.5	0.9	1.6	2.7	-4.8	-5.4
États-Unis	2.6	-0.1	-1.2	0.2	0.2	1.3	3.1	3.7	4.3	5.0
Finlande	9.7	9.1	8.5	8.9	9.0	8.7	10.1	10.5	11.0	10.7
France	13.5	14.4	14.6	14.8	14.8	15.0	15.1	15.4	15.9	1.0
Grèce	17.3	19.0	17.7	16.0	21.3	21.0	15.1	14.5	13.8	14.7
Hongrie	5.0	-0.1	7.0	6.7	-2.5	3.2	4.2	5.4	6.5	4.0
Irlande	-9.3	-44.5	-43.3	-41.5	-39.8	-35.0	-33.7	-32.4	-31.9	-31.5
Islande	1.4	10.6	6.8	9.5	12.0	10.5	12.8	11.9	14.4	15.8
Israël[1]	-1.5	-2.9	-2.2	-2.6	-3.4	-3.6	-3.0	-1.3	-1.6	-5.1
Italie	5.5	4.9	3.5	5.1	6.3	6.8	6.2	2.5	1.4	1.4
Japon	15.7	11.4	11.4	7.5	8.4	12.5	12.6	13.0	13.4	13.5
Lettonie	3.5	14.4	9.5	12.4	12.5	13.2	13.0	7.8	7.3	7.9
Luxembourg	-6.4	-7.8	-12.0	-10.9	-8.8	-8.4	-6.5	-5.4	-4.1	-3.8
Mexique	-4.4	-1.5	-0.1	0.8	1.3	1.7	2.6	3.0	3.3	3.7
Norvège	5.7	8.8	10.5	10.8	11.4	11.5	11.9	11.9	12.0	11.8
Nouvelle-Zélande	-3.0	-15.1	-17.1	-17.7	-18.3	-18.2	-16.9	-15.8	-14.4	-13.0
Pays-Bas	14.5	5.1	3.1	3.6	3.8	3.3	4.2	3.0	1.0	-2.8
Pologne	18.0	24.7	17.8	17.8	17.8	17.8	17.8	17.8	17.8	17.8
Portugal	9.1	7.1	0.3	1.7	3.8	4.9	7.8	7.2	7.5	2.7
République slovaque	-3.1	1.0	1.0	1.5	3.5	3.5	3.4	4.1	4.6	5.2
République tchèque	-17.9	-9.0	-13.1	-12.9	0.0	-1.6	-1.7	-0.8	-1.0	-0.5
Royaume-Uni	7.7	6.1	-0.2	0.6	-1.8	-2.0	-3.1	-4.1	-3.5	-2.4
Slovénie	-2.0	-1.1	-1.6	-1.7	-1.3	-1.0	-0.8	-4.6	-4.4	-4.0
Suède	20.1	16.4	12.0	11.1	11.4	11.8	12.2	11.9	12.2	12.7
Suisse	0.3	0.0	-1.3	-1.1	-0.9	-0.9	-1.3	-1.9	-2.0	-2.1
Turquie[2]	27.2	29.3	21.6	22.0	22.0	22.2	22.6	23.0	23.2	22.4
Moyenne non pondérée										
OCDE-Moyenne	**4.9**	**4.1**	**2.3**	**2.8**	**3.6**	**4.2**	**4.5**	**4.4**	**3.8**	**3.0**
OCDE-UE 22	**6.0**	**5.1**	**3.5**	**4.0**	**5.0**	**5.6**	**5.7**	**5.3**	**4.6**	**3.4**

1. Informations sur les données concernant Israël : http://oe.cd/israel-disclaimer.
2. Les données sur les salaires sont basées sur l'ancienne définition de l'ouvrier moyen (CITI D, Rév. 3) pour les années 2000 à 2006.

StatLink http://dx.doi.org/10.1787/888933465695

Tableau 6.5a. **Impôt sur le revenu et cotisations sociales des salariés et employeurs diminués des prestations versées, couple marié, salaire égal à 100 % du salaire moyen**

Pression fiscale en % des coûts de main-d'oeuvre, couple marié ayant deux enfants et un seul salaire

	2000	2006	2009	2010	2011	2012	2013	2014	2015	2016
Allemagne	35.3	35.8	33.5	32.6	33.8	34.0	33.6	33.7	33.9	34.0
Australie	23.4	17.1	14.2	14.6	15.2	16.8	16.9	17.4	17.8	18.1
Autriche	35.2	37.0	36.0	36.4	37.3	37.9	38.6	38.9	39.2	36.5
Belgique	42.6	40.3	40.4	41.2	41.4	41.3	40.7	40.6	40.3	38.6
Canada	23.1	21.5	16.6	17.7	18.1	18.4	18.6	19.3	11.0	11.9
Chili	6.1	6.1	6.2	6.3	7.0	7.0	7.0	7.0	7.0	7.0
Corée	15.7	16.8	17.1	17.8	18.0	18.5	19.1	19.4	19.8	20.0
Danemark	28.8	27.2	26.9	25.4	25.9	26.2	25.9	25.6	25.9	26.1
Espagne	32.3	33.6	32.4	34.0	34.3	34.7	34.8	34.9	33.7	33.8
Estonie	32.8	27.3	29.8	31.0	31.8	32.4	32.4	32.9	28.6	28.1
États-Unis	21.2	18.6	17.4	18.5	18.5	18.6	20.3	20.6	20.6	20.8
Finlande	40.3	37.9	37.2	37.0	37.2	37.3	38.1	38.6	38.9	39.2
France	41.3	42.4	42.7	42.9	43.0	43.1	41.1	40.5	40.5	40.0
Grèce	40.7	43.7	41.6	40.4	44.2	43.9	40.5	39.4	37.6	38.3
Hongrie	43.9	41.1	43.2	36.7	33.0	34.2	34.2	34.8	35.3	33.7
Irlande	15.5	1.9	2.8	4.7	5.6	8.0	9.3	9.7	9.3	8.3
Islande	13.1	19.8	15.0	19.2	21.3	19.6	21.3	20.9	23.1	23.9
Israël[1]	25.5	21.1	18.3	17.5	17.1	16.6	17.0	18.7	18.9	19.4
Italie	39.3	36.6	36.9	37.8	38.5	38.8	38.4	38.5	38.7	38.6
Japon	26.4	23.6	23.6	22.1	23.1	25.7	26.0	26.5	27.0	27.1
Lettonie	31.4	35.7	32.5	34.8	35.0	35.4	35.1	31.9	31.4	31.7
Luxembourg	11.7	9.6	11.1	11.6	13.7	13.6	14.6	15.2	16.0	16.1
Mexique	12.7	15.1	15.3	16.0	18.7	19.0	19.3	19.5	19.8	20.1
Norvège	28.4	30.0	30.6	30.7	31.2	31.1	31.2	32.0	31.8	31.6
Nouvelle-Zélande	13.6	0.5	-0.3	-0.9	-1.1	0.6	2.4	3.8	4.9	6.2
Pays-Bas	29.9	29.1	29.7	30.8	31.1	32.4	35.6	34.2	31.6	32.2
Pologne	33.3	37.4	28.4	28.4	28.4	29.6	29.9	30.3	30.6	30.8
Portugal	30.2	28.3	25.4	26.3	27.3	27.9	30.2	29.8	30.7	28.2
République slovaque	30.8	23.0	22.8	22.9	24.9	25.8	27.6	28.1	28.5	28.9
République tchèque	22.0	26.0	20.9	21.1	26.8	26.1	26.1	26.7	26.7	27.2
Royaume-Uni	27.8	28.0	26.2	26.5	26.4	27.5	26.8	26.4	25.8	25.8
Slovénie	25.0	24.2	22.1	22.9	23.2	23.2	23.2	23.5	23.6	23.9
Suède	44.3	41.6	37.7	37.2	37.4	37.6	37.9	37.4	37.7	38.0
Suisse	11.7	11.0	10.1	10.3	10.3	10.1	9.8	9.3	9.2	9.1
Turquie[2]	40.4	42.7	35.2	35.4	35.5	35.6	35.8	36.6	36.7	36.4
Moyenne non pondérée										
OCDE-Moyenne	**27.9**	**26.6**	**25.1**	**25.4**	**26.1**	**26.5**	**26.8**	**26.9**	**26.6**	**26.6**
OCDE-UE 22	**32.5**	**31.3**	**30.0**	**30.1**	**30.9**	**31.4**	**31.6**	**31.4**	**31.1**	**30.8**

1. Informations sur les données concernant Israël : http://oe.cd/israel-disclaimer.
2. Les données sur les salaires sont basées sur l'ancienne définition de l'ouvrier moyen (CITI D, Rév. 3) pour les années 2000 à 2006.

StatLink http://dx.doi.org/10.1787/888933465707

Tableau 6.5b. **Impôt sur le revenu, couple marié, salaire égal à 100 % du salaire moyen**

Pression fiscale en % du salaire brut, couple marié ayant deux enfants et un seul salaire

	2000	2006	2009	2010	2011	2012	2013	2014	2015	2016
Allemagne	1.5	1.1	0.2	-0.6	0.1	0.6	0.6	0.8	0.9	0.9
Australie	25.6	24.0	20.9	21.1	21.1	21.8	23.1	23.4	24.1	24.3
Autriche	11.7	13.5	12.5	12.8	13.3	13.8	14.3	14.6	15.0	11.7
Belgique	18.9	16.5	17.0	17.7	17.8	17.7	17.2	17.1	16.7	15.1
Canada	15.0	11.6	8.2	8.5	8.7	8.8	8.8	8.8	10.0	10.6
Chili	0.0	0.0	0.0	0.0	0.0	0.0	0.0	0.0	0.0	0.0
Corée	1.5	1.9	1.4	1.9	1.7	2.1	2.5	2.7	3.1	3.3
Danemark	26.3	25.5	32.8	32.1	32.4	32.5	32.2	32.0	32.2	32.2
Espagne	5.2	7.0	5.8	7.9	8.3	8.9	9.0	9.1	7.6	7.7
Estonie	17.9	8.7	9.2	9.2	9.9	10.5	11.3	11.8	11.2	11.0
États-Unis	6.8	3.7	2.5	3.6	5.6	5.8	5.7	5.9	6.2	6.5
Finlande	26.9	23.8	23.0	22.3	22.2	21.8	22.5	22.6	22.5	21.9
France	7.3	7.8	8.3	8.3	8.4	8.5	7.9	7.9	7.9	7.9
Grèce	8.2	11.9	9.2	7.7	12.0	11.4	10.4	10.4	9.7	10.1
Hongrie	18.4	20.9	20.8	14.4	8.5	8.2	7.8	8.1	8.4	5.9
Irlande	7.0	3.6	5.0	6.2	7.0	8.0	7.9	8.2	7.9	6.8
Islande	16.1	20.1	15.8	17.0	18.5	19.1	19.9	19.5	21.0	21.5
Israël[1]	18.0	12.6	9.7	9.0	9.1	8.7	8.6	9.1	9.4	9.9
Italie	15.6	12.4	13.2	13.9	14.7	15.0	14.5	14.6	14.7	14.7
Japon	2.5	3.8	4.1	3.9	4.9	6.2	6.1	6.3	6.4	6.4
Lettonie	11.1	15.9	10.9	13.9	11.9	12.3	11.7	8.4	8.9	9.1
Luxembourg	2.3	0.8	4.2	4.5	4.9	5.2	5.9	6.2	6.4	6.5
Mexique	1.0	3.6	4.1	4.8	7.9	8.2	8.5	8.8	9.1	9.5
Norvège	18.1	18.8	19.0	19.0	19.1	18.9	18.9	19.3	19.0	18.6
Nouvelle-Zélande	19.4	20.4	18.4	17.0	15.9	16.4	16.9	17.2	17.6	17.9
Pays-Bas	4.8	12.8	16.3	15.9	16.2	16.8	16.5	15.7	16.7	16.4
Pologne	4.8	4.7	0.0	0.0	0.0	0.0	0.3	0.8	1.1	1.4
Portugal	6.2	4.3	2.8	3.3	3.4	3.9	6.3	6.1	7.3	4.3
République slovaque	4.8	-4.8	-5.2	-5.1	-2.7	-2.7	-2.8	-2.3	-1.9	-1.5
République tchèque	4.0	-2.6	-5.1	-5.3	-4.2	-5.2	-5.2	-4.5	-4.6	-4.2
Royaume-Uni	17.4	15.9	14.5	14.6	14.0	15.4	14.6	14.3	13.5	13.4
Slovénie	4.8	2.2	2.5	2.9	3.0	2.8	2.7	2.8	2.9	3.0
Suède	26.7	23.9	18.4	17.8	17.9	17.9	18.1	17.4	17.6	17.9
Suisse	6.2	6.0	5.7	5.9	5.4	4.9	4.5	4.3	4.2	4.2
Turquie[2]	14.7	15.4	9.5	9.8	9.8	9.9	10.2	10.5	10.6	10.3
Moyenne non pondérée										
OCDE-Moyenne	**11.3**	**10.5**	**9.6**	**9.6**	**9.9**	**10.1**	**10.2**	**10.2**	**10.4**	**10.1**
OCDE-UE 22	**11.4**	**10.3**	**9.8**	**9.7**	**10.0**	**10.1**	**10.2**	**10.1**	**10.1**	**9.6**

1. Informations sur les données concernant Israël : http://oe.cd/israel-disclaimer.
2. Les données sur les salaires sont basées sur l'ancienne définition de l'ouvrier moyen (CITI D, Rév. 3) pour les années 2000 à 2006.

StatLink http://dx.doi.org/10.1787/888933465718

Tableau 6.5c. **Impôt sur le revenu et cotisations sociales des salariés diminués des prestations versées, couple marié, salaire égal à 100 % du salaire moyen**

Pression fiscale en % du salaire brut, couple marié ayant deux enfants et un seul salaire

	2000	2006	2009	2010	2011	2012	2013	2014	2015	2016
Allemagne	22.0	22.6	20.6	19.6	20.8	21.0	20.8	20.9	21.1	21.3
Australie	18.4	12.1	8.7	9.3	10.1	11.9	12.0	12.4	12.9	13.2
Autriche	15.1	18.7	17.4	17.9	19.0	19.8	20.7	21.1	21.6	18.2
Belgique	23.7	22.1	22.4	23.6	23.7	23.6	23.0	22.9	22.6	20.9
Canada	14.2	12.3	7.0	8.2	8.5	8.7	8.8	9.6	0.2	1.2
Chili	6.1	6.1	6.2	6.3	7.0	7.0	7.0	7.0	7.0	7.0
Corée	8.2	9.1	9.0	9.7	9.8	10.3	10.8	11.1	11.5	11.7
Danemark	28.6	26.8	26.4	24.9	25.3	25.5	25.1	24.9	25.3	25.5
Espagne	11.5	13.3	12.2	14.2	14.7	15.2	15.3	15.4	13.9	14.1
Estonie	10.6	3.1	6.1	7.3	8.3	9.1	9.4	10.0	4.5	3.8
États-Unis	14.4	11.4	10.1	11.2	11.2	11.4	13.3	13.6	13.9	14.1
Finlande	24.8	23.1	22.7	23.0	23.1	23.0	23.9	24.4	25.2	25.2
France	16.1	17.1	17.6	17.7	17.8	18.0	17.5	17.7	17.9	18.1
Grèce	24.1	27.9	25.2	23.7	28.2	27.9	24.1	23.6	22.3	23.0
Hongrie	20.5	20.7	24.7	18.7	14.0	15.4	15.4	16.2	16.9	14.8
Irlande	5.4	-8.7	-7.6	-5.5	-4.5	-1.8	-0.4	0.0	-0.4	-1.6
Islande	8.9	15.2	9.7	12.2	14.5	13.3	15.2	14.9	17.4	18.3
Israël[1]	21.8	16.9	14.5	13.6	13.2	12.6	12.9	14.5	14.5	14.9
Italie	18.6	16.2	16.7	17.8	18.8	19.1	18.6	18.8	19.1	19.1
Japon	15.8	13.6	13.8	11.3	12.2	15.0	15.1	15.6	16.0	16.1
Lettonie	12.8	20.2	16.2	19.1	19.3	19.8	19.4	15.8	15.2	15.5
Luxembourg	1.9	-0.6	0.8	1.5	3.1	3.0	4.1	4.8	5.7	5.9
Mexique	2.5	5.0	5.4	6.1	9.2	9.6	9.8	10.1	10.4	10.8
Norvège	19.3	20.7	21.7	21.8	22.2	22.1	22.3	23.2	23.0	22.7
Nouvelle-Zélande	13.6	0.5	-0.3	-0.9	-1.1	0.6	2.4	3.8	4.9	6.2
Pays-Bas	22.4	22.3	22.6	23.6	24.0	25.1	29.3	27.1	24.3	24.6
Pologne	22.1	26.9	17.8	17.8	17.8	17.8	18.1	18.6	18.9	19.2
Portugal	13.6	11.2	7.7	8.8	10.1	10.8	13.7	13.1	14.3	11.2
République slovaque	4.4	2.8	2.5	2.6	5.2	5.1	5.0	5.6	6.2	6.7
République tchèque	-5.3	0.0	-6.0	-5.7	1.9	1.0	0.9	1.8	1.8	2.4
Royaume-Uni	20.6	20.3	18.4	18.7	18.3	19.7	19.0	18.5	17.8	17.8
Slovénie	10.1	9.8	9.6	10.4	10.8	10.8	10.8	11.2	11.3	11.6
Suède	26.0	22.8	18.1	17.4	17.7	17.9	18.3	17.8	18.1	18.5
Suisse	5.9	5.6	4.6	4.9	4.7	4.5	4.1	3.6	3.5	3.4
Turquie[2]	28.7	30.4	24.5	24.8	24.8	24.9	25.2	25.5	25.6	25.3
Moyenne non pondérée										
OCDE-Moyenne	**15.1**	**14.2**	**12.8**	**13.0**	**13.8**	**14.2**	**14.6**	**14.7**	**14.4**	**14.3**
OCDE-UE 22	**15.9**	**15.4**	**14.2**	**14.4**	**15.3**	**15.8**	**16.0**	**15.9**	**15.6**	**15.3**

1. Informations sur les données concernant Israël : http://oe.cd/israel-disclaimer.
2. Les données sur les salaires sont basées sur l'ancienne définition de l'ouvrier moyen (CITI D, Rév. 3) pour les années 2000 à 2006.

StatLink http://dx.doi.org/10.1787/888933465727

Tableau 6.6a. **Impôt sur le revenu et cotisations sociales des salariés et employeurs diminués des prestations versées, couple marié, deux enfants, deux salaires égaux à 100 % et 33 % du salaire moyen**

Pression fiscale en % des coûts de main-d'oeuvre, couple marié ayant deux enfants et deux salaires

	2000	2006	2009	2010	2011	2012	2013	2014	2015	2016
Allemagne	41.2	41.0	38.9	37.7	38.6	38.7	38.3	38.5	38.6	38.8
Australie	24.6	20.5	18.0	18.0	17.9	18.8	19.9	20.9	22.7	24.4
Autriche	36.3	37.8	36.4	36.7	37.4	37.8	38.3	38.5	38.5	36.3
Belgique	44.3	41.2	41.5	42.2	42.4	42.4	41.9	41.7	41.3	38.8
Canada	26.9	25.4	23.0	23.2	23.4	23.7	24.0	24.2	19.9	20.5
Chili	4.8	4.9	4.5	4.8	4.8	4.8	4.8	4.7	4.7	4.6
Corée	15.3	16.6	17.1	17.8	18.0	18.6	19.0	19.2	19.5	19.6
Danemark	33.1	31.2	30.8	29.5	29.9	30.1	29.8	29.5	29.8	29.8
Espagne	35.0	35.5	34.6	35.7	35.9	36.4	36.4	36.5	35.5	35.6
Estonie	35.6	31.1	33.1	34.1	34.5	35.0	34.8	35.2	31.7	31.5
États-Unis	25.0	23.0	22.6	23.0	22.6	22.7	24.3	24.6	24.4	24.5
Finlande	39.3	36.4	35.2	35.0	35.0	34.9	35.6	36.1	36.0	36.1
France	40.5	40.0	40.4	40.6	40.7	41.0	39.4	37.5	37.8	37.5
Grèce	39.1	41.4	39.8	38.9	42.4	42.2	39.8	38.7	37.1	37.8
Hongrie	44.8	40.2	42.1	36.4	34.4	35.4	36.2	38.3	38.7	37.3
Irlande	20.3	8.6	8.7	10.6	12.3	13.4	14.4	14.6	13.9	13.4
Islande	20.2	26.0	22.5	26.2	27.7	26.9	28.0	27.7	29.1	29.6
Israël[1]	21.7	17.9	15.5	14.9	13.5	13.0	13.2	15.8	15.9	16.3
Italie	41.1	39.1	38.9	39.6	40.2	40.5	40.3	38.9	38.5	38.4
Japon	27.7	24.8	24.9	24.0	25.1	27.2	27.5	28.0	28.4	28.5
Lettonie	32.8	36.3	33.3	36.3	36.3	36.6	36.3	33.7	33.3	33.6
Luxembourg	15.8	14.3	15.4	15.9	18.0	17.9	19.0	19.6	20.5	20.5
Mexique	9.8	12.8	13.5	14.1	16.3	16.7	17.0	17.3	17.6	18.0
Norvège	30.8	31.3	31.5	31.6	32.0	31.8	31.7	31.3	31.1	30.8
Nouvelle-Zélande	18.5	9.5	8.0	7.4	7.0	8.6	10.0	11.1	12.0	13.0
Pays-Bas	34.3	29.6	29.2	29.5	29.5	29.8	32.5	30.9	28.6	27.9
Pologne	34.6	37.8	28.9	29.3	29.7	31.1	31.3	31.7	31.9	32.1
Portugal	30.6	29.5	27.7	28.2	28.4	28.9	31.2	30.8	31.1	29.8
République slovaque	35.1	28.8	26.7	27.2	29.4	30.3	33.0	33.4	31.7	31.9
République tchèque	31.0	33.5	30.2	30.3	33.2	32.6	32.5	32.9	32.8	33.0
Royaume-Uni	25.5	26.0	24.4	24.7	24.8	24.4	23.3	22.6	22.4	22.4
Slovénie	33.7	32.2	30.0	30.4	30.6	30.6	30.5	30.7	30.8	30.9
Suède	44.7	41.6	37.3	36.8	36.9	37.1	37.4	36.9	37.1	37.4
Suisse	14.6	13.7	13.1	13.3	13.3	13.1	12.8	12.3	12.2	12.1
Turquie[2]	39.7	42.3	34.1	34.3	34.4	34.4	34.7	35.4	35.5	35.0
Moyenne non pondérée										
OCDE-Moyenne	**29.9**	**28.6**	**27.2**	**27.4**	**27.9**	**28.2**	**28.5**	**28.6**	**28.3**	**28.2**
OCDE-UE 22	**34.9**	**33.3**	**32.0**	**32.1**	**32.8**	**33.0**	**33.3**	**33.1**	**32.6**	**32.3**

1. Informations sur les données concernant Israël : http://oe.cd/israel-disclaimer.
2. Les données sur les salaires sont basées sur l'ancienne définition de l'ouvrier moyen (CITI D, Rév. 3) pour les années 2000 à 2006.

StatLink http://dx.doi.org/10.1787/888933465732

Tableau 6.6b. **Impôt sur le revenu, couple marié, deux enfants, deux salaires égaux à 100 % et 33 % du salaire moyen**

Pression fiscale en % du salaire brut, couple marié ayant deux enfants et deux salaires

	2000	2006	2009	2010	2011	2012	2013	2014	2015	2016
Allemagne	8.6	7.5	6.7	5.4	5.9	6.3	6.3	6.4	6.5	6.5
Australie	22.0	20.6	17.3	17.4	17.4	18.1	18.7	19.0	19.7	19.9
Autriche	9.4	11.3	10.5	10.7	11.1	11.4	11.7	12.0	12.1	9.2
Belgique	24.0	21.9	22.3	22.9	22.8	22.6	22.1	21.9	21.4	19.3
Canada	16.3	13.5	11.0	11.1	11.2	11.2	11.2	11.1	12.0	12.5
Chili	0.0	0.0	0.0	0.0	0.0	0.0	0.0	0.0	0.0	0.0
Corée	1.1	1.8	1.5	1.9	1.7	2.2	2.5	2.5	2.8	2.9
Danemark	28.8	27.6	34.9	34.1	34.3	34.4	34.1	33.9	34.0	34.1
Espagne	8.7	9.4	8.7	10.2	10.4	11.0	11.1	11.1	9.8	9.9
Estonie	19.9	12.2	12.0	12.0	12.5	13.0	13.6	13.9	13.3	13.1
États-Unis	10.5	8.1	7.7	8.1	9.6	9.7	9.6	9.8	10.0	10.2
Finlande	23.4	20.1	19.1	18.4	18.2	17.4	18.2	18.2	17.8	16.9
France	8.9	7.2	7.7	7.8	7.9	8.3	8.3	6.6	7.9	7.9
Grèce	6.2	8.9	6.9	5.8	9.8	9.2	7.8	7.8	7.3	7.6
Hongrie	15.8	15.7	15.9	10.8	7.3	10.1	9.9	10.1	10.3	8.2
Irlande	12.6	5.8	6.4	7.5	8.8	9.6	9.6	9.8	9.1	8.7
Islande	19.9	23.9	20.7	21.7	22.8	23.2	23.8	23.6	24.7	25.0
Israël[1]	13.5	9.4	7.3	6.8	5.8	5.4	5.0	6.9	7.1	7.4
Italie	14.2	11.8	12.4	13.2	13.9	14.2	14.0	12.1	11.5	11.5
Japon	3.9	4.5	4.9	4.7	5.6	6.7	6.6	6.8	6.8	6.9
Lettonie	11.1	15.4	10.9	14.7	12.6	12.9	12.4	9.8	10.2	10.4
Luxembourg	3.8	2.7	5.2	5.6	6.0	6.4	7.4	7.8	8.1	8.2
Mexique	-4.0	-0.8	0.0	0.7	3.2	3.6	4.0	4.4	4.7	5.2
Norvège	19.1	18.7	18.7	18.7	18.8	18.5	18.4	17.4	17.1	16.7
Nouvelle-Zélande	18.5	19.5	17.2	15.9	14.8	15.2	15.7	16.0	16.2	16.5
Pays-Bas	7.8	10.1	12.6	12.3	12.4	12.8	13.0	12.3	13.2	12.7
Pologne	5.3	5.2	0.6	1.0	1.4	1.7	2.0	2.4	2.6	2.8
Portugal	5.7	4.6	2.9	3.3	3.3	3.9	6.5	6.2	6.5	4.9
République slovaque	4.6	1.1	-1.7	-1.0	1.6	1.7	2.9	3.3	3.7	3.9
République tchèque	5.2	2.7	2.8	2.5	3.2	2.3	2.2	2.6	2.4	2.5
Royaume-Uni	15.1	14.2	12.9	13.1	13.4	13.0	11.9	11.4	11.1	11.0
Slovénie	6.8	4.3	3.6	3.8	3.8	3.7	3.7	3.7	3.8	3.9
Suède	25.3	21.8	16.1	15.4	15.5	15.6	15.8	15.1	15.3	15.6
Suisse	7.6	7.3	7.1	7.3	6.8	6.5	6.1	5.8	5.7	5.7
Turquie[2]	14.0	14.9	8.2	8.5	8.5	8.6	8.9	9.1	9.3	8.6
Moyenne non pondérée										
OCDE-Moyenne	**11.8**	**10.9**	**10.0**	**10.1**	**10.4**	**10.6**	**10.7**	**10.6**	**10.7**	**10.5**
OCDE-UE 22	**12.3**	**11.0**	**10.4**	**10.4**	**10.7**	**11.0**	**11.1**	**10.8**	**10.8**	**10.4**

1. Informations sur les données concernant Israël : http://oe.cd/israel-disclaimer.
2. Les données sur les salaires sont basées sur l'ancienne définition de l'ouvrier moyen (CITI D, Rév. 3) pour les années 2000 à 2006.

StatLink http://dx.doi.org/10.1787/888933465748

Tableau 6.6c. **Impôt sur le revenu et cotisations sociales des salariés diminués des prestations versées, couple marié, deux enfants, deux salaires égaux à 100 % et 33 % du salaire moyen**

Pression fiscale en % du salaire brut, couple marié ayant deux enfants et deux salaires

	2000	2006	2009	2010	2011	2012	2013	2014	2015	2016
Allemagne	29.1	28.9	27.1	25.7	26.5	26.7	26.4	26.6	26.8	26.9
Australie	19.8	15.7	12.7	12.9	13.0	13.9	15.1	16.1	18.1	19.9
Autriche	16.5	19.7	17.9	18.3	19.1	19.7	20.3	20.6	20.8	17.8
Belgique	29.3	26.5	26.6	27.5	27.5	27.4	26.8	26.6	26.1	24.0
Canada	18.6	16.8	14.2	14.4	14.6	14.8	14.9	15.2	10.3	11.0
Chili	4.8	4.9	4.5	4.8	4.8	4.8	4.8	4.7	4.7	4.6
Corée	7.8	9.0	9.1	9.7	9.8	10.3	10.7	10.8	11.1	11.3
Danemark	32.7	30.6	30.2	28.7	29.0	29.2	28.7	28.5	28.8	29.0
Espagne	15.1	15.7	15.0	16.5	16.8	17.4	17.4	17.5	16.2	16.3
Estonie	14.4	8.1	10.1	11.2	12.0	12.6	12.7	13.1	8.7	8.1
États-Unis	18.2	15.7	15.3	15.7	15.2	15.4	17.3	17.5	17.7	17.9
Finlande	23.5	21.1	20.3	20.4	20.4	20.1	20.9	21.4	21.6	21.3
France	18.8	17.6	18.1	18.2	18.4	18.8	19.0	17.5	19.0	19.1
Grèce	22.1	24.9	22.9	21.8	26.0	25.7	23.3	22.8	21.7	22.3
Hongrie	20.5	19.1	23.0	18.3	15.8	20.2	20.2	20.7	21.2	19.4
Irlande	11.4	-0.7	-0.6	1.5	3.4	4.6	5.6	5.9	5.1	4.6
Islande	16.4	21.7	17.8	19.9	21.4	21.2	22.4	22.2	23.8	24.4
Israël[1]	17.8	13.6	11.8	11.1	9.7	9.2	9.2	11.8	11.8	12.1
Italie	21.0	19.6	19.3	20.2	21.0	21.4	21.1	19.3	18.7	18.7
Japon	17.3	14.9	15.2	13.5	14.5	16.7	16.8	17.3	17.6	17.7
Lettonie	14.6	20.9	17.1	20.9	20.9	21.3	20.9	18.0	17.5	17.9
Luxembourg	6.3	4.6	5.6	6.3	7.9	7.8	9.1	9.7	10.7	10.9
Mexique	-2.6	0.6	1.4	2.0	4.5	4.9	5.3	5.7	6.1	6.5
Norvège	21.9	22.1	22.7	22.8	23.0	22.8	22.8	22.3	22.2	21.8
Nouvelle-Zélande	18.5	9.5	8.0	7.4	7.0	8.6	10.0	11.1	12.0	13.0
Pays-Bas	26.6	23.2	22.5	22.6	22.7	22.7	25.9	23.4	21.0	19.8
Pologne	23.6	27.4	18.4	18.8	19.3	19.5	19.8	20.2	20.5	20.7
Portugal	14.1	12.8	10.5	11.2	11.4	12.1	14.8	14.4	14.7	13.1
République slovaque	10.4	10.2	7.5	8.1	10.9	10.9	12.1	12.6	12.1	12.4
République tchèque	6.9	10.2	6.5	6.6	10.5	9.6	9.6	10.1	9.9	10.2
Royaume-Uni	18.8	18.9	17.2	17.5	17.7	17.3	16.2	15.5	15.3	15.3
Slovénie	21.2	19.7	18.8	19.2	19.4	19.4	19.3	19.5	19.6	19.7
Suède	26.5	22.7	17.6	16.9	17.1	17.3	17.7	17.1	17.4	17.8
Suisse	9.0	8.5	7.8	8.0	7.8	7.7	7.4	6.9	6.7	6.6
Turquie[2]	28.0	29.9	23.2	23.5	23.5	23.6	23.9	24.1	24.3	23.6
Moyenne non pondérée										
OCDE-Moyenne	**17.7**	**16.7**	**15.3**	**15.5**	**16.1**	**16.4**	**16.8**	**16.8**	**16.6**	**16.4**
OCDE-UE 22	**19.2**	**18.3**	**16.9**	**17.1**	**17.9**	**18.2**	**18.5**	**18.2**	**17.9**	**17.5**

1. Informations sur les données concernant Israël : http://oe.cd/israel-disclaimer.
2. Les données sur les salaires sont basées sur l'ancienne définition de l'ouvrier moyen (CITI D, Rév. 3) pour les années 2000 à 2006.

StatLink http://dx.doi.org/10.1787/888933465759

Tableau 6.7a. **Impôt sur le revenu et cotisations sociales des salariés et employeurs diminués des prestations versées, couple marié, deux salaires égaux à 100 % et 67 % du salaire moyen**

Pression fiscale en % des coûts de main-d'oeuvre, couple marié ayant deux enfants et deux salaires

	2000	2006	2009	2010	2011	2012	2013	2014	2015	2016
Allemagne	45.4	45.0	43.0	41.4	42.3	42.4	42.0	42.1	42.2	42.4
Australie	26.7	23.9	22.4	23.8	24.3	25.0	25.2	25.5	26.3	26.5
Autriche	39.0	40.6	39.7	40.1	40.7	41.2	41.7	42.0	42.2	39.6
Belgique	50.9	48.3	48.3	48.9	49.1	49.0	48.5	48.4	48.1	46.4
Canada	29.7	28.6	26.6	26.5	26.8	27.0	27.2	27.3	24.3	24.7
Chili	5.3	5.4	5.5	6.6	6.6	6.6	6.6	6.6	6.6	6.6
Corée	15.5	16.7	17.3	17.9	18.2	18.6	19.1	19.3	19.6	19.8
Danemark	36.5	33.5	32.9	31.7	32.0	32.1	31.8	31.6	31.8	31.9
Espagne	35.4	36.3	34.9	36.7	37.0	37.5	37.6	37.6	36.3	36.4
Estonie	37.4	33.4	34.7	35.8	36.2	36.6	36.3	36.6	33.7	33.3
États-Unis	26.9	25.2	24.9	25.3	24.6	24.7	26.3	26.6	26.4	26.5
Finlande	41.3	38.3	37.2	37.0	37.0	37.1	37.9	38.4	38.4	38.6
France	43.3	44.7	45.1	45.3	45.4	45.5	44.1	43.6	43.0	42.6
Grèce	39.4	42.0	40.5	39.3	43.0	42.8	40.4	39.3	37.7	38.3
Hongrie	47.0	42.0	44.4	39.6	37.9	39.6	40.1	40.5	40.8	39.5
Irlande	21.8	13.8	14.6	16.2	17.8	18.8	19.9	20.2	19.7	19.1
Islande	25.4	29.7	26.9	30.4	31.6	30.9	31.8	31.6	32.6	32.6
Israël[1]	21.6	16.8	14.8	14.4	14.1	13.8	14.1	15.1	15.3	15.7
Italie	44.2	41.9	41.9	42.5	43.0	43.2	43.1	41.9	41.6	41.5
Japon	28.2	25.7	25.9	25.4	26.4	28.2	28.5	28.9	29.3	29.4
Lettonie	35.5	38.1	35.4	38.2	38.3	38.6	38.2	36.0	35.5	35.7
Luxembourg	21.4	19.8	20.8	21.4	23.4	23.4	24.7	25.3	26.2	26.3
Mexique	10.6	13.3	14.0	14.7	16.5	16.8	17.3	17.6	17.9	18.2
Norvège	33.0	33.1	33.3	33.4	33.7	33.7	33.7	33.4	33.2	32.8
Nouvelle-Zélande	19.0	15.9	14.7	13.9	13.2	14.7	15.9	16.3	16.5	16.7
Pays-Bas	38.1	32.8	31.7	31.9	31.8	32.1	33.7	32.5	30.8	29.8
Pologne	37.7	38.5	30.4	30.7	31.0	32.3	32.5	32.8	33.0	33.1
Portugal	33.0	33.3	31.2	32.5	34.3	34.5	37.0	36.7	35.6	35.9
République slovaque	36.9	31.6	31.2	31.5	32.7	33.6	35.2	35.5	35.7	36.0
République tchèque	36.3	37.8	34.2	34.3	35.5	35.1	35.1	35.5	35.5	35.8
Royaume-Uni	28.4	29.4	28.0	28.4	28.1	27.7	26.8	26.3	26.2	26.2
Slovénie	37.1	35.9	34.2	34.0	34.1	34.3	34.4	34.5	34.6	34.3
Suède	46.0	43.3	39.1	38.6	38.7	38.8	39.1	38.7	38.8	39.1
Suisse	17.7	16.8	16.2	16.4	16.4	16.3	16.0	15.5	15.4	15.2
Turquie[2]	39.9	42.3	35.1	35.4	35.4	35.6	35.8	36.6	36.7	36.4
Moyenne non pondérée										
OCDE-Moyenne	**32.3**	**31.3**	**30.0**	**30.3**	**30.8**	**31.1**	**31.4**	**31.3**	**31.1**	**30.9**
OCDE-UE 22	**37.8**	**36.4**	**35.2**	**35.3**	**35.9**	**36.2**	**36.4**	**36.2**	**35.8**	**35.5**

1. Informations sur les données concernant Israël : http://oe.cd/israel-disclaimer.
2. Les données sur les salaires sont basées sur l'ancienne définition de l'ouvrier moyen (CITI D, Rév. 3) pour les années 2000 à 2006.

StatLink http://dx.doi.org/10.1787/888933465760

Tableau 6.7b. **Impôt sur le revenu, couple marié, deux salaires égaux à 100 % et 67 % du salaire moyen**

Pression fiscale en % du salaire brut, couple marié ayant deux enfants et deux salaires

	2000	2006	2009	2010	2011	2012	2013	2014	2015	2016
Allemagne	13.8	12.2	11.6	9.9	10.3	10.6	10.6	10.8	10.9	10.8
Australie	23.8	22.5	18.8	19.1	19.7	20.6	20.8	21.1	21.9	22.1
Autriche	10.8	13.0	12.0	12.3	12.8	13.2	13.6	14.0	14.3	11.1
Belgique	26.4	23.9	24.2	24.8	24.9	24.7	24.4	24.3	23.9	22.4
Canada	17.5	15.0	13.0	12.8	12.9	13.0	13.0	12.8	13.6	13.9
Chili	0.0	0.0	0.0	0.0	0.0	0.0	0.0	0.0	0.0	0.0
Corée	1.3	1.8	1.6	2.0	1.9	2.2	2.5	2.6	2.9	3.1
Danemark	31.3	29.0	36.2	35.4	35.5	35.6	35.2	35.0	35.2	35.2
Espagne	9.3	10.5	9.1	11.5	11.8	12.5	12.6	12.7	10.9	11.0
Estonie	21.1	14.4	13.8	13.7	14.1	14.5	15.0	15.3	14.6	14.5
États-Unis	12.8	10.8	10.5	10.9	12.0	12.2	12.1	12.2	12.4	12.5
Finlande	24.5	21.3	20.4	19.7	19.5	19.0	19.9	19.9	19.7	19.0
France	10.8	10.6	11.1	11.1	11.2	11.4	11.5	11.5	11.3	11.0
Grèce	6.5	9.7	7.8	6.3	10.5	9.9	8.4	8.4	7.8	8.1
Hongrie	18.0	16.1	17.2	13.0	10.0	11.3	11.1	11.3	11.5	9.6
Irlande	14.5	8.7	9.9	10.8	12.2	12.9	12.9	13.0	12.6	12.0
Islande	23.2	26.2	23.8	24.8	25.8	26.1	26.6	26.3	27.2	27.3
Israël[1]	12.5	7.5	5.8	5.4	5.5	5.2	5.1	5.5	5.6	5.9
Italie	16.8	14.8	15.7	16.3	17.0	17.3	17.0	15.5	15.0	15.0
Japon	4.5	5.2	5.6	5.5	6.2	7.0	7.0	7.1	7.1	7.2
Lettonie	13.5	16.9	12.9	16.5	14.5	14.8	14.2	12.2	12.3	12.5
Luxembourg	8.2	6.9	8.8	9.3	9.8	10.3	11.6	12.1	12.4	12.5
Mexique	-1.7	1.1	1.9	2.7	4.7	5.1	5.6	6.0	6.3	6.7
Norvège	20.6	19.9	20.0	20.0	20.1	19.9	20.0	19.1	18.8	18.4
Nouvelle-Zélande	19.0	19.8	17.9	16.5	15.3	15.7	16.0	16.3	16.5	16.7
Pays-Bas	7.9	9.6	11.9	11.7	11.8	12.1	12.0	11.4	12.7	11.9
Pologne	6.1	6.0	2.3	2.6	2.9	3.2	3.4	3.7	3.9	4.1
Portugal	8.1	8.5	6.5	7.3	7.7	7.9	11.0	10.7	9.3	9.7
République slovaque	5.8	3.7	3.2	3.5	5.0	5.0	4.9	5.2	5.5	5.7
République tchèque	6.8	5.5	5.0	4.9	5.6	5.0	4.9	5.4	5.3	5.6
Royaume-Uni	16.5	16.1	15.1	15.4	14.7	14.4	13.6	13.2	12.9	12.8
Slovénie	8.1	6.0	6.0	5.7	5.7	5.6	5.5	5.6	5.7	5.8
Suède	25.9	22.9	17.4	16.7	16.8	16.8	17.0	16.4	16.5	16.8
Suisse	9.8	9.6	9.4	9.5	9.1	8.8	8.5	8.1	8.0	7.9
Turquie[2]	14.1	14.9	9.4	9.7	9.8	9.9	10.2	10.5	10.7	10.3
Moyenne non pondérée										
OCDE-Moyenne	**13.4**	**12.6**	**11.9**	**11.9**	**12.2**	**12.4**	**12.5**	**12.4**	**12.4**	**12.3**
OCDE-UE 22	**14.1**	**13.0**	**12.6**	**12.6**	**12.9**	**13.1**	**13.2**	**13.1**	**12.9**	**12.6**

1. Informations sur les données concernant Israël : http://oe.cd/israel-disclaimer.
2. Les données sur les salaires sont basées sur l'ancienne définition de l'ouvrier moyen (CITI D, Rév. 3) pour les années 2000 à 2006.

StatLink http://dx.doi.org/10.1787/888933465773

Tableau 6.7c. **Impôt sur le revenu et cotisations sociales des salariés diminués des prestations versées, couple marié, deux salaires égaux à 100 % et 67 % du salaire moyen**

Pression fiscale en % du salaire brut, couple marié ayant deux enfants et deux salaires

	2000	2006	2009	2010	2011	2012	2013	2014	2015	2016
Allemagne	34.3	33.7	31.9	30.1	30.9	31.1	30.8	31.0	31.1	31.2
Australie	22.0	19.4	17.4	19.0	19.7	20.6	20.8	21.1	21.9	22.1
Autriche	20.1	23.3	22.2	22.6	23.4	24.0	24.7	25.1	25.5	22.2
Belgique	35.0	32.9	33.1	33.9	34.1	33.9	33.5	33.5	33.1	31.5
Canada	21.6	20.3	18.1	18.1	18.2	18.4	18.5	18.6	15.1	15.6
Chili	5.3	5.4	5.5	6.6	6.6	6.6	6.6	6.6	6.6	6.6
Corée	8.0	9.0	9.3	9.8	9.9	10.4	10.8	11.0	11.3	11.5
Danemark	36.3	33.0	32.5	31.0	31.3	31.4	31.0	30.8	31.1	31.2
Espagne	15.6	16.9	15.5	17.8	18.2	18.9	18.9	19.0	17.2	17.4
Estonie	16.8	11.3	12.6	13.7	14.3	14.8	14.7	15.1	11.2	10.8
États-Unis	20.5	18.4	18.2	18.5	17.7	17.8	19.7	19.9	20.1	20.2
Finlande	26.0	23.5	22.7	22.9	22.9	22.8	23.7	24.2	24.6	24.4
France	21.4	21.7	22.2	22.2	22.4	22.6	22.8	23.1	23.0	22.9
Grèce	22.4	25.7	23.8	22.3	26.7	26.4	24.1	23.6	22.4	23.0
Hongrie	24.3	21.8	26.3	22.3	20.2	23.1	23.1	23.5	23.9	22.3
Irlande	13.6	4.6	5.4	7.2	9.0	10.0	11.3	11.6	11.1	10.4
Islande	21.9	25.6	22.4	24.4	25.7	25.6	26.5	26.4	27.6	27.7
Israël[1]	17.7	12.4	11.1	10.5	10.3	9.9	10.0	11.0	11.1	11.3
Italie	25.1	23.3	23.3	24.0	24.8	25.0	24.8	23.3	22.8	22.8
Japon	17.9	15.9	16.3	15.1	16.0	17.8	17.9	18.3	18.6	18.7
Lettonie	18.1	23.1	19.7	23.3	23.4	23.7	23.3	20.8	20.3	20.6
Luxembourg	12.6	10.8	11.6	12.3	14.0	13.9	15.5	16.1	17.1	17.3
Mexique	-0.3	2.4	3.2	4.0	6.1	6.4	6.9	7.3	7.6	8.0
Norvège	24.4	24.2	24.8	24.8	25.1	25.0	25.1	24.7	24.5	24.1
Nouvelle-Zélande	19.0	15.9	14.7	13.9	13.2	14.7	15.9	16.3	16.5	16.7
Pays-Bas	30.1	26.5	25.0	24.9	25.0	25.0	27.2	25.2	23.4	21.9
Pologne	27.3	28.2	20.1	20.4	20.8	21.0	21.2	21.5	21.7	21.9
Portugal	17.0	17.5	14.9	16.5	18.7	18.9	22.0	21.7	20.3	20.7
République slovaque	12.9	13.7	13.2	13.6	15.1	15.1	15.0	15.4	15.7	16.0
République tchèque	14.0	16.0	11.8	12.0	13.6	13.1	13.0	13.5	13.6	13.9
Royaume-Uni	21.5	22.1	20.7	21.1	20.6	20.3	19.4	18.9	18.7	18.7
Slovénie	25.1	23.7	23.6	23.4	23.5	23.7	23.8	24.0	24.1	23.8
Suède	28.3	25.1	20.0	19.3	19.5	19.6	19.9	19.4	19.6	20.0
Suisse	12.3	11.7	11.1	11.3	11.2	11.0	10.7	10.2	10.1	10.0
Turquie[2]	28.1	29.9	24.4	24.7	24.8	24.9	25.2	25.5	25.7	25.3
Moyenne non pondérée										
OCDE-Moyenne	**20.5**	**19.7**	**18.5**	**18.8**	**19.3**	**19.6**	**20.0**	**19.9**	**19.7**	**19.5**
OCDE-UE 22	**22.6**	**21.7**	**20.6**	**20.8**	**21.5**	**21.7**	**22.0**	**21.8**	**21.4**	**21.1**

1. Informations sur les données concernant Israël : http://oe.cd/israel-disclaimer.
2. Les données sur les salaires sont basées sur l'ancienne définition de l'ouvrier moyen (CITI D, Rév. 3) pour les années 2000 à 2006.

StatLink http://dx.doi.org/10.1787/888933465787

Tableau 6.8a. **Impôt sur le revenu et cotisations sociales des salariés et employeurs diminués des prestations versées, couple marié, deux salaires égaux à 100 % et 33 % du salaire moyen**

Pression fiscale en % des coûts de main-d'oeuvre, couple marié sans enfant, avec deux salaires

	2000	2006	2009	2010	2011	2012	2013	2014	2015	2016
Allemagne	47.5	47.4	45.9	44.8	45.5	45.4	45.0	45.0	45.1	45.2
Australie	27.4	25.1	23.1	23.1	22.9	23.5	23.2	23.5	24.2	24.4
Autriche	44.7	45.3	44.4	44.5	44.8	45.1	45.3	45.5	45.5	43.4
Belgique	51.2	47.8	48.1	48.5	48.7	48.7	48.2	48.1	47.6	45.2
Canada	30.0	28.7	27.3	27.2	27.5	27.7	27.8	28.4	28.4	28.3
Chili	7.0	7.0	7.0	7.0	7.0	7.0	7.0	7.0	7.0	7.0
Corée	15.8	17.4	18.6	19.2	19.6	20.0	20.4	20.5	20.8	20.9
Danemark	38.1	36.2	35.5	34.4	34.6	34.8	34.5	34.3	34.5	34.5
Espagne	36.1	36.4	35.7	36.8	37.0	37.5	37.5	37.5	36.5	36.6
Estonie	39.8	37.2	38.0	38.8	39.0	39.2	38.8	38.9	38.0	38.0
États-Unis	29.5	28.8	28.0	28.3	27.8	27.7	29.3	29.5	29.2	29.2
Finlande	44.7	41.0	39.2	38.9	38.9	38.8	39.4	39.9	39.6	39.6
France	45.3	44.4	46.1	46.1	46.2	46.4	44.9	44.4	43.7	42.7
Grèce	38.9	41.1	40.2	39.4	42.7	42.5	40.6	39.6	38.0	38.9
Hongrie	52.7	48.3	49.5	43.8	46.8	47.4	47.7	49.0	49.0	48.2
Irlande	23.5	16.7	17.3	18.2	19.4	20.2	20.7	20.9	20.2	19.9
Islande	23.7	28.2	26.0	28.6	29.6	29.4	29.9	29.5	30.4	30.6
Israël[1]	24.8	20.3	17.7	17.4	17.3	17.0	17.0	17.6	17.9	18.4
Italie	44.0	42.7	43.4	43.9	44.4	44.6	44.8	43.3	42.8	42.7
Japon	29.1	28.0	28.3	29.4	30.0	30.4	30.7	31.1	31.5	31.6
Lettonie	41.7	41.6	39.6	43.2	43.2	43.3	42.8	42.0	41.6	41.8
Luxembourg	27.4	26.0	25.9	26.2	27.9	27.6	28.4	28.8	29.5	29.5
Mexique	9.8	12.8	13.5	14.1	16.3	16.7	17.0	17.3	17.6	18.0
Norvège	36.0	35.1	34.9	34.8	35.1	34.8	34.7	34.1	33.9	33.5
Nouvelle-Zélande	18.5	19.5	16.9	15.9	14.8	15.2	15.7	16.0	16.2	16.5
Pays-Bas	38.0	34.1	33.9	34.2	34.1	34.6	37.2	35.4	33.2	32.8
Pologne	37.0	37.8	33.1	33.3	33.4	34.7	34.7	34.9	35.0	35.1
Portugal	33.8	33.0	31.8	32.2	32.2	32.6	35.0	34.7	36.1	36.2
République slovaque	40.7	35.7	33.1	33.6	35.7	36.6	39.1	39.3	37.6	37.7
République tchèque	41.3	40.9	39.9	40.0	40.4	40.3	40.2	40.4	40.5	40.6
Royaume-Uni	29.1	30.6	29.1	29.3	28.4	27.8	26.7	26.1	25.8	25.8
Slovénie	44.5	43.0	39.9	40.1	40.2	40.1	40.0	40.1	40.2	40.2
Suède	49.1	46.2	41.5	41.0	41.0	41.1	41.3	40.7	40.9	41.1
Suisse	20.8	20.1	19.7	19.8	20.1	19.9	19.9	19.7	19.6	19.6
Turquie[2]	39.7	42.3	34.8	35.0	35.1	35.1	35.4	36.1	36.2	35.8
Moyenne non pondérée										
OCDE-Moyenne	**34.3**	**33.3**	**32.2**	**32.3**	**32.8**	**33.0**	**33.2**	**33.1**	**33.0**	**32.8**
OCDE-UE 22	**40.4**	**38.8**	**37.8**	**37.8**	**38.4**	**38.6**	**38.8**	**38.6**	**38.2**	**38.0**

1. Informations sur les données concernant Israël : http://oe.cd/israel-disclaimer.
2. Les données sur les salaires sont basées sur l'ancienne définition de l'ouvrier moyen (CITI D, Rév. 3) pour les années 2000 à 2006.

StatLink http://dx.doi.org/10.1787/888933465792

Tableau 6.8b. **Impôt sur le revenu, couple marié, deux salaires égaux à 100 % et 33 % du salaire moyen**

Pression fiscale en % du salaire brut, couple marié sans enfant, avec deux salaires

	2000	2006	2009	2010	2011	2012	2013	2014	2015	2016
Allemagne	16.2	14.9	14.7	13.7	13.8	14.0	14.0	14.0	14.1	13.9
Australie	22.8	20.6	18.2	18.3	18.3	18.9	18.7	19.0	19.7	19.9
Autriche	9.4	11.3	10.9	11.1	11.4	11.7	12.1	12.3	12.4	9.8
Belgique	25.9	23.9	24.2	24.7	24.6	24.5	24.0	23.8	23.3	21.2
Canada	16.3	13.5	12.1	12.1	12.3	12.3	12.3	12.8	12.6	12.5
Chili	0.0	0.0	0.0	0.0	0.0	0.0	0.0	0.0	0.0	0.0
Corée	1.7	2.6	3.1	3.4	3.4	3.7	4.0	4.0	4.2	4.3
Danemark	28.8	27.6	34.9	34.1	34.3	34.4	34.1	33.9	34.0	34.1
Espagne	10.1	10.6	10.1	11.6	11.8	12.4	12.5	12.5	11.2	11.3
Estonie	19.9	15.7	14.9	14.8	15.1	15.5	15.9	16.2	15.4	15.2
États-Unis	15.5	14.4	13.6	13.8	15.2	15.2	15.1	15.2	15.3	15.4
Finlande	23.4	20.1	19.1	18.4	18.2	17.4	18.2	18.2	18.0	17.1
France	11.9	9.8	12.2	12.2	12.3	12.5	12.5	12.6	12.3	11.5
Grèce	5.9	8.6	7.5	6.3	10.1	9.6	7.8	7.8	7.3	8.0
Hongrie	19.4	15.7	15.9	10.8	14.1	16.5	16.0	16.0	16.0	15.0
Irlande	12.6	5.8	6.4	7.5	8.8	9.6	9.6	9.8	9.1	8.7
Islande	19.9	23.9	20.7	21.7	22.8	23.2	23.8	23.6	24.7	25.0
Israël[1]	13.5	9.4	7.3	6.8	6.8	6.6	6.4	6.9	7.1	7.4
Italie	15.7	15.1	15.8	16.4	17.1	17.3	17.6	15.6	15.0	15.0
Japon	5.6	6.3	6.9	6.7	6.6	6.7	6.6	6.8	6.8	6.9
Lettonie	16.9	18.4	15.9	20.5	18.5	18.6	18.0	17.8	17.3	17.5
Luxembourg	7.7	5.9	5.2	5.6	6.0	6.4	7.4	7.8	8.1	8.2
Mexique	-4.0	-0.8	0.0	0.7	3.2	3.6	4.0	4.4	4.7	5.2
Norvège	20.1	18.7	18.7	18.7	18.8	18.5	18.4	17.4	17.1	16.7
Nouvelle-Zélande	18.5	19.5	16.9	15.9	14.8	15.2	15.7	16.0	16.2	16.5
Pays-Bas	7.8	10.2	12.7	12.4	12.5	13.0	13.3	12.6	13.7	13.2
Pologne	5.3	5.2	5.4	5.6	5.8	5.9	6.0	6.2	6.2	6.3
Portugal	7.1	6.1	4.6	5.0	5.1	5.5	8.6	8.2	9.9	10.0
République slovaque	6.2	5.5	2.2	2.9	5.5	5.5	6.7	7.0	7.3	7.4
République tchèque	8.3	7.7	8.5	8.6	9.1	8.9	8.9	9.1	9.3	9.5
Royaume-Uni	15.1	15.5	14.2	14.3	13.4	13.0	11.9	11.4	11.1	11.0
Slovénie	11.9	10.5	8.2	8.4	8.5	8.4	8.3	8.4	8.4	8.5
Suède	25.3	21.8	16.1	15.4	15.5	15.6	15.8	15.1	15.3	15.6
Suisse	9.1	9.2	8.8	8.9	8.9	8.6	8.7	8.4	8.4	8.3
Turquie[2]	14.0	14.9	9.1	9.3	9.3	9.4	9.7	9.9	10.0	9.5
Moyenne non pondérée										
OCDE-Moyenne	**13.3**	**12.5**	**11.9**	**11.9**	**12.3**	**12.5**	**12.6**	**12.6**	**12.6**	**12.4**
OCDE-UE 22	**14.1**	**13.0**	**12.7**	**12.7**	**13.3**	**13.5**	**13.6**	**13.5**	**13.4**	**13.1**

1. Informations sur les données concernant Israël : http://oe.cd/israel-disclaimer.
2. Les données sur les salaires sont basées sur l'ancienne définition de l'ouvrier moyen (CITI D, Rév. 3) pour les années 2000 à 2006.

StatLink http://dx.doi.org/10.1787/888933465804

Tableau 6.8c. **Impôt sur le revenu et cotisations sociales des salariés diminués des prestations versées, couple marié, deux salaires égaux à 100 % et 33 % du salaire moyen**

Pression fiscale en % du salaire brut, couple marié sans enfant, avec deux salaires

	2000	2006	2009	2010	2011	2012	2013	2014	2015	2016
Allemagne	36.7	36.6	35.3	34.2	34.7	34.8	34.4	34.4	34.5	34.6
Australie	22.8	20.6	18.2	18.3	18.3	18.9	18.7	19.0	19.7	19.9
Autriche	27.5	29.4	28.2	28.4	28.8	29.0	29.4	29.6	29.7	27.0
Belgique	38.1	34.7	34.9	35.5	35.4	35.3	34.8	34.6	34.1	32.0
Canada	22.0	20.4	19.0	19.0	19.1	19.2	19.3	19.9	19.8	19.7
Chili	7.0	7.0	7.0	7.0	7.0	7.0	7.0	7.0	7.0	7.0
Corée	8.4	9.8	10.7	11.2	11.4	11.9	12.3	12.3	12.6	12.7
Danemark	37.8	35.6	34.9	33.6	33.8	33.9	33.5	33.3	33.6	33.7
Espagne	16.5	17.0	16.5	17.9	18.1	18.8	18.8	18.9	17.6	17.7
Estonie	19.9	16.3	16.6	17.6	17.9	18.3	17.9	18.2	17.0	16.8
États-Unis	23.1	22.1	21.2	21.5	20.9	20.9	22.7	22.8	22.9	23.0
Finlande	30.4	26.8	25.2	25.3	25.2	24.8	25.6	26.0	26.1	25.7
France	25.3	23.6	25.9	25.9	26.0	26.2	26.3	26.6	26.5	25.8
Grèce	21.8	24.6	23.5	22.3	26.3	26.1	24.3	23.8	22.8	23.7
Hongrie	31.9	30.1	32.9	27.8	31.6	35.0	34.5	34.5	34.5	33.5
Irlande	15.0	8.2	8.8	9.9	11.2	12.0	12.6	12.8	12.1	11.7
Islande	20.1	24.1	21.5	22.4	23.5	23.9	24.5	24.2	25.2	25.5
Israël[1]	21.1	16.1	14.2	13.7	13.7	13.4	13.2	13.7	13.9	14.3
Italie	24.9	24.3	25.3	25.9	26.6	26.8	27.1	25.1	24.5	24.5
Japon	18.9	18.6	19.1	19.6	20.1	20.4	20.5	20.9	21.1	21.2
Lettonie	25.9	27.4	24.9	29.5	29.5	29.6	29.0	28.3	27.8	28.0
Luxembourg	19.2	17.6	17.3	17.7	19.1	18.6	19.6	20.0	20.8	20.9
Mexique	-2.6	0.6	1.4	2.0	4.5	4.9	5.3	5.7	6.1	6.5
Norvège	27.9	26.5	26.5	26.5	26.6	26.3	26.2	25.6	25.3	24.9
Nouvelle-Zélande	18.5	19.5	16.9	15.9	14.8	15.2	15.7	16.0	16.2	16.5
Pays-Bas	30.8	28.1	27.7	27.7	27.7	28.0	31.0	28.5	26.0	25.2
Pologne	26.4	27.4	23.2	23.4	23.6	23.7	23.8	24.0	24.1	24.2
Portugal	18.1	17.1	15.6	16.0	16.1	16.5	19.6	19.2	20.9	21.0
République slovaque	18.2	18.9	15.6	16.3	18.9	18.9	20.1	20.4	19.7	19.8
République tchèque	20.8	20.2	19.5	19.6	20.1	19.9	19.9	20.1	20.3	20.5
Royaume-Uni	22.7	23.8	22.3	22.6	21.6	21.1	19.9	19.3	19.1	19.0
Slovénie	34.0	32.6	30.3	30.5	30.6	30.5	30.4	30.5	30.5	30.6
Suède	32.3	28.8	23.1	22.4	22.5	22.6	22.8	22.1	22.3	22.6
Suisse	15.6	15.3	14.8	15.0	15.2	14.9	14.9	14.7	14.6	14.6
Turquie[2]	28.0	29.9	24.1	24.3	24.3	24.4	24.7	24.9	25.0	24.5
Moyenne non pondérée										
OCDE-Moyenne	**23.0**	**22.3**	**21.2**	**21.3**	**21.8**	**22.1**	**22.3**	**22.2**	**22.1**	**22.0**
OCDE-UE 22	**26.1**	**25.0**	**24.0**	**24.1**	**24.8**	**25.0**	**25.2**	**25.0**	**24.8**	**24.5**

1. Informations sur les données concernant Israël : http://oe.cd/israel-disclaimer.
2. Les données sur les salaires sont basées sur l'ancienne définition de l'ouvrier moyen (CITI D, Rév. 3) pour les années 2000 à 2006.

StatLink http://dx.doi.org/10.1787/888933465811

Tableau 6.9. **Salaire brut et net annuel moyen, célibataire sans enfant, 2000-16**

Dollars US convertis à l'aide du PPA

	2000		2006		2009		2010		2011		2012		2013		2014		2015		2016	
	Brut	Net	Brut	Net	Brut	Net	Brut	Net	Brut	Net	Brut	Net	Brut	Net	Brut	Net	Brut	Net	Brut	Net
Allemagne	36 448	20 702	46 168	26 540	50 117	29 466	51 939	31 577	54 898	33 076	56 272	33 893	57 693	34 945	59 563	36 053	60 504	36 545	61 750	37 260
Australie	31 592	23 190	39 201	29 802	44 093	34 367	44 403	34 508	46 261	35 957	48 085	37 048	53 615	41 228	54 422	41 712	55 229	41 931	56 727	42 930
Autriche	32 738	22 601	40 844	27 186	44 894	30 174	45 803	30 656	47 743	31 725	50 032	33 052	52 617	34 527	53 807	35 146	55 118	35 804	55 680	37 934
Belgique	35 133	20 023	43 072	25 016	49 642	28 647	52 002	29 788	53 655	30 676	55 813	31 975	57 305	33 007	58 193	33 544	58 256	33 783	58 214	34 492
Canada	29 357	21 988	33 344	25 424	35 385	27 428	36 360	28 219	36 671	28 406	37 715	29 189	39 172	30 289	40 257	30 857	40 172	30 832	41 021	31 554
Chili	9 672	8 995	11 156	10 375	12 682	11 794	15 409	14 330	16 678	15 510	17 909	16 656	18 887	17 565	19 172	17 830	19 953	18 556	20 517	19 081
Corée	26 564	24 187	39 492	35 299	41 722	36 844	43 934	38 534	43 081	37 703	45 400	39 487	46 433	40 175	47 578	41 085	48 173	41 444	48 979	42 051
Danemark	32 466	18 861	39 911	24 510	47 535	29 858	49 635	31 796	51 759	33 083	51 817	33 082	53 497	34 348	54 251	34 920	55 424	35 531	57 310	36 701
Espagne	23 393	18 750	28 747	22 860	33 664	27 000	34 160	26 737	35 729	27 854	37 259	28 742	38 569	29 730	39 512	30 428	39 666	31 231	40 276	31 664
Estonie	8 377	6 539	14 309	11 629	18 377	14 966	19 001	15 299	20 266	16 271	21 118	16 913	22 457	18 081	23 430	18 829	24 526	20 002	25 540	20 869
Etats-Unis	33 129	24 877	39 377	29 765	44 295	33 588	45 665	34 429	46 895	35 811	47 746	36 460	48 774	36 359	50 099	37 274	51 509	38 232	52 543	38 894
Finlande	26 770	17 701	35 186	24 423	42 935	30 368	43 830	30 934	44 811	31 648	45 584	32 193	46 884	32 754	47 119	32 706	47 966	33 149	48 479	33 551
France	28 693	20 327	35 045	25 333	39 601	28 574	40 669	29 344	42 180	30 399	42 808	30 770	45 113	32 365	46 257	33 018	47 071	33 477	47 817	33 904
Grèce	23 416	18 257	34 355	25 397	34 992	26 309	33 520	25 729	32 799	23 955	32 483	23 840	32 762	24 391	33 086	24 798	32 641	24 730	32 974	24 602
Hongrie	9 861	6 338	15 092	9 773	19 104	11 890	19 909	13 660	21 290	13 817	22 608	14 665	23 482	15 381	23 705	15 527	24 255	15 887	25 627	17 042
Irlande	23 300	18 561	30 583	26 089	35 329	29 446	38 102	31 299	38 802	31 879	41 089	33 249	41 609	33 371	41 883	33 423	43 090	34 679	44 737	36 126
Islande	31 986	23 849	45 201	32 631	41 666	30 733	39 628	28 691	41 642	29 825	44 682	31 875	48 605	34 484	50 311	35 909	54 468	38 494	59 044	41 806
Israël[1]	27 798	20 541	27 900	22 241	30 285	24 923	30 602	25 398	31 790	26 371	32 500	27 093	33 510	28 023	35 002	29 049	36 313	30 025	37 286	30 649
Italie	26 741	18 974	30 661	21 847	35 592	25 013	36 599	25 535	38 055	26 340	39 372	27 186	40 666	28 017	41 283	28 473	42 150	29 032	42 166	29 045
Japon	32 181	25 828	39 942	32 177	41 802	33 424	42 755	33 935	44 869	35 433	46 928	36 912	47 734	37 460	48 525	37 925	49 569	38 610	50 278	39 118
Lettonie	6 414	4 626	9 691	6 893	14 202	10 423	15 009	10 427	15 310	10 605	15 599	10 791	16 560	11 571	17 920	12 625	19 374	13 770	20 537	14 571
Luxembourg	37 508	26 756	47 474	34 859	53 424	39 406	53 453	39 145	55 988	40 082	57 313	41 194	59 905	42 214	62 262	43 583	63 346	43 810	65 522	45 239
Mexique	7 977	7 779	10 255	9 739	11 446	10 823	11 434	10 733	11 910	10 808	12 117	10 959	12 547	11 312	12 903	11 594	12 799	11 463	13 112	11 691
Norvège	32 817	22 743	45 282	32 108	50 284	35 562	51 640	36 528	54 067	38 175	55 829	39 524	58 131	41 151	57 742	41 174	56 928	40 772	60 020	43 258
Nouvelle-Zélande	24 181	19 498	27 574	21 938	31 723	25 990	32 099	26 645	33 242	27 967	34 285	28 667	36 815	30 598	37 936	31 393	38 870	32 044	39 687	32 586
Pays-Bas	35 799	23 764	46 772	31 574	52 416	35 751	53 040	36 249	55 363	37 811	57 253	38 852	61 641	39 579	62 212	41 437	62 042	43 206	63 549	44 200
Pologne	12 572	9 076	15 811	11 272	18 683	14 126	20 251	15 292	21 500	16 208	22 384	16 857	23 638	17 786	25 294	19 000	26 158	19 633	27 343	20 506
Portugal	16 509	12 803	24 228	18 732	24 919	19 570	26 596	20 692	26 013	19 958	28 147	21 735	30 247	21 944	30 021	21 864	29 633	21 243	29 946	21 691
République slovaque	9 768	7 837	13 369	10 410	17 562	13 804	18 607	14 578	18 941	14 622	19 443	15 011	20 363	15 729	21 580	16 634	21 978	16 906	22 852	17 542
République tchèque	11 221	8 697	16 197	12 567	20 694	16 082	21 054	16 327	22 126	17 016	22 748	17 542	23 611	18 211	24 523	18 858	24 937	19 122	25 893	19 789
Royaume-Uni	35 330	26 212	45 090	32 966	47 082	35 200	48 930	36 506	48 273	36 171	49 690	37 400	50 468	38 373	50 688	38 732	52 216	39 991	53 020	40 646
Slovénie	16 880	10 878	22 434	14 617	24 941	16 726	26 565	17 722	27 842	18 539	28 903	19 294	29 934	20 027	30 726	20 510	30 940	20 628	31 437	20 927
Suède	28 744	19 050	35 611	24 613	40 662	30 335	40 876	30 751	42 549	31 977	44 826	33 664	46 317	34 689	46 652	35 276	46 414	35 005	47 450	35 658
Suisse	40 731	33 473	50 467	41 687	57 131	47 283	58 132	48 027	61 635	50 853	65 996	54 617	68 582	56 693	67 615	56 130	68 974	57 304	70 077	58 246
Turquie[2]	19 677	14 023	18 576	12 936	18 174	13 394	19 623	14 407	20 398	14 964	21 545	15 781	23 053	16 824	23 935	17 413	25 123	18 247	28 099	20 438
Moyenne OCDE	24 736	17 952	31 383	23 007	35 059	25 980	36 035	26 698	37 287	27 471	38 666	28 462	40 320	29 520	41 127	30 135	41 880	30 718	43 015	31 607

1. Informations sur les données concernant Israël : http://dx.doi.org/10.1787/888932315602.
2. Les données sur les salaries de 2000 à 2006 sont basées sur l'ancienne définition de l'ouvrier moyen (CITI D, rév3.).

StatLink http://dx.doi.org/10.1787/888933465236

Tableau 6.10. **Salaire brut et net annuel moyen, célibataire sans enfant, 2000-16 (en monnaie nationale)**

	2000		2006		2009		2010		2011		2012		2013		2014		2015		2016	
	Brut	Net	Brut	Net	Brut	Net	Brut	Net	Brut	Net	Brut	Net	Brut	Net	Brut	Net	Brut	Net	Brut	Net
Allemagne	34 400	19 539	39 149	22 505	40 600	23 871	41 736	25 374	43 300	26 088	44 300	26 682	44 700	27 075	45 700	27 662	46 800	28 268	47 809	28 848
Australie	41 322	30 332	55 042	41 844	63 546	49 529	66 724	51 856	69 903	54 334	74 057	57 059	77 574	59 652	79 409	60 863	80 774	61 325	82 114	62 143
Autriche	29 732	20 526	35 143	23 391	37 832	25 428	38 504	25 770	39 693	26 376	40 708	26 893	41 940	27 521	42 814	27 965	43 911	28 524	44 409	30 256
Belgique	31 644	18 035	37 674	21 880	42 149	24 324	43 423	24 873	44 636	25 520	45 886	26 288	46 197	26 609	46 451	26 776	46 479	26 954	46 570	27 593
Canada	36 038	26 992	40 191	30 644	42 516	32 955	44 400	34 459	45 469	35 221	46 940	36 329	47 946	37 074	49 821	38 188	50 350	38 644	50 997	39 227
Chili	2 770 353	2 576 428	3 594 042	3 342 459	4 478 647	4 165 142	5 508 104	5 122 537	5 804 093	5 397 806	6 218 613	5 783 310	6 604 419	6 142 110	7 019 299	6 527 948	7 557 360	7 028 345	8 003 491	7 443 247
Corée	19 849 729	18 073 190	30 495 639	27 257 957	34 410 564	30 387 885	36 929 183	32 390 144	36 816 740	32 220 027	38 811 570	33 756 834	40 353 852	34 915 409	41 428 224	35 774 131	42 908 652	36 915 462	43 857 243	37 654 050
Danemark	281 700	163 652	330 900	203 212	367 051	230 550	376 073	240 914	386 457	247 013	391 951	250 237	393 463	252 625	397 600	255 926	403 600	258 738	412 555	264 195
Espagne	17 319	13 882	21 168	16 833	24 164	19 380	24 786	19 400	25 515	19 892	25 894	19 975	26 027	20 062	26 191	20 169	26 475	20 845	26 710	20 999
Estonie	3 931	3 068	7 456	6 059	9 492	7 729	9 712	7 820	10 368	8 324	11 004	8 813	11 732	9 446	12 338	9 915	13 045	10 638	13 640	11 145
Etats-Unis	33 129	24 877	39 377	29 765	44 295	33 588	45 665	34 429	46 895	35 811	47 746	36 460	48 774	36 359	50 099	37 274	51 509	38 232	52 543	38 894
Finlande	26 362	17 431	33 543	23 283	38 444	27 191	39 395	27 804	40 243	28 422	41 413	29 247	42 447	29 654	42 704	29 641	43 382	29 981	43 816	30 324
France	26 712	18 923	31 369	22 675	34 132	24 628	34 693	25 032	35 489	25 576	36 143	25 979	36 616	26 269	37 235	26 578	37 648	26 775	38 049	26 978
Grèce	15 693	12 236	23 800	17 594	24 619	18 510	24 156	18 541	23 391	17 084	22 240	16 322	20 682	15 397	20 450	15 327	20 107	15 234	20 074	14 977
Hongrie	1 086 240	698 166	1 985 412	1 285 714	2 436 408	1 516 415	2 512 020	1 723 560	2 645 712	1 717 097	2 840 112	1 842 297	2 934 744	1 922 257	3 053 364	1 999 953	3 169 128	2 075 779	3 312 081	2 202 534
Irlande	22 008	17 532	29 931	25 533	31 802	26 507	32 308	26 540	32 264	26 508	33 819	27 366	33 754	27 071	34 178	27 275	34 674	27 906	35 592	28 741
Islande	2 712 000	2 022 102	4 596 000	3 317 884	5 076 000	3 744 125	5 256 000	3 805 407	5 628 000	4 030 857	6 120 000	4 365 845	6 660 000	4 725 047	6 960 000	4 967 661	7 644 000	5 402 260	8 456 409	5 987 579
Israël[1]	95 664	70 691	105 652	84 223	120 028	98 777	121 581	100 905	125 405	104 026	128 550	107 163	128 664	107 597	134 748	111 832	137 990	114 096	142 247	116 928
Italie	21 550	15 291	25 241	17 985	27 419	19 270	28 243	19 705	28 872	19 984	29 440	20 328	29 983	20 657	30 347	20 931	30 654	21 114	30 642	21 106
Japon	4 987 116	4 002 481	4 979 155	4 011 225	4 828 001	3 860 274	4 773 076	3 788 423	4 821 385	3 807 417	4 893 341	3 848 998	4 835 595	3 794 828	4 972 455	3 886 313	5 083 906	3 960 010	5 110 601	3 976 218
Lettonie	2 316	1 670	4 740	3 372	7 392	5 425	7 296	5 069	7 632	5 286	7 896	5 463	8 268	5 777	8 892	6 264	9 588	6 815	10 173	7 218
Luxembourg	35 875	25 591	43 539	31 969	48 183	35 540	49 387	36 167	50 674	36 278	51 971	37 354	53 630	37 792	54 920	38 443	55 858	38 631	56 197	38 801
Mexique	48 607	47 400	73 695	69 988	85 043	80 412	87 672	82 301	91 386	82 933	95 224	86 121	98 922	89 190	103 246	92 777	107 551	96 320	112 827	100 601
Norvège	298 385	206 788	397 765	282 046	456 214	322 642	471 696	333 655	491 072	346 730	504 535	357 183	524 887	371 568	537 621	383 355	551 198	394 770	564 218	406 643
Nouvelle-Zélande	34 923	28 159	40 843	32 495	46 653	38 221	48 007	39 850	49 395	41 557	51 278	42 875	53 234	44 244	54 733	45 293	56 110	46 257	57 649	47 334
Pays-Bas	31 901	21 176	40 800	27 543	44 412	30 292	45 215	30 901	46 287	31 612	47 200	32 030	49 200	31 591	49 900	33 237	50 009	34 826	50 853	35 370
Pologne	23 061	16 649	29 271	20 867	34 878	26 372	36 482	27 548	38 731	29 198	40 205	30 278	41 652	31 339	44 513	33 437	46 136	34 628	47 782	35 834
Portugal	10 922	8 470	15 517	11 997	15 613	12 262	16 542	12 870	16 208	12 435	17 040	13 158	17 653	12 807	17 343	12 630	17 298	12 400	17 521	12 692
République slovaque	5 048	4 050	7 418	5 776	9 043	7 108	9 325	7 306	9 592	7 405	9 810	7 574	10 001	7 725	10 422	8 034	10 661	8 201	10 918	8 381
République tchèque	160 922	124 729	233 580	181 234	281 887	219 060	287 320	222 803	295 273	227 083	302 500	233 263	301 868	232 827	310 615	238 854	319 162	244 743	330 072	252 260
Royaume-Uni	24 910	18 481	31 419	22 971	33 391	24 964	34 297	25 589	34 083	25 538	34 864	26 241	35 088	26 678	35 120	26 836	35 947	27 531	36 571	28 035
Slovénie	8 894	5 732	13 684	8 916	16 079	10 783	16 915	11 284	17 373	11 568	17 538	11 707	17 673	11 824	17 948	11 981	18 092	12 062	18 292	12 176
Suède	263 581	174 686	324 618	224 362	362 291	270 277	368 208	277 001	376 309	282 810	387 960	291 356	398 220	298 247	408 188	308 651	414 105	312 312	423 065	317 926
Suisse	72 910	59 918	80 727	66 682	83 883	69 423	85 068	70 280	86 134	71 067	89 364	73 955	90 012	74 409	86 820	72 073	86 017	71 463	85 536	71 095
Turquie[2]	5 545	3 952	15 645	10 895	16 421	12 102	18 026	13 235	19 708	14 458	21 973	16 094	24 674	18 007	27 487	19 996	31 191	22 654	36 806	26 771

Note : Moyennes annuelles des salaires bruts dans les pays de la zone euro sont exprimés en euros pour toutes les années.

1. Informations sur les données concernant Israël : http://dx.doi.org/10.1787/888932315602.
2. Les données sur les salaires de 2000 à 2006 sont basées sur l'ancienne définition de l'ouvrier moyen (CITI D, rév3.).

StatLink http://dx.doi.org/10.1787/888933465244

PARTIE III

Informations détaillées par pays, pour 2016

Cette partie de la publication contient les informations détaillées par pays pour 2016 sur lesquelles repose l'analyse comparative. Pour chaque pays, un tableau des résultats détaillés est suivi d'une description du système d'impôt et de transferts sociaux.

Les trente-cinq tableaux par pays qui figurent dans cette partie du rapport sont présentés de la même manière. La partie gauche de chaque tableau précise la situation au regard de l'impôt et des transferts sociaux des célibataires dans quatre cas, qui diffèrent selon le niveau de revenu et la présence éventuelle d'enfants (0/2). La partie droite du tableau précise la situation au regard de l'impôt et des transferts sociaux des couples mariés, en distinguant là encore quatre cas, qui diffèrent à présent selon le niveau de revenu, la présence ou l'absence d'enfants (0/2) et le nombre d'apporteurs de revenu (un ou deux).

Tous les tableaux commencent par les salaires bruts (ligne 1) et en déduisent le revenu imposable au titre de l'impôt sur le revenu des personnes physiques perçu par l'administration centrale (ligne 4) compte tenu d'un certain nombre d'abattements fiscaux forfaitaires (ligne 2) et de transferts en espèces imposables (ligne 3). Le revenu imposable permet de déterminer l'impôt sur le revenu versé à l'administration centrale (ligne 7), en prenant en compte les réductions sous forme de crédits d'impôt (ligne 6). Le montant total des versements aux administrations publiques (ligne 10) inclut également les impôts sur le revenu versés aux administrations infranationales (ligne 8) et les cotisations obligatoires de sécurité sociale (ligne 9). Le revenu net disponible (ligne 12) est déterminé en déduisant du salaire brut l'ensemble des versements effectués aux administrations publiques et en y ajoutant les prestations en espèces de caractère général reçus des administrations publiques (ligne 11).

La ligne 13 indique les cotisations patronales de sécurité sociale obligatoires (y compris les taxes sur les salaires).

Les taux moyens d'imposition suivants (ligne 14) sont ensuite calculés :

- *La part de l'impôt sur le revenu dans le salaire brut ;*
- *La part des cotisations salariales de sécurité sociale dans le salaire brut ;*
- *La part de l'impôt sur le revenu et des cotisations salariales de sécurité sociale, diminués des prestations, dans le salaire brut ; et*
- *La part de l'impôt sur le revenu et de l'ensemble des cotisations de sécurité sociale, diminués des prestations, dans les coûts bruts de main-d'œuvre.*

Les taux marginaux d'imposition (ligne 15) sont exprimés de même sous la forme suivante :

- *l'augmentation de l'impôt sur le revenu et des cotisations de sécurité sociale moins les avantages des salariés en pourcentage de l'augmentation correspondante du salaire brut (pour le titulaire du revenu principal et pour son conjoint) ; et,*
- *l'augmentation des impôts et des cotisations dues moins les avantages en pourcentage de l'augmentation correspondante des coûts bruts de main-d'œuvre (à la fois pour le titulaire du revenu principal et pour son conjoint).*

Les impôts sur les salaires 2017

Australia
(2015-16 Income tax year)

This chapter includes data on the income taxes paid by workers, their social security contributions, the family benefits they receive in the form of cash transfers as well as the social security contributions and payroll taxes paid by their employers. Results reported include the marginal and average tax burden for eight different family types.

Methodological information is available for Personal income tax systems, compulsory social security contributions to schemes operated within the public sector, Universal cash transfers as well as recent changes in the tax/benefit system. The methodology also includes the parameter values and tax equations underlying the data.

Australia 2016

The tax/benefit position of single persons

	Wage level (per cent of average wage)	67	100	167	67
	Number of children	none	none	none	2
1.	**Gross wage earnings**	55 016	82 114	137 130	55 016
	Principal Gross wage earnings	55 016	82 114	137 130	55 016
	Spouse Gross wage earnings	0	0	0	0
2.	**Standard tax allowances**				
	Basic allowance				
	Married or head of family				
	Dependent children				
	Deduction for social security contributions and income taxes				
	Work-related expenses				
	Other				
	Total	0	0	0	0
3.	**Tax credits or cash transfers included in taxable income**	0	0	0	0
4.	**Central government taxable income (1 - 2 + 3)**	55 016	82 114	137 130	55 016
5.	**Central government income tax liability (exclusive of tax credits)**				
	Income tax	9 427	18 329	38 685	9 427
	Medicare Levy	1 100	1 642	2 743	1 100
	Temporary Budget Repair Levy	0	0	0	0
	Total	10 528	19 971	41 428	10 528
6.	**Tax credits**				
	Basic credit	175	0	0	175
	Married or head of family	0	0	0	0
	Children				
	Other				
	Total	175	0	0	175
7.	**Central government income tax finally paid (5-6)**	10 353	19 971	41 428	10 353
8.	**State and local taxes**	0	0	0	0
9.	**Employees' compulsory social security contributions**	0	0	0	0
10.	**Total payments to general government (7 + 8 + 9)**	10 353	19 971	41 428	10 353
11.	**Cash transfers from general government**				
	For head of family	0	0	0	0
	For two children	0	0	0	14 261
	Total	0	0	0	14 261
12.	**Take-home pay (1-10+11)**	44 663	62 143	95 703	58 924
13.	**Employers' payroll tax**	3 283	4 900	8 184	3 283
14.	**Average rates**				
	Income tax	18.8%	24.3%	30.2%	18.8%
	Employees' social security contributions	0.0%	0.0%	0.0%	0.0%
	Total payments less cash transfers	18.8%	24.3%	30.2%	-7.1%
	Total tax wedge including employer payroll taxes	23.4%	28.6%	34.1%	-1.1%
15.	**Marginal rates**				
	Total payments less cash transfers: Principal earner	36.0%	39.0%	39.0%	56.0%
	Total payments less cash transfers: Spouse	n.a.	n.a.	n.a.	n.a.
	Total tax wedge: Principal earner	39.6%	42.4%	42.4%	58.5%
	Total tax wedge: Spouse	n.a.	n.a.	n.a.	n.a.

Australia 2016

The tax/benefit position of married couples

		Wage level (per cent of average wage)	100-0	100-33	100-67	100-33
		Number of children	2	2	2	none
1.	**Gross wage earnings**		82 114	109 212	137 130	109 212
	Principal Gross wage earnings		82 114	82 114	82 114	82 114
	Spouse Gross wage earnings		0	27 098	55 016	27 098
2.	**Standard tax allowances**					
	Basic allowance					
	Married or head of family					
	Dependent children					
	Deduction for social security contributions and income taxes					
	Work-related expenses					
	Other					
		Total	0	0	0	0
3.	**Tax credits or cash transfers included in taxable income**		0	0	0	0
4.	**Central government taxable income (1 - 2 + 3)**		82 114	109 212	137 130	109 212
5.	**Central government income tax liability (exclusive of tax credits)**					
	Income tax		18 329	20 020	27 757	20 020
	Medicare Levy		1 642	2 184	2 743	2 184
	Temporary Budget Repair Levy		0	0	0	0
		Total	19 971	22 204	30 499	22 204
6.	**Tax credits**					
	Basic credit		0	445	175	445
	Married or head of family		0	0	0	0
	Children					
	Other					
		Total	0	445	175	445
7.	**Central government income tax finally paid (5-6)**		19 971	21 759	30 324	21 759
8.	**State and local taxes**		0	0	0	0
9.	**Employees' compulsory social security contributions**		0	0	0	0
10.	**Total payments to general government (7 + 8 + 9)**		19 971	21 759	30 324	21 759
11.	**Cash transfers from general government**					
	For head of family		0	0	0	0
	For two children		9 141	65	0	0
		Total	9 141	65	0	0
12.	**Take-home pay (1-10+11)**		71 284	87 517	106 806	87 453
13.	**Employers' payroll tax**		4 900	6 517	8 184	6 517
14.	**Average rates**					
	Income tax		24.3%	19.9%	22.1%	19.9%
	Employees' social security contributions		0.0%	0.0%	0.0%	0.0%
	Total payments less cash transfers		13.2%	19.9%	22.1%	19.9%
	Total tax wedge including employer payroll taxes		18.1%	24.4%	26.5%	24.4%
15.	**Marginal rates**					
	Total payments less cash transfers: Principal earner		59.0%	69.0%	39.0%	39.0%
	Total payments less cash transfers: Spouse		40.1%	51.0%	36.0%	21.0%
	Total tax wedge: Principal earner		61.3%	70.7%	42.4%	42.4%
	Total tax wedge: Spouse		43.5%	53.8%	39.6%	25.4%

The national currency is the Australian dollar (AUD). For the 2015-16 income tax year AUD 1.35 was equal to USD 1. The average worker earned AUD 82 114 in 2015-16.

1. Personal income tax system

1.1. Federal income tax

1.1.1. Tax unit

Members of the family are taxed separately.

1.1.2. Tax allowances and credits

1.1.2.1. Standard tax reliefs

- *Basic reliefs:* Income earned up to AUD 18 200 by resident taxpayers is subject to tax at a zero rate.
- *Standard marital status reliefs:* No relief available.
- *Relief(s) for children:* See Section 4.2 for more detail on transfers related to dependent children.
- *Relief for social security contributions* and other taxes: No such contributions are levied.
- *Reliefs for low income earners:* A tax offset worth a maximum of AUD 445 is available for low income earners called the Low Income Tax Offset. Taxpayers whose taxable income was less than AUD 37 000 in 2015-16 are eligible to receive the full amount of the offset. The offset is reduced by AUD 0.015 for every AUD 1 by which a taxpayer's taxable income exceeds AUD 37 000 and is no longer available once a taxpayer's taxable income exceeds AUD 66 667.
- *Relief for mature age workers:* No relief available.
- *Relief for recipients of certain social security benefits:* The Beneficiary Tax Offset is available for those who receive certain taxable social security benefits called 'rebatable benefits'. It is calculated to ensure that a person who receives a rebatable benefit does not pay any tax on that income. The amount of the Beneficiary Tax Offset available to an individual is determined by the total amount of the rebatable benefit(s) they receive in an income year.
- *Relief for taxpayers who maintain a dependant who is genuinely unable to work:* A taxpayer who maintains a dependant who is genuinely unable to work due to invalidity or carer obligations may be eligible for the Dependent (Invalid and Carer) Tax Offset. This tax offset is worth a maximum of AUD 2 588 in 2015-16. To qualify for the offset, the combined adjusted taxable income of the taxpayer and their spouse (where one exists) should not exceed AUD 100 000 in 2015-16. The amount of offset that may be received is reduced by AUD 1 for every AUD 4 by which the dependant's adjusted taxable income exceeds AUD 282 and is no longer available once the dependant's adjusted taxable income exceeds AUD 10 634.
- There are also tax rebates to ensure that taxpayers in receipt of a taxable Australian Government pension, as well as Australians who are of Age Pension age and who meet all

of the Age Pension eligibility criteria except the income and/or asset tests, pay less tax. The Senior Australian and Pensioner Tax Offset is worth up to AUD 2 230 for a single taxpayer, up to AUD 1 602 for each member of a senior couple not separated by illness and AUD 2 040 for each member of a senior couple separated by illness. The offset is withdrawn at the rate of AUD 0.125 for every dollar that a recipient's income exceeds their effective tax-free threshold. For a single taxpayer, this means that the offset is withdrawn from AUD 32 279 and is no longer available once income reaches AUD 50 119. For members of a couple not separated by illness, the offset is withdrawn from a combined income of AUD 57 948 and is no longer available once combined income reaches AUD 83 580.

- *Other:* No other standard relief available.

1.1.2.2. Main non-standard tax reliefs applicable to an average worker include:

- *Relief for superannuation:* Contributions to a low-income spouse's superannuation attract an 18% rebate up to a maximum rebate of AUD 540. In 2015-16, eligible individuals with incomes not exceeding AUD 37 000 effectively have the tax paid on their concessional contributions refunded, up to a maximum of AUD 500.
- *Relief for private health insurance:* For the 2015-16 income year, there are different rebate amounts depending on age and income. For individuals below 65 years without dependants and with annual income for surcharge purposes below AUD 90 000 the rebate is 27.82% from 1 July 2015 to 31 March 2016 and 26.791% from 1 April 2016 of the cost of cover for eligible private health care. For families (couples and individuals with at least one dependent child) below 65 years with annual income for surcharge purposes below AUD 180 000, the rebate is 27.82% from 1 July 2015 to 31 March 2016 and from 1 April 2016 26.791% of the cost of cover for eligible private health care. The threshold is increased by AUD 1 500 for each dependent child after the first.
- The rebate percentages are reduced for individuals and families with annual incomes above these amounts. The rebate percentages are also higher for individuals and families aged 65 years or more.
- *Relief for medical expenses:* In 2015-16, there is an offset for annual net out-of-pocket medical expenses. Eligibility for the offset is based on annual income. This offset is being phased out, so for the 2015-16 income year, it is only available to individuals who have medical expenses relating to disability aids, attendant care or aged care. Single taxpayers with an adjusted taxable income (ATI) of AUD 90 000 or less, and families with ATI below AUD 180 000 (plus AUD 1 500 for each additional dependent child after the first), are able to claim 20% of medical expenses over AUD 2 265. Single taxpayers and families with incomes above these respective amounts are able to claim 10% of medical expenses over AUD 5 343.
- Other non-standard reliefs provided as deductions are:
  - subscriptions paid in respect of membership of a trade, business or professional association or union;
  - charitable contributions of AUD 2 or more to specified funds, authorities and institutions, including public benevolent institutions, approved research institutes for scientific research, building funds for schools conducted by non-profit organisations etc.; and
  - work-related expenses including cost of replacement of tools of trade, cost of provision and of cleaning protective clothing and footwear, travelling between jobs or travelling in the course of employment.

1.1.3. *Tax schedule*

General rates of tax – resident individuals

Taxable income (AUD)		Tax at general rates on total taxable income
Not less than	Not more than	
0	18 200	NIL
18 201	37 000	NIL + 19c for each AUD in excess of AUD 18 200
37 001	80 000	AUD 3 572 + 32.50c for each AUD in excess of AUD 37 000
80 001	180 000	AUD 17 547 + 37c for each AUD in excess of AUD 80 000
180 001 and over		AUD 54 547 + 45c for each AUD in excess of AUD 180 000

For the income years 2014-15, 2015-16 and 2016-17 there will be a Temporary Budget Repair Levy imposed on high income earners. The levy is applied at the rate of 2.0% of an individual's taxable income above AUD 180 000.

To nominally contribute towards the cost of basic medical and hospital care a Medicare Levy is imposed on the taxable incomes of resident taxpayers. In 2015-16 the levy applied at the rate of 2.0% of the taxable income of an individual.

Certain thresholds are applied before the levy is imposed. In 2015-16, an individual taxpayer was not liable for the levy where their taxable income did not exceed AUD 21 335. A taxpayer in a couple or sole parent family who is not receiving Parenting Payment, (see section 4.2), does not pay the levy if the taxable family income does not exceed AUD 36 001. The threshold is increased by AUD 3 306 for each dependent child. Where an individual's taxable income exceeds AUD 21 335, or a family's income exceeds AUD 36 001 (plus AUD 3 306 for each dependent child), the levy shades in at a rate of 10% of the excess of taxable income over the threshold, until the levy is equal to 2.0% of the individual's or family's taxable income.

For 2015-16, individual senior Australians of Age Pension age were not liable to pay the levy where their taxable income did not exceed AUD 33 738. Where taxable income exceeded AUD 33 738 but did not exceed AUD 42 172, the levy liability was equal to 10% of the excess of taxable income over AUD 33 738. Pensioner families (including couples and sole parents on Parenting Payment) and senior Australian families of Age Pension age, did not become liable to pay any Medicare levy until their combined income in 2015-16 exceeded AUD 46 966 (plus AUD 3 306 for each dependent child).

Individual taxpayers who had income for surcharge purposes greater than AUD 90 000 in 2015-16 (or if a couple had a combined income greater than AUD 180 000) but who did not have a complying private health care policy, were liable for the Medicare levy surcharge, which is applied as a flat rate on their taxable income. The surcharge rates are 1%, 1.25% and 1.5% depending on the taxpayer's taxable income above these thresholds. However, affected taxpayers typically purchase a complying policy as the cost of such a policy is generally less than the surcharge. The surcharge is therefore not included in this publication.

1.2. *State and local income taxes*

In Australia no states or territories levy a tax based on a resident's income.

2. Social security contributions

2.1. *Employees' contributions*

None. There is, however, a Medicare Levy which is based upon taxable income. See Section 1.1.3.

2.2. *Employers' contributions*

No contributions are collected from employers or employees specifically for pensions, sickness, unemployment or work injury benefits, family allowances or other benefits.

Part of Australia's retirement income system is the provision of compulsory employer contributions (the Superannuation Guarantee system). In 2015-16 the Superannuation Guarantee required employers to pay 9. 5% on top of employees' gross ordinary time earnings to an approved superannuation fund, provided they earn more than AUD 450 per month (they may also choose to make contributions for workers earning less than this threshold). This threshold is not indexed. There is also a limit to the Superannuation Guarantee. In each quarter any earnings beyond a threshold are not covered by the Superannuation Guarantee. This threshold is indexed to a measure of average earnings. In the 2015-16 tax year this threshold was AUD 50 810 per quarter. The Superannuation Guarantee rate will remain at 9.5% until 2020-21.

These contributions are not reflected in the "Taxing Wages" calculations because they are not a form of taxation (they are not an unrequited transfer to general government). While employers are legislatively required to make contributions to approved superannuation funds legislated, superannuation funds are private, although subject to regulation. Employers' contributions are generally made to individual accounts and form part of employees' personal superannuation assets. Some defined benefit schemes for public sector employees and private defined benefit schemes also exist. The employee may take superannuation benefits as either a lump sum payment or pension on retirement. Accordingly, superannuation contributions are reflected in the Non-Tax Compulsory Payment calculations.

3. Other taxes

3.1. *Pay-roll tax*

Australian State Governments levy pay-roll taxes on wages, cash or in kind, provided by larger employers to their employees. The rates of pay-roll tax, thresholds and deductions differ between States. In New South Wales, the State with the largest population, the pay-roll tax rate in 2015-16 was 5.45% for employers with total Australian wages in excess of AUD 750 000. Employers are entitled to an exemption from tax, or a pro-rated pay-roll tax threshold, on wages paid in New South Wales up to a maximum of AUD 750 000. The exempt amount is reduced based on the proportion of the employer's New South Wales pay-roll to its total Australian pay-roll.

4. Universal cash transfers

4.1. *Transfers related to marital status*

There are no cash transfers made on a universal basis to married couples.

4.2. *Transfers related to dependent children*

- Family Tax Benefit (FTB) Part A is paid to a parent, guardian or an approved care organisation to help families meet the costs of raising children. For 2015-16, the base rate of FTB(A) is payable where the combined 'adjusted' taxable income of parents does not exceed AUD 94 316. The payment shades out at the rate of AUD 0.30 per AUD 1 of income over the ceiling. The base rate of payment is AUD 2 230.15 (this figure includes an end of year supplement) for a dependent child aged under 15 and for dependent full time students aged 16 to 19. The base rate of payment is increased by a Large Family Supplement (LFS) for families with four or more children. In 2015-16, the LFS is payable at a rate of AUD 324.85 for the fourth and each subsequent child.
- A higher FTB(A) benefit is available for lower income earners, and the value of this benefit is dependent on the age and number of children. For 2015-16 families may receive a maximum payment of AUD 5 412.95 (this figure includes an end of year supplement) for each child aged under 13 years and AUD 6 825.50 (this figure includes an end of year supplement) for each child aged 13 to 15 years and for each child aged 16-19 in full time secondary school. The higher benefit is also boosted by the LFS for families with four or more children. For 2015-16, the higher benefit tapers out at the rate of AUD 0.20 for each dollar of income over AUD 51 027 until the base payment is reached. However, people receiving any social security allowances or pensions automatically qualify for the maximum higher benefit. The attached calculations assume each dependant is between 5 and 12 years of age.
- Family Tax Benefit Part B (FTB(B)) is targeted at single income couple and sole parent families. Eligibility for FTB(B) is contingent upon having a FTB child under the age of 16 or a qualifying dependent full-time student up to of the end of the calendar year they turn 18. There are two separate income tests applied to the parent(s). The parent earning the higher amount (or the sole parent, in the case of single parent families) must earn AUD 100 000 or less for the financial year for the family to be eligible. A secondary earner income threshold is also applied to the parent earning the lower amount. For 2015-16, this threshold is AUD 5 402, above which the entitlement is reduced by AUD 0.20 for each dollar of income. There is no secondary earner income test applied to sole parents. For 2015-16, the maximum payment is AUD 3 139.00 if the youngest dependent child is aged between 5 and 15 (or up to the end of the calendar year they turn 18 years if the dependent child is a full-time student), and AUD 4 339.85 if there is a child under 5 years. The attached calculations assume each dependant is between 5 and 12 years of age.
- Recipients of the Family Tax Benefit may elect to receive the benefit in fortnightly instalments or as an end of year lump sum payment.
- A Newborn Supplement and Newborn Upfront Payment may be paid to families for each baby born from 1 March 2014. To be eligible families will need to be eligible for Family Tax Benefit Part A and not be accessing Parental Leave Pay for that child. For multiple births, Parental Leave Pay may be payable for one child and Newborn Supplement for the other child or children. The total value of the Newborn Supplement and Newborn Upfront Payment in 2015-16 is up to AUD 2 091.84 for the first child (and all multiple births) and up to AUD 1 046.25 for subsequent children. This supplement and upfront payment replace the previous Baby Bonus.
- On 1 January 2011 Australia's first Paid Parental Leave scheme commenced. The scheme provides two government-funded payments: Parental Leave Pay and Dad and Partner Pay.

Parental Leave Pay (PLP) provides the primary carer of a child with 18 weeks' pay at the national minimum wage (AUD 657.00 per week before tax in 2015-16), in the year following the child's birth or adoption. The primary carer must have worked for at least 10 of the 13 months prior to the birth or adoption, and for at least 330 hours in that 10 month period with no more than an eight week gap between two working days. The primary carer's adjusted taxable income must be AUD 150 000 or less in the financial year prior to the date of claim or date of birth or adoption, whichever is earlier. PLP and Newborn Supplement cannot be paid for the same child. A person cannot claim FTB(B) or the dependent spouse, child housekeeper and housekeeper tax offsets while they are receiving PLP.

- Dad and Partner Pay (DAPP) provides the father or partner of the primary carer of a child with two weeks' pay at the national minimum wage (AUD 657.00 per week before tax in 2015-16), in the year following the child's birth or adoption. The father or partner must have worked for at least 10 of the 13 months prior to the birth or adoption and for at least 330 hours in that 10 month period with no more than an eight week gap between two working days. The father or partner's adjusted taxable income must be AUD 150 000 or less in the financial year prior to the date of claim or date of birth or adoption, whichever is earlier. DAPP and PLP may be paid for the same child.
- Child Care Benefit (CCB) is a means-tested payment which assists families with the cost of approved child care. In 2015-16 CCB is payable to eligible families with incomes up to AUD 152 147 for one child in care, with the income limit rising for each additional child in care. Families with annual incomes under AUD 43 727 receive the maximum rate of CCB, which is AUD 4.17 per hour for a non-school child in care. CCB is payable for a maximum of 50 hours per week. To receive more than 24 hours of CCB per week both parents must be participating in work, training or study activities for at least 15 hours per week. The attached calculations assume no child care usage.
- Child Care Rebate (CCR) is an additional payment aimed at promoting workforce participation. CCR is not means tested. It pays 50% of out-of-pocket child care expenses (after any CCB), up to an annual cap of AUD 7 500 per child in 2015-16. Families have to participate in work, training or study related commitments at some time during a week or have an exemption. No minimum number of hours is required.
- Parenting Payment is a taxable payment payable to partnered and sole parents for low income families with a qualifying child under six and eight years of age respectively. In 2015-16 the maximum annual amount of Parenting Payment (Partnered) (PP(P)) was AUD 12 295. Only one parent in a couple can be entitled to PP(P). The maximum annual amount of Parenting Payment (Single) (PP(S)) was AUD 19 023. These payments are subject to income and assets tests. The Parenting Payment (Partnered) tapers out at a rate of AUD 0.50 per AUD 1 of income over AUD 2 652 up to AUD 6 552 and reduces at a rate of AUD 0.60 per AUD 1 for income over AUD 6 552. Under the PP(P) income test, a spouse receives a reduced Parenting Payment, tapering at a rate of AUD 0.60, when the higher earning partner's income exceeds AUD 24 310. If the spouse has little or no income (less than AUD 2 652 per annum), he or she would not receive any Parenting Payment when the higher earning partner's income exceeds AUD 45 296. PP(S) reduces by AUD 0.40 for each AUD 1 of income above AUD 4 212 plus AUD 639.60 for each child other than the first. A sole parent with two qualifying dependants may be entitled to some taxable PP(S) in 2015-16 where private income does not exceed AUD 52 409. The attached calculations assume dependants are aged six and seven.

- The Newstart allowance is a taxable payment payable to single persons and partnered individuals who are unemployed. It is also payable to a member of a couple if their youngest child is aged six years or more and to single parents if their youngest child is aged eight years or more. It is conditional on recipients fulfilling a personal Job Plan, which typically involves taking part in activities such as job seeking and training. In 2015-16 the Newstart allowance for singles without dependants was AUD 13 616 and for partnered individuals was AUD 12 295. These payments taper out at a rate of AUD 0.50 per AUD 1 for incomes between AUD 2 652 and AUD 6 552, and reduce at a rate of AUD 0.60 per AUD for incomes over AUD 6 552. The Newstart allowance for partnered individuals reduces by AUD 0.60 for each AUD 1 of their partner's income above AUD 24 310. For single principal carers with dependent child(ren), it reduces at a rate of AUD 0.40 per AUD 1 for incomes over AUD 2 652.
- A non-taxable supplementary payment called Pharmaceutical Allowance (PA) is payable to eligible persons; for example, persons who receive the PP(S). PA is added to the maximum basic rate of PP(S) before a person's PP(S) entitlement is calculated. Anyone with a PP(S) entitlement, after PA has been added, receives the full amount of PA. For 2015-16, the payment is AUD 161.20.
- A Telephone Allowance is available on a quarterly basis to eligible individuals, including individuals who receive PP(S) or PA if their PP(S) entitlement is reduced to 0. The basic rate of the Telephone Allowance is AUD 110.67 for 2015-16, with a higher rate of AUD 164.89 available for recipients of Disability Support Pension who are under the age of 21 and where a home internet service is connected in the individual's or partner's name. The attached calculations assume the standard rate is applicable.

4.2. *Other transfers*

Single Income Family Supplement

- The Single Income Family Supplement (SIFS) is a non-taxable payment for households with one main income earner.
- The SIFS phases in at a rate of AUD 0.025 for every AUD 1 above AUD 68 000 until it reaches AUD 300. Once the main earner's income exceeds AUD 120 000 the SIFS reduces by AUD 0.01 for every AUD 1. If there is a secondary earner, every AUD of their income above AUD 16 000, reduces the SIFS by AUD 0.15.

Schoolkids Bonus

- Parents or carers eligible for FTB Part A are eligible to receive Schoolkids Bonus. In 2015-16, the Bonus was worth AUD 430 for each child in primary school and AUD 856 for each child in secondary school. The Schoolkids Bonus is limited to families and individuals with an income of AUD 100 000 per year or less. It is paid in two equal instalments in January and July each year. The Schoolkids Bonus is being phased out and the final instalment will be paid in July 2016.

Income Support Bonus

- The Income Support Bonus is a non-taxable payment made to recipients of eligible social security benefits. In 2015-16, single persons received AUD 222.10 and each member of a couple received AUD 184.90.

5. Recent changes in the tax/benefit system

In 2015-16, the following changes to the benefits system commenced:

- The "additional child add-on" (of USD 3796) to the threshold for paying the base rate of FTB(A) (USD 94 316) has been abolished.
- The Large Family Supplement is now payable to families with four children (it was previously three).
- The primary earner income threshold for FTB(B) has been reduced from USD 150 000 to USD 100 000 per annum.

There were no significant changes to the personal tax system relevant to Taxing Wages in 2015-16.

6. Memorandum items

6.1. *Identification of an average worker*

The source of the information used in replying to the questionnaire was the Australian Bureau of Statistics publication *Average Weekly Earnings – Australia*, catalogue number 6302.0. The survey is now conducted on a biannual basis (it was previously conducted on a quarterly basis up to the June 2012 quarter) and is based on a representative sample of employers in each industry. As a result of this change in frequency, average weekly earnings for the 2015-16 income tax year have been calculated as the average of the two biannual figures (November 2015 and May 2016 (released in August 2016)).

In August 2009 the Australian Bureau of Statistics (ABS) redesigned the survey and replaced the industry classification based on the 1993 edition of the Australian and New Zealand Standard Industrial Classification (ANZSIC), which had been in use since 1994, with the 2006 edition of ANZSIC. The 2006 edition of ANZSIC was developed to provide a more contemporary industrial classification system, taking into account issues such as changes in the structure and composition of the economy, changing user demands and compatibility with major international classification standards. Accordingly, the average wage figure for 2010 and later years is inconsistent with that provided for previous years.

All wage and salary earners who received pay for the reference period are represented in the Survey of Average Weekly Earnings (AWE), except:

- members of the Australian permanent defence forces;
- employees of enterprises primarily engaged in agriculture, forestry and fishing;
- employees of private households;
- employees of overseas embassies, consulates, etc.;
- employees based outside Australia; and
- employees on workers' compensation who are not paid through the payroll.

Also excluded are the following persons who are not regarded as employees for the purposes of this survey:

- casual employees who did not receive pay during the reference period;
- employees on leave without pay who did not receive pay during the reference period;
- employees on strike, or stood down, who did not receive pay during the reference period;
- directors who are not paid a salary;
- proprietors/partners of unincorporated businesses;

- self-employed persons such as subcontractors, owner/drivers, consultants;
- persons paid solely by commission without a retainer; and
- employees paid under the Parental Leave Pay Scheme.

The sample for the AWE survey, like most ABS business surveys, is selected from the ABS Business Register which is primarily based on registrations with the Australian Taxation Office's (ATO) Pay As You Go Withholding (PAYGW) scheme (and prior to 1 June 2000 the Group Employer (GE) scheme). The population is updated quarterly to take account of:

- new businesses;
- businesses which have ceased employing;
- changes in employment levels;
- changes in industry; and
- other general business changes.

Earnings comprise weekly ordinary time earnings and weekly overtime earnings.

Weekly ordinary time earnings refers to one week's earnings of employees for the reference period attributable to award, standard or agreed hours of work. It is calculated before taxation and any other deductions (e.g. superannuation, board and lodging) have been made. Included in ordinary time earnings are award, workplace and enterprise bargaining payments, and other agreed base rates of pay, over award and over agreed payments, penalty payments, shift and other allowances; commissions and retainers; bonuses and similar payments related to the reference period; payments under incentive or piecework; payments under profit sharing schemes normally paid each pay period; payment for leave taken during the reference period; all workers' compensation payments made through the payroll; and salary payments made to directors. Excluded are overtime payments, retrospective pay, pay in advance, leave loadings, severance, termination and redundancy payments, and other payments not related to the reference period.

Weekly overtime earnings refers to payment for hours in excess of award, standard or agreed hours of work.

6.2. Employers' contribution to private health and pension scheme

In Australia very few employers make any contributions towards health schemes for their employees, especially where the employee is at a wage level comparable to that of an average production worker.

From a survey of employment benefits conducted by the Australian Bureau of Statistics, the findings of which were published in 2001 as *Superannuation, Australia 2000* (ABS Catalogue No. 6360.0), it was estimated that 98% of all employed persons with leave entitlements were covered by a superannuation scheme.

2016 parameter values

Average earnings/yr	Ave_earn	82 114	
Low Income Tax Offset	low_inc_cr	445	
	low_inc_lim	37 000	
	low_inc_redn	0.015	
Tax schedule	tax_sch	0.000	18 200
		0.190	37 000
		0.325	80 000
		0.370	180 000
		0.450	
Medicare levy	medic_rate	0.02	
exemption limits	sing_lim	21 335	
married	m_lim	36 001	
sing parent receiving PPS	SAPTO_lim	46 966	
+ per child	ch_lim	3 306	
shading-in rate	shade_rate	0.1	
Temporary Budget Repair Levy	TBRL_rate	0.02	
income threshold	TBRL_lim	180 000	
Part A FTB max	FTB_A_max	5 412.95	
Part A FTB basic	FTB_A_base	2 230.15	
part A income limit 1	FTB_A_lim1	51 027	
part A income limit 2	FTB_A_lim2	94 316	
reduction rate 1	FTB_A_taper1	0.2	
reduction rate 2	FTB_A_taper2	0.3	
additional limit2 per extra child	FTB_A_child	0	
Large family supplement	FTB_A_large	324.85	
Part A FTB Clean Energy Advance (CEA) max	FTB_A_CEA_max	0	
Part A FTB CEA basic	FTB_A_CEA_basic	0	
Part A FTB Energy Supplement (ES) max	FTB_A_CES_max	91.25	
Part A FTB ES basic	FTB_A_CES_basic	36.5	
Part B FTB	FTB_B	3 139.00	
part B partner income limit	FTB_B_lim	5 402	
reduction rate	FTB_B_taper	0.2	
Income limit (primary earner)	FTB_B_lim_p	100 000	
Part B FTB CEA no child <5 years old	FTB_B_CEA_5	0	
Part B FTB ES no child <5 years old	FTB_B_CES_5	51.1	
Single Income Family Supplement max rate	SIFS_max	300	
Single Income Family Supplement phase-in threshold	SIFS_in_lim_pr	68 000	
Single Income Family Supplement taper in Rate - primary earner	SIFS_in_taper_pr	0.025	
Single Income Family Supplement phase-out threshold (primary earner)	SIFS_out_lim_pr	120 000	
Single Income Family Supplement taper out rate (primary earner)	SIFS_out_taper_pr	0.01	
Single Income Family Supplement phase out threshold (secondary earner)	SIFS_out_lim_sec	16 000	
Single income family supplement phase out taper - secondary earner	SIFS_out_taper_sec	0.15	
Parenting payment single	PPS	19 022.90	
reduction rate	PPS_taper	0.4	
income limit	PPS_lim	4212	
additional limit per child	PPS_ch_lim	639.6	
Parenting payment single CEA	PPS_CEA	0	
Parenting payment single Energy Supplement (ES)	PPS_CES	312	
Pharmaceutical allowance	PA	161.2	
State pay-roll tax rate (NSW)	Pay_roll_rate	0.0545	
Additional parameters			
Newstart allowance single rate	NSAS	13 616.46	
Newstart allowance single CEA	NSAS_CEA	0	
Newstart allowance single ES	NSAS_CES	228.80	
Newstart allowance partnered rate	NSAP	12 294.88	
Newstart allowance partnered CEA	NSAP_CEA	0	

2016 parameter values

Newstart allowance partnered ES	NSAP_CES	205.40
reduction rate 1	NSA_taper1	0.5
reduction rate 2	NSA_taper2	0.6
income limit 1	NSA_lim1	2652
income limit 2	NSA_lim2	6552
Senior Australian and Pensioner Tax Offset	SAPTO	2230
Senior Australian and Pensioner Tax Offset single threshold	SAPTO_thresh	32 279
Senior Australian and Pensioner Tax Offset taper rate	SAPTO_taper	0.125
SchoolKids Bonus	SKB	430
	SKB_lim	100 000
Telephone allowance	Tele_A	110.67
Flood levy	tax_flo	
Income Support Bonus - Single	ISB_s	222.10
Income Support Bonus - partnered	ISB_p	184.90

2016 tax equations

The equations for the Australian system in 2016 are mostly repeated for each individual of a married couple. However, the spouse credit is relevant only to the calculation for the principal earner and the calculation of the Medicare levy uses shading-in rules which depend on the levels of earnings of the spouses. The basis of calculation is shown by the Range indicator in the table below.

The functions which are used in the equations (Taper, MIN, Tax etc) are described in the technical note about tax equations. Variable names are defined in the table of parameters above, within the equations table, or are the standard variables "married" and "children". A reference to a variable with the affix "_total" indicates the sum of the relevant variable values for the principal and spouse. And the affixes "_princ" and "_spouse" indicate the value for the principal and spouse respectively. Where the calculation for one earner takes into account variables for the other earner, the affix "_oth" is used. Equations for a single person are as shown for the principal, with "_spouse" values taken as 0.

	Line in country table and intermediate steps	Variable name	Range	Equation
1.	Earnings	earn		
2.	Allowances	tax_al	B	0
3.	Credits in taxable income:			
	Credits in taxable income of principal	taxbl_cr_princ	P	IF(AND(Children>0,Married=0),Taper(PPS,earn_princ,PPS_lim+PPS_ch_lim*(Children-1),PPS_taper),IF(AND(Children=0,Married=0),taper2(NSAS,earn_princ,NSA_lim1,NSA_lim2,NSA_taper1,NSA_taper2),IF(Married>0,taper3(NSAP,earn_princ,earn_spouse,NSA_lim1,NSA_lim2,NSA_taper1,NSA_taper2,0),,0)))
	Credits in taxable income of spouse	taxbl_cr_spouse	S	IF(AND(Children>0,Married=0),0,IF(AND(Children=0,Married=0),0,IF(Married>0,taper3(NSAP,earn_spouse,earn_princ,NSA_lim1,NSA_lim2,NSA_taper1,NSA_taper2,0),0)))
4.	CG taxable income	tax_inc	B	earn+taxbl_cr
5.	CG tax before credits			
	Medicare Levy	med_levy	B	medicare(tax_inc,sing_lim,m_lim,SAPTO_lim,ch_lim,shade_rate,medic_rate,Married,tax_inc_oth,Children)
	Temporary Budget Repair Levy	TBRL	B	TBRL_rate*Positive(tax_inc-TBRL_lim)
	Tax liability	liab	P	Tax(tax_inc, tax_sch)
6.	Tax credits :			
	Low income credit	low_cr	B	Taper(low_inc_cr,tax_inc,low_inc_lim,low_inc_redn)
	Senior Australian and Pensioner Tax Offset	sap_cr	P	IF(AND(taxbl_cr_princ>0,NOT(AND(Children>0,Married=0))),Tax(taxbl_cr_princ,tax_sch),IF(taxbl_cr_princ>0,Taper(SAPTO,tax_inc,SAPTO_thresh,SAPTO_taper),0)
	Beneficiary tax offset	ben_cr	B	IF(AND(taxbl_cr>0, NOT(AND(Children>0, Married=0))), Tax(taxbl_cr, tax_sch), 0)
	Total	tax_cr	B	low_cr+sap_cr+ben_cr
7.	CG tax	CG_tax	B	Positive(liab-tax_cr) + med_levy + TBRL
8.	State and local taxes	local_tax	B	0
9.	Employees' soc security	SSC	B	0
11.	Cash transfers:			
	Family Tax Benefit (Part A)	ftbA	P	IF(PA>0,((FTB_A_max+FTB_A_CES_max)*Children+IF(Children>3,(Children-3)*FTB_A_large,0)),MAX(((FTB_A_max+FTB_A_CES_max)*Children+IF(Children>3,(Children-3)*FTB_A_large,0)-Positive((princ_earn+taxbl_cr+spouse_earn+taxbl_cr_spouse)-FTB_A_lim1)*FTB_A_taper1),Positive((FTB_A_base+FTB_A_CES_basic)*Children+IF(Children>3,(Children-3)*FTB_A_large,0)-Positive((princ_earn+taxbl_cr+spouse_earn+taxbl_cr_spouse)-(FTB_A_lim2+(Positive(Children-1))*FTB_A_child))*FTB_A_taper2)))

Line in country table and intermediate steps		Variable name	Range	Equation
	Family Tax Benefit (Part B)	ftbB	J	IF(earn_princ<FTB_B_lim_p,IF(Children>0,Taper(FTB_B+FTB_B_CES_5, earn_spouse+taxbl_cr_spouse,FTB_B_lim,FTB_B_taper),0),0)
	Pharmaceutical Allowance	PA	J	AND(Children>0,Married=0)*IF(Taper(PPS+PA+PPS_CES,earn_princ, PPS_lim+PPS_ch_lim*(Children-1),PPS_taper)>0,PA,0)
	Clean Energy Advance	CEA	J	IF(AND(Children>0,Married=0,Taper(PPS+PPS_CES,earn_princ,PPS_lim+PPS_ch_lim*(Children-1),PPS_taper)>0),PPS_CEA,IF(AND(Children=0,Married=0, taper2(NSAS+NSAS_CES,earn_princ,NSA_lim1,NSA_lim2,NSA_taper1,NSA_taper2)>0),NSAS_CEA,IF(AND(Married>0,taper3(NSAP,earn_spouse,earn_princ,NSA_lim1,NSA_lim2,NSA_taper1,NSA_taper2,NSAP_CES)>0),NSAP_CEA)))+IF(AND(taxbl_cr_princ>0,Married>0,taper2(NSAP+NSAP_CES,earn_princ,NSA_lim1,NSA_lim2,NSA_taper1,NSA_taper2)>0),NSAP_CEA,0)+IF(AND(ftbA>0,ftbA>FTB_A_base*Children+IF(Children>2,(Children-2)*FTB_A_large,0)),FTB_A_CEA_max*Children, 0)+IF(AND(ftbA>0,ftbA<=FTB_A_base*Children+IF(Children>2,(Children-2)* FTB_A_large,0)),FTB_A_CEA_basic*Children,0)+IF(ftbB>0,FTB_B_CEA_5,0)
	Energy Supplement	CES	J	IF(AND(Children>0,Married=0,Taper(PPS+PPS_CES,earn_princ,PPS_lim+PPS_ch_lim*(Children-1),PPS_taper)>0), MAX(0,Taper(PPS+PPS_CES,earn_princ, PPS_lim+PPS_ch_lim*(Children-1),PPS_taper)-Taper(PPS, earn_princ,PPS_lim+PPS_ch_lim*(Children-1),PPS_taper)),IF(AND(Children>0,Married=0,Taper (PPS+PPS_CES,earn_princ,PPS_lim+PPS_ch_lim*(Children-1),PPS_taper)=0),0,IF(AND(Children=0,Married=0,taper2(NSAS+NSAS_CES,earn_princ,NSA_lim1,NSA_lim2,NSA_taper1,NSA_taper2)>0),taper2(NSAS+NSAS_CES, earn_princ,NSA_lim1,NSA_lim2,NSA_taper1,NSA_taper2)-taper2(NSAS,earn_princ,NSA_lim1,NSA_lim2,NSA_taper1,NSA_taper2),IF(AND(Married>0,taper3(NSAP,earn_spouse,earn_princ,NSA_lim1,NSA_lim2,NSA_taper1,NSA_taper2,NSAP_CES)>0),taper3(NSAP,earn_spouse,earn_princ,NSA_lim1,NSA_lim2,NSA_taper1,NSA_taper2,NSAP_CES)-taper3(NSAP,earn_spouse,earn_princ,NSA_lim1,NSA_lim2,NSA_taper1,NSA_taper2,NSAP_CES-NSAP_CES)))))+IF(AND(Married>0, ,taper2(NSAP+NSAP_CES,earn_princ,NSA_lim1,NSA_lim2,NSA_taper1,NSA_taper2)>0), max(0, taper2(NSAP+NSAP_CES,earn_princ,NSA_lim1,NSA_lim2,NSA_taper1,NSA_taper2)- taper2(NSAP,earn_princ,NSA_lim1,NSA_lim2,NSA_taper1, NSA_taper2)),0)
	SchoolKids Bonus	SKB	J	IF(earn_princ+earn_spouse+taxbl_cr_princ+taxbl_cr_spouse<SKB_lim,IF(FTB Part A>0,SKB*Children,0),0)
	Single Income Family Supplement	SIFS	J	sifs(tax_inc_princ,tax_inc_spouse,ftbA+ftbB,SIFS_max,SIFS_in_lim_pr,SIFS_in_taper_pr,SIFS_out_lim_pr,SIFS_out_taper_pr,SIFS_out_lim_sec,SIFS_out_taper_sec)
	Income support bonus	ISB	B	IF(AND(Married=0,(taxbl_cr_princ+earn_princ+PA)>0),ISB_s,IF(AND(Married>0,taper3(NSAP, taxbl_cr_princ, earn_princ,NSA_lim1,NSA_lim2,NSA_taper1,NSA_taper2,NSAP_CES)>0),ISB_p,0))+IF(AND(Married>0,taper2(NSAP+NSAP_CES,earn_princ,NSA_lim1,NSA_lim2,NSA_taper1,NSA_taper2)>0),ISB_p,0)
	Telephone Allowance	TeleA	P	IF(Married=0,IF(Children>0,IF(Taper(PPS+PA+PPS_CES,earn_princ,PPS_lim+PPS_ch_lim*(Children-1),PPS_taper)>0,Tele_A,0),0),0)
		cash_trans	J	ftbA+ftbB+taxbl_cr_princ+PA+taxbl_cr_spouse+Tele_A +CEA=CES+SKB+SIFS+ISB
13.	Employer's State pay-roll tax	tax_empr	B	earn*Pay_roll_rate

Key to range of equation B calculated separately for both principal earner and spouse P calculated for principal only (value taken as 0 for spouse calculation) J calculated once only on a joint basis. Key refers to an optimisation of benefits i.e. Parenting payment for principal and Newstart allowance for spouse versus Parenting payment for spouse and Newstart allowance for principal.

Austria

This chapter includes data on the income taxes paid by workers, their social security contributions, the family benefits they receive in the form of cash transfers as well as the social security contributions and payroll taxes paid by their employers. Results reported include the marginal and average tax burden for eight different family types.

Methodological information is available for Personal income tax systems, Compulsory social security contributions to schemes operated within the government sector, Universal cash transfers as well as recent changes in the tax/benefit system. The methodology also includes the parameter values and tax equations underlying the data.

Austria 2016

The tax/benefit position of single persons

Wage level (per cent of average wage)	67	100	167	67
Number of children	none	none	none	2
1. Gross wage earnings	29 754	44 409	74 163	29 754
2. Standard tax allowances				
Basic allowance	60	60	60	60
Married or head of family				
Dependent children	0	0	0	880
Deduction for social security contributions and income taxes	5 349	7 983	12 232	5 349
Work-related expenses	132	132	132	132
Other	0	0	0	0
Total	5 541	8 175	12 424	6 421
3. Tax credits or cash transfers included in taxable income	0	0	0	0
4. Central government taxable income (1 - 2 + 3)	24 213	36 233	61 739	23 333
5. Central government income tax liability (exclusive of tax credits)	2 866	6 570	15 958	2 558
6. Tax credits				
Basic credit	0	0	0	0
Married or head of family	0	0	0	669
Children				
Other	400	400	400	400
Total	400	400	400	1 069
7. Central government income tax finally paid (5-6)	2 466	6 170	15 558	1 489
8. State and local taxes	0	0	0	0
9. Employees' compulsory social security contributions				
Gross earnings	5 349	7 983	12 232	5 349
Taxable income				
Total	5 349	7 983	12 232	5 349
10. Total payments to general government (7 + 8 + 9)	7 815	14 153	27 790	6 838
11. Cash transfers from general government				
For head of family				
For two children	0	0	0	5 098
Total	0	0	0	5 098
12. Take-home pay (1-10+11)	21 939	30 256	46 373	28 015
13. Employer's wage dependent contributions and taxes				
Employer's compulsory social security contributions	6 370	9 507	14 566	6 370
payroll taxes	2 232	3 331	5 562	2 232
Total	8 601	12 838	20 129	8 601
14. Average rates				
Income tax	8.3%	13.9%	21.0%	5.0%
Employees' social security contributions	18.0%	18.0%	16.5%	18.0%
Total payments less cash transfers	26.3%	31.9%	37.5%	5.8%
Total tax wedge including employer's social security contributions	42.8%	47.1%	50.8%	27.0%
15. Marginal rates				
Total payments less cash transfers: Principal earner	43.3%	43.3%	36.9%	43.3%
Total payments less cash transfers: Spouse	n.a.	n.a.	n.a.	n.a.
Total tax wedge: Principal earner	56.0%	56.0%	41.3%	56.0%
Total tax wedge: Spouse	n.a.	n.a.	n.a.	n.a.

Austria 2016

The tax/benefit position of married couples

			100-0	100-33	100-67	100-33
	Wage level (per cent of average wage)					
	Number of children		2	2	2	none
1.	**Gross wage earnings**		44 409	59 064	74 163	59 064
2.	**Standard tax allowances**					
	Basic allowance		60	120	120	120
	Married or head of family					
	Dependent children		880	880	1 200	0
	Deduction for social security contributions and income taxes		7 983	10 178	13 332	10 178
	Work-related expenses		132	264	264	264
	Other		0	0	0	0
		Total	9 055	11 442	14 916	10 562
3.	**Tax credits or cash transfers included in taxable income**		0	0	0	0
4.	**Central government taxable income (1 - 2 + 3)**		35 353	47 622	59 247	48 502
5.	**Central government income tax liability (exclusive of tax credits)**		6 262	6 262	9 015	6 570
6.	**Tax credits**					
	Basic credit		0	0	0	0
	Married or head of family		669	0	0	0
	Children					
	Other		400	800	800	800
		Total	1 069	800	800	800
7.	**Central government income tax finally paid (5 - 6)**		5 193	5 462	8 215	5 770
8.	**State and local taxes**		0	0	0	0
9.	**Employees' compulsory social security contributions**					
	Gross earnings		7 983	10 178	13 332	10 178
	Taxable income					
		Total	7 983	10 178	13 332	10 178
10.	**Total payments to general government (7 + 8 + 9)**		13 176	15 640	21 548	15 948
11.	**Cash transfers from general government**					
	For head of family					
	For two children		5 098	5 098	5 098	0
		Total	5 098	5 098	5 098	0
12.	**Take-home pay (1-10+11)**		36 331	48 522	57 714	43 116
13.	**Employer's wage dependent contributions and taxes**					
	Employer's compulsory social security contributions		9 507	12 645	15 877	12 645
	Payroll taxes		3 331	4 430	5 562	4 430
		Total	12 838	17 075	21 439	17 075
14.	**Average rates**					
	Income tax		11.7%	9.2%	11.1%	9.8%
	Employees' social security contributions		18.0%	17.2%	18.0%	17.2%
	Total payments less cash transfers		18.2%	17.8%	22.2%	27.0%
	Total tax wedge including employer's social security contributions		36.5%	36.3%	39.6%	43.4%
15.	**Marginal rates**					
	Total payments less cash transfers: Principal earner		43.3%	43.3%	43.3%	43.3%
	Total payments less cash transfers: Spouse		16.8%	15.0%	43.3%	15.0%
	Total tax wedge: Principal earner		56.0%	56.0%	56.0%	56.0%
	Total tax wedge: Spouse		35.5%	34.0%	56.0%	34.0%

The Austrian currency is the Euro (EUR). In 2016, EUR 0.90 was equal to USD 1. In that year, the average worker in Austria earned EUR 44 409 (Secretariat estimate).

1. Personal income tax

1.1. *Central government income tax*

1.1.1. *Tax unit*

Each person is taxed separately.

1.1.2. *Tax allowances*

1.1.2.1. Standard tax reliefs

- Work related expenses: a minimum tax allowance of EUR 132 is available to all employees.
- Minimum tax allowance for special expenses of EUR 60.
- Social security contributions and connected contributions (see Section 2).
- Children tax allowance of EUR 440 for one or EUR 300 for both parents per child. The parents have the choice between these opportunities.

1.1.2.2. Non-standard tax reliefs

- Mainly work-related expenses ("Werbungskosten").
- Traffic relief depending on the distance between home/address and working place and the availability of public transport.

  The following allowances are deductible from income (EUR per year):

	Public transport	
	Available	Not available
more than 2 km	0	372
more than 20 km	696	1 476
more than 40 km	1 356	2 568
more than 60 km	2 016	3 672

- Tax-free wage supplements exist for dirty, hard, dangerous, night, weekend and holiday work and overtime. The supplement for 10 hours of overtime up to EUR 86 per month is tax free, the other supplements are tax free up to EUR 360 (EUR 540 for night workers) per month.
- Tax allowances for contributions to state-approved churches up to EUR 400 per year and for donations up to 10% of income to research and humanitarian purposes, environmental protection, fire brigades, civil protection, etc.

1.1.3. *Rate schedule*

The tax schedule from 2016 onwards is:

Income (EUR) up to	Marginal rate %
11 000	0
18 000	25
31 000	35
60 000	42
90 000	48
1 000 000	50
Above	55*

* The top marginal tax rate of 55% applies only until 2020.

There is a special taxation other than the normal tax schedule for Christmas and leave bonus to the extent that their sum does not exceed two average monthly payments (1/6 of current income) or EUR 83 333. If these bonuses before deduction of SSC are below EUR 2 100 p.a., no tax is calculated. Otherwise the tax amount is calculated according to the following formula:

Income from Christmas and leave bonus (EUR) up to	Marginal rate %
2 000	0
2 345	30
25 000	6
50 000	27
83 333	35.75
Above	50/55

If income for Christmas and leave bonus exceeds EUR 83 333, the exceeding amount is added to current income and taxed accordingly (MTR of 50% or 55%, see above).

1.1.4. *Tax credits*

The following tax credits exist:

- Traffic (commuting) tax credit of EUR 400. If after overall tax calculation of current income the tax amount is negative a refund of social security contributions applies. The refund amounts to the absolute value of the negative result of the tax calculation for current income, limited to 50% of overall social security contributions paid, respectively EUR 400. For commuters with a traffic allowance (see 1.1.2.2) the maximum amount is EUR 500.
- Additional traffic tax credit in case of entitlement to traffic relief according to the distance between home/address and working place (see 1.1.2.2). In this case employees are entitled to an additional traffic tax credit of EUR 2 per km distance from home to working place.
- Sole earner's and sole parent's tax credit for families with children. The sole earner's credit is not given when a spouse's income exceeds EUR 6 000. This tax credit is EUR 494 for one child and increases by EUR 175 for the second and by EUR 220 for the third and every additional child. This tax credit is non-wastable and can be paid out as a negative income tax (in addition to the refund of social security contributions in respect of the traffic tax credit).
- Children's tax credit EUR 700.8 (58.40 per month) per child. As this tax credit is paid together with children allowances and not connected with income tax assessment. Therefore it is treated as a transfer in this Report (similar treatment as in *Revenue Statistics*).

- Tax credit for retired persons. The tax credit amounts to EUR 764 for sole earners with income up to EUR 19 930 and if the spouse's income does not exceed EUR 2 200. Otherwise the tax credit is EUR 400. The tax credit is linearly reduced to 0 between EUR 17 000 (EUR 19 930 for sole earners) and EUR 25 000 of income. If after overall tax calculation on current income the tax amount is negative a refund of social security contributions applies. The refund amounts to is limited to 50% of overall social security contributions paid, respectively to EUR 110.

1.2. State and local income taxes

None.

2. Compulsory social security contributions to schemes operated within the government sector

2.1. Employee and employer social security contributions

	Ceilings (EUR)		Rates (%)	
	Regular wage per month	Christmas and leave bonus	Employee (2)	Employer (3)
Health insurance	4 860	9 720	3.87	3.78
Unemployment insurance	4 860	9 720	(4)	3.00
Pension insurance	4 860	9 720	10.25	12.55
Accident insurance	4 860	9 720	–	1.30
Contribution to the labour chamber	4 860	1	0.50	–
Contribution for the promotion of residential building	4 860	1	0.50	0.50
Addition to secure wage payments in the case of bankruptcy	4 860	9 720	–	0.35

1. No contributions on Christmas and leave bonus. In Revenue Statistics, the contribution to the labour chamber is accounted under Taxes on Income of Individuals (1110) the total of the contribution for the promotion of residential buildings is included in Taxes on payroll (3000).
2. There is a threshold for employee contributions of EUR 415.72 per month.
3. A new program has been introduced as of 1 January 2004 for severance payments. Employers are required to pay 1.53% of gross wages for those whose employment starts after 1 January 2003 or where the employer and employee opt to participate in the new program. This contribution is seen as a non-tax compulsory wage-related payment.
4. Employees' unemployment insurance rate is reduced for low earnings. In 2015, it is zero for monthly earnings up to EUR 1 311, 1% up to EUR 1 430, 2% up to EUR 1 609 and 3% above.

2.2. Payroll taxes

There are two payroll taxes which are levied on employers for all private sector employees with a monthly gross wage total of more than EUR 1 095: the contribution to the Family Burden Equalisation Fund (4.5%) and the Community Tax (3%). The wage-dependent part of the contribution to the Austrian Economic Chamber (listed under heading 1000, taxes on profits, in the *Revenue Statistics*) which is levied, together with the contributions to the Family Burden Equalisation Fund, at different rates depending upon the Länder Chamber (the average rate is approximately 0.4%) is not taken into account. The contribution for the promotion of residential buildings (listed under heading 3000, taxes on payroll, in *Revenue Statistics*) is included in the social security contributions shown above as it is levied by the Health Insurance Companies on monthly income (current) along with the other social security contribution amounts.

3. Universal cash transfers

3.1. *Transfers related to marital status*

No recurrent payments.

3.2. *Transfers for dependent children*

A family allowance is granted for each child. The monthly payment is EUR 111.80 for the first child, EUR 125.60 for the second, EUR 149.00 for the third and EUR 164.80 for each subsequent child. It is increased by EUR 7.80 for children above 3 years, EUR 27.00 for children above 10 years of age and by EUR 50.20 for students (above 19). In the calculation the weighted average is applied.

Parents of children under the age of 3 years are entitled to a childcare transfer, introduced in 2002. Beginning 2010, the flexibility of the childcare transfer was increased significantly. The entitled parent can choose between following alternatives: EUR 14.53 per day until the 36th month of birth (whereas on parent has to consume at least 6 month), EUR 20.80 (24 months; 20 plus 4), EUR 26.60 (18 months; 15 plus 3) or EUR 33.00 (14 months; 12 plus 2). Additionally instead of the fixed amounts the parents can opt for 80% of the last net-earning, limited to EUR 66 a day (14 months; 12 plus 2).

The children's tax credit (EUR 50.90 per month, see § 1.1.4) is paid out together with the family allowance and therefore treated as a transfer.

There is a supplement to the family allowance of EUR 20.00 per month for the third and every additional child, if the family taxable income (i.e. the sum of the tax base for the progressive income tax schedule) of the preceding year did not exceed EUR 55 000. This supplement is paid out on application after an tax assessment of the very year.

An additional family allowance ("13th family allowance") of EUR 100 is given for children in the age between 6 and 16 every September.

4. Main changes in tax/benefit systems since 2004

In 2004, the first step of a comprehensive tax reform came into force. The general tax credit was increased from EUR 887 to EUR 1 264 and the phasing-out rules were considerably simplified and harmonized for all groups of taxpayers.

The tax reform in 2005 brought a new income tax schedule. Apart from the top rate of 50% for income exceeding EUR 51 000, it shows the average tax rates for two amounts of income. The tax amounts for incomes between these amounts have to be calculated by linear interpolation. The formulas that have to be applied are shown in the tax law. The tax reform included some measures which were made retrospective for 2004. These measures are the increase of the sole earner and the single parent tax credit depending on the number of children (together with a higher earnings limit for the spouse of a single earner) and an increase of the traffic reliefs by about 15%. The maximum deductible amount for church contributions was increased as well. In 2006, the traffic reliefs were again increased by about 10%.

In 2007, the traffic allowances were increased by 10% (effective from 1st July) and the maximum negative tax for employees with traffic allowances was increased from EUR 110 to EUR 240 (for 2008 and 2009). For 2008, the family allowances for the third and subsequent children were increased. In 2008, the unemployment insurance contribution of low-earning employees was reduced (effective from 1st July). In 2008 up to monthly earnings of

EUR 1 100 the rate was zero, for earnings below EUR 1 200 the contribution was 1%, below EUR 1 350 2% and above the current rate of 3%. These income limits are increased according to the increase of the ceiling levels of social security contributions every year.

In September 2008, the parliament decided some measures to compensate for the strong increase of food and energy prices: inter alia, the tax exemption of overtime supplements was increased and the 13th children allowances was introduced.

The tax reform 2009 (effective from 1st January) brought an increase of the zero bracket (from EUR 10 000 to EUR 11 000), a reduction of the income tax rates (except the top rate), an upward shift of the top rate bracket (from EUR 51 000 to EUR 60 000) and several measures for families with children: children allowance (EUR 220 or EUR 132 each parent p.a.), deductibility of cost for child care (up to EUR 2 300 p.a. per child), tax-free payments (up to EUR 500 p.a.) from employers to their employees for child care and an increase of the children tax credit.

Starting with 2013 a progressive rate schedule is applied to Christmas and leave bonus instead of a flat rate regime of 6% (see 1.1.3)

The tax reform 2016 decreased all marginal tax rates significantly, notably the marginal tax rate of the first tax bracket which was reduced by 11.5 percentage points from 36.5% to 25%. Limited to the years 2016 to 2020 the top marginal tax rate is increased by 5 percentage points to 55% temporarily. These 55% apply to parts of income exceeding EUR 1 million a year.

The tax credit for employees was increased from EUR 345 to EUR 400. The non wastable tax credit (reimbursement of social security contributions) for low earnings was extended. For employees the non wastable tax credit was increased to a maximum of 50% of social security contributions up to a ceiling of EUR 400 a year. For commuters eligible for the commuter tax allowance the maximum amount of the non wastable tax credit is EUR 500. This system of a non wastable tax credit was extended to pensioners too, limited to EUR 110.

Besides the already existing broad financial support for families (payable tax credit and transfers as well as deductibility of cost for child care) the tax reform 2016 increased the tax allowances for children from EUR 220 to EUR 440 per child. If both parents claim for this tax allowance, it increases to EUR 600 (two times EUR 300).

Tax expenditures (tax allowances) for private insurances (e.g. health and pension insurances) and mortgages were abolished for new contracts beginning with 2016. For existing contracts these tax allowances are maintained for a transitional period of five years.

The ceiling level of social security contributions was increased extraordinarily by EUR 90 to EUR 4 860 per month.

5. Memorandum items

5.1. *Calculation of earnings data*

- Sector used: All private employees except apprentices employed full-time for the whole year
- Geographical coverage: Whole country
- Sex: Male and Female
- Earnings base:
  - Items excluded: Unemployment compensation
    Sickness compensation

- Items included: Vacation payments
  Overtime payments
  Recurring cash payments
  Fringe benefits (taxable value)

- Basic method of calculation used: Average annual earnings
- Income tax year ends: 31 December

  Period to which the earnings calculation refers to: one year.

2016 Parameter values

Average earnings/yr	Ave_earn	44 409	Secretariat estimate
Non current income as %	non_cur_pc	14.286%	
Tax schedule for nci	nci_sch	0	2 000
		0.3	2 345
		0.06	25 000
		0.27	50 000
Maximum non-current income tax base	nci_base_max	0.3575	83 333
Work related	work_rel	132	
Allowance f."Special expenses"	Basic_al	60	
Children allowance for 2 earning parents	Child_al_2	300	
Children allowance for sole earner/parent	Child_al_1	440	
Tax free inc.	tax_free	0%	
Basic tax credit	basic_cr		
Employee's tax credit	wage_cr	0	
Max. neg. employee's tax credit	neg_wage_cr	400	
Max. neg. employee's tax credit rate	neg_wage_cr_rate	50%	
Traffic (commuting) tax credit	traffic_cr	400	
Sole earner's (parent's) tax credit	sole_cr	0	
Children suppl.to SETC: 1st child	dsole1_cr	494	
2nd child	dsole2_cr	175	
3rd+ child	dsole3_cr	220	
Spouse income not more than	sole_lim0	0	
Spouse with children	sole_lim1	6 000	
Income tax schedule	Tax_sch	0	11 000
		0.25	18 000
		0.35	31 000
		0.42	60 000
		0.48	90 000
		0.50	1 000 000
		0.55	
Ceiling f. soc. security contributions	SSC_ceil	4 860	
lower limit	SSC_low	415.72	
Employees' contr. rates	health_rate	3.87%	
	unemp_rate	0.00%	1 311
		1.00%	1 430
		2.00%	1 609
		3.00%	
	pension_rate	10.25%	
sum without unempl. and others	empl_14	14.12%	
	others_rate	1.00%	
Employers' contr.rates	health_empr	3.78%	
	unemp_empr	3.00%	
	pension_empr	12.55%	
	accident_empr	1.30%	
	payinsur_empr	0.35%	
sum without others	empr_14	20.98%	
	others_empr	0.50%	
Payroll taxes	payroll_rate	7.50%	
Child benefit: 1st child	CB_1	1 341.6	
2nd child	CB_2	1 507.2	
3rd child	CB_3	1 788.0	
4th+ child	CB_4	1 977.6	
suppl.>3years	CB03sppl	93.6	
suppl.>10years	CB10sppl	324.0	
suppl >19years	CB19sppl	602.4	
5<suppl<17	CB5to17	100	
Child tax credit	child_cr_1	700.8	

2016 Tax equations

The equations for the Austrian system are, in principle, on an individual basis. The only variable which is dependent on the marital status is the head of family (sole earner) tax credit which is also given to single people with children. For the Christmas and leave bonus (both amounting to one monthly wage or salary) there are special rules for the calculation of social security contributions (separate ceilings and slightly lower rate) and wage tax (reduced flat rate). The income tax schedule and the tax credits are applied only for "current pays". The children tax credit is in principle given to the mother (as a negative tax together with "family allowances" = transfer for children). The sole earner and the employee tax credit are connected with negative income tax rules. Therefore, the tax finally paid may be different from tax liability minus tax credits.

Bn	Variable	Code for docn equations	Excel-Function
3	earnings (%AW)	percent	0, 33%, 67%, 1 or 167% in Taxing Wages output tables (but model can be applied to all earnings levels)
4	number of children	child	0 or 2 in Taxing Wages output tables
5	Gross earnings	earn	=Ave_earn*percent
6	Current income	cearn	=(1-non_cur_pc)*earn
7	Basic allowance	allow	=(earn>14*SSC_low)*Basic_al
8	SSC on curr.inc.	SSCc	=(empl_14+unemp(earn,unemp_rate)+others_rate)* MIN(12*SSC_ceil;cearn)*(cearn>12*SSC_low)
9	Work related expenses	work_rel	=(earn>14*SSC_low)*work_rel
10	Tax-free income	taxfrinc	=tax_free*earn
11	Child allowance	Child_al_princ Child_al_spouse	IF(cearn_spouse-allow_spouse-SSCc_spouse-work_rel_spouse-taxfrinc_spouse-12600<0,Child_al_1, Child_al_2)*childIF(Child_al_princ=child*Child_al_2, Child_al_2, 0)*Child
12	Tax base for schedule	ctbase	=(cearn-allow-Child_al_princ- SSCc-work_rel-taxfrinc)+max(0;ncearn-SSCnc-nci_base_max)
13	Gross tax on current income	gtaxcur	=Tax(ctbase;tax_sch)
14	Basic tax credit	btaxcr	=0
15	Married or head of family	headcr	=(earn_sp<IF(child>0;sole_lim1;sole_lim0))*(sole_cr+(child>0)*dsole1_cr+(child>1)*dsole2_cr+(child>2)*(child-2)*dsole3_cr
16	Other	othcr	=(earn>14*SSC_low)*(wage_cr+traffic_cr)
17	Interm. tax on current income	itcur	=gtaxcur-btaxcr-headcr-othcr
18	Net tax on current income	ntaxcur	=max(gtaxcur-btaxcr-other;-neg_wage_cr_rate*SSC;-neg-wage_cr)-child>0)-headcr
19	Non current income	ncearn	=earn-cearn
20	SSC on non-curr. inc.	SSCnc	=(health_rate+unemp(earn,unemp_rate)+pension_rate)*MIN(2*SSC_ceil;ncearn)*(ncearn>2*SSC_low)
21	Non current income-SSC	ncearn_adj1	=min(ncearn-SSCnc;nci_base_max)
22	Tax schedule for nci exc. 25000	nci_sch	=min(ncearn-SSCnc;nci_base_max)
23	Taxable income	taxinc	=ctbase+ncearn_adj1
24	Tax liability excl. tax credits	inctax_ex	=gtaxcur+taxnc
25	Income tax finally paid	inctax	=ntaxcur+taxnc
26	Employee's SSC	SSC	=SSCc+SSCnc
27	Employer's SSC	SSCf	=IF(earn/14>=SSC_low;((empr_14+others_empr)*MINA(12*SSC_ceil;cearn)+empr_14*MINA(2*SSC_ceil;ncearn));earn*accident_empr)
28	Pay-roll taxes	payroll	=payroll_rate*earn

Bn	Variable	Code for docn equations	Excel-Function
29	Cash transfers	cash	=IF(child=0;0;IF(child=2;CB_1+CB_2+child*CB10sppl+child*(child_cr_1+CB5to17)))
30	Take-home pay		=earn-inctax-SSC+cash
31	Wage cost		=earn+SSCf+payroll

unemp is a Visual Basic Function which chooses lower unemployment SSC rates for low earnings
Key to range of equation B calculated separately for both principal earner and spouse P calculated for principal only (value taken as 0 for spouse calculation) J calculated once only on a joint basis.

Belgium

This chapter includes data on the income taxes paid by workers, their social security contributions, the family benefits they receive in the form of cash transfers as well as the social security contributions and payroll taxes paid by their employers. Results reported include the marginal and average tax burden for eight different family types.

Methodological information is available for Personal income tax systems, Compulsory social security contributions to schemes operated within the government sector, Universal cash transfers as well as recent changes in the tax/benefit system. The methodology also includes the parameter values and tax equations underlying the data.

Belgium 2016

The tax/benefit position of single persons

		Wage level (per cent of average wage)	67	100	167	67
		Number of children	none	none	none	2
1.	**Gross wage earnings**		31 202	46 570	77 772	31 202
2.	**Standard tax allowances**					
	Basic allowance					
	Married or head of family					
	Dependent children					
	Deduction for social security contributions and income taxes		4 078	6 087	10 165	4 078
	Work-related expenses		4 016	4 240	4 240	4 016
	Other					
		Total	8 094	10 327	14 405	8 094
3.	**Tax credits or cash transfers included in taxable income**		0	0	0	0
4.	**Central government taxable income (1 - 2 + 3)**		23 108	36 243	63 367	23 108
5.	**Central government income tax liability (exclusive of tax credits)**		7 570	13 480	26 951	7 570
6.	**Tax credits**					
	Basic credit		0	0	0	0
	Married or head of family		1 855	1 783	1 783	2 235
	Children		0	0	0	1 216
	Other					
		Total	1 855	1 783	1 783	3 451
7.	**Central government income tax finally paid (5-6)**		4 229	8 658	18 627	3 048
8.	**State and local taxes**		1 862	3 812	8 202	1 342
9.	**Employees' compulsory social security contributions**					
	Gross earnings		4 078	6 087	10 165	4 078
	Taxable income		250	420	731	250
		Total	4 328	6 507	10 896	4 328
10.	**Total payments to general government (7 + 8 + 9)**		10 419	18 977	37 725	8 718
11.	**Cash transfers from general government**					
	For head of family					
	For two children		0	0	0	3 803
		Total	0	0	0	3 803
12.	**Take-home pay (1-10+11)**		20 783	27 593	40 047	26 287
13.	**Employer's compulsory social security contributions**		8 364	13 359	22 081	8 364
14.	**Average rates**					
	Income tax		19.5%	26.8%	34.5%	14.1%
	Employees' social security contributions		13.9%	14.0%	14.0%	13.9%
	Total payments less cash transfers		33.4%	40.7%	48.5%	15.8%
	Total tax wedge including employer's social security contributions		47.5%	54.0%	59.9%	33.6%
15.	**Marginal rates**					
	Total payments less cash transfers: Principal earner		54.6%	55.9%	59.4%	54.6%
	Total payments less cash transfers: Spouse		n.a.	n.a.	n.a.	n.a.
	Total tax wedge: Principal earner		65.7%	66.7%	67.9%	65.7%
	Total tax wedge: Spouse		n.a.	n.a.	n.a.	n.a.

Belgium 2016

The tax/benefit position of married couples

		Wage level (per cent of average wage)	100-0	100-33	100-67	100-33
		Number of children	2	2	2	none
1.	**Gross wage earnings**		46 570	61 938	77 772	61 938
2.	**Standard tax allowances**					
	Basic allowance					
	Married or head of family					
	Dependent children					
	Deduction for social security contributions and income taxes		6 087	6 087	10 165	6 087
	Work-related expenses		4 240	7 536	8 256	7 536
	Other					
		Total	10 327	13 623	18 421	13 623
3.	**Tax credits or cash transfers included in taxable income**		0	0	0	0
4.	**Central government taxable income (1 - 2 + 3)**		36 243	48 315	59 351	48 315
5.	**Central government income tax liability (exclusive of tax credits)**		11 422	16 559	21 050	16 559
6.	**Tax credits**					
	Basic credit		0	640	0	640
	Married or head of family		3 710	3 638	3 638	3 638
	Children		1 103	1 089	1 089	0
	Other					
		Total	4 813	5 366	4 726	4 278
7.	**Central government income tax finally paid (5-6)**		4 892	8 118	12 081	8 923
8.	**State and local taxes**		2 154	3 856	5 320	4 211
9.	**Employees' compulsory social security contributions**					
	Gross earnings		6 087	6 087	10 165	6 087
	Taxable income		420	577	721	577
		Total	6 507	6 664	10 886	6 664
10.	**Total payments to general government (7 + 8 + 9)**		13 553	18 638	28 287	19 798
11.	**Cash transfers from general government**					
	For head of family					
	For two children		3 803	3 803	3 803	0
		Total	3 803	3 803	3 803	0
12.	**Take-home pay (1-10+11)**		36 820	47 103	53 288	42 140
13.	**Employer's compulsory social security contributions**		13 359	14 977	21 723	14 977
14.	**Average rates**					
	Income tax		15.1%	19.3%	22.4%	21.2%
	Employees' social security contributions		14.0%	10.8%	14.0%	10.8%
	Total payments less cash transfers		20.9%	24.0%	31.5%	32.0%
	Total tax wedge including employer's social security contributions		38.6%	38.8%	46.4%	45.2%
15.	**Marginal rates**					
	Total payments less cash transfers: Principal earner		55.9%	55.9%	55.9%	55.9%
	Total payments less cash transfers: Spouse		33.1%	29.6%	54.6%	29.6%
	Total tax wedge: Principal earner		66.7%	66.7%	66.7%	66.7%
	Total tax wedge: Spouse		39.5%	52.1%	65.7%	52.1%

The national currency is the Euro (EUR). In 2016, EUR 0.90 was equal to USD 1. The Secretariat has estimated that in that same year the average worker earned EUR 46 570 (Secretariat estimate).

1. Personal income tax system

1.1. *Federal government income tax*

1.1.1. *Tax unit*

Spouses are taxed separately. As from 2004, the principle of separate taxation applies to all categories of income. A non-earning spouse is taxed separately on a notional share of income that can be transferred to him or her (see "non-earning spouse allowance", below). Married couples nonetheless file joint income tax returns.

1.1.1.1. Schedule

Taxable income (EUR)	Marginal rate (%)
0-10 860	25
10 860-12 470	30
12 470-20 780	40
20 780-38 080	45
38 080-and above	50

1.1.2. *Tax allowances*

1.1.2.1. Deduction of social security contributions

Unless stated otherwise, social insurance contributions are deductible from gross income.

1.1.2.2. Work-related expenses

Salaried employees and self-employed professionals are entitled to a standard deduction for work-related expenses. This deduction may under no circumstances exceed respectively EUR 4 240 per spouse for salaried employees and EUR 3 980 per spouse for self-employed professionals and is computed as follows:

The lump-sum deduction for business expenses for employees has been increased as of income year 2015 and has also been revised for income year 2016. The lump-sum deduction for business expenses for self-employed professionals remains unchanged.

For salaried employees:

Gross earnings less social insurance contributions (EUR)	Rate (%)
Below 8 450	30
Between 8 450 and 19 960	11
Above 19 960	3

For self-employed professionals:

Gross earnings less social insurance contributions (EUR)	Rate (%)
Below 5 760	28.70
Between 5 760 and 11 440	10
Between 11 440 and 19 040	5
Above 19 040	3

Paid company directors are also entitled to a standard deduction for work-related expenses; this is equal to 3% of gross income (less social insurance contributions) and may not exceed EUR 2 390 per spouse.

An additional allowance may be granted to wage-earners if their workplace is more than a certain distance from their home.

Actual expenses incurred in order to acquire or retain earned income are deductible if they exceed the standard deduction. The deductibility of certain categories of work-related expenses (cars, clothing, restaurant meals and business gifts) is limited, however. Taxpayers who report actual expenses may deduct EUR 0.15 per kilometre, up to 100 km per single journey, for travel between their home and their workplace by means other than private car.

1.1.2.3. Non-earning spouse allowance (*quotient conjugal*)

A notional amount of income can be transferred between spouses if one of them earns no more than 30% of the couple's combined earned income. In this case, the amount transferred is limited to 30% of aggregate net earned income, less the individual income of the spouse to whom the notional share is transferred. This allowance is limited to EUR 10 290.

1.1.2.4. Exempt income

The base amount is:

Taxable income (S)	Fixed amount	Variable amount
0-26 510	7 420	0
26 51-26 800	7 130	26 800-S
26 800 and up	7 130	0

These amounts vary with regards to the family situation. Additional exemptions for dependent children (a handicapped child counts as two children):

- 1 child 1 520
- 2 children 3 900
- 3 children 8 740
- 4 children 14 140
- > 4 children 5 400 per additional child

Dependent child exemptions in excess of available income give rise to a reimbursable tax credit. This reimbursable tax credit is calculated at the marginal rate for the spouse with the highest income and capped at EUR 440 per dependent child.

Additional special exemptions are also granted for certain household members (in euro):

- Other dependants 1 520
- Handicapped spouse 1 520
- Other handicapped dependants 1 520
- Widow(er) with dependent child(ren) 1 520
- Single father or mother 1 520

These additional exemptions are applied first to the taxable income of the spouse having the most income, with any remainder then being applied to the income of the other spouse.

The basic exemption plus any additional exemptions for dependants and single parents is applied against each bracket from the bottom up; in other words, the lowest brackets are depleted first.

1.1.2.5. Schedule

Basic exemption plus any additional exemption (EUR)	Marginal rate (%)
0-8 760	25
8 760-12 470	30
12 470-20 780	40
20 780-38 080	45
38 080-and above	50

The basic exemption plus any additional exemptions is applied from the bottom up.

1.2. *Regional and local government taxes*

With the implementation of the sixth state reform, the Flemish Region, the Walloon Region and the Brussels-Capital Region have been delegated several important competences with regard to the individual income tax. As a result of this reform, as from 1 July 2014, the regional competences are:

- the possibility to levy surcharges on the federal PIT (the supplementary regional tax on the personal income tax). The surcharge may be proportional or vary with income but there are limits to ensure that the tax remains progressive);
- to grant (on the result of the surcharges) tax discounts;
- to grant tax reductions, tax increases and tax credits;
- to regulate exclusively some tax reductions.

Under the new tax model, the assumed federal income tax amount must first be calculated. The taxable base is reduced by the exempt income (see 1.1.2.4), the tax credits for pensions, unemployment, sickness and other social benefits and the tax credit for income taxed abroad. Additionally, it is reduced by the tax due on passive income for which the Federal State remains exclusively competent.

The remaining PIT liability is than split between the central government and the Regions according to a ratio of 0.7401/0.2599.

Subsequently, the Regions are allowed to levy a proportional surcharge on this reduced federal income tax. This surcharge may, within certain limits and given the matters for which the Regions are competent, vary per tax bracket. The actual rate is set at 35.117% (0.2599/(1-0.2599).

The starting point for the calculation of the municipal (and agglomeration) surcharges is the individual income tax ("impôt total", i.e. the sum of federal PIT and regional PIT), before taking into account the surcharge resulting from insufficient prepayments, the foreign tax credit, federal and regional reimbursable tax credits (among others for children and for low-income workers), prepayments and withholding taxes. The rate of this local surtax is set by each municipality, and there is no upper limit. The additional surcharge of 1% levied in the Brussels-Capital Region, in addition to the municipal surcharge, is abolished as from income year 2016.

The calculation of the regional and local surtax for the average worker study assumes that the worker lives in the Region of Brussels-Capital. The weighted average local surtax of the 19 municipalities which form the Brussels-Capital Region is 6.6%.

1.3. *Tax credits*

Refundable tax credit for low-income workers

A refundable tax credit is intended for low-income workers and company managers (subject to the employees' social security system) entitled to the employment bonus.

The refundable tax credit amounts to 28.03% as of 1 January 2016 of the "employment bonus" which is actually granted on remunerations earned during the taxable period. It cannot exceed EUR 640 per taxable period.

1.4. *Rebate on the wage withholding tax*

Employers benefit from a rebate on the wage withholding tax, at the rate of 1%. The rebate does not affect the PIT liability of the employee and the amount of the withholding tax he may credit on its PIT liability: it just reduces the amount of withholding tax paid by the employer to the tax administration. This means that the rebate operates like a wage subsidy, or like a negative payroll tax. The rebate is a standard one: it applies in an unconditional way to any wage earners in sectors C-K.

For employers who are either considered as small companies, as defined in article 15 of the Belgian Corporation Code, or natural persons meeting *mutatis mutandis* the criteria set out in the same article 15, the rate has been increased to 1.12%.

Changes affect the percentages of this rebate for remunerations paid as of 1 April 2016. Further to the reform of the employer social security contributions in the tax shift framework, the general 1% rebate on the wage withholding tax is abolished as of 1 April 2016, with the exception of the non-profit sector, where the rate remains 1% (the rate remains increased to 1.12% for SMEs of the non-profit sector); and SMEs, where the 1.12% rate is reduced to 0.12%.

2. Compulsory social security contributions to schemes operated within the government sector

2.1. *Rates and ceiling*

a. Payroll deductions

The rates of employer and employee contributions are set by law. The applicable rates (in %) are as follows (for businesses having 20 or more employees):

The schedule applicable as from 01.01.2016 is as follows:

2016	Employee	Employer	Total
Unemployment	0.87	3.16	4.03
Health insurance indemnities	1.15	2.35	3.5
Health care	3.55	3.8	7.35
Placement services		0.05	0.05
Family allowances		7	7
Pensions	7.50	8.86	16.36
Child care		0.05	0.05
Work-related illnesses		1.01	1.01
Work-related accidents		0.32	0.32
Education leave		0.05	0.05
Business closures		0.31	0.31
Wage restraint		7.59	7.59
Total	13.07	34.55	47.62

The schedule applicable as from 01.04.2016 is as follows:

2016	Employee	Employer	Total
Unemployment	0.87	3.16	4.03
Health insurance indemnities	1.15	2.35	3.5
Health care	3.55	3.8	7.35
Placement services		0.05	0.05
Family allowances		7	7
Pensions	7.50	8.86	16.36
Child care		0.05	0.05
Work-related illnesses		1.01	1.01
Work-related accidents		0.32	0.32
Education leave		0.05	0.05
Business closures		0.31	0.31
Wage restraint		7.46	7.59
Tax shift 2016		-2.27	-2.27
Total	13.07	32.15	45.22

Vacation pay is not subject to the social security contributions applicable to salaries, but a social security levy of 13.07% is deducted when the money is attributed.

b. Reduction of employer contributions

The schedule applicable as from 01.01.2014 is as follows:

Gross annual earnings (S) in EUR	Fixed amount	Variable amount
0-22 241.96	1 850.4	0.162 (22 241.96-S)
22 241.96-53 604.28	1 850.4	0
53 604.28 and up	1 850.4	0.06 (S-53 604.28)

The schedule applicable as from 01.04.2016 is as follows:

Gross annual earnings (S) in EUR	Fixed amount	Variable amount
0-27 600.00	1 752	0.1369 (27 600-S)
27 600-53 604.28	1 752	0
53 604.28 and up	1 752	0.06 (S-53 604.28)

The schedule applicable as from 01.07.2016 is as follows:

Gross annual earnings (S) in EUR	Fixed amount	Variable amount
0-28 152.00	1 752	0.1369 (28 152-S)
28 152-54 676.36	1 752	0
54 676.36 and up	1 752	0.06 (S-54 676.36)

c. Reduction of individual social security contributions

A reduction of individual social security contributions is granted monthly for low-income earners, depending on wage level. The schedule below is restated in annual terms.

The schedule applicable as from 01.08.2015 is as follows:

Gross annual salary (S) in EUR	Reduction in Euros
0 < S < 18 562.44	2 279.76
18 562.44 < S < 28 956.00	Min (2 279.76, (2 279.76-0.2193 (S-18 562.44))
S > 28 956.00	0

The schedule applicable as from 01.06.2016 is as follows:

Gross annual salary (S) in EUR	Reduction in Euros
0 < S < 18 934.68	2 325.48
18 934.68 < S < 29 535.24	Min (2 325.48, (2 325.48-0.2194 (S-18 934.68))
S > 29 535.24	0

d. Special social security contribution

All persons totally or partially subject to the social security scheme for salaried workers are liable for this special contribution. In theory, the amount of the contribution is determined according to aggregate household income. Aggregate household income is equal to combined gross earnings less ordinary social security contributions and work-related expenses. The amount of the contribution is as follows:

Taxable income (EUR)	Amount due on the lower limit	% above the lower limit
from 0 to 18 592.02	0	0
from 18 592.02 to 21 070.96	0	9
from 21 070.96 to 60 161.85	223.10	1.3
60 161.85 and above	731.29	0

e. Work accidents

All employers are required to insure their employees against accidents that occur in the workplace or while travelling to or from the workplace. The insurance is written by a private company. The usual premiums are approximately 1% of gross pay for office workers and 3.3% for labourers. The premiums are based on capped gross wages: in 2011 these premiums apply to gross wages (including holiday pay and extra-legal remunerations) with a minimum of EUR 6 068 and a maximum of EUR 37 546 (EUR 5 949 and EUR 36 810 respectively in 2010). Higher rates apply in certain industries in which risks are greater. The premium rate for construction workers, for example, varies between 7% and 8%.

2.2. *Deductions according to family status or gender*

None.

3. Universal cash transfers

Family allowances are granted for children. The annual amounts of these benefits (in euro) are as follows:

	< 5 years	5-6 years	7-10 years	11-12 years	12-16 years	17-18 years	>18 years
1st child	1 116.84	1 140.77	1 331.70	1 349.38	1 449.21	1 470.02	1 514.31
2nd child	2 048.79	2 072.72	2 453.45	2 471.13	2 672.97	2 692.97	2 850.91
3rd child	3 048.66	3 072.59	3 453.32	3 471.00	3 672.03	3 692.84	3 850.78

To determine the resources available to the average worker, the Taxing Wages calculations assume that one child was between seven and ten years of age and that the other child was between eleven and twelve years of age.

4. Main changes in the tax/benefit system

None.

2016 parameter values

	Ave_earn	46 570	Secretariat estimate		
Work-related expenses	work_rel_max	4 240			
	work_rel_sch	0.30	8 450		
		0.11	19 960		
		0.03			
Tax credits (exempt income)	single_cr	7 130			
	Married_cr	7 130			
	Supp_cr_base	290			
	supp_cr_thrsh1	26 510			
One child	child_cr1	1 520			
Two children	child_cr2	3 900			
Single parents	s_parent_cr	1 520			
Maximum Child Credit Payment	child_cr_max	440			
Basic Credit	basic_cr_base	0			
	basic_cr_thrsh1	4 960			
	basic_cr_thrsh2	6 620			
	basic_cr_thrsh3	16 560			
	basic_cr_thrsh4	21 520			
Basic exemption plus any additional exemption schedule		Ex_rate1			
	Ex_sch	0.25	8 760		
		0.30	12 470		
		0.40	20 780		
		0.45	38 080		
		0.50			
Income tax schedule		tax_rate1			
	tax_sch	0.25	10 860		
		0.30	12 470		
		0.40	20 780		
		0.45	38 080		
		0.50			
	quote_max	10 290			
	quote_rate	0.3			
Regional tax	red_rate	0.2599			
	reg_tax_rate	0.35117			
Local tax	local_rate	0.066			
	add_local_rate	0.00			
Unemployment	unemp_rate	0.0087			
Medical care	med_rate	0.0115			
Sickness	sickness_rate	0.0355			
Pension	pension_rate	0.0750			
Employee contribution	SSC_rt	0.1307			
	SSC_redn	0	0	2 306.43	0
	(annual)	18 779.58	18 779.58	2 306.43	0.2194
		29 293.89	18 779.58	2 306.48	0.2194
		29 293.89	0	0	0
		99 999 999	0	0	
Special annual contribution	SSC_special	0.000	18 592.02		
		0.090	21 070.96		
		0.013	60 161.85		
		0.000			
Employer contributions	SSC_empr_rt	0.3275			
	SSC_empr_redn	0	1 776.60	0.1432	26 536.49
		26 536.49	1 776.60	0	54 140.32
		54 140.328	1 776.60	-0.06	54 140.32
		9 999 999	0	0	
Structural reduction on the withholding tax on wages	PrP_redn	0.0025			
Low-income credit	LIC_rate	0.2803			
	LIC_max	640.00			
Child benefit (age 7-10)	CB_1	1 349.38			
second child (age 7-10)	CB_2	2 453.45			
third child (age 7-10)	CB_3	3 453.32			

2016 tax equations

The equations for the Belgian system in 2016 are mostly calculated on an individual basis. But central government tax for a married couple is calculated on two bases and the lower value is used. One of the bases takes account of the combined income of the couple. Also, tax credits may be used against the tax liability of the secondary earner if the principal earner is unable to use them.

The functions which are used in the equations (Taper, Tax etc.) are described in the technical note about tax equations. Variable names are defined in the table of parameters above or are the standard variables "married" and "children". A reference to a variable with the affix "_total" indicates the sum of the relevant variable values for the principal and spouse. And the affixes "_princ" and "_spouse" indicate the value for the principal and spouse respectively. Equations for a single person are as shown for the principal with "_spouse" values taken as 0.

	Line in country table and intermediate steps	Variable name	Range	Equation
1.	Earnings	earn		
2.	Allowances:	tax_al	B	MIN(work_rel_max, Tax(earn-SSC, work_rel_sch))+SSC
3.	Credits in taxable income	taxbl_cr	B	0
4.	CG taxable income	tax_inc_int	B	earn-tax_al
	Quote part	Q	J	IF(married, Positive(MIN(tax_inc_int_total*quote_rate, quote_max)-tax_inc_int_spouse), 0)
	CG adjusted taxable income - principal	tax_inc_adj_princ	P	Positive(tax_inc_int_princ – Q)
	CG adjusted taxable income - spouse	tax_inc_adj_spouse	S	Positive(tax_inc_int_spouse + Q)
5.	CG tax before credits	CG_tax_excl	J	Tax(tax_inc_adj, tax_sch)
6.	Calculation of credits			
	Child exemption amount	child_ex_inc	P	(children=1)*child_cr1+(children=2)*child_cr2
	Family exemption amount	fam_ex_inc	B	IF(Married,married_cr,single_cr+(Children>0)*s_parent_cr)+IF(tax_inc_adj<=0,0,IF(tax_inc_adj<=supp_cr_thrsh1,supp_cr_base,MAX(0,supp_cr_base+supp_cr_thrsh1-tax_inc_adj)))
	Initial exempt income - principal	ex_inc_int_princ	P	child_ex_inc+fam_ex_inc_princ
	Initial exempt income - spouse	ex_inc_int_spouse	S	fam_ex_inc_spouse
	Transferable amount	ex_inc_tran	J	married*IF(ex_inc_int_princ<tax_inc_adj_princ, MIN(MAX((ex_inc_int_spouse-tax_inc_adj_spouse), 0), tax_inc_adj_princ-ex_inc_int_princ), -(MIN(MAX((ex_inc_int_princ-tax_inc_adj_princ), 0), MAX(0, tax_inc_adj_spouse-ex_inc_int_spouse))))
	Final exempt income - principal	ex_inc_fin_princ	P	ex_inc_int_princ+ex_inc_tran
	Final exempt income - spouse	ex_inc_fin_spouse	S	ex_inc_int_spouse-ex_inc_tran
	Tax credits	tax_credits	J	Tax(ex_inc_fin, Ex_sch)
	Basic Credit	basic_cr	B	basic_cr_base*IF(tax_inc<=basic_cr_thrsh1, 0, IF(tax_inc<=basic_cr_thrsh2, (tax_inc-basic_cr_thrsh1)/(basic_cr_thrsh2-basic_cr_thrsh1), IF(tax_inc<= basic_cr_thrsh3, 1, IF(tax_inc<=basic_cr_thrsh4, (basic_cr_thrsh4-tax_inc)/(basic_cr_thrsh4-basic_cr_thrsh3), 0)))) +IF(tax_inc=0;0;MIN(LIC_rate*(MIN(VLOOKUP(earn, SSC_redn,3), VLOOKUP(earn, SSC_redn, 3)-VLOOKUP(earn, SSC_redn, 4)*(earn-VLOOKUP(earn, SSC_redn, 2)))));LIC_max))

Line in country table and intermediate steps	Variable name	Range	Equation
7. CG tax			
Tax prior to non-wasteable credits	CG_tax_init	B	Positive(CG_tax_incl-tax_credits) *(1-red_rate)
Non-wasteable child credit	child_credit_nw	J	MIN(Tax(MIN((children=1)*child_cr1+(children=2)*Parameters!child_cr2), (positive(ex_inc_int-tax_inc_int), tax_sch), children*child_cr_max)
Final CG tax	CG_tax_final	J	CG_tax_init-basic_cr_total-child_credit_nw
8. State and local taxes			
Regional tax	regional_tax	B	CG_tax_init*reg_tax_rate
Local tax	local_tax	J	(local_rate+add_local_rate)*(CG_tax_init+regional_tax)
9. Employees' soc security	SSC	B	Positive((earn)*SSC_rt-MIN(VLOOKUP(earn, SSC_redn,3), VLOOKUP(earn, SSC_redn, 3)-VLOOKUP(earn, SSC_redn, 4)*(earn-VLOOKUP(earn, SSC_redn, 2))))
	SSC_special	J	positive(Tax(tax_inc_total, SSC_special)
	SSC_total		SSC+SSC_special
11. Cash transfers	cash_trans	J	(Children>0)*CB_1+(Children>1)*CB_2
13. Employer's soc security	empr_sch	B	Positive(earn*(SSC_empr_rt- PrP_redn)-(VLOOKUP(earn, SSC_empr_redn, 2)-VLOOKUP(earn, SSC_empr_redn, 3)*(earn-VLOOKUP(earn, SSC_empr_redn, 1))))

Key to range of equation B calculated separately for both principal earner and spouse P calculated for principal only (value taken as 0 for spouse calculation) J calculated once only on a joint basis.

Canada

This chapter includes data on the income taxes paid by workers, their social security contributions, the family benefits they receive in the form of cash transfers as well as the social security contributions and payroll taxes paid by their employers. Results reported include the marginal and average tax burden for eight different family types.

Methodological information is available for Personal income tax systems, Compulsory social security contributions to schemes operated within the government sector, Universal cash transfers as well as recent changes in the tax/benefit system. The methodology also includes the parameter values and tax equations underlying the data.

Canada 2016

The tax/benefit position of single persons

			67	100	167	67
	Wage level (per cent of average wage)		67	100	167	67
	Number of children		none	none	none	2
1.	**Gross wage earnings**		34 168	50 997	85 165	34 168
2.	**Standard tax allowances**					
	Basic allowance					
	Married or head of family					
	Dependent children					
	Deduction for social security contributions and income taxes					
	Work-related expenses					
	Other					
		Total	0	0	0	0
3.	**Tax credits or cash transfers included in taxable income**		0	0	0	0
4.	**Central government taxable income (1 - 2 + 3)**		34 168	50 997	85 165	34 168
5.	**Central government income tax liability (exclusive of tax credits)**		5 125	7 964	14 968	5 125
6.	**Tax credits**					
	Basic credit		1 895	1 895	1 895	1 895
	Married or head of family		0	0	0	1 721
	Other(CPP & EI)		324	496	525	324
		Total	2 219	2 391	2 420	3 940
7.	**Central government income tax finally paid (5-6)**		2 906	5 573	12 548	1 185
8.	**State and local taxes**		1 111	2 291	5 642	0
9.	**Employees' compulsory social security contributions**					
	Gross earnings		2 160	3 306	3 499	2 160
	Taxable income (Provincial Health Care Levy)		300	600	750	300
		Total	2 460	3 906	4 249	2 460
10.	**Total payments to general government (7 + 8 + 9)**		6 477	11 770	22 440	3 645
11.	**Cash transfers from general government**					
	For head of family		427	0	0	491
	For two children		0	0	0	12 954
		Total	427	0	0	13 445
12.	**Take-home pay (1-10+11)**		28 118	39 227	62 725	43 968
13.	**Employer's compulsory social security contributions**		4 092	6 187	8 054	4 092
14.	**Average rates**					
	Income tax		11.8%	15.4%	21.4%	3.5%
	Employees' social security contributions		7.2%	7.7%	5.0%	7.2%
	Total payments less cash transfers		17.7%	23.1%	26.3%	-28.7%
	Total tax wedge including employer's social security contributions		26.5%	31.4%	32.7%	-14.9%
15.	**Marginal rates**					
	Total payments less cash transfers: Principal earner		25.5%	33.6%	33.9%	46.3%
	Total payments less cash transfers: Spouse		n.a.	n.a.	n.a.	n.a.
	Total tax wedge: Principal earner		33.8%	39.6%	37.0%	52.3%
	Total tax wedge: Spouse		n.a.	n.a.	n.a.	n.a.

Canada 2016

The tax/benefit position of married couples

		Wage level (per cent of average wage)	100-0	100-33	100-67	100-33
		Number of children	2	2	2	none
1.	**Gross wage earnings**		50 997	67 826	85 165	67 826
2.	**Standard tax allowances**					
	Basic allowance					
	Married or head of family					
	Dependent children					
	Deduction for social security contributions and income taxes					
	Work-related expenses					
	Other					
		Total	0	0	0	0
3.	**Tax credits or cash transfers included in taxable income**		0	0	0	0
4.	**Central government taxable income (1 - 2 + 3)**		50 997	67 826	85 165	67 826
5.	**Central government income tax liability (exclusive of tax credits)**		7 964	10 488	13 089	10 488
6.	**Tax credits**					
	Basic credit		1 895	3 791	3 791	3 791
	Married or head of family		1 721	0	0	0
	Other(CPP & EI)		496	642	820	642
		Total	4 112	4 433	4 610	4 433
7.	**Central government income tax finally paid (5-6)**		3 852	6 055	8 479	6 055
8.	**State and local taxes**		1 553	2 419	3 402	2 419
9.	**Employees' compulsory social security contributions**					
	Gross earnings		3 306	4 282	5 467	4 282
	Taxable income (Provincial Health Care Levy)		600	600	900	600
		Total	3 906	4 882	6 367	4 882
10.	**Total payments to general government (7 + 8 + 9)**		9 311	13 356	18 247	13 356
11.	**Cash transfers from general government**					
	For head of family		0	0	0	0
	For two children		8 721	5 914	4 926	0
		Total	8 721	5 914	4 926	0
12.	**Take-home pay (1-10+11)**		50 408	60 384	71 844	54 470
13.	**Employer's compulsory social security contributions**		6 187	8 114	10 279	8 114
14.	**Average rates**					
	Income tax		10.6%	12.5%	13.9%	12.5%
	Employees' social security contributions		7.7%	7.2%	7.5%	7.2%
	Total payments less cash transfers		1.2%	11.0%	15.6%	19.7%
	Total tax wedge including employer's social security contributions		11.9%	20.5%	24.7%	28.3%
15.	**Marginal rates**					
	Total payments less cash transfers: Principal earner		73.0%	39.3%	39.3%	33.6%
	Total payments less cash transfers: Spouse		40.7%	35.9%	31.2%	30.2%
	Total tax wedge: Principal earner		75.4%	44.7%	44.7%	39.6%
	Total tax wedge: Spouse		46.8%	43.0%	38.8%	38.0%

The national currency is the Canadian dollar (CAD). In 2016, CAD 1.33 was equal to USD 1. In that year, the average worker earned CAD 50 997 (Secretariat estimate).

1. Personal income tax systems

1.1. *Central/federal government income taxes*

1.1.1. *Tax unit*

Under the present system, tax is levied on individuals separately; certain tax reliefs depend on family circumstances.

1.1.2. *Tax allowances and credits*

1.1.2.1. Standard credits

- *Basic personal amount:* All taxpayers qualify for a basic personal tax credit of CAD 1 721.10.
- *Credit for Spouse or Eligible Dependant:* A taxpayer supporting a spouse or other eligible dependant receives a tax credit of CAD 1 721.10 which is reduced by 15 cents for each dollar of the dependant's income.
- *Social security contributions:* Taxpayers are entitled to claim 15% of their contributions to the Canada or Quebec Pension Plans (to a maximum credit of CAD 2 544.30 for the Canada Pension Plan and to a maximum credit of CAD 2 737.05 for the Quebec Pension Plan) and their Employment Insurance premiums (to a maximum credit of CAD 955.04 outside Quebec; the Employment Insurance premium rate is lower for Quebec residents, who also pay into the Quebec Parental Insurance Plan; the maximum combined credit for a Quebec resident is CAD 1 163.98).
- *Working Income Tax Benefit (WITB):* The WITB provides a non-wastable tax credit equal to 25% of each dollar of earned income in excess of CAD 3 000 to a maximum credit of CAD 1 028 for single individuals without dependents and CAD 1 868 for families (couples and single parents). The credit is reduced by 15% of net family income in excess of CAD 11 675 for single individuals and CAD 16 122 for families. This is the default national design; provinces may choose to propose jurisdiction-specific changes to this design, subject to certain principles.
- *Canada Employment Tax Credit:* A tax credit of up to CAD 174.15 on employment income.

1.1.2.2. Main non-standard tax reliefs applicable to an average worker:

A number of non-standard tax reliefs are available to the average worker in Canada. The main ones are:

- *Medical expenses credit:* Taxpayers are entitled to a 15% tax credit for an amount of eligible medical expenses that exceeds the lesser of 3% of net income or CAD 2 237.
- *Charitable donations credit:* The credit is 15% on the first CAD 200 of eligible charitable donations and 29% on eligible donations in excess of CAD 200. Eligible donations are those made to registered charities, to a maximum of 75% of net income.

- *Registered pension plan contributions:* Employees who are members of a registered pension plan are entitled to deduct their contributions to the plan in respect of current and/or past service. Generally, employee contributions to a defined benefit registered pension plan are not subject to any limit; however, limits apply to the benefits that a plan may provide. Individuals can deduct their contributions to a defined contribution registered pension plan up to a limit of 18% of earned income, to a maximum of CAD 26 010.
- *Registered retirement savings plan (RRSP) premiums:* Individuals can deduct their contributions to an RRSP up to a limit of 18% of the previous year's earned income, to a maximum of CAD 25 370 a year, unless they are also accruing benefits under a registered pension plan or a deferred profit sharing plan. Members of those other plans are limited to RRSP contributions of 18% of the previous year's earned income to a maximum of CAD 25 370, minus a pension adjustment amount based on pension benefits accrued in the previous year.
- *Union and professional dues:* Individuals with annual dues paid to a trade union or an association of public servants or paying dues required to maintain a professional status recognised by statute are allowed to deduct such fees in computing taxable income.
- *Moving expenses:* Eligible moving expenses are deductible from income if the taxpayer moves at least 40 kilometres closer to a new place of employment.
- *Child care expenses:* A portion of child care expenses is deductible if incurred for the purpose of earning business or employment income, studying or taking an occupational training course or carrying on research for which a grant is received. The lower-income spouse must generally claim the deduction. The amount of the deduction is limited to the least of:
  1. the expenses incurred for the care of a child;
  2. two-thirds of the taxpayer's earned income; and
  3. CAD 8 000 for each child who is under age seven, and CAD 5 000 per child between seven and sixteen years of age (or older if has a mental or physical impairment, but not eligible for the Disability Tax Credit). The amount for a child who is eligible for Disability Tax Credit is CAD 11 000.

1.1.3. *Tax schedule*

2016 Federal income tax rates

Taxable Income (CAD)	Rate (%)
0-45 282	15
45 282-90 563	20.5
90 563-140 388	26
140 388-200 000	29
200 000 and over	33

1.2. *State and local income taxes*

1.2.1. *General description*

All provinces and territories levy their own personal income taxes. All, with the exception of Quebec, have a tax collection agreement with the federal government, and thus use the federal definition of taxable income. They are free to determine their own tax brackets, rates and credits. Quebec collects its own personal income tax and is free to determine all of the tax parameters, including taxable income. In practice, its definition of taxable income is broadly similar to the federal definition.

1.2.2. *Tax regime selected for this study*

The calculation of provincial tax for the average worker study assumes the worker lives in Ontario, the most populous of the 10 provinces and 3 territories. The main features of the Ontario tax system relevant to this report are summarised below:

Tax Schedule

Income Bracket	Rate (%)
CAD 0 to CAD 41 536	5.05
CAD 41 536 to CAD 83 075	9.15
CAD 83 075 to CAD 150 000	11.16
CAD 150 000 to CAD 220 000	12.16
Over CAD 220 000	13.16

Surtax

Provincial tax after accounting for wastable credits	Surtax Rate
Amounts Exceeding CAD 4 484	20% of the excess amount
Amounts Exceeding CAD 5 739	36% of the excess amount

Wastable tax credits

- A basic tax credit of CAD 505.56.
- A maximum credit of CAD 429.25 for a dependant spouse or eligible dependant that is withdrawn as the income of the spouse or eligible dependant exceeds CAD 850 and is completely withdrawn when the income of the spouse is at least CAD 9 350.
- 5.05% of contributions made to the Canada Pension Plan and of Employment Insurance premiums.

Tax Reduction

An earner is entitled to claim a tax reduction where the initial entitlement is equal to CAD 231 plus CAD 427 for each dependent child under the age of 19. Where someone has a spouse, only the spouse with the higher net income can claim the dependent child tax reduction. If this amount is greater or equal to the liable provincial tax, then no tax is due. If the amount is less than the liable tax, then the actual tax reduction is equal to twice the initial entitlement amount less the liable tax (if this calculation is zero or negative, the reduction is equal to zero).

2. Compulsory social security contributions to schemes operated within the government sector

2.1. Employees' contributions

2.1.1. *Pensions*

Generally, all employees are eligible for coverage under the Canada Pension Plan (Québec Pension Plan in the province of Québec). For 2016, all employees are required to contribute to the Canada Pension Plan at a rate of 4.95% of income up to a maximum contribution of CAD 2 544.30 (the contribution rate is 5.325% of income for the Québec

Pension Plan up to a maximum contribution of CAD 2 737.05). Income subject to contributions is earnings (wages and salaries) less a CAD 3 500 basic exemption. The maximum contribution of CAD 2 544.30 is reached at an earnings level of CAD 54 900 i.e. (CAD 54 900-CAD 3 500) × 0.0495 = CAD 2 544.30. For employees, each contribution to the CPP or QPP gives rise to a tax credit equal to 15% of the contributed amount. Employers are also required to contribute to the Canada Pension Plan on behalf of their employees at the same rate and can deduct their contributions from taxable income (refer § 2.21).

Self-employed persons must also contribute to the Canada Pension Plan (Québec Pension Plan in the province of Québec) on their own behalf. However, the self-employed are required to contribute at the combined employer/employee rate of 9.90% of earnings up to a maximum of CAD 5 088.60 (10.65% of earnings up to a maximum of CAD 5 474.10 in Quebec). The self-employed can deduct the employer portion of their contribution from income, equal to 50% of the total contribution or CAD 2 544.30 (2 737.05 in Quebec). The remaining 50%, representing the employee portion, is then claimed as a tax credit at 15%.

2.1.2. *Sickness*

There is no national sickness benefit plan administered by the federal government. However, all provinces have provincially-administered health care insurance plans. Three provinces, Quebec, Ontario, and British Columbia, levy health premiums on individuals separately from the personal income tax to help finance their health programmes.

In the case of Ontario, the premium is determined based on taxable income. Individuals who earn up to CAD 20 000 are exempt. The premium is phased in with a number of different rates to a maximum of CAD 900 for taxable income levels greater than CAD 200 600. The following table provides further details on the structure that is applicable in 2016.

The Ontario Health Premium

Taxable income	Fixed component (CAD)	Variable component
0-CAD 20 000	0	
CAD 20 000-CAD 25 000	0	6% of the taxable income in excess of CAD 20 000
CAD 25 000-CAD 36 000	300	
CAD 36 000-CAD 38 500	300	6% of the taxable income in excess of CAD 36 000
CAD 38 500-CAD 48 000	450	
CAD 48 000-CAD 48 600	450	25% of the taxable income in excess of CAD 48 000
CAD 48 600-CAD 72 000	600	
CAD 72 000-CAD 72 600	600	25% of the amount of taxable income in excess of CAD 72 600
CAD 72 600-CAD 200 000	750	
CAD 200 000-CAD 200 600	750	25% of the amount of taxable income in excess of CAD 200 000
Over CAD 200 600	900	

2.1.3. *Unemployment*

In general, all employees are eligible for Employment Insurance. Eligibility to receive benefits is determined by insurable hours worked (with a minimum entry threshold of 420 to 700 hours, depending on region and the unemployment rate at the time the claim for benefits starts). For 2016, employees outside Quebec are required to contribute at the rate of 1.88% of insurable earnings. Insurable earnings are earnings (wages and salaries) up to a maximum of CAD 50 800 per year. The maximum employee contribution is therefore CAD 955.04 per year. Employment insurance contributions give rise to a tax credit equal to

15% of the amount contributed. Employers are also required to contribute to the plan. (See Section 2.23)

Quebec residents contribute to Employment Insurance at a rate of 1.52%; the same earnings ceiling applies. They also contribute to the Quebec Parental Insurance Plan at a rate of 0.548% of insurable earnings; maximum insurance earnings for 2016 are CAD 71 500. For a Quebec resident, the maximum employee contribution (Employment Insurance plus Quebec Parental Insurance Plan) is CAD 1 163.98.

2.1.4. *Work injury*

See section 2.24.

2.2. *Employers' contributions*

2.2.1. *Pensions*

Employers are required to contribute to the Canada Pension Plan on behalf of their employees an amount equal to their employees' contributions. Thus, employers also contribute at the rate of 4.95% of earnings (less the CAD 3 500 earnings exemption) to a maximum of CAD 2 544.30. For the Quebec Pension Plan, the contribution rate is 5.325% of earnings, to a maximum of CAD 2 737.05.

2.2.2. *Sickness*

There is no national sickness benefit plan administered by the federal government. However, all provinces have provincially-administered health care insurance plans. Three provinces levy a special tax on employer payrolls to finance health services (Québec and Ontario) or health services and education (Manitoba). These payroll taxes are deductible from the employer's income subject to tax. In the case of the province of Ontario, employers pay a Employer Health Tax on the value of their payroll, tax rates varying from 0.98% on Ontario payroll less than CAD 200 000, up to 1.95% for payroll that exceeds CAD 400 000. Certain employers are eligible for a higher exemption of CAD 450 000.

2.2.3. *Unemployment*

Employers are required to contribute to the employment insurance scheme. The general employer contribution is 1.4 times the employee contribution, that is, 2.63% of insurable earnings (outside Quebec). Premiums are adjusted for employers who provide sick pay superior to payments provided under the employment insurance regime. All employment insurance contributions are deductible from the employer's income subject to tax.

2.2.4. *Work injury*

There is no national work injury benefit plan administered by the federal government. However, employers are required to contribute to a provincial workers' compensation plan which pays benefits to workers (or their families in case of death) for work-related illness or injury. The employer contribution rates, which vary by industry and province, are related to industry experience of work-related illness and injury. Premiums are deductible from the employer's income subject to tax. In the case of Ontario, employers broadly corresponding to industry Sectors B-N inclusive pay, on average, 2.95% of the wages paid to each employee to a maximum of CAD 88 000.

3. Universal cash transfers

3.1. *Transfers related to marital status*

None.

3.2. *Transfers for dependent children*

3.2.1. *Federal*

Budget 2016 announced a significant reform of child benefit. As of July 2016, the Canada Child Benefit (CCB) takes effect and will replace the Canada Child Tax Benefit and Universal Child Care Benefit (UCCB). Entitlement to the CCB for the July 2016 to June 2017 benefit year will be based on 2015 adjusted family net income. The CCB provides a maximum benefit of CAD 6 400 per child under age six and CAD 5 400 per child for those aged six through seventeen. On the portion of adjusted family net income between CAD 30 000 and CAD 65 000, the benefit will be phased out at a rate of 7% for a one-child family, 13.5% for a two-child family, 19% for a three-child family and 23% for larger families. Where adjusted family net income exceeds CAD 65 000, remaining benefits will be phased out at rates of 3.2% for a one-child family, 5.7% for a two-child family, 8% for a three-child family and 9.5% for larger families, on the portion of income above CAD 65 000.

The Goods and Services Tax Credit provides a relief of CAD 280 for each adult 19 years of age or older and CAD 147 for each dependent child under the age of 19. Single tax filers without children and with an employment income higher than CAD 9 079 receive an additional CAD 147 that is phased in at a rate of 2%. Single tax filers with children receive an additional CAD 147 that is not subject to phase-in. The credit received for the first dependent child of a single parent is also increased from CAD 147 to CAD 280. The total amount is reduced at a rate of five percent of net family income over CAD 36 455. The amount is paid directly to families.

3.2.2. *Provincial*

For each child under eighteen, qualifying families can receive up to CAD 1 376 from the Ontario Child Benefit (OCB). The benefit is withdrawn at a rate of 8% of family income that exceeds CAD 21 011.

Ontario has a Sales Tax Credit that provides a relief of up to CAD 295 for each adult and each child. It is reduced by 4% of adjusted family net income over CAD 22 718 for single people and over CAD 28 397 for families. The amount is paid directly to families.

4. Main changes in the tax/benefit system since 2009

5. Memorandum items

5.1. *Identification of an average worker*

The earnings data refer to production workers in the industries B to N. To obtain the annual average wage figure, the average weekly earnings for the year for employees (including overtime) are multiplied by 52.

5.2. *Employer contributions to private health and pension schemes*

These do exist but no information is available on the amounts involved.

The payments that relate to income from the 2016 tax year are payable between July 2017 and June 2018. The amounts shown in this Report assume indexation of 2.0% for the 2016 tax year (and 2017-18 benefit year); the actual indexation parameter will be announced in December 2016.

2016 parameter values

Average earnings/yr	Ave_earn	50 997	Secretariat estimate
Tax credits	Basic_cred	1 721.10	
Spouse	Spouse_cred	1 721.10	
withdrawal rate	Sp_crd_wth	0.15	
Threshold	Sp_crd_thrsh	0	
Canada Employment Tax Credit	Empl_crd	174.15	
Canada Child Benefit amount per child under 6	ccb_credit1	6 400	
Canada Child Benefit amount per child aged 6-17	ccb_credit2	5 400	
First threshold	ccb_crd_thrsh1	30 000	
Second threshold	ccb_crd_thrsh2	65 000	
Frist reduction rate – 1 child	ccb_1st_redn1	0.070	
Frist reduction rate – 2 children	ccb_1st_redn2	0.135	
Frist reduction rate – 3 children	ccb_1st_redn3	0.190	
Frist reduction rate – 4+ children	ccb_1st_redn4	0.230	
Second reduction rate – 1 child	ccb_2nd_redn1	0.032	
Second reduction rate – 2 children	ccb_2nd_redn2	0.057	
Second reduction rate – 3 children	ccb_2nd_redn3	0.080	
Second reduction rate – 4+ children	ccb_2nd_redn4	0.095	
Working Income Tax Benefit	WITB_phzin_thrsh	3 000	
WITB–Phase-in Rate	WITB_phzn_rt	0.25	
WITB–Maximum Credit (per Adult/Equiv.)	WITB_max	1 028	
WITB–Addl. Maximum Credit (Fam.)	WITB_max_fam	840	
WITB–Reduction Rate	WITB_phzout_rt	0.15	
WITB–Threshold	WITB_phzout_thrsh	11 675	
WITB–Addl. Threshold (Fam.)	WITB_phzn_thrsh_fam	4 447	
Federal tax schedule	Fed_sch	0.15	45 282
		0.205	90 563
		0.26	140 388
		0.29	200 000
		0.33	
High-income surtax rate	H_sur_rate	0	
threshold	H_sur_thrsh	18 500	
Canada pension plan rate	CPP_rate	0.0495	
exemption	CPP_ex	3 500	
max contrib.	CPP_max	2 544.30	
Unemployment ins.rate	Unemp_rate	0.0188	
max contrib.	Unemp_max	955.04	
tax credit rate	Unemp_crd_rate	0.15	
employer contrib. mult.	Unemp_emplr	1.4	
GST adult credit	GST_crd_ad	280	
child credit	GST_crd_ch	147	
threshold	GST_crd_thrsh	36 455	
reduction rate	GST_crd_redn	0.05	
single supplement	GST_crd_sgsp	147	
single supplement eligibility threshold	GST_sgsp_thrsh	9 079	
single supplement phase-in rate	GST_sgsp_rate	0.02	
Province: Ontario			
Tax Credits	P_basic_crd	505.56	
Spouse	P_spouse_crd	429.25	
withdrawal rate	P_sp_crd_wd	0.0505	
threshold	P_sp_crd_thr	850	
% of BFT	P_pct_bft	0.375	
Unemployment tax credit rate	P_unem_tc_rt	0.0505	
Surtax rate 1	P_sur_rt1	0.20	
threshold	P_sur_thr1	4 484	
rate 2	P_sur_rt2	0.36	

2016 parameter values

threshold	P_sur_thr2	5 739		
Tax reduction	P_tax_red	231		
amount per dependent	P_tr_chld	427		
amount per disabled dep	P_tr_dis_ch	427		
Provincial tax schedule	Prov_sch	0.0505	41 536	
		0.0915	83 075	
		0.1116	150 000	
		0.1216	220 000	
		0.1316		
Ontario Child Benefit	P_ch_amt	1 376		
amount per child	P_ch_thresh	21 011		
threshold	P_ch_redn_rate	0.08		
reduction rate				
Sales tax credits				
sales tax credit adult	P_sales_cred	295		
sales tax credit child	P_salcr_chd	295		
threshold	P_ps_thresh	22 718		
threshold seniors/families	P_ps_thr_sen	28 397		
reduction rate	P_ps_red_rt	0.04		
reduction rate seniors	P_ps_rr_sen	0.04		
Ontario Health Premium	P_hlth_sch	20 000	0	0
		25 000	0.06	0
		36 000	0	300
		38 500	0.06	300
		48 000	0	450
		48 600	0.25	450
		72 000	0	600
		72 600	0.25	600
		200 000	0	750
		200 600	0.25	750
maximum	P_hlth_max	900		
Employer Health Tax	emp_healthtax	0.0195		
Employer Workers Compensation Levy	emp_workcomp	0.0295		
Employer Workers Compensation Levy Ceiling	emp_workcomp_ceil	88 000		
Maximum number of children under the age of 7	children_und7_max	1		

2016 Tax equations

The equations for the Canadian system are mostly repeated for each individual of a married couple. But the spouse credit is relevant only to the calculation for the principal earner and the non-wastable credits are calculated only once. This is shown by the Range indicator in the table below.

The functions which are used in the equations (Taper, MIN, Tax etc) are described in the technical note about tax equations. Variable names are defined in the table of parameters above, within the equations table, or are the standard variables "married" and "children". A reference to a variable with the affix "_total" indicates the sum of the relevant variable values for the principal and spouse. And the affixes "_princ" and "_spouse" indicate the value for the principal and spouse, respectively. Equations for a single person are as shown for the principal, with "_spouse" values taken as 0.

	Line in country table and intermediate steps	Variable name	Range	Equation
1.	Earnings	earn		
2.	Allowances	tax_al	B	0
3.	Credits in taxable income	taxbl_cr		
4.	CG taxable income	tax_inc	B	Earn
5.	CG tax before credits:	Basic_Fed_tax	B	Tax(earn, Fed_sch)
	Basic Federal tax	Basic_Fed_tax	B	Tax(earn, Fed_sch)
6.	Tax credits :			
	Basic credit	basic_cr	P	Basic_cred + Empl_crd
			S	(earn_spouse>0)*Empl_crd+IF(AND(Married=1,earn_spouse>0),Basic_cred,0)+IF (AND(Married=0,tax_inc_spouse>0),Basic_cred-Taper(Spouse_cred,tax_inc_ spouse,Sp_crd_thrsh,Sp_crd_wth),0)
	Spouse credit	spouse_cr	P	IF(OR(Married=1,Children>0),Taper(Spouse_cred, tax_inc_spouse, Sp_crd_thrsh,Sp_crd_wth), 0)
	Unemployment insurance	unemp_cr	B	Unemp_crd_rate*SSC
	Total (wastable) tax credits	tax_cr	B	basic_cr+spouse_cr+unemp_cr
	Working Income Tax Benefit	WITB	P	IF(Married>0,MAX(0,MIN(WITB_max+WITB_max_fam,(WITB_phzn_rt* MAX(0, earn_total-WITB_phzin_thrsh)))-MAX(0,WITB_phzout_rt*MAX(0,earn_total-(WITB_phzout_thrsh+WITB_phzn_thrsh_fam)))), IF(Children>0,MAX(0,MIN (WITB_max+WITB_max_fam,(WITB_phzn_rt*MAX(0,earn_total-WITB_phzin_ thrsh)))-MAX(0,WITB_phzout_rt*MAX(0,earn_total-(WITB_phzout_thrsh+WITB_ phzn_thrsh_fam)))), MAX(0,MIN(WITB_max,(WITB_phzn_rt*MAX(0,earn_total-WITB_phzin_thrsh)))-MAX(0,WITB_phzout_rt*MAX(0,earn_total-WITB_phzout_ thrsh)))))
7.	CG tax	CG_tax	B	Positive(Basic_Fed_tax-tax_cr)-WITB
8.	State and local taxes			
	Liable provincial tax	Prov_tax_sch	B	Tax(earn, Prov_sch)
	Provincial tax credits	Prov_tax_cred	P	P_basic_crd+P_unem_tc_rt*SSC_princ+IF(AND(Married=0, Children>0), P_spouse_crd, Married*Taper(P_spouse_crd, earn_spouse, P_sp_crd_thr, P_sp_crd_wd))
			S	=(earn_spouse>0)*(P_unem_tc_rt*SSC_spouse)+OR(Married=1,Children>0)*P_b asic_crd
	Provincial surtax	Prov_surtax	B	P_sur_rt1*Positive(Prov_tax_sch-Prov_tax_cred-P_sur_thr1)+P_sur_rt2*Positive(Prov_tax_sch-Prov_tax_cred-P_sur_thr2)
	Provincial tax reduction	Prov_tax_redn	B	MAX(2*(P_tax_red+Children*P_tr_chld)-(Prov_tax_sch-Prov_tax_cred+Prov_surtax), 0)
	Provincial sales tax credit	Prov_tax_stcred	P	Taper(IF(Married=1, 2, 1)*P_sales_cred+Children*P_salcr_chd, earn_total, IF(Married+Children=0, P_ps_thresh,P_ps_thr_sen),P_ps_red_rt)
	Liable provincial tax	Prov_tax	B	Positive(Prov_tax_sch-Prov_tax_cred+Prov_surtax-Prov_tax_redn)

	Line in country table and intermediate steps	Variable name	Range	Equation
9.	Employees' soc security:			
	Canada Pension Plan	CPP	B	MIN(CPP_rate*Positive((earn-CPP_ex), CPP_max)
	Unemployment insurance	Unemp	B	MIN(Unemp_rate*earn, Unemp_max)
	State health premium	Prov_health	B	MIN(Hstep(tax_inc, P_hlth_sch), P_hlth_max)
	Total Employees' soc security	SSC	B	CPP+Unemp+Prov_health
11.	Cash transfers (nonwastable)			
	Canada Child Benefit	CCB	P	Taper(Taper(Children*ccb_credit2,MINA(earn_total, ccb_crd_thrsh2), ccb_crd_thrsh1, IF(children=1, ccb_1st _redn1, IF(children=2, ccb_1st _redn2, IF(children=3, ccb_1st _redn3, IF(children>3, ccb_1st _redn4, 0))))), earn_total, ccb_crd_thrsh2, IF(children=1, ccb_2nd _redn1, IF(children=2, ccb_2nd _redn2, IF(children=3, ccb_2nd _redn3, IF(children>3, ccb_2nd _redn4, 0)))))
	GST Credit - Total	GST_cr	P	Taper((GST_crd_ad+(Married=1)*(GST_crd_ad+Children*GST_crd_ch)+(Married =0)*(Children>0)*(GST_crd_ad+GST_crd_sgsp+Positive(Children-1)*GST_ crd_ch)+(Married=0)*(Children=0)*Positive(MIN(GST_crd_sgsp, (earn_total-GST_sgsp_thrsh)*GST_sgsp_rate))), earn_total, GST_crd_thrsh, GST_crd_redn)
	GST Credit - Adult	GST_cr_adult	P	Taper((GST_crd_ad+(Married=1)*(GST_crd_ad)+(Married=0)*Positive(MIN(GST_ crd_sgsp, (earn_total-GST_sgsp_thrsh)*GST_sgsp_rate))), earn_total, GST_crd_ thrsh, GST_crd_redn)
	GST Credit - Child	GST_cr_child	P	GST_cr-GST_cr_adult
	Ontario child benefit	Prov_child_ben	P	Taper(Children*P_ch_amt,earn_total,P_ch_thresh,P_ch_redn_rate)
	Ontario sales tax credit	Prov_sales_cr	P	Taper(IF(Married=1,2,1)*P_sales_cred+Children*P_salcr_chd,earn_total, IF(Married+Children=0, P_ps_thresh,P_ps_thr_sen),P_ps_red_rt)
	Total Cash Transfers	Cash_tran	P	CCB+GST_cr+Prov_child_ben+ Prov_sales_cr
13.	Employer's soc security			
	Canada Pension Plan	CPP_empr	B	CPP
	Unemployment insurance	Unemp_empr	B	Unemp*Unemp_emplr
	Ontario Employers Health Tax	Health_empr	B	earn*emp_healthtax
	Ontario Workers Compensation	Comp_empr	B	MIN(earn, emp_workcomp_ceil)*emp_workcomp
	Total Employer's soc security	SSC_empr	B	CPP_empr+Unemp_empr+Health_empr+Comp_empr

Key to range of equation B calculated separately for both principal earner and spouse P calculated for principal only (value taken as 0 for spouse calculation) J calculated once only on a joint basis

Chile

This chapter includes data on the income taxes paid by workers, their social security contributions, the family benefits they receive in the form of cash transfers as well as the social security contributions and payroll taxes paid by their employers. Results reported include the marginal and average tax burden for eight different family types.

Methodological information is available for Personal income tax systems, Compulsory social security contributions to schemes operated within the government sector, Universal cash transfers as well as recent changes in the tax/benefit system. The methodology also includes the parameter values and tax equations underlying the data.

Chile 2016

The tax/benefit position of single persons

	Wage level (per cent of average wage)		67	100	167	67
	Number of children		none	none	none	2
1.	**Gross wage earnings**		5 362 339	8 003 491	13 365 830	5 362 339
2.	**Standard tax allowances**					
	Basic allowance		0	0	0	0
	Married or head of family					
	Dependent children					
	Deduction for social security contributions and income taxes		375 364	560 244	935 608	375 364
	Work-related expenses					
	Other		630 611	941 211	1 571 822	630 611
		Total	1 005 975	1 501 455	2 507 430	1 005 975
3.	**Tax credits or cash transfers included in taxable income**		0	0	0	0
4.	**Central government taxable income (1 - 2 + 3)**		4 356 364	6 502 036	10 858 400	4 356 364
5.	**Central government income tax liability (exclusive of tax credits)**		0	0	135 070	0
6.	**Tax credits**					
	Basic credit					
	Married or head of family					
	Children		0	0	0	231 862
	Other					
		Total	0	0	0	231 862
7.	**Central government income tax finally paid (5-6)**		0	0	135 070	0
8.	**State and local taxes**		0	0	0	0
9.	**Employees' compulsory social security contributions**					
	Gross earnings		375 364	560 244	935 608	375 364
	Taxable income					
		Total	375 364	560 244	935 608	375 364
10.	**Total payments to general government (7 + 8 + 9)**		375 364	560 244	1 070 678	375 364
11.	**Cash transfers from general government**					
	For head of family					
	For two children		0	0	0	48 528
		Total	0	0	0	48 528
12.	**Take-home pay (1-10+11)**		4 986 975	7 443 247	12 295 152	5 035 503
13.	**Employer's compulsory social security contributions**		0	0	0	0
14.	**Average rates**					
	Income tax		0.0%	0.0%	1.0%	0.0%
	Employees' social security contributions		7.0%	7.0%	7.0%	7.0%
	Total payments less cash transfers		7.0%	7.0%	8.0%	6.1%
	Total tax wedge including employer's social security contributions		7.0%	7.0%	8.0%	6.1%
15.	**Marginal rates**					
	Total payments less cash transfers: Principal earner		7.0%	7.0%	10.2%	7.0%
	Total payments less cash transfers: Spouse		n.a.	n.a.	n.a.	n.a.
	Total tax wedge: Principal earner		7.0%	7.0%	10.2%	7.0%
	Total tax wedge: Spouse		n.a.	n.a.	n.a.	n.a.

Chile 2016

The tax/benefit position of married couples

	Wage level (per cent of average wage)	100-0	100-33	100-67	100-33
	Number of children	2	2	2	none
1.	**Gross wage earnings**	8 003 491	10 644 643	13 365 830	10 644 643
2.	**Standard tax allowances**				
	Basic allowance	0	0	0	0
	Married or head of family				
	Dependent children				
	Deduction for social security contributions and income taxes	560 244	745 125	935 608	745 125
	Work-related expenses				
	Other	941 211	1 251 810	1 571 822	1 251 810
	Total	1 501 455	1 996 935	2 507 430	1 996 935
3.	**Tax credits or cash transfers included in taxable income**	0	0	0	0
4.	**Central government taxable income (1 - 2 + 3)**	6 502 036	8 647 708	10 858 400	8 647 708
5.	**Central government income tax liability (exclusive of tax credits)**	0	0	0	0
6.	**Tax credits**				
	Basic credit				
	Married or head of family				
	Children	231 862	231 862	231 862	0
	Other				
	Total	231 862	231 862	231 862	0
7.	**Central government income tax finally paid (5-6)**	0	0	0	0
8.	**State and local taxes**	0	0	0	0
9.	**Employees' compulsory social security contributions**				
	Gross earnings	560 244	745 125	935 608	745 125
	Taxable income				
	Total	560 244	745 125	935 608	745 125
10.	**Total payments to general government (7 + 8 + 9)**	560 244	745 125	935 608	745 125
11.	**Cash transfers from general government**				
	For head of family				
	For two children	0	250 152	48 528	0
	Total	0	250 152	48 528	0
12.	**Take-home pay (1-10+11)**	7 443 247	10 149 670	12 478 750	9 899 518
13.	**Employer's compulsory social security contributions**	0	0	0	0
14.	**Average rates**				
	Income tax	0.0%	0.0%	0.0%	0.0%
	Employees' social security contributions	7.0%	7.0%	7.0%	7.0%
	Total payments less cash transfers	7.0%	4.6%	6.6%	7.0%
	Total tax wedge including employer's social security contributions	7.0%	4.6%	6.6%	7.0%
15.	**Marginal rates**				
	Total payments less cash transfers: Principal earner	7.0%	7.0%	7.0%	7.0%
	Total payments less cash transfers: Spouse	-2.5%	7.0%	7.0%	7.0%
	Total tax wedge: Principal earner	7.0%	7.0%	7.0%	7.0%
	Total tax wedge: Spouse	-2.5%	7.0%	7.0%	7.0%

Chile's national currency is the peso (CLP). For 2016, the average exchange rate was CLP 676.54 to USD 1. That same year, the average worker in Chile earned CLP 8 003 491 (country estimate).

Taxes allowances and tax thresholds for the Personal income tax system and upper earnings limits for social security contributions are determined using and expressed in CPI-indexed units. As of December 31, 2016, the following currency values applied to these units:

Major revenue items	Unit	CLP	USD
Social security contributions	Unidad de Fomento[1] (UF)	26 347.98	38.95
Monthly tax thresholds	Unidad Tributaria Mensual (UTM)	46.183	68.26
Annual tax thresholds	Unidad Tributaria Anual (UTA)	554.196	819.16

1. This amount is subject to daily adjustment in line with the CPI and is compared with monthly earnings in the assessment of social security contributions

1. Personal income tax system

1.1. *Central/federal government income taxes*

1.1.1. *Tax unit*

Each family member declares and pays taxes separately.

1.1.2. *Tax allowances and credits*

1.1.2.1. Standard tax reliefs

- Education tax credit: Parents with children attending preschool, primary, special or secondary education, with a total annual taxable income (both parents) of up to CLP 20 867 600 (UF 792), are entitled to a tax credit of CLP 115 931 (UF 4.4) per child, for expenses related to education. Children shall have a minimal school attendance of 85% and the school must be recognized by the State. This tax credit can be claimed by both parents, or only by one of them.

Relief for social security contributions: Employee's compulsory social insurance contributions are deductible for income tax purposes regardless of whether they are paid to government or private health insurers. (See section 2.1 below).

1.1.2.2. Main non-standard tax reliefs

- *Voluntary contributions and APV (Voluntary Pension Fund Savings):* Voluntary contributions to pension funds and voluntary pension savings fund (APV) may be deducted from taxable income, with an annual upper limit of CLP 15 808 788 (UF 600.)
- *Mortgage Interest:* Taxpayers whose annual income falls below CLP 49 877 640 (UTA 90) may deduct from their taxable income 100% of interest paid within a year for mortgage loans. This percentage is reduced in the case of taxpayers with higher incomes up to

CLP 83 129 400 (UTA 150). This relief cannot be granted along-side the *DFL2 Housing Mortgage Loan Payments* benefit, and cannot exceed CLP 4 433 568 (UTA 8) per annum.

1.1.3. *Tax schedule*

Tax rates are applied on monthly income and these taxes are retained and paid by employers. In order to estimate taxes, tax rates are applied on an annual basis, on the annual average income.

Taxable income (UTA)	Taxable income (CLP thousands)	Tax rates %
0-13.5	0-7 482	Exempt
13.5-30	7 482-16 626	4
30-50	16 626-27 710	8
50-70	27 710 -38 794	13.5
70-90	38 794-49 878	23
90-120	49 878-66 504	30.4
120-150	66 504-83 129	35.5
150 and over	83 129 and over	40

1.2. *State and local income taxes*

No taxes apply to income at state or local government level.

2. Compulsory social security contributions to schemes operated within the government sector

2.1. *Employees' contributions*

Employees have mandatorily to contribute 7% of their income to a health insurance plan subject to an upper earnings limit of CLP 23 226 813 (UF 74.3). They are free to choose whether to pay into a government-managed plan or alternatively to a private insurer (Isapres). The public insurance is based on a joint system that, in general, operates on an equal basis for all its beneficiaries, irrespective of the risk and the amount of the individual contribution. Its financing is partly covered by the contributions and partly by way of a government subsidy. Premiums paid to the plans offered by Isapres are based on the contributors' individual risk and these plans are exclusively financed with the employees' contributions. Public insurance contributions are included in the modelling as the majority of employees pay into plans managed by the government sector.

Employee social security contributions in respect of pensions and unemployment are not classified as taxes in this report; though they are included in modelling as deductions for income tax.

- The mandatory contributions to pension funds and unemployment insurance plans are not classified as taxes, since the payments are made to private institutions. In 1980, the public social security system was replaced with a privately managed individual capitalisation system. This system is obligatory to all employees who have joined the labour force since 1983 and free-lance workers since 2012, and of a voluntary nature to all contributing to the former system. The contributions to the old government operated pension fund system are not included in the modelling because they relate to a minority

Enrollment in the private health system during 2015 amounted to 18.8% of all beneficiaries.

of employees and the system will eventually disappear once the contributions and related benefit payments to those individuals remaining in it have ceased.

- The modelling allows that the contributions to pension funds and unemployment insurance managed by private institutions are deducted from gross income. In the case of their pension funds, these payments amount to 10% of their gross income, with an upper earnings limit of CLP 23 226 813 (UF 74.3). Added to that is an amount that varies depending on the managing company that covers the management of each pension fund account. The monthly unemployment insurance premium is 0.6% of the employee's gross income, with an upper earnings limit of CLP 34 824 589 (UF 111.4) limit. Employees do not pay the monthly unemployment insurance premium when they have a fixed-term contract or after 11 years of labour relationship.
- There are also mandatory contributions to managed funds by members of the police force and the army which are classified as taxes but are not included in the modelling as they relate to a minority of the overall workforce.
- If the employee has a high risk job, that person has to make an additional contribution of 2% (heavy work) or 1% (less heavy work) of their gross income to their pension fund account.

2.2. *Employers' contributions*

There are four categories of employer social security contribution, none of which are classified as tax revenues in this report.

- Employers make mandatory payments of 0.95% of their employees' gross income for an occupational accident and disease insurance policy subject to an upper earnings limit. For the majority of employees the payments are made to employers' associations of labour security which are private non-profit institutions. Those remaining are made to the Social Security Regularisation Unit (ISL). Although this latter organisation is controlled by the government, the funds are invested on the private institutions market. The employers also pay an additional contribution which depends on the activity and risk associated to the enterprise (it cannot exceed 3.4% of the employees' gross earnings). This additional contribution could be reduced, down to 0%, depending on the safety measures the employer implements in the enterprise. If health and safety conditions at work are not satisfactory, this additional contribution could be applied with a surcharge of up to 100%.
- In addition, employers make payments of 2.4% of each employee's income (0.8% after 11 years of labour relationship and 3% for fixed-term contracts) to finance unemployment insurance. These funds are managed privately.
- Employers have to pay a disability insurance of 1.41% of the employees' gross income, to the pension fund manager.
- If the employee has a high risk job, the employer has to pay 2% (heavy work) or 1% (less heavy work) of the employee's gross income to his pension fund account.

3. Universal cash transfers

3.1. *Marital status-related transfers*

No such transfers are paid.

Average cost in 2016 was 1.16% of gross income.
Rate starting of 1 July 2016.

3.2. *Transfers related to dependent children*

The "Family Allowance" is paid on a monthly basis to any employee making social security contributions who has dependent children. The definition of dependants includes:

- Adopted children as well as those born to the parents;
- Children up to the age of 18 or 24 years provided they are single and are regular students in an elementary, secondary, technical, specialised or higher education establishment and whose income is less than half the minimum wage for more than three months in each calendar year.
- The amount of the payment depends on the number of dependent children and the beneficiary's level of income according to the table below. The modelling assumes that the benefit is assessed on the spouse with the lower earning level where both spouses are working.

2016 Transfer by Dependant

Annual income range (CLP)	Annual payment (CLP)
0-3 195 144	125 076
3 195 144-4 666 854	76 758
4 666 854- 7 278 696	24 264
and over	0

4. Memorandum items

4.1. *Identification of an average worker*

- The source of information is a survey conducted by the National Statistics Institute (INE) to determine the Salary and Labour Cost Index. This nationwide survey is carried out on a monthly sample and gathers information on salaries and labour costs. It applies to companies with at least 5-worker payrolls grouped in accordance with UN ISIC Rev.3 international economic activity standard, covering workers in industry sectors C-O.
- The average gross earning was obtained by multiplying the average hourly wage by the average number of hours worked. It covers both full and part-time workers.

4.2. *Employers' contribution to private health and pension schemes*

- In Chile very few employers make any contributions towards health schemes for their employees, and the relevant information is not available.

L(7522) and L(7523) are not included.

Table 4. **2016 parameter values**

Average earnings/yr	Ave_earn	8 003 491	Country estimate
Allowances	Basic_al	0	
Income tax	Tax_sch	0	7 481 646
		0.04	16 625 880
		0.080	27 709 800
		0.135	38 793 720
		0.23	49 877 640
		0.304	66 503 520
		0.355	83 129 400
		0.4	
Education tax credit	edu_tax_cre	115 931	
	edu_tax_cre_lim	20 867 600	
Employees SSC	SSC_sch	0.07	23 226 813
Upper threshold		0	
Family allowance	CTR_child	0	125 076
Child element		3 195 144	76 758
		4 666 854	24 264
		7 278 696	0

2016 tax equations

The functions which are used in the equations (Taper, MIN, Tax etc) are described in the technical note about tax equations. Variable names are defined in the table of parameters above, within the equations table, or are the standard variables "married" and "children". A reference to a variable with the affix "_total" indicates the sum of the relevant variable values for the principal and spouse. And the affixes "_princ" and "_spouse" indicate the value for the principal and spouse, respectively. Equations for a single person are as shown for the principal, with "_spouse" values taken as 0.

	Line in country table and intermediate steps	Variable name	Range	Equation
1.	Earnings	earn		
2.	Allowances:	Tax_al	B	Min(Basic_al,earn)
3.	Credits in taxable income	taxbl_cr	B	0
4.	CG taxable income	tax_inc	B	Positive(earn-tax_al)
5.	CG tax before credits	CG_tax_excl	B	Tax(tax_inc, tax_sch)
6.	Tax credits :	tax_cr	P	IF(taxinc_princ+taxinc_spouse<=edu_tax_cre_lim,IF(taxinc_spouse =0,edu_tax_cre*Children,edu_tax_cre*Children*0.5),0)
			S	IF(AND(taxinc_princ+taxinc_spouse<=edu_tax_cre_lim,taxinc_spouse>0),edu_tax_cre*Children*0.5,0)
7.	CG tax	CG_tax	B	Positive(CG_tax_excl-tax_cr)
8.	State and local taxes	local_tax	B	0
9.	Employees' soc security	SSC	B	Tax(earn, SSC_sch)
11.	Family allowance	cash_trans	P/S	IF(Children=0,0, IF(earn_spouse>0, VLOOKUP (earn_spouse, CTR_child) , VLOOKUP (earn_princ, CTR_child)) * children)
13.	Employer's soc security	SSC_empr		0

Key to range of equation B calculated separately for both principal earner and spouse P calculated for principal only (value taken as 0 for spouse calculation) J calculated once only on a joint basis.

Les impôts sur les salaires 2017

Czech Republic

This chapter includes data on the income taxes paid by workers, their social security contributions, the family benefits they receive in the form of cash transfers as well as the social security contributions and payroll taxes paid by their employers. Results reported include the marginal and average tax burden for eight different family types.

Methodological information is available for Personal income tax systems, Compulsory social security contributions to schemes operated within the government sector, Universal cash transfers as well as recent changes in the tax/benefit system. The methodology also includes the parameter values and tax equations underlying the data.

Czech Republic 2016

The tax/benefit position of single persons

	Wage level (per cent of average wage)	67	100	167	67
	Number of children	none	none	none	2
1.	**Gross wage earnings**	221 148	330 072	551 220	221 148
2.	**Standard tax allowances**				
	Basic allowance				
	Married or head of family				
	Dependent children				
	Deduction for social security contributions and income taxes				
	Work-related expenses				
	Other				
	Total	0	0	0	0
3.	**Tax credits or cash transfers included in taxable income**	0	0	0	0
4.	**Central government taxable income (1 - 2 + 3 + 13)**	296 339	442 297	738 635	296 339
5.	**Central government income tax liability (exclusive of tax credits)**	44 451	66 344	110 795	44 451
6.	**Tax credits**				
	Basic credit				
	Married or head of family				
	Children				
	Other	24 840	24 840	24 840	55 248
	Total	24 840	24 840	24 840	55 248
7.	**Central government income tax finally paid (5-6)**	19 611	41 504	85 955	- 10 797
8.	**State and local taxes**	0	0	0	0
9.	**Employees' compulsory social security contributions**				
	Gross earnings	24 326	36 308	60 634	24 326
	Taxable income				
	Total	24 326	36 308	60 634	24 326
10.	**Total payments to general government (7 + 8 + 9)**	43 937	77 812	146 590	13 529
11.	**Cash transfers from general government**				
	For head of family				
	For two children	0	0	0	14 640
	Total	0	0	0	14 640
12.	**Take-home pay (1-10+11)**	177 211	252 260	404 631	222 259
13.	**Employer's compulsory social security contributions**	75 190	112 225	187 415	75 190
14.	**Average rates**				
	Income tax	8.9%	12.6%	15.6%	-4.9%
	Employees' social security contributions	11.0%	11.0%	11.0%	11.0%
	Total payments less cash transfers	19.9%	23.6%	26.6%	-0.5%
	Total tax wedge including employer's social security contributions	40.2%	43.0%	45.2%	25.0%
15.	**Marginal rates**				
	Total payments less cash transfers: Principal earner	31.1%	31.1%	31.1%	31.1%
	Total payments less cash transfers: Spouse	n.a.	n.a.	n.a.	n.a.
	Total tax wedge: Principal earner	48.6%	48.6%	48.6%	48.6%
	Total tax wedge: Spouse	n.a.	n.a.	n.a.	n.a.

Czech Republic 2016

The tax/benefit position of married couples

			100-0	100-33	100-67	100-33
		Wage level (per cent of average wage)	100-0	100-33	100-67	100-33
		Number of children	2	2	2	none
1.	**Gross wage earnings**		330 072	438 996	551 220	438 996
2.	**Standard tax allowances**					
	Basic allowance					
	Married or head of family					
	Dependent children					
	Deduction for social security contributions and income taxes					
	Work-related expenses					
	Other					
		Total	0	0	0	0
3.	**Tax credits or cash transfers included in taxable income**		0	0	0	0
4.	**Central government taxable income (1 - 2 + 3 + 13)**		442 297	588 254	738 635	588 254
5.	**Central government income tax liability (exclusive of tax credits)**		66 344	88 238	110 795	88 238
6.	**Tax credits**					
	Basic credit					
	Married or head of family					
	Children					
	Other		80 088	55 248	55 248	24 840
		Total	80 088	55 248	55 248	24 840
7.	**Central government income tax finally paid (5-6)**		- 13 744	11 096	30 707	41 504
8.	**State and local taxes**		0	0	0	0
9.	**Employees' compulsory social security contributions**					
	Gross earnings		36 308	48 290	60 634	48 290
	Taxable income					
		Total	36 308	48 290	60 634	48 290
10.	**Total payments to general government (7 + 8 + 9)**		22 564	59 386	91 342	89 794
11.	**Cash transfers from general government**					
	For head of family					
	For two children		14 640	14 640	14 640	0
		Total	14 640	14 640	14 640	0
12.	**Take-home pay (1-10+11)**		322 148	394 250	474 519	349 202
13.	**Employer's compulsory social security contributions**		112 225	149 259	187 415	149 259
14.	**Average rates**					
	Income tax		-4.2%	2.5%	5.6%	9.5%
	Employees' social security contributions		11.0%	11.0%	11.0%	11.0%
	Total payments less cash transfers		2.4%	10.2%	13.9%	20.5%
	Total tax wedge including employer's social security contributions		27.2%	33.0%	35.8%	40.6%
15.	**Marginal rates**					
	Total payments less cash transfers: Principal earner		31.1%	31.1%	31.1%	31.1%
	Total payments less cash transfers: Spouse		33.8%	11.0%	31.1%	11.0%
	Total tax wedge: Principal earner		48.6%	48.6%	48.6%	48.6%
	Total tax wedge: Spouse		50.6%	33.6%	48.6%	33.6%

The national currency is the Czech koruna (CZK). In 2016, CZK 24.44 was equal to USD 1. In that year, the average worker earned CZK 330 072 (Secretariat estimate). The Secretariat's average wage estimate for 2016 that was computed on the basis of the percentage change in compensation per employee in the total economy (i.e. 3.418357%, *OECD Economic Outlook* No. 100) was higher than the country's average wage estimate of CZK 326 850 (Macroeconomic Forecast, Ministry of Finance, November 2016). Therefore, the Taxing Wages indicators based on the Secretariat's average wage estimate might not reflect the impact of legislative measures that were adopted to reduce the tax burden on the basis of the country's forecast of average wage growth rate for 2016.

1. Personal income tax system

1.1. *Central government income taxes*

1.1.1. *Tax unit*

- The tax unit is the individual.

1.1.2. *Tax allowances and tax credits*

1.1.2.1. Standard reliefs

- *Relief for social and health security contributions.* Employees' social security contributions (see Section 2.1) are not deductible for income tax purposes.

1.1.2.2. Main non-standard tax reliefs applicable to an AW

- *Charitable donations allowance:* A tax allowance of up to 10% of taxable income is available for donations made to municipalities or legal entities for the financing of social, health, cultural, humanitarian, religious, ecological and sport activities. The minimum limit for donations is the lesser of 2% of taxable income or CZK 1 000. A similar procedure shall apply for gratuitous performance to finance the removal of the consequences of a natural disaster occurring in the territory of an EU Member State, Norway or Iceland. The total deduction may not exceed 15% of the tax base. As gratuitous performance for healthcare purposes, the value of one blood donation from an unpaid donor is valued at a sum of CZK 2 000 and the value of an organ donation from a living donor is valued at a sum of CZK 20 000.
- *Interest payments:* Taxpayers may claim an allowance of up to CZK 300 000 for mortgage interest payments or other interest payments related to the purchase or the improvement of their house. The total sum of interest by which the tax base is reduced on all credits of payers in the same jointly managed household must not exceed CZK 300 000.
- *Supplementary pension scheme contributions:* In a period of taxation, the tax base may be reduced by a contribution, in the maximum total amount of CZK 12 000, paid by a taxpayer to their supplementary pension insurance with a State contribution under a contract on supplementary pension insurance with a State contribution entered into between the payer and a pension company; the sum that may be deducted in this manner equals the

total amount of contributions paid by the payer for their supplementary pension insurance with a State contribution in the period of taxation, reduced by CZK 12 000.

- *Private life insurance premiums:* Taxpayers may claim an allowance of up to CZK 12 000 for premiums paid according to a contract between the taxpayer and an insurance company if the benefit (lump sum or recurrent pension) is paid out 60 months after the signature of the contract and in the year in which the taxpayer reaches the age of 60.

1.1.2.3. Tax schedule

From January 2008, a progressive system of taxation is replaced by a single rate of 15%. The tax base, reduced by the non-taxable part of the tax base (see 1.1.2.2 – Main non-standard tax reliefs), rounded down to whole hundreds of CZK is subject to tax at the rate of 15%. After that, tax credits (see 1.1.2.4) can be used to directly reduce a person's tax liability.

1.1.2.4. Tax credits

- Credit of CZK 24 840 per taxpayer.
- Credit of CZK 24 840 per spouse (husband or wife) living with a taxpayer in a common household provided that the spouse's own income does not exceed CZK 68 000 in the taxable period.
- Credit of CZK 13 404 for first child, credit of CZK 17 004 for second child, credit of CZK 20 604 for third and each additional child (irrespective of the child's own income) living with a taxpayer in a common household on the territory of a Member State of the EU, Norway or Iceland, if the child satisfies one or more of the following criteria:
  - age below 18 year of age,
  - age below 26 year of age and receiving full-time education,
  - age below 26 year of age and physically or mentally disabled provided that the child is not in receipt of a state disability payment

If the child is a "ZTP-P" card holder (the child with a certain type of disabilities), the tax credit is CZK 26 808. The taxpayer can claim the tax credit in the form of tax reliefs or tax bonuses or their combination.

- Credit of CZK 2 520 if the taxpayer is in receipt of a partial disability pension or is entitled to both an old-age pension and a partial disability pension
- Credit of CZK 5 040 it the taxpayer is in receipt of a full disability pension, or another type of pension conditional on his full disability pension, or if the taxpayer is entitled to both old-age pension and full disability pension or deemed to be fully disabled under statutory provisions, but his application for a full disability pension was rejected for reasons other than that he was not fully disabled (handicapped).
- Credit of CZK 16 140 if the taxpayer is a "ZTP-P" card holder.
- Credit of CZK 4 020 if the taxpayer takes part in a systematic educational or training programme under statutory provisions in order to prepare for his future vocation (profession) by means of such studies or prescribed training until completion of his/her 26 or 28 years (Ph.D. programme).
- New tax abatement (credit) which can be applied in case that a maintained child of a taxpayer is placing in a pre-school facility. The tax abatement can be applied in the amount of pre-school facility fees, which is really paid for maintained child, however at maximum up to the amount of minimum wage for a maintained child. Tax abatement

may only be used if the maintained child lives with the taxpayer in a jointly managed household. Introduction of this relief is a part of the Act on provision of childcare in a child society.

The non-standard tax reliefs, tax abatement and special solidarity surcharge of 7% for income from employment and entrepreneurship exceeding 48 times the average salary within the calendar year are not included in the tax equations underlying the Taxing Wages results.

1.2. *State and local income tax*

There are no regional or local income taxes.

2. Compulsory social security contributions to schemes operated within the government sector

The maximum annual earnings used to calculate social security contributions are 48 times the national average monthly wage. The maximum ceiling for social security contributions is CZK 1 296 288 for the year 2016. The maximum ceiling for health insurance has not existed since 2013.

2.1. *Employees' contributions*

Compulsory contributions of 11% of gross wages and salaries are paid by all employees into government operated schemes. The total is made up as follows (in %):

Health insurance	4.5
Social insurance	6.5

2.2. *Employers' contributions*

The total contribution for employers is 34% of gross earnings.

The contribution consists of the health insurance contribution (9% of gross wages and salaries) and social insurance (25%).

3. Universal cash transfers

3.1. *Transfers related to marital status*

None.

3.2. *Transfers for dependent children*

Non-taxable child allowances are the basic income-tested benefit provided to a dependent child with the objective to contribute to the coverage of costs incurred in his upbringing and sustenance. Entitlement to the child allowance is bound with certain income criteria. The central government pays this allowance in respect of each dependent child based on the family income level and provided that family's income does not exceed 2.4 times the relevant family's living minimum (LM). Family income includes the earnings of both parents net of income tax and the employees' social security and health insurance contributions. Child allowances are provided at three levels depending on the age of the child and are paid as follows:

Family income	Up to 2.4 LM
Age of child	Total payment CZK per month
Below 6 year of age	500
6-15 years	610
15-26 years	700

The monthly family's LM for the AW-type family with children can be calculated by summing the following amounts (in CZK):

Living minimum	
Basic personal requirement	
Single	3 410
First person in household	3 140
Second and other persons who are not a dependent child	2 830
Child aged below 6	1 740
Child aged between 6 and 15	2 140
Child aged between 15 and 26	2 450
Household expenses	
One person household	3 410
Two person household	5 970
Three person household	7 710
Four person household	9 850
Five person household	12 300

The LM is required by law. In case that family income (income of persons assessed together) don't achieve the amount of family's LM can be put in a request for state social support (housing benefit, family benefits, social assistance and other). The system applies the solidarity principle between the high-income families and low-income families, as well as between the childless families and those with children.

The term "social allowance" was abolished from 1 January 2012. However, this fact has no effect on the tax-benefit system for low-income families. The system of personalized payment was simplified and extended. For examples, in case of loss of income (social allowance) some people may put in a request for increase care allowance up to CZK 2 000. This allowance is addressed for recipients who are dependent children below 18 years of age and parent of dependent children below 18 years of age if the income of the family is under 2.0 family's living minimum. Protection in the housing sector is also addressed in the context of state social support system (housing allowances-benefit) and the system of assistance in material need as additional housing. Also foster care benefits create a separate benefit system; since 1 January 2013 they have ceased to be a component of the state social support system. These allowances (housing, care and foster care) are not included in the Taxing Wages models.

3.3. *Additional transfers*

Additional allowances (means-tested benefits in material need) are paid by the central government to low income families in adverse social and financial situation. The amount transferred is derived from the LM and varies according to total family income including family allowances and own efforts, opportunities and needs are taken into account. This allowance is not included in the computation.

4. Main changes in tax/benefit systems since 2016

In 2016, there were no changes that would have a significant effect on the current calculation of Taxing Wages.

List of main changes that have no impact on the current computation of TW:

- A tax abatement (credit) which can be applied in case that a child of a taxpayer visits a nursery school (preschool children, including kindergarten up to start school attendance) is introduced. The tax credit can be applied in the amount of nursery school fees really paid for child, however at maximum up to the amount of minimum salary for a child. Introduction of this relief is a part of the Act on provision of childcare in a child society (see chapter 1.1.2.4).
- Tax credit on second and third and next child has increased based on the Amendment (CZK 17 004 for second child, CZK 20 604 for third and each additional child) – see chapter 1.1.2.4.
- A tax abatement has no effect to the tax equations underlying the TW result but has impact on collection of IT in 2016.

5. Memorandum items

5.1. *Identification of AW and valuation of earnings*

The Ministry of Finance estimates the average earnings of the AW based on the data supplied by the Czech Statistical Office. The calculation of the average earnings AW is made by CZ-NACE division, which is compatible with ISIC classifications Ver. 4.

5.2. *Employers' contributions to private pension, health and related schemes*

There are supplementary private pension schemes only, but employers 'contributions vary. Relevant information is not available.

2016 parameter values

	Ave_earn	330 072	Secretariat estimate
Income tax rate	tax_rate	0.15	
Social security – social insurance	SSs_rate	0.065	
Social security – health insurance	SSh_rate	0.045	
Employers	SSC_empr_rate	0.34	
Child Tax credit - first child	child_cr_1	13 404	
- second child	child_cr_2	17 004	
- third child	child_cr_3	20 604	
Tax credit for individuals	tax_cr_base	24 840	
Tax credit for spouse	tax_cr_spo	24 840	
Tax credit for spouse income ceiling	Tax_cr_spo_inc_ceil	68 000	
Living minimum (LM)			
	basic_adult	3 410	
	basic_household	5 970	
	basic_child	2 140	
	house_exp	1	3 410
		2	5 970
		3	7 710
		4	9 850
		5	12 300
Cash transfers	transf_1	610	
Social security, social insurance - ceiling	soc_sec_si_ceil	1 296 288	

2016 tax equations

The equations for the Czech system are on an individual basis. But the spouse tax credit is relevant only to the calculation for the principal earner and cash transfers are calculated only once. This is shown by the Range indicator in the table below.

The functions which are used in the equations (Taper, MIN, Tax etc) are described in the technical note about tax equations. Variable names are defined in the table of parameters above, within the equations table, or are the standard variables "married" and "children". A reference to a variable with the affix "_total" indicates the sum of the relevant variable values for the principal and spouse. And the affixes "_princ" and "_spouse" indicate the value for the principal and spouse, respectively. Equations for a single person are as shown for the principal, with "_spouse" values taken as 0.

		Variable name	Range	Equation
1.	Earnings	earn	B	
2.	CG taxable income	tax_inc_princ	B	Earn+(earn*SSC_empr_rate)
3.	CG tax before credits			
	CG tax before credits principal	CG_tax_excl_princ	B	Tax(tax_inc_princ, tax_rate)
4.	Tax credits:			
	Tax credit for children	tax_cr_ch	P	If (number of children>3; (number of children - 3)*child_cr_3+child_cr_1+ child_cr_2+child_cr_3; If (number of children>2;child_cr_1 +child_cr_2 + child_cr_3; If (number of children>1;child_cr_1+child_cr_2; If (number of children=0;0)))))
	Basic tax credit	tax_cr_bas	B	tax_cr_bas
	Tax credit for spouse	tax_cr_spouse	P	Married*tax_cr_spo
5.	CG tax			
	CG tax principal	CG_tax_princ	B	Max(CG_tax_excl_princ - tax_cr_bas_princ - tax_cr_spo , 0) - tax_cr_ch
6.	State and local taxes	local_tax	B	0
7.	Employees' social security	SSs SSh	B B	MIN(earn,soc_sec_si__ceil)*SSs_rate earn*SSh_rate
8.	Cash transfers			
	Net family income	net_inc	J	earn_total-CG_tax_total-SSC_total
9.	Living minimum (monthly)	LM	J	(1-Married)*basic_adult+Married*basic_household +Children*basic_child+ VLOOKUP((1+Married+Children), house_exp, 2, FALSE)
10.	Total cash transfers	cash_trans	J	Children*IF(net_inc<=(2.4)*LM*12, transf_1*12)
11.	Employer's social security	SSs_empr SSh_empr	B B	MIN(earn,soc_sec_sir_ceil)*SSs_empr_rate earn*SSh_empr_rate

Key to range of equation: B calculated separately for both principal earner and spouse; P calculated for principal only (value taken as 0 for spouse calculation); J calculated once only on a joint basis.

Les impôts sur les salaires 2017

Denmark

This chapter includes data on the income taxes paid by workers, their social security contributions, the family benefits they receive in the form of cash transfers as well as the social security contributions and payroll taxes paid by their employers. Results reported include the marginal and average tax burden for eight different family types.

Methodological information is available for Personal income tax systems, Compulsory social security contributions to schemes operated within the government sector, Universal cash transfers as well as recent changes in the tax/benefit system. The methodology also includes the parameter values and tax equations underlying the data.

Denmark 2016

The tax/benefit position of single persons

	Wage level (per cent of average wage)		67	100	167	67
	Number of children		none	none	none	2
1.	**Gross wage earnings**		276 412	412 555	688 967	276 412
2.	**Standard tax allowances**					
	Basic allowance					
	Married or head of family					
	Dependent children					
	Deduction for social security contributions and income taxes		22 113	33 004	55 117	22 113
	Work-related expenses		0	0	0	0
	Other					
		Total	22 113	33 004	55 117	22 113
3.	**Tax credits or cash transfers included in taxable income**		0	0	0	0
	Earnings tax credit deduction		22 942	28 000	28 000	38 421
		Total	- 22 942	- 28 000	- 28 000	- 38 421
4.	**Central government taxable income (1 - 2 + 3)**		231 357	351 551	605 850	215 878
5.	**Central government income tax liability (exclusive of tax credits)**		30 031	45 010	100 645	29 567
6.	**Tax credits**					
	Basic credit		5 315	5 315	5 315	5 315
	Married or head of family					
	Children					
	Other					
		Total	5 315	5 315	5 315	5 315
7.	**Central government income tax finally paid (5-6)**		46 829	72 699	150 447	46 364
8.	**State and local taxes**		46 671	76 611	139 957	42 815
9.	**Employees' compulsory social security contributions**					
	Gross earnings		0	0	0	0
	Taxable income					
		Total	0	0	0	0
10.	**Total payments to general government (7 + 8 + 9)**		93 499	149 310	290 404	89 179
11.	**Cash transfers from general government**					
	For head of family					
	For two children		0	0	0	69 452
	Green check		950	950	0	1 390
		Total	950	950	0	70 842
12.	**Take-home pay (1-10+11)**		183 863	264 195	398 563	258 075
13.	**Employer's compulsory social security contributions**		3 227	3 227	3 227	3 227
14.	**Average rates**					
	Income tax		33.8%	36.2%	42.2%	32.3%
	Employees' social security contributions		0.0%	0.0%	0.0%	0.0%
	Total payments less cash transfers		33.5%	36.0%	42.2%	6.6%
	Total tax wedge including employer's social security contributions		34.3%	36.5%	42.4%	7.7%
15.	**Marginal rates**					
	Total payments less cash transfers: Principal earner		39.7%	42.0%	55.8%	38.2%
	Total payments less cash transfers: Spouse		n.a.	n.a.	n.a.	n.a.
	Total tax wedge: Principal earner		39.7%	42.0%	55.8%	38.2%
	Total tax wedge: Spouse		n.a.	n.a.	n.a.	n.a.

Denmark 2016

The tax/benefit position of married couples

	Wage level (per cent of average wage)	100-0	100-33	100-67	100-33
	Number of children	2	2	2	none
1.	**Gross wage earnings**	412 555	548 698	688 967	548 698
2.	**Standard tax allowances**				
	Basic allowance				
	Married or head of family				
	Dependent children				
	Deduction for social security contributions and income taxes	33 004	43 896	55 117	43 896
	Work-related expenses	0	0	0	0
	Other				
	Total	33 004	43 896	55 117	43 896
3.	**Tax credits or cash transfers included in taxable income**	0	0	0	0
	Earnings tax credit deduction	28 000	28 000	28 000	28 000
	Total	- 28 000	- 28 000	- 28 000	- 28 000
4.	**Central government taxable income (1 - 2 + 3)**	351 551	465 502	582 907	465 502
5.	**Central government income tax liability (exclusive of tax credits)**	45 010	59 801	75 041	59 801
6.	**Tax credits**				
	Basic credit	15 946	10 630	10 630	10 630
	Married or head of family				
	Children				
	Other				
	Total	15 946	10 630	10 630	10 630
7.	**Central government income tax finally paid (5-6)**	67 384	93 067	119 528	93 067
8.	**State and local taxes**	65 650	94 036	123 281	94 036
9.	**Employees' compulsory social security contributions**				
	Gross earnings	0	0	0	0
	Taxable income				
	Total	0	0	0	0
10.	**Total payments to general government (7 + 8 + 9)**	133 034	187 102	242 809	187 102
11.	**Cash transfers from general government**				
	For head of family				
	For two children	25 284	25 284	25 284	0
	Green check	2 620	2 620	2 340	2 180
	Total	27 904	27 904	27 624	2 180
12.	**Take-home pay (1-10+11)**	307 425	389 500	473 782	363 776
13.	**Employer's compulsory social security contributions**	3 227	6 454	6 454	6 454
14.	**Average rates**				
	Income tax	32.2%	34.1%	35.2%	34.1%
	Employees' social security contributions	0.0%	0.0%	0.0%	0.0%
	Total payments less cash transfers	25.5%	29.0%	31.2%	33.7%
	Total tax wedge including employer's social security contributions	26.1%	29.8%	31.9%	34.5%
15.	**Marginal rates**				
	Total payments less cash transfers: Principal earner	42.0%	42.0%	42.0%	42.0%
	Total payments less cash transfers: Spouse	39.7%	39.7%	39.7%	39.7%
	Total tax wedge: Principal earner	42.0%	42.0%	42.0%	42.0%
	Total tax wedge: Spouse	41.1%	39.7%	39.7%	39.7%

The national currency is the Kroner (DKK). In 2016, DKK 6.73 was equal to USD 1. In that year, the average worker earned DKK 412 555 (Secretariat estimate), which is calculated on the background of the extrapolated 2015 average worker income with the expected 2016 growth rate of wages on 2.2%.

1. Personal income tax system

In the Danish Personal income tax system, the income of the individual taxpayer is split into three categories:

- *Personal income,* which consists of employment income, business income, pensions, unemployment benefits etc. and with fully deductibility of Labour Market Contributions.
- *Capital income* (e.g. interest income and some capital gains) is calculated as a net amount (the sum of positive and negative capital income net of interest expenses). Dividend income and the property value of owner-occupied dwellings are taxed at different tax rates.
- *Taxable income* – the aggregate of personal income and capital income less deductions (e.g. work-related expenses etc.).

All three categories are relevant for various tax rates, see Section 1.2.1.

The employees' social security contributions and their payments to labour market supplementary pension schemes (see Section 2.1) are not included in personal income (or taxable income).

Regarding the tax unit, the earned income of each spouse is taxed separately. However, as is mentioned in Section 1.2.1, some unutilised personal allowances can be transferred between them.

1.1. *Tax allowances and tax credits*

1.1.1. *Standard reliefs*

Wage or salary earners who make expenses in order to earn their income (e.g. transport expenses, trade union membership dues, unemployment premiums) can fully deduct these expenses from taxable income.

The tax credit scheme allows the taxpayer to deduct 8.30% of earned income to a maximum of DKK 28 000 in order to calculate taxable income. Single parents get an extra employment allowance of 5.60% in 2016 with a maximum allowance of DKK 18 800. The effective value of the credit is equal to the municipality tax (24.91%) plus the 3.0% health care tax rate that is paid to the state (27.91% on average) multiplied by the value of the deduction.

1.1.2. *Main non-standard tax reliefs applicable to an AW*

- *Interest payments* are fully deductible from capital income.

- The *non-standard deduction for wage and salary earners:* The actual costs that are made in order to acquire income are deductible from taxable income. The main items are:
  - Contributions paid to trade unions;
  - Transportation costs: Up to 24 km. per day: no deduction. 24-120 km.: DKK 1.99 per km. Above 120 km.: DKK 1.00 per km. as a standard, but transport from municipalities placed in the outskirts of the country gives a credit of DKK 1.99 also above 120 km;
  - Other costs above DKK 5 800.
- *Contributions/premiums* paid to *private pension saving plans* are in general deductible from personal income. From 1999 onwards, contributions/premiums paid to private pension saving plans with sum payments are no longer deductible from income subject to the top tax bracket rate. From 2013 onwards, contributions/premiums paid to private pension saving plans with sum payments are no longer deductible.
- Other reliefs:
  - Alimonies, if according to contract, are deductible from taxable income;
  - Contributions to certain non-profit institutions are deductible from taxable income (limit DKK 15 200);
  - Losses incurred from unincorporated business in earlier years are, in principle, deductible from personal income.

1.1.3. *Tax credits*

Each individual is granted a personal allowance, which is converted into a wastable tax credit by applying the marginal tax rate of the first bracket of the income tax schedule. For taxpayers who are 18 years of age or are older, the tax credit amounts to:

For central government income tax	9.08% of DKK 44 000 = DKK 3 995
For central government health care tax	3.00% of DKK 44 000 = DKK 1 320
For municipal income tax	24.91% of DKK 44 000 = DKK 10 960

Special personal allowance for an individual younger than 18: DKK 33 000.

If a married person cannot utilise the personal allowance, the unutilised part is transferred to the spouse.

1.2. *Central government income taxes*

1.2.1. *Tax schedule*

Individuals pay an 8% Labour Market Contribution (*Arbejdsmarkedsbidrag* in Danish), levied on the gross wage or other income from work before the deduction of any allowance.

Before 2008, the revenue was earmarked for certain social security expenditures through the Labour market Fund, but this system was abolished from 2008, and the tax enters the budget in the same way as any other income taxes. From 2011 the last links regarding social security of the tax were removed making all taxpayers working in Denmark pay the labour market contribution. The labour market contribution is thus treated as a PIT in Taxing Wages from 2008.

Low tax bracket to the central government is assessed on the aggregate of personal income and positive net capital income at the rate of 9.08%.

From 2010 and onwards the medium tax bracket was removed.

Top tax bracket to the central government is assessed on the excess of DKK 467 300 of the aggregate of personal income and positive net capital income in excess of DKK 41 900 at the rate of 15%. If a married individual cannot utilise the total allowance of DKK 467 300, the unutilised part is *not* transferred to the spouse.

If the marginal tax rate including local tax exceeds 51.95%, the top tax bracket rate is reduced by the difference between the marginal tax rate and 51.95%.

1.2.2. *Health care tax*

Central government levies an additional health care tax of 3%. The tax base is taxable income (see Section 1).

1.3. *State and local income taxes*

1.3.1. *General description*

Local income taxes are levied only by the municipalities. The rates vary across jurisdictions.

1.3.2. *Tax base*

The tax base is taxable income (see Section 1). Tax credit varies with tax rates. The average amount is given below.

1.3.3. *Tax rates*

Lowest rate: 22.5% (municipalities);

Highest rate: 27.8% (municipalities);

Average rate: 24.91% (municipalities);

The average rate is used in this study. It is applied to the tax base less personal allowances (see Section 1.1).

2. Compulsory social security contributions to schemes operated within the government sector

2.1. *Employees' contributions*

Employees make a fixed contribution of DKK 11 290 for unemployment insurance. From 1999 onwards, the contribution for unemployment insurance is split into two: one part consists of the contribution for unemployment insurance (DKK 4 008) while the other part consists of a voluntary contribution to an early retirement scheme (DKK 5 856). In addition an administration fee of DKK 1 426 on average is added.

Contributions to the unemployment funds are not mandatory. Nevertheless, these payments have up until the implementation of ESA 2010 and the major revision of the Danish national accounts in the autumn 2014 been defined as social security contributions and classified as taxes in the Danish national accounts because there is no direct link between what members pay to the schemes and what they receive and the funds are subsidized by the state. The contributions to the unemployment funds are no longer classified as taxes in the Danish national accounts.

In addition, there is a compulsory fixed contribution to a general Labour Market Supplementary Pension Scheme of DKK 1 136 for workers who work at least 117 hours per month (for workers who work less than 117 hours but not less than 78 hours, the rate is DKK 757; for workers who work less than 78 hours but not less than 39 hours, the rate is DKK 379); their employer makes a corresponding contribution that is double this amount. Under this scheme, each employee has a plan and it should be noted that the contribution that is ascribed to this plan is determined by the level of employment and does not necessarily relate to the actual amount described above. As the employee and employer contribution is paid to a privately-managed pension scheme, these contributions are not considered to be taxes but rather as non-tax compulsory payments and are therefore not included in the tax calculations.

Also, all private sector employers contribute to Financing Contribution (DKK 614) and barsel.dk (DKK 750). Both of the payments are paid to privately managed funds. The Financing Contribution covers part of the Danish state's expenses to ATP-contributions as well as expenses to Employees' Guarantee Fund for the unemployed. Barsel.dk is a statutory scheme covering the part of the private sector labour market that is not covered by other approved maternity/paternity compensation schemes. Those contributions are considered as non-tax compulsory payments and not included in the tax calculations either.

2.2. Employers' contributions

It is compulsory for the employer to contribute to Employers' Reimbursement System (DKK 2 775), industrial injury tax (DKK 132) and Employees' Guarantee Fund (DKK 320).The employer also contributes to a Labour Market Supplementary Pension scheme, which in case of a full-time employee corresponds to a fixed amount of DKK 2 272 (being twice the fixed amount of DKK 1 136 mentioned in Section 2.1).

3. Universal cash transfers

The transfers for each dependent child are as follows:

Age group	Quarterly amount (DKK) for each child
0-2	4 470
3-6	3 537
7-17	2 784

The transfer is reduced when the income of a parent exceeds DKK 732 900. There are additional special amounts for single parents: the transfer for each dependent child is DKK 5 432 per year and a yearly transfer of DKK 5 536 regardless of the number of children. In addition, there is a state transfer of DKK 13 884 per year for each dependent child in case an "absent parent" does not contribute (this amount) to the family. This transfer is included in this Report's calculations for single parents.

Individuals older than 18 years receive a "green check" of DKK 950; this amount is increased with DKK 220 per child for up to two children. Only one partner in a married couple receives the increased "green check" for children. The "green check" is nominally fixed and is phased out at a rate of 7.5% for income above DKK 379 900. If the yearly income of the individuals is lower than DKK 222 000 the individuals receive an "additional green check" of DKK 280.

4. Main changes in tax/benefit systems

From 2000 to 2002, the low tax bracket rate has been reduced from 7% to 5.5%. The low tax bracket is assessed on the aggregate of personal income and positive net capital income.

After the parliamentary elections in 2001, the Conservative/Liberal government adopted a tax freeze policy, which implied that tax rates could not be increased, either in nominal or relative terms, during that government term. Taxes were therefore not increased during the period 2002-05. After the parliamentary elections in February 2005, the Conservative/Liberal government and the tax freeze policy were confirmed.

In order to respect the "tax freeze", the low tax bracket has been reduced by 0.36% from 2004 to 2010 as a compensation for increases in local income taxes from 33.31% in 2004 to 33.66% in 2011.

In the spring of 2003, the government agreed with one of the opposition parties to implement a tax package. The aim of this package was to decrease the level of labour taxation in Denmark, and thereby to reduce the distortions in the labour market and to improve the incentives to work. The package contained two main elements: an increase of the threshold for the medium tax bracket of nearly DKK 50 000 and the introduction of a tax credit scheme whereby the taxpayer can deduct 2.5% of earned income to a maximum of DKK 7 500 (in 2007) in the calculation of taxable income.

Before 2004, a compulsory contribution of 1% of employees' gross earnings was paid to an individual Labour Market Supplementary Pension Scheme established for the employee – this contribution is not considered as a social security contribution but rather as savings being made by the individual. However, from 2004 to 2010, this contribution was suspended and finally abolished and the deposits paid out as of April 2010.

In September 2007, the tax cuts from the 2003-package was extended. The threshold for the medium tax bracket was to be raised with DKK 57 900 in 2009 to meet with the top tax bracket threshold. The deductible tax credit was increased to 4.0% of earned income in 2008 and to 4.25% in 2009; thus raising the maximum to 12 300 in 2008 and to 13 600 in 2009. The effective value of the credit and of the personal income allowance is equal to the local income tax rate, the church tax plus the health care tax rate (31.63% on average in 2013) multiplied by the value of the deduction.

From 1 January 2007 a Local Government Reform has come into force, which changes the structure of labour taxation. The reform however had only a minimal impact on the overall level of taxation. The number of municipalities has been cut from 270 to 98 and five regions have replaced the 14 counties. The regions will not impose taxes but will be financed through state subsidies and by contributions from the municipalities. The reform implied an increase in the average municipal tax rate from 22.1% in 2006 to 24.577% in 2007. Since then, there has been a further increase in the average municipal tax to 24.907% in 2013. The county tax has been replaced by a new health care tax of 8% which is levied by central government. The health care tax rate is decreased to 6% in 2013. The levels of taxation have thus been reduced from three to two: only the central and local governments now levy taxes.

In the spring of 2009, the government and one of the opposition parties agreed upon a major tax reform to be phased in from 2010 to 2019. The reform aims at reducing the high marginal tax rates on personal income and thus to stimulate labour supply in the medium to long-term. The reform decreases income taxes by DKK 29 billion in 2010. The tax reform is planned to be revenue neutral as a whole, but was underfinanced in the short run (2010-12) in order to stimulate the economy. The main measures taken in 2010 include the reduction of the rate of the bottom tax bracket from 5.26% to 3.67%, abolition of the medium tax bracket with the 6% rate altogether, and increase the top tax bracket threshold by DKK 28 800 to DKK 389 000. The reform will decrease the lowest marginal tax rate from 42.4% to 41.0% and the highest marginal tax rate on labour income from 63.0% to 56.1%. The marginal tax rate on positive net capital income (up to 51.5 after abolition of the middle tax bracket) is further reduced for the vast majority by introduction of an extra allowance of DKK 40 000 (DKK 80 000 for married couples) for positive net capital income in the top bracket tax.

The reform is partly financed by higher energy, transport and environmental taxes to support the energy and climate policy objectives of the government, and also by increases of excise rates on health-related goods (fat, candy, sugary drinks, tobacco). These increases are partly compensated by giving a "green check" to households (see section 3). The tax reform is also partly financed by base broadening measures. The measures include a gradual reduction from 2012 to 2019 of the tax value (from 33.5% to 25.5%) of assessment oriented deductions and limitations of the tax deductibility of net interest payments over a nominal threshold of DKK 50 000 (DKK 100 000 for married couples). Also the deductibility of payments above DKK 100 000 a year to individual pension insurance schemes with less than life-long coverage has been limited, as well as tightening of the tax treatment of company cars and other fringe benefits. Furthermore, a 6% tax is imposed from 2011 on pension payments exceeding DKK 362 800.

To consolidate the budget, a *Fiscal Consolidation Agreement* was reached in May 2010, somewhat modifying the prescriptions of the Spring Package of 2009.

The specific provisions of the *Fiscal Consolidation Agreement* include:

- The suspension from 2011 until 2013 of automatic adjustments in various tax thresholds (including personal allowances).
- Postponing from 2011 to 2014 the increase of the threshold for the top income tax rate (15%) from DKK 389 900 to 409 100 (EUR 52 316 to 54 892). The increase was an element of the *2009 tax reform*.
- The labour union membership fees' tax deductibility is limited to DKK 3 000 (EUR 403) from the year 2011. The threshold is not adjusted.
- From 2011, the annual amount of child allowance is limited to DKK 35 000 (EUR 4 696), irrespective of the number of children. This was abolished by the new government by 2012. Child allowances will be gradually reduced by 5% until 2013.

As part of the Finance Act 2012 it was decided to introduce an "additional green check" to people beyond 18 years with low income (less than DKK 212 000). The "additional green check" is DKK 280.

In June 2012 a tax reform was reached. Included in the reform were changes in the earned income tax credit and the top tax bracket. The earned income tax credit is gradually raised from 4.40% in 2012 to 10.65% in 2022 (6.95% in 2013) where the maximum limit of earned income tax credit is raised from DKK 14 100 in 2012 to DKK 34 100 in 2022 (DKK 22 300 in 2013). Furthermore, a special earned income tax credit for single parents was decided from 2014. This will be gradually introduced to the amount of 6.25% in 2022 with a maximum limit of DKK 20 000. In The Tax Reform 2012 it was also decided to gradually raise the top tax bracket from DKK 389 900 in 2012 to DKK 467 000 in 2022 (DKK 421 000 in 2013).

As part of the Finance Act 2013 an agreement, The Excise Duty and Competition Package, was reached. This agreement includes a decrease in the excise duty on electricity, an abolition of the fat tax and a planned expansion in the excise duty on sugar, which will reduce expenses of both consumers and companies. This was financed by an increase in the bottom tax rate of 0.19 percentage points and a reduction in the personal allowance by DKK 900 for all persons (under and over 18 years) introduced from the income year 2013. As a consequence the marginal tax ceiling was increased from 51.5% to 51.7%. It is estimated that the abolished excise duties and the increased income taxes will have similar effects on distribution and labour supply.

Certain elements of the tax reform from 2012 were accelerated in the 2014 Budget. The employment allowance is adjusted upwards to 7.65% (2014), 8.05% (2015), 8.3% (2016) and 8.75% (2017), with a simultaneous increase of the maximum allowance from DKK 25 000 in 2014 to DKK 28 600 in 2018. The extra employment allowance for single parents is increased to 5.40% in 2014 (instead of 2.60%) with a maximum allowance of DKK 17 700.

Growth Plan 2014 contained measures to reduce the public service obligation on electricity and roll back an increase in excise duty on fossil fuel. As part of the financing of Growth Plan 2014 the low tax bracket rate is increased by 0.28 percentage point over the next five years, including 0.25 percentage point in 2015, with a parallel increase in the tax ceiling. Also, the green check and the supplementary green check are reduced over the next five years, starting in 2015.

In the autumn 2014, the new ESA 2010 guidelines (European System of National and Regional Accounts) and a major revision of the Danish national accounts were implemented which changed the classification of a few taxes. For example, the church tax and contributions to the unemployment fund are no longer classified as taxes, but as volunteer contributions (see Section 2.1).

As part of the Finance Act 2015 the tax deductibility of labour union membership fees is increased from DKK 3 000 to DKK 6 000 in 2015.

5. Memorandum items

5.1. *Identification of an AW*

The AW is identified as an average worker employed at firms which are members of the Danish Employers' Confederation.

5.2. *Employers' contribution to private schemes*

The employer must provide his employees with work injuries' insurance.

Employees typically participate in a private occupational (labour market) pension scheme to which both the employee and the employer make contributions. The employee's contribution is deductible for income tax purposes and is treated in this Report as a non-standard tax relief. The employer's contribution is not included in the gross wage income of the employee.

2016 parameter values

Average earnings	Ave_earn	412 555	Secretariat estimate
Central taxes	Health_tax_rate	0.03	
	Low_rate	0.0908	
	Medium_thrsh	0	
	Medium_rate	0	
	Top_thrsh	467 300	
	Top_rate	0.15	
	Marg_rate_ceil	0.5195	
	Adj_top_rate	0.1496	
	Temp_tax_rate	0.00	
	Temp_tax_thrsh	0	
	Personal_al	44 000	
The green check	green_check	950	
	1 child	220	
	child max	440	
	Green_check_thrsh	379 900	
	Green_check_taper_rate	0.075	
	Extra_green_check	280	
	Extra_green_check_thrsh	222 000	
Local taxes	gener_rate	0.2491	
	church_rate	0	
total local tax rate	Local_rates	0.2491	
Earned income tax credit scheme	earncredit_rate	0.083	
	earncredit_max	28 000	
for single parents	Sing_par_earncredit_rate	0.056	
	Sing_par_earncredit_max	18 800	
Child transfers	Child_3to6	14 148	
	Child_7to17	11 136	
	Child_limit	732 900	
	Child_red	0.02	
for single parents	Sing_par_basic	5 536	
	Sing_par_ch	19 316	
Individual Labour Market Pension Scheme	Pension_rate	0	
Employees soc. security:			
suppl. pension scheme	Pension	1 136	
unempl. insurance	Unemp	0	
Labour Market Contribution	Labour_market_rate	0.08	
Employer soc. security:			
suppl. pension scheme	Pension_empr	2 272	
contributions to ATP	SSC_ATP	3 227	
SSC rate	SSC_empr	0.00	
Financing Contribution	NTCP_FC	614	
barsel.dk	NTCP_barsel	750	

2016 tax equations

The equations for the Danish system in 2016 are mostly on an individual basis but there is an interaction in the calculation of Central Government tax between spouses and the child benefit is calculated only once. This is shown by the Range indicator in the table below.

The functions which are used in the equations (Taper, MIN, Tax etc) are described in the technical note about tax equations. Variable names are defined in the table of parameters above, within the equations table, or are the standard variables "married" and "children". A reference to a variable with the affix "_total" indicates the sum of the relevant variable values for the principal and spouse. And the affixes "_princ" and "_spouse" indicate the value for the principal and spouse, respectively. Equations for a single person are as shown for the principal, with "_spouse" values taken as 0.

	Line in country table and intermediate steps	Variable name	Range	Equation
1.	Earnings	earn		
2.	Allowances:	tax_al	B	Labour_market_contr+Pension_rate*earn
		earncredit	B	Min(earn*earncredit_rate, earncredit_max)+(Children>0)*(Married=0)*Min(earn*Sing_par_earncredit_rate; Sing_par_earncredit_max)
3.	Credits in taxable income	taxbl_cr	B	0
4.	CG taxable income	tax_inc	B	Positive(earn-tax_al-earncredit+taxbl_cr)
	Personal income	pers_inc	B	Positive(earn-pension_rate*earn-Labour_market_contr)
5.	CG tax before credits	CG_tax_excl_princ	P	Low_rate*tax_inc_princ+Medium_rate*Positive(tax_inc_princ-Medium_thrsh-Married*Positive(Medium_thrsh-pers_inc_spouse))+Adj_top_rate*Positive(tax_inc_princ-Top_thrsh)
		CG_health_tax_excl_princ	P	Health_tax_rate*tax_inc_princ
		CG_tax_excl_spouse	S	Low_rate*tax_inc_spouse+Medium_rate*Positive(tax_inc_spouse-Medium_thrsh)+Adj_top_rate*Positive(tax_inc_spouse-Top_thrsh)
		CG_health_tax_excl_spouse	S	(Married=1)*Health_tax_rate*tax_inc_spouse
6.	Tax credits :	tax_cr_princ	P	Personal_al*Low_rate+Married*Positive(Personal_al-pers_inc_spouse)*Low_rate
		health_tax_cr_princ	P	Health_tax_rate*(Personal_al+Married*Positive(Personal_al-tax_inc_spouse))
		tax_cr_spouse	S	Personal_al*Low_rate
		health_tax_cr_spouse	S	(Married=1)*Health_tax_rate*Personal_al
	Labour Market Contribution	Labour_market_contr	B	Labour_market_rate*earn
7.	CG tax	CG_tax	B	Positive(CG_tax_excl-tax_cr)+Positive(CG_health_tax_excl-health_tax_cr)+Labour_market_contr
8.	State and local taxes	local_tax_princ	P	Positive((Local_rates)*(tax_inc_princ-Personal_al-Married*Positive(Personal_al-tax_inc_spouse)))
		local_tax_spouse	S	(Local_rates)*Positive(tax_inc_spouse-Personal_al)
9.	Employees' soc security			
	contribution	SSC	B	(earn>0)*Unemp
10.	Total payments	tot_payments	J	Positive(CG_tax_total+local_tax_total+SSC_total)

	Line in country table and intermediate steps	Variable name	Range	Equation
11.	Cash transfers	cash_trans	J	Positive(((Children>0)*(Child_3to6+(Children>1)*(Children-1)*Child_7to17+(Married=0)*(Sing_par_basic+Children*Sing_par_ch)))-(Positive(earn_princ-Child_limit)*Child_red)-(Positive(earn_spouse-Child_limit)*Child_red))+IF(Married=1,(Taper(green_check,pers_inc_princ,Green_check_thrsh,Green_check_taper_rate)+Taper(green_check+MIN(Children*_1_child,child_max),pers_inc_spouse,Green_check_thrsh,Green_check_taper_rate)),Taper(green_check+MIN(Children*_1_child,child_max),pers_inc_princ, Green_check_thrsh,Green_check_taper_rate))+ IF(Married=1,(IF(pers_inc_princ<Extra_green_check_thrsh,Extra_green_check,0)+IF(pers_inc_spouse<Extra_green_check_thrsh,Extra_green_check,0)),IF(pers_inc_princ<Extra_green_check_thrsh,Extra_green_check,0))
13.	Employer's soc security	SSC_empr	B	SSC_empr*earn+SSC_ATP

Key to range of equation B calculated separately for both principal earner and spouse P calculated for principal only (value taken as 0 for spouse calculation) J calculated once only on a joint basis.

Les impôts sur les salaires 2017

Estonia

This chapter includes data on the income taxes paid by workers, their social security contributions, the family benefits they receive in the form of cash transfers as well as the social security contributions and payroll taxes paid by their employers. Results reported include the marginal and average tax burden for eight different family types.

Methodological information is available for Personal income tax systems, Compulsory social security contributions to schemes operated within the government sector, Universal cash transfers as well as recent changes in the tax/benefit system. The methodology also includes the parameter values and tax equations underlying the data.

Estonia 2016

The tax/benefit position of single persons

		Wage level (per cent of average wage)	67	100	167	67
		Number of children	none	none	none	2
1.	**Gross wage earnings**		9 139	13 640	22 778	9 139
2.	**Standard tax allowances**					
	Basic allowance		2 040	2 040	2 040	3 888
	Married or head of family					
	Dependent children					
	Deduction for social security contributions and income taxes		146	218	364	146
	Work-related expenses		0	0	0	0
	Other					
		Total	2 186	2 258	2 404	4 034
3.	**Tax credits or cash transfers included in taxable income**		0	0	0	0
4.	**Central government taxable income (1 - 2 + 3)**		6 952	11 381	20 374	5 104
5.	**Central government income tax liability (exclusive of tax credits)**		1 390	2 276	4 075	1 021
6.	**Tax credits**					
	Basic credit					
	Married or head of family					
	Children		0	0	0	0
	Other					
		Total	0	0	0	0
7.	**Central government income tax finally paid (5-6)**		1 390	2 276	4 075	1 021
8.	**State and local taxes**		0	0	0	0
9.	**Employees' compulsory social security contributions**					
	Gross earnings		146	218	364	146
	Taxable income					
		Total	146	218	364	146
10.	**Total payments to general government (7 + 8 + 9)**		1 537	2 495	4 439	1 167
11.	**Cash transfers from general government**					
	For head of family					
	For two children		0	0	0	1 660
		Total	0	0	0	1 660
12.	**Take-home pay (1-10+11)**		7 602	11 145	18 339	9 632
13.	**Employer's compulsory social security contributions**		3 089	4 610	7 699	3 089
14.	**Average rates**					
	Income tax		15.2%	16.7%	17.9%	11.2%
	Employees' social security contributions		1.6%	1.6%	1.6%	1.6%
	Total payments less cash transfers		16.8%	18.3%	19.5%	-5.4%
	Total tax wedge including employer's social security contributions		37.8%	38.9%	39.8%	21.2%
15.	**Marginal rates**					
	Total payments less cash transfers: Principal earner		21.3%	21.3%	21.3%	21.3%
	Total payments less cash transfers: Spouse		n.a.	n.a.	n.a.	n.a.
	Total tax wedge: Principal earner		41.2%	41.2%	41.2%	41.2%
	Total tax wedge: Spouse		n.a.	n.a.	n.a.	n.a.

Estonia 2016

The tax/benefit position of married couples

		100-0	100-33	100-67	100-33
	Wage level (per cent of average wage)	100-0	100-33	100-67	100-33
	Number of children	2	2	2	none
1.	**Gross wage earnings**	13 640	18 141	22 778	18 141
2.	**Standard tax allowances**				
	Basic allowance	5 928	5 928	5 928	4 080
	Married or head of family				
	Dependent children				
	Deduction for social security contributions and income taxes	218	290	364	290
	Work-related expenses	0	0	0	0
	Other				
	Total	6 146	6 218	6 292	4 370
3.	**Tax credits or cash transfers included in taxable income**	0	0	0	0
4.	**Central government taxable income (1 - 2 + 3)**	7 493	11 922	16 486	13 770
5.	**Central government income tax liability (exclusive of tax credits)**	1 499	2 384	3 297	2 754
6.	**Tax credits**				
	Basic credit				
	Married or head of family				
	Children	0	0	0	0
	Other				
	Total	0	0	0	0
7.	**Central government income tax finally paid (5-6)**	1 499	2 384	3 297	2 754
8.	**State and local taxes**	0	0	0	0
9.	**Employees' compulsory social security contributions**				
	Gross earnings	218	290	364	290
	Taxable income				
	Total	218	290	364	290
10.	**Total payments to general government (7 + 8 + 9)**	1 717	2 675	3 662	3 044
11.	**Cash transfers from general government**				
	For head of family				
	For two children	1 200	1 200	1 200	0
	Total	1 200	1 200	1 200	0
12.	**Take-home pay (1-10+11)**	13 123	16 666	20 317	15 096
13.	**Employer's compulsory social security contributions**	4 610	6 191	7 699	6 191
14.	**Average rates**				
	Income tax	11.0%	13.1%	14.5%	15.2%
	Employees' social security contributions	1.6%	1.6%	1.6%	1.6%
	Total payments less cash transfers	3.8%	8.1%	10.8%	16.8%
	Total tax wedge including employer's social security contributions	28.1%	31.5%	33.3%	38.0%
15.	**Marginal rates**				
	Total payments less cash transfers: Principal earner	21.3%	21.3%	21.3%	21.3%
	Total payments less cash transfers: Spouse	21.3%	21.3%	21.3%	21.3%
	Total tax wedge: Principal earner	41.2%	41.2%	41.2%	41.2%
	Total tax wedge: Spouse	41.7%	21.9%	41.2%	21.9%

The Estonian currency is the Euro (EUR). In 2016, EUR 0.90 was equal to USD 1. In 2016, the average worker in Estonia earned EUR 13 640 (Secretariat estimate).

1. Personal income tax system

1.1. *Central government income tax*

1.1.1. *Tax unit*

The tax unit is the family.

1.1.2. *Tax allowances*

1.1.2.1. Standard tax reliefs

- A *general (basic) allowance* of EUR 2 040 is deductible from individual income in 2016.
- A *child* allowance of EUR 1 848 is also deductible from income for each of the second and any subsequent children up to and including the age of 16.
- *Relief for social security contributions*: Employee's compulsory contributions for unemployment insurance are deductible for income tax purposes.
- *Tax credits*: from 2016 there is non-payable tax credit for low-income earners ("madalapalgaliste tagasimakse"). The recipient must be in the corresponding year (2016) at least 6 months 18 years old, resident, working full time (may work with multiple job contracts), his/her yearly income in 2016 must be lower than EUR 7 818, and the tax credit cannot exceed the income tax paid by the person after all tax-exempts. The formula to calculate the tax credit is the following: (rate*12 – income*0.35)/12*number of months filling the criteria. The rate of EUR 228 per month in 2016 was fixed in State Budget 2016, the first tax credits will be paid in 2017 based on 2016 income. The tax credit will impact the revenues of persons approximately below 53% of average wage.

1.1.2.2. Non-standard tax reliefs applicable to income from employment

- *II pillar pension contributions*: In 2016, these represent voluntary payments to private funds for all employees and are paid at a rate of 2% or 3% of earnings.
- Occupational accident and illness benefits that are not paid as insurance benefits are deductible from taxable income within the limit of EUR 768 per year.
- *Housing loan interest, educational costs, gifts and donations* are deductible from taxable income within upper limits of EUR 1 200 and 50% of taxable income per year.
- *Voluntary pension contributions (III pillar)*: Contributions paid by a resident to the provider of a pension plan based in Estonia or in another EU Member State according to a pension plan that is approved and entered into a special register in accordance with the pension legislation are deductible from taxable income. In 2015 such deductions are subject to an annual limit of a sum equal to 15% and maximum of EUR 6 000 of the employee's, public servant`s or members of legal person management or control body income in a calendar year.

1.1.3. *Tax schedule*

The rate of 20% applies for all levels of taxable income.

1.2. *Regional and local income tax*

There are no regional or local income taxes.

2. Compulsory social security insurance system

The compulsory social security insurance system consists of three schemes as follows:

- pension insurance;
- health insurance;
- unemployment insurance.

2.1. *Employees' contributions*

Employees pay 1.6% of their earnings in contributions for unemployment insurance. The taxable base is the total amount of the gross wage or salary including vacation payments, fringe benefits and remuneration of expenses related to work above a certain threshold. The assessment period is the calendar month.

2.2. *Employers' contributions*

Social security insurance contributions are also paid by employers on behalf of their employees. The taxable base and the assessment period are the same as for employees' contributions. The employers' contribution rates are applied in two parts:

- Unemployment insurance – 0.8% of employee earnings.
- Pension and health insurance – as follows for monthly earnings above EUR 390.

Scheme name	Rate of contribution (%)
Pension insurance	20.00
Health insurance	13.00
Total	33.00

In addition there is a lump sum payment for each employee of EUR 128.70 per month (split between pensions and health insurance on a 20:13 basis).

3. Payroll tax

None.

4. Universal cash transfers

4.1. *Transfers related to marital status*

None.

4.2. *Transfers for dependent children*

Estonia's family benefits are designed to provide partial coverage of the costs families incur in caring for, raising and educating their children.

The state pays family benefits to all children until they reach the age of 16. Children enrolled in basic or secondary schools or vocational education institutions operating on the basis of basic education have the right to receive family benefits until the age of 19. Applications for the allowance are made on an annual basis and the payments are not taxable. The values of these benefits in 2016 are shown in the table below. The single parent child allowance is paid for each child.

In addition there are nine other types of family benefits for which payment depends on either the age of the child(ren) and/ or the status of the person(s) looking of them: maternity benefit; childbirth allowance; parental benefit; child care allowance; conscript's child allowance; child's school allowance, child allowance for a child under guardianship or foster care; start in independent life allowance; adoption allowance (single payment). These are not included in the modelling.

Type of benefit	Annual amount of benefit (in EUR)
Child allowance (paid until children turn 16 or until the end of the academic year in which they turn 19 if they continue studying).	
For the first and second child	600.00
For the third and any subsequent children	1 200.00
Single parent's child allowance	230.16
Parents allowance for families with seven or more children	2 024.88

In addition to existing benefits, from July 1, 2013 the need-based child benefits were introduced. Need-based family benefit income threshold is based on Statistical Office relative poverty threshold published by the 1st of March in a year before current budget year. In 2016 the need-based threshold is EUR 358 in a month for the first household member. For every other at least 14-years old member the threshold is EUR 179 and for the younger members EUR 107.4 in a month. Need-based family benefit is in 2016 EUR 45 in a month for single child family and EUR 90 for families with two or more children.

5. Main changes in tax/benefit system since 2005

- The personal income tax rate was steadily reduced from 24% in 2005 to 21% in 2008. In 2015 it was reduced to 20%.
- The child tax allowance applied for the third and subsequent children for 2005 and the second and subsequent children in 2006 and 2007. It applied to all children in 2008 and then returned to the 2007 position in 2009.
- The employee unemployment contribution rate was reduced from 1% to 0.6% in 2006 and then raised in 2 stages to 2.8% at the end of 2009. The corresponding rates for employers were a reduction from 0.5 % to 0.3% in 2006 increasing to 1.4%. In 2013 the employee unemployment contribution rate was reduced from 2.8% to 2.0% and the corresponding rate for employers from 1.4% to 1.0%. In 2015 the employee unemployment contribution rate was reduced from 2.0% to 1.6% and the corresponding rate for employers from 1.0% to 0.8%.
- In addition to existing benefits, from July 1, 2013 the need-based child benefits were introduced. Further details in section 4.2 on cash transfers.
- From 2016, a non-payable tax credit for low-income earners ("madalapalgaliste tagasimakse") was introduced. Further details in section 1.1.2. on tax allowances.

6. Memorandum items

6.1. Average gross annual wage earnings calculation

In Estonia the gross earnings figures cover wages and salaries paid to individuals in formal employment including payment for overtime. They also include bonus payments and other payments such as pay for annual leave, paid leave up to seven days, public holidays, absences due to sickness for up to 30 days, job training, and slowdown through no fault of the person in formal employment.

The average gross wage earnings figures of all adult workers covering industry sectors B–N by NACE Rev.2 are estimated with average wage growth rate forecast of Estonian Ministry of Finance.

6.2. Employer contributions to private pension and health schemes

Some employer contributions are made to private health and pension schemes but there is no relevant information available on the amounts that are paid.

2016 parameter values

Average earnings/yr	Ave_earn	13 640	Secretariat estimate
Allowances	Basic_al	2 040	
	Child_al	1 848	
Income tax	Tax_rate	0.20	
Tax credit	tax_cred	2736	
	tax_cred_rt	0.35	
	tax_cred_thr	7818	
Employers SSC	SSC_rate1	0.33	
	Threshold	4 680	
	lump_sum	1 544.4	
	SSC_rate2	0.008	
Employees SSC	SSC_rate3	0.016	
Child allowances			
First & second child	CA_first&second	600	
Other children	CA_others	1 200	
Additional for children of lone parents			
	CA_onepar	230.16	
Need-based child benefits			
one child	CB_1	540	
two or more children	CB_2	1 080	
Need-based family threshold			
first member	F_thrsh_1	4 269.00	
other members above 14	F_thrsh_2	2 148.00	
other members under 14	F_thrsh_3	1 288.8	
Days in tax year	numdays	365	

2016 tax equations

The equations for the Estonian system are mostly on an individual basis.

The functions which are used in the equations (Taper, MIN, Tax etc) are described in the technical note about tax equations. Variable names are defined in the table of parameters above, within the equations table, or are the standard variables "married" and "children". A reference to a variable with the affix "_total" indicates the sum of the relevant variable values for the principal and spouse. And the affixes "_princ" and "_spouse" indicate the value for the principal and spouse, respectively. Equations for a single person are as shown for the principal, with "_spouse" values taken as 0.

	Line in country table and intermediate steps	Variable name	Range	Equation
1.	Earnings	earn		
2.	Allowances:	tax_al	J	Min(Basic_al*(1+married)+SSC_empee+(children>1)*child_al*(Children-1),earn)
3.	Credits in taxable income	taxbl_cr	B	0
4.	CG taxable income	tax_inc	B	Positive(earn-tax_al)
5.	CG tax before credits	CG_tax_excl	B	Tax_inc*tax_rate
6.	Tax credits :	tax_cr	B	IF(earn_spouse>0,IF(earn_princ+earn_spouse<tax_cred_thr*(1+Married),Positive((tax_cred*(1+Married))-((earn_princ+earn_spouse)*tax_cred_rt)),0),IF(earn_princ<tax_cred_thr,Positive(tax_cred-(earn_princ*tax_cred_rt)),0))
7.	CG tax	CG_tax	B	Positive(CG_tax_excl-tax_cr)
8;	State and local taxes	local_tax	B	0
9.	Employees' soc security	SSC_empee	B	earn*SSC_rate3
11.	Cash transfers	cash_trans	J	IF(Children<3,CA_firstsecond*Children,(2*CA_firstsecond)+(CA_other*(Children-2)))+(Married=0)*Children*CA_onepar+IF((earn_total-CG_tax-SSC_empee)<(F_thrsh_1+ (F_thrsh_2*Married=1)+ (F_thrsh_3*Children)),IF(Children>1, CB_2, CB_1),0)
13.	Employer's soc security	SSC_empr	B	IF(earn>0,IF(earn>threshold,earn*SSC_rate1,lump_sum),0)+earn*SSC_rate2

Key to range of equation B calculated separately for both principal earner and spouse P calculated for principal only (value taken as 0 for spouse calculation) J calculated once only on a joint basis.

Finland

This chapter includes data on the income taxes paid by workers, their social security contributions, the family benefits they receive in the form of cash transfers as well as the social security contributions and payroll taxes paid by their employers. Results reported include the marginal and average tax burden for eight different family types.

Methodological information is available for Personal income tax systems, Compulsory social security contributions to schemes operated within the government sector, Universal cash transfers as well as recent changes in the tax/benefit system. The methodology also includes the parameter values and tax equations underlying the data.

Finland 2016

The tax/benefit position of single persons

		Wage level (per cent of average wage)	67	100	167	67
		Number of children	none	none	none	2
1.	**Gross wage earnings**		29 357	43 816	73 172	29 357
2.	**Standard tax allowances**					
	Basic allowance					
	Married or head of family					
	Dependent children					
	Deduction for social security contributions and income taxes		2 252	3 361	5 612	2 252
	Work-related expenses		620	620	620	620
	Other					
		Total	2 872	3 981	6 232	2 872
3.	**Tax credits or cash transfers included in taxable income**		0	0	0	0
4.	**Central government taxable income (1 - 2 + 3)**		26 485	39 835	66 940	26 485
5.	**Central government income tax liability (exclusive of tax credits)**		807	3 144	8 933	807
6.	**Tax credits**					
	Basic credit		1 260	1 111	683	1 260
	Married or head of family					
	Children		0	0	0	200
	Other					
		Total	1 260	1 111	683	1 460
7.	**Central government income tax finally paid (5-6)**		143	2 175	8 393	143
8.	**State and local taxes**		4 260	7 467	13 115	4 072
9.	**Employees' compulsory social security contributions**					
	Gross earnings		2 252	3 361	5 612	2 252
	Taxable income		279	489	858	266
		Total	2 530	3 849	6 470	2 518
10.	**Total payments to general government (7 + 8 + 9)**		6 933	13 492	27 979	6 733
11.	**Cash transfers from general government**					
	For head of family					
	For two children		0	0	0	3 584
		Total	0	0	0	3 584
12.	**Take-home pay (1-10+11)**		22 423	30 324	45 194	26 207
13.	**Employer's compulsory social security contributions**		6 773	10 108	16 881	6 773
14.	**Average rates**					
	Income tax		15.0%	22.0%	29.4%	14.4%
	Employees' social security contributions		8.6%	8.8%	8.8%	8.6%
	Total payments less cash transfers		23.6%	30.8%	38.2%	10.7%
	Total tax wedge including employer's social security contributions		37.9%	43.8%	49.8%	27.5%
15.	**Marginal rates**					
	Total payments less cash transfers: Principal earner		44.3%	45.8%	49.5%	44.3%
	Total payments less cash transfers: Spouse		n.a.	n.a.	n.a.	n.a.
	Total tax wedge: Principal earner		54.8%	55.9%	59.0%	54.8%
	Total tax wedge: Spouse		n.a.	n.a.	n.a.	n.a.

Finland 2016

The tax/benefit position of married couples

		Wage level (per cent of average wage)	100-0	100-33	100-67	100-33
		Number of children	2	2	2	none
1.	**Gross wage earnings**		43 816	58 275	73 172	58 275
2.	**Standard tax allowances**					
	Basic allowance					
	Married or head of family					
	Dependent children					
	Deduction for social security contributions and income taxes		3 361	4 470	5 612	4 470
	Work-related expenses		620	1 240	1 240	1 240
	Other					
		Total	3 981	5 710	6 852	5 710
3.	**Tax credits or cash transfers included in taxable income**		0	0	0	0
4.	**Central government taxable income (1 - 2 + 3)**		39 835	52 565	66 320	52 565
5.	**Central government income tax liability (exclusive of tax credits)**		3 144	3 144	3 951	3 144
6.	**Tax credits**					
	Basic credit		1 111	2 371	2 371	2 371
	Married or head of family					
	Children		28	128	128	0
	Other					
		Total	1 139	2 499	2 499	2 371
7.	**Central government income tax finally paid (5-6)**		2 147	2 242	2 290	2 270
8.	**State and local taxes**		7 467	7 630	11 633	7 724
9.	**Employees' compulsory social security contributions**					
	Gross earnings		3 361	4 470	5 612	4 470
	Taxable income		489	499	761	505
		Total	3 849	4 969	6 373	4 975
10.	**Total payments to general government (7 + 8 + 9)**		13 464	14 841	20 297	14 969
11.	**Cash transfers from general government**					
	For head of family					
	For two children		2 419	2 419	2 419	0
		Total	2 419	2 419	2 419	0
12.	**Take-home pay (1-10+11)**		32 771	45 853	55 294	43 306
13.	**Employer's compulsory social security contributions**		10 108	13 444	16 881	13 444
14.	**Average rates**					
	Income tax		21.9%	16.9%	19.0%	17.1%
	Employees' social security contributions		8.8%	8.5%	8.7%	8.5%
	Total payments less cash transfers		25.2%	21.3%	24.4%	25.7%
	Total tax wedge including employer's social security contributions		39.2%	36.1%	38.6%	39.6%
15.	**Marginal rates**					
	Total payments less cash transfers: Principal earner		46.8%	46.8%	46.8%	45.8%
	Total payments less cash transfers: Spouse		9.5%	31.4%	44.3%	31.4%
	Total tax wedge: Principal earner		56.8%	56.8%	56.8%	55.9%
	Total tax wedge: Spouse		26.5%	44.3%	54.8%	44.3%

The national currency is the Euro (EUR). In 2016, EUR 0.90 was equal to USD 1. In that year, the average worker earned EUR 43 816 (Secretariat estimate).

1. Personal income tax system

1.1. *Central government income taxes*

1.1.1. *Tax unit*

Spouses are taxed separately for earned income.

1.1.2. *Standard tax allowances and tax credits*

1.1.2.1. Standard reliefs

- *Work-related expenses:* A standard deduction for work-related expenses equal to the amount of wage or salary, with a maximum amount of EUR 620 is granted.
- *Tax credit:* An earned income tax credit is granted against the central government income tax. If the credit exceeds the amount of central government income tax, the excess credit is deductible from the municipal income tax and the health insurance contribution for medical care. The credit is calculated on the basis of taxpayers' income from work. The credit amounts to 11.8% of income exceeding EUR 2 500, until it reaches its maximum of EUR 1 260. The amount of the credit is reduced by 1.46% of the earned income minus work related expenses exceeding EUR 33 000. The credit is fully phased out when taxpayers' income is about EUR 120 000.
- *Child tax credit:* The credit is granted to taxpayers who have children in their care and custody according to the Population Register System records. It is given for four children at most. All parents and custodians get it regardless of which one of them has the child(ren) living with them. The size of the child tax credit depends on the number of children and whether the taxpayer has joint custody or single custody: for joint custody the credit is EUR 50 per year and child, and for single custody it is EUR 100 per year and child. If net taxable income exceeds EUR 36 000 per year (earned income and capital income combined), the credit is reduced. For the part of the income exceeding the threshold, the amount to be credited is phased out by a one percentage point rate. The child tax credit is will be in force from 2015 through 2017.

1.1.2.2. Main non-standard tax reliefs applicable to an AW

- *Interest:* Interest on loans associated with the earning of taxable income, 55% of the interest on loans for the purchase of owner-occupied dwellings, and student loans guaranteed by the state can be deducted against capital income. Of the excess of interest over capital income, 30% (32% for first-time homebuyers) can be credited against income tax up to a maximum of EUR 1 400.
- *Membership fees:* Membership fees paid to employees' organisations or trade unions.

- *Travelling expenses:* Travelling expenses from the place of residence to the place of employment using the cheapest means in excess of EUR 750 up to a maximum deduction of EUR 7 000.
- *Double housing expenses:* If the place of employment is located too far from home in order to commute (distance > 100 km), the taxpayer can deduct the costs of hiring a second dwelling located near the place of work up to EUR 250 per month. This deduction can be claimed only by one person per household.
- *Other work-related outlays:* Outlays for tools, professional literature, research equipment and scientific literature, and expenses incurred in scientific or artistic work (unless compensated by scholarships).

Travelling expenses and other work-related outlays are deductible only to the extent that their total amount exceeds the amount of the standard deduction for work-related expenses.

1.1.3. *Rate schedule*

Central government income tax:

Taxable income (EUR)	Tax on lower limit (EUR)	Tax on excess income in bracket (%)
16 700-25 000	8	6.5
25 000-40 800	547.5	17.5
40 800-72 300	3 312.5	21.5
72 300	10 085	31.75

1.2. *Local income tax*

1.2.1. *Tax base and tax rates*

The tax base of the local income tax is taxable income as established for the income tax levied by central government.

Municipal tax is levied at flat rates. In 2016 the tax rate varies between 16.50 and 22.50%, the average rate being approximately 19.87%.

Municipal tax is not deductible against central government taxes. Work-related expenses and other non-standard deductions are deductible, as for purposes of the central government income tax.

1.2.2. *Tax allowances in municipal income taxation*

- An earned income tax allowance is calculated on the basis of taxpayer's income from work. The allowance amounts to 51% of income between EUR 2 500 and EUR 7 230 and 28% of the income exceeding EUR 7 230, until it reaches its maximum of EUR 3 570. The amount of the allowance is reduced by 4.5% on earned income minus work related expenses exceeding EUR 14 000.
- A basic tax allowance is granted on the basis of taxable income remaining after the other allowances have been subtracted. The maximum amount, EUR 3 020, is reduced by 18% on income exceeding the aforementioned amount.

2. Compulsory social security contributions to schemes operated within the government sector

2.1. *Employee contributions*

2.1.1. *Rate and ceiling*

In 2016, the rate of the health insurance contribution for medical care paid by an employee is 1.3%. The tax base for this contribution is net taxable income for municipal income tax purposes.

In addition there is an employees' pension insurance contribution which amounts to 5.70% of gross salary, an employees' unemployment insurance contribution equal to 1.15% of gross salary and a health insurance contribution for daily allowance equal to 0.82% of gross salary. For employees aged 53 and older, the pension insurance contribution amounts to 7.20% of gross salary. These contributions are deductible for income tax purposes.

2.1.2. *Distinction by marital status or sex*

The rates do not differ.

2.2. *Employers' contributions*

The average rate of the employers' social security contribution in 2016 is 23.07% of gross wage.

3. Universal cash transfers

3.1. *Amount for marriage*

None.

3.2. *Amount for children*

The central government pays in 2016 the following allowances (EUR):

For the first child	1 149.00
For the second child	1 269.6
For the third child	1 620.12
For the fourth child	1 855.68
Fifth and subsequent child	2 091.24

The child subsidy for a single parent is increased by an annual amount of EUR 582.6 for each child.

4. Main changes in the tax/benefit system since 2015

Adjustments for inflation and rise of earnings levels were made to the central government tax scale in 2016. Also, the top bracket of the tax scale was temporarily, for 2016 through 2017, merged into the penultimate bracket keeping the top tax rate at 31.75%.

In 2016 the public broadcasting tax is 0.68% on taxable earned income, taxes of min. EUR 70 and max. EUR 143 will be collected.

The maximum amount of the earned income tax credit in state taxation was raised from EUR 1 025 to EUR 1 260.

The maximum amount of the basic allowance in municipal taxation was raised from EUR 2 970 to EUR 3 020.

Home-loan interest counts at 55%, down from 65%, as deductible/creditable interest.

5. Memorandum items

5.1. *Calculation of average gross annual wage*

The Finnish figures are generally calculated as follows:

- Gross annual earnings are calculated at an individual level on the basis of the hour's usually worked, average hourly pay for the fourth quarter, and the share of annual periodic bonuses.
- The earnings exclude sickness and unemployment compensations, but include all normal overtime compensations, bonuses, holiday remunerations and remunerations for public holidays.

5.2. *Employer contributions to private pension and health schemes*

No information is available.

2016 parameter values

Average earnings	Ave_earn	43 816	Secretariat estimate
Expenses	Work_exp_max	620	
	Work_exp_rate	1	
Allowances	al_SSC_rate	0.0767	
State tax	Tax_min	8	
Tax schedule	Tax_sch	0	16 700
		0.065	25 000
		0.175	40 800
		0.215	72 300
		0.3175	
Broadcasting tax	brdcst_tax_rate	0.0068	
	brdcst_tax_min	70	
	brdcst_tax_max	143	
Earned income tax credit	eitc_thrsh	2 500	
	eitc_rate	0.118	
	eitc_redn_thrsh	33 000	
	eitc_redn_rate	0.0146	
	eitc_max	1 260	
Child tax credit	child_cr	50	
	child_thres	36 000	
	child_red	0.01	
Earned income tax allowance	al_thrsh	2 500	
	al_thrsh2	7 230	
	al_rate	0.51	
	al_rate2	0.28	
	al_redn_thrsh	14 000	
	al_redn_rate	0.045	
	al_max	3 570	
low income	SL_max	3 020	
	SL_rate	0.18	
Local intax	Local_rate	0.1987	
	Church_rate	0	
	Local_tot	0.1987	
Soc sec taxpayer	SSC_rate	0.013	
soc.sec empr	SSC_empr	0.2307	
Cash transfer	ch_1	1 149.00	
	ch_2	1 269.60	
	ch_3	1 620.12	
	ch_4	1 855.68	
	ch_5	2 091.24	
	ch_small	0	
	ch_lone	582.6	

2016 Tax equations

The equations for the Finnish system are mostly on an individual basis except for the child benefit which is calculated only once. This is shown by the Range indicator in the table below.

The functions which are used in the equations (Taper, MIN, Tax etc) are described in the technical note about tax equations.

Variable names are defined in the table of parameters above, within the equations table, or are the standard variables "married" and "children". A reference to a variable with the affix "_total" indicates the sum of the relevant variable values for the principal and spouse. And the affixes "_princ" and "_spouse" indicate the value for the principal and spouse, respectively. Equations for a single person are as shown for the principal, with "_spouse" values taken as 0.

	Line in country table and intermediate steps	Variable name	Range	Equation
1.	Earnings	earn		
	Work related expenses	work_rel	B	MIN(Work_exp_max, Work_exp_rate*earn)
	SSC deduction	SSC_al	B	earn*al_SSC_rate
2.	Allowances:	tax_al	B	work_rel+SSC_al
3.	Credits in taxable income	taxbl_cr	B	0
4.	CG taxable income	tax_inc	B	Positive(earn-tax_al)
5.	CG tax before credits	CG_tax_excl	B	=Tax(tax_inc, Tax_sch)+Tax_min* (tax_inc>Tax_thrsh)
6.	Tax credits :	tax_cr	B	MINA(eitc_max,eitc_rate*Positive(earn-eitc_thrsh))-MINA(eitc_max,eitc_redn_rate*Positive(earn-work_rel-eitc_redn_thrsh))
	Child tax credit	child_cr	P	taper(child_cr*(1+(married=0))*children,earn_p-work_rel,child_thres,child_red)
			S	If(tax_inc_s>0,taper(child_cr*children,earn_s-work_rel,,child_thres,child_red),0)
		broadcasting_tax	B	IF((earn-work_rel)*brdcst_tax_rate<brdcst_tax_min,0,IF((earn-work_rel)*brdcst_tax_rate>brdcst_tax_max,brdcst_tax_max,(earn-work_rel)*brdcst_tax_rate))
7.	CG tax	CG_tax	B	Positive(CG_tax_excl - tax_cr-child_cr)+broadcasting_tax
	Earned income allowance	earninc_al	B	MIN(al_max, IF(earn>al_thrsh2, al_rate*(al_thrsh2-al_thrsh1)+al_rate2*(earn-al_thrsh2), Positive(earn-al_thrsh)))- MIN(al_max, al_redn_rate* Positive(earn-work_rel-al_redn_thrsh))
	Low income	low_inc	B	Positive(MIN(earn-work_rel-low_al-SSC_al, SL_max)- SL_rate*Positive(earn-work_rel- low_al-SSC_al-SL_max))
	Taxable income (local)	tax_inc_l	B	tax_inc-earninc_al-low_inc
8.	State and local taxes	local_tax	B	Positive(tax_inc_l*Local_tot- (local_tot/(local_tot+SSC_rate))*If((Tax_cr-CG-tax_excl)>0,(Tax_cr-CG-tax_excl)+child_cr,0)
9.	Employees' soc security	SSC	B	Positive(SSC_rate*tax_inc_l - (SSC_rate/(local_tot+SSC_rate))*IF((Tax_cr-CG-tax_excl)>0,(Tax_cr-CG-tax_excl)+child_cr,0)) + SSC_prog_rate* Positive(tax_inc_l-SSC_prog_thrsh)+SSC_al
11.	Cash transfers	cash_trans	J	(Children>0)*ch_1+(Children>1)*ch_2+ (Children>2)*ch_3+ (Children>3)*ch_4+ Positive(Children-4)*ch_4 +(Married=0)*Children*ch_lone
13.	Employer's soc security	SSC_empr	B	earn*SSC_empr

Key to range of equation B calculated separately for both principal earner and spouse P calculated for principal only (value taken as 0 for spouse calculation) J calculated once only on a joint basis

France

This chapter includes data on the income taxes paid by workers, their social security contributions, the family benefits they receive in the form of cash transfers as well as the social security contributions and payroll taxes paid by their employers. Results reported include the marginal and average tax burden for eight different family types.

Methodological information is available for Personal income tax systems, Compulsory social security contributions to schemes operated within the government sector, Universal cash transfers as well as recent changes in the tax/benefit system. The methodology also includes the parameter values and tax equations underlying the data.

France 2016

The tax/benefit position of single persons

		Wage level (per cent of average wage)	67	100	167	67
		Number of children	none	none	none	2
1.	**Gross wage earnings**		25 493	38 049	63 543	25 493
2.	**Standard tax allowances**					
	Basic allowance					
	Married or head of family					
	Dependent children					
	Deduction for social security contributions and income taxes		4 923	7 348	11 822	4 923
	Work-related expenses		2 057	3 070	5 172	2 057
	Other					
		Total	6 980	10 418	16 994	6 980
3.	**Tax credits or cash transfers included in taxable income**		0	0	0	0
4.	**Central government taxable income (1 - 2 + 3)**		18 513	27 632	46 549	18 513
5.	**Central government income tax liability (exclusive of tax credits)**		2 996	5 630	13 309	2 004
6.	**Tax credits**					
	Basic credit					
	Married or head of family					
	Children					
	Other		197	0	0	0
		Total	197	0	0	0
7.	**Central government income tax finally paid (5-6)**		2 799	5 630	13 309	2 004
8.	**State and local taxes**		0	0	0	0
9.	**Employees' compulsory social security contributions**					
	Gross earnings		3 646	5 441	8 638	3 646
	Taxable income					
		Total	3 646	5 441	8 638	3 646
10.	**Total payments to general government (7 + 8 + 9)**		6 444	11 071	21 947	5 649
11.	**Cash transfers from general government**					
	In-work benefit (Gross)		0	0	0	1 112
	For two children (Gross)		0	0	0	4 308
	CRDS Deducted		0	0	0	- 27
		Total	0	0	0	5 393
12.	**Take-home pay (1-10+11)**		19 049	26 978	41 596	25 237
13.	**Employers' compulsory social security contributions**		7 940	13 907	27 658	7 940
14.	**Average rates**					
	Income tax		11.0%	14.8%	20.9%	7.9%
	Employees' social security contributions		14.3%	14.3%	13.6%	14.3%
	Total payments less cash transfers		25.3%	29.1%	34.5%	1.0%
	Total tax wedge including employer's social security contributions		43.0%	48.1%	54.4%	24.5%
15.	**Marginal rates**					
	Total payments less cash transfers: Principal earner		43.6%	43.9%	42.6%	51.6%
	Total payments less cash transfers: Spouse		n.a.	n.a.	n.a.	n.a.
	Total tax wedge: Principal earner		69.3%	58.9%	59.9%	73.6%
	Total tax wedge: Spouse		n.a.	n.a.	n.a.	n.a.

France 2016

The tax/benefit position of married couples

		Wage level (per cent of average wage)	100-0	100-33	100-67	100-33
		Number of children	2	2	2	none
1.	**Gross wage earnings**		38 049	50 606	63 543	50 606
2.	**Standard tax allowances**					
	Basic allowance					
	Married or head of family					
	Dependent children					
	Deduction for social security contributions and income taxes		7 348	9 772	12 271	9 772
	Work-related expenses		3 070	4 083	5 127	4 083
	Other					
		Total	10 418	13 856	17 398	13 856
3.	**Tax credits or cash transfers included in taxable income**		0	0	0	0
4.	**Central government taxable income (1 - 2 + 3)**		27 632	36 750	46 145	36 750
5.	**Central government income tax liability (exclusive of tax credits)**		2 991	3 978	7 243	6 303
6.	**Tax credits**					
	Basic credit					
	Married or head of family					
	Children					
	Other		0	0	254	465
		Total	0	0	254	465
7.	**Central government income tax finally paid (5-6)**		2 991	3 978	6 990	5 838
8.	**State and local taxes**		0	0	0	0
9.	**Employees' compulsory social security contributions**					
	Gross earnings		5 441	7 237	9 087	7 237
	Taxable income					
		Total	5 441	7 237	9 087	7 237
10.	**Total payments to general government (7 + 8 + 9)**		8 432	11 214	16 076	13 075
11.	**Cash transfers from general government**					
	In-work benefit (Gross)		0	0	0	0
	For two children (Gross)		1 561	1 561	1 561	0
	CRDS Deducted		- 8	- 8	- 8	0
		Total	1 554	1 554	1 554	0
12.	**Take-home pay (1-10+11)**		31 171	40 945	49 020	37 531
13.	**Employers' compulsory social security contributions**		13 907	14 871	21 847	14 871
14.	**Average rates**					
	Income tax		7.9%	7.9%	11.0%	11.5%
	Employees' social security contributions		14.3%	14.3%	14.3%	14.3%
	Total payments less cash transfers		18.1%	19.1%	22.9%	25.8%
	Total tax wedge including employer's social security contributions		40.0%	37.5%	42.6%	42.7%
15.	**Marginal rates**					
	Total payments less cash transfers: Principal earner		22.2%	22.2%	46.1%	36.4%
	Total payments less cash transfers: Spouse		22.2%	22.2%	46.1%	36.4%
	Total tax wedge: Principal earner		43.0%	43.0%	60.5%	53.4%
	Total tax wedge: Spouse		27.7%	27.7%	70.6%	40.9%

The national currency is the Euro (EUR). In 2016, EUR 0.90 equalled USD 1. In that year, the average worker earned EUR 38 049 (Secretariat estimate).

1. Personal income tax system

1.1. *Tax levied by the central government on 2016 income*

1.1.1. *Tax unit*

The tax unit is aggregate family income, but children over 18 are included only if their parents claim them as dependants. Other persons may be fiscally attached on certain conditions: unlike spouses, who are always taxed jointly, children over 18 and other members of the household may opt to be taxed separately. Beginning with the taxation of 2004 income, the law provides for joint taxation of partners in a French civil union (*pacte civil de solidarité*, or PACS), as soon as the PACS is signed. Reporting obligations for "PACSed" partners are similar to those of married couples.

Earned income is reported net of compulsory employer and employee payroll deductions, except for 2.4 percentage points worth of CSG (*contribution sociale généralisée*) and the 0.5% CRDS (*contribution pour le remboursement de la dette sociale*), which are not deductible from the income tax base.

1.1.2. *Tax reliefs and tax credits*

1.1.2.1. Standard tax reliefs

- Work-related expenses, corresponding to actual amounts or a standard allowance of 10% of net pay (with a minimum of EUR 426 and a ceiling of EUR 12 181 per earner).
- Family status: The "family quotient" (*quotient familial*) system takes a taxpayer's marital status and family responsibilities into account. It involves dividing net taxable income into a certain number of shares [two shares for a married (or "PACSed") couple, one share for a single person, one half-share for each dependent child, an additional half-share for the third and each subsequent dependent child, an additional half-share for single parent, and so on]: the total tax due is equal to the amount of tax corresponding to one share multiplied by the total number of shares. The tax benefit for a half-share is limited, however, to EUR 1 512 per half-share in excess of two shares for a couple, or one share for a single person, except for the first two half-shares granted for the first child of a single parent, in which case the maximum benefit is EUR 3 566.

1.1.2.2. Main non-standard reliefs available to the average worker

Certain expenditures to improve or maintain the taxpayer's primary residence, including outlays for heat insulation or heating adjustments, major capital expenditures and money spent to equip a home to produce energy from a renewable source (30% tax credits, subject to a multi-year maximum); compensatory allowances in case of divorce if paid in a lump sum (25% reduction, capped at EUR 30 500); child care costs for children under seven (50% reduction, up to annual expenditure of EUR 2 300); dependent children attending secondary school or in higher education; donations to charities or other organisations assisting those in needs; trade union dues, etc. The exemption of the employer's participation to the collective contracts of supplementary health cover is abolished in the budget act for 2014 (i.e. income earned in 2013).

1.1.3. *Tax schedule*

	Fraction of taxable income (1 share, in Euros)	Rate (in %)
1st bracket	Up to 9 710	0
2nd bracket	From 9 710 to 26 818	14
3rd bracket	From 26 818 to 71 898	30
4th bracket	From 71 898 to 152 260	41
5th bracket	From 152 260	45

A special rebate for taxpayers with a low tax liability is applied to the amount of tax resulting from the above schedule before reductions and tax credits. To be eligible, the tax on the household's income must be less than EUR 1 553 for single households and less than 2 560 for the couples. The rebate is equal to the three-quarter of the difference between this ceiling and the amount of tax before the rebate.

A special tax reduction has been established for the 2017 income tax. The reduction rate is 20% of the tax liable if the household income is less than EUR 18 500 (doubled for couples, plus EUR 3 700 for each dependent person) and it decreases linearly until zero for households whose income equals to EUR 20 500 (doubled for couples, plus EUR 3 700 for each dependent person).

If the final tax is less than EUR 61, no tax is payable.

1.1.4. *Exceptional contribution on high revenues*

An exceptional contribution on high revenues is based on the reference taxable income ("revenu fiscal de référence"). The tax rates are 3% from EUR 250 000 to EUR 500 0000 (single person), 4% over EUR 500 0000 (single person), 3% from EUR 500 000 to EUR 1 000 000 (married couple or civil union) and 4% over EUR 1 000 000 (married couple or civil unions).

1.2. *Taxes levied by decentralised authorities*

Local taxes levied on working households are:

- Residency tax (*taxe d'habitation*), which is set by local authorities;
- Property taxes on developed and undeveloped land;
- There are common rules for each type of tax, to which certain municipalities make certain adjustments.

These local taxes, the rates of which vary widely, depending on the municipality, are not assessed here.

1.3. *Universal social contribution (contribution sociale généralisée, or CSG)*

The universal social contribution (CSG) was introduced on 1 February 1991. Since 1 January 1998, the rate of CSG has been 7.5%. This rate has been applied to a base of 98.25% as of 1st January 2012. The CSG is deductible against taxable income, but at a lower rate of 5.1%.

1.4. *Contribution to the reimbursement of social debt (contribution au remboursement de la dette sociale, or CRDS)*

The contribution to the reimbursement of social debt has been in effect since 1 February 1997. Like the universal social contribution, its base has passed to 98.25% of gross pay as of 1 January 2012. The rate is set at 0.5%. Unlike social security contributions, CRDS payments are not deductible from taxable income.

2. Compulsory social security contributions to schemes operated within the government sector

Some contributions are levied on a capped portion of monthly earnings. Since 1997, this ceiling has been adjusted once a year on 1 January. In January 2016, the ceiling was EUR 3 218 (or EUR 38 616 per year).

2.1. *Employee contributions*

2.1.1. *Pension*

- 6.9% on earnings up to the ceiling (6.85% in 2015).
- 0.35% on total earnings (0.30 in 2015).

2.1.2. *Illness, pregnancy, disability, death*

- 0.75% on total earnings.

2.1.3. *Unemployment*

- 2.4% on earnings up to 4 times the ceiling.

2.1.4. *Others*

- Supplemental pension for non-managers: minimum 3.1% up to the ceiling and 8.1% between one and three times the ceiling; for managers, 3.23% up to the ceiling and 7.93% between one and four times the ceiling.
- The AGFF (Association pour la gestion du fonds de financement) contribution replaces ASF (Association pour la gestion de la structure financière), which had previously been included in "unemployment" levies. The rate of this contribution is, for non-managerial workers,0.8% of earnings up to the social security ceiling plus 0.9% of any income in excess of the ceiling but not exceeding triple the amount of the ceiling ; for managerial workers, its rate is 0.8% up to the social security ceiling plus 0.9% from one to eight times the ceiling.

2.2. *Employer contributions*

2.2.1. *Pensions*

8.55% (8.5% in 2015) of gross pay, up to the ceiling, plus a 1.85% (1.80% in 2015) levy on total pay.

The social protection scheme is named ARRCO for non-managers and AGIRC for managers.
Between four and eight times the ceiling, the repartition of the pension contributions between employee and employer contribution is not nationally decided.

2.2.2. *Illness, pregnancy, disability, death*

12.84% of total earnings.

An additional contribution of 0.3% (contribution de solidarité autonomie – (CSA) is levied on total salary.

2.2.3. *Unemployment*

4% of earnings (4.5%, 5.5% or 7% for some temporary contracts), up to four times the ceiling; in addition, 0.25% (0.3% in 2015) up to four times the ceiling to endow the salary guarantee fund (AGS).

2.2.4. *Work-related accidents*

Contribution rates for work-related accidents vary by line of business and are published annually in the official gazette (*Journal officiel de la République française*). In 2016, the average rate is 2.38%.

2.2.5. *Family allowances*

5.25% of total pay. The rate has been reduced to 3.45% up to 1.6 times the minimum wage from 2015 with the responsibility pact, up to 3.5 times the minimum wage from April 2016.

2.2.6. *Others*

- Supplemental pension: for non-managers, 4.65% up to the ceiling and 12.15% between one and three times the ceiling; for managers, 4.87% upto the ceiling and 12.97% between one and four times the ceiling.
- The AGFF contribution is 1.2% for non-managers or managers up to the ceiling, 1.3% for non-managers between one and three times the ceiling and 1.3% for managers between one and four times the ceiling. In the table, this is combined with the rates for supplemental pensions.
- Others (construction, housing, apprenticeship, further training): 2.63% of pay (for enterprises with more than 20 employees). The transport tax is not included because it varies geographically. Contributions to finance a fund dedicated to workers exposed to distressing work conditions ("Fonds Pénibilité") vary with the levels of exposure of each worker and are therefore not included.

2.2.7. *Reduction of employer-paid social insurance contributions*

Act No. 2003-47 of 17 January 2003 on salaries, working time and the development of employment (the "Fillon Act") amended how the reduction of contributions is calculated.

As a result, since 1 July 2005 the maximum reduction has been 26% (in companies with more than 20 employees) for a worker paid the minimum wage. It then declines gradually to zero at 160% of the annual minimum wage. It applies irrespective of the number of hours worked. Since 2016 the maximum reduction has been increased up to 28.42% (28.35% in 2015) for companies with more than 20 employees, and up to 28.02% (27.95% in 2015) for companies with less than 20 employees.

The Budget Act for 2007 (Article 41 V) bolsters this measure for very small enterprises with effect from 1 July 2007. For employers with between 1 and 19 employees, the maximum deduction was raised to 28.1% at the minimum wage, declining gradually – here too – to zero at 160% of the minimum wage.

In 1 January 2011 the "Fillon act" was modified and included an annualized calculation of the general tax reliefs of employer contributions. For part-time wage-earners, the relief is computed using an equivalent full-time salary and is then adjusted proportionally to the number of hours paid.

From 2015, the Responsibility Pact (Phase 1) includes new reductions of the labour cost: total exemption of all URSSAF employer contributions on the minimum wage (except unemployment contributions); reduction of 1.8 point on employer-paid contributions for family allowance (3.45% instead of 5.25% for salary up to 1.6 times the minimum wage, and up to 3.5 times from April 2016).

The gross annual minimum wage (for 1 820 hours) in 2015 was an estimated EUR 17 599.

2.2.8. Competitive tax credit (CICE – Crédit d'impôt pour la compétitivité et l'emploi)

As for2015, the competitive tax credit (CICE - Crédit d'impôt pour la compétitivité et l'emploi) will benefit all businesses, regardless of their legal status or economic sector, that employ salaried workers and be liable for either corporation tax or income tax, based on actual profits.

The CICE is based on all wages paid to salaried employees in a given calendar year up to 2.5 times the minimum wage (without taking into account any overtime or additional hours worked). For part-time employees and seasonal workers, the minimum wage corresponding to the working hours stipulated in the contract shall be taken into account.

The rate of the tax credit shall be 6% for wages paid in 2016.

3. Universal cash transfers

Main minimum social benefits

The RSA (revenue de solidarité active) is the minimum income benefit. However, the eight family types studied here earn too high an income to benefit from this benefit.

Main family benefits (in respect of dependent children)

- Family allowances: monthly base for family allowances (BMAF) = EUR 406.62 as of 1 April 2016. The family allowances are subject to revenue conditions since 1 July 2015 :
  - Up to 67 408 (+5 617 per child after the second child), the rate is 32% for two children and 41% per additional child. An extra amount of 16% of the BMAF is reversed if the child is over 14 (the extra amount is not incorporated into the model).
  - Between 67 408 (+5 617 per child after the second child) and 89 847 (+5 617 per child after the second child), the above rates are divided by 2.
  - Beyond 89 847 (+5 617 per child after the second child), the above rates are divided by 4.
- ASF (Allocation de soutien familial): extra child benefit for isolated parent EUR 114.46 per child per month (28.15% of the BMAF).
- ARS (Allocation de Rentrée Scolaire): The amount payable depends on the age of the child to reflect needs. The allowance is payable to families or persons with children aged 6 to 18 attending school, and whose income is below a certain level (not incorporated into the model).

Age of the child	Percentage of the BMAF in 2016
6-10 years	89.72%
11-14 years	94.67%
15-18 years	97.95%

- Family supplement (Complément Familial): 41.65% of the BMAF. Subject to revenue ceilings, this is paid to families as of the third child. An extra amount (EUR 50.61/month) is reversed for families whose incomes are below the poverty line (not incorporated into the model).
- Early childhood benefit (not incorporated in the model) known as PAJE (Prestation d'Accueil du Jeune Enfant): subject to revenue ceilings. It includes:
  - A birth grant of 229.75% of the BMAF (EUR 923.08 after deduction of the CRDS) received at the 7th month of pregnancy.
  - A benefit ("allocation de base") of 45.95% of the BMAF (EUR 183.7 after deduction of the CRDS (or EUR 91.8 depending on revenue) a month from the birth of the child until three years of age.
- The CRDS is levied on family allowances at a rate of 0.5% (no deduction). The allowances mentioned above are after deduction of the CRDS for the benefits expressed in EUR.

Housing benefits

The housing benefits are not included in the model.

In-work benefit

The November 2014 Supplementary Budget Act eliminated the earned income tax credit (*Prime pour l'emploi*, PPE) so that it could be merged with the in-work income supplement (RSA *Activité*) and become a single in-work benefit. The in-work benefit was created by the Act of 17 August 2015 on Labour-Management Dialogue and Employment, and has been in place since 1 January 2016. The in-work benefit is better targeted to promote a return to full-time work for low-paid workers.

The amount of in-work benefit is equal to a targeted income, less the maximum between resources and a lump sum.

The targeted income is determined as the sum of three elements:

- A lump sum of EUR 524.68, modulated according to the composition of the household. For instance, it is increased by 50% for couple (EUR 787.02), then 30% for each child until two (EUR) and 40% for each additional child (EUR). The amount may be increased for isolated parent (128.412% of the basic lump sum for the adult and then 42% for each child).

Number of dependents	Single	Couple
0	524.68	787.02
1	787.02	944.42
2	944.42	1 101.82
For each additional dependent	209.87	209.87

- An individual bonus of EUR 67.06 (12.782% of the basic lump sum) is planned for persons whose net income exceeds 80% of the net minimum wage; this bonus grows linearly if the net income is between 50% and 80% of the net minimum wage.
- 62% of the net professional income of the household.

Then ressources are assessed as the sum of the household income, plus the benefits (family benefits, housing benefits). A lump sum depending on the composition of the household (12% of the basic lump sum (EUR 524.68) for a single person, 16% for a couple, 16.5% for three persons or plus) is used to take into account the housing benefits.

4. Main changes in the tax system and social benefits regime since the taxation of 2015 income

- Tax system (2016 income)
- Special income tax reduction.
- Social benefits regime
- Increased reduction of employer-paid contributions for family allowance: 3.45% instead of 5.25% for salary up to 3.5 times the minimum wage from April 2016 (1.6 times before).
- Creation of a new cash transfer benefit for low income workers (*"prime d'activité"*) which replace the PPE and the "RSA activité".

5. Memorandum items

To assess the degree of comparability between countries, the following additional information should be taken into account:

- Coverage is of the private and semi-public sectors of NACE sections C to K up to 2007 and NACE rev.2 sections B to N from 2008.
- The category "employees" encompasses all full-time dependent employees (excluding apprentices and interns).
- The figures presented are obtained by applying income tax and social contribution scales to gross salaries as listed in annual social data reports (DADS) in NACE.

The boundaries are defined as: minimum of 59 hours paid at gross minimum wage per hour per month and maximum of 95 hours paid at gross minimum wage per hour per month.

Capital income, unemployment benefits, pensions or minimum old-age pensions are not taken into account in this model.

The complete formula uses the minimum of this lump sum tax and the amount of housing benefits. As the model does not include housing benefits, we only use the lump sum in the formula. This method tends to minimize the amount of "prime d'activité" served.

In the previous model, for 2015 revenues, this reform only affects the income tax (no PPE in 2016) but not the benefits, since the "prime d'activité" will be served as from the beginning of 2016.

2016 parameter values

AW earnings	Ave_earn	38 049	(secretariat estimate)
Income tax			
Work expenses	work_rel_fl	426	
	work_rel_ceil	12 181	
	work_rel_rate	0.1	
Tax schedule	tax_sch	0	9 710
		0.14	26 818
		0.3	71 898
		0.41	152 260
		0.45	
	limit_demipart	1 512	
	limit_sp_demipart1	3 566	
Décote value	decote_sing	1 553	
	decote_mar	2 560	
	decote_pente	0.75	
	red_taux	0.20	
	red_seuil_1	18 500	
	red_seuil_2	20 500	
	red_seuil_dp	3 700	
	tax_min	61	
CEHR	cehr_rate1	0.03	
	cehr_rate2	0.04	
	cehr_ceil1	250 000	
	cehr_ceil2	500 000	
CSG+CRDS	CSG_CRDS_abat	0.0175	
	CSG_rat_noded	0.0240	
	CRDS_rat_noded	0.0050	
	CSG_CRDS_rat_noded	0.0290	
	CSG_rat_ded	0.0510	
	CRDS_special	0.0050	
Employee contributions			
	pension_rate	0.069	
	pension_rate2	0.0035	
Sickness	sickness_rate	0.0075	
Unemployment	unemp_rate	0.0240	
Extra pension (non-cadres) (incl. AGFF)	pens_rate_ex	0.039	
	pens_rate_ex2	0.09	
Employer contributions			
	pens_empr1	0.0855	
	pens_empr2	0.0185	
Sickness	sickness_empr	0.1284	
Authonomous Solidarity Contribution	CSA	0.0030	
Unemployment (incl. "garantie de salaire")	unemp_empr	0.0425	
Accidents	accidents_empr	0.0238	
Family Allowance	fam_empr	0.0525	
	fam_empr_2	0.0345	
Extra pension (incl. AGFF)	pens_empr_ex	0.0585	
	pens_empr_ex2	0.1345	
Others	others_empr	0.0263	
CS reduction & corporate tax credit			
Employer SSC reduction rate	SSC_empr_redrate2	0.6	
Employer SSC reduction maximum	SSC_empr_red_max	0.2842	
Employer SSC reduction SMIC reference	SSC_empr_SMIC_ref	1.6	
	SSC_empr_SMIC2	3.5	
Taux de réduction CICE	cice_red	0.06	
	cice_max	2.5	

2016 parameter values

Social transfers		
Child benefit (second child)	CB_2	1 561.42
third & subsequent	CB_3	2 000.57
First ceiling for CB	CB_c1	6 7408
Second ceiling for CB	CB_c2	89 847
Increase of ceiling per child	CB_ceiling_extra_child	5 617
Extra child benefit (isolated parent)	CB_isol	1 373.52
Prime d'activité	pa_forf	524.68
	pa_maj1	0.50
	pa_maj2	0.30
	pa_maj3	0.40
	pa_maj_isol1	0.28412
	Pa_maj_isol2	0.42804
	pa_pct	0.62
	pa_bonus	0.12782
	pa_bonus1	(59*12*SMIC_horraire)/SMIC
	pa_bonus2	(95*12*SMIC_horraire)/SMIC
	pa_forf_logement1	0.12
	pa_forf_logement2	0.16
	pa_forf_logement3	0.165
Others		
Social security contributions	SSC_ceil	38 616
Derivation of minimum income	SMIC_horaire	9.67
	SMIC_heures	1 820
	SMIC	17 599.4

2016 tax equations

The equations for the French system are mostly calculated on a family basis. Variable names are defined in the table of parameters above, within the equations table, or are the standard variables "married" and "children". A reference to a variable with the affix "_total" indicates the sum of the relevant variable values for the principal and spouse. And the affixes "_princ" and "_spouse" indicate the value for the principal and spouse, respectively. Equations for a single person are as shown for the principal, with "_spouse" values taken as 0.

	Line in country table and intermediate steps	Variable name	Range	Equation
1.	Earnings	earn		
	Quotient for tax calculation	quotient	J	1+Married+IF(Children<3, Children/2, Children-1)+0.5*(Married=0)*(Children>0)
2.	Allowances			
	CSG deductible	CSG_ded	B	CSG_rat_ded*((1-CSG_CRDS_abat)*MIN(earn;4*SSC_ceil)+Positive(earn-4*SSC_ceil))
	Salary net	earn_dec	B	earn-SSC-CSG_ded
	Work related	work_exp	B	MIN(work_rel_ceil, MAX(work_rel_rate* earn_dec, MIN(work_rel_fl, earn_dec)))
	Basic	basic_al	B	0
3.	Credits in taxable income	taxbl_cr	B	0
4.	CG taxable income	tax_inc	J	Positive(earn_dec_total-work_exp)
5.	CG tax before credits			
	Calculation according to schedule	sch_tax	J	MAX(quotient*Tax(tax_inc/quotient, tax_sch), IF(Married, 2*Tax(tax_inc/2, tax_sch)-limit_demipart*(quotient-2), Tax(tax_inc, tax_sch)-(Children>0)* (limit_sp_demipart1+limit_demipart*(quotient-2))))++cehr_rate1* MIN((cehr_ceil2-cehr_ceil1)*(1+Married);MAX(tax_inc-cehr_ceil1*(1+Married);0))+cehr_rate2 * MAX(tax_inc-cehr_ceil2*(1+Married);0)
	Adjusted for decote	adj_tax	J	SI(Married;Positive(MINA(tax_sch; (1+decote_pente)*tax_sch- decote_pente*decote_mar));Positive(MINA(tax_sch;(1+decote_pente)*tax_sch-decote_pente*decote_sing)))
	Tax liable	inc_tax	J	(adj_tax>=tax_min)*adj_tax
	CSG+CRDS (non-deductible)	CSG_CRDS_noded	B	CSG_CRDS_rat_nod*((1-CSG_CRDS_abat)*MIN(earn;4*SSC_ceil)+Positive(earn-4*SSC_ceil))
	CSG deductible	CSG_ded	B	CSG_rat_ded*((1-CSG_CRDS_abat)*MIN(earn;4*SSC_ceil)+Positive(earn-4*SSC_ceil))
6.	Tax credits :	tax_cr	J	adj_tax*SI((tax_inc<=red_seuil_1*(1+Married)+red_seuil_dp*Children);red_taux; SI(tax_inc<=red_seuil_2*(1+Married)+red_seuil_dp*Children;(tax_inc*red_taux/(red_seuil_1*(1+Married)+red_seuil_dp*Children-(red_seuil_2*(1+Married)+red_seuil_dp*Children)))+(red_taux*(red_seuil_2*(1+Married)+red_seuil_dp*Children))/(red_seuil_2*(1+Married)+red_seuil_dp*Children-(red_seuil_1*(1+ Married)+red_seuil_dp*Children));0))
7.	CG tax	CG_tax	J	inc_tax+CSG_CRDS_noded+CSG_ded-tax_cr
8.	State and local taxes	local_tax	J	0
9.	Employees' soc security	SSC	B	pension_rate*MINA(earn, SSC_ceil) +(sickness_rate+pension_rate2)*earn+unemp_rate*MINA(earn, 4*SSC_ceil) +pens_rate_ex*MINA(earn, SSC_ceil)+(earn>SSC_ceil)*pens_rate_ex2*MINA(earn-SSC_ceil, 3*SSC_ceil-SSC_ceil)
11.	Cash transfers	cash_transf_gross	J	SI(Children<2;0;(CB_2+(Children-2)*CB_3)*SI(tax_inc<=(CB_c1+CB_ceiling_extra_child*(Children-2));1;SI(tax_inc<=(CB_c2+CB_ceiling_extra_child*(Children-2));0,5;0,25)))+SI(Isolated=1;CB_isol*Children;0)

Line in country table and intermediate steps		Variable name	Range	Equation
		in_work_ benefit_gross	J	MAX(SI((Isolated=1); 12*pa_forf*(1+pa_maj_isol1+pa_maj_isol2*Children); 12*pa_forf*(1+SI(Married=1;pa_maj1;0)+pa_maj2*SI(Children<=2;Children;0)+ pa_maj3*SI(Children>2;Children-2;0)))+pa_pct*(earn_dec-CSG_CRDS_noded)+ pa_bonus*pa_forf/(pa_bonus2-pa_bonus1)*12*SI(ET(pa_bonus1*SMIC< (earn_dec_princ-CSG_CRDS_noded_princ);pa_bonus2*SMIC>(earn_dec_ princ-CSG_CRDS_noded_princ));(earn_dec_princ-CSG_CRDS_noded_princ)/ SMIC-pa_bonus1;0)+pa_bonus*pa_forf/(pa_bonus2-pa_bonus1)*12*SI(ET (pa_bonus1*SMIC<(earn_dec_spouse-CSG_CRDS_noded_spouse);pa_bonus2* SMIC>(earn_dec_spouse-CSG_CRDS_noded_spouse));(earn_dec_spouse-CSG_ CRDS_noded_spouse)/SMIC-pa_bonus1;0)+pa_bonus*pa_forf*12*SI((earn_ dec_princ-CSG_CRDS_noded_princ)>=pa_bonus2*SMIC;1;0)+pa_bonus*pa_ forf*12*SI((earn_dec_spouse-CSG_CRDS_noded_spouse)>=pa_bonus2*SMIC; 1;0)-MAX(earn_dec-CSG_CRDS_noded+(family_benefit_gross-SI(Isolated=1; CB_isol*Children;0)*(1-(22,5%/28,15%)))+((Married+Children=0)*pa_forf_ logement1*pa_forf*12+ (Married+Children=1)*pa_forf_logement2*pa_forf* 1,5*12 + (Married+Children>=2)*pa_forf_logement3*pa_forf*1,8*12); SI(ET ((Married=0);(Children>0)); 12*pa_forf*(1+pa_maj_isol1+pa_maj_isol2* Children);pa_forf*12*(1+SI(Married=1;pa_maj1;0)+pa_maj2*SI(Children<=2; Children;0)+pa_maj3*SI(Children>2;Children-2;0))));0)
		crds_cash_ transf	J	cash_transf_gross*-1*CRDS_special
		cash_transf_net	J	cash_transf_gross+crds_cash_transf
13.	Employer's soc security	SSC_empr_ gross	B	(sickness_empr + CSA + pens_empr2 + accidents_empr+others_empr)*earn +pens_empr1*MINA(earn;SSC_ceil) +pens_empr_ex*MINA(earn;SSC_ceil) +pens_empr_ex2* MAX(MIN(earn;3*SSC_ceil) - SSC_ceil;0)+unemp_empr*MIN (earn;4*SSC_ceil)) + + 3/4*SI(earn<SSC_empr_SMIC2*SMIC; fam_empr_2*earn; fam_empr*earn)+1/4*SI(earn<SSC_empr_SMIC_ref*SMIC; fam_empr_2*earn; fam_empr*earn)
		SSC_empr_ reduction	B	IF(OR(earn>SSC_empr_SMIC_ref*SMIC,earn=0),0,-MIN (SSC_empr_red_max* earn,(SSC_empr_red_max/SSC_empr_redrate2)*(SSC_empr_SMIC_ref*SMIC/ earn-1)*earn)) -IF(earn<cice_max*SMIC;earn*cice_red)
		SSC_empr_final	B	SSC_empr_gross+SSC_empr_reduction

Key to range of equation B calculated separately for both principal earner and spouse P calculated for principal only (value taken as 0 for spouse calculation) J calculated once only on a joint basis.

Les impôts sur les salaires 2017

Germany

This chapter includes data on the income taxes paid by workers, their social security contributions, the family benefits they receive in the form of cash transfers as well as the social security contributions and payroll taxes paid by their employers. Results reported include the marginal and average tax burden for eight different family types.

Methodological information is available for Personal income tax systems, Compulsory social security contributions to schemes operated within the government sector, Universal cash transfers as well as recent changes in the tax/benefit system. The methodology also includes the parameter values and tax equations underlying the data.

Germany 2016

The tax/benefit position of single persons

	Wage level (per cent of average wage)	67	100	167	67
	Number of children	none	none	none	2.00
1.	**Gross wage earnings**	32 032	47 809	79 840	32 032
2.	**Standard tax allowances**				
	Basic allowance				
	Married or head of family	0	0	0	2 148
	Dependent children	0	0	0	0
	Deduction for social security contributions and income taxes	4 957	7 398	9 278	4 877
	Work-related expenses	1 000	1 000	1 000	1 000
	Other	36	36	36	36
	Total	5 993	8 434	10 314	8 061
3.	**Tax credits or cash transfers included in taxable income**	0	0	0	0
4.	**Central government taxable income (1 - 2 + 3)**	26 039	39 375	69 526	23 971
5.	**Central government income tax liability (exclusive of tax credits)**	4 496	9 076	21 950	3 660
6.	**Tax credits**				
	Basic credit				
	Married or head of family				
	Children	0	0	0	4 560
	Other				
	Total	0	0	0	4 560
7.	**Central government income tax finally paid (5-6)**	4 496	9 076	21 950	- 900
8.	**State and local taxes**	0	0	0	0
9.	**Employees' compulsory social security contributions**				
	Gross earnings	6 623	9 884	13 068	6 542
	Taxable income				
	Total	6 623	9 884	13 068	6 542
10.	**Total payments to general government (7 + 8 + 9)**	11 119	18 961	35 019	5 642
11.	**Cash transfers from general government**				
	For head of family				
	For two children	0	0	0	0
	Total	0	0	0	0
12.	**Take-home pay (1-10+11)**	20 913	28 848	44 822	26 389
13.	**Employers' compulsory social security contributions**	6 190	9 239	12 382	6 190
14.	**Average rates**				
	Income tax	14.0%	19.0%	27.5%	-2.8%
	Employees' social security contributions	20.7%	20.7%	16.4%	20.4%
	Total payments less cash transfers	34.7%	39.7%	43.9%	17.6%
	Total tax wedge including employer's social security contributions	45.3%	49.4%	51.4%	31.0%
15.	**Marginal rates**				
	Total payments less cash transfers: Principal earner	47.0%	52.4%	44.3%	44.7%
	Total payments less cash transfers: Spouse	n.a.	n.a.	n.a.	n.a.
	Total tax wedge: Principal earner	55.6%	60.1%	44.3%	53.6%
	Total tax wedge: Spouse	n.a.	n.a.	n.a.	n.a.

Germany 2016

The tax/benefit position of married couples

		Wage level (per cent of average wage)	100-0	100-33	100-67	100-33
		Number of children	2	2	2	none
1.	**Gross wage earnings**		47 809	63 585	79 840	63 585
2.	**Standard tax allowances**					
	Basic allowance					
	Married or head of family		0	0	0	0
	Dependent children		0	0	0	0
	Deduction for social security contributions and income taxes		7 278	9 680	12 155	9 839
	Work-related expenses		1 000	2 000	2 000	2 000
	Other		72	72	72	72
		Total	8 350	11 752	14 227	11 911
3.	**Tax credits or cash transfers included in taxable income**		0	0	0	0
4.	**Central government taxable income (1 - 2 + 3)**		39 459	51 833	65 613	51 674
5.	**Central government income tax liability (exclusive of tax credits)**		4 974	8 695	13 183	8 866
6.	**Tax credits**					
	Basic credit					
	Married or head of family					
	Children		4 560	4 560	4 560	0
	Other					
		Total	4 560	4 560	4 560	0
7.	**Central government income tax finally paid (5-6)**		414	4 135	8 623	8 866
8.	**State and local taxes**		0	0	0	0
9.	**Employees' compulsory social security contributions**					
	Gross earnings		9 765	12 987	16 307	13 146
	Taxable income					
		Total	9 765	12 987	16 307	13 146
10.	**Total payments to general government (7 + 8 + 9)**		10 179	17 122	24 931	22 013
11.	**Cash transfers from general government**					
	For head of family					
	For two children		0	0	0	0
		Total	0	0	0	0
12.	**Take-home pay (1-10+11)**		37 630	46 463	54 910	41 573
13.	**Employers' compulsory social security contributions**		9 239	12 288	15 429	12 288
14.	**Average rates**					
	Income tax		0.9%	6.5%	10.8%	13.9%
	Employees' social security contributions		20.4%	20.4%	20.4%	20.7%
	Total payments less cash transfers		21.3%	26.9%	31.2%	34.6%
	Total tax wedge including employer's social security contributions		34.0%	38.8%	42.4%	45.2%
15.	**Marginal rates**					
	Total payments less cash transfers: Principal earner		43.1%	46.6%	49.4%	46.9%
	Total payments less cash transfers: Spouse		44.0%	46.6%	49.4%	46.9%
	Total tax wedge: Principal earner		52.3%	55.3%	57.6%	55.5%
	Total tax wedge: Spouse		53.1%	55.3%	57.6%	55.5%

The national currency is the Euro (EUR). In 2016, EUR 0.90 was equal to USD 1. The average worker earned EUR 47 809 (Secretariat estimate).

1. Personal income tax systems

1.1. *Central/federal government income taxes*

1.1.1. *Tax unit*

Spouses may choose between two options: Joint assessment or individual assessment. The vast majority of couples benefits financially from the joint assessment by minimizing the tax burden of the household. The income of dependent children is not assessable with that of the parents. The calculations in this Report are therefore based on the assumption of joint taxation for spouses.

1.1.2. *Tax allowances and tax credits:*

1.1.2.1. Standard reliefs and work-related expenses

- *Basic reliefs*: None.
- *Standard marital status reliefs*: In the case of joint assessment, specific allowances are doubled. The income tax liability for spouses who are assessed jointly is computed as follows:
  - *Splitting method*:
    - First step: Calculating the tax base: All incomes of the spouses are summed up and the sum is divided by two.
    - Second step: The tax rate is applied to this tax base.
    - Third step: The amount calculated in step 2 is doubled.
  - Results: Given the progressive income taxation the resulting tax liability for the household is lower than the sum of individual taxation. The household as a unit benefits from this solution otherwise both parts of the couple would opt out. Principal and second earners have the same average and marginal income tax rates.
  - The splitting effect decreases by increasing convergence of the incomes of principal earner and the spouse.
- *Relief(s) for children:* As of 1 January 2016, there are increased tax credits of EUR 2 280 for the first and the second child, of EUR 2 352 for the third child and of EUR 2 652 for the fourth and subsequent children. There is a tax allowance of EUR 2 304 for the subsistence of a child and an additional EUR 1 320 for minding and education or training needs (EUR 3 624). The amount of this allowance is doubled in case of jointly assessed parents. If the value of the tax credit is less than the relief calculated applying the tax allowances, the taxpayer obtains the tax allowance instead of the tax credit. It is also doubled for lone parents in cases where the other parent does not pay alimony. This is the assumption in the calculations presented in this Report.

- *Relief for lone parents*: As of 1 January 2015, taxpayers who live alone with at least one child that entitles them to the tax allowances or tax credits for children, receive an additional allowance of EUR 1 908 (formerly EUR 1 308). This additional allowance is increased by EUR 240 for each child in case of more than one child living in the household.
- *Reliefs for social security contributions and life insurance contributions:* Social security contributions and other expenses incurred in provision for the future (e.g. life insurance) are deductible up to specific ceilings. In 2005, a new calculation scheme came into force:
  - Step 1: all contributions made to pension funds (i.e. both employee's and employer's contributions) are added up. Step 2: the resulting amount is limited to EUR 20 000. Step 3: a certain percentage is applied to this amount (starting from 60% in 2005, this percentage will be increased by 2 percentage points each year; it will reach 100% in 2025). Step 4: the resulting amount, diminished by the (tax-free) contributions of the employer, is deductible from income.
  - The tax treatment of social security expenses (health, unemployment and care insurance) changed as of 1 January 2010. Employees' annual contributions to statutory health insurance excluding sickness benefit (assumed to amount to 96% of statutory health contributions) and employees' contributions to mandatory long-term care insurance are deductible from the tax base. In case these contributions do not exceed EUR 1 900/3 800 (single/married couples), contributions to unemployment insurance and other insurances premiums can be deducted in addition up to this ceiling.
  - If the resulting sum of deductible amounts according the legislation in force since 2005 is lower than the allowance calculated under the scheme that was valid up to 2004, the former regulations are applied in favour of the taxpayer (for more details on the old scheme: see 2005 edition and section 4. of this Report).
- *Work-related expenses:* EUR 1 000 lump-sum allowance per gainfully-employed person.
- *Special expenses:* Lump sum allowance (EUR 36/72 (singles/couples)) for special expenses, e.g. for tax accountancy. The actual expenses will be fully deductible from taxable income if the taxpayer proves that these expenses exceed the lump sum allowance.

1.1.2.2. Main non-standard tax reliefs applicable to an AW

- *Contributions to pensions, life insurance, superannuation schemes:* Other expenses than the compulsory contributions to social security are deductible as reliefs for (voluntary) social security contributions up to specific ceilings (see section 1.1.2.1).
- *Medical expenses:* Partially deductible if not covered by insurance.
- *Other:* Work-related expenses that exceed the lump-sum allowance are fully deductible (no ceiling).

1.1.3. *Tax schedule*

The German tax schedule is formula-based. Taxable income is rounded down (to the EUR).

- X is the taxable income,
- T is the income tax liability,
- As of 1 January 2016 the following definitions are used in the income tax liability formulas:

$$Y = \frac{X - 8652}{10000}$$

$$Z = \frac{X - 13669}{10000}$$

The income tax liability (amounts in EUR) is calculated as follows:

1. T = 0 for X ≤ 8 652
2. T = (993.62 Y + 1 400) Y for 8 653 ≤ X ≤ 13 669
3. T = (225.40 Z + 2 397) Z + 952.48 for 13 670 ≤ X ≤ 53 665
4. T = 0.42 X – 8 394.14 for 53 666 ≤ X ≤ 254 446
5. T = 0.45 X – 16 027.52 for 254 447 ≤ X

These formulas are used to calculate the income tax for single individuals and married couples too.

If families choose the option of being assessed separately these formulas are applied to the individual taxable income of the principal earner and the spouse. In the case of jointly assessed families these rates are applied to half of the joint taxable income (see point 1.1.2.1. Splitting method).

1.1.4. *Solidarity surcharge*

The solidarity surcharge is levied at 5.5% of the income tax liability subject to an exemption limit of EUR 972/1 944 (singles/couples). The income tax liability is calculated applying the tax allowance for children. If the income tax liability exceeds the exemption limit, the solidarity surcharge will be phased in at a higher rate of 20% of the difference between the income tax liability and the exemption limit until it equals 5.5% of the total liability.

1.2. *State and local income taxes*

None.

2. Compulsory social security contributions to schemes operated within the government sector

The amount of social security contributions depends on the wage and the insurance contribution rate. All contributions are subject to a contribution ceiling, i.e. the maximum income for which statutory insurance contributions are calculated. The contribution rates for pension, health, care and unemployment insurances are fixed by the government.

2.1. *Employees' contributions*

In general, earnings up to EUR 4 800 per year were free of employee social security contributions until 31 December 2012. As of 1 January 2013, some essential changes came into effect concerning minimally paid employment. The earnings limit increased from EUR 400 to EUR 450 per month. Persons whose mini-job started before 2013 and do not exceed the previous earnings limit of EUR 400 stay contribution-free in all classes of social insurance. Otherwise, persons who take up a new mini-job are generally subject to mandatory insurance coverage in the statutory pension scheme with the full pension contribution rate of 18.7% (in 2016). If the earnings are below the amount of EUR 175 (minimum contribution limit), a minimum contribution of EUR 32.73 has to be paid (18.7% of EUR 175). The employer's share amounts to 15% of the whole pay whereas the employee's part adds up to 3.7% (or the difference between minimum contribution and employer share).

By applying for an exemption from obligatory insurance coverage the mini-job holder may reduce his share to EUR 0.

As of 1 April 2003, there was an additional concession for employees with monthly income between EUR 400.01 and EUR 800 per month (the so-called 'sliding pay scale', EUR 4 800.12 and EUR 9 600 per year). Due to the new regulations mentioned above the earnings limits shifted to EUR 450.01 and EUR 850.00 per month (EUR 5 400.12 and EUR 10 200 per year). If the employee's income falls within this range, part of the income will be exempt from social insurance contributions. However, employers are still required to pay the regular contributions on the employee's earnings. The arrangement is purely intended to relieve the financial burden on employees. The employees' contributions to social insurance rise on a straight-line basis over the income band reaching the full rate at EUR 850 per month. Details on social security contributions for workers earning more than EUR 10 200 per year are provided below.

2.1.1. *Pensions*

Employers and employees pay each half of the contribution rate of 18.7% in 2016, that is 9.35% of the employee's gross wage earnings, up to a contribution ceiling of EUR 74 400.

2.1.2. *Sickness*

As of 1 January 2015, the applicable contribution rate is 14.6% on principle (portion of 7.3% for employers and employees). Depending on the financial situation of each sickness fund, employees are obliged to pay a supplementary contribution to the sickness fund. In 2016, this supplementary contribution amounts to 1.1% on average. Therefore, the contribution rate averages 8.4% for employees in 2016. The contribution ceiling in 2016 is EUR 50 850. While all calculations shown in this Report assume membership in the public health insurance, workers with earnings above the contribution ceiling may opt out of the mandatory public health insurance system and may choose a private insurance provider instead (those opting for a private health insurance provider are required to obtain private long-term care insurance as well).

2.1.3. *Unemployment*

Employees pay half of the insurance contributions; the employer pays the other half. In 2016, the contribution rate is 3.0% of assessable income. Employee and employer each pay 1.5%. The contribution ceiling is EUR 74 400.

2.1.4. *Care*

A long-term care insurance (a 1% contribution rate) went into effect on 1 January 1995. The rate was raised to 1.7% of the gross wage when home nursing care benefits were added six months later. As of 1 July 2008, the rate was increased to 1.95%. In 2013 and 2014, the contribution rate amounted to 2.05%. As of 1 January 2015, the contribution rate adds up to 2.35%. The employers pay half of the contributions for long-term care insurance. In other words, employers and employees both pay a rate of 1.175%. The assessable income is scaled according to the gross wage earnings but there is a contribution ceiling of EUR 50 850 in 2016.

As from 1 January 2005, child-raising is given special recognition in the law relating to statutory long-term care insurance. Childless contribution payers are required to pay a supplement of 0.25%, raising the contribution rate paid by a childless employee from 0.975% to 1.225% as of 1 July 2008. In 2013 and 2014, the contribution rate of a childless employee added up to 1.275%. As of 1 January 2015, the contribution rate amounts to 1.425% for a childless employee.

2.1.5. *Work injury*

Employer only.

2.1.6. *Family allowances*

None.

2.1.7. *Others*

None.

2.2. *Employers' contributions*

See Section 2.1.

2.2.1-2.2.4. *(Pensions, sickness, unemployment, care):*

See Section 2.1

2.2.5. *Work injury*

Germany has established a statutory occupational accident insurance. It is provided by industrial, agricultural and public-sector employers' liability insurance funds. This insurance protects employees and their families against the consequences of accidents at work and occupational illnesses. It is funded through the contributions paid by employers only. The amount of the employer's contributions depends on the sum total of employee's annual pay and the employer's respective hazard level. As it is not possible to identify a representative contribution rate, these amounts are not considered in this Report.

2.2.6. *Family allowances*

None.

2.2.7. *Others*

None.

3. Universal cash transfers

3.1. *Transfers related to marital status*

None.

3.2. *Transfers for dependent children*

None.

4. Main changes in tax/benefit systems Since 1997

The following table shows changes in the tax credit and the tax allowance for children since 1997:

Year	Child credit				Child allowance
	First child	Second child	Third child	Fourth and subsequent children	
1997	1 350	1 350	1 841	2 147	3 534
1999	1 534	1 534	1 841	2 147	3 534
2000	1 657	1 657	1 841	2 147	5 080
2002	1 848	1 848	1 848	2 148	5 808
2009*	1 968	1 968	2 040	2 340	6 024
2010	2 208	2 208	2 280	2 580	7 008
2015	2 256	2 256	2 328	2 628	7 152
2016	2 280	2 280	2 352	2 652	7 248

* plus EUR 100 one-off child credit payment for each child.

Up to 2004, the calculation of the relief for social security contributions and other expenses proceeded in three steps. First, EUR 3 068/6 136 (singles/couples) was deducted. These amounts were, however, lowered by 16% of gross wages (serving as a proxy for employers' social security contributions). This deduction was provided as a partial compensation for the self-employed who do not receive tax-free employers' social security contributions. Second, the remaining expenses were deductible up to EUR 1 334/2 668 (singles/couples). Third, half of the remaining expenses were deductible up to EUR 667/1 334 (singles/couples).

In 2004, the tax rate was reduced and the formula for calculating the income tax was changed. The relief for lone parents was reduced to EUR 1 308, the lump sum allowance for work related expenses was reduced to EUR 920.

As from 1 January 2005, the final stage of the 2000-tax reform came into effect. The bottom and top income tax rates were further reduced to 15% and 42%. Since 1998, both the bottom and top income tax rate have been reduced by about 11 percentage points while the personal allowance has been raised from EUR 6 322 to EUR 7 664. The tax cuts reduce the tax burden for all income taxpayers, affording the greatest relief to employees and families with low and medium incomes as well as to small- and medium-sized unincorporated businesses.

On 1 January 2005, the law regulating the taxation of pensions and pension expenses entered into force. The law provides a gradual transition to ex-post taxation of pensions paid by the statutory pensions insurance. In the long run, the tax treatment of capital-based employee pension schemes based on a contract between employer and employee will be reformed in the same way as the tax treatment in respect of the state pension scheme. In addition to the increased deductibility of contributions to the state and certain private pension schemes, the law contains rules which are intended to increase the attractiveness of private capital-based pension schemes and to encourage individuals to invest privately for their old-age pension.

Up to 30 June of 2005, employees paid half of the sickness insurance contributions; the employer paid the other half. As from 1 July 2005, members of the statutory health insurance scheme also pay an income-linked contribution of 0.9% to which employers do not contribute. As from 1 July 2005, all statutory health insurance funds have reduced their contribution rates by 0.9 percentage points.

In 2007, a new top income tax rate of 45% was introduced for taxable income above EUR 250 000 (EUR 500 000 for jointly assessed spouses).

In 2009, the bottom income tax rate was reduced to 14%. The basic allowance was increased to EUR 7 834. All thresholds were increased by EUR 400.

Since 1 January 2010, the basic allowance has been augmented to EUR 8 004 and all thresholds have been increased by EUR 330. Furthermore, new legislation improves the tax treatment of expenditure on health insurance and long-term care insurance. As of 1 January 2013, the basic allowance rose to EUR 8 130. As of 1 January 2014, the basic allowance was increased to EUR 8 354. As of 1 January 2015, the basic allowance amounts to EUR 8 472. The relief for lone parents now adds up to EUR 1 908. Lone parents are entitled to an extra allowance of EUR 240 for the second and each subsequent child. Since 1 January 2016, the basic allowance has been risen to EUR 8 652.

5. Memorandum items

5.1. *Average gross annual earnings calculation*

- Source of calculation: Federal Statistical Office.
- Excluding sickness and unemployment, including normal overtime and bonuses.

5.2. *Employer's contributions to private pension, etc. schemes*

No information available, though such schemes do exist.

2016 parameter values

Average earnings/yr	Ave_earn	47 809	Secretariat estimate
Tax allowances	Child_al	7 248	
Lone Parents, first child	Lone_al	1 908	
Lone parents, subsequent child	Lone_al_add	240	
Work related	Work_rel_al	1 000	
SSC allowance	SSC_dn	1 200	
	SSC_dn_rt	0.16	
	SSC_dn_lim	1 334	
	SSC_dn_lump_rt	0.2	
Allow. for special expenses	SE_al	36	
Church tax rate	Ch_tax_rt	0	
Tax formula	Tax_rate2	0.42	
	Tax_rate3	0.45	
	Tax_thrsh1	8 652	
	Tax_thrsh2	13 669	
Top Rate Tax Reduction	Reduction	8 394.14	
	Reduction2	16 027.52	
Tax Equation Rates			
tax_eqn_rates	Squared	Single	Constant
z	225.40	2 397	952.48
y	993.62	1 400	0
Income tax rate stage	tax_first_stage	8 652	
	tax_second_stage	13 669	
	tax_third_stage	53 665	
	tax_fourth_stage	254 446	
Solidarity Surcharge	surcharge	0.055	
Solidarity Exemption Limit	surcharge_limit	972	
Alternative Surcharge Rate	surcharge_alt	0.2	
Child credit	Ch_cred		
	1. ch.	2 280	
	2. ch.	2 280	
	3.ch.	2 352	
	4.ch.	2 652	

Social security	Sickness	Pension	Unemployment	Care	Alternative employer rate	SSC Factor F
period_1	12	12	12	12	12	12
period_2	0	0	0	0		
sum (Month's)	12	12	12	12	12	12
employer_1	0.073	0.0935	0.015	0.01175	0.3	0.7547
employer_2	0	0	0	0		
employee_1	0.084	0.0935	0.015	0.01175	0.037	0.7547
employee_2	0	0	0	0		
childless_1	0.084	0.0935	0.015	0.01425	0.037	0.7547
childless_2	0	0	0	0		
ceil	50 850	74 400	74 400	50 850	2 100	
SSC Floor	SSC_floor	10 200				
Intermediate SSC Ceiling	SSC_floor1	5 400				

2016 tax equations

The equations for the German system in 2016 are mostly calculated on a family basis.

The standard functions which are used in the equations are described in the technical note about tax equations. The function acttax carries out a rounded calculation for the tables but the unrounded version purtax is used in calculating the marginal rates.

For a taxpayer with children, either the child allowance is given in the tax calculation or the cash transfer is given if this is more beneficial. In practice, therefore, it is necessary to make two calculations – with and without the child allowance. Nevertheless, the calculation of solidarity surcharge is always based on the calculation which does assume that the child tax allowance is given.

Variable names are defined in the table of parameters above, within the equations table, or are the standard variables "married" and "children". The affixes "_princ" and "_spouse" on Variable names in functions indicate that the values have to be calculated for the principal and spouse, respectively. The parameter year in function SSC_Allowance is the year for which you calculate the Allowance.

	Line in country table and intermediate steps	Variable name	Range	Equation
1.	Earnings	earn		
	Quotient for tax calculation	quotient	J	1+Married
2.	Allowances:			
	Children	children_al	J	Children*Child_al
	Lone parent	lone_allce	J	Children>0)*(Married=0)*Lone_al+(Children>0)*(Married=0)*(Children-1)*Lone_al_add
	Soc sec contributions	SSC_al	J	Function: SSC_Allowance(earn_princ, earn_spouse , SSC_princ + SSC_spouse , Quotient, SSC_dn, SSC_dn_rt, SSC_dn_lim, SSC_dn_lump_rt, If(Children>0; "employee"; "childless"), year, rounded)
	Work related	work_al	J	Work_rel_al+MIN(earn_spouse,Work_rel_al)
	Allow. for special expenses	SE_al	J	SE_al*quotient
	Total	tax_al	J	children_al+SSC_al+work_al+ lone_allce + SE_al
3.	Credits in taxable income	taxbl_cr	J	0
4.	CG taxable income	tax_inc	J	earn-tax_al
5.	CG tax before credits			
	adjusted taxable income	adj	J	tax_inc/quotient
	Formula based tax schedule	tax_formula	J	Function: acttax(taxinc, rate, reduction, threshold1, threshold2, threshold3, equationrate, tax_first_stage, tax_second_stage, tax_third_stage, tax_fourth_stage, rate2, reduction2)
	Adjust for the quotient	tax_adj	J	Quotient*tax_formula
	Include solidarity surcharge	sol_surch	J	MIN(tax_adj * surcharge, Positive(tax_adj - surcharge_limit*Quotient) * surcharge_alt)
	Tax paid	CG_tax_excl	J	tax_adj+sol_surch
6.	Tax credits :	tax_cr	J	0
7.	CG tax	CG_tax	J	CG_tax_excl
8.	State and local taxes	local_tax	J	0
9.	Employees' soc security	SSC	B	Function: SSC (earn_princ, If(Children>0; "employee"; "childless"), rounded) + SSC (earn_spouse, If(Children>0; "employee"; "childless"), rounded)
11.	Cash transfers	Cash_tran	J	Children*ch_cred
13.	Employer's soc security	SSC_empr	B	Function: SSC (earn_princ, "employer", rounded) + SSC (earn_spouse, "employer", rounded)

Key to range of equation
B calculated separately for both principal earner and spouse
P calculated for principal only (value taken as 0 for spouse calculation)
J calculated once only on a joint basis

Greece

This chapter includes data on the income taxes paid by workers, their social security contributions, the family benefits they receive in the form of cash transfers as well as the social security contributions and payroll taxes paid by their employers. Results reported include the marginal and average tax burden for eight different family types.

Methodological information is available for Personal income tax systems, Compulsory social security contributions to schemes operated within the government sector, Universal cash transfers as well as recent changes in the tax/benefit system. The methodology also includes the parameter values and tax equations underlying the data.

Greece 2016

The tax/benefit position of single persons

		Wage level (per cent of average wage)	67	100	167	67
		Number of children	none	none	none	2
1.	**Gross wage earnings**		13 449	20 074	33 523	13 449
2.	**Standard tax allowances**					
	Basic allowance					
	Married or head of family					
	Dependent children					
	Deduction for social security contributions and income taxes		2 124	3 170	5 294	2 124
	Work-related expenses					
	Other					
		Total	2 124	3 170	5 294	2 124
3.	**Tax credits or cash transfers included in taxable income**		0	0	0	0
4.	**Central government taxable income (1 - 2 + 3)**		11 325	16 904	28 229	11 325
5.	**Central government income tax liability (exclusive of tax credits)**		2 492	3 719	6 786	2 492
6.	**Tax credits**					
	Basic credit		1 900	1 900	1 818	2 000
	Married or head of family					
	Children					
	Other					
		Total	1 900	1 900	1 818	2 000
7.	**Central government income tax finally paid**		592	1 927	5 556	492
8.	**State and local taxes**		0	0	0	0
9.	**Employees' compulsory social security contributions**					
	Gross earnings		2 124	3 170	5 294	2 124
	Taxable income					
		Total	2 124	3 170	5 294	2 124
10.	**Total payments to general government (7 + 8 + 9)**		2 715	5 097	10 850	2 615
11.	**Cash transfers from general government**					
	For head of family					
	For two children		0	0	0	640
		Total	0	0	0	640
12.	**Take-home pay (1-10+11)**		10 734	14 977	22 673	11 474
13.	**Employer's compulsory social security contributions**		3 342	4 989	8 331	3 342
14.	**Average rates**					
	Income tax		4.4%	9.6%	16.6%	3.7%
	Employees' social security contributions		15.8%	15.8%	15.8%	15.8%
	Total payments less cash transfers		20.2%	25.4%	32.4%	14.7%
	Total tax wedge including employer's social security contributions		36.1%	40.2%	45.8%	31.7%
15.	**Marginal rates**					
	Total payments less cash transfers: Principal earner		34.3%	36.2%	45.3%	34.3%
	Total payments less cash transfers: Spouse		n.a.	n.a.	n.a.	n.a.
	Total tax wedge: Principal earner		47.4%	48.9%	56.2%	47.4%
	Total tax wedge: Spouse		n.a.	n.a.	n.a.	n.a.

Greece 2016

The tax/benefit position of married couples

	Wage level (per cent of average wage)	100-0	100-33	100-67	100-33
	Number of children	2	2	2	none
1. Gross wage earnings		22 081	29 368	36 875	29 368
2. Standard tax allowances					
Basic allowance					
Married or head of family					
Dependent children					
Deduction for social security contributions and income taxes		3 487	4 638	5 823	4 638
Work-related expenses					
Other					
	Total	3 487	4 638	5 823	4 638
3. Tax credits or cash transfers included in taxable income		0	0	0	0
4. Central government taxable income (1 - 2 + 3)		18 594	24 730	31 052	24 730
5. Central government income tax liability (exclusive of tax credits)		4 091	5 441	6 831	5 441
6. Tax credits					
Basic credit		2 000	4 000	4 000	3 800
Married or head of family					
Children					
Other					
	Total	2 000	4 000	4 000	3 800
7. Central government income tax finally paid (5-6)		2 236	2 236	2 987	2 336
8. State and local taxes		0	0	0	0
9. Employees' compulsory social security contributions					
Gross earnings		3 487	4 638	5 823	4 638
Taxable income					
	Total	3 487	4 638	5 823	4 638
10. Total payments to general government (7 + 8 + 9)		5 723	6 873	8 810	6 973
11. Cash transfers from general government					
For head of family					
For two children		640	320	320	0
	Total	640	320	320	0
12. Take-home pay (1-10+11)		16 998	22 814	28 385	22 394
13. Employer's compulsory social security contributions		5 487	7 298	9 164	7 298
14. Average rates					
Income tax		10.1%	7.6%	8.1%	8.0%
Employees' social security contributions		15.8%	15.8%	15.8%	15.8%
Total payments less cash transfers		23.0%	22.3%	23.0%	23.7%
Total tax wedge including employer's social security contributions		38.3%	37.8%	38.3%	38.9%
15. Marginal rates					
Total payments less cash transfers: Principal earner		36.2%	36.2%	36.2%	36.2%
Total payments less cash transfers: Spouse		20.6%	15.8%	36.2%	15.8%
Total tax wedge: Principal earner		48.9%	48.9%	48.9%	48.9%
Total tax wedge: Spouse		36.4%	32.6%	48.9%	32.6%

The national currency is the Euro (EUR). In 2016, EUR 0.90 was equal to USD 1. In 2016, the estimated gross earnings of the average worker are EUR 20 074 (Secretariat estimate).

1. Personal income tax system

1.1. *Central government income tax*

1.1.1. *Tax unit*

Individuals are subject to national income tax. Every individual who derives income from sources in Greece is subject to tax irrespective of his nationality, place of domicile or residence. Moreover, every individual with domicile in Greece (more than 183 days) is subject to tax on his/her worldwide income irrespective of the individual's nationality. Due consideration is given to bilateral conventions designed to obviate double taxation.

All individuals who have completed 18 years of age are obliged to file a tax return regardless of having taxable income or not. Regarding income derived by minor children, the parent who has the custody is liable for filing a tax return. The income of minor children is added to the income of the parent who has the custody and is taxed in the name of the parent who is in principle liable for tax filing. This provision does not apply to the following types of income, in respect of which the minor child has a personal tax obligation: a) employment income and b) pensions due to the death of his father or mother.The minimum imputed income, which is required to cover the taxpayer's main living expenses is EUR 3 000 for a single individual and EUR 5 000 for spouses (in the case that any real or presumptive income is declared).

Spouses file a joint return but each spouse is liable for the tax payable on his or her share of the joint income. A joint return can also file persons who have entered into a civil union – partnership. In this case the two parts have the same tax treatment as married couples. Losses incurred by one spouse or one part of a civil union-partnership may not be set off against the income of the other spouse or part. Spouses or parts of a civil union – partnership file a return separately if a) they have been divorced or have terminated the civil partnership at the time of the tax filing or b) one of the spouses or one part of the civil partnership is bankrupt or has been subject to guardianship.Taxpayer's spouse can be considered as a dependent member, provided that he/she does not have any taxable income.

Single children under the age of 18, children who are adults up to 25 years old and study at the university, or serve their military service or are registered as unemployed to the Manpower Employment Organisation (OAED), taxpayers' ascendants and spouses' relatives (up to the 3rd degree) who are orphans are deemed to be borne by the taxpayer provided that they cohabit with the taxpayer and their annual taxable income does not exceed the amount of EUR 3 000 (alimony and disability benefits and similar allowances are not included). Single disabled children (>= 67%) or spouses' disabled siblings (>= 67%) are also considered as dependent members, except if their annual income exceeds the amount of EUR 6 000 (alimony and disability benefits and similar allowances are not included).

1.1.2. *Tax allowances and tax credits*

1.1.2.1. Standard tax reliefs

- Social security contributions: all compulsory social security contributions and optional contributions to legally constituted funds are fully deductible from taxable gross income.

1.1.2.2. Deductions from the payable amount of tax, as calculated on the basis of the scale (Non-Standard tax credits):

A) The tax arising by the tax scale for employees and pensioners is reduced as following:

- by EUR 1 900 for annual income up to EUR 20 000, for taxpayers with no dependent children
- by EUR 1 950 for annual income up to EUR 20 000 for taxpayers with one dependent child
- by EUR 2 000 for annual income up to EUR 20 000 for taxpayers with two dependent children
- by EUR 2 100 for annual income up to EUR 20 000 for taxpayers with 3 dependent children or more;
- for income exceeding EUR 20 000, the above mentioned tax credit is being reduced by EUR 10 for every EUR 1 000 of taxable income

B) The following tax credits are deducted from the payable amount of tax, as calculated on the basis of the scale after applying the above tax allowance:

- 10% of the expenses of medical and hospital care of the taxpayer and his/her dependents provided they are not covered by Social Security Funds and they exceed 5% of the taxable income. The total credit cannot exceed EUR 3 000.
- 10% of the expenses of medical and hospital care of the taxpayer and his dependents, provided they are not covered by Social Security Funds and they exceed 5% of the taxable income. The total credit cannot exceed EUR 3 000. Hospital expenses in respect of unmarried or widowed children who suffer from an incurable disease, who are mentally retarded or are blind and whose total annual income does not exceed EUR 6 000 are also included.

C) The amount of tax derived on the basis of all scales is reduced by EUR 200 for the taxpayer himself as well as for each dependent member, provided that the taxpayer or his dependents are handicapped (over 67%) or handicapped soldiers or military personnel injured in the course of their duties or war victims or victims of terrorist attacksor in case they receive pension by the State as war victims or as handicapped.

Note: Taxpayers who reside abroad but derive taxable income from sources in Greece are not eligible for these deductions, with the exemptions of residents of the EU Member States who derive at least 90% of their total income from sources in Greece.

Spouses:

When the wife derives income taxable on the basis of the scale, then the following are deducted from her own payable amount of tax:

a) deductions related to medical and hospital expenses, donations and the lump sum of EUR 200 of the spouse;

b) deductions related to medical and hospital expenses of the spouse's children from a former marriage, her children born out of wedlock, her parents and orphaned relatives of first and second degree of kin.

If from the joint tax return submitted the wife has no income declared then the sum of her deductions (medical and hospital expenses, lump sum of EUR 200) is attributed to the payable tax of the other spouse.

1.1.2.3. Exemptions

Some forms of income, specified by Law are exempt from the tax.

Examples:

- on condition of reciprocity, income of all kinds derived abroad by foreign ambassadors and diplomatic representatives, consulate agents and employees of embassies and consulates that have the nationality of the represented State as well as by individuals working in the EU Institutions or other International Organizations;
- alimony received by the beneficiary according to the Court adjudication or notary Document;
- all forms of pensions and relief provided to war victims and their families, as well as to soldiers and military personnel injured in the course of their duties in times of peace;
- benefits and similar allowances provided to special categories of handicapped people;
- salaries, pensions etc. paid to handicapped people (over 80%);
- unemployment benefits granted by the National Employment Organisation (OAED) provided that the total annual income of the beneficiary does not exceed the amount of EUR 10 000;
- the social solidarity benefit (E.K.A.S.) of pensioners;
- financial aid to recognized political refugees, to people residing temporarily in Greece for humanitarian reasons and to persons that have submitted the relevant application to the competent Greek authorities, paid by bodies carrying out refugee aid schemes financed by the UN and the EU;
- the benefit for hazardous labor provided to employees working in the armed forces, the police, the fire and port departments as well as the special allowance to medical, nursing and ambulance staff up to 65%;

1.1.2.4. Tax calculation

Taxable income is derived from the following sources:

a) Income from employment and pensions

b) Income from business activities, which also includes income from self-employed

c) Income from agricultural activities as

d) Rental Income

e) Investment Income which includes income from dividends, interests and loyalties and

f) Income from capital gains, which includes income deriving on transfer of real estate or securities.

Net income is computed separately within each category with tax rules that vary across income categoriesIf the declared income is not accepted as the base for the tax assessment, the tax authorities can base the assessment on the presumptive income, which is the minimum amount of income required to cover the taxpayer's main living expenses.

Employment income is subject to withholding tax. The tax is withheld by the employer and is calculated by applying the taxpayer's progressive income tax schedule.

The employer calculates the withholding tax on the basis of the taxpayer's annual net salary (net of social security contributions). The withholding tax is then reduced by 1.5% of the total amount of taxes due. The resulting tax is the annual tax due, 1/14 of which constitutes the monthly withholding tax for the private sector's employees (every employee in the private sector receives 14 monthly salaries per year, i.e. 12 monthly wages plus 1 salary as Christmas bonus, ½ salary as Easter bonus and ½ salary as summer vacation bonus). For the employees of the public sector, the monthly withholding tax is calculated as 1/12 of the annual tax due, because of the fact that bonuses in the public sector have been eliminated. If the taxpayer's final tax liability (derived from the annual declared income) exceeds the aggregate of the amounts already withheld or prepaid, the remaining tax is generally payable in three equal bimonthly instalments. Any excess tax paid or withheld will be refunded.

1.1.3. Rate schedule

Depending on the income category the following tax schedules apply:

Income from employment and pensions is pooled together with income from business activity and is taxed at the following rates:

Income bracket (EUR)	Tax rate (%)	Tax bracket (EUR)	Total amount	
			Income (EUR)	Tax (EUR)
20 000	22%	4 400	20 000	4 400
10 000	29%	2 900	30 000	7 300
10 000	37%	3 700	40 000	11 000
Excess	45%			

The above tax scale does not apply for employment income acquired by:

- Officers working in ships of the merchant marine, whose income is taxed at a 15% flat rate and
- Low-income crew working in ships of the merchant marine, whose income is taxed at a 10% flat rate.

For deductions see above: 1.1.2.2 Deductions from the payable amount of tax, as calculated on the basis of the scale

Income from agricultural business is taxed separately but with the same tax schedule. The previously described tax credit is granted to farmers as well. In the case where a farmer is earning income from employment/pension, only one tax credit is given.

Rental Income is taxed at the following rates:

Income	Tax rate
0-12.000	15%
12.001-35.000	35%
35.001-	45%

Solidarity contribution is included in the Income Tax Code with a separate article. Income up to EUR 12 000 is not subject to solidarity contribution. For income exceeding EUR 12 000, solidarity contribution applies with the following marginal rates:

Solidarity Contribution Marginal Tax Rates

Income	Tax rate
0-12.000	0%
12.001-20.000	2.2%
20.001-30.000	5.00%
30.001-40.000	6.50%
40.001-65.000	7.50%
65.001-220.000	9.00%
220.000	10.00%

1.2. *State and local income taxes*

There are no local income taxes in Greece. Municipalities (the local authorities) receive 20% of the national income tax revenues.

2. Compulsory social security contributions to schemes operated within the government sector

The great majority of individuals who are employed in the private sector and render dependent personal services are principally, directly and compulsorily insured in the Social Insurance Organisation (IKA). Apart from the main contribution, IKA compulsorily collects contributions for other minor Funds created for the employee's benefit (Unemployment Benefits Funds, etc.). A subsidiary Social Insurance Fund (ETEA) for employees who are principally insured in IKA has been established since 2012.

The average rates of contributions payable by white-collar employees as a percentage of gross earnings are as follows (%):

Between 1st January and 31st May, 2016

	Employer	Employee	Total
1. Social Insurance Organisation (IKA)	17.88	9.22	27.10
2. Subsidiary Social Insurance Fund (ETEA)	3.00	3.00	6.00
3. Other Funds	3.68	3.28	6.96
Total	**24.56**	**15.50**	**40.06**

From 1 June 2016

	Employer	Employee	Total
1. Social Insurance Organisation (IKA)	17.88	9.22	27.10
2. Subsidiary Social Insurance Fund (ETEA)	3.50	3.50	7.00
3. Other Funds	3.68	3.28	6.96
Total	**25.06**	**16.00**	**41.06**

Higher contributions are due (18.95% paid by the employee and 26.71% paid by the employer) in case of blue-collar workers who are engaged in heavy work (unhealthy, dangerous, etc. work) as they are entitled to a pension five years earlier than the other workers. In the industrial sector, the employer pays an additional occupational risk contribution at a rate of 1% because these workers are more vulnerable to labour accidents and occupational diseases.

Contributions are calculated on the basis of the monthly salary or wages paid but within the limits specified in the National General Collective Labour Agreement. Monthly gross remuneration includes salaries and wages, fringe benefits and bonuses and any profit distributions to employees. From 2013 onwards, an equalized ceiling of EUR 5 546.80 applies for all categories of employees.

Self-employed individuals must make monthly compulsory lump-sum contributions to OAEE (Free Professional Social Insurance Organisation); these contributions depend on the number of years that the self-employed has been insured (for more details, see the explanatory annex to table III.3 of the OECD's Tax Database).

All these social security contributions are fully deductible for income tax purposes.

3. Universal cash transfers

3.1. *Transfers related to marital status*

According to the National General Collective Labour Agreement, a marriage allowance, which is set at a rate of 10% of the gross salary, is granted only to workers employed by employers that belong to the contracting employer organisations. For public servants no marriage benefit is granted.

3.2. *Transfers for dependent children*

According to the Law 4093/2012 (as amended by Law 4144/2013, Law 4111/2013 and Law 4170/2013), the "Single children support allowance" replaced the previously existing family allowances and applies since 01/01/2013. The allowance's amount is calculated according to the number of dependent children as well as the income category of the household. More specifically the allowance provides for EUR 40/month per child.

Households that are entitled to the allowance are divided into four income categories according to their income:

- Income of < EUR 6 000: full allowance
- Income of EUR 6 001-12 000: 2/3 of the allowance
- Income of EUR 12 001-18 000: 1/3 of the allowance

where the income is calculated as the **net annual total family** income divided by the sum of family members (where the first spouse is weighted as 1, the 2nd spouse is weighted as 1/3 and each dependent child is weighted as 1/6).

3.3. *Benefits for families with three or more children*

Law 4141/2013 (as amended by Law 4170/2013) introduced the "Special Allowance for families with three or more children", which is granted to families with three or more dependent children. The Special Allowance's amount is fixed to EUR 500/year per child, provided that the total income of the household does not exceed EUR 45 000 for families with three dependent children and EUR 48 000 for families with four dependent children, while in case of larger families the amount of EUR 45 000 is increased by EUR 4 000 per additional child.

Note 1: The Special allowance for families with three or more children is not included in the net, annual, family income and is exempt from income tax since 01-01-2013 (Law 4254/2014).

Namely the Hellenic Federation of Enterprises, the Hellenic Confederation of Professionals, Craftsmen and Merchants, the National Confederation of Hellenic Commerce and the Association of Greek Tourism Enterprises.

Note 2: Both Single children support allowance and the Special allowance for families with three or more children are exempt from Special Solidarity Contribution (Law 4254/2014).

4. Main changes in the tax/benefit system since 2015

A total change in the tax schedules and rates of all sources of income has been imposed, as well as the pooling of income for income derived from wages and businesses, and the integration of Solidarity Contribution in the Income Tax Code.

5. Memorandum items

5.1. *Identification of an AW and method of calculations used*

Methodological note for the estimation of the average annual earnings per employee, for the period 2000-15.

Terminology and coverage

The average annual earnings below refer to full time employees for Sectors C to N of ISIC Rev.3.1, before 2008, and for Sectors B to N including Division 95 and excluding Divisions 37, 39 and 75 of ISIC Rev. 4, for 2008 onwards.

Data sources

In the estimation procedure of the average annual earnings per employee, for the period 2000-14 the following data are taken into account:

- Annual earnings and number of employees, as derived from the **Structure of Earnings Survey** (SES), of the years 2002, 2006 and 2010.
- Hours worked and annual average number of employees, as derived from the **Labour Force Survey** (LFS), of the years 2000-14.
- Average annual earnings indices, as derived from the Indices on **Quarterly Labour Cost Survey**, of the years 2000-14.

Secretariat average wage estimates for 2015 and 2016 are used in the calculations, since final average wage values are not available (see the Annex, *Methodology and limitations*). Those estimates are based on the percentage changes in compensation per employee that were retrieved from the *OECD Economic Outlook volume 2016 (No. 100)* and the final value for 2014 (EUR 20 450). They amount to EUR 20 107 for 2015 (-1.6749%) and to EUR 20 074 for 2016 (-0.1683%).

Annual Gross earnings per full time employee 2000-15 Greece

Year	NACE Rev 2 classification
2000	15 693
2001	15 688
2002	**17 359**
2003	19 339
2004	21 669
2005	21 902
2006	**23 800**
2007	23 893
2008	23 835
2009	24 619
2010	**24 156**
2011	23 391
2012	22 240
2013	20 682
2014	20 450
2015	Will be available end of March

Notes:
1. The Average gross Annual Earnings per **full time employee** for the period 2000 to 2015 **includes**:
   The special payments for shift and night work, as well as work during weekends and holidays;
   The total annual bonuses as well as those that are regularly paid on a monthly basis, the 13th salary (Christmas salary, where applicable) and 14th salary (Easter and vacation payments, where applicable);
   The annual bonuses based on productivity;
   The education and working time allowance;
   The marriage and children allowance;

and excludes:
   The annual payments in kind: foods, drinks, footwear, clothes, accommodation, business cars provided, mobile phone, etc.;
   The annual premiums related to profit-sharing schemes.
2. The data for 2011 and onwards will be revised when the final results of the SES 2014 will be available.
3. The data for 2013 are revised with the final data from LFS and LCI.

Source: ELSTAT.

5.2. Main employers' contributions to private pension, health, and related schemes

Contributions to private pension and sickness schemes made by employers are not added to employees' gross earnings for tax purposes and are therefore not subject to tax. Since these contributions are not obligatory for employers, no data is provided by the National Statistical Service of Greece. Very few employers have adopted such additional insurance schemes.

2016 parameter values

Average earnings/yr	Ave_earn	20 074	Secretariat estimate
Tax credit	Child_cred	0	
Rates of family subsidies			
paid by employers	Wife_sub	0.1	
children (up to 3)	Child_sub	0	
Income tax schedule	Tax_sch	0.22	20 000
		0.29	30 000
		0.37	40 000
		0.45	
Tax deduction	Tax_cred	1 900	
	Tax_cred_1dc	1 950	
	Tax_cred_2dc	2 000	
	Tax_cred_3dc	2 100	
	Tax_cred_thrsh	20 000	
	Tax_red	10	
Solidarity contribution	Solidarity_sch	0	12 000
		0.022	20 000
		0.05	30 000
		0.065	40 000
		0.075	65 000
		0.09	220 000
		0.10	
Social security contributions	SSC_rate	0.1575	
	SSC_rate_empr	0.2481	
	SSC_ceil	77 655.20	
	SSC_ceil_use	1	
Single children support allowance	Child_all	0	480
		6 000	320
		12 000	160
		18 000	0
	Spouse_weight	0.33	
	Child_weight	0.17	

2016 tax equations

The equations for the Greek system in 2016 are mostly on an individual basis. The level of gross earnings for the principal earner is increased by the spouse and child subsidy paid by the employer.

The functions which are used in the equations (Taper, MIN, Tax etc.) are described in the technical note about tax equations. Variable names are defined in the table of parameters above, within the equations table, or are the standard variables "married" and "children". A reference to a variable with the affix "_total" indicates the sum of the relevant variable values for the principal and spouse. And the affixes "_princ" and "_spouse" indicate the value for the principal and spouse, respectively. Equations for a single person are as shown for the principal, with "_spouse" values taken as 0.

	Line in country table and intermediate steps	Variable name	Range	Equation
1.	Earnings	earn_princ	P	Ave_earn*(1+Married*Wife_sub+ MIN(Children,3)*Child_sub)
		earn_spouse	S	Ave_earn*(1+Married*Wife_sub+ MIN(Children,3)*Child_sub)
2.	Allowances:	tax_al	B	SSC
3.	Credits in taxable income	taxbl_cr		0
4.	CG taxable income	tax_inc	B	Positive(earn-tax_al)
5.	CG tax before credits	CG_tax_excl	B	Tax(tax_inc,tax_sch)-Low_rate*Positive(MIN(Effect_low_band-Low_thrsh,tax_inc-Low_thrsh))
	Solidarity contribution	sol_contr	B	=Solidarity(earn-SSC,Solidarity_sch)
6.	Tax credits :	tax_cr	**B**	Positive(IF(Children>0, tax_cred_1dc*(Children=1)+tax_cred_2dc*(Children=2)+tax_cred_3dc*(Children>2),tax_cred)-(INT(Positive(earn-tax_cred_thrsh)/1000)*tax_cred_red))
7.	CG tax	CG_tax	B	Positive(CG_tax_excl-tax_cr)+sol_contr
8.	State and local taxes	local_tax	B	0
9.	Employees' soc security	SSC	B	IF(SSC_ceil_use=1,SSC_rate*MIN(earn,SSC_ceil),SSC_rate*earn)
11.	Cash transfers			
		fam_netinc	B	earn – CG_tax - SSC
		cash_trans	B	VLOOKUP(fam_netinc,Child_all,2)*Children
13.	Employer's soc security	SSC_empr	B	IF(SSC_ceil_use=1,SSC_rate_empr*MIN(earn,SSC_ceil),SSC_rate_empr*earn)

Key to range of equation B calculated separately for both principal earner and spouse P calculated for principal only (value taken as 0 for spouse calculation) J calculated once only on a joint basis.

Hungary

This chapter includes data on the income taxes paid by workers, their social security contributions, the family benefits they receive in the form of cash transfers as well as the social security contributions and payroll taxes paid by their employers. Results reported include the marginal and average tax burden for eight different family types.

Methodological information is available for Personal income tax systems, Compulsory social security contributions to schemes operated within the government sector, Universal cash transfers as well as recent changes in the tax/benefit system. The methodology also includes the parameter values and tax equations underlying the data.

Hungary 2016

The tax/benefit position of single persons

	Wage level (per cent of average wage)	67	100	167	67
	Number of children	none	none	none	2
1.	**Gross wage earnings**	2 219 094	3 312 081	5 531 175	2 219 094
2.	**Standard tax allowances**				
	Basic allowance				
	Married or head of family				
	Dependent children	0	0	0	1 999 920
	Deduction for social security contributions and income taxes				
	Work-related expenses				
	Other				
	Total	0	0	0	1 999 920
3.	**Tax credits or cash transfers included in taxable income**	0	0	0	0
4.	**Central government taxable income (1 - 2 + 3)**	2 219 094	3 312 081	5 531 175	219 174
5.	**Central government income tax liability (exclusive of tax credits)**				
	Central government income tax liability (exclusive of tax credits)	332 864	496 812	829 676	32 876
	Total	332 864	496 812	829 676	32 876
6.	**Tax credits**				
	Basic credit	0	0	0	0
	Married or head of family				
	Children				
	Other				
	Total	0	0	0	0
7.	**Central government income tax finally paid (5-6)**	332 864	496 812	829 676	32 876
8.	**State and local taxes**	0	0	0	0
9.	**Employees' compulsory social security contributions**				
	Gross earnings	410 532	612 735	1 023 267	410 532
	Taxable income				
	Total	410 532	612 735	1 023 267	410 532
10.	**Total payments to general government (7 + 8 + 9)**	743 397	1 109 547	1 852 944	443 409
11.	**Cash transfers from general government**				
	For head of family				
	For two children	0	0	0	355 200
	Total	0	0	0	355 200
12.	**Take-home pay (1-10+11)**	1 475 698	2 202 534	3 678 232	2 130 886
13.	**Employer's wage dependent contributions and taxes**				
	Employer's compulsory social security contributions	599 155	894 262	1 493 417	599 155
	Payroll taxes	33 286	49 681	82 968	33 286
	Total	632 442	943 943	1 576 385	632 442
14.	**Average rates**				
	Income tax	15.0%	15.0%	15.0%	1.5%
	Employees' social security contributions	18.5%	18.5%	18.5%	18.5%
	Total payments less cash transfers	33.5%	33.5%	33.5%	4.0%
	Total tax wedge including employer's social security contributions	48.2%	48.2%	48.2%	25.3%
15.	**Marginal rates**				
	Total payments less cash transfers: Principal earner	33.5%	33.5%	33.5%	33.5%
	Total payments less cash transfers: Spouse	n.a.	n.a.	n.a.	n.a.
	Total tax wedge: Principal earner	48.2%	48.2%	48.2%	48.2%
	Total tax wedge: Spouse	n.a.	n.a.	n.a.	n.a.

Hungary 2016

The tax/benefit position of married couples

			100-0	100-33	100-67	100-33
		Wage level (per cent of average wage)	100-0	100-33	100-67	100-33
		Number of children	2	2	2	none
1.	**Gross wage earnings**		3 312 081	4 405 068	5 531 175	4 405 068
2.	**Standard tax allowances**					
	Basic allowance					
	Married or head of family					
	Dependent children		1 999 920	1 999 920	1 999 920	0
	Deduction for social security contributions and income taxes					
	Work-related expenses					
	Other					
		Total	1 999 920	1 999 920	1 999 920	0
3.	**Tax credits or cash transfers included in taxable income**		0	0	0	0
4.	**Central government taxable income (1 - 2 + 3)**		1 312 161	2 405 148	3 531 255	4 405 068
5.	**Central government income tax liability (exclusive of tax credits)**					
	Central government income tax liability (exclusive of tax credits)		196 824	360 772	529 688	660 760
		Total	196 824	360 772	529 688	660 760
6.	**Tax credits**					
	Basic credit		0	0	0	0
	Married or head of family					
	Children					
	Other					
		Total	0	0	0	0
7.	**Central government income tax finally paid (5-6)**		196 824	360 772	529 688	660 760
8.	**State and local taxes**		0	0	0	0
9.	**Employees' compulsory social security contributions**					
	Gross earnings		612 735	814 938	1 023 267	814 938
	Taxable income					
		Total	612 735	814 938	1 023 267	814 938
10.	**Total payments to general government (7 + 8 + 9)**		809 559	1 175 710	1 552 956	1 475 698
11.	**Cash transfers from general government**					
	For head of family					
	For two children		319 200	319 200	319 200	0
		Total	319 200	319 200	319 200	0
12.	**Take-home pay (1-10+11)**		2 821 722	3 548 558	4 297 420	2 929 370
13.	**Employer's wage dependent contributions and taxes**					
	Employer's compulsory social security contributions		894 262	1 189 368	1 493 417	1 189 368
	Payroll taxes		49 681	66 076	82 968	66 076
		Total	943 943	1 255 444	1 576 385	1 255 444
14.	**Average rates**					
	Income tax		5.9%	8.2%	9.6%	15.0%
	Employees' social security contributions		18.5%	18.5%	18.5%	18.5%
	Total payments less cash transfers		14.8%	19.4%	22.3%	33.5%
	Total tax wedge including employer's social security contributions		33.7%	37.3%	39.5%	48.2%
15.	**Marginal rates**					
	Total payments less cash transfers: Principal earner		33.5%	33.5%	33.5%	33.5%
	Total payments less cash transfers: Spouse		33.5%	33.5%	33.5%	33.5%
	Total tax wedge: Principal earner		48.2%	48.2%	48.2%	48.2%
	Total tax wedge: Spouse		48.2%	48.2%	48.2%	48.2%

The national currency is the Forint (HUF). In 2016, HUF 281.52 was equal to USD 1. In 2016, the average worker earned HUF 3 312 081 (Secretariat estimate).

1. Personal income tax systems

1.1. *Central/federal government income taxes*

1.1.1. *Tax unit*

The tax unit is, in all cases, the separate individual. In exceptional cases, the employer can become subject to personal income tax, for instance in the case of benefits in kind.

1.1.2. *Tax allowances and tax credits*

1.1.2.1. Standard reliefs

- *Basic reliefs*: None.
- *Standard marital status reliefs*: None.
- *Employee Tax credit:* Since 1 January 2012 there is no employee tax credit.
- *Family tax allowance:* For families having children, the basis of income tax can be reduced by the family tax allowance, which amounts to HUF 66 670 per month (for families having one child), HUF 83 330 per month/each dependent (for families having two children) or HUF 220 000 per month/each dependent (for families having at least three children). This tax allowance can be applied by a pregnant woman (or her husband) as from the 91st day after conception until birth of the child. The tax allowance may be claimed by one spouse or be split between the spouses. As of 1st January 2014 the family tax allowance was extended: families whose combined PIT base is not sufficient to claim the maximum amount of the family tax allowance can deduct the remaining sum from the 7% health insurance contribution and the 10% pension contribution. This measure does not affect the eligibility for social security benefits (pensions, healthcare, transfers, etc.).

1.1.2.2. Main non-standard tax reliefs

- *Trade Union membership dues:* Membership dues and contributions paid to trade unions and other corporate bodies of employees are deductible without any restriction.
- Tax credits are made available for physical disability or agricultural activities. Tax deduction is available for those having income from abroad.
- From 1st January 2015 for newly married couples (where it's the first marriage for at least one of the parties) the basis of income tax can be reduced by HUF 33 335 per month for one person of the couple for 24 months.

1.1.3. *Tax schedule*

The rate of personal income tax amounts to 15%.

1.2. *State and local income taxes*

In Hungary there is no local Personal income tax system supplementing the central one.

2. Compulsory social security contributions to schemes operated within the government sector

2.1. Employees' contributions

2.1.1. Pensions

The rate of pension contribution amounts to 10% of gross earnings.

2.1.2. Sickness

The rate of health security contribution amounts to 7% of gross earnings.

2.1.3. Unemployment

The worker must pay, as employees' contribution, 1.5% of gross earnings.

2.1.4. Others

None. The average worker does not have any obligation to pay other contributions than the above mentioned. However, the contribution rates may be different for certain types of income or for certain groups of income recipients (e.g. employees with pensioner status). None of these exceptions are applicable to the workers taken into consideration in this report.

2.2. Employers' contributions

2.2.1. Pensions

None.

2.2.2. Sickness

None.

2.2.3. Unemployment

None.

2.2.4. Others

From 2012 the employers' social security contributions were merged into the new payroll tax, called social contribution tax. This change is of legal nature, the combined rate remains 27% while the revenue is divided among the pension, health care and labour-market funds.

The employer contributions also include a payroll tax: the training levy amounts to 1.5% of gross earnings.

From 1 January 2013, the Job Protection Act (JPA) introduced new targeted reliefs in the employers' contributions (social contribution tax and training levy) to incentivise the employment of the most disadvantageous groups on the labour market. This measure reduces the standard rate of the employers' contributions up to a cap of HUF 100 000 per month. The JPA introduced a permanent reduction of the employers' tax rate by 14.5% for:

- employees under 25 years of age,
- employees over 55 years of age,
- employees working in elementary occupations,
- employees working in agricultural occupations.

It also introduced temporary reductions (28.5% in the first two years of the employment, and 14.5% in the third year) for:

- long term unemployed re-entering the labour market,
- people returning to work after child-care leave,
- career starters.

From 1 January 2015 the budgetary institutions are not eligible for the JPA tax allowances anymore.

The targeted reliefs in the employers' contributions are not considered in the Taxing Wages model.

Social security contributions will have to be paid on other benefits than gross earnings (e.g., grants in kind) and payments (e.g., certain kind of contracts).

3. Universal cash transfers

3.1. *Transfers related to marital status*

None.

3.2. *Transfers for dependent children*

Effective from 1 January 2008:

Type of family	HUF per month
For a couple with one child	12 200
For a single earner with one child	13 700
For a couple with two children, per child	13 300
For a single earner with two children, per child	14 800
For a couple with 3 or more children, per child	16 000
For a single earner with 3 or more children, per child	17 000
For a couple with permanently sick and disabled child	23 300
For a single earner with permanently sick and disabled child	25 900

4. Main changes in the tax/benefit system since 2010

- The tax base correction was phased out in two steps.
- The employee tax credit was abolished.
- The employees' health care contribution was increased.
- The employers' social security contributions were merged into the social contribution tax (legal change only, rates and base remained unchanged).
- Health contributions on benefits in kind were increased.
- As a temporary measure, a wage compensation scheme was in effect in the form of an employers' SSC credit.
- Targeted employment incentives to boost the employment levels of groups at the margin of the labour force.
- The child tax allowance was extended in 2014 by allowing the deduction of the allowance from employees' SSC.
- The rate of the PIT decreased by 1 percentage point in 2016.
- The rate of family tax benefit for families with two children is gradually increased from 2016 so that it will be doubled by 2019.

5. Memorandum items

5.1. Employer contributions to private social security arrangements

In Hungary the law dealing with the voluntary mutual insurance funds (like pension funds) was enacted on 6 December 1993. Based on the rules for 2016, the monthly contribution paid to a voluntary mutual pension fund by the employer of a private worker who participates in a voluntary mutual pension fund, limited to an amount below half of the mandatory minimum wage, is taxable according to an effective personal income tax rate of 17.85% (the nominal tax rate of 15% multiplied by 1.19) and an effective health contribution of 16.66% (the nominal tax rate of 14% multiplied by 1.19). In the case of employers' contributions paid to health funds the applicable limit is 30% of the mandatory minimum wage per month or HUF 200 000 per year and in the case of pension funds the applicable limit is 50% of the mandatory minimum wage per month or HUF 200 000 per year. Contributions in excess of these limits are taxable at an effective personal income tax rate of 17.85% and an effective health contribution of 32.12% (the nominal tax rate of 27% multiplied by 1.19) is also payable on these amounts. Sponsor's donations paid by the employer to its employees' voluntary mutual insurance fund are taxable as well. In addition, employees can apply a 20% tax credit with a limit of HUF 150 000 per year on these taxable payments. The tax authority pays the tax credit directly to a voluntary mutual insurance fund.

In general, insurance premiums (on the basis of which an employee is named as the recipient/beneficiary of insurance services) paid by the employer are taxable, and social security contributions plus training contribution are also payable. At the same time insurance premiums related to life insurance policy for accidental death, injury liability, or medical care insurance for full and permanent incapacity to work are exempted from taxation and any contributions.

As from 2008 employer pension institutions can be established. Based on the rules for 2016, the monthly contribution paid to an employer pension institution by the employer of a private worker, limited to an amount below half of the mandatory minimum wage per month or HUF 200 000 per year, is taxable according to an effective personal income tax rate of 17.85% and an effective health contribution of 16.66%. Contributions in excess of this limit are taxable at an effective personal income tax rate of 32.13% and an effective health contribution of 16.66% is also payable on these amounts.

2016 parameter values

Average earnings/yr	Ave_earn	3 312 081	Secretariat estimate		
Child allowance (per child)	child_al	1	800 040		
		2	999 960		
		3	2 640 000		
		4	2 640 000		
Income tax schedule	tax_sch	0.15			
Social security contributions	SSC_unemp	0.015			
	SSC_p	0.1			
	SSC_h	0.07			
Payroll taxes	SSC_empr	0.27			
	payroll_rate	0.015			
		# of children	1	2	3+
Transfers for children	CB_rates	0	12 200	13 300	16 000
(monthly)		1	13 700	14 800	17 000

2016 tax equations

The equations for the Hungarian system in 2016 are mostly on an individual basis. But the child allowance can be split between the spouses and cash transfers are calculated only once. This is shown by the Range indicator in the table below.

The functions which are used in the equations (Taper, MIN, Tax etc) are described in the technical note about tax equations. Variable names are defined in the table of parameters above, within the equations table, or are the standard variables "married" and "children". A reference to a variable with the affix "_total" indicates the sum of the relevant variable values for the principal and spouse. And the affixes "_princ" and "_spouse" indicate the value for the principal and spouse, respectively. Equations for a single person are as shown for the principal, with "_spouse" values taken as 0.

	Line in country table and intermediate steps	Variable name	Range	Equation
1.	Earnings	earn		
2.	Allowances:			
	Children	child_al	P	IF(Children>0, Children*VLOOKUP(Children, child_al, 2), 0)
	Total	tax_al	B	child_al
3.	Credits in taxable income	taxbl_cr	B	0
4.	CG taxable income	tax_inc	P	MAX(0,earn -tax_al)
	CG taxable income	tax_inc	S	Positive(earn_spouse-Positive(tax_al-earn_spouse-SSC_deduction_princ/tax_sch))
5.	CG tax before credits	CG_tax_excl	B	tax_inc*tax_sch
7.	CG tax	CG_tax	B	CG_tax_excl-tax_cr
8.	State and local taxes	local_tax	B	0
	Child tax allowance (Employees' SSC)	SSC_child_cr	P	=MIN(earn_princ*(SSC_h+SSC_p),Positive(tax_al-earn_princ)*tax_sch)
	Child tax allowance (Employees' SSC)		S	=MIN(earn_spouse*(SSC_h+SSC_p),Positive(-earn_princ)*tax_sch)
9.	Employees' soc security	SSC	B	earn*(SSC_unemp+ SSC_h+SSC_p)-SSC_child_cr
11.	Cash transfers	cash_trans	J	Children*(VLOOKUP((1-Married), CB_rates, MIN(Children, 3)+1)*12)
13.	Employer's soc security	SSC_empr	B	earn*SSC_empr
	Employer's payroll taxes	Payroll	B	earn*payroll_rate

Key to range of equation B calculated separately for both principal earner and spouse P calculated for principal only (value taken as 0 for spouse calculation) J calculated once only.

Les impôts sur les salaires 2017

Iceland

This chapter includes data on the income taxes paid by workers, their social security contributions, the family benefits they receive in the form of cash transfers as well as the social security contributions and payroll taxes paid by their employers. Results reported include the marginal and average tax burden for eight different family types.

Methodological information is available for Personal income tax systems, Compulsory social security contributions to schemes operated within the government sector, Universal cash transfers as well as recent changes in the tax/benefit system. The methodology also includes the parameter values and tax equations underlying the data.

Iceland 2016

The tax/benefit position of single persons

	Wage level (per cent of average wage)	67	100	167	67
	Number of children	none	none	none	2
1.	**Gross wage earnings**	5 665 794	8 456 409	14 122 203	5 665 794
2.	**Standard tax allowances**				
	Basic allowance				
	Married or head of family				
	Dependent children				
	Deduction for social security contributions and income taxes	226 632	338 256	564 888	226 632
	Work-related expenses				
	Other				
	Total	226 632	338 256	564 888	226 632
3.	**Tax credits or cash transfers included in taxable income**	0	0	0	0
4.	**Central government taxable income (1 - 2 + 3)**	5 439 162	8 118 153	13 557 315	5 439 162
5.	**Central government income tax liability (exclusive of tax credits)**	1 250 764	1 891 043	3 468 564	1 250 764
6.	**Tax credits**				
	Basic credit	623 042	623 042	623 042	623 042
	Married or head of family				
	Children				
	Other				
	Total	623 042	623 042	623 042	623 042
7.	**Central government income tax finally paid (5-6)**	627 722	1 268 001	2 845 522	627 722
8.	**State and local taxes**	785 959	1 173 073	1 959 032	785 959
9.	**Employees' compulsory social security contributions**				
	Gross earnings	27 756	27 756	27 756	27 756
	Taxable income				
	Total	27 756	27 756	27 756	27 756
10.	**Total payments to general government (7 + 8 + 9)**	1 441 437	2 468 830	4 832 310	1 441 437
11.	**Cash transfers from general government**				
	For head of family				
	For two children	0	0	0	543 689
	Total	0	0	0	543 689
12.	**Take-home pay (1-10+11)**	4 224 357	5 987 579	9 289 893	4 768 046
13.	**Employer's compulsory social security contributions**	416 436	621 546	1 037 982	416 436
14.	**Average rates**				
	Income tax	25.0%	28.9%	34.0%	25.0%
	Employees' social security contributions	0.5%	0.3%	0.2%	0.5%
	Total payments less cash transfers	25.4%	29.2%	34.2%	15.8%
	Total tax wedge including employer's social security contributions	30.5%	34.0%	38.7%	21.6%
15.	**Marginal rates**				
	Total payments less cash transfers: Principal earner	36.8%	36.8%	44.4%	46.4%
	Total payments less cash transfers: Spouse	n.a.	n.a.	n.a.	n.a.
	Total tax wedge: Principal earner	41.1%	41.1%	48.2%	50.1%
	Total tax wedge: Spouse	n.a.	n.a.	n.a.	n.a.

Iceland 2016

The tax/benefit position of married couples

		Wage level (per cent of average wage)	100-0	100-33	100-67	100-33
		Number of children	2	2	2	none
1.	**Gross wage earnings**		8 456 409	11 247 024	14 122 203	11 247 024
2.	**Standard tax allowances**					
	Basic allowance					
	Married or head of family					
	Dependent children					
	Deduction for social security contributions and income taxes		338 256	449 881	564 888	449 881
	Work-related expenses					
	Other					
		Total	338 256	449 881	564 888	449 881
3.	**Tax credits or cash transfers included in taxable income**		0	0	0	0
4.	**Central government taxable income (1 - 2 + 3)**		8 118 153	10 797 143	13 557 315	10 797 143
5.	**Central government income tax liability (exclusive of tax credits)**		1 891 043	2 498 638	3 141 807	2 498 638
6.	**Tax credits**					
	Basic credit		1 246 084	1 230 637	1 246 084	1 230 637
	Married or head of family					
	Children					
	Other					
		Total	1 246 084	1 230 637	1 246 084	1 230 637
7.	**Central government income tax finally paid (5-6)**		644 959	1 268 001	1 895 723	1 268 001
8.	**State and local taxes**		1 173 073	1 544 740	1 959 032	1 544 740
9.	**Employees' compulsory social security contributions**					
	Gross earnings		27 756	55 512	55 512	55 512
	Taxable income					
		Total	27 756	55 512	55 512	55 512
10.	**Total payments to general government (7 + 8 + 9)**		1 845 788	2 868 253	3 910 267	2 868 253
11.	**Cash transfers from general government**					
	For head of family					
	For two children		301 985	127 092	0	0
		Total	301 985	127 092	0	0
12.	**Take-home pay (1-10+11)**		6 912 606	8 505 863	10 211 936	8 378 771
13.	**Employer's compulsory social security contributions**		621 546	826 656	1 037 982	826 656
14.	**Average rates**					
	Income tax		21.5%	25.0%	27.3%	25.0%
	Employees' social security contributions		0.3%	0.5%	0.4%	0.5%
	Total payments less cash transfers		18.3%	24.4%	27.7%	25.5%
	Total tax wedge including employer's social security contributions		23.9%	29.6%	32.6%	30.6%
15.	**Marginal rates**					
	Total payments less cash transfers: Principal earner		46.4%	42.6%	36.8%	36.8%
	Total payments less cash transfers: Spouse		42.9%	41.4%	36.8%	35.6%
	Total tax wedge: Principal earner		50.1%	46.5%	41.1%	41.1%
	Total tax wedge: Spouse		46.8%	45.4%	41.1%	40.1%

The national currency is the Króna (plural: Krónur) (ISK). In 2016, ISK 120.81 was equal to USD 1. That year, the average worker is expected to earn ISK 8 456 409 (Secretariat estimate).

1. Personal income tax system

1.1. Central government income taxes

1.1.1. Tax unit

Income is taxed on an individual basis, except for capital income of married couples which is taxed jointly.

1.1.2. Tax allowances and credits

1.1.2.1. Standard reliefs

- *Basic tax credit*: A fixed tax credit, amounting to ISK 623 042 in 2016, is granted to all individuals 16 years and older, regardless of their marital status. The tax credit is deducted from levied central and local government taxes. Unutilised tax credits or portions thereof are wastable, i.e. non-refundable and non-transferable between tax years.
- *Standard marital status relief:* Married couples may utilise up to 100 of each spouses' unutilised portion of his/her basic tax credit.
- *Relief(s) for children*: None.
- *Relief(s) for compulsory pension contributions:* The compulsory payment to pension funds amounts to 4% of wages and is deductible. In addition, an optional payment of up to 4% of wages may also be deducted. As the additional 4% contribution is optional, it is viewed as a non-standard relief in this Report.

1.1.2.2. Main non-standard tax reliefs applicable to an AW

- *Interest payment relief:* A fully refundable tax credit is granted to purchasers of personal dwellings (homes) to recuperate a part of mortgage-related interest expenses. The maximum tax-related interest credit in 2016 is ISK 400 000 for a single person, ISK 500 000 for a single parent and ISK 600 000 for a married couple. The following constraints apply to interest rebates: 1) they cannot exceed 7.0% of the remaining debt balance incurred in buying a home for one's own use. 2) The maximum amount of interest payments that qualify for an interest rebate calculation is ISK 800 000 for an individual, ISK 1 000 000 for a single parent and ISK 1 200 000 for a couple. 3) 8.5% of taxable income is subtracted from the interest expense. 4) The rebates begin to be curtailed at a net worth threshold of ISK 4 500 000 for a single individual and a single parent and ISK 7 312 000 for a couple and are eliminated altogether at a 60% higher amount, or ISK 7 200 000 and 11 700 000, respectively. (These amounts are based on income in the year 2016 but are paid out in 2017. These numbers are estimates; final figures will be available once the 2017 budget has been passed).

The definition of average worker in Iceland includes workers in five categories. See section 5.1.

1.1.3. *Tax schedule*

The income tax base is composed of *personal income* (e.g. wages, salaries, fringe benefits, pensions, etc.), which is taxed on an individual basis, and *capital income* which is taxed jointly for married couples.

The tax on personal income is triple-rated. The central government income tax rate in 2016 is 22.68% for income up to ISK 336 035 per month. A 23.9% tax rate applies to the next ISK 500 955 or up to ISK 836 990. For income exceeding ISK 836 990 the tax rate is 31.8%. The income tax rate applies to all personal income in excess of ISK 145 659 per month (ISK 1 747 908 per year). Tax relief is provided by the basic credit described in Section 1.1.2.1.

The tax on capital income is 20%. It is levied on all capital income of individuals, such as interest, dividends, rents etc. Interest income up to ISK 125 000 per year and 30% of income from rent of residential property is tax free.

1.2. *Local government income tax*

The local government income tax base is the same as the central government's personal income tax base.

The local governments' income tax is single-rated, but the rate varies between 12.44 and 14.52% between municipalities. The average rate in 2016 is 14.45%.

2. Compulsory social security contributions to schemes operated within the government sector

2.1. *Employees' contributions*

Fee to the Retiree Investment Fund: 16 to 70 year-old individuals are subject to a fixed tax of ISK 10 956 in 2016, provided the individual's taxable income is at least ISK 1 678 002 for the year. This tax will be collected in 2017.

Fee to the broadcast media: 16 to 70 year-old individuals with taxable income over ISK 1 678 002 for the year are subject to a fixed tax of ISK 16 800 in 2016, which will be collected in 2017.

These amounts are estimates and thus subject to change as the fees are payable in 2017.

2.2. *Employers' contributions*

Employers have to pay a social security tax on total wages of 7.35%. In addition, 0.65% is levied on the wages of fishermen as a premium for their government accident insurance. Furthermore, a new financial activities tax was introduced in 2012, which requires financial and insurance companies to pay an additional 5.5% payroll tax in 2016.

3. Universal cash transfers

3.1. *Marital status related transfers*

None.

3.2. *Transfers for dependent children*

Child benefits are granted for each child, subject to income thresholds. In 2016 they are as follows (in ISK per year):

For each child under the age of seven:	122 879
Children under the age of eighteen at the end of 2014:	
First child	205 834
Each additional child	245 087
Benefits for single parents:	
First child	342 939
Each additional child	351 787
Income threshold for benefit curtailment:	
For couples	5 400 000
For a single parent	2 700 000
Curtailment of benefits (children under the age of seven only):	
For each child	4%
Curtailment of benefits (all children under the age of eighteen):	
For one child	4%
For two children	6%
For three children or more	8%

Note that child benefits in this Report are based on income in the year 2016 but are paid out in 2017 (see also section 4.4). These numbers are estimates and thus subject to change.

4. Main changes in the tax/benefit system since 1998

4.1. *The deductibility of the payment to pension funds*

All employees are required to participate in pension funds. The employee contribution is generally 4% of wages and the employer contribution was 6%, and increased to 8% as of beginning 2007. Both contributions are deductible from income before tax. In some cases, the contributions of employees and employers are higher. An optional, additional payment from employees of up to 4% of wages is also deductible and goes into an individual retirement account. However, from 2012 to mid-2014, this additional payment was temporarily set at 2%.

This voluntary pension savings option was first introduced in 1999 in order to encourage personal saving. At the time the contribution rate was 2% for employees and 0.2% for employers. In May 2000 these rates were doubled to 4 and 0.4%, respectively, as noted above. In addition, some employers, such as the central government, have increased their employer counter-contribution by agreement with employees. The central government contributed 1% against a voluntary employee contribution of 4% in 2001 and 2% as of the beginning of 2002. All such contributions are tax-deductible, both with the employer and the employee at the time the contribution is made. The actual pension is taxed as personal income when it is drawn. As of the beginning of 2004, the employer option of deducting the above 0.4% against the social security tax was abolished. Since such employer counter-contributions had become part of wage agreements in most cases, it was no longer felt that such a tax incentive was needed.

4.2. *Central and local income tax rates in 1997-2016*

In 1997-2007, the Government pursued a policy of reducing the marginal tax rate, as can be seen in the table below. This development was reversed in 2009 when income tax was raised by 1.35 percentage points in response to the Treasury's rising debt burden brought on by the economic crisis. At the beginning of 2010 the tax system was changed from single rated to triple rated. The tax rate was set at 24.1% for the first monthly ISK 200 000 but it was raised by 2.9% for the next ISK 450 000 and again by 6% for income in excess of ISK 650 000. In 2016, the rates are 22.68%, 23.9% and 31.8%, and the corresponding income thresholds are

ISK 336 035 and 836 990 per month; see section 1.1.3 for further details. From 1998 onwards, the central government and average local government personal income tax rates have been as follows:

	Central government general tax rate (%)	Municipal tax rate (%)	Total tax rate (%)	Central government surtax (%)
1998	27.41	11.61	39.02	7.00
1999	26.41	11.93	38.34	7.00
2000	26.41	11.96	38.37	7.00
2001	26.08	12.68	38.76	7.00
2002	25.75	12.79	38.54	7.00
2003	25.75	12.80	38.55	5.00
2004	25.75	12.83	38.58	4.00
2005	24.75	12.98	37.73	2.00
2006	23.75	12.97	36.72	0
2007	22.75	12.97	35.72	0
2008	22.75	12.97	35.72	0
2009	24.10	13.10	37.20	0
2010	24.10	13.12	37.32	2.90/6.00
2011	22.90	14.41	37.31	2.90/6.00
2012	22.90	14.44	37.34	2.90/6.00
2013	22.90	14.42	37.32	2.90/6.00
2014	22.86	14.44	37.30	2.44/6.50
2015	22.86	14.44	37.30	2.44/6.50
2016	22.68	14.45	37.13	1.22/7.90

4.3. *A special tax on higher income*

In 1998, the special tax on higher income was raised by 2 percentage points, from 5 to 7%. For 2003-income, it was reduced back to 5%. It was reduced to 4% for 2004 income and to 2% for 2005-income. In the fiscal year 2006, the tax was abolished. In the latter half of 2009 the special tax on higher income was introduced again at 8%. In 2010 the tax system changed to triple-rated; see sections 4.2 and 1.1.3.

4.4. *A revision of child benefit system*

Child benefits are granted for each child, subject to income thresholds. The amendments to tax legislation that came into effect in 2004 included a schedule for raising child benefits. As from 2007, the child benefits will be paid for children up to 18 years old instead of 16 years old. For 2009–2016, benefits are as follows (in ISK per year):

	2009	2010	2011	2012	2013	2014	2015	2016
For all children under the age of seven	61 191	61 191	61 191	100 000	100 000	115 825	119 300	122 879
Children under the age of eighteen:								
First child	152 331	152 331	152 331	167 564	167 564	194 081	199 839	205 834
Each additional child	181 323	181 323	181 323	199 455	199 455	231 019	237 949	245 087
Benefits for single parents:								
First child	253 716	253 716	253 716	279 087	279 087	323 253	332 950	342 939
Each additional child	260 262	260 262	260 262	286 288	286 288	331 593	341 541	351 787
Income threshold for benefit curtailment:								
For couples	3 600 000	3 600 000	3 600 000	4 800 000	4 800 000	4 800 000	4 800 000	5 400 000
For a single parent	1 800 000	1 800 000	1 800 000	2 400 000	2 400 000	2 400 000	2 400 000	2 700 000

	2009	2010	2011	2012	2013	2014	2015	2016
Curtailment of benefits under the age of seven:								
For each child		3%	3%	3%	3%	4%	4%	4%
Curtailment of benefits under the age of eighteen:								
For one child	2%	3%	3%	3%	3%	4%	4%	4%
For two children	5%	5%	5%	5%	5%	6%	6%	6%
For three children or more	7%	7%	7%	7%	7%	8%	8%	8%

The data for 2016 is subject to change as the benefits are not payable until 2017.

4.5. *A revision of interest rebates*

In 2004, the interest rebate was cut by 10%, effective for that year only. The ceiling on interest payments that qualify for the interest rebate was reduced from 7% to 5.5% in 2005 and the interest rate cut was reduced from 10% to 5%. As of the beginning of 2006, the ceiling was further reduced to 5%. In 2005 and again in 2007 the net worth ceiling was lifted considerably in reaction to the increase in net worth due to the house price boom in 2005-07. In 2008, as mortgage-related interest expenses surged, the ceiling on interest payments was raised back to 7% and the maximum rebate amount increased by 37%. These measures stayed in effect in 2009. In 2010 the maximum rebate amount increased by 47-62% and the net worth ceiling was reduced significantly. The rate of taxable income which is subtracted from the interest expense was increased from 6% to 8% and further to 8.5% in 2014. In addition to the ordinary interest payment relief, a temporary interest cost rebate was in effect in 2010-11; see section 1.1.2.2.

4.6. *Transferability of basic tax credit between spouses*

The basic tax credit was made transferable between spouses in stages; see section 1.1.2.1 above. In fiscal year 2001, 90% of the credit became transferable, rising to 95% in 2002 and 100% in 2003.

5. Memorandum items

5.1. *Identification of AW (only eight categories) and valuation of earnings*

The data on average earnings refers to average workers in eight categories according to the NACE rev. 2 classification which corresponds to the ISIC rev.4 system. The categories are C – Manufacturing, D – Electricity, gas, steam and air conditioning supply (from 2008), E – Water supply; sewerage, waste management and remediation activities (from 2008) F – Construction, G – Wholesale and retail trade, repair of motor vehicles, motorcycles, H – Transport, storage, and J – Information and communication K - Financial and insurance activities. Public sector employees are not included. Together, these categories comprise approximately 80% of Iceland's private sector labour force.

The original data are obtained from a monthly survey among Icelandic firms with 10 or more employees.

5.2. *Employer contributions to private pension funds, health and related schemes*

By law, all employees and employers must contribute to pension funds. These funds are private, generally linked to unions and employee associations. The private pension funds are not part of the government-run social security system, to which a payroll tax is paid as described under section 2.2 above. Compulsory and voluntary payments to such funds are described in section 4.1 above.

2016 parameter values

Average earnings/yr	Ave_earn	8 456 409	Secretariat estimate
Pension rate for tax allowance	pension_rate	0.04	
Tax credit	Basic_crd	623 042	
	Married_propn	1	
Central income tax	tax_sch	0.2268	4 032 420
		0.239	10 043 880
		0.318	
Special tax	special_rate	0	
threshold	special_thrsh		
Local tax	local_rate	0.1445	
Church tax	church_tax	0	
Social Security Contr.	SSC_fixed	27 756	
	SSC_thrsh	1 678 002	
Employer SSC	SSC_empr	0.0735	
General child allowance:			
child allowance	CA	122 879	
Maximum number of children under 7	max_child_under7	1	
Supplement child allowance:			
Married couple case			
first child	SA_first_m	205 834	
other children	SA_others_m	245 087	
income threshold	SA_tresh_m	5 400 000	
Single parent case			
first child	SA_first_s	342 939	
other children	SA_others_s	351 787	
income threshold	SA_tresh_s	2 700 000	
reduction rate (one child)	SA_redn_1	0.04	
reduction rate (two children)	SA_redn_2	0.06	
reduction rate (tree or more children)	SA_redn_3	0.08	

2016 tax equations

The equations for the Iceland system are mostly on an individual basis. But the tax credit for married couples is relevant only to the calculation for the principal earner and child benefit is calculated only once. This is shown by the Range indicator in the table below.

The functions which are used in the equations (Taper, MIN, Tax etc) are described in the technical note about tax equations. Variable names are defined in the table of parameters above, within the equations table, or are the standard variables "married" and "children". A reference to a variable with the affix "_total" indicates the sum of the relevant variable values for the principal and spouse. And the affixes "_princ" and "_spouse" indicate the value for the principal and spouse, respectively. Equations for a single person are as shown for the principal, with "_spouse" values taken as 0.

	Line in country table and intermediate steps	Variable name	Range	Equation
1.	Earnings	earn		
2.	Allowances:	tax_al	B	earn*pension_rate
3.	Credits in taxable income	taxbl_cr	B	0
4.	CG taxable income	tax_inc	B	earn-tax_al
5.	CG tax before credits	CG_tax_excl	B	tax(tax_inc, tax_sch)
6.	Tax credits :	tax_cr	P	MIN(CG_tax_excl_princ,Basic_crd+MAX(Married*Basic_crd-CG_tax_excl_spouse-(tax_inc_spouse*local_rate),0))
			S	MIN(Married*Basic_crd, CG_tax_excl_spouse)
		special_tax	J	0
7.	CG tax	CG_tax	B	CG_tax_excl-tax_cr+special_tax
8.	State and local taxes	local_tax	P S	MAX(tax_inc_princ*local_rate-MAX(Basic_crd+ Max(Married*Basic_crd-CG_tax_excl_spouse-(tax_inc_spouse*local_rate),0)-CG_tax_excl_princ,0),0) MAX(tax_inc_spouse*local_rate-MAX(Married*Basic_crd-CG_tax_excl_spouse, 0),0)
9.	Employees' soc security	SSC	B	SSC_fixed*(earn>SSC_thrsh)
11.	Cash transfers:			
	Total family income	inc_tot	J	earn_total
	Child allowance	cash_trans	J	Positive(MIN(Children,max_child_under7)*CA-Positive(inc_total*(1-pension_rate)-IF(Married,SA_tresh_m,SA_tresh_s))*SA_redn_1) +(Children>0)*(IF (Married,SA_first_m+ Positive(Children-1)*SA_others_m,SA_first_s+ Positive (Children-1)*SA_others_s) - Positive(inc_tot*(1-pension_rate)-IF(Married,SA_tresh_m,SA_tresh_s))*IF(Children=1, SA_redn_1,IF(Children=2,SA_redn_2,SA_redn_3)))
13.	Employer's soc security	SSC_empr	B	earn*SSC_empr_rate

Key to range of equation B calculated separately for both principal earner and spouse P calculated for principal only (value taken as 0 for spouse calculation) J calculated once only on a joint basis.

Les impôts sur les salaires 2017

Ireland

This chapter includes data on the income taxes paid by workers, their social security contributions, the family benefits they receive in the form of cash transfers as well as the social security contributions and payroll taxes paid by their employers. Results reported include the marginal and average tax burden for eight different family types.

Methodological information is available for Personal income tax systems, Compulsory social security contributions to schemes operated within the government sector, Universal cash transfers as well as recent changes in the tax/benefit system. The methodology also includes the parameter values and tax equations underlying the data.

Ireland 2016

The tax/benefit position of single persons

	Wage level (per cent of average wage)	67	100	167	67
	Number of children	none	none	none	2
1.	**Gross wage earnings**	23 846	35 592	59 438	23 846
2.	**Standard tax allowances**	0	0	0	0
3.	**Tax credits or cash transfers included in taxable income**	0	0	0	0
4.	**Central government taxable income (1 - 2 + 3)**	23 846	35 592	59 438	23 846
5.	**Central government income tax liability (exclusive of tax credits)**	4 769	7 477	17 015	4 769
6.	**Tax credits**				
	Basic credit	1 650	1 650	1 650	1 650
	Single, head of family	0	0	0	1 650
	Children				
	Other	1 650	1 650	1 650	1 650
	Total	3 300	3 300	3 300	4 950
7.	**Central government income tax finally paid (5-6)**	2 074	5 427	16 277	605
8.	**State and local taxes**	0	0	0	0
9.	**Employees' compulsory social security contributions**				
	Gross earnings	954	1 424	2 378	954
	Taxable income				
	Total	954	1 424	2 378	954
10.	**Total payments to general government (7 + 8 + 9)**	3 028	6 851	18 655	1 558
11.	**Cash transfers from general government**				
	For head of family	0	0	0	5 722
	For two children	0	0	0	3 360
	Total	0	0	0	9 082
12.	**Take-home pay (1-10+11)**	20 819	28 741	40 783	31 370
13.	**Employer's compulsory social security contributions**	2 563	3 826	6 390	2 563
14.	**Average rates**				
	Income tax	8.7%	15.2%	27.4%	2.5%
	Employees' social security contributions	4.0%	4.0%	4.0%	4.0%
	Total payments less cash transfers	12.7%	19.2%	31.4%	-31.5%
	Total tax wedge including employer's social security contributions	21.2%	27.1%	38.0%	-18.8%
15.	**Marginal rates**				
	Total payments less cash transfers: Principal earner	29.5%	49.5%	49.5%	63.8%
	Total payments less cash transfers: Spouse	n.a.	n.a.	n.a.	n.a.
	Total tax wedge: Principal earner	36.3%	54.4%	54.4%	67.3%
	Total tax wedge: Spouse	n.a.	n.a.	n.a.	n.a.

112

Ireland 2016

The tax/benefit position of married couples

	Wage level (per cent of average wage)	100-0	100-33	100-67	100-33
	Number of children	2	2	2	none
1.	**Gross wage earnings**	35 592	47 337	59 438	47 337
2.	**Standard tax allowances**	0	0	0	0
3.	**Tax credits or cash transfers included in taxable income**	0	0	0	0
4.	**Central government taxable income (1 - 2 + 3)**	35 592	47 337	59 438	47 337
5.	**Central government income tax liability (exclusive of tax credits)**	7 118	9 467	11 888	9 467
6.	**Tax credits**				
	Basic credit	3 300	3 300	3 300	3 300
	Single, head of family	0	0	0	0
	Children				
	Other	2 650	3 300	3 300	3 300
	Total	5 950	6 600	6 600	6 600
7.	**Central government income tax finally paid (5-6)**	2 419	4 118	7 143	4 118
8.	**State and local taxes**	0	0	0	0
9.	**Employees' compulsory social security contributions**				
	Gross earnings	1 424	1 424	2 378	1 424
	Taxable income				
	Total	1 424	1 424	2 378	1 424
10.	**Total payments to general government (7 + 8 + 9)**	3 843	5 542	9 520	5 542
11.	**Cash transfers from general government**				
	For head of family	1 040	0	0	0
	For two children	3 360	3 360	3 360	0
	Total	4 400	3 360	3 360	0
12.	**Take-home pay (1-10+11)**	36 149	45 155	53 278	41 795
13.	**Employer's compulsory social security contributions**	3 826	4 824	6 390	4 824
14.	**Average rates**				
	Income tax	6.8%	8.7%	12.0%	8.7%
	Employees' social security contributions	4.0%	3.0%	4.0%	3.0%
	Total payments less cash transfers	-1.6%	4.6%	10.4%	11.7%
	Total tax wedge including employer's social security contributions	8.3%	13.4%	19.1%	19.9%
15.	**Marginal rates**				
	Total payments less cash transfers: Principal earner	29.5%	29.5%	29.5%	29.5%
	Total payments less cash transfers: Spouse	23.3%	20.0%	29.5%	20.0%
	Total tax wedge: Principal earner	36.3%	36.3%	36.3%	36.3%
	Total tax wedge: Spouse	29.3%	26.3%	36.3%	26.3%

The national currency is the Euro (EUR). In 2016, EUR 0.90 was equal to USD 1. In that year, the average worker earned EUR 35 592 (Secretariat estimate).

1. Personal income tax systems

1.1. *Central/federal government income taxes*

1.1.1. *Tax unit*

Tax is levied on the combined income of both spouses. Either spouse may, however, opt for separate assessment, in which case the tax payable by both spouses must be the same as would be payable under joint taxation. A further option allows either spouse to opt for assessment as single persons in which case they are treated as separate units. The calculations presented in this Report are based on family taxation.

1.1.2. *Tax credits*

1.1.2.1. Standard reliefs:

- *Basic reliefs:* The single person's credit is EUR 1 650 per year.
- *Standard marital status reliefs:* The married person's credit is EUR 3 300 per year (i.e. twice the basic credit of EUR 1 650).
- *Employee credit:* With the exception of certain company directors and their spouses and the spouses of partners in partnership cases, all employees, including (subject to certain conditions) children who are full-time employees in the business of their parents, are entitled to an employee credit of EUR 1 650.
- *Earned Income credit:* Individuals in receipt of earned income are entitled to an earned income credit of EUR 550 for 2016 et seq. Note: The combined employee credit and earned income credit is limited to EUR 1 650.
- *One-Parent Family credit:* The single parent family credit is EUR 1 650.

1.1.2.2. Main non-standard tax reliefs applicable to an AW

- *Interest on qualifying loans:* This relief can no longer be claimed by new applicants but those who had claimed prior to 2012 are still eligible for relief up to 2017 inclusive. The relief varies between 25% and 15% of the following limits.

	First time mortgage holders	Other mortgage holders
Married couple	• EUR 20 000	• EUR 6 000
Widowed person	• EUR 20 000	• EUR 6 000
Single person	• EUR 10 000	• EUR 6 000

- *Medical Insurance:* Relief at the taxpayer's standard rate of tax is available for taxpayers who make a payment to an authorised insurer under a contract which provides for the payment of medical expenses resulting from sickness of the person, his wife, child or other dependants. The maximum relief is EUR 1 000 in respect of an adult and EUR 500 in respect of a child. This *relief is now granted at source and is paid to the insurance provider.*

- *Work-related Expenses:* These are relieved to the extent that they are wholly, exclusively and necessarily incurred in the performance of the duties of an employment.
- *Home Carers Allowance:* This is a tax credit of EUR 1 000 for families where one spouse works at home to care for children, the aged or incapacitated persons, where the carer spouse's income does not exceed EUR 7 199. A reduced measure of relief is granted for income between EUR 7 200 and EUR 9 200: if the income exceeds EUR 7 200 the tax credit is reduced by one half of the income of the Home Carer that exceeds this limit. This credit and the increased standard rate tax band for two income couples (see tax schedule below) are mutually exclusive but the person may opt for whichever is the more beneficial. If the Home Carer earns income of up to EUR 7 200 in his/her own right for the tax year, the full tax credit may be claimed. For the purposes of this tax credit, income means any taxable income such as income from a part-time job, dividends, etc. but does not include the Carer's Allowance payable by the Department of Social Protection.

1.1.3. *Tax schedule*

Band of taxable Income (EUR)				Rate (%)
Single/Widow(er)	Married couple (one income)	Married couple (two incomes)	One-parent families	
Up to 33 800	Up to 42 800	Up to the lesser of: 67 600; 42 800 plus the amount of the lowest income	37 800	20
Balance	Balance	Balance	Balance	40

1.1.4. *Low income exemption and marginal relief tax*

Where total income of an individual aged 65 and over is less than or equal to the income exemption limit that income is exempt from tax.

Exemption limits:

Single/Widowed	EUR 17 000
Married	EUR 34 000

The exemption limits may be increased in respect of children, as follows:

One or two children (each)	EUR 585
Subsequent children	EUR 830

The marginal relief rate of tax applies where liability to tax at the marginal relief rate is less than that which would be chargeable under the normal tax schedule and where total income is less than twice the relevant exemption limit, otherwise tax is charged under the normal tax schedule.

Marginal relief tax is charged, where applicable, at a rate of 40% on the difference between total income and the relevant exemption limit.

1.1.5. *Universal Social Charge (USC)*

The USC is charged on an individualised basis on gross income at 1% on income up to and including EUR 12 012, at 3% for income in excess of EUR 12 012 but not greater than EUR 18 668, at 5.5% for income in excess of EUR 18 668 but not greater than EUR 70 044, and at 8% above that level. The lower exemption threshold has been increased from EUR 12 012 to EUR 13 000.The USC does not apply to social welfare payments, including contributory and non-contributory social welfare State pensions.

USC rates for individuals whose total income does not exceed EUR 60 000 and who are a) aged 70 years and over or b) who hold FULL medical cards: The 33% rate applies to all income over EUR 12 012.

There is a surcharge of 3% on individuals who have income from self-employment that exceeds EUR 100 000 in a year.

1.2. *State and local income taxes*

No State or local income taxes exist in Ireland.

2. Compulsory social security contributions to schemes operated within the government sector

2.1. *Employees' contributions*

Contributions are payable at a rate of 4 percent of an employee's gross earnings less allowable superannuation contributions. No distinction is made by marital status or sex. Those earning less than EUR 352 per week are exempt. The following is a breakdown of the 2016 rate of contribution together with ceilings where applicable:

Description	Rate	Threshold (EUR)	Ceiling (EUR)
Pension and social insurance	4.00	352 per week	

2.2. *Employers' contributions*

Like employees' contributions, employers' contributions are payable as a percentage of gross employee earnings less allowable superannuation contributions. The following is a breakdown of the 2016 rate of contribution:

Description	Rate %
Occupational injuries	0.50
Redundancy contribution	0.40
Pension and social insurance	9.85
TOTAL	10.75

The employers' contribution is reduced from 10.75% to 8.5% in respect of employees earning less than EUR 376 per week.

3. Universal cash transfers

3.1. *Transfers related to marital status*

None.

3.2. *Transfers for dependent children*

These are payable to all children under the age of 16 (or under 18 years, if the child is undergoing full-time education by day or is incapacitated and likely to remain so for a prolonged period). These payments do not depend on any insurance or on the means of the claimant. Entitlements to higher rate for the third and subsequent child are being phased out over two years. The amounts payable in 2016 are as follows:

Period	Monthly rate per child	
January 2016 to December 2016	First to second child: EUR 140.00	Subsequent children: EUR 140.00

3.3. *Transfers for low income families*

A non-taxable family income supplement is payable to low income families where either the principal earner and/or the spouse are in full-time employment. Full-time employment is defined as working nineteen hours per week or more. The hours worked by the principal and the spouse can be aggregated for the purposes of this definition. When calculating income for the purposes of the relief superannuation payments, social welfare payments, tax payments, health and employment and training levies are all subtracted to arrive at disposable income.

The level of payment is dependent on the amount of family income and the number of children. The supplement payable is 60% of the difference between the family income and the income limit applicable to the family. A minimum of EUR 20 per week is payable to eligible families. No supplement is payable to families with income in excess of the relevant income limit.

The income limit for a family with two children in 2016 is EUR 612 per week.

One Parent Family Payment: This new non-taxable payment is available for men and women who for a variety of reasons are bringing up a child or children without the support of a partner. The payment which is means tested is payable in full where the person's earnings does not exceed EUR 7 618. Where earnings are between EUR 7 618 and EUR 22 100 a reduced payment is received. The amount of the full payment for 2016 is EUR 6 552 plus EUR 1 550 for each child. Because of the complex means testing system this type of person is excluded from the AW examples.

4. Other main changes in tax/benefit system since 2015

4.1. *Earned Income credit*

Individuals in receipt of earned income are entitled to an earned income credit of EUR 550 for 2016 et seq. Note: The combined employee credit and earned income credit is limited to EUR 1 650.

5. Memorandum items

5.1. *Employer contributions to private social security arrangements*

Information not available, although such schemes do exist.

2016 parameter values

Average earnings/yr	Ave_earn	35 592	Secretariat estimate
Tax allowances			
Tax Credits	Basic_al_at_standardrate	1 650	
	Married_al_at_standardrate	1 650	
	Empl_al_at_standardrate	1 650	
	Singleparent_at_standardrate	1 650	
	Carers_allow	1 000	
	Carers_thrsh1	7 200	
	Carers_thrsh2	9 200	
	Carers_taper_rt	0.5	
Exemption amount	Single_ex	0	
	Married_ex	0	
	Child_ex	0	
	Child_ex_3	0	
Marginal relief limit	Single_MR	0	
	Married_MR	0	
	Child_MR	0	
	Child_MR_3	0	
Marginal relief	marg_rel_rate	0.4	
Income tax	Single_sch	0.2	33 800
		0.4	
	Single_sch_child	0.2	37 800
		0.4	
	Married_sch_oneinc	0.2	42 800
		0.4	
	Married_sch_twoinc	0.2	67 600
		0.4	
Universal Social Charge	USC	0.01	12 012
		0.03	18 668
		0.055	70 044
		0.08	
	USC_sch_med_card	0.01	12 012
		0.03	
	USC threshold	13 000	
Maximum increase in first band	Band_increase_lim	27 400	
Social security contributions	SSC_thresh	18 304	
Employees	pension_rate	0.04	
	pension_ceil	Limit Abolished	
	Non_cum_Allc	0	
Employers	Empr_rate	0.1075	
	Empr_lower_rate	0.085	
	Empr_thrsh	19 552	
Child benefit	Empr_ceil	Limit Abolished	
	Ch_ben	1 680	
Family income supplement	Ch_ben_3	1 680	
	FIS_pay_limit	31 824	
	FIS_min	1 040	
Medical card	FIS_rate	0.6	
	single_med_card	9 568	
	married_med_card	13 858	
	Child_add_med_card	1 976	

2016 tax equations

The equations for the Irish system in 2016 are mostly on a family basis using mainly a tax credit system for the first time. But social security contributions are calculated separately for each spouse. This is shown by the Range indicator in the table below.

The functions which are used in the equations (Taper, MIN, Tax etc) are described in the technical note about tax equations. Variable names are defined in the table of parameters above, within the equations table, or are the standard variables "married" and "children". A reference to a variable with the affix "_total" indicates the sum of the relevant variable values for the principal and spouse. And the affixes "_princ" and "_spouse" indicate the value for the principal and spouse, respectively. Equations for a single person are as shown for the principal, with "_spouse" values taken as 0.

	Line in country table and intermediate steps	Variable name	Range	Equation
1.	Earnings	earn		
2.	Allowances:			(provided at standard rate (tax credit equivalent))
3.	Credits in taxable income	taxbl_cr	J	0
4.	Taxable income	tax_inc	J	earn
	New carers allowance (provided as a tax credit)	career_allow		IF((Married*Children)>0, IF(earn_spouse<=Carers_thrsh1, Carers_allow, IF(earn_spouse>Carers_thrsh2, 0, Positive (Carers_allow-Carers_taper_rt*(earn_spouse-Carers_thrsh1)))), 0)
	Preliminary Tax Liable (including carers allowance)	tax_prel	J	IF(Married=0, IF(Children=0, Tax(tax_inc, Single_sch), Tax(tax_inc, Single_sch_child)), IF(AB7=0, Tax(tax_inc, Married_sch_oneinc)-AG7, Tax(earn_principal+Positive(earn_spouse-Band_increase_lim), Married_sch_oneinc)+Tax(MIN(earn_spouse, Band_increase_lim), Married_sch_oneinc)))
5.	Tax before credits (but including carers allowance)	_tax_excl	J	IF((Married*earn_spouse)>0, MINA(tax_prel, (Tax(tax_inc, Married_sch_oneinc)-career_allow)), tax_prel)
	Universal social charge	USG	J	IF(earn>USC_threshold,IF(med_crd_fac=1,Tax(earn,USC_sch),Tax(earn,USC_sch_med_card)),0)
6.	Tax credits :	basic_cr	J	Basic_al_at_standardrate+(Married*Married_al_at_standardrate)
		single_par_cr		IF(Married=0, IF(Children>0, Singleparent_at_standardrate, 0), 0)
		other_cr		Empl_al_at_standardrate+ (IF(earn_spouse>0, Empl_al_at_standardrate, 0))
		tax_cr		basic_cr+single_par_cr+other_cr
	Exemption amount	exemp_amt	J	Single_ex+Married*Married_ex+Child_ex*MIN(2, Children)+(Children>2)*(Children-2)*Child_ex_3
	Marginal relief limit	MRL	J	Single_MR+Married*Married_MR+Child_MR*MIN(2, Children)+(Children>2)*(Children-2)*Child_MR_3
7.	Net tax	CG_tax	J	If(earn_total<=MRL, MIN(marg_rel_rate*positive(earn_total-exem_amt), positive(_tax_excl-tax_cr)), positive(_tax_excl-tax_cr))+USG
8.	State and local taxes	local_tax	J	0
	Employees' soc security			
	weekly allowance	weekly_allce	B	IF(earn=0,0,MINA(Non_cum_Allc,earn))
	Medical card factor	Med_crd_fac	J	(single_med_card+Married*(married_med_card-single_med_card)+child_add_med_card*Children<earn_princ+earn_spouse)
	employees' soc security	SSC	B	IF(earn>SSC_thresh, pension_rate*Positive(earn-weekly_allce), 0)
11.	Cash transfers			
		Child_benefit	J	Children*Ch_ben+(Children>2)*(Children-2)*(Ch_ben_3-Ch_ben)
		FIS	J	(Children>0)*IF((earn-_tax-SSC)<=FIS_pay_limit , MAXA((FIS_pay_limit-(earn-_tax-SSC))*FIS_rate, FIS_min), 0)
	Total cash transfers	cash_trans		Child_benefit+FIS
13.	Employer's soc security	SSC_empr	B	IF(earn<=Empr_thrsh, Empr_lower_rate, Empr_rate)* MIN(earn, Empr_ceil)

Key to range of equation:
B calculated separately for both principal earner and spouse
P calculated for principal only (value taken as 0 for spouse calculation)
J calculated once only on a joint basis

Israel

This chapter includes data on the income taxes paid by workers, their social security contributions, the family benefits they receive in the form of cash transfers as well as the social security contributions and payroll taxes paid by their employers. Results reported include the marginal and average tax burden for eight different family types.

Methodological information is available for Personal income tax systems, Compulsory social security contributions to schemes operated within the government sector, Universal cash transfers as well as recent changes in the tax/benefit system. The methodology also includes the parameter values and tax equations underlying the data.

The statistical data for Israel are supplied by and under the responsibility of the relevant Israeli authorities. The use of such data by the OECD is without prejudice to the status of the Golan Heights, East Jerusalem and Israeli settlements in the West Bank under the terms of international law.

Israel 2016

The tax/benefit position of single persons

		Wage level (per cent of average wage)	67	100	167	67
		Number of children	none	none	none	2
1.	**Gross wage earnings**		95 306	142 247	237 553	95 306
2.	**Standard tax allowances**					
	Basic allowance					
	Married or head of family					
	Dependent children					
	Deduction for social security contributions and income taxes					
	Work-related expenses					
	Other					
		Total	0	0	0	0
3.	**Tax credits or cash transfers included in taxable income**		0	0	0	0
4.	**Central government taxable income (1 - 2 + 3)**		95 306	142 247	237 553	95 306
5.	**Central government income tax liability (exclusive of tax credits)**		10 837	19 874	47 011	10 837
6.	**Tax credits**					
	Basic credit		5 832	5 832	5 832	7 128
	Married or head of family		0	0	0	2 592
	Children		0	0	0	5 184
	EITC		0	0	0	3 305
	Unused wastable tax credits		0	0	0	4 067
		Total	5 832	5 832	5 832	18 209
7.	**Central government income tax finally paid (5-6)**		5 005	14 042	41 179	- 3 305
8.	**State and local taxes**		0	0	0	0
9.	**Employees' compulsory social security contributions**					
	Gross earnings		5 645	11 278	22 715	5 645
	Taxable income					
		Total	5 645	11 278	22 715	5 645
10.	**Total payments to general government (7 + 8 + 9)**		10 650	25 320	63 894	2 340
11.	**Cash transfers from general government**					
	For head of family					
	For two children		0	0	0	7 170
		Total	0	0	0	7 170
12.	**Take-home pay (1-10+11)**		84 655	116 928	173 659	100 135
13.	**Employer's compulsory social security contributions**		4 388	7 909	15 057	4 388
14.	**Average rates**					
	Income tax		5.3%	9.9%	17.3%	-3.5%
	Employees' social security contributions		5.9%	7.9%	9.6%	5.9%
	Total payments less cash transfers		11.2%	17.8%	26.9%	-5.1%
	Total tax wedge including employer's social security contributions		15.1%	22.1%	31.3%	-0.4%
15.	**Marginal rates**					
	Total payments less cash transfers: Principal earner		26.0%	33.0%	43.0%	29.4%
	Total payments less cash transfers: Spouse		n.a.	n.a.	n.a.	n.a.
	Total tax wedge: Principal earner		31.2%	37.7%	47.0%	34.3%
	Total tax wedge: Spouse		n.a.	n.a.	n.a.	n.a.

Israel 2016

The tax/benefit position of married couples

	Wage level (per cent of average wage)	100-0	100-33	100-67	100-33
	Number of children	2	2	2	none
1.	**Gross wage earnings**	142 247	189 189	237 553	189 189
2.	**Standard tax allowances**				
	Basic allowance				
	Married or head of family				
	Dependent children				
	Deduction for social security contributions and income taxes				
	Work-related expenses				
	Other				
	Total	0	0	0	0
3.	**Tax credits or cash transfers included in taxable income**	0	0	0	0
4.	**Central government taxable income (1 - 2 + 3)**	142 247	189 189	237 553	189 189
5.	**Central government income tax liability (exclusive of tax credits)**	19 874	24 568	30 711	24 568
6.	**Tax credits**				
	Basic credit	5 832	12 960	12 960	12 960
	Married or head of family	0	0	0	0
	Children	0	5 184	5 184	0
	EITC	0	0	0	0
	Unused wastable tax credits	0	7 618	1 475	2 434
	Total	5 832	18 144	18 144	12 960
7.	**Central government income tax finally paid (5-6)**	14 042	14 042	14 042	14 042
8.	**State and local taxes**	0	0	0	0
9.	**Employees' compulsory social security contributions**				
	Gross earnings	11 278	12 921	16 923	12 921
	Taxable income				
	Total	11 278	12 921	16 923	12 921
10.	**Total payments to general government (7 + 8 + 9)**	25 320	26 963	30 965	26 963
11.	**Cash transfers from general government**				
	For head of family				
	For two children	4 056	4 056	4 056	0
	Total	4 056	4 056	4 056	0
12.	**Take-home pay (1-10+11)**	120 984	166 282	210 644	162 226
13.	**Employer's compulsory social security contributions**	7 909	9 529	12 297	9 529
14.	**Average rates**				
	Income tax	9.9%	7.4%	5.9%	7.4%
	Employees' social security contributions	7.9%	6.8%	7.1%	6.8%
	Total payments less cash transfers	14.9%	12.1%	11.3%	14.3%
	Total tax wedge including employer's social security contributions	19.4%	16.3%	15.7%	18.4%
15.	**Marginal rates**				
	Total payments less cash transfers: Principal earner	33.0%	33.0%	33.0%	33.0%
	Total payments less cash transfers: Spouse	3.5%	3.5%	12.0%	3.5%
	Total tax wedge: Principal earner	37.7%	37.7%	37.7%	37.7%
	Total tax wedge: Spouse	6.7%	6.7%	18.1%	6.7%

The Israeli currency is the Israeli Shekel (ILS). In 2016, ILS 3.84 was equal to USD 1. In that year, the average worker in Israel earned ILS 142 247 (Secretariat estimate).

1. Personal income tax system

1.1. *Central government income tax*

1.1.1. *Tax unit*

In general, spouses are taxed separately on their earned income, subject to the condition that its sources are independent. The household is taxed jointly if their earned income is deemed to be interdependent. Until 2014, the conditions for interdependence involved situations where one spouse worked in a business which the other spouse either owned or had certain levels of capital or management/voting rights. Since 2014, spouses could still be taxed separately, even in cases where their earned income is deemed to be interdependent, if the labour of both spouses is needed to run the business and their income is commensurate to their effort.

1.1.2. *Tax allowances and credits*

1.1.2.1. Standard tax credits

The standard tax credits are given in the form of credit points subtracted from the tax liability. Each point is worth ILS 2 592 in 2016.

- *Basic credit*: Every resident taxpayer is entitled to 2.25 credit points (ILS 5 832 in 2016).
- *Additional credit for women*: Women are entitled to a further half credit point (ILS 1 296 in 2016).
- *Child credit*: Working mothers (and fathers in one parent families) with children aged under 18 are entitled to one additional credit point per child (ILS 2 592 in 2016). In 2012 this credit was increased to 2 credit points per child aged under 5 (ILS 5 184 in 2016). Since 2012, married working fathers with children aged under 2 are also entitled to 2 credit points per child.
- *Single parent credit:* Single parents (male or female) are entitled to one additional credit point (ILS 2 592 in 2016).

1.1.2.2. Non-standard tax credits applicable to income from employment

- Tax credits are awarded for contributions to approved pension schemes, up to a ceiling which varies according to the employee's circumstances.
- Employees living in certain development areas or in conflict zones receive credits as a percentage of their income up to ceiling. In 2016, a comprehensive reform was implemented, where the average credit was decreased but the number of beneficiaries more than doubled. In 2016 the credits range from 7% in the lowest category to 20% in the highest category with ceilings of ILS 132 000 and 241 080 respectively. About 20% of the population lives in these areas.

- New immigrants are entitled to three additional credit points in their first eighteen months in Israel, two additional credit points in the following year, and one credit point in the year after.
- Discharged soldiers receive 2 credit points for three years after the completion of at least 23 months of service or 1 credit point for a shorter service.
- Graduates of academic studies receive 1 credit point for three years after the completion of a B.A. degree (or after the completion of 1 700 study hours that led to a professional certificate) and 0.5 credit point for two years after the completion of a M.A. degree.

1.1.3. *Tax schedule*

The tax schedule for earned income in 2016 is as follows:

Taxable income (ILS)	Tax rate (%)
0- 62 640	10
62 640-107 040	14
107 040-166 320	21
166 320-237 600	31
237 600-496 920	34
496 920-803 920	48
Above 803 920	50

1.2. *Regional and local income tax*

There are no regional or local income taxes.

2. Compulsory social security insurance system

Social security contributions are made up of a combination of those for National Insurance and Health Insurance. The tax rates paid by employees and employers are applied in two brackets:

- A reduced rate for income up to a level of 60% of the average wage per employee post (ILS 5 678 per month in 2016).
- A full rate for income exceeding 60% of the average wage per employee post and up to a level of around 5 times the average wage per employee post (ILS 43 240 per month in 2016).

2.1. *Employees' contributions*

The taxable base for social security insurance contributions paid by employees is the total amount of the gross wage or salary including fringe benefits. The assessment period is the calendar month. The effective employees' contribution rates in 2016 are as follows:

Insurance branch	Full rate contribution (%)	Reduced rate contribution (%)
Total for National Insurance branches	7.00	0.40
Health	5.00	3.10
Total contributions	12.00	3.50

2.2. *Employers' contributions*

Social security insurance contributions are also paid by employers on behalf of their employees. These relate to National Insurance only – employers do not pay any contributions for health insurance.

The employers' contribution rates in 2016 are as follows:

Insurance branch	Full rate contribution (%)	Reduced rate contribution (%)
Total for National Insurance branches	7.50	3.45
Health	-	-
Total contributions	7.50	3.45

3. Payroll taxes

The following payroll taxes exist in Israel but neither of them is included in the modelling as they have limited coverage:

- Wage tax on the non-profit institutions: the VAT law imposes a 7.5% on the wage-bill on the non-profit sector including Government,
- Wage tax on the financial institutions: the VAT law also imposes a 17.00% tax on the wage-bill of the financial institutions.

4. Universal cash transfers

4.1. *Transfers related to marital status*

None.

4.2. *Transfers for dependent children*

A monthly child allowance is paid to the parent (usually the mother) of unmarried children aged up to 18. The amount of the entitlement for each child depends on the date of birth of the child. Between August 2003 and June 2009, all children born after 1 June 2003 received the same benefit as the first child. But, according to the Coalition agreement signed in March 2009, the benefits for the second, third and fourth child (including those born after June 2003) were increased gradually over a period of four years (i.e. from 2009 to 2012). In August 2013 the allowance for all children born after June 2003 were decreased to ILS 140 per month per child.

In December 2015 (retroactively from May 2015) the allowance for all children were increased.

In 2016 the monthly payments per child are shown in the following table. The 'average' figure is used in the modelling.

	Children born before 1 June 2003	Children born on or after 1 June 2003
First child	150	150
Second child	188	188
Third child	188	188
Fourth child	336	188
Fifth child and above	354	150

Moreover, the government will open a closed saving account for each child and deposit ILS 50 per child per month, starting with May 2015. The savings will be liquid only at the age of 18. However, the actual deposit for the period May 2015-December 2016 will be only delivered in 36 equal instalments in January 2017-December 2019. This element is not included in the Taxing Wages modelling for 2016.

In addition a Study Grant is paid to lone parents with children aged 6 to 14. The grant is paid in one instalment, usually in September at the beginning of the school year. In 2016, the rates of grant per child were ILS 1 557 and ILS 865 respectively for children aged 6-11 and 12-14.

5. Main changes in the tax and benefit systems since 2002

- There has been a policy of gradually reducing the level of personal income taxes since 2003. This policy was expected to continue till 2016 but came to an end in 2012 with the top tax bracket increasing from 45% to 48% although the rate of one middle income tax bracket was further decreased from 23% to 21%. The rates were further increased in 2013. In 2013 a surtax of 2% was imposed on total income above ILS 811 560, effectively increasing the top marginal rate to 50%. In 2013 the value of some tax brackets weren't fully indexed to the CPI and even suffered a nominal decrease. In 2014 the value of all tax brackets and of the "credit point" weren't indexed to the CPI.
- The full contribution rate for employee social security contributions was increased gradually from 9.7% in 2002 to 12% in 2006. The reduced contribution rate was lowered from 5.76% in 2002 to 3.5% in 2006. The upper threshold for contributions was removed in July 2002 but re-instated one year later. In August 2009, as a temporary measure until December 2011, it was increased to 10 times the average wage per employee post until December 2010 and to 9 times the average wage per employed post until December 2011.
- Prior to July 2005, there was only one contribution rate for employer social security contributions and this was set at 5.93% between July 2002 and June 2005. The upper threshold for contributions was removed in July 2002 but was re-instated one year later. The current system of two tax brackets was introduced in July 2005 with a reduced contribution rate of 5.33% and a full rate of 5.68%. There has been a lowering of rates in each year between 2006 and 2009. In August 2009, as a temporary measure until March 2011, the reduced rate was increased from 3.45% to 3.85%. In April 2011 the regular rate was increased to 5.9%. It was increased again to 6.5% in January 2013, 6.75% in January 2014, 7.25% in January 2015 and 7.5% in January 2016.
- The Employers tax on wage bill of the non-profit sector excluding Government was abolished in 2008.
- In the period between August 2003 and June 2009, all children that were born on or after 1 June 2003 received the same level of benefit payment as the first child. The 2009 Coalition agreement introduced a gradual increase in the benefit payments for the second, third and fourth children in all families (including those where children were born after June 2003) over a period of four years from July 2009 to Apr 2012. In August 2013 the allowance for all children born after June 2003 was decreased to ILS 140 per month per child. In December 2015 (retroactively from May 2015) the allowance for all children were increased.

6. Memorandum items

6.1. *Average gross annual wage earnings calculation*

The average wage figures represent the amount earned for a full time post by employees working 35 hours per week or more. Until 2011 the AW data came from a combination of 2 sources – the income and expenditure survey and the labour force survey. Since 2012 the data come exclusively from the income and expenditure survey as the labour force survey has no more data on income. The Central Bureau of Statistics has now computed a new AW series based exclusively on the income and expenditure survey back from 2000.

The 2015 and 2016 data used in the modelling are estimates.

As to the economic classification, until 2012, Israel used a modified version of ISIC 3 where the B-I industries (see Table below) are a very close equivalent of C-K industries in ISIC 3.1. Israel's Central Bureau of Statistics adopted ISIC 4 in 2012 and since 2013 the Average Wage used in the modelling is based on ISIC 4.

A	Agriculture.
B	Manufacturing.
C	Electricity and water supply.
D	Construction (building and civil engineering projects).
E	Wholesale and retail trade and repairs.
F	Accommodation services and restaurants
G	Transport, storage and communication.
H	Banking, insurance and other financial institutions.
I	Business activities.
J	Public administration.
K	Education.
L	Health, welfare and social work services.
M	Community, social, personal and other services.

6.2. *Employer contributions to private pension*

Until 2007 employers were not legally obliged to pay into a pension plan for their employees. Pension rights were guaranteed in collective agreements that covered less than half of the labour force. About one million employees in Israel had no pension arrangement (mainly those earning a relatively low wage, temporary workers and those working for subcontractors).

In 2008, a compulsory employment pension was introduced for employees with a period of employment of at least 6 months. The minimum rate of contributions in January 2016 was 17.5% of the employee's salary (up to the level of the average wage of ILS 9 464 per month) and will be increased to 18.0% in July 2016 and 18/5% in January 2017. The average rate, used in the 2016 modelling, is 17.75%, about one third to be paid by the employee and two thirds by the employer.

6.3. *Earned income tax credit*

A non-wastable earned income tax credit was implemented in 2008 in selected geographical areas of Israel covering 15% of the population. Entitlement to this credit is established based on earnings in the previous year. The tax credit was extended to all areas of Israel in 2012 (based on the earnings in 2011 and therefore we already included it in the 2011 version of the model). For mothers of children up to the age of 2 and for single parents the full coverage started in 2011 (based on earnings in 2010).

Under the law, workers aged 23 or more who are parents of one or two children aged less than 18 (or workers aged 55 or more even without children), and earn at least ILS 2 050 per month (about 43% of the minimum wage) but not more than ILS 6 170 per month are eligible for a monthly increment of up to ILS 330. The corresponding figure for a family with 3 or more children is ILS 470.

Since 2016, single parents are eligible for the EITC for a wider income range – from ILS 2 050 per month to ILS 9 360 per month (for a single parents of 1-2 children) or ILS 11 400 per month (for a single parents of 3 or more children).

Since 2013 (based on earnings in 2012), these sums were increased by 50% for working mothers (and fathers in one-parent family). Families in which both parents work, and their joint income does not exceed ILS 11 860, are entitled to these benefits for each wage-earner. The grant is paid four times a year directly into the account of the eligible persons.

2016 parameter values

Average earnings/yr	Ave_earn	142 247	Secretariat estimate
Income tax	Tax_sch	0.10	62 640
		0.14	107 040
		0.21	196 320
		0.31	237 600
		0.34	496 920
		0.48	803 520
		0.50	
Employees SSC	SSC_sch	0.035	68 136
		0.12	518 880
		0	
Employers SSC	SSC_rate2	0.0345	68 136
		0.0750	518 880
		0.0000	
Child benefit	CB_firstchild	1 800	
	CB_secondchild	2 256	
	Studygrant_rate	1 557	
Wastable tax credits			
Basic element	WTC_Basic	5 832	
Lone parent	WTC_lone	2 592	
Parents/per child	WTC_Child	2 592	
Women	WTC_woman	1 296	
Negative Income tax			
Married with 1 or	NIT_sch1	0	24 600
2 children		0.161	42 708
		7.051	42 720
		0	56 880
		-0.23	74 040
Married with 3 or	NIT_sch2	0	24 600
more children		0.235	42 472
		0	42 720
		0	56 880
		-0.235	81 120
Single with 1 or	NIT_sch3	0	15 240
2 children		0.108	42 708
		2.788	42 720
		0	80 160
		-0.116	112 320
Single with 3 or	NIT_sch4	0	15 240
		0.155	42 337
		0	42 720
		0	89 520
		-0.116	136 800
	NIT_basic1	960	
	NIT_basic2	1 440	
	NIT_min	240	
	NIT_MinIncome1	24 600	
	NIT_MinIncome2	15 240	
	Nit_AddIncome1	17 040	
	Nit_AddIncome2	56 880	
	Nit_MaxIncome	142 320	
	NIT_Bonus	1.50	
Days in tax year	numdays	366	

2016 tax equations

	Line in country table and intermediate steps	Variable name	Range	Equation
1.	Earnings	earn		
2.	Allowances:	Tax_al	B	0
3.	Credits in taxable income	taxbl_cr	B	0
4.	CG taxable income	tax_inc	B	Earn
5.	CG tax before credits	CG_tax_excl	B	Tax(tax_inc, tax_sch)
6.	Tax credits (nonwastable):			
	Principal	tax_cr_princ	B	(earn>0)*(wtc_basic+(IF(married=0)*(children>0),wtc_woman+wtc_lone+(wtc_child*children))
	Spouse	tax_cr_spouse	B	(earn>0)*(wtc_basic+wtc_woman+(wtc_child*children))
	Tax credits (nonwastable)	NIT_princ	B	NIT=MAX(0,IF(Children=0,0,IF(Married=1,IF(Children<=2,NIT_basic1*(Princ_earnings>NIT_MinIncome1)+Tax(Princ_earnings,NIT_sch1),NIT_basic2*(Princ_earnings>NIT_MinIncome1)+Tax(Princ_earnings,NIT_sch2)),(IF(Children<=2,NIT_basic1*(Princ_earnings >NIT_MinIncome2)+Tax(Princ_earnings,NIT_sch3),NIT_basic2*(Princ_earnings >NIT_MinIncome2)+Tax(Princ_earnings,NIT_sch4)))))) NIT=+MAX(0,NIT+IF(Children=0,0,IF(Children<=2,-0.23,-0.235)) *MAX(0,+(Princ_earnings +Spouse_earnings)-NIT_MaxIncome-MIN(MAX(0, Princ_earnings -NIT_Addincome2),NIT_AddIncome1)-MIN(MAX(0,Spouse_earnings-NIT_Addincome2),NIT_AddIncome1))) NIT=IF(NIT<NIT_min,0,NIT)*IF(Married=1,1,NIT_Bonus)
		NIT_spouse	B	NIT=MAX(0,IF(Children=0,0,IF(Married=1,IF(Children<=2,NIT_basic1*(Spouse_earnings>NIT_MinIncome1)+Tax(Spouse_earnings,NIT_sch1),NIT_basic2*(Spouse_earnings>NIT_MinIncome1)+Tax(Spouse_earnings,NIT_sch2)),(IF(Children<=2,NIT_basic1*(Spouse_earnings>NIT_MinIncome2)+Tax(Spouse_earnings,NIT_sch3),NIT_basic2*(Spouse_earnings>NIT_MinIncome2)+Tax(Spouse_earnings,NIT_sch4)))))) NIT=+MAX(0,NIT+IF(Children=0,0,IF(Children<=2,-0.23,-0.235)) *MAX(0,+(Princ_earnings +Spouse_earnings)-NIT_MaxIncome-MIN(MAX(0, Princ_earnings -NIT_Addincome2),NIT_AddIncome1)-MIN(MAX(0,Spouse_earnings-NIT_Addincome2), NIT_AddIncome1))) NIT=IF(NIT<NIT_min,0,NIT)*NIT_Bonus
7.	CG tax	CG_tax	B	Positive(CG_tax_excl-tax_cr)-NIT
8.	State and local taxes	local_tax	B	0
9.	Employees' soc security	SSC	B	Tax(earn, SSC_sch)
11.	Cash transfers	cash_trans	J	IF(children=1,CB_firstchild,IF(Children=2,CB_firstchild+CB_secondchild)+(IF(married=0)*(children>0),Studygrant_rate*children)
13.	Employer's soc security	SSC_empr	B	Tax(earn, SSC_rate2)

Key to range of equation B calculated separately for both principal earner and spouse P calculated for principal only (value taken as 0 for spouse calculation) J calculated once only on a joint basis

Italy

This chapter includes data on the income taxes paid by workers, their social security contributions, the family benefits they receive in the form of cash transfers as well as the social security contributions and payroll taxes paid by their employers. Results reported include the marginal and average tax burden for eight different family types.

Methodological information is available for Personal income tax systems, Compulsory social security contributions to schemes operated within the government sector, Universal cash transfers as well as recent changes in the tax/benefit system. The methodology also includes the parameter values and tax equations underlying the data.

Italy 2016

The tax/benefit position of single persons

		Wage level (per cent of average wage)	67	100	167	67
		Number of children	none	none	none	2
1.	**Gross wage earnings**		20 530	30 642	51 172	20 530
2.	**Standard tax allowances**					
	Basic allowance					
	Married or head of family					
	Dependent children					
	Deduction for social security contributions and income taxes		1 948	2 908	4 907	1 948
	Work-related expenses					
	Other					
		Total	1 948	2 908	4 907	1 948
3.	**Tax credits or cash transfers included in taxable income**		0	0	0	0
4.	**Central government taxable income (1 - 2 + 3)**		18 582	27 734	46 265	18 582
5.	**Central government income tax liability (exclusive of tax credits)**		4 417	6 888	13 901	4 417
6.	**Tax credits**					
	Basic credit		1 403	990	316	1 403
	Married or head of family		0	0	0	0
	Children		0	0	0	1 579
	Other		960	0	0	960
		Total	2 363	990	316	3 942
7.	**Central government income tax finally paid (5-6)**		2 054	5 898	13 584	475
8.	**State and local taxes**		489	729	1 717	489
9.	**Employees' compulsory social security contributions**					
	Gross earnings		1 948	2 908	4 907	1 948
	Taxable income					
		Total	1 948	2 908	4 907	1 948
10.	**Total payments to general government (7 + 8 + 9)**		4 491	9 535	20 208	2 912
11.	**Cash transfers from general government**					
	For head of family					
	For two children		0	0	0	2 619
		Total	0	0	0	2 619
12.	**Take-home pay (1-10+11)**		16 039	21 106	30 964	20 237
13.	**Employer's compulsory social security contributions**		6 545	9 769	16 314	6 545
14.	**Average rates**					
	Income tax		12.4%	21.6%	29.9%	4.7%
	Employees' social security contributions		9.5%	9.5%	9.6%	9.5%
	Total payments less cash transfers		21.9%	31.1%	39.5%	1.4%
	Total tax wedge including employer's social security contributions		40.8%	47.8%	54.1%	25.3%
15.	**Marginal rates**					
	Total payments less cash transfers: Principal earner		40.4%	40.4%	51.5%	42.0%
	Total payments less cash transfers: Spouse		n.a.	n.a.	n.a.	n.a.
	Total tax wedge: Principal earner		54.8%	54.8%	63.2%	56.0%
	Total tax wedge: Spouse		n.a.	n.a.	n.a.	n.a.

Italy 2016

The tax/benefit position of married couples

		Wage level (per cent of average wage)	100-0	100-33	100-67	100-33
		Number of children	2	2	2	none
1.	**Gross wage earnings**		30 642	40 754	51 172	40 754
2.	**Standard tax allowances**					
	Basic allowance					
	Married or head of family					
	Dependent children					
	Deduction for social security contributions and income taxes		2 908	3 868	4 856	3 868
	Work-related expenses					
	Other					
		Total	2 908	3 868	4 856	3 868
3.	**Tax credits or cash transfers included in taxable income**		0	0	0	0
4.	**Central government taxable income (1 - 2 + 3)**		27 734	36 886	46 316	36 886
5.	**Central government income tax liability (exclusive of tax credits)**		6 888	8 993	11 305	8 993
6.	**Tax credits**					
	Basic credit		990	2 818	2 393	2 818
	Married or head of family		690	0	0	0
	Children		1 421	1 421	1 500	0
	Other		0	960	960	960
		Total	3 101	5 199	4 853	3 778
7.	**Central government income tax finally paid (5-6)**		3 787	3 794	6 452	5 215
8.	**State and local taxes**		729	888	1 218	888
9.	**Employees' compulsory social security contributions**					
	Gross earnings		2 908	3 868	4 856	3 868
	Taxable income					
		Total	2 908	3 868	4 856	3 868
10.	**Total payments to general government (7 + 8 + 9)**		7 424	8 549	12 527	9 970
11.	**Cash transfers from general government**					
	For head of family					
	For two children		1 579	927	847	0
		Total	1 579	927	847	0
12.	**Take-home pay (1-10+11)**		24 796	33 131	39 492	30 783
13.	**Employer's compulsory social security contributions**		9 769	12 992	16 314	12 992
14.	**Average rates**					
	Income tax		14.7%	11.5%	15.0%	15.0%
	Employees' social security contributions		9.5%	9.5%	9.5%	9.5%
	Total payments less cash transfers		19.1%	18.7%	22.8%	24.5%
	Total tax wedge including employer's social security contributions		38.6%	38.4%	41.5%	42.7%
15.	**Marginal rates**					
	Total payments less cash transfers: Principal earner		42.0%	42.0%	41.2%	40.4%
	Total payments less cash transfers: Spouse		17.6%	36.0%	41.2%	36.0%
	Total tax wedge: Principal earner		56.0%	56.0%	55.4%	54.8%
	Total tax wedge: Spouse		37.5%	51.4%	55.4%	51.4%

The national currency is the Euro (EUR). In 2016, EUR 0.90 was equal to USD 1. In that year the average worker earned EUR 30 642 (Secretariat estimate).

1. Personal income tax

1.1. *Central government income tax*

1.1.1. *Tax unit*

Spouses are taxed separately.

1.1.2. *Tax allowances and tax credits*

1.1.2.1. Tax allowances

- Social security contributions due by law

1.1.2.2. Tax credits

Italy increased the basic employee tax credit from EUR 1 840 to EUR 1 880 and as from 2014 introduced an additional refundable tax credit of EUR 960 for employees with income between EUR 8 146 and EUR 24 000, with a phase-out for income between EUR 24 000 and EUR 26 000.

Taxable income (EUR)	Fiscal bonus (EUR)
Up to 8 145	0
From 8 146 to 24 000	960
From 24 001 to 26 000	960*(26 000 – taxable income)/2 000
More than 26 000	0

- Standard tax credits (not refundable)

The PAYE tax credit is defined as a function of net income:

Taxable income (EUR)	PAYE tax credit (EUR)
Up to 8 000	1 880
From 8 001 to 28 000	Maximum tax credit + 902*(28 000 – taxable income)/20 000
From 28 001 to 55 000	Maximum tax credit*(55 000 – taxable income)/27 000
More than 55 000	0

The maximum value for the tax credit depends on the level of taxable income:

Level of taxable income (EUR)	Maximum tax credit (EUR)
From 8 001 to 15 000	978
From 15 001 to 23 000	978
From 23 001 to 24 000	978
From 24 001 to 25 000	978
From 24 001 to 26 000	978
From 26 001 to 27 700	978
From 27 701 to 28 000	978
From 28 001 to 55 000	978

- Tax credits for family dependents (not refundable)

The tax credits for family dependants, which have replaced the former tax allowances, are as follows:

Family tax credit (EUR)*	Amount (EUR)
Spouse	800 decreasing to 0 for net income over 80 000
Children	
Under three years of age	1 220 decreasing to 0 for net income over 95 000
Over three years of age	950 decreasing to 0 for net income over 95 000
Other dependent relatives	750 decreasing to 0 for net income over 80 000

* Tax credits are granted for family dependents earning less than EUR 2 840.51

The spouse tax credit is calculated as a function of net income:

Level of taxable income (EUR)	Amount of tax credit (EUR)
Up to 15 000	800-110*taxable income/15 000
From 15 001 to 29 000	690
From 29 001 to 29 200	700
From 29 201 to 34 700	710
From 34 701 to 35 000	720
From 35 001 to 35 100	710
From 35 101 to 35 200	700
From 35 201 to 40 000	690
From 40 001 to 80 000	690*(80 000-taxable income)/40 000
More than 80 000	0

The child tax credit is calculated as a function of net income:

- for families with only one child: 950*(95 000-taxable income)/95 000;
- for families with more than one child the amount of 95 000 is increased by 15 000 for each child other than the first, for every children (including the first one).

Families with more than 3 children receive an additional tax credit of EUR 200 per child.

A lone parent receives an actual tax credit for the first child equal to the maximum of the spouse tax credit and the child tax credit.

Tax credits for children have to be equally shared between the parents; different shares are no longer allowed.

If the spouse's tax liable net of the PAYE tax credit is less than his/her share (50%) in the child tax credit, the entire child tax credit is provided to the principal earner.

1.1.2.3. Main non-standard tax allowances and tax credits

- Other compulsory contributions;
- Periodical benefits allowed to the spouse fixed by judicial authority;
- Charitable donations to certain religious institutions (up to EUR 1 032.91);
- Medical and assistance expenses incurred by handicapped persons;
- Expenses to restore one's own residence at 50% for 2015 of full expenses up to EUR 96 000, apportioned into 10 annual allowances of the same amount;
- Expenses for energy requalification of buildings at 65% for 2015 of full expenses apportioned into 10 annual allowances of the same amount;
- Expenses for the replacement of covers, windows and shutters and for the installation of solar panels (only for hot water production) at 65% of full expenses (up to EUR 60 000).

For the following expenses, a tax credit of 19% of each incurred expense is allowed:

- Mortgage loan interest (up to EUR 4 000);
- Most medical expenses that exceed EUR 129.11;
- Payments to insurance funds up to EUR 1 291.14;
- Expenses to attend secondary school and university courses; in case such courses are private, the expenses allowed cannot exceed those foreseen for State courses;
- Expenses for nursery school (up to EUR 632 for each child);
- Rents paid by out of town students (up to EUR 2 633);
- Funeral charges up to EUR 1 549.37;
- Expenses for disabled persons;
- Donations to political parties (ranging from EUR 51.65 to EUR 103 291.38);
- Payments to foundations (up to EUR 2 065.83);
- Expenses related to sport activities for children between 5 and 18 years of age (up to EUR 210 per child).

1.1.3. *Tax schedule*

The following tax schedule is applied to taxable income:

Bracket (EUR)	Rate (%)
up to 15 000	23
over 15 000 up to 28 000	27
over 28 000 up to 55 000	38
over 55 000 up to 75 000	41
over 75 000	43

Decree-Law No. 138 of 13 August 2011 introduced the "Contributo di Solidarietà" for the 2011-13, (extended up to 2016), tax periods, that is a 3% "solidarity contribution" on the portion of income higher than EUR 300 000 (the amount paid is deductible from PIT base)"

1.2. *State and local taxes*

These surcharges are due only by taxpayers who pay individual income tax IRPEF (imposta sul reddito delle persone fisiche).

Regional surcharge tax

This surcharge tax has been introduced in 1997. The tax is levied by each region on resident taxpayers' total taxable income at a discretionary rate, which must fall within an established range. As from the year 2000 this range is 0.9%-1.4%.

In December 2011, with the DL 201/2011, the minimum state rate has been increased from 0.9% to 1.23%

The figure given in the 2016 parameter values table under the heading "Regional and local tax" includes the regional surcharge tax paid in the most representative city which is Rome (Lazio); the rate is 3.33% for taxable income bracket over EUR 15 000 and 1.73% for income under EUR 15 000. If the taxable income is under the threshold of EUR 35 000 the rate applicable to the total amount of taxable income is 1.73%.

Local surcharge tax

This surcharge tax has been introduced in 1999. The tax may be levied by each local government at an initial rate that cannot exceed 0.2%. If the tax is levied, the local government can increase the initial rate, on a yearly basis, up to a maximum of 0.5%. Each yearly increase cannot exceed 0.2%. As from 2012, municipalities can increase the rate up to 0.8. A 0.9 special rate can be introduced by Roma Capitale Local Government.

The figure given in the 2015 parameter values table under the heading "Regional and local tax" includes the local surcharge tax paid in the most representative city which is Rome; the rate is 0.9% in 2015.

Starting from 2011, exemption is provided to taxpayers whose total income consists of retirement income not exceeding EUR 8 000, income from land not exceeding EUR 185.92, and income from primary residence. As from 2015 the rate is not applied to taxpayers with income under EUR 12 000. The ordinary rate is applied if any one of these limits is passed.

The surcharge rates can be adjusted above the fixed roof because of the health care losses

2. Compulsory social security

2.1. Employee contributions

- Rate and ceiling
  - The average rate is 9.49% on earnings up to EUR 46 123;
  - The average rate is 10.49% on earnings over EUR 46 123 and up to EUR 100 324;
  - For earnings exceeding EUR 100 123, the employee pays a fixed amount given by (0.0949 × 46 123) + 0.1049 x (100 324-46 123).
- Distinction by marital status or sex
  - None.

2.2. Employer contributions

- Contributions equal 31.88% on earnings up to EUR 100 324. For earnings exceeding EUR 100 324, the employer pays a fixed amount given by 0.3188x 100 324.
- A General Government employer work-related accident insurance exists in Italy. It is compulsory for employers with employees and contract workers in activities involving the use of machinery and in risky activities as defined by the law. The standard premium

to be paid is calculated by applying to remuneration the rates linked to the activity in which the employee works. The rates that vary between 0 to about 13% are provided by a special classification that takes into account the different categories of risk between the various activities. It is not possible to provide a representative or average rate since the contribution rates vary depending on the industrial activities and also other factors of risk. Those contributions are not included in the Report.

3. Universal cash transfers

3.1. *Amount for spouse and for dependent children*

Cash transfers are granted for family income that is:

- composed of at least 70% wage and/or pension income;
- below a given threshold set by law each year.

Family income is the sum of the incomes of all individuals comprising the family.

Cash transfers are determined each year by INPS (Istituto Nazionale di Previdenza Sociale), the public body that collects and manages the social security contributions for dependent workers for the period beginning in July of that year (t) to June in the following year (t+1) and relate to family income earned in the previous year (t-1).

As such, the transfers granted in any given year t are determined by the family income in the previous two years. The following table provides a description of the calculations.

Transfer granted in year t	Relevant amounts as given in INPS tables
January-June	The amount of cash transfers is that given in the INPS table published in July t-1. The transfers are granted with reference to family income earned in year t-2.
July-December	The amount of cash transfers is that given in the INPS table published in July t. The transfers are granted with reference to family income earned in year t-1.

For the purposes of Taxing Wages, the cash transfers that are calculated represent those amounts that would be received by the family based on their incomes for that year even though these amounts would only begin to be paid in July of the following year.

4. Main changes

5. Memorandum item

5.1. *Identification of an AW*

The data refer to the annual earnings of average workers.

5.2. *Contributions by employers to private pension, health, etc. schemes*

In addition to the mandatory social security contributions employers may pay contributions to private pension schemes (currently about forty pension funds). Employer's contributions are included in the taxable income of the employee.

Employees may also choose to contribute to the pension funds with all or part of the retirement allowance that is otherwise withheld by the employers. In this case the employee can deduct from his taxable income an amount equal to twice the amount of the contribution paid to fund.

Employer's contributions to private health insurance schemes are not included in the taxable income of the employee up to the limit of EUR 3 615.20.

2016 parameter values

Average earnings/yr	Ave_earn	30 642	Secretariat estimate
Tax schedule	tax_sch	0.23	15 000.00
		0.27	28 000.00
		0.38	55 000.00
		0.41	75 000.00
		0.43	999 999 999.99
Sloidarity contribution	sol_tax	0.03	
	sol_inc_limit	300 000	
Tax credits			
Fiscal bonus	thre_min	8 146	
	thre_max	24 000	
	f_bonus	960	
Employment			
	emp_add	0	1 880.00
		8 000	978.00
		15 000	978.00
		23 000	978.00
		24 000	978.00
		25 000	978.00
		26 000	978.00
		27 700	978.00
		28 000	978.00
		55 000	0.00
Spouse	Spouse_cred	0	800.00
		15 000	690.00
		29 000	700.00
		29 200	710.00
		34 700	720.00
		35 000	710.00
		35 100	700.00
		35 200	690.00
		40 000	690.00
		80 000	0
limit	Sp_crd_lim	2 840.51	
Child credit	Child_credit	950	
Additional child credit	add_child	200	
Regional and local tax			
	reg_rt	0,0173	
	reg_rt_2	0,0333	
	Local_rt	0.009	
Social security contributions	SSC_sch	0.0949	46 123
		0.1049	100 324
		0.00	999 999 999.99
Employer contributions	Empr_sch	0.3188	100 324
		0.00	999 999 999.99
Cash transfers:			
family allowance schedule (t)			
married couple	trans_sch	Table is too long to be included	
single parent	Trans_sch_sp	Table is too long to be included	

2016 tax equations

The equations for the Italian system in 2016 are mostly repeated for each individual of a married couple. But the spouse credit is relevant only to the calculation for the principal earner and any child credit which the spouse is unable to use is transferred to the principal. This is shown by the Range indicator in the table below.

The functions which are used in the equations (Taper, MIN, Tax etc) are described in the technical note about tax equations. Variable names are defined in the table of parameters above, within the equations table, or are the standard variables "married" and "children". A reference to a variable with the affix "_total" indicates the sum of the relevant variable values for the principal and spouse. And the affixes "_princ" and "_spouse" indicate the value for the principal and spouse, respectively. Equations for a single person are as shown for the principal, with "_spouse" values taken as 0.

	Line in country table and intermediate steps	Variable name	Range	Equation
1.	Earnings	earn		
2.	Allowances:	tax_al	B	SSC
		Sol_tax	B	sol_tax*Positive(Gross-sol_inc_limit)
3.	Credits in taxable income	taxbl_cr	B	0
4.	CG taxable income	tax_inc	B	earn-tax_al1-sol_tax
5.	CG tax before credits	CG_tax_excl	B	Tax(tax_inc, tax_sch)
6.	Tax credits :			
	Employment credit	emp_cr_max	P	VLOOKUP(tax_inc, emp_add, 2))
		emp_cr_max_ spouse	S	IF(tax_inc_spouse=0,0,(VLOOKUP(tax_inc_spouse,emp_add,2)))
		emp_cr	P	MIN(CG_tax_excl, IF(tax_inc<=8000,emp_cr_max, IF(tax_inc<=28000,emp_cr_ max+902*(28000-tax_inc)/20000, IF(tax_inc>55000,emp_cr_max,emp_cr_max* (55000-tax_inc)/27000))))+
			S	MIN(CG_tax_excl_spouse, IF(tax_in_spousec<=8000,emp_cr_max_spouse, IF(tax_inc_spouse<=28000,emp_cr_max_spouse+902*(28000-tax_inc_spouse)/ 20000, IF(tax_inc_spouse>55000,emp_cr_max_spouse,emp_cr_max_spouse* (55000-tax_inc_spouse)/27000))))+
	Fiscal bonus	fiscal_b	B	IF(tax_inc<=thre_min,0,IF(tax_inc<=thre_max,f_bonus,IF(tax_inc<=26000,f_bonu s*(26000-tax_inc)/2000)))
	Spouse credit	spouse_cr	P	IF(Married=1, IF(tax_inc_spouse>Sp_crd_lim,0, IF(tax_inc>80000,0, IF(tax_inc< 15000,800-110*tax_inc/15000, IF(tax_inc>40000,690*(80000-tax_inc)/40000, VLOOKUP(tax_inc,Spouse_cred,2))))),0)
	Child credit	child_cr_princ	P	IF(Children=0,0,IF(Married=1,(800*(95000-tax_inc)/95000+(Children-1)*800* (110000-tax_inc)/110000)*(1-child_crpct_spouse), MAX(800*(95000-tax_inc)/ 95000, IF(tax_inc>80000,0,IF(tax_inc<15000,800-110*tax_inc/15000, IF(tax_inc> 40000,690*(80000-tax_inc)/40000, VLOOKUP(tax_inc,Spouse_cred,2)))))+ (Children-1)*800*(110000-tax_inc)/110000))
		child_crfull_ spouse	S	IF(Children=0,0,(spouse_cr=0)*Married*(800*(95000-tax_inc_spouse)/ 95000+(Children-1)*800*(110000-tax_inc_spouse)/110000))
		child_crpct_ spouse	S	IF(child_crfull_spouse>0,IF((CG_tax_excl_spouse-emp_cr_spouse)/child_crfull_ spouse<0.5,0,0.5),0)
		child_cr_spouse	S	child_crfull_spouse*child_crpct_spouse
	Total	tax_cr	B	MIN(emp_cr+spouse_cr+child_cr, CG_tax_excl)
7.	CG tax	CG_tax	B	Positive(CG_tax_excl-tax_cr)+sol_tax-fiscal_b
8.	State and local taxes	reg_rt	B	=IF(CG tax=0;0;IF(tax_inc<12000;0;tax_inc*local_rt))+IF(CG tax=0;0;IF(tax_inc< 35000;tax_inc*reg_rt;15000* reg_rt +(tax_inc-15000)*reg_rt2))
9.	Employees' soc security	SSC	B	Tax(earn, SSC_sch)
11.	Cash transfers		J	IF(Children=0,0,12*VLOOKUP(earn_total, IF(Married,trans_sch,trans_sch_sp),1+ Children))
13.	Employer's soc security	SSC_empr	B	Tax(earn, Empr_sch)

Key to range of equation B calculated separately for both principal earner and spouse P calculated for principal only (value taken as 0 for spouse calculation) J calculated once only on a joint basis.

Japan

This chapter includes data on the income taxes paid by workers, their social security contributions, the family benefits they receive in the form of cash transfers as well as the social security contributions and payroll taxes paid by their employers. Results reported include the marginal and average tax burden for eight different family types.

Methodological information is available for Personal income tax systems, Compulsory social security contributions to schemes operated within the government sector, Universal cash transfers as well as recent changes in the tax/benefit system. The methodology also includes the parameter values and tax equations underlying the data.

Japan 2016

The tax/benefit position of single persons

		Wage level (per cent of average wage)	67	100	167	67
		Number of children	none	none	none	2
1.	**Gross wage earnings**		3 424 103	5 110 601	8 534 704	3 424 103
2.	**Standard tax allowances:**					
	Basic allowance		380 000	380 000	380 000	380 000
	Married or head of family		0	0	0	0
	Dependent children		0	0	0	0
	Deduction for social security contributions and income taxes		492 135	734 530	1 128 440	492 135
	Work-related expenses		1 207 231	1 562 120	2 053 470	1 207 231
	Other					
		Total	2 079 366	2 676 650	3 561 911	2 079 366
3.	**Tax credits or cash transfers included in taxable income**		0	0	0	0
4.	**Central government taxable income (1 - 2 + 3)**		1 344 737	2 433 951	4 972 793	1 344 737
5.	**Central government income tax liability (exclusive of tax credits)**		68 649	148 959	578 967	68 649
6.	**Tax credits**					
	Basic credit					
	Married or head of family					
	Children					
	Other					
		Total	0	0	0	0
7.	**Central government income tax finally paid (5-6)**		68 649	148 959	578 967	68 649
8.	**State and local taxes**		141 974	250 895	504 779	141 974
9.	**Employees' compulsory social security contributions**					
	Gross earnings		492 135	734 530	1 128 440	492 135
	Taxable income					
		Total	492 135	734 530	1 128 440	492 135
10.	**Total payments to general government (7 + 8 + 9)**		702 757	1 134 384	2 212 187	702 757
11.	**Cash transfers from general government**					
	For head of family					
	For two children		0	0	0	240 000
		Total	0	0	0	240 000
12.	**Take-home pay (1-10+11)**		2 721 345	3 976 218	6 322 518	2 961 345
13.	**Employer's compulsory social security contributions**		517 816	772 859	1 192 451	517 816
14.	**Average rates**					
	Income tax		6.2%	7.8%	12.7%	6.2%
	Employees' social security contributions		14.4%	14.4%	13.2%	14.4%
	Total payments less cash transfers		20.5%	22.2%	25.9%	13.5%
	Total tax wedge including employer's social security contributions		31.0%	32.4%	35.0%	24.9%
15.	**Marginal rates**					
	Total payments less cash transfers: Principal earner		22.8%	27.6%	31.1%	22.8%
	Total payments less cash transfers: Spouse		n.a.	n.a.	n.a.	n.a.
	Total tax wedge: Principal earner		32.9%	37.1%	35.1%	32.9%
	Total tax wedge: Spouse		n.a.	n.a.	n.a.	n.a.

Japan 2016

The tax/benefit position of married couples

			Wage level (per cent of average wage)	100-0	100-33	100-67	100-33
			Number of children	2	2	2	none
1.	**Gross wage earnings**			5 110 601	6 797 100	8 534 704	6 797 100
2.	**Standard tax allowances**						
		Basic allowance		380 000	760 000	760 000	760 000
		Married or head of family		380 000	0	0	0
		Dependent children		0	0	0	0
		Deduction for social security contributions and income taxes		734 530	976 925	1 226 665	976 925
		Work-related expenses		1 562 120	2 236 720	2 769 351	2 236 720
		Other					
			Total	3 056 650	3 973 644	4 756 016	3 973 644
3.	**Tax credits or cash transfers included in taxable income**			0	0	0	0
4.	**Central government taxable income (1 - 2 + 3)**			2 053 951	2 823 456	3 778 689	2 823 456
5.	**Central government income tax liability (exclusive of tax credits)**			110 161	168 843	217 608	168 843
6.	**Tax credits**						
		Basic credit					
		Married or head of family					
		Children					
		Other					
			Total	0	0	0	0
7.	**Central government income tax finally paid (5-6)**			110 161	168 843	217 608	168 843
8.	**State and local taxes**			217 895	297 346	392 869	297 346
9.	**Employees' compulsory social security contributions**						
		Gross earnings		734 530	976 925	1 226 665	976 925
		Taxable income					
			Total	734 530	976 925	1 226 665	976 925
10.	**Total payments to general government (7 + 8 + 9)**			1 062 586	1 443 113	1 837 141	1 443 113
11.	**Cash transfers from general government**						
		For head of family					
		For two children		240 000	240 000	240 000	0
			Total	240 000	240 000	240 000	0
12.	**Take-home pay (1-10+11)**			4 288 016	5 593 987	6 937 563	5 353 987
13.	**Employer's compulsory social security contributions**			772 859	1 027 903	1 290 675	1 027 903
14.	**Average rates**						
		Income tax		6.4%	6.9%	7.2%	6.9%
		Employees' social security contributions		14.4%	14.4%	14.4%	14.4%
		Total payments less cash transfers		16.1%	17.7%	18.7%	21.2%
		Total tax wedge including employer's social security contributions		27.1%	28.5%	29.4%	31.6%
15.	**Marginal rates**						
		Total payments less cash transfers: Principal earner		27.6%	27.6%	27.6%	27.6%
		Total payments less cash transfers: Spouse		22.6%	21.3%	22.8%	21.3%
		Total tax wedge: Principal earner		37.1%	37.1%	37.1%	37.1%
		Total tax wedge: Spouse		32.7%	31.6%	32.9%	31.6%

The national currency is the Yen (JPY). In 2016 JPY 108.80 was equal to USD 1. In that year, the average worker is assumed to earn JPY 5 110 601 (Secretariat estimate). In Japan, the central government income tax year is a calendar year and the local government income tax year is from April to March. The calculations in this report are based on the tax rules and rates, which are applicable the 1 April.

1. Personal income tax systems

1.1. Central government income tax

1.1.1. Tax unit

Each individual is taxed separately.

1.1.2. Allowances and tax credits

1.1.2.1. Standard reliefs

- *Basic allowance:* a taxpayer may deduct JPY 380 000 as a basic allowance from his or her income.
- *Allowance for spouse*: allowance equal to JPY 380 000 is given to a resident taxpayer who lives with a spouse whose income does not exceed JPY 380 000.
- *Special allowance for spouse:* the allowance included in the following table is given to a resident taxpayer who lives with a spouse:

Spouse's income	Amount
0-380 000	0
380 001-399 999	380 000
400 000-449 999	360 000
450 000-499 999	310 000
500 000-549 999	260 000
550 000-599 999	210 000
600 000-649 999	160 000
650 000-699 999	110 000
700 000-749 999	60 000
750 000-759 999	30 000
760 000 or more	0

- *Allowance for dependents:* if a resident taxpayer has children and other relatives over 15 years old whose income does not exceed JPY 380 000 and who live with the resident, an allowance of JPY 380 000 is given for each dependent.
- *Special allowance for dependents:* if a resident taxpayer has dependents between 19 and 22 years old whose income does not exceed JPY 380 000 and who live with the resident, an allowance of JPY 630 000 is given for each dependent instead of the allowances for dependents mentioned above.

- *Deduction for social insurance premiums:* the whole amount of social insurance premiums for a resident taxpayer or his/her dependents shall be deducted from his/her income.
- *Employment income deduction:* the following amounts may be deducted from employment income in calculating salary income:
  - If gross employment income does not exceed JPY 1 800 000, the deduction is 40% of salaries (etc.), but the minimum amount deductible is JPY 650 000.
  - If gross employment income exceeds JPY 1 800 000, but not JPY 3 600 000, the deduction is JPY 180 000 plus 30% of salaries.
  - If gross employment income exceeds JPY 3 600 000, but not JPY 6 600 000, the deduction is JPY 540 000 plus 20% of salaries.
  - If gross employment income exceeds JPY 6 600 000, but not JPY 10 000 000, the deduction is JPY 1 200 000 plus 10% of salaries.
  - If gross employment income exceeds JPY 10 000 000, but not JPY 12 000 000, the deduction is JPY 1 700 000 plus 5% of salaries.
  - If gross employment income exceeds JPY 12 000 000, the deduction will be fixed at JPY 2 300 000.

1.1.2.2. Main non-standard tax reliefs applicable to an AW

- *Credit for housing loans:* A resident taxpayer who constructs, purchases, enlarges or rebuilds a house and finances the cost by means of a housing loan and uses the property as his or her own dwelling is entitled to an income tax credit up to the amount described below for 10 years [or 15 years] after the first use of the house, provided that the floor space is not less than 50m^2 and that at least half of the floor space is used as the owner-occupied dwelling. The base of the tax credit equals the balance of the housing loan debt amount, calculated at the end of each year, consisting of the loan obtained not only from private financial institutions but also from public institutions. This tax credit cannot be claimed by those whose total income is more than JPY 30 million.

The rates of the tax credits correspond to the year in which residence in the house commenced. The rates are as follows:

Residence starts:	From 1 January 2007 to 31 December 2007	From 1 January 2008 to 31 December 2008	From 1 January 2009 to 31 December 2010
Tax Credit Rate	For the part of remaining housing loan balance within JPY 25 million: The R.H.L.B. x 1.0%[or 0.6%] (for first 6 years [or 10 years]) The R.H.L.B. x 0.5%[or 0.4%] (for last 4 years [or 5 years])	For the part of R.H.L.B. within JPY 20 million: The R.H.L.B. x 1.0%[or 0.6%] (for first 6 years [or 10 years]) The R.H.L.B. x 0.5%[or 0.4%] (for last 4 years [or 5 years])	For the part of R.H.L.B. within JPY 50 million: The R.H.L.B. x 1.0%
Maximum tax credit amount (for each year)	JPY 250 000 [or 150 000] (for first 6 years[or 10 years]) JPY 125 000 [or 100 000] (for last 4 years [or 5 years])	JPY 200 000 [or 120 000] (for first 6 years[or 10 years]) JPY 100 000 [or 80 000] (for last 4 years [or 5 years])	JPY 500 000
Maximum tax credit amount (for the deductible period in total)	JPY 2 million	JPY 1.6 million	JPY 5 million

Residence starts:	From 1 January 2011 to 31 December 2011	From 1 January 2012 to 31 December 2012	From 1 January 2013 to 31 March 2014
Tax Credit Rate	For the part of R.H.L.B. within JPY 40 million: The R.H.L.B. x 1.0%	For the part of R.H.L.B. within JPY 30 million: The R.H.L.B. x 1.0%	For the part of R.H.L.B. within JPY 20 million: The R.H.L.B. x 1.0%
Maximum tax credit amount (for each year)	JPY 400 000	JPY 300 000	JPY 200 000
Maximum tax credit amount (for the deductible period in total)	JPY 4 million	JPY 3 million	JPY 2 million

Residence starts:	From 1 April 2014 to 30 June 2019
Tax Credit Rate	For the part of R.H.L.B. within JPY 40 million: The R.H.L.B x 1.0% If the rate of tax(consumption tax etc.) included in the amount of cost etc. of housing is other than 8% or 10%; For the part of R.H.L.B. within JPY 20 million: The R.H.L.B x 1.0%
Maximum tax credit amount (for each year)	JPY 400 000 If the rate of tax(consumption tax etc.) included in the amount of cost etc. of housing is other than 8% or 10%; JPY 200 000
Maximum tax credit amount (for the deductible period in total)	JPY 4 million If the rate of tax(consumption tax etc.) included in the amount of cost etc. of housing is other than 8% or 10%; JPY 2 million

- *Deduction for life insurance premiums:* If a resident taxpayer pays insurance premiums on life insurance contracts and the recipient of the insurance proceeds is the taxpayer, his/her spouse or other relatives living with him/her, the portion of these insurance premiums which does not exceed the maximum prescribed below, is deductible from ordinary income, retirement income or timber income.
- In addition, if a resident taxpayer pays insurance premiums for a "qualified personal pension plan (insurance type)", and the recipient of the pension payment is the taxpayer or his/her spouse under a specific condition, the portion of such premiums which does not exceed the maximum prescribed below, is deductible from ordinary income, retirement income, or timber income.
- Furthermore, if a resident taxpayer pays insurance premiums on nursing and medical insurance contacts and the taxpayer receipts the nursing and medical proceeds caused by payments for medical expenses, the portion of such premiums which does not exceed the maximum prescribed below, is deductible from ordinary income, retirement income, or timber income.

Annual premium paid (JPY)		Deduction
Over	Not over	
	20 000	Total amount of premiums paid (1)
20 000	40 000	(1) x 1/2 + JPY 10 000
40 000	80 000	(1) x 1/4 + JPY 20 000
80 000	-	JPY 40 000

- For the insurance contracts made on or after 1 January 2012 the maximum deduction is JPY 120 000. A resident taxpayer can claim the deduction up to JPY 40 000 for life insurance premiums, personal pension plan premiums and nursing and medical insurance premiums respectively.
- For the insurance contracts made on or before 31 December 2011, a resident taxpayer can claim the deduction up to JPY 50 000 for life insurance premiums, personal pension plan premiums respectively. Thus, a resident tax payer can claim the deduction up to JPY 100 000 in total.
- *Deduction for medical expenses:* If a resident taxpayer pays bills for medical or dental care for himself/herself or for his/her spouse or other relatives living with him/her and the amount of such expenses (excluding those recovered by insurance) exceeds the lesser of JPY 100 000 or 5% of the total of his/her ordinary income, retirement income and timber income, the excess amount is deductible from his/her ordinary income, retirement income or timber income. The maximum deduction is JPY 2 million.
- *Deduction for earthquake insurance premiums:* Earthquake insurance premiums up to JPY 50 000 can be deducted from income. Although the income deduction for casualty insurance premiums was basically abolished, the deduction for long-term casualty insurance premiums remains available if contracted before 31 December, 2006. The maximum deduction for long-term casualty insurance premiums is JPY 15 000. If an individual applies for both a deduction for earthquake insurance premiums and a deduction for long-term casualty premiums, the maximum deductible amount is JPY 50 000 in total.

1.1.3. *Tax schedule*

Taxable income (JPY)*		Tax rate (%)	Deductible amounts for each bracket (JPY)
Over	Not over	(A)	(B)
	1 950 000	5	-
1 950 000	3 300 000	10	97 500
3 300 000	6 950 000	20	427 500
6 950 000	9 000 000	23	636 000
9 000 000	18 000 000	33	1 536 000
18 000 000	40 000 000	40	2 796 000
40 000 000		45	4 796 000

* The fraction of taxable income that is less than JPY 1 000 is rounded down.

Tax liability is obtained by multiplying the taxable income by tax rate (A) and deducting the amount (B). For example, income tax due on taxable income of JPY 7 million is:

7 000 000 × 0.23 (A) - 636 000 (B) = JPY 974 000.

In addition, a taxpayer is required to file tax returns and make tax payments for additional 2.1% of the base income taxes from 2013 through 2037 (special income tax for reconstruction) annually together with the regular income tax of respective years.

1.2. *Local taxes (personal inhabitant's taxes)*

1.2.1. *General description of the system*

Local taxes in Japan (personal inhabitant's taxes) consist of prefectural inhabitant's tax levied by prefectures and municipal inhabitant's tax levied by cities, towns and villages.

The prefectural inhabitant's tax is collected together with the municipal inhabitant's tax by cities, towns and villages.

1.2.2. *Tax base*

Basically, personal inhabitant's taxes (prefectural and municipal inhabitant's taxes) consist of two parts; one is proportional taxable income and the other is a fixed per capita amount. The taxable income of personal inhabitant's taxes is computed on the basis of the previous year's income. The main difference from state tax (income tax) is the amount of income reliefs. For example, the amount of Basic Allowance, Allowance for Spouse, Allowance for Dependants is JPY 330 000, and the amount of specified Allowance for dependants is JPY 450 000, etc. Allowance for Dependents is available for dependent relatives 16 years or older excluding the specified dependents. Specified Allowance for dependents is available for the specified dependent relatives (between 19 and 22 years old).

1.2.3. *Tax rate*

- The standard fixed (annual) per-capita amount of Prefectural inhabitant's tax is JPY 1 500;
- The standard fixed (annual) per-capita amount of Municipal inhabitant's tax is JPY 3 500;
- The standard rate of the local taxes equals a proportional rate of 10% (Prefectural inhabitant's tax: 4%, Municipal inhabitant's tax: 6%).

Taxable income for local income tax purposes	The tax credit
JPY 2 000 000 or less	5% of the lesser of: • total amount of differences in personal reliefs between those for income tax purposes and for personal inhabitant's taxes purposes; or • taxable income amount for personal inhabitant's taxes purposes
More than JPY 2 000 000	((total amount of differences in personal reliefs between those for income tax purposes and for personal inhabitant's taxes purposes) – (taxable income amount for personal inhabitant's taxes purposes – JPY 2 000 000)) * 5%. Note: The minimum credit is JPY 2 500

Note: Local authorities do not levy the per-capita rate and the proportional rate on a taxpayer whose previous year's income does not exceed a certain amount. For example, in special wards of Tokyo, this threshold is calculated as follows:
per-capita rate: (1 + number of spouse and dependent(s) qualified for the allowance for spouse/dependents) * 350 000 (+ 210 000 in case the taxpayer has a qualified spouse or dependent(s)))
proportional rate: (1 + number of spouse and dependent(s) qualified for the allowance for spouse/dependents) * 350 000 (+ 320 000 in case the taxpayer has a qualified spouse or dependent(s)))

1.2.4. *Tax rate selected for this study*

State tax (income tax) rates as described above. The local tax (personal inhabitant's taxes) rates chosen for the purpose of this Report represent the standard rate.

The personal inhabitant's taxes rate and the income tax rate were changed in the FY 2006 tax reform. Adjusted credit (tax credit regime)was introduced in order to alleviate the tax burden increase arising from the changes in the tax rates and from the difference between the personal reliefs (Basic Allowance, Allowance for Spouse, Allowance for Dependents, Special Allowance for dependents, etc.) for national income tax purposes and for inhabitant tax purposes.

2. Compulsory social security contribution to schemes operated within the government sector

2.1. Employees' contributions

2.1.1. Pension

8.914% (9.091% as from September 2016) of total remuneration (standard remuneration and bonuses). The insurable ceiling of the monthly amount of pensionable remuneration is JPY 620 000 and the insurable ceiling of the standard amount of bonus is JPY 1 500 000.

2.1.2. Sickness

As from April 2012 about 5.00%, (about 4.75% before March 2012), of total remuneration, (standard remuneration and bonuses). The insurable ceiling of the monthly amount of standard remuneration is JPY 1 390 000 and the insurable ceiling of the yearly amount of standard bonus is JPY 5 730 000.

2.1.3. Unemployment

0.4% of total remuneration for Commerce and industry in general except for Business of agriculture, forestry and fisheries, and the rice wine brewing business, and Construction business. It is 0.5% for those exceptions.

2.1.4-2.1.5. Work injury and family allowance

None.

2.2. Employers' contributions

2.2.1. Pensions

8.914% (9.091% as from September 2016) of total remuneration (standard remuneration and bonuses). The insurable ceiling of the monthly amount of pensionable remuneration is JPY 620 000 and the insurable ceiling of the standard amount of bonus is JPY 1 500 000.

2.2.2. Sickness

As from April 2012, about 5.00% (about 4.75% before March 2012) of total remuneration. The insurable ceiling of the monthly amount of standard remuneration is JPY 1 390 000 and the insurable ceiling of the yearly amount of standard bonus is JPY 5 730 000.

2.2.3. Unemployment

0.7% of total remuneration for Commerce and industry in general except for Business of agriculture, forestry and fisheries, and the rice wine brewing business, and Construction business. It is 0.8% for Business of agriculture, forestry and fisheries, and the rice wine brewing business, and 0.9% for Construction business

2.2.4. Work injury

0.25% to 8.8% of total remuneration, the contribution rate depending on each industry's accident rate over the last three years and other factors. There are twenty-nine rates for fifty-four industrial categories at present.

2.2.5. Family allowance

0.20% of total remuneration.

3. Universal cash transfers

3.1. *Transfers related to marital status*

Not available.

3.2. *Transfers for dependent children*

From April 2012 (Income caps are applied beginning from June 2012 payments):

a) For persons earning incomes below the income cap

JPY 15 000 (per month) is paid to parents/guardians for each child who is under 3 years old or for the third or subsequent child from 3 years old until he/she graduates from elementary school.

JPY 10 000 (per month) is paid to parents/guardians for each child who is for the first or second child from 3 years old until he/she graduates from elementary school or who is a junior high school student.

b) For persons earning incomes no less than the income cap

JPY 50 00 (per month) is paid to parents/guardians for each child until he/she graduates from junior high school as the Special Interim Allowances.

The income cap is set at JPY 6 220 000 (the principal's gross earnings net of certain deductions, plus JPY 380 000 per dependent).

4. Main changes in the tax/benefit systems since 1998

As part of the Fiscal Year 1999 tax reform, the highest marginal rate of the personal income tax imposed by the central government was reduced from 50% to 37%. The top rate of the local inhabitant's tax was reduced from 15% to 13%. A proportional tax reduction was granted with respect to the national income tax and the local inhabitant's tax. The amount is equal to the lesser of 20% (local inhabitant's tax: 15%) of the amount of tax before reduction or JPY 250 000 (local inhabitant's tax: JPY 40 000).

As part of the FY 2005 tax reform, the rate of the reduction was reduced from 20% to 10% (local inhabitant's tax: from 15% to 7.5%) and the ceiling was reduced from JPY 250 000 to JPY 125 000 (local inhabitant's tax from JPY 40 000 to JPY 20 000) as from 2006 (local inhabitant's tax: FY 2006). And as part of the FY 2006 tax reform, the reduction was abolished as from 2007 (local inhabitant's tax: FY 2007).

As part of the FY 2006 tax reform, the progressive rate structure of national income tax was reformed into a 6 brackets structure with tax rates ranging from 5% to 40%, and the rate of local inhabitant's tax became proportional at a rate of 10%.

As part of the FY 2012 tax reform, the upper limit on employment income deduction (JPY 2 450 000) was set for those who earn employment income more than JPY 15 000 000 as from 2013 (personal inhabitant's tax: FY 2014).

As part of the FY 2013 tax reform, the tax rate of 45% was set for the income beyond JPY 40 000 000 from 2015. By this, the progressive rate structure of income tax was reformed into a 7 brackets structure

As part of the FY 2014 tax reform, the upper limit on employment income deduction was determined to be gradually reduced. In 2016 (as for personal inhabitant's taxes, in 2017), the limit became JPY 2 300 000 in case salary income is more than JPY 12 000 000. And in 2017 (as for personal inhabitant's taxes, in 2017), the limit will become JPY 2 200 000 in case salary income is more than JPY 10 000 000.

Eligible age for transfers for dependent children was raised from three to six as from 1 June 2001, from six to nine as from 1 April 2004 and from nine to twelve as from 1 April 2006. It has been doubled to JPY 10 000 for the first and second child under the age of three as from 1 April, 2007.

As from 2010, JPY 13 000 per month is paid to parents/guardians regardless of their income for each child until he/she graduates from junior high school.

As from April 2012 (Income caps are applied beginning from June 2012 payments):

a) For persons earning incomes below the income cap

JPY 15 000 (per month) is paid to parents/guardians for each child who is under 3 years old or for the third or subsequent child from 3 years old until he/she graduates from elementary school.

JPY 10 000 (per month) is paid to parents/guardians for each child who is for the first or second child from 3 years old until he/she graduates from elementary school or who is a junior high school student.

b) For persons earning incomes no less than the income cap

JPY 5 000 (per month) is paid to parents/guardians for each child until he/she graduates from junior high school as the Special Interim Allowances.

5. Memorandum item

5.1. *Average gross annual wage earnings calculation*

The source of calculation is the *Basic Survey on Wage Structure*, published by the Ministry of Health, Labour and Welfare. This survey covers establishments with ten or more regular employees over the whole country, and contains statistical figures for monthly contractual cash earnings in June and annual special cash earnings (such as bonuses) received by various categories of workers. Male and female workers of the manufacturing, mining and quarrying, construction, wholesale and retail trade, accommodation and food service activities, financial and insurance activities, real estate activities sector are the point of departure. Their gross annual earnings have been calculated by multiplying monthly contractual cash earnings by 12 and adding any annual special cash earnings. In the *Basic Survey*, sickness and unemployment compensations are excluded from cash earnings, but average overtime and bonuses are included.

As far as the *Basic Survey* is concerned, it covers the whole country, and no special assumption is made regarding the place of residence of the average worker.

5.2. *Employer contributions to private pension and health schemes*

DB: JPY 3 528 billion (2013)

Employees' Pension Funds (EPFs): JPY 1 035 billion (2014)

DC: JPY 673 billion (2014)

Data of DB and EPFs are the total amount of employers' contribution and employees' one and there is no data of those which indicates only employers' contribution. As from January 2012, matching contribution which enables employee to pay additional contribution to employer's one became available. The amount of DC does not include the amount of matching contribution. It is regulated by law that employers' contribution must be higher than employees' one.

2016 parameter values

Average earnings/yr	Ave_earn	5 110 601	Secretariat estimate
Allowances for central tax	basic_al	380 000	
	spouse_al	380 000	
	Spouse_al_sp	0	0
		380 001	380 000
		400 000	360 000
		450 000	310 000
		500 000	260 000
		550 000	210 000
		600 000	160 000
		650 000	110 000
		700 000	60 000
		750 000	30 000
		760 000	0
spouse_al_ceil		380 000	
	child_al	0	
Employment income deduction	emp_inc_min	650 000	
	emp_inc_sch	0.4	1 800 000
		0.3	3 600 000
		0.2	6 600 000
		0.1	10 000 000
		0.05	
	emp_inc_max	2 300 000	
Central gov't tax schedule	tax_sch	0.05	1 950 000
		0.10	3 300 000
		0.20	6 950 000
		0.23	9 000 000
		0.33	18 000 000
		0.40	40 000 000
		0.45	
	surtax	1.021	
Allowances for state/local tax	s_basic_al	330 000	
	s_spouse_al	330 000	
	s_spouse_al_sp	0	0
		380 001	330 000
		450 000	310 000
		500 000	260 000
		550 000	210 000
		600 000	160 000
		650 000	110 000
		700 000	60 000
		750 000	30 000
		760 000	0
	S_spouse_al_ceil	380 000	
	s_child_al	0	
Prefectural tax	pref_per_cap	1 500	
Municipal tax	mun_per_cap	3 500	
	local_sch	0.1	
Social security contributions	SSC_pens	0.0897267	
	pens_ceil	7 440 000	
	SSC_sick	0.05	
	sick_ceil	16 680 000	
	SSC_unemp	0.004	
Employer contribution proportion	SSC_empr_unemp	0.007	
	SSC_empr_oth	0.0045	
Child transfer	Child_transfer	120 000	
	Child_transfer2	60 000	
	Child_transfer_lim	6 220 000	
	Child_transfer_lim_incr	380 000	

2016 tax equations

The equations for the Japanese system are mostly on an individual basis. But the tax allowances for the spouse and for children are relevant only to the calculation for the principal earner. This is shown by the Range indicator in the table below.

The functions which are used in the equations (Taper, MIN, Tax etc) are described in the technical note about tax equations. Variable names are defined in the table of parameters above, within the equations table, or are the standard variables "married" and "children". A reference to a variable with the affix "_total" indicates the sum of the relevant variable values for the principal and spouse. And the affixes "_princ" and "_spouse" indicate the value for the principal and spouse, respectively. Equations for a single person are as shown for the principal, with "_spouse" values taken as 0.

	Line in country table and intermediate steps	Variable name	Range	Equation
1.	Earnings	earn		
2.	Allowances:			
		tax_al	P	basic_al + Married*(earn_princ - (earn_princ>0)*MIN(emp_inc_max,MAX(emp_inc_min,Tax(earn_princ, emp_inc_sch)))<=spouse_al_ceil)*spouse_al + Married*VLOOKUP(Positive(earn_princ - (earn_princ>0)*MAX(emp_inc_min,Tax(earn_princ, emp_inc_sch))),spouse_al_sp,2,TRUE) + Children*child_al + MAX(emp_inc_min,Tax(earn_princ,emp_inc_sch)) + SSC_princ
			S	MIN(earn_spouse, basic_al + MAX(emp_inc_min, Tax(earn, emp_inc_sch)) + SSC_spouse)
3.	Credits in taxable income	taxbl_cr	B	0
4.	CG taxable income	tax_inc	B	Positive(earn-tax_al)
5.	CG tax before credits	CG_tax_excl	B	Positive(Tax(tax_inc, tax_sch))
6.	Tax credits :	tax_cr	B	0
7.	CG tax	CG_tax	B	CG_tax_excl*surtax
8.	State and local taxes			
	Local taxable income	local_tax_inc	P	Positive(earn_princ- (s_basic_al+Married*((earn_spouse-(earn_spouse>0)*MAX(emp_inc_min,Tax(earn_spouse,emp_inc_sch))<=s_spouse_al_ceil)*s_spouse_al +VLOOKUP(Positive(earn_spouse-(earn_spouse>0)*MAX(emp_inc_min,Tax(earn_spouse,emp_inc_sch))),s_spouse_al_sp,2,TRUE))+Children*s_child_al+ MAX(emp_inc_min,Tax(earn_princ,emp_inc_sch))+SSC_princ))
			S	Positive(earn_spouse- (s_basic_al+(earn_spouse>0)*MAX(emp_inc_min,Tax(earn_spouse,emp_inc_sch))+SSC_spouse))
	Local tax	local_tax	P	(earn_princ-MAX(emp_inc_min,Tax(earn_princ,emp_inc_sch))>350000+ (Married*(earn_princ - (earn_princ>0)*MAX(emp_inc_min,Tax(earn_princ, emp_inc_sch))<=s_spouse_al_ceil)+Children>0)*((Married*(earn_princ - (earn_princ>0)*MAX(emp_inc_min,Tax(earn_princ, emp_inc_sch))<=s_spouse_al_ceil)+ Children)*350000+210000))*(pref_per_cap+mun_per_cap)+(earn_princ-MAX(emp_inc_min,Tax(earn_princ,emp_inc_sch))>350000+(Married*(earn_princ - (earn_princ>0)*MAX(emp_inc_min,Tax(earn_princ, emp_inc_sch))<=s_spouse_al_ceil)+Children>0)*((Married*(earn_princ - (earn_princ>0)*MAX(emp_inc_min, Tax(earn_princ, emp_inc_sch))<=s_spouse_al_ceil)+Children)*350000+ 320000))*Positive(Tax(Positive(earn_spouse-tax_al_spouse),local_sch)-IF (Positive(earn_spouse-tax_al_spouse)>2000000,MAXA(2500,((Positive(earn_spouse-tax_al_spouse)-MAX(emp_inc_min,Tax(earn_princ,emp_inc_sch)))- (Positive(earn_spouse-tax_al_spouse)-2000000))*5%),MINA((Positive(earn_spouse-tax_al_spouse)-MAX(emp_inc_min,Tax(earn_princ,emp_inc_sch))), Positive(earn_spouse-tax_al_spouse))*5%))
			S	(earn_spouse - (earn_spouse>0)*MAX(emp_inc_min,Tax(earn_spouse, emp_inc_sch))>350000)*(pref_per_cap+mun_per_cap+Positive(Tax(local_tax_inc_spouse,local_sch)-IF(local_tax_inc_spouse>2000000,MAXA(2500,((local_tax_inc_spouse-tax_inc_spouse)-(local_tax_inc_spouse-2000000))*5%),MINA ((local_tax_inc_spouse-tax_inc_spouse),local_tax_inc_spouse)*5%)))

	Line in country table and intermediate steps	Variable name	Range	Equation
9.	Employees' soc security	SSC	B	SSC_pens*MIN(earn, pens_ceil)+SSC_sick*MIN(earn, sick_ceil)+SSC_unemp*earn
11.	Cash transfers	cash_trans	B	IF(Children>0,IF(Positive(princ_inc - princ_empl_inc)<Child_transfer_lim+(Child_transfer_lim_incr*Children), Child_transfer,Child_transfer2)*Children,0)
13.	Employer's social security	SSC_empr	B	SSC_pens*MIN(earn, pens_ceil)+SSC_sick*MIN(earn, sick_ceil)+(SSC_empr_unemp+SSC_empr_oth)*earn

Key to range of equation B calculated separately for both principal earner and spouse P calculated for principal only (value taken as 0 for spouse calculation).

Les impôts sur les salaires 2017

Korea

This chapter includes data on the income taxes paid by workers, their social security contributions, the family benefits they receive in the form of cash transfers as well as the social security contributions and payroll taxes paid by their employers. Results reported include the marginal and average tax burden for eight different family types.

Methodological information is available for Personal income tax systems, Compulsory social security contributions to schemes operated within the government sector, Universal cash transfers as well as recent changes in the tax/benefit system. The methodology also includes the parameter values and tax equations underlying the data.

Korea 2016

The tax/benefit position of single persons

	Wage level (per cent of average wage)	67	100	167	67
	Number of children	none	none	none	2
1.	**Gross wage earnings**	29 384 352	43 857 243	73 241 595	29 384 352
2.	**Standard tax allowances**				
	Basic allowance	1 500 000	1 500 000	1 500 000	1 500 000
	Married or head of family	0	0	0	0
	Dependent children	0	0	0	3 000 000
	Deduction for social security contributions and income taxes	1 322 296	1 973 576	2 343 600	1 322 296
	Work-related expenses				
	Other	9 657 653	13 543 590	16 276 136	10 657 653
	Total	12 479 949	17 017 166	20 119 736	16 479 949
3.	**Tax credits or cash transfers included in taxable income**	0	0	0	0
4.	**Central government taxable income (1 - 2 + 3)**	16 904 404	26 840 077	53 121 859	12 904 404
5.	**Central government income tax liability (exclusive of tax credits)**	1 455 661	2 946 012	7 529 246	855 661
6.	**Tax credits**				
	Basic credit	870 000	660 000	500 000	900 613
	Married or head of family				
	Children				
	Other				
	Total	870 000	660 000	500 000	900 613
7.	**Central government income tax finally paid (5-6)**	585 661	2 286 012	7 029 246	0
8.	**State and local taxes**	58 566	228 601	702 925	0
9.	**Employees' compulsory social security contributions**				
	Gross earnings	2 471 348	3 688 579	5 207 656	2 471 348
	Taxable income				
	Total	2 471 348	3 688 579	5 207 656	2 471 348
10.	**Total payments to general government (7 + 8 + 9)**	3 115 575	6 203 192	12 939 827	2 471 348
11.	**Cash transfers from general government**				
	For head of family	0	0	0	0
	For two children	0	0	0	0
	Total	0	0	0	0
12.	**Take-home pay (1-10+11)**	26 268 778	37 654 050	60 301 768	26 913 004
13.	**Employer's compulsory social security contributions**	3 044 343	4 543 796	6 635 867	3 044 343
14.	**Average rates**				
	Income tax	2.2%	5.7%	10.6%	0.0%
	Employees' social security contributions	8.4%	8.4%	7.1%	8.4%
	Total payments less cash transfers	10.6%	14.1%	17.7%	8.4%
	Total tax wedge including employer's social security contributions	19.0%	22.2%	24.5%	17.0%
15.	**Marginal rates**				
	Total payments less cash transfers: Principal earner	21.7%	21.0%	28.0%	8.4%
	Total payments less cash transfers: Spouse	n.a.	n.a.	n.a.	n.a.
	Total tax wedge: Principal earner	29.0%	28.5%	31.9%	17.0%
	Total tax wedge: Spouse	n.a.	n.a.	n.a.	n.a.

Korea 2016

The tax/benefit position of married couples

		100-0	100-33	100-67	100-33
	Wage level (per cent of average wage)	100-0	100-33	100-67	100-33
	Number of children	2	2	2	none
1.	**Gross wage earnings**	43 857 243	58 330 133	73 241 595	58 330 133
2.	**Standard tax allowances**				
	Basic allowance	1 500 000	3 000 000	3 000 000	3 000 000
	Married or head of family	1 500 000	0	0	0
	Dependent children	3 000 000	3 000 000	3 000 000	0
	Deduction for social security contributions and income taxes	1 973 576	2 624 856	3 295 872	2 624 856
	Work-related expenses				
	Other	13 543 590	21 332 746	23 701 243	21 332 746
	Total	21 517 166	29 957 602	32 997 115	26 957 602
3.	**Tax credits or cash transfers included in taxable income**	0	0	0	0
4.	**Central government taxable income (1 - 2 + 3)**	22 340 077	28 372 531	40 244 481	31 372 531
5.	**Central government income tax liability (exclusive of tax credits)**	2 271 012	2 767 959	3 876 672	3 217 959
6.	**Tax credits**				
	Basic credit	960 000	1 239 571	1 829 198	939 571
	Married or head of family				
	Children				
	Other				
	Total	960 000	1 239 571	1 829 198	939 571
7.	**Central government income tax finally paid (5-6)**	1 311 012	1 536 012	2 047 474	2 286 012
8.	**State and local taxes**	131 101	153 601	204 747	228 601
9.	**Employees' compulsory social security contributions**				
	Gross earnings	3 688 579	4 905 811	6 159 928	4 905 811
	Taxable income				
	Total	3 688 579	4 905 811	6 159 928	4 905 811
10.	**Total payments to general government (7 + 8 + 9)**	5 130 692	6 595 423	8 412 149	7 420 423
11.	**Cash transfers from general government**				
	For head of family	0	0	0	0
	For two children	0	0	0	0
	Total	0	0	0	0
12.	**Take-home pay (1-10+11)**	38 726 550	51 734 709	64 829 446	50 909 709
13.	**Employers' compulsory social security contributions**	4 543 796	6 043 248	7 588 139	6 043 248
14.	**Average rates**				
	Income tax	3.3%	2.9%	3.1%	4.3%
	Employees' social security contributions	8.4%	8.4%	8.4%	8.4%
	Total payments less cash transfers	11.7%	11.3%	11.5%	12.7%
	Total tax wedge including employer's social security contributions	20.0%	19.6%	19.8%	20.9%
15.	**Marginal rates**				
	Total payments less cash transfers: Principal earner	21.0%	21.0%	21.0%	21.0%
	Total payments less cash transfers: Spouse	10.1%	8.4%	17.7%	8.4%
	Total tax wedge: Principal earner	28.5%	28.5%	28.5%	28.5%
	Total tax wedge: Spouse	18.6%	17.0%	25.4%	17.0%

The national currency is the Won (KRW). In 2016, KRW 1 160.59 was equal to USD 1. In this year, the average worker is expected to earn KRW 43 857 243 (Secretariat estimate).

1. Personal income tax system

1.1. *Central government income tax system*

1.1.1. *Tax unit*

Each individual is taxed on his/her own income.

Non-taxable wage income includes the:

- national pension, medical insurance, unemployment insurance and work injury insurance that are borne by employer;
- overtime payment to productive workers: up to KRW 2 400 000 of overwork payment of productive workers in manufacturing and mining sectors whose monthly wage is less than KRW 1 500 000 and whose yearly wage is less than KRW 25 000 000.

1.1.2. *Allowances and tax credits*

1.1.2.1. Standard reliefs

- *Employment income deduction*: the following deduction from gross income is provided to wage and salary income earners:

Salary	Deduction
Up to KRW 5 000 000	70%
KRW 5 000 000 to KRW 15 000 000	KRW 3 500 000 plus 40% of the salary over KRW 5 000 000
KRW 15 000 000 to KRW 45 000 000	KRW 7 500 000plus 15% of the salary over KRW 15 000 000
KRW 45 000 000 to KRW 100 000 000	KRW 12 000 000 plus 5% of the salary over KRW 45 000 000
Over KRW 100 000 000	KRW 14 750 000 plus 2% of the salary over KRW 100 000 000

- *Basic allowance*: a taxpayer can deduct KRW 1 500 000 from his/her income for each person who meets one of following conditions:
  - the taxpayer him/herself;
  - the taxpayer's spouse whose taxable income (gross earnings net of employment income deduction) is less than KRW 1 000 000;
  - the taxpayer's (including the spouse's) dependents (parents, siblings, children) within the same household whose income after accounting for the employment income deduction is less than KRW 1 000 000 and whose age is:
    1. parents: 60 years or older;
    2. brother/sister: 60 years or older or 20 years or younger;
    3. children: 20 years or younger (if both partners in the household earn wage-income, this Report assumes that the principal wage earner will claim the allowance).

- *Additional allowance*: a taxpayer can deduct KRW 1 000 000 (500 000 in the case of [c], KRW 2 000 000 in the case of [b]) from his/her gross income when the taxpayer or his/her dependents fall into one of the following categories (for this report, only cases [c] are modelled):
  - a person aged 70 years or older (a)
  - a handicapped person (b)
  - a female wage earner who is the head of a household with dependents (but without spouse) or a female wage earner with spouse when her taxable income is not more than KRW 30 million (c)
  - a single parent with descendants including adoptees (f)
- *National pension deduction*: employees can deduct 100% of their National Pension contributions
- *Working Tax credit*: wage and salary income earners obtain the following tax credit, :

Calculated tax	Amount of tax credit
Up to KRW 1 300 000	55% of calculated tax
Over KRW 1 300 000	KRW 715 000 plus 30% of the calculated tax over KRW 1 300 000

Total wage and salary income	Ceiling on credit amount
Not more than KRW 33 million	KRW 740 000
Not more than KRW 70 million	The greater of KRW 660 000 and KRW 740 000 - [(total wage and salary income - KRW 33 million) × 0.8%]
Exceeding KRW 70 million	The greater of KRW 500 000 and KRW 660 000 - [(total wage and salary income - KRW 70 million) × 50%]

1.1.2.2. Main non-standard tax reliefs

Wage and salary income earners may deduct from gross income the expenses for the following items during the tax year:

- *Insurance premiums:* the Medical insurance premium and the Unemployment insurance premium can be entirely (100%) deducted from taxable income.
- *Saving/Payment for housing:* 40% of deposits of an account for purchasing a house, which is held by a person who does not own a house, or owns only one house that is smaller than 85 square miles in size and whose price is KRW 300 million or less, 40% of repayments of loans including interest borrowed for the purpose of the lease by a person owning no house may be deducted up to three million won per year. *Credit card purchases:* Employees may deduct 15% of their credit card (30% of their debit card, prepaid card or cash receipt) purchases that exceed 25% of their total income up to lesser of KRW 3 000 000 or 20% of their total income. However, for expenditures spent for traditional markets and public transportation, the allowed deduction is equivalent to 30% of the expenditure and the ceiling is raised by an additional KRW 1 000 000 respectively.

1.1.2.3. Child tax credit

- Where a resident with taxable income has dependent children including adoption, he/she gets annual tax credit of KRW 150 000 for having a child, KRW 300 000 for having two

Overlapping of deductions for (c) and (f) is not allowed. So a taxpayer should select only one.

children and KRW 300 000 plus KRW 300 000 per an excess child over two children in case of having more than three children.

- Resident gets additional tax credit of KRW 150 000 per a child who is under 6 years of age from second child;
- Resident gets tax credit of KRW 300 000 per child for birth and adoption of the year;

1.1.2.4. Credit for Pension Insurance Premiums

- A resident who paid pension contributions to a pension account may deduct the amount equal to 12% of the premiums paid from his/her global income tax amount, only up to KRW 4 million for pension account as well as KRW 7 million for sum of the pension account and retirement -pension account
- A resident whose labour income is not exceeding KRW 55 million when he has labour income only or whose global income is not exceeding KRW 40 million would deduct 15% of the premium.

1.1.2.5. Special tax credit

- Wage and salary income earners may obtain following tax credit during the tax year:
- *Insurance premiums (a)*:12% of the general insurance premium up to KRW 1 000 000 can be deducted from his/her income tax amount.
- *Medical expenses (b)*:15% of the medical expenses exceeding 3% of taxable income can be deducted from his/her income tax amount. The medical expenses for taxpayer's dependents who are eligible for the basic deduction is limited KRW 7 000 000 and the medical expenses for the taxpayer himself, taxpayer's dependents who are aged 65 years or older and handicapped persons is not limited.
- *Educational expenses (c)*:15% of tuition fees for pre-school, elementary, middle school and college (but the graduate school fee deduction is allowed only for the taxpayer himself), either for the taxpayer himself or his/her dependents (including the taxpayer's spouse, children, and siblings), can be deducted from his/her income tax amount. The tuition fee for the taxpayer himself is not limited. For the taxpayer's dependents, the limits of tuition fees are as follows:
  - For pre-school: up to KRW 3 000 000 per child;
  - For elementary, middle and high school: up to KRW 3 000 000 per student;
  - For college/university: up to KRW 9 000 000 per student.
  - *Charities (d)*:15% of the amount of donation (in case of the donation exceeding KRW 20 million, 30% of the excess over KRW 20 million) is deducted from income tax amount. The limits of donations are as follows:
  - donations to a government body, donations for national defence, natural disaster, and certain charitable associations: up to gross income;
  - donations to public welfare or religious associations: up to 30% of gross income.
- Standard Credits: Alternatively, a taxpayer may elect to choose an annual standard credit of KRW 70 000 (KRW 130 000 for wage and salary earners and KRW 120 000 for business owners meeting certain requirements), if he or she fails to claim deductions for insurance premium, saving/payment for housing and special tax credit.

1.1.3. *Tax schedule*

Over (KRW)	Not more than (KRW)	Marginal tax rate (%)
0	12 000 000	6
12 000 000	46 000 000	15
46 000 000	88 000 000	24
88 000 000	150 000 000	35
150 000 000		38

1.2. Local income tax

1.2.1. *Tax base*

The local income tax base is the income tax paid to the central government.

1.2.2. *Tax rate*

A uniform rate of 10% is applied. However, the local government can adjust the rate between the lower limit of 5% and the upper limit of 15%.

1.2.3. *Tax rate (selected for this study)*

A country-wide rate of 10% is used in this Report.

2. Compulsory social security contribution to schemes operated within the government sector

2.1. Employees' contribution

2.1.1. *National pension*

The National pension contribution rate is 4.5% of the standardised average monthly wage income as of 2014.

The scope of the standardised average monthly wage income is from KRW 270 000 to KRW 4 210 000 as of 1 July, 2015

2.1.2. *Medical insurance*

The Medical insurance premium, which has a rate of 3.260423% (Health insurance: 3.06%, Long term care insurance: 6.55% of Health insurance premium rate), is levied on average monthly wage income as of 1 January 2016.

The scope of the average monthly wage income is from KRW 280 000 to KRW 78 100 000.

2.1.3. *Unemployment insurance*

0.65% of gross income.

2.1.4. *Industrial accident compensation insurance (premiums)*

Compulsory application, premiums paid only by employers.

2.2. Employers' contribution

2.2.1. *National pension*

The national pension contribution rate is 4.5% of the standardised average monthly wage income as of 2014.

The scope of the standardised average monthly wage income is from KRW 280 000 to KRW 4 340 000 as of 1 July, 2016.

If the average monthly wage income of a person is less than KRW 280 000, the average monthly wage income of the person is regarded as KRW 280 000 and the rate (0.045) is applied. Ifthe average monthly wage income of a person is more than KRW 4 340 000, the average monthly wage income of the person is regarded as KRW 4 340 000 and the rate (0.045) is applied; so the maximum of the national pension contribution per year is KRW 2 343 600(=KRW 4 340 000 x 0.045 x 12 months).

2.2.2. *Medical insurance*

The Medical insurance premium, which has a rate of 3.260423% (Health insurance: 3.06%, Long term care insurance: 6.55% of Health insurance premium rate), is levied on average monthly wage income as of 1 January, 2015.

The scope of the average monthly wage income is from KRW 280 000 to KRW 78 100 000.

2.2.3. *Unemployment insurance*

- the insurance premium is between 0.9% and 1.5% of total wage;
- the insurance premium selected for this study is 0.9%.

2.2.4. *Work injury insurance*

- the insurance premium consists of an industry-specific rate which is set by the Ministry of Employment and Labour multiplied by total wage;
- the average rate of all industries (selected for this study) is 1.70%.

3. Universal cash transfers

Child Benefit

Child benefit is paid every month to those who have children aged 5 years or younger: KRW 200 000 for a child aged 12 months or younger, KRW 150 000 for a child aged 1 to 2 years and KRW 100 000 for a child aged 2 to 5 years.

If a child attends a nursery or pre-school, childcare benefit is paid instead every month: KRW 418 000 for a child aged 0, KRW 368 000 for a child aged 1 year, KRW 304 000 for a child aged 2 years and KRW 220 000 for a child aged 3 to 5 years.

The above child benefits are not included in the Taxing Wages calculations that consider children aged between 6 and 11 inclusive.

4. Main changes in tax/benefit system since 2000

2000	Contribution to National Pension are to be deductible from 2001, upper cap of employment income deduction limit (KRW 12 000 000) is abolished from 2001
2001	Personal income tax rates are lowered by 10% (10, 20 ,30, 40% were reduced to 9, 18, 27, 36%, respectively) from 2002
2002	Limits of deduction for education fees are expanded from 2003. For pre-school: from KRW 1 000 000 to KRW 1 500 000. For elementary, middle school and high school: from KRW 1 500 000 to KRW 2 000 000. For college and university: from KRW 3 000 000 to KRW 5 000 000. Limit of deduction for interest of long-term mortgage loan for housing is expanded from KRW 3 000 000 to KRW 6 000 000 from 2003
2003	Employment income deduction and tax credit applicable to low income are increased. The deduction rate for the taxable wage income range of KRW 5 000 000 to KRW 15 000 000 is increased from 45% to 47.5%. The tax credit rate for calculated tax below KRW 500 000 is increased from 45% to 50% and the maximum tax credit is increased from KRW 400 000 to KRW 450 000.
2004	Limits of deduction for education fees are expanded. For pre-school: from KRW 1 500 000 to KRW 2 000 000. For college and university: from KRW 5 000 000 to KRW 7 000 000. Limit of deduction for interest on long-term mortgage loan for housing is expanded from KRW 6 000 000 to KRW 10 000 000. The marginal deduction rate for the taxable wage income range from KRW 5 000 000 to KRW 15 000 000 is increased from 47.5% to 50%. The tax credit rate for tax amounts below KRW 500 000 is increased from 50% to 55% and the maximum permitted tax credit goes up from KRW 450 000 to KRW 500 000.
2005	Personal income tax rates are lowered by 1% point (9, 18, 27, 36% were reduced to 8, 17, 26, 35%, respectively). Lump-sum tax relief are expanded from KRW 600 000 to KRW 1 000 000.
2007	Eligibility for the extra allowance amount has been changed. Previously, an income earner with a small number of dependents (e.g. spouse, child) eligible for basic allowance was eligible for an allowance of up to KRW 1 000 000 depending on the number of dependents. As from 2007, however, an income earner with two or more dependent children eligible for basic allowance is eligible for an allowance equivalent to KRW 500 000 if there are 2 children plus an additional KRW 1 000 000 for every additional child (e.g. 2 children: KRW 500 000; 3 children: KRW 1 500 000; 4 children: KRW 2 500 000, etc.).
2008	Tax schedule has been changed : from KRW 10 000 000, KRW 40 000 000 , KRW 80 000 000 to KRW 12 000 000, KRW 46 000 000, KRW 88 000 000; New items have been added to the additional allowance with respect to lineal descendants who are born or adopted during the concerned taxable year; Credit card purchase deduction has been changed : Employees may deduct 20% (previously 15%) of their credit/debit card purchases that exceed 20% (previously 15%) of their total income; Deduction for donations to public welfare or religious associations has been increased up to 15% of gross income. Previously, the limit was 10% of gross income.
2009	Personal income tax rates have been changed: from 8%, 17%, 26%, 35% to6%, 16%, 25%, and 35%. Employment income deduction has been changed: from 100%, 50%, 15%, and 10% 5% to 80%, 50%, 15%, and 10%. 5%
2010	Personal income tax rates have been changed: from 6%, 16%, 25%, 35% to6%, 15%, 24%, and 35%.
2012	Personal income tax rates have been changed: from6%, 15%, 24%, and 35% to 6%, 15%, 24%, 35% and 38%
2013	• A new additional allowance is added: a single parent with lineal descendants or adopted children who are eligible for basic exemption can deduct KRW 1 000 000. • Insurance premiums, medical expenses, education expenses, loans for house, designated donations, saving deposits for housing subscription, investment in employee stock ownership associations or in associations for investment in start-ups, and credit cards are allowed income deduction with a ceiling at KRW 25 000 000 in total. However, for the amount of designated donations exceeding the ceiling, deduction can be carried forward for 5 years.
2014	• Tax schedule has been changed : KRW 300 000 000 to KRW 150 000 000 • Personal and special income deductions(e.g. medical expenses, educational expenses) have been shifted toward tax credit • Employment income deduction has been changed : 80% to 70%, 50% to 40%. • The ceiling amount of earned income tax credit has been changed : KRW 500 000 to KRW 740 000 (the salary < 33 000 000), KRW 660 000 (the salary < 70 000 000)

5. Memorandum item

5.1. *Identification of the Average Worker (AW)*

Sectors used: industry Sectors B-N with reference to the International Standard Industrial Classification of All Economic Activities, Revision 4 (ISIC Rev.4)

Geographical coverage: whole country

Type of workers: wage workers (male and female).

5.2. Method to calculate wages

Report on Labour Force Survey at Establishments covering data in 2014 by the Ministry of Employment and Labour is used to calculate the annual wages of the AW. The statistics were obtained through a sample survey of 12 000 firms with five or more permanent employees throughout the whole country.

Basic method of calculation used: average monthly wages multiplied by 12.

5.3. Employer's reserve for employee's retirement payment

An employer should pay to a retiree the retirement payment which is not less than 30 days' wage and salary per one year of service (about 8.3% of gross income or more). An employer can contribute to the Retirement Payment Reserve Fund established within the company or Retirement Insurance Fund established outside the company to prepare for the retirement payment. Such contribution is treated as business expense under certain constraints. Because contribution to the Retirement Fund is not compulsory, this survey does not include such contribution except the contribution converted to employer's contribution to the national pension plan (see Section 2.21).

2016 parameter values

Average earnings/yr	Ave_earn	43 857 243	Secretariat estimate
Tax allowances	basic_al	1 500 000	
spouse	spouse_al	1 500 000	
dependents including children	dep_al	1 500 000	
additional allowance	add_all	500 000	
additional allowance 2	add2_all	1 000 000	
Employment income deduction	empdedsch	0	0.7
		5 000 000	0.4
		15 000 000	0.15
		45 000 000	0.05
		100 000 000	0.02
Earned income special credit threshold	earntaxcred	0.55	
		0.3	1 300 000
credit limit	credlimit	740 000	Ave_earn<33 000 000
		660 000	Ave_earn< 70 000 000
		500 000	Ave_earn> 70 000 000
Child tax credit	child_cred	150 000	
Lump sum tax credit	lump_cred	130 000	
	lump_thresh	1 428 571	
Tax schedule	tax_sch	0.06	12 000 000
		0.15	46 000 000
		0.24	88 000 000
		0.350.38	150 000 000
Local tax rate	local_rate	0.1	
Social security contributions	SSC_pens	0.045	
	SSC_pens_max	2 343 600	
	SSC_sick	0.03260423	
	SSC_sick_max	30 556 679.7	
	SSC_unemp	0.0065	
Employer contributions	emp_pens	0.045	
	emp_sick	0.03260423	
	emp_unemp	0.009	
	emp_inj	0.0170	

2016 tax equations

The equations for the Korean system are independent between spouses except that the principal earner has tax allowances for the spouse and for any children.

The functions which are used in the equations (Taper, MIN, Tax etc) are described in the technical note about tax equations. Variable names are defined in the table of parameters above, within the equations table, or are the standard variables married and children. A reference to a variable with the affix total indicates the sum of the relevant variable values for the principal and spouse. And the affixes princ and spouse indicate the value for the principal and spouse, respectively. Equations for a single person are as shown for the principal, with spouse values taken as 0.

	Line in country table and intermediate steps	Variable name	Range	Equation
1.	Earnings	earn		
2.	Allowances:			
	employment income	emp_al	B	Empincded(earn, empincdedsch)
	basic	bas_al	B	basic_al
	spouse	sp_al	P	Married*spouse_al*(earn_spouse-emp_al_spouse<=spouse_al)
	dependents	dp_al	P	Children*dep_al
	additional allowances	add_al_princ	P	IF(AND(Married=0,Children>0), add2_all,0)
	additional allowances	add_al_spouse	S	(earn_spouse>0)*add_all
	national pension deduction	np_de	B	Min(earn*SSC_pens, SSC_pens_max)
	Main non-standard tax relief	non-std_al	B	IF(earn*(SSC_sick+SSC_unemp)>lump_thresh,earn*(SSC_sick+SSC_unemp),0)
	Total	tax_al	B	emp_al+bas_al+sp_al+dp_al+add_al+np_al
3.	Credits in taxable income	taxbl_cr	B	0
4.	CG taxable income	tax_inc	B	Positive(earn-tax_al)
5.	CG tax before credits	CG_tax_excl	B	Tax(tax_inc, tax_sch)
6.	Tax credits : earned income special tax credit child tax credit lump-sum tax credit Total	earn_cr child_cr lump_cr tax_cr	B P B B	MIN(earntaxcred(CG_tax_excl), credlimit(earn)) Children*child_cred IF(non-std_al=0, lump_cred, 0) earn_cr+child_cr+lump_cr
7.	CG tax	CG_tax	B	CG_tax_excl-tax_cr
8.	State and local taxes	local_tax	B	local_rate*CG_tax
9.	Employees' soc security	SSC	B	MIN(earn*(SSC_pens),SSC_pens_max)+MIN(earn*(SSC_sick),SSC_sick_max)+earn*(SSC_unemp)
11.	Cash transfers	cash_trans	J	
13.	Employer's soc security	SSC_empr	B	MIN(earn*(SSC_pens),SSC_pens_max)+MIN(earn*(emp_sick),SSC_sick_max)+earn*(emp_unemp+emp_inj)

Key to range of equation:
B calculated separately for both principal earner and spouse
P calculated for principal only (value taken as 0 for spouse calculation)
S calculated for spouse only
J calculated once only on a joint basis

Latvia

This chapter includes data on the income taxes paid by workers, their social security contributions, the family benefits they receive in the form of cash transfers as well as the social security contributions. Results reported include the marginal and average tax burden for eight different family types.

Methodological information is available for Personal income tax systems, Compulsory social security contributions to schemes operated within the government sector, Universal cash transfers as well as recent changes in the tax/benefit system. The methodology also includes the parameter values and tax equations underlying the data.

Latvia 2016

The tax/benefit position of single persons

			67	100	167	67
		Wage level (per cent of average wage)	67	100	167	67
		Number of children	none	none	none	2
1.	**Gross wage earnings**		6 816	10 173	16 990	6 816
2.	**Standard tax allowances**					
	Basic allowance		900	900	900	900
	Married or head of family					
	Dependent children		0	0	0	4 200
	Deduction for social security contributions and income taxes		716	1 068	1 784	716
	Work-related expenses		0	0	0	0
	Other					
		Total	1 616	1 968	2 684	5 816
3.	**Tax credits or cash transfers included in taxable income**		0	0	0	0
4.	**Central government taxable income (1 - 2 + 3)**		5 200	8 205	14 306	1 000
5.	**Central government income tax liability (exclusive of tax credits)**		1 196	1 887	3 290	230
6.	**Tax credits**					
	Basic credit					
	Married or head of family					
	Children		0	0	0	0
	Other					
		Total	0	0	0	0
7.	**Central government income tax finally paid (5-6)**		1 196	1 887	3 290	230
8.	**State and local taxes**		0	0	0	0
9.	**Employees' compulsory social security contributions**					
	Gross earnings		716	1 068	1 784	716
	Taxable income					
		Total	716	1 068	1 784	716
10.	**Total payments to general government (7 + 8 + 9)**		1 912	2 955	5 074	946
11.	**Cash transfers from general government**					
	For head of family					
	For two children		0	0	0	410
		Total	0	0	0	410
12.	**Take-home pay (1-10+11)**		4 904	7 218	11 915	6 280
13.	**Employer's compulsory contributions**					
	Employer's compulsory social security contributions		1 608	2 400	4 008	1 608
	Payroll taxes		4	4	4	4
		Total	1 612	2 404	4 012	1 612
14.	**Average rates**					
	Income tax		17.5%	18.6%	19.4%	3.4%
	Employees' social security contributions		10.5%	10.5%	10.5%	10.5%
	Total payments less cash transfers		28.0%	29.1%	29.9%	7.9%
	Total tax wedge including employer's social security contributions		41.8%	42.6%	43.3%	25.5%
15.	**Marginal rates**					
	Total payments less cash transfers: Principal earner		31.1%	31.1%	31.1%	31.1%
	Total payments less cash transfers: Spouse		n.a.	n.a.	n.a.	n.a.
	Total tax wedge: Principal earner		44.2%	44.2%	44.2%	44.2%
	Total tax wedge: Spouse		n.a.	n.a.	n.a.	n.a.

Latvia 2016

The tax/benefit position of married couples

		Wage level (per cent of average wage)	100-0	100-33	100-67	100-33
		Number of children	2	2	2	none
1.	**Gross wage earnings**		10 173	13 531	16 990	13 531
2.	**Standard tax allowances**					
	Basic allowance		900	1 800	1 800	1 800
	Married or head of family					
	Dependent children		4 200	4 200	4 200	0
	Deduction for social security contributions and income taxes		1 068	1 421	1 784	1 421
	Work-related expenses		0	0	0	0
	Other					
		Total	6 168	7 421	7 784	3 221
3.	**Tax credits or cash transfers included in taxable income**		0	0	0	0
4.	**Central government taxable income (1 - 2 + 3)**		4 005	6 110	9 206	10 310
5.	**Central government income tax liability (exclusive of tax credits)**		921	1 405	2 117	2 371
6.	**Tax credits**					
	Basic credit					
	Married or head of family					
	Children		0	0	0	0
	Other					
		Total	0	0	0	0
7.	**Central government income tax finally paid (5-6)**		921	1 405	2 117	2 371
8.	**State and local taxes**		0	0	0	0
9.	**Employees' compulsory social security contributions**					
	Gross earnings		1 068	1 421	1 784	1 421
	Taxable income					
		Total	1 068	1 421	1 784	1 421
10.	**Total payments to general government (7 + 8 + 9)**		1 989	2 826	3 901	3 792
11.	**Cash transfers from general government**					
	For head of family					
	For two children		410	410	410	0
		Total	410	410	410	0
12.	**Take-home pay (1-10+11)**		8 594	11 114	13 498	9 739
13.	**Employer's compulsory contributions**					
	Employer's compulsory social security contributions		2 400	3 192	4 008	3 192
	Payroll taxes		4	9	9	9
		Total	2 404	3 201	4 016	3 201
14.	**Average rates**					
	Income tax		9.1%	10.4%	12.5%	17.5%
	Employees' social security contributions		10.5%	10.5%	10.5%	10.5%
	Total payments less cash transfers		15.5%	17.9%	20.6%	28.0%
	Total tax wedge including employer's social security contributions		31.7%	33.6%	35.7%	41.8%
15.	**Marginal rates**					
	Total payments less cash transfers: Principal earner		31.1%	31.1%	31.1%	31.1%
	Total payments less cash transfers: Spouse		24.9%	31.1%	31.1%	31.1%
	Total tax wedge: Principal earner		44.2%	44.2%	44.2%	44.2%
	Total tax wedge: Spouse		39.3%	44.2%	44.2%	44.2%

Since 2014 the Latvian currency is the Euro (EUR). In 2016, EUR 0.90 was equal to USD 1. That year, the average worker in Latvia earned EUR 10 173 per year (Secretariat estimate).

1. Personal income tax system

1.1. Central government income tax

1.1.1. Tax unit

The tax unit are individuals.

1.1.2. The main tax allowances

1.1.2.1. Standard tax reliefs:

- *A general (basic) allowance:*

In 2016, the differentiated non-taxable minimum has been introduced.

The *differentiated non-taxable minimum* will vary depending on income level: higher for lower wages, but less for higher wages. Besides it provides that in a five-year transitional period two parallel non-taxable minimums will be applied – monthly and annual.

However, in 2016 nothing changes and, as before, every month will be applied non-taxable minimum EUR 75 per month.

Differentiated non-taxable minimum criteria's

	2016	2017	2018	2019	2020
Maximum non-taxable minimum, *euro per month*	**100**	**115**	**130**	**145**	**160**
Minimum non-taxable minimum, *euro per month*	**75**	**60**	**40**	**20**	**0**
Taxable income* minimum threshold up to which the maximum annual non-taxable minimum will be applied, *euro per month*	380	400	420	440	460
Taxable income* maximum threshold up to which the annual non-taxable minimum will be applied, *euro per month*	1 000	1 100	1 200	1 350	1 500

* When calculating the taxable income not only wages, but also other income (such as dividends and income from real estate) will be taken into account. Similarly, if a person works in several jobs, the salaries will be added together and the non-taxable minimum will be applied to total revenue

Differentiated non-taxable minimum for 2016 will be applied only in 2017 when taxpayer submits annual tax return to SRS: for small income earners (up to EUR 380 per month) – EUR 100 per month or EUR 1 200 per year, for persons who receive income from EUR 380 to 1 000 per month – non-taxable minimum applying a formula gradually will decreases until at income level over EUR 1 000 per month – it remains EUR 75 per month or EUR 900 per year.

Coming years monthly applied non-taxable minimum will be gradually reduced, while the maximum applied non-taxable minimum will be increased (see table above).

- *The allowance for dependents* (which in most cases are children) of EUR 175 per month or EUR 2 100 per year (EUR 165 per month or EUR 1 980 per year in 2015) is also deductible from individual income. In addition from the list of dependents persons who are able to work has been excluded from 2016.

- To support youth employment during the summer (from June 1st to August 31st), parents can still receive tax allowance for dependents (children while it are working relation) EUR 175 per month (EUR 165 per month in 2015).
- *Relief for social security contributions*: Employee's state social security contributions are deductible for income tax purposes.
- *Tax credits*: None for employees

1.1.2.2. The main exemptions:

- capital gains on immovable property if the ownership is more than 5 years and it is place of residence more than 1 year;
- capital gains on immovable property if the ownership is more than 5 years and the last 5 years this immovable property has been the only immovable property of the payer;
- income from business or self-employed activities in field of rural tourism or agricultural manufacturing up to turnover of EUR 3 000 per taxation year, including the sums of State aid for agriculture or of the European Union aid for agriculture and rural development in amount EUR 3 000 per taxation year;
- supplementary pension capital, which is formed from the same natural person or his or her spouse, or in kinship relations to the third degree;
- scholarships regulated by special rule;
- income obtained as a result of inheritance;
- allowance (alimony);
- income from the alienation of personal property (movable objects such as furniture, clothing and other movable objects belonging to an individual intended for personal use) that is not related to business activities;
- goods and services lottery prizes;
- revenues from gifts up to EUR 1 425 from natural person, other than a close relative etc.
- revenues from gifts in full amount from natural persons, if the giver is connected to the payer by marriage or kinship to the third degree.

1.1.3. *Tax schedule*

2016 the tax rate of 23% applies for all levels of taxable income (the same rate was applied in 2015).

1.2. *Regional and local income tax*

No regional and local income taxes.

2. Compulsory social security contributions to schemes operated within the government sector

The state social security contribution system consists of six schemes as follows:

- state pension insurance;
- social insurance in case of unemployment;
- social insurance in respect of accidents at work and occupational diseases;

- invalidity insurance;
- maternity and sickness insurance;
- parents insurance.

In additional from 1 January 2016 is introduced a Solidarity tax. The solidarity tax represents a new progressive element in the labour taxation system. In 2014 and 2015 no social contributions were paid for wages exceeding a certain threshold (EUR 46 404 per year in 2014 and EUR 48 600 per year in 2015). From 2016 solidarity tax is applied to workers earning more than EUR 48 600 per year. Solidarity tax rate are at the same level as current social security contributions rates (10.5% and 23.59%). Solidarity tax revenue is transferred to the state budget and not tied to social services.

2.1. *Employees' contributions*

Employees pay 10.5% of their earnings in contributions. The taxable base is the total amount of the gross wage or salary including vacation payments, fringe benefits and remuneration of expenses related to work above a certain threshold. The assessment period is the calendar month.

2.2. *Employers' contributions*

Social security contributions are also paid by employers at a rate of 23.59% on behalf of their employees. The taxable base and the assessment period are the same as for employees' contributions.

The total contribution rates paid by employees and employers are applied:

Scheme name	Rate of contribution (%)
Pension insurance	23.86
Unemployment insurance	2.08
Insurance of accidents at work and occupational diseases	0.54
Invalidity insurance	3.11
Maternity and sickness insurance	3,05
Parents insurance	1.45
Total	34.09

3. Payroll tax

The Business risk fee is paid in in the state basic budget, then transferred to the Employee claim guarantee fund which is administrated by the state agency "Insolvency administration". The Insolvency administration is a public institution controlled by the Ministry of Justice.

If an enterprise is insolvent, the Insolvency Administration satisfies employee claims for their unpaid salaries, compensations for the paid annual leaves and compensations for dismissal in case of the end of the employment relationships.

The Business risk fee does not confer entitlement to any kind of social benefits.

The Business risk fee is a constant payment for a person EUR 0.36 per employee per month.

4. Universal cash transfers

4.1. *Transfers related to marital status*

None.

4.2. *Transfers for dependent children*

From 2015 support for families has been introduced through differentiated family benefits: EUR 11.38 per month for the first child, plus EUR 22.76 per month for the second child, plus EUR 34.14 per month for the third and each subsequent child. The state pays family benefits to all children until they reach the age of 15. Children enrolled in basic or secondary schools or vocational education institutions operating on the basis of basic education have the right to receive family benefits until the age of 19.

In addition there are four other types of family benefits for which payment depends on either the age of the child(ren) and/ or the status of the person(s) looking after them: maternity and paternity benefit; childbirth benefit; parental benefit; child care benefit (additional benefit for child with disabilities). These are not included in the modelling.

5. Main changes in tax/benefit system in 2016

- The allowance for dependents has been increased from EUR 165 per month in 2015 to EUR 175 per month in 2016. In addition from the list of dependents persons who are able to work has been excluded from 2016.
- The differentiated non-taxable minimum has been introduced. The differentiated non-taxable minimum will vary depending on income level: higher for lower wages, but less for higher wages. Besides it provides that in a five-year transitional period two parallel non-taxable minimums will be applied – monthly and annual.
- The solidarity tax has been introduced. Solidarity tax is applied to workers earning more than EUR 48 600 per year. Solidarity tax rate are at the same level as current social security contributions rates.

6. Memorandum items

6.1. *Average gross annual wage earnings*

In Latvia the gross earnings figures cover wages and salaries paid to individuals in formal employment including payment for overtime. They also include additional bonuses and payments and other payments such as for the annual and supplementary vacations, public holidays, sick pay (sick-leave certificate A), payment for public holidays and other days not worked, social security compulsory contributions paid by the employees and personal income tax, as well as labour remuneration subsidies.

6.2. *Employer contributions to private pension and health schemes*

Some employer contributions are made to private health and pension schemes but there is no relevant information available on the amounts that are paid.

2016 parameter values

Average earnings/yr	Ave_earn	10 173	Secretariat estimate
Allowances	Basic_al	900	
	Child_al	2 100	
Income tax	Tax_rate	0.23	
Employers SSC	SSC_rate1	0.2359	
Payroll tax - Business risk fee	payroll	4.32	
Income ceiling	Ceiling	48 600	
Employees SSC	SSC_rate2	0.105	
Child allowances	CA_first	136.56	
	CA_second	273.12	
	CA_third and each next	409.68	
Days in tax year	numdays	366	

2016 tax equations

The equations for the Latvian system are mostly on an individual basis.

The functions which are used in the equations (Taper, MIN, Tax etc) are described in the technical note about tax equations. Variable names are defined in the table of parameters above, within the equations table, or are the standard variables "married" and "children". A reference to a variable with the affix "_total" indicates the sum of the relevant variable values for the principal and spouse. And the affixes "_princ" and "_spouse" indicate the value for the principal and spouse, respectively. Equations for a single person are as shown for the principal, with "_spouse" values taken as 0.

	Line in country table and intermediate steps	Variable name	Range	Equation
1.	Earnings	earn		
2.	Allowances:	tax_al	P	=MIN(Basic_al+SSC_empee_princ+(Children>0)*(Child_al*Children);earn_princ)
			S	=Min(Basic_al+SSC_empee_spouse,earn_spouse)
3.	Credits in taxable income	taxbl_cr	B	0
4.	CG taxable income	tax_inc	B	Positive(earn-tax_al)
5.	CG tax before credits	CG_tax_excl	B	Tax_inc*tax_rate
6.	Tax credits :	tax_cr	B	0
7.	CG tax	CG_tax	B	CG_tax_excl-tax_cr
8;	State and local taxes	local_tax	B	0
9.	Employees' soc security	SSC_empee	B	= earn*SSC_rate2
11.	Cash transfers	cash_trans	J	=IF(Children<1;0;IF(Children=1;CA_first;IF(Children=2;CA_first+CA_second;IF(Children=3;CA_first+CA_second+CA_third_and_each_next;IF(Children>3;CA_first+CA_second+CA_third_and_each_next*(Children-2)))))
13.	Employer's soc security	SSC_empr	B B	=earn*SSC_rate1 =payroll

Key to range of equation B calculated separately for both principal earner and spouse P calculated for principal only (value taken as 0 for spouse calculation) J calculated once only on a joint basis.

Luxembourg

This chapter includes data on the income taxes paid by workers, their social security contributions, the family benefits they receive in the form of cash transfers as well as the social security contributions and payroll taxes paid by their employers. Results reported include the marginal and average tax burden for eight different family types.

Methodological information is available for Personal income tax systems, Compulsory social security contributions to schemes operated within the government sector, Universal cash transfers as well as recent changes in the tax/benefit system. The methodology also includes the parameter values and tax equations underlying the data.

Luxembourg 2016

The tax/benefit position of single persons

	Wage level (per cent of average wage)	67	100	167	67
	Number of children	none	none	none	2
1.	**Gross wage earnings**	37 652	56 197	93 849	37 652
2.	**Standard tax allowances**				
	Basic allowance	480	480	480	480
	Married or head of family				
	Dependent children				
	Deduction for social security contributions and income taxes	4 161	6 210	10 370	4 161
	Work-related expenses	540	540	540	540
	Other	0	0	0	0
	Total	5 181	7 230	11 390	5 181
3.	**Tax credits or cash transfers included in taxable income**	0	0	0	0
4.	**Central government rounded taxable income (1 - 2 + 3)**	32 450	48 950	82 450	32 450
5.	**Central government income tax liability (exclusive of tax credits)**	4 106	10 500	24 479	2 359
6.	**Tax credits**				
	Basic credit	300	300	300	300
	Married or head of family				
	Children				
	Other	0	0	0	750
	Total	300	300	300	1 050
7.	**Central government income tax finally paid (5-6)**	3 806	10 200	24 179	1 309
8.	**State and local taxes**	0	0	0	0
9.	**Employees' compulsory social security contributions**				
	Gross earnings	4 795	7 197	12 073	4 795
	Taxable income				
	Total	4 795	7 197	12 073	4 795
10.	**Total payments to general government (7 + 8 + 9)**	8 601	17 396	36 252	6 105
11.	**Cash transfers from general government**				
	For head of family				
	For two children	0	0	0	7 522
	Total	0	0	0	7 522
12.	**Take-home pay (1-10+11)**	29 051	38 801	57 597	39 069
13.	**Employer's compulsory social security contributions**	4 578	6 834	11 412	4 578
14.	**Average rates**				
	Income tax	10.1%	18.1%	25.8%	3.5%
	Employees' social security contributions	12.7%	12.8%	12.9%	12.7%
	Total payments less cash transfers	22.8%	31.0%	38.6%	-3.8%
	Total tax wedge including employer's social security contributions	31.2%	38.4%	45.3%	7.5%
15.	**Marginal rates**				
	Total payments less cash transfers: Principal earner	41.5%	50.1%	50.1%	44.4%
	Total payments less cash transfers: Spouse	n.a.	n.a.	n.a.	n.a.
	Total tax wedge: Principal earner	47.8%	55.5%	55.5%	50.4%
	Total tax wedge: Spouse	n.a.	n.a.	n.a.	n.a.

Luxembourg 2016

The tax/benefit position of married couples

			100-0	100-33	100-67	100-33
	Wage level (per cent of average wage)		100-0	100-33	100-67	100-33
	Number of children		2	2	2	none
1.	**Gross wage earnings**		56 197	74 742	93 849	74 742
2.	**Standard tax allowances**					
	Basic allowance		480	960	960	960
	Married or head of family					
	Dependent children					
	Deduction for social security contributions and income taxes		6 210	8 259	10 370	8 259
	Work-related expenses		540	1 080	1 080	1 080
	Other		0	4 500	4 500	4 500
		Total	7 230	14 799	16 910	14 799
3.	**Tax credits or cash transfers included in taxable income**		0	0	0	0
4.	**Central government rounded taxable income (1 - 2 + 3)**		48 950	59 900	76 900	59 900
5.	**Central government income tax liability (exclusive of tax credits)**		3 939	6 722	12 369	6 722
6.	**Tax credits**					
	Basic credit		300	600	600	600
	Married or head of family					
	Children					
	Other		0	0	0	0
		Total	300	600	600	600
7.	**Central government income tax finally paid (5-6)**		3 639	6 122	11 769	6 122
8.	**State and local taxes**		0	0	0	0
9.	**Employees' compulsory social security contributions**					
	Gross earnings		7 197	9 518	11 992	9 518
	Taxable income					
		Total	7 197	9 518	11 992	9 518
10.	**Total payments to general government (7 + 8 + 9)**		10 836	15 639	23 761	15 639
11.	**Cash transfers from general government**					
	For head of family					
	For two children		7 522	7 522	7 522	0
		Total	7 522	7 522	7 522	0
12.	**Take-home pay (1-10+11)**		52 883	66 625	77 610	59 103
13.	**Employer's compulsory social security contributions**		6 834	9 089	11 412	9 089
14.	**Average rates**					
	Income tax		6.5%	8.2%	12.5%	8.2%
	Employees' social security contributions		12.8%	12.7%	12.8%	12.7%
	Total payments less cash transfers		5.9%	10.9%	17.3%	20.9%
	Total tax wedge including employer's social security contributions		16.1%	20.5%	26.3%	29.5%
15.	**Marginal rates**					
	Total payments less cash transfers: Principal earner		32.0%	37.7%	47.2%	37.7%
	Total payments less cash transfers: Spouse		25.9%	37.7%	47.2%	37.7%
	Total tax wedge: Principal earner		39.4%	44.5%	52.9%	44.5%
	Total tax wedge: Spouse		34.0%	44.5%	52.9%	44.5%

The national currency is the Euro (EUR). In 2016, EUR 0.90 equalled USD 1. The Secretariat has estimated that in that same year the average worker earned EUR 56 197.

1. Personal income tax system

1.1. *Taxes levied by central government*

1.1.1. *Tax unit*

Spouses and partners are taxed jointly on their income. The income of minor children is included in determining the couple's taxable income. However, any earned income that children may derive from work is excluded from joint taxation.

1.1.2. *Tax reliefs and tax credits*

1.1.2.1. Standard reliefs in the form of deductions from income

- Wage-earners are entitled to a standard minimum deduction of EUR 540 for work-related expenses other than travel, unless their actual deductible expenses are higher. This deduction is doubled for spouses taxed jointly.
- The first 4 distance units (i.e. 4 * 99 = EUR 396 per year) of the lump sum deduction for travel expenses between a taxpayer's home and his working places are abolished. The maximum deduction will be limited to EUR 2 574 per year.
- Like other taxpayers, wage-earners having no special expenses (interest charges, insurance premiums or contributions other than for social security) may take a standard deduction of EUR 480 for special expenses. Actual insurance premiums are deductible up to the limit set by law.
- If both spouses have earned income and are taxed jointly, they qualify for an earned income allowance of EUR 4 500.
- Social security contributions: contributions paid to compulsory health insurance and pension schemes are deductible in full.
- Dependency insurance: the dependency contribution is not deductible for income tax purposes.

1.1.2.2. Standard reliefs in the form of tax credits

- Wage-earners and pensioners receive a refundable tax credit of EUR 300 per annum.
- Single-parents receive a refundable tax credit of EUR 750 per annum.

1.1.2.3. Non-standard allowances deductible from taxable income

- Interest charges are deductible insofar as they are not considered operating expenses or acquisition expenses, and provided they are unrelated economically to the exempt income. However, the deduction of interest charges is capped at EUR 336 per year. This ceiling is increased by EUR 336 for the taxpayer's spouse/partner and for each child.

- Taxpayers may deduct premiums paid to insurers licensed in an EU country in respect of life, death, accident, disability, illness or liability insurance, as well as dues paid to recognised mutual assistance companies. However, deductions are capped at EUR 672 per year.
- Payments to an insurance company or credit institution in respect of an individual retirement scheme are deductible. These payments are capped according to the subscriber's age and must meet certain investment policy constraints. The ceiling varies between EUR 1 500 and EUR 3 200. Each spouse/partner may take out such a contract and qualify for the respective ceilings.
- Contributions to building society savings are deductible up to the limit of EUR 672.
- Interest charges in respect of the rental value of owner-occupied housing are deductible only up to an annual ceiling. During the first five years, the ceiling is EUR 1 500; for the following five years it is EUR 1 125; thereafter it is EUR 750. These ceilings are increased by an equal amount for the taxpayer's spouse/partner, and for each qualifying child.
- As from 1 January 2009, the maximal deduction of premium related to the mortgage life insurance on the taxpayer's principal residence is EUR 6 000. This ceiling is increased by an equal amount for the taxpayer's spouse/partner and by 1 200 for each qualifying child. For taxpayers over the age of 30, the allowable deduction of EUR 6 000 is increased by 8% for each year over 30, with a ceiling of 160%.
- Upon request, taxpayers may be granted exemptions for extraordinary expenses that are unavoidable, and that considerably reduce their ability to pay taxes (e.g. uninsured health care costs, support for needy relatives, uninsured funeral costs beyond the taxpayer's means, domestic or childcare expenses, expenses for children outside the taxpayer's household, or expenses for children in a single-parent household).

1.1.3. *Tax schedule reliefs*

Income tax is determined on the basis of the following schedule (amounts in Euros):

0% for the portion of income between 11 265
8% for the portion of income between 11 265 and 13 173
10% for the portion of income between 13 173 and 15 081
12% for the portion of income between 15 081 and 16 989
14% for the portion of income between 16 989 and 18 897
16% for the portion of income between 18 897 and 20 805
18% for the portion of income between 20 805 and 22 713
20% for the portion of income between 22 713 and 24 621
22% for the portion of income between 24 621 and 26 529
24% for the portion of income between 26 529 and 28 437
26% for the portion of income between 28 437 and 30 345
28% for the portion of income between 30 345 and 32 253
30% for the portion of income between 32 253 and 34 161
32% for the portion of income between 34 161 and 36 069
34% for the portion of income between 36 069 and 37 977
36% for the portion of income between 37 977 and 39 885
38% for the portion of income between 39 885 and 41 793
39% for the portion of income between 41 793 and 100 000
40% for the portion exceeding 100 000

The income tax liability of *single* taxpayers is determined by applying the above schedule to taxable income.

The income tax liability of *married* taxpayers and partners corresponds to double the amount obtained if the above schedule is applied to half of their income (class 2).

For widow(er)s, taxpayers with a dependent child allowance and persons over 64 years of age (class 1a), tax is calculated as follows: the schedule is applied to adjusted taxable income reduced by half of the difference between that amount and EUR 45 060, with the marginal tax rate capped at 40%.

Income tax as determined by the applicable schedules is subject to a 7% "solidarity" surtax to finance the employment fund. The rate is 9% for the taxable income exceeding EUR 150 000 (tax classes 1 and 1a), respectively EUR 300 000 (tax class 2).

1.1.4. *Income exemptions*

A taxpayer may claim a deduction for a dependent child under 21 years of age who is not part of the household. This deduction is allowed for expenses actually incurred but may not exceed EUR 3 480.

1.2. *Local (municipal) taxes*

No particular income tax is levied by municipalities, which receive a direct share of the income tax revenue collected by the State. This share is equal to 18% of tax revenue.

2. Compulsory social security contributions to schemes operated within the government sector

	Employer's share (%)	Employee's share (%)	Ceiling on contributions (in euros)
a) Pension and disability insurance	8	8	115 377.84
b) Health insurance	3.05	3.05	115 377.84
c) Dependency insurance		1.4	Monthly allowance 480.74*
d) Health in the workplace	0.11		
e) Accident insurance	1.00		

* (Monthly allowance: EUR 480.74 = 0.25* social minimum salary/12). The social minimum salary in 2016 is equal to EUR 23 075.52.

No distinction is made according to family status or gender.

As from 1 January 2009 the differences in social security contributions between workers and employees are abolished.

A temporary budget balancing tax, the "impôt d'équilibrage budgétaire temporaire" (IEBT), was introduced for the year 2015. The tax rate of 0.5% will be withheld on all categories of income (professional and replacement income and non-professional income, except on supplements for overtime) for all individuals affiliated to the Luxembourg social security system.

This measure was introduced for the tax years 2015 and 2016.

3. Universal cash transfers

3.1. *For married persons*

None.

3.2. *For dependent children*

Every child raised in the Grand Duchy entitles the person on whom the child is dependent to a monthly family allowance. Family allowances are adjusted regularly for the cost of living. For 2015, the amounts are:

Effective date	As of 1 July 2006
1 eligible child	EUR 185.60
2 eligible children	EUR 440.72
3 eligible children	EUR 802.74

Starting with the fourth eligible child, the allowance is raised by EUR 361.82 per child.

The amounts indicated above are increased by EUR 16.17 for children aged 6 to 11 and by EUR 48.52 for those aged 12 years or older.

Additionally, a child bonus amounting to EUR 76.88 per child per month is paid in cash irrespective of the taxable income of the parents as from 1 January 2009. This amount is paid by the National Family Benefits Administration.

4. Main changes since 2008

4.1. *Partnerships*

The Act of 9 July 2004 introduced the notion of partnerships into tax law. The Act construes the term "partnership" as a relationship between two persons, called "partners", of opposite sex or the same sex, who live together as a couple and declare themselves as such.

As from 1 January 2008, the fiscal treatment of the partnerships is modified. The deduction for extraordinary expenses is replaced by the joint taxation of partners as it already exists for spouses.

4.2. *Introduction of tax credits*

The following changes were made as of 1 January 2009:

- Four tax allowances have been replaced by refundable tax credits. Instead of reducing their taxable income by EUR 600, wage-earners get a tax credit of EUR 300 per annum. A similar tax credit is allowed for pensioners.
- The tax exemption of EUR 1 920 for single-parent households is replaced by a tax credit of EUR 750 per annum.
- A tax credit of EUR 300 per annum is granted to self-employed persons deriving income from trade or business, income from agriculture and forestry or income from self-employment. This tax credit substitutes the allowance for business income and the agricultural allowance.

5. Memorandum item

5.1. *Identification of the average worker*

Average gross hourly wages by industry and by gender are determined on the basis of biannual surveys on industry wages and working hours. These surveys cover gross compensation for regular hours (working hours + leave time) plus overtime pay. Hourly wages include bonuses and allowances such as premiums for output, production or productivity. In contrast, non-periodic compensation (bonuses, profit-sharing) that is not paid systematically in each pay period is not included. Nevertheless, in order to allow for comparisons between countries, gross annual pay is adjusted on the basis of average non-periodic compensation as calculated from triennial surveys of labour costs.

Regarding working hours, the time taken into account is the time effectively offered, including regular working hours, overtime, night shifts and work on Sunday.

2016 parameter values

Average earnings/yr	Ave_earn	56 197	Secretariat estimate
Tax allowances: general	gen_dedn	480	
professional expenses	prof_exp	540	
travel expenses	travel_exp	0	
extra if both spouses earning	extra_dedn	4 500	
Low earner allowance	allow_1		
Low earner allowance (couples)	allow_2		
Class 1a limit	cl_1a_lim	45 060	
Tax schedule	tax_sch	0	11 265
		0.08	13 173
		0.1	15 081
		0.12	16 989
		0.14	18 897
		0.16	20 805
		0.18	22 713
		0.2	24 621
		0.22	26 529
		0.24	28 437
		0.26	30 345
		0.28	32 253
		0.3	34 161
		0.32	36 069
		0.34	37 977
		0.36	39 885
		0.38	41 793
		0.39	100 000
		0.40	
Child credit maximum	ch_cred	0	
Social Minimum Salary	min_salary	23 075.52	
Multiplier for unemployment	unemp_rate_1	1.07	
	Unemp_rate_2	1.09	
	Unemp_lim	150 000	
Social security contributions	SSC_rate	0.1105	
	SSC_ceil	115 377.84	
	infirm	0.014	
	infirm_abatement	0.25	
IEBT	iebt_rate	0.005	
Employer contributions	workhealth	0.0011	
	SSC_empr	0.1105	
	SSC_acc	0.010	
Child benefit (1 child)	CB_1	185.6	
2 children	CB_2	440.72	
extra age 6-11	CB_ex	16.17	
Child bonus	ch_bonus	922.50	
Worker tax credit	worker_credit	300	
Single parent tax credit	cr_monoparent	750	
Class 1a Discount	discount	0.50	
Maximum Marginal Rate	max_rate	0.40	

2016 tax equations

The equations for the Luxembourg system are on a joint basis except for social security contributions.

The functions which are used in the equations (Taper, MIN, Tax etc) are described in the technical note about tax equations. Variable names are defined in the table of parameters above, within the equations table, or are the standard variables "married" and "children". A reference to a variable with the affix "_total" indicates the sum of the relevant variable values for the principal and spouse. And the affixes "_princ" and "_spouse" indicate the value for the principal and spouse, respectively. Equations for a single person are as shown for the principal, with "_spouse" values taken as 0.

	Line in country table and intermediate steps	Variable name	Range	Equation
1.	Earnings	earn		
2.	Allowances:			
	Basic	basic	J	IF(earn_spouse=0, 1, 2)*gen_dedn
	work-related	work_rel	J	IF(earn_spouse=0, 1, 2)*(prof_exp)
	Other	other_al	J	(earn_spouse>0)*extra_dedn
	Total	tax_al	J	min(basic+work_rel+other_al+SSC_ded_total, earn)
3.	Credits in taxable income	taxbl_cr	J	0
	family quotient	quotient	J	1+Married
4.	CG taxable income unadjusted taxable income	tax_inc	J	earn-tax_al
5.	CG tax before credits	tax_excl	J	((Children=0)*IF(Married=0,Tax(tax_inc, tax_sch), quotient*Tax(tax_inc/quotient, tax_sch)) + (Children>0)*IF(Married=0, Taxclass1a(tax_inc, tax_sch, discount, cl_1a_lim, max_rate), quotient*Tax(tax_inc/quotient, tax_sch)))*IF(tax_inc> unemp_lim*(1+Married,unemp_rate_2,unemp_rate_1)
6.	Tax credits :	worker_cr	J	IF(earn_spouse=0,1,2)*worker_credit
		monoparent_cr	J	cr_monoparent*(AND(Married=0,Children>0))
		tax_cr	J	worker_cr+monoparent_cr
7.	CG tax	CG_tax	J	tax_excl-tax_cr
8.	State and local taxes	local_tax	J	0
9.	Employees' soc security	SSC	B	SSC_rate*MIN(earn, SSC_ceil)+infirm*Positive(earn-infirm_abatement*min_salary)+(iebt_rate*earn)
	deductible portion	SSC_ded	B	SSC_rate*MIN(earn, SSC_ceil)
11.	Cash transfers	cash_trans	J	((Children=1)*(CB_1+CB_ex)+ (Children=2)*(CB_2+2*CB_ex))*12+Children*ch_bonus
13.	Employer's soc security	SSC_empr	B	(SSC_empr+workhealth)*MIN(earn, SSC_ceil)+SSC_acc*MIN(earn, SSC_ceil)

Key to range of equation B calculated separately for both principal earner and spouse P calculated for principal only (value taken as 0 for spouse calculation) J calculated once only on a joint basis.

Mexico

This chapter includes data on the income taxes paid by workers, their social security contributions, the family benefits they receive in the form of cash transfers as well as the social security contributions and payroll taxes paid by their employers. Results reported include the marginal and average tax burden for eight different family types.

Methodological information is available for Personal income tax systems, Compulsory social security contributions to schemes operated within the government sector, Universal cash transfers as well as recent changes in the tax/benefit system. The methodology also includes the parameter values and tax equations.

Mexico 2016

The tax/benefit position of single persons

		Wage level (per cent of average wage)	67	100	167	67
		Number of children	none	none	none	2
1.	**Gross wage earnings**		75 594	112 827	188 421	75 594
2.	**Standard tax allowances**					
	Basic allowance		2 502	2 655	2 966	2 502
	Married or head of family					
	Dependent children					
	Deduction for social security contributions and income taxes					
	Work-related expenses					
	Other					
		Total	2 502	2 655	2 966	2 502
3.	**Tax credits or cash transfers included in taxable income**		0	0	0	0
4.	**Central government taxable income (1 - 2 + 3)**		73 092	110 172	185 455	73 092
5.	**Central government income tax liability (exclusive of tax credits)**		5 422	10 685	26 304	5 422
6.	**Tax credits**					
	Basic credit		3 536	0	0	3 536
	Married or head of family					
	Children					
	Other		0	0	0	0
		Total	3 536	0	0	3 536
7.	**Central government income tax finally paid (5-6)**		1 887	10 685	26 304	1 887
8.	**State and local taxes**		0	0	0	0
9.	**Employees' compulsory social security contributions**					
	Gross earnings		945	1 542	2 789	945
	Taxable income					
		Total	945	1 542	2 789	945
10.	**Total payments to general government (7 + 8 + 9)**		2 832	12 226	29 093	2 832
11.	**Cash transfers from general government**					
	For head of family					
	For two children		0	0	0	0
		Total	0	0	0	0
12.	**Take-home pay (1-10+11)**		72 762	100 601	159 328	72 762
13.	**Employers' compulsory social security contributions**		10 352	13 134	18 879	10 352
14.	**Average rates**					
	Income tax		2.5%	9.5%	14.0%	2.5%
	Employees' social security contributions		1.3%	1.4%	1.5%	1.3%
	Total payments less cash transfers		3.7%	10.8%	15.4%	3.7%
	Total tax wedge including employer's social security contributions		15.3%	20.1%	23.1%	15.3%
15.	**Marginal rates**					
	Total payments less cash transfers: Principal earner		12.1%	19.5%	22.9%	12.1%
	Total payments less cash transfers: Spouse		n.a.	n.a.	n.a.	n.a.
	Total tax wedge: Principal earner		17.5%	25.2%	28.4%	17.5%
	Total tax wedge: Spouse		n.a.	n.a.	n.a.	n.a.

Mexico 2016

The tax/benefit position of married couples

	Wage level (per cent of average wage)	100-0	100-33	100-67	100-33
	Number of children	2	2	2	none
1.	**Gross wage earnings**	112 827	150 436	188 045	150 436
2.	**Standard tax allowances**				
	Basic allowance	2 655	4 355	5 155	4 355
	Married or head of family				
	Dependent children				
	Deduction for social security contributions and income taxes				
	Work-related expenses				
	Other				
	Total	2 655	4 355	5 155	4 355
3.	**Tax credits or cash transfers included in taxable income**	0	0	0	0
4.	**Central government taxable income (1 - 2 + 3)**	110 172	146 081	182 890	146 081
5.	**Central government income tax liability (exclusive of tax credits)**	10 685	12 716	16 066	12 716
6.	**Tax credits**				
	Basic credit	0	4 879	3 536	4 879
	Married or head of family				
	Children				
	Other	0	0	0	0
	Total	0	4 879	3 536	4 879
7.	**Central government income tax finally paid (5-6)**	10 685	7 837	12 531	7 837
8.	**State and local taxes**	0	0	0	0
9.	**Employees' compulsory social security contributions**				
	Gross earnings	1 542	2 012	2 482	2 012
	Taxable income				
	Total	1 542	2 012	2 482	2 012
10.	**Total payments to general government (7 + 8 + 9)**	12 226	9 848	15 012	9 848
11.	**Cash transfers from general government**				
	For head of family				
	For two children	0	0	0	0
	Total	0	0	0	0
12.	**Take-home pay (1-10+11)**	100 601	140 587	173 032	140 587
13.	**Employers' compulsory social security contributions**	13 134	21 017	23 461	21 017
14.	**Average rates**				
	Income tax	9.5%	5.2%	6.7%	5.2%
	Employees' social security contributions	1.4%	1.3%	1.3%	1.3%
	Total payments less cash transfers	10.8%	6.5%	8.0%	6.5%
	Total tax wedge including employer's social security contributions	20.1%	18.0%	18.2%	18.0%
15.	**Marginal rates**				
	Total payments less cash transfers: Principal earner	19.5%	19.5%	19.5%	19.5%
	Total payments less cash transfers: Spouse	-6.3%	7.4%	12.1%	7.4%
	Total tax wedge: Principal earner	25.2%	25.2%	25.2%	25.2%
	Total tax wedge: Spouse	12.1%	13.0%	17.5%	13.0%

The national currency is the peso (MXN). In 2016, MXN 18.63 was equal to USD 1. That year, the estimated earnings of the average worker are MXN 112 827 (Secretariat estimate).

1. Personal income tax

1.1. *Central government income tax*

1.1.1. *Tax unit*

Each person is taxed separately.

1.1.2. *Tax allowances and tax credits*

1.1.2.1. Standard tax reliefs

There are two basic allowances, a yearly holiday bonus and an end-of-year bonus.

- *Holiday Bonus:* Mexico's Labour Law stipulates a minimum holiday bonus of 25% of six days of the worker's wage. The maximum exemption according to the Tax Law is equivalent to 15 days of the minimum wage.
- *End-of-year bonus:* The minimum end-of-year bonus established in the Labour Law is 15 days of the worker's wage. The Tax Law exempts end-of-year-bonuses up to 30 days of the minimum wage.

1.1.2.2. Main non-standard tax reliefs

Deductions:

- Compulsory school transportation costs.
- Medical expenses (doctor and dental fees and hospital expenses): For expenses made by the taxpayer on behalf of his or her spouse and straight line relatives, the deduction is allowed only if the taxpayer's relative earns less than the minimum annual wage of his geographical area.
- Complementary contributions of certain retirement accounts are considered eligible as long as they do not exceed 10% of taxable income and MXN 133 298 (five annual minimum wages).
- Funeral expenses: for the spouse and straight-line relatives up to one annual minimum wage.
  - Charitable donations made to institutions such as:
  - Federal, state, and municipal governments.
  - Non-profit organisations involved in the fields of social beneficence, education, culture, and research and technology.

Since October 2015 there is a nationwide minimum wage. As in June 2016, the minimum wage is MXN 73.04 per day.

- Deposits on special savings accounts, payments of insurance premium of pension plans, and for the acquisition of shares of investment societies as long as they do not exceed MXN 152 000.
- Health insurance premiums for individuals, if the beneficiary is the taxpayer, and/or his family.
- Real interest expenditure of mortgage loans if the value of the property does not exceed MXN 4 071 673. Real interest expenditure is defined as the excess of interest expense over the inflation rate.
- Deduction of taxpayer's educational expenditures for himself, on behalf of his/her spouse, parents or children, among others, for the following educational levels.

Educational level	Maximum annual deduction (MXN)
Kinder Garden	14 200
Primary Education	12 900
Secondary Education	19 900
Technical Profession	17 100
High School	24 500

In 2016 the limit amount for personal deductions was increased. The new limit is the minimum between 15% of taxpayer's gross income and an amount equivalent to 5 annual minimum wages (MXN 133 298 in 2016). The limit does not apply to private school's tuition, charity donations, complementary contributions to retirement's personal accounts, professional fees, and medical expenses in the event of incapacity or disability.

1.1.2.3. Employment subsidy credit

The employment subsidy credit is decreasing on workers' income and is assigned based on a table of income brackets. For monthly income higher than MXN 7 382 no employment subsidy credit is given. Employees with an income tax lower than the credit receive in cash the difference along with their salary. The rest of the workers that receive the credit are entitled to a reduction in their tax burden. The employment subsidy credit is paid by the employers who may credit it against their tax liabilities; the credit therefore represents a fiscal cost for the government.

1.1.3. *Tax schedule and other tables*

1.1.3.1. Tax schedule

Since 2014 three additional brackets were included with a maximum marginal rate for income over MXN 3 million of 35%.

The income tax schedule and the employment subsidy credit table are updated once the accumulated inflation reaches 10%.

Taxable income (MXN)		Fixed quota (MXN)	Tax on the amount in excess of the lower limit (%)
Lower Limit	Upper Limit		
0	5 952.84	0	1.92
5 952.85	50 524.92	114.29	6.40
50 524.93	88 793.04	2 966.91	10.88
88 793.05	103 218.00	7 130.48	16.00
103 218.01	123 580.20	9 438.47	17.92
123 580.21	249 243.48	13 087.37	21.36
249 243.49	392 841.96	39 929.05	23.52
392 841.97	750 000	73 703.41	30.00
750 000.01	1 000 000.00	180 850.82	32.00
1 000 000.01	3 000 000.00	260 850.81	34.00
3 000 000.01	And over	940 850.81	35.00

1.1.3.2. Employment subsidy credit table

For taxable income in a certain income range, the employment subsidy credit is given in the third column of the following table:

Lower limit (MXN)	Upper limit (MXN)	Tax credit (MXN)
0.0	21 227.52	4 884.24
21 227.53	31 840.56	4 881.96
31 840.57	41 674.08	4 879.44
41 674.09	42 454.44	4 713.24
42 454.45	53 353.80	4 589.52
53 353.81	56 606.16	4 250.76
56 606.17	64 025.04	3 898.44
64 025.05	74 696.04	3 535.56
74 696.05	85 366.80	3 042.48
85 366.81	88 587.96	2 611.32
88 587.97	And Over	0.00

1.2. *State and local income taxes*

States do not levy taxes on income.

1.3. *Payroll taxes*

Mexico does not have a Federal pay-roll tax. However, most States apply a state pay-roll tax with an average rate of 2.31%. These taxes are not considered in this Report since there are a wide range of practices with respect to the definition of the tax base that does not allow obtaining a reliable estimation.

2. Compulsory social security contributions to schemes operated within the government sector

2.1. *Employees' contributions*

Social security contributions are divided as follows:

For sickness and maternity insurance, 0.625% of the workers monthly wage, plus 0.40% of the amount in excess of three times the minimal legal wage (the amount that applies within the Federal District of Mexico City MWFD). For disability and life insurance, 0.625% of the monthly wage.

In 2016 a ceiling of 25 MWFD applies to the salary that is used to calculate the social security contributions.

2.2. *Employers' contributions*

- For sickness and maternity 20.40% of the MWFD, plus 1.10% of the amount in excess of three times the MWFD, plus 1.75% of the monthly wage.
- For disability and life insurance, 1.75% of worker's monthly wage.
- For social services and nursery, 1% of worker's monthly wage.
- For insurance for work injuries of employees, 2.00% of worker's monthly wage.

In 2016 a ceiling of 25 MWDF applies to the salary that is used to calculate the social security contributions.

3. Universal cash transfers

3.1. *Transfers related to marital status*

None.

3.2. *Transfers for dependent children*

None.

4. Main changes in the tax/benefit system since 1995

The Social Security Law enacted in July 1997 changed fundamentally the financing of non-government employees' social security, which shifted from a pay-as-you-go scheme to funded individual accounts. The government does not manage these accounts; new private financial institutions were created specifically for this purpose. However, the contractual obligation is between the workers and the government, not with the private administrator of the fund, because legally they are still considered as contributions to social security, independently of who manages the fund. It should be noted that the federal government also contributes to each pension account, and guarantees a minimum pension to every beneficiary of the social security system, again independently of the administration of the fund.

5. Memorandum items

5.1. *Method used to identify an average worker and to calculate his gross earnings*

The income data refer to average workers. It should be noted that in the sample used for this survey, medium and large size firms are over-represented. In Mexico, there are no state or local government income taxes. Information on non-standard tax reliefs is not available.

Figures for 1999 and subsequent years cannot be compared with preliminary figures from previous editions of this publication for two reasons: first, the wage level of the average worker is now based on observed data instead of being estimated; second, social security contributions taken into account no longer include contributions made by employers and employees to privately managed individual accounts. Contributions no longer included in the calculation of social security contributions are specified in the table below.

The amount of the work injury fee depends on the risk level in which the company is classified. The Mexican Institute of Social Security provided a weighted average rate that considers the economic activities from C to K of the International Standard Classification.

5.2. Main employees' and employers' contributions to private pension, health, etc. schemes

	Account	% of workers' monthly wage
Employers' contributions	Retirement	2.00
	Discharge and old age insurance	3.15
	Housing Fund (INFONAVIT)	5.00
Employees' contributions	Discharge and old age insurance	1.125

2016 parameter values

Average earnings/yr	Ave_earn	112 827	Secretariat estimate	
(general min wage per day)	min_wage	73.04		
(general min wage per day for the Federal District of Mexico City)	min_wage_FD	73.04		
Income tax	tax_table	0.00	0	0.0192
		5 952.85	114.29	0.0640
		50 524.93	2 966.91	0.1088
		88 793.05	7 130.48	0.1600
		103 218.01	9 438.47	0.1792
		123 580.21	13 087.37	0.2136
		249 243.49	39 929.05	0.2352
		392 841.97	73 703.41	0.3000
		750 000.01	180 850.82	0.3200
		1 000 000.01	260 850.81	0.3400
		3 000 000.01	940 850.81	0.3500
Tax credit basic	Basic_crd	0.0	4 884.24	
		21 227.53	4 881.96	
		31 840.57	4 879.44	
		41 674.09	4 713.24	
		42 454.45	4 589.52	
		53 353.81	4 250.76	
		56 606.17	3 898.44	
		64 025.05	3 535.56	
		74 696.05	3 042.48	
		85 366.81	2 611.32	
		88 587.97	0.00	
Employees SSC	SSC_rate	0.0125		
	SSC_rate_sur	0.0040		
Employers SSC	SSC_empr	0.0650		
	SSC_empr_min	0.2040		
	SSC_empr_sur	0.0110		

2016 tax equations

The equations for the Mexican system in 2016 are on an individual basis.

The functions which are used in the equations (Taper, MIN, Tax etc) are described in the technical note about tax equations. Variable names are defined in the table of parameters above, within the equations table, or are the standard variables "married" and "children". A reference to a variable with the affix "_total" indicates the sum of the relevant variable values for the principal and spouse. And the affixes "_princ" and "_spouse" indicate the value for the principal and spouse, respectively. Equations for a single person are as shown for the principal, with "_spouse" values taken as 0.

	Line in country table and intermediate steps	Variable name	Range	Equation
1.	Earnings	earn		
2.	Allowances	tax_al	B	MIN(earn, MIN(earn*(6/365)*0.25, min_wage*15)+ MIN(earn*(15/365), min_wage*30))
3.	Credits in taxable income	taxbl_cr	B	0
4.	CG taxable income	tax_inc	B	Positive(earn-tax_al)
5.	CG tax before credits	CG_tax_excl	B	Tax(tax_inc, Tax_sch)
6.	Tax credits	tax_cr	B	VLOOKUP(tax_inc, Basic_crd, 2)
7.	CG tax	CG_tax	B	CG_tax_excl-tax_cr
8.	State and local taxes	local_tax	B	0
9.	Employees' soc security	SSC	B	MIN(earn*ssc_rate, min_wage_FD*25*365*ssc_rate)+MIN(Positive(earn-(3*365*min_wage_FD))*ssc_rate_sur, min_wage_FD*(25-3)*365*ssc_rate_sur)
11.	Cash transfers	cash_trans	B	0
13.	Employer's soc security	SSC_empr	B	MIN(earn*ssc_empr, min_wage_FD*25*365*ssc_empr)+365*min_wage_FD*ssc_empr_min+MIN(Positive(earn-(3*365*min_wage_FD))*ssc_empr_sur, min_wage_FD*(25-3)*365*ssc_empr_sur)
	Memorandum item: Non-wastable tax credit			
	tax expenditure component	taxexp	B	tax_cr-transfer
	cash transfer component	transfer	B	IF(CG_tax<0, -CG_tax, 0)

Key to range of equation B calculated separately for both principal earner and spouse P calculated for principal only (value taken as 0 for spouse calculation).

Netherlands

This chapter includes data on the income taxes paid by workers, their social security contributions, the family benefits they receive in the form of cash transfers as well as the social security contributions and payroll taxes paid by their employers. Results reported include the marginal and average tax burden for eight different family types.

Methodological information is available for Personal income tax systems, Compulsory social security contributions to schemes operated within the government sector, Universal cash transfers as well as recent changes in the tax/benefit system. The methodology also includes the parameter values and tax equations.

Netherlands 2016

The tax/benefit position of single persons

		Wage level (per cent of average wage)	67	100	167	67
		Number of children	none	none	none	2
1.	**Gross wage earnings**		34 072	50 853	84 925	34 072
2.	**Standard tax allowances:**					
	Basic allowance					
	Married or head of family					
	Dependent children					
	Deduction for social security contributions and income taxes		0	0	0	0
	Work-related expenses					
	Other					
		Total	0	0	0	0
3.	**Tax credits or cash transfers included in taxable income**		0	0	0	0
4.	**Central government taxable income (1 - 2 + 3)**		32 812	48 590	80 624	32 812
5.	**Central government income tax liability (exclusive of tax credits)**		3 252	9 373	23 962	3 252
6.	**Tax credits :**					
	Basic credit					
	Married or head of family					
	Children					
	Other					
		Total	1 086	777	285	1 734
7.	**Central government income tax finally paid (5-6)**		2 167	8 596	23 677	1 518
8.	**State and local taxes**		0	0	0	0
9.	**Employees' compulsory social security contributions**					
	Gross earnings		0	0	0	0
	Taxable income (net of credits)		5 599	6 888	8 537	3 488
		Total	5 599	6 888	8 537	3 488
10.	**Total payments to general government (7 + 8 + 9)**		7 766	15 484	32 214	5 006
11.	**Cash transfers from general government**					
	For head of family					
	For two children		0	0	0	5 971
		Total	0	0	0	5 971
12.	**Take-home pay (1-10+11)**		26 306	35 370	52 711	35 036
13.	**Employers' compulsory social security contributions**		3 846	5 695	6 184	3 846
14.	**Average rates**					
	Income tax		6.4%	16.9%	27.9%	4.5%
	Employees' social security contributions		16.4%	13.5%	10.1%	10.2%
	Total payments less cash transfers		22.8%	30.4%	37.9%	-2.8%
	Total tax wedge including employer's social security contributions		30.6%	37.5%	42.1%	7.6%
15.	**Marginal rates**					
	Total payments less cash transfers: Principal earner		42.5%	46.3%	52.7%	43.1%
	Total payments less cash transfers: Spouse		n.a.	n.a.	n.a.	n.a.
	Total tax wedge: Principal earner		48.2%	51.6%	52.7%	48.7%
	Total tax wedge: Spouse		n.a.	n.a.	n.a.	n.a.

Netherlands 2016

The tax/benefit position of married couples

		Wage level (per cent of average wage)	100-0	100-33	100-67	100-33
		Number of children	2	2	2	none
1.	**Gross wage earnings**		50 853	67 635	84 925	67 635
2.	**Standard tax allowances:**					
	Basic allowance					
	Married or head of family					
	Dependent children					
	Deduction for social security contributions and income taxes		0	0	0	0
	Work-related expenses					
	Other					
		Total	0	0	0	0
3.	**Tax credits or cash transfers included in taxable income**		0	0	0	0
4.	**Central government taxable income (1 - 2 + 3)**		48 590	65 026	81 402	65 026
5.	**Central government income tax liability (exclusive of tax credits)**		9 373	10 753	12 625	10 753
6.	**Tax credits :**					
	Basic credit					
	Married or head of family					
	Children					
	Other					
		Total	1 017	2 196	2 511	1 794
7.	**Central government income tax finally paid (5-6)**		8 355	8 557	10 114	8 959
8.	**State and local taxes**		0	0	0	0
9.	**Employees' compulsory social security contributions**					
	Gross earnings		0	0	0	0
	Taxable income (net of credits)		6 081	6 758	10 376	8 107
		Total	6 081	6 758	10 376	8 107
10.	**Total payments to general government (7 + 8 + 9)**		14 437	15 315	20 490	17 066
11.	**Cash transfers from general government**					
	For head of family					
	For two children		1 920	1 920	1 920	0
		Total	1 920	1 920	1 920	0
12.	**Take-home pay (1-10+11)**		38 337	54 239	66 355	50 569
13.	**Employers' compulsory social security contributions**		5 695	7 621	9 540	7 621
14.	**Average rates**					
	Income tax		16.4%	12.7%	11.9%	13.2%
	Employees' social security contributions		12.0%	10.0%	12.2%	12.0%
	Total payments less cash transfers		24.6%	19.8%	21.9%	25.2%
	Total tax wedge including employer's social security contributions		32.2%	27.9%	29.8%	32.8%
15.	**Marginal rates**					
	Total payments less cash transfers: Principal earner		46.3%	46.3%	46.3%	46.3%
	Total payments less cash transfers: Spouse		5.2%	2.6%	36.7%	8.7%
	Total tax wedge: Principal earner		51.6%	51.6%	51.6%	51.6%
	Total tax wedge: Spouse		15.0%	12.7%	43.0%	18.1%

The national currency is the Euro (EUR). In 2016, EUR 0.90 was equal to USD 1. In this year, the average worker earned EUR 50 853 (Secretariat estimate).

1. Personal income tax system (central government)

1.1. *Central government income tax*

There are three categories ('boxes') of taxable income:

- Taxable income from work and owner-occupied housing;
- Taxable income from a substantial interest in a limited liability company;
- Taxable income from savings and investments.

This description is limited to the most relevant aspects of taxable income from the first category, "taxable income from work and owner-occupied housing", because of its relevance for the AW.

1.1.1. *Tax unit*

Husbands and wives are taxed separately on their personal income, which includes income from business, profession and employment, pensions and social security benefits. Certain parts of income may be freely split between husbands and wives, such as the net-income from owner-occupied housing and the income from savings and investments.

1.1.2. *Tax allowances*

1.1.2.1. Standard allowances

Related to wage earnings:

- Employees' social security contributions (see Section 2.1.) are deductible, whereas the health insurance contribution is not deductible and is not a part of the Taxing Wages model (for more information, see the Special Feature on "non-tax compulsory payments" in the 2009 edition of the Taxing Wages Report). In the Taxing Wages model the employers' income dependant health insurance contribution was subject to income tax for the employee. In 2013 the income base for SSC and Income-Tax is harmonised. Standardising or harmonisation of the income tax base for levying SSC and Taxes was introduced in 2013 and was called the Law "WUL" i.e. harmonising the income base for SSC and Taxes (see publication CPB the Netherlands). So the income tax base is since 2013 exclusive the income dependant health care contribution and employees will no longer have to pay taxes over income dependant health care contributions, instead they pay a higher tax rate in the first tax bracket and mainly Work credit is adjusted. The tax rate in the first tax bracket has been increased from 1.95% (in 2012) till 5.85% (in 2013)

The Dutch labour market is characterized by a substantial share of part-time employees. As explained in the methodological section of this volume, the average wage measure used in the tax burden calculations refer to full-time employees only. If the wages of part-timers were taken into account, the average wage would be substantially lower.

and the Work credit is reduced for employees with a higher income such that the effect of this harmonisation is budgetary neutral.

- In 2014 this system of harmonisation remains and is operational. Only the income tax rate in the first tax bracket became 5.10%. In 2016 the tax rate in the first bracket becomes 8.40%.

1.1.2.2. Non-standard allowances applicable to AW

Related to wage earnings:

- For distances of more than 10 km between home and work, fixed amounts for travel expenses with public transportation are deductible. The maximum deduction for employees who travel by public transport is EUR 1 951 for distances of more than 80 km. If the travel expenses are reimbursed or the employer provides transport, there is no deduction; the reimbursement is untaxed (also for employees who travel by car) if it is below certain specified amounts;
- Employee contributions to private (company provided) pension schemes.

Related to owner-occupied housing:

- Excess of mortgage interest over net imputed rent.

Related to personal circumstances:

- Medical expenses and other exceptional expenses:
  - Fiscal deduction of exceptional health expenses will be reduced to the specific costs as a result of the chronic illness. As specific costs are seen medical treatment (not paid for by insurance company), diet costs, special medicine described by a doctor, extra domestic care, special expenses for clothing and transportation costs. Visual tools and insurance premiums are not seen as specific costs and are therefore no longer deductible. As from 2014, expenses for wheelchairs, scooters for the disabled and home adjustments made because of a chronic illness are no longer deductible. All expenses except for medical treatment expenses may be increased by a factor. This factor is income and age dependent. The factor amounts to 1.4 if the person is below the legal pension age and has an income on or below EUR 33 715. The factor amounts to 2.13 if the person is on or above the legal pension age and has an income on or below EUR 33 715. People with an income above EUR 33 751 cannot apply the factor.
  - For a single person: the specific expenses (after multiplication with the factor) in excess of 1.65% of income are deductible if income exceeds EUR 7 563 and is below EUR 33 751. If income is lower than or equal to EUR 7 563, the non-deductible limit is EUR 128. For a person with a partner: the joint income is used to determine the non-deductible amounts and the non-deductible limit is EUR 256.
  - If income exceeds EUR 33 751 the specific expenses in excess of 1.65% of EUR 33 751 increased with 5.75% of income above EUR 33 751 are deductible.
- Some educational expenses: in direct connection with vocational education. Expenses above the threshold of EUR 500 are deductible. Expenses above EUR 15 000 are not deductible.
- Donations to certain institutions (charity) that serve the public good are deductible if in excess of 1% of the income and in excess of EUR 60. No more than 10% of the income may be deducted in this way.

1.1.3. *Tax schedule*

The tax schedule for income from work and owner-occupied housing is as follows:

Taxable income (EUR)	Tax rate (%)	Social security contributions	
		< 65 years	*> 65 years*
0-19 922	8.40	28.15	10.25
19 922-33 715	12.25	28.15	10.25
33 715-66 421	40.40	-	-
66 421and over	52	-	-

The contributions for the general social security schemes are levied on income from work and owner-occupied housing in the first and second income tax bracket. These social security contributions are not deductible for income tax purposes. Individuals of 65 years and older pay 10.25% (for widows and orphans pensions, and exceptional medical expenses). Individuals younger than 65 years and a few month pay 28.15%, (for widows and orphans pensions, exceptional medical expenses, and old age income provision). For further information see Section 2.1.

In 2015 the SSC for specific medical expenses and long term health care is modernised. The rate (For AWBZ) is therefore reduced with 3% points and instead the tax rates in the first two brackets are raised with 3% points. The spendings for long term health care are reduced due to more responsibility for your own living in long term. These Social spendings will be used for other general social purposes and therefore the tax rates in the first two brackets are raised.

1.1.4. *Tax credits*

1.1.4.1. Standard tax credits

The tax credits are deducted partly from the income tax liability and partly from the contributions that are made to the general social security schemes (see Section 1.1.3). For most families, the share of the credit attributed to tax is related to the ratio of the tax rate to the sum of the tax rate and the social security contributions rate in the *first* bracket of the tax schedule. In 2016, this ratio was 22.98% (= 8.40%/(8.40% + 28.15%), implying that 22.98% of the (tax) credit is attributed to the personal income tax and the remaining 77.02% to social security contributions. If the individual's total tax credit is higher than the total tax and social security contributions levied on the first tax bracket, the shares of the residual amount of the tax credit that are attributed to the personal income tax and social security contributions are based on the rates of deduction in the second tax bracket in order that the employee can benefit from the full amount of the credit where the level of income allows it. As a result, the ratio of the tax rate to the sum of the tax rate and social security contribution rates is increased to 30.32% for the residual amount in 2016 (i.e. 12.25%/(28.15%+12.25%)).

Division of credits for tax and social security contributions is essential in the OECD publications. In the Netherlands no division is made in the general tax scheme between tax and SSC.

Note that the tax/benefit position tables show the total amount of social security contributions net of the credits that are claimed.

- *General tax credit*: The general tax credit is dependent on income since 2014, meaning that higher incomes receive less general tax credit. Since 2016, the general tax credit is fully phased out, meaning that higher incomes receive no general tax credit. In 2016, the maximum of the general tax credit is EUR 2 242 when no reduction is applicable (people who are on or above the legal pension age receive less general tax credit, because they do not pay social contributions for the state pension) and taxable income is below or equal to EUR 19 922. For incomes above this threshold, the general tax credit is fully phased out at a rate of 4.822% (per euro). So incomes above EUR 66 417 receive no general tax credit. So the maximum of the general credit reduction is EUR 2 242. The transfer of the general tax credit of the spouse to the principal will diminish with 6.67%-points per year in the period 2009-23, such that in 15 year time the general tax credit for a non-working (or a low earning) spouse cannot be capitalised against the tax paid by the principal.

- This reduction of the transfer of the general tax credit started in 2009. In 2023 the general tax credit can only be capitalised against the tax and social security contributions paid on own earned income. In 2012 a reduction of the general tax credit for non-working spouses born after 31 December 1962 and before 1 January 1972 is introduced. The reduction will be equal to the reduction of non-working spouses born before 1 January 1963 in year 2015. For Household types in de Taxing Wages model no difference is made between year of birth before 1963 or after 1963, idem before or after 1972. For that reason the additional reduction of the general tax credit is not added to the Taxing Wages model.
- *Work credit*: The amount of work credit depends on taxable income from work and is phased in on two trajectories; the first one runs from EUR 0 till EUR 9 147. On this first trajectory, work credit equals 1.793% of taxable income from work. On the second trajectory, which runs from EUR 9 148 till EUR 19 758, the work credit equals EUR 164 plus 27.698% of the part of income that is above EUR 9 147. So at an income of EUR 19 758, the maximum of EUR 3 103 is reached. The work credit stays at its maximum till an income of EUR 34 015. After this threshold, the work credit is fully phased out at a rate of 4% (per euro) so that incomes above EUR 111 590 receive no work credit. 2016 is the first year in which higher incomes receive no work credit.
- *Combination credit:* The combination credit is abolished in 2009.
- *Income dependant combination credit:* The additional combination credit is replaced with the income dependent combination credit. A taxpayer who is either a single parent and working or the working partner with the lowest income, and who has children below the age of 12 and has his/her taxable income from work exceeding EUR 4 881, is entitled to an income dependent combination credit of EUR 1 039 plus an extra combination credit of 6.159% of taxable income from work above EUR 4 881. The maximum total combination credit is EUR 2 769 and reached at an income level of EUR 32 970.
- The child arrangements are modernised and reduced from 10 measurements to 4 measurements. The single parents credits have stopped and instead the cash transfers become more of importance. In the TW model the adjustments mean an extra cash transfer of EUR 3 066 per year for single parents with children and a low income.
- *Single parent credit:* A single parent under certain conditions is entitled to the single parent credit of EUR 947. Has stopped in 2015 see explanation above.
- *Additional single parent credit:* A single parent who is entitled to the single parent credit receives an additional credit of 4.3% of his or her income from work, with a maximum of EUR 1 319. Has stopped in 2015, see explanation above.

The amount of the tax credit is limited to the amount of tax and premiums payable (non-refundable tax credit). If, however, a taxpayer with insufficient income to fully exploit his/her tax credit has a partner with a surplus of tax and premiums payable over his/her own tax credit, the tax credit of the former taxpayer is increased by (at most) the surplus tax and premiums payable by his/her fiscal partner. As a consequence, the tax credit of the former taxpayer will exceed tax and premiums payable, resulting in a payout of the residual tax credit to the taxpayer by the tax authority. This only applies to the work credit and the income dependent combination credit.

1.2. *State and local income taxes*

None.

2. Compulsory social security contributions to schemes operated within the government sector

2.1. *Employees' contributions*

Schemes for employees:

- Unemployment: 0% of the gross earnings below EUR 52 763 (this contribution is only for the general unemployment fund); employees do not have to pay an unemployment premium in order to reduce administration costs. Employers pay both an unemployment premium and a premium for invalidity for their employees (see par.2.2).
- For basic health insurance each adult pays an average amount of EUR 1 199 a year to a self-chosen private health insurance company. This premium is a non-tax compulsory payment and is not included in the Taxing Wages calculations but only in the NTCP calculations. Employees might obtain compensation for this nominal contribution, depending on the household's personal situation and taxable income. This is called the health care benefit. This benefit is included in the NTCP calculations as it compensates for the basic health insurance premium of on average EUR 1 199. Also 6.75% of gross earnings net of employees' pension premiums and unemployment social security contributions is paid for health care until a maximum of net earnings of EUR 52 763. Since 2013 employers contribute the Health care Fund directly for the health care of their employees, these costs remain labour costs in the Taxing Wages model. These Health care costs for employers are no longer included in the taxpayer's taxable income. The income dependent health care contribution itself, however, is not modelled (as an employer SSC) in Taxing Wages because it is seen as a Non Tax Compulsory Payment.
- Employees might obtain compensation for the nominal contribution of on average EUR 1 199 for the basic health insurance, depending on the household's personal situation and taxable income. This is called the health care benefit. The care benefit is calculated as follows:

  Single parent households: 1468 - 2.380% * 19 759 - 13.43% * (taxable income - 19 759)
- *Married couples*: number of adults * 1468 - 5.22% *19 759 - 13.43% * (taxable income principal and spouse – 19 759).
- This health care benefit is a non-tax compulsory payment and is not included in the Taxing Wages calculations but only in the "non-tax compulsory payment" calculations (see *www.oecd.org/ctp/taxingwages* for more details on non-tax compulsory payments as well as the Special Feature in the 2009 edition of the Taxing Wages Report).

- Old age pension: The age is adjusted such that elderly will receive Old Age (state) pension at the age of 66 years old in 2018 and at 67 years old in 2021. The Old age premium percentage is 17.9% of taxable income in the first and second tax bracket. This scheme does not apply to individuals aged 65 and six months (and in future aged 66 or 67) or older;
- Widows and orphans pension: 0.60% of taxable income in the first and second tax bracket;
- Exceptional medical expenses and disability: 9.65% of taxable income in the first and second tax bracket.

2.2. *Employers' contributions*

Schemes for employees:

- Unemployment: 2.44% of gross earnings below EUR 52 763for the general unemployment fund and a contribution on average of 1.78% of gross earnings below EUR 52 763 for the industrial insurance associations redundancy payments fund;
- Invalidity: 7.5% of gross earnings below EUR 52 763;
- For medical care employers contribute 6.75% of gross earnings net of employees' pension premiums and unemployment social security contributions until a maximum of gross earnings of EUR 52 763. The premium itself, however, is not modelled (either as an employee or employer SSC) in Taxing Wages. Instead, it is modelled as a NTCP from the employer to a public-man The spending of this fund mainly compensates private insurance companies for their (public) obligation to insure individuals with a high health risk.

3. Universal cash transfers

3.1. *Transfers related to marital status*

None.

3.2. *Transfers for dependent children*

Families with children receive a tax free benefit, depending on the number and age of the children. For a family with two children in the age group of 6 to 12 years, the total benefit amounts to EUR 1 920 a year. Indexation of the child benefits was frozen for three years (period 2009-11).

An additional income dependent child benefit was introduced in 2008. As of 2009, this benefit also depends on the number of children per family. A family can only claim the extra child benefit when it has children under the age of 18 years old for whom it also receives the tax free and income independent child benefit. Indexation of the extra child benefit was frozen until 2011but is used for adjustments and reductions of child arrangements. The maximum value is EUR 1 038 per year for families with one child in 2016. The maximum value is EUR 1 866 a year for families with two children. The benefit is reduced at a rate of 6.75% per euro when the family's yearly taxable income exceeds EUR 19 759 and is completely phased out for families with two children when the taxable income exceeds EUR 47 403. As from 2015 an extra benefit for single parents is introduced (independent of the number of children and the age of the children) which amounts to EUR 3 066 per year in 2016. This amount is also phased out at a rate of 6.75%.

4. Main changes in the tax/benefit systems since 2000

In 2001, the tax system was changed thoroughly. The tax rates have been lowered; the basic allowance and its supplements have been transformed into tax credits. The deduction for labour costs has also been replaced by a tax credit. Certain other deductions have been reduced or abolished. Extra tax credits for households with children were introduced.

In 2002 and 2003 the tax system was only slightly changed. The additional combination credit was introduced in 2004. The various child credits were integrated and streamlined in 2006.

Public insurance for medical care has been reformed in 2006. A new standard health insurance system was introduced. Until 2005, no public health insurance contributions were levied on income in excess of EUR 33 000. However, taxpayers earning more than EUR 33 000 were obliged to take a private insurance. These private health insurance contributions were not included in the Taxing Wages calculations because they were made to a privately-managed fund (and are therefore not taxes). Since 2006, every individual contributes a nominal contribution to a privately-managed fund (on average EUR 1 064, depending on the competition between insurance companies, a year in 2009) and, in addition for employees, a percentage of gross income (6.9%) net of employees' pension premiums and unemployment social security contributions until a maximum of gross income of EUR 32 369 (in 2009). For this last contribution, the employee receives mandatory compensation of his employer for the same amount. The premium itself, however, is not modelled (either as an employee or employer SSC) in Taxing Wages. Instead it is modelled as a non-tax compulsory payment from the employer to a public-managed health insurance fund. The spending of this fund mainly compensates private insurance companies for their (public) obligation to insure individuals with a high health risk. Taxpayers might obtain compensation for the nominal contribution to the private insurance company of on average EUR 1 064 in 2009, depending on the households personal situation and taxable income. This is called the health care benefit and is part of the NTCP (see Section 2.1).

In 2007, the tax system has not been changed, except for some parameter updates. In 2008, the child credit has been replaced by an extra child benefit.

In 2009 the general tax credit will be reduced for non-working spouses in order to cut down the capitalization of this tax credit in 2024. A non-working spouse can in 2024 capitalise the general tax credit only against his/her own earned income. In 2009 the employment credit is extended for income exceeding EUR 42 509. This credit will be reduced by maximum EUR 24, whereas the employment credit is increased for lower incomes. The income dependant combination credit is introduced in order to promote the labour participation of single parents or partners of married workers. The income-dependent combination credit has been increased considerably. The extra child benefit depends on the total income of the family and the number of children per family. The income-dependent child benefit is higher when more children under the age of 18 years are member of the family. As from 2009 onwards, employees do not have to pay an unemployment premium mainly to reduce administration costs for employers. Employers pay now both an unemployment premium and a premium for invalidity for their employees (see also par. 2.2).

In 2013 the income base for SSC and Income-Tax is harmonised. Standardising or harmonisation of the income tax base for levying SSC and Taxes is introduces in 2013 and is called the Law "WUL" i.e. Harmonising the income base for SSC and Taxes (see publication CPB the Netherlands). So the income tax base is since 2013 exclusive the income dependant health care contribution and employees will no longer have to pay taxes over income dependant health care contributions, instead they pay a higher tax rate in the first tax bracket and mainly Work credit is adjusted. The tax rate in the first tax bracket has been increased from 1.95% to 5.85% and the Work credit is reduced for employees with a higher income such that the effect of this harmonisation is budgetary neutral.

The main adjustment in 2014 is the General tax credit which is made income dependent. Higher income will receive less general credit and the reduction is 2% per euro of income between EURO 56 495 and EURO 19 645 per year. See also par 1.1.4.1.

In 2015 the child arrangements are reduced from 10 items to 4 items. For that reason Single parent credits have stopped. Cash transfers for parents with children and low income increase. And for single parents with children an extra cash benefit of EUR 3 050 is introduced to compensate the loss of single parent credits.

Not all child arrangements are part of the TW model because these are quite specific arrangements for disabled children and parents with low income with children.

Long term health care is modernised. The SSC rate for (AWBZ Dutch) reduced with 3% to 9.65% of taxable income. The tax rates in the first two brackets are raised with 3% because Social spending is still used but now for other general social purposes.

In 2016, as part of a EUR 5 billion package of tax reductions on work, the general tax credit and the work credit were phased out fully, meaning that higher incomes no longer receive the general tax credit and the work credit.

5. Memorandum items

5.1. *Identification of the AW and calculation of the AW's gross earnings*

The calculation of the annual gross earnings of an AW is based upon data on gross earnings of full-time workers in industry C-K. These data have been obtained through a yearly sample survey carried out by the Central Bureau of Statistics. Included in the AW annual salary are irregular payments, such as holiday allowances, loyalty payments and bonuses. Payments for working overtime are not included. However, the CBS has stopped carrying out the "employment and wages" survey in July 2006 due to new legislation. On Inquiry at the Central Bureau of Statistics (CBS) the information from the wage declarations by employers, delivered nowadays at the tax department, will be implemented by the CBS for the new survey about employment and wages. These changes produced a delay in delivery of the information on wages and employment for 2006.

On the base of new information on wages per industry sector, the AW is delivered to EUROSTAT in November 2009 by the CBS for years 2006 and 2007. The standard classification NACE Rev. 1 for industrial sectors C-K is used.

The new classification NACE Revision 2 (sectors B-N) will be applicable as from 2008 onwards. The estimation of the AW for 2008 according to the new classification is applicable at the beginning of May 2010. The AW for 2009 is available since November 2010. For 2008 the average annual gross earnings (full-time NACE REV 2) comes to EUR 43 146, for 2009 EUR 44 412, and EUR 45 215 in 2010. The latest information according to Eurostat is an AW in 2011 of EUR 46 287 (NACE Rev 2)

No new data is found on EU site: *http://epp.eurostat.ec.europa.eu/portal/page/portal/statistics/search_database*

The average wages from 2012 onwards include the private and the public sectors, since values on the private sectors only (sectors B to N) are not available. The values were provided by Statistics Netherlands.

5.2. *Main employers' contributions to private pension, health and related schemes*

In addition to the obligatory contributions of employees to private insurance companies, all employers pay contributions to a public-managed health fund. More information is included in the Special Feature where the contributions to the public-managed health funds are also presented.

Employers have to pay at least 70% of the gross wage of their sick employees for two years. Many employers have insured themselves privately for the risks of their employees being sick. This insurance for illness of their employees is not compulsory.

2016 parameter values

Average earnings/yr	Ave_earn	50 853	
minimum wage	min_wage	19 840	
Social security contributions	SSC_ceil	52 763	
Employees' schemes	Unemp_rate1	0	
	Unemp_franchise1	0	
Medical care	Med_rate	0.0675	
	Med_limit	999 999	
	Med_ceil	52 763	
	Med_adult	1.199	
	Med_child	0	
	Med_compensation1	0.02380	
	Med_compensation2	0.13430	
	Med_compenation 3	0.05220	
	Med_compensation 4	0.13430	
	Med_key	19.759	
	Med_adult for care benefit	1.468	
General schemes	Old_rate	0.179	
	Wid_rate	0.006	
	Ex_med_rate	0.0965	
	Gen_Schemes_thrsh	33 715	
	Unemp_empr1	0.0244	
	Unemp_empr2	0.0178	
	Unemp_unempr_franchise1	0	
	Unemp_unempr_franchise2	0	
	Inv_empr_rate	0.0750	
	Inv_empr_franchise	0	
	Med_empr	0.0675	
	Med_franchise	0	
Payroll tax	Extra_wage_tax	0	
	EWT_threshold	0	
Tax schedule	Tax_sch	0.0840	19 922
	"tax_sch_lowest"	0.1225	33 715
	"tax_thrsh_1"	0.404	66 421
	"tax_sch_2"	0.52	
Tax credits	Gen_credit_1	2 242	
	Gen_credit_2	0	
	Gen_credit1_thr	19 922	
	Gen_credit2_thr	66 417	
	Gen_credit_per	0.04822	
	Red_gen_credit	1 047	
	Emp_credit1	164	
	Emp_credit2	2 939	
	Emp_credit3	0	
	Emp_credit1_thr	9 147	
	Emp_credit2_thr	19 758	
	Emp_credit3_thr	34 015	
	Emp_credit4_thr	111 590	
	Ch_credit	nvt	
	Ch_credit_thr	nvt	
	Ch_decline	nvt	
	Ex_ch_credit	nvt	
	Ex_ch_credit_thr	nvt	
	add_ex_ch_credit	nvt	
	add_ex_ch_credit_thr	nvt	
	Comb_credit	0	
	Comb_credit_franchise	4 881	

2016 parameter values

	add_comb_credit	0
	income_dependant_comb_credit1	1 039
	income_dependant_comb_credit_max	2 769
Family cash transfers	income_dependant_comb_par_credit_per	0.06159
	Sing_par_credit	0
	Ex_sing_par_credit_per	0
	Ex_sing_par_credit_max	0
	Ch1_trans	960
	Ch2_trans	1 920
	Child_ben_1child	1 038
	Child_ben_2children	1 866
	Extra_cash_sing_par	3 066
	Child_ben_redn	0,0675
	Child_ben_ceil	19 759
Non-tax compulsory payments	dummyNTCP	0
	NTCP_pension_ee	0.0598
	NTCP_pension_er	0.1306
	NTCP_pension_franchise	13.003
	NTCP_pension_max	101.519

2016 tax equations

The equations for the tax system in the Netherlands in 2016 are repeated for each individual of a married couple. Tax credits, except a part of the general credit of the spouse, depend also on the tax paid by the principal if the spouse's income is zero or very low, and the cash transfers are calculated only once. The functions which are used in the equations (Taper, MIN, Tax etc) are described in the technical note on the tax equations. Due to the adjustment of the work credit in 2016, the function Emp_credit(Value) was altered in 2016. Variable names are defined in the table of parameters above, within the equations table, or are the standard variables "married" and "children". A reference to a variable with the affix "_total" indicates the sum of the relevant variable values for the principal and spouse. And the affix "_spouse" indicates the value for the spouse. No affix is used for the principal values. Equations for a single person are as shown for the principal, with "_spouse" values taken as 0.

	Line in country table and intermediate steps	Variable name	Range	Equation
1.	Earnings (gross)	gr_earn		
	Earnings (net)	earn	B	gr_earn
2.	Social security contributions	SSC_al	B	SSC_f(earn,Unemp_rate1,SSC_ceil,Unemp_franchise1)
3.	Credits in taxable income	taxbl_cr	B	MIN(earn-SSC_al, Med_ceil)*Med_rate
4.	CG taxable income	tax_inc	B	earn-SSC_al
5.	CG tax before credits	CG_tax_excl/ tax_liable	B	Tax(tax_inc,Tax_sch)
6.	Tax credits	tax_cr	P	MIN(CG_tax_excl+SSC_taxinc,IF((tax_inc<Gen_credit1_thr),Gen_credit_1,(Gen_credit_1-MIN(Gen_credit_per*(Gen_credit2_thr-Gen_credit1_thr),Gen_credit_per*(tax_inc-Gen_credit1_thr))))+Emp_credit(tax_inc)+IF(AND(Children>0,tax_inc>Comb_credit_franchise),IF(Married=0,income_dependant_comb_credit1+MIN(income_dependant_comb_credit_max-income_dependant_comb_credit1, income_dependant_comb_par_credit_per*(tax_inc - Comb_credit_franchise)),0)
		tax_cr_spouse	S	IF(Married>0,MIN(CG_tax_excl_spouse+SSC_taxinc_spouse+CG_tax_excl+SSC_taxinc-tax_cr,IF(tax_inc_spouse>0,IF((tax_inc_spouse<Gen_credit1_thr),Gen_credit_1,(Gen_credit_1-MIN(Gen_credit_per*(Gen_credit2_thr-Gen_credit1_thr), Gen_credit_per*(tax_inc_spouse-Gen_credit1_thr)))),Red_gen_credit)+Emp_credit(tax_inc_spouse)+IF(AND(Children>0,tax_inc_spouse>Comb_credit_franchise),income_dependant_comb_credit1+MIN(income_dependant_comb_credit_max-income_dependant_comb_credit1,income_dependant_comb_par_credit_per*(tax_inc_spouse - Comb_credit_franchise)),0)),0)
		tax_cr_inc	B	IF(tax_cr>Tax_thrsh_1*SUM(Old_rate+Wid_rate+Ex_med_rate+tax_sch_lowest),(tax_sch_2/SUM(Old_rate+Wid_rate+Ex_med_rate+tax_sch_2))*(tax_cr-(SUM(Old_rate+Wid_rate+Ex_med_rate+tax_sch_lowest)*Tax_thrsh_1))+(tax_sch_lowest/SUM(Old_rate+Wid_rate+Ex_med_rate+tax_sch_lowest))*(Tax_thrsh_1*SUM(Old_rate+Wid_rate+Ex_med_rate+tax_sch_lowest)),tax_sch_lowest/SUM(Old_rate+Wid_rate+Ex_med_rate+tax_sch_lowest)*tax_cr)
7.	CG tax	CG_tax	B	tax_liable-tax_cr_inc
8.	State and local taxes	local_tax	B	0
9.	Employees' soc security' based on earnings	SSC_earn	P	SSC_f(earn,Unemp_rate1,SSC_ceil,Unemp_franchise1)
		SSC_earn_spouse	S	SSC_f(earn_spouse,Unemp_rate1,SSC_ceil,Unemp_franchise1)
	Based on taxable income	SSC_taxinc	B	(Old_rate+Wid_rate+Ex_med_rate)*MINA(tax_inc,Gen_Schemes_thrsh)
	Total employees' soc security	SSC_liable	J	SSC_earn+SSC_taxinc+SSC_earn_spouse+SSC_taxinc_spouse

	Line in country table and intermediate steps	Variable name	Range	Equation
		tax_cr_SSC	B	IF(tax_cr>Tax_thrsh_1*SUM(Old_rate+Wid_rate+Ex_med_rate+tax_sch_lowest),((Old_rate+Wid_rate+Ex_med_rate)/SUM(Old_rate+Wid_rate+Ex_med_rate+tax_sch_2))*(tax_cr-(SUM(Old_rate+Wid_rate+Ex_med_rate+tax_sch_lowest)*Tax_thrsh_1))+((Old_rate+Wid_rate+Ex_med_rate)/SUM(Old_rate+Wid_rate+Ex_med_rate+tax_sch_lowest))*(Tax_thrsh_1*SUM(Old_rate+Wid_rate+Ex_med_rate+tax_sch_lowest)),SUM(Old_rate+Wid_rate+Ex_med_rate)/SUM(Old_rate+Wid_rate+Ex_med_rate+tax_sch_lowest)*tax_cr)
	Total	SSC	J	SSC_liable-tax_cr_SSC
10.	Total payments	total_payments	J	CG_tax+local_tax+SSC
11.	Cash transfers	cash_trans	J	IF(Children=1,Ch1_trans,IF(Children=2,Ch2_trans,0))+IF(Children=2;1;0)*MAX(0;(Child_ben_2children+IF(Married=0;1;0)*Extra_cash_sing_par-IF((tax)inc+tax_inc_spouse)>Child_ben_ceil;1;0)*Child_ben_redn*(tax_inc+tax_inc_spouse – Child_ben_ceil)))

13.	Employer's soc security	SSC_empr	B	Function Emp_credit(Value)
				If Value <= 0 Then
				Emp_credit = 0
				ElseIf Value <= Range("Emp_credit1_thr").Value Then
				Emp_credit = (Value/Range("Emp_credit1_thr").Value) * Range("Emp_credit1").Value
				ElseIf Value <= Range("Emp_credit2_thr").Value Then
				Emp_credit = Range("Emp_credit1").Value + ((Value - Range("Emp_credit1_thr").Value)/(Range("Emp_credit2_thr").Value - Range("Emp_credit1_thr").Value)) * Range("Emp_credit2").Value
				ElseIf Value <= Range("Emp_credit3_thr").Value Then
				Emp_credit = Range("Emp_credit1").Value + Range("Emp_credit2").Value
				ElseIf Value <= Range("Emp_credit4_thr").Value Then
				Emp_credit = Range("Emp_credit1").Value + Range("Emp_credit2").Value - ((Value - Range("Emp_credit3_thr").Value)/(Range("Emp_credit4_thr").Value - Range("Emp_credit3_thr").Value)) * (Range("Emp_credit2").Value - Range("Emp_credit3").Value)
				Else
				Emp_credit = 0
				End If
				End Function

Key to range of equations B calculated separately for both principal earner and spouse P calculated for principal only (value taken as 0 for spouse calculation) J calculated once only on a joint basis.

Les impôts sur les salaires 2017

New Zealand (2016-17 income tax year)

This chapter includes data on the income taxes paid by workers, their social security contributions, the family benefits they receive in the form of cash transfers as well as the social security contributions and payroll taxes paid by their employers. Results reported include the marginal and average tax burden for eight different family types.

Methodological information is available for Personal income tax systems, Compulsory social security contributions to schemes operated within the government sector, Universal cash transfers as well as recent changes in the tax/benefit system. The methodology also includes the parameter values and tax equations underlying the data.

New Zealand 2016

The tax/benefit position of single persons

	Wage level (per cent of average wage)	67	100	167	67
	Number of children	none	none	none	2
1.	**Gross wage earnings**	38 625	57 649	96 274	38 625
2.	**Standard tax allowances:**				
	Basic allowance				
	Married or head of family				
	Dependent children				
	Deduction for social security contributions and income taxes				
	Work-related expenses				
	Other				
	Total	0	0	0	0
3.	**Tax credits or cash transfers included in taxable income**	0	0	0	0
4.	**Central government taxable income (1 - 2 + 3)**	38 625	57 649	96 274	38 625
5.	**Central government income tax liability (exclusive of tax credits)**	5 779	10 315	22 690	5 779
6.	**Tax credits :**				
	Basic credit	520	0	0	0
	Married or head of family				
	Children				
	Other				
	Total	520	0	0	0
7.	**Central government income tax finally paid (5-6)**	5 259	10 315	22 690	5 779
8.	**State and local taxes**	0	0	0	0
9.	**Employees' compulsory social security contributions**				
	Gross earnings	0	0	0	0
	Taxable income				
	Total	0	0	0	0
10.	**Total payments to general government (7 + 8 + 9)**	5 259	10 315	22 690	5 779
11.	**Cash transfers from general government**				
	For head of family				
	For two children	0	0	0	10 810
	Total	0	0	0	10 810
12.	**Take-home pay (1-10+11)**	33 365	47 334	73 583	43 655
13.	**Employer's compulsory social security contributions**	0	0	0	0
14.	**Average rates**				
	Income tax	13.6%	17.9%	23.6%	15.0%
	Employees' social security contributions	0.0%	0.0%	0.0%	0.0%
	Total payments less cash transfers	13.6%	17.9%	23.6%	-13.0%
	Total tax wedge including employer's social security contributions	13.6%	17.9%	23.6%	-13.0%
15.	**Marginal rates**				
	Total payments less cash transfers: Principal earner	17.5%	30.0%	33.0%	38.7%
	Total payments less cash transfers: Spouse	n.a.	n.a.	n.a.	n.a.
	Total tax wedge: Principal earner	17.5%	30.0%	33.0%	38.7%
	Total tax wedge: Spouse	n.a.	n.a.	n.a.	n.a.

New Zealand 2016

The tax/benefit position of married couples

	Wage level (per cent of average wage)	100-0	100-33	100-67	100-33
	Number of children	2	2	2	none
1.	**Gross wage earnings**	57 649	76 673	96 274	76 673
2.	**Standard tax allowances:**				
	Basic allowance				
	Married or head of family				
	Dependent children				
	Deduction for social security contributions and income taxes				
	Work-related expenses				
	Other				
	Total	0	0	0	0
3.	**Tax credits or cash transfers included in taxable income**	0	0	0	0
4.	**Central government taxable income (1 - 2 + 3)**	57 649	76 673	96 274	76 673
5.	**Central government income tax liability (exclusive of tax credits)**	10 315	12 664	16 094	12 664
6.	**Tax credits :**				
	Basic credit	0	0	0	0
	Married or head of family				
	Children				
	Other				
	Total	0	0	0	0
7.	**Central government income tax finally paid (5-6)**	10 315	12 664	16 094	12 664
8.	**State and local taxes**	0	0	0	0
9.	**Employees' compulsory social security contributions**				
	Gross earnings				
	Taxable income				
	Total	0	0	0	0
10.	**Total payments to general government (7 + 8 + 9)**	10 315	12 664	16 094	12 664
11.	**Cash transfers from general government**				
	For head of family				
	For two children	6 767	2 724	0	0
	Total	6 767	2 724	0	0
12.	**Take-home pay (1-10+11)**	54 101	66 734	80 180	64 009
13.	**Employer's compulsory social security contributions**	0	0	0	0
14.	**Average rates**				
	Income tax	17.9%	16.5%	16.7%	16.5%
	Employees' social security contributions	0.0%	0.0%	0.0%	0.0%
	Total payments less cash transfers	6.2%	13.0%	16.7%	16.5%
	Total tax wedge including employer's social security contributions	6.2%	13.0%	16.7%	16.5%
15.	**Marginal rates**				
	Total payments less cash transfers: Principal earner	51.3%	51.3%	30.0%	30.0%
	Total payments less cash transfers: Spouse	33.6%	38.7%	17.5%	17.5%
	Total tax wedge: Principal earner	51.3%	51.3%	30.0%	30.0%
	Total tax wedge: Spouse	33.6%	38.7%	17.5%	17.5%

The national currency is the New Zealand dollar (NZD). In 2016, NZD 1.44 was equal to USD 1. In that year the average worker earned NZD 57 649 (Country estimate).

1. Personal income tax system

1.1. *Central/federal government income taxes*

1.1.1. *Tax unit*

Members of the family are taxed separately.

1.1.2. *Tax allowances and tax credits*

None.

1.1.2.1. *Standard reliefs*

1.1.2.2. Main non-standard tax reliefs applicable to an average wage

None.

1.1.3. *Schedule*

- Rates of income tax for individuals:
  - On so much of the income as does not exceed NZD 14 000: 10.5%;
  - On so much of the income as exceeds NZD 14 000 but does not exceed NZD 48 000: 17.5%;
  - On so much of the income as exceeds NZD 48 000 but does not exceed NZD 70 000: 30%;
  - On so much of the income as exceeds NZD 70 000: 33%.

1.2. *State and local income taxes*

New Zealand has no state or local income tax.

2. Compulsory social security contributions to schemes operated within the government sector

New Zealand has no Compulsory social security contributions to schemes operated within the government sector.

It should be noted that there is an accident compensation scheme administered by the Accident Compensation Corporation for residents and temporary visitors to New Zealand. This scheme is funded in part by premiums paid by employees and employers. For employees, the premium represents 1.26% of their gross earnings. For employers and the self-employed, the premiums are based on a percentage of the total payroll and the applicable rate varies depending upon the associated accident risk (the average rate is 0.90%). This scheme is not considered as a compulsory social security contribution for the purposes of the Report.

3. Universal cash transfers

3.1. *Amount for marriage*

None.

3.2. *Amount for children*

The Parental Tax Credit provides NZD 220 per week for the first ten weeks of each child's life. This tax credit abates under the same regime as the Family Tax Credit, although it is unaffected until both the Family Tax Credit and In Work Tax Credit have been abated to zero.

3.3. *Family tax credit*

For an eldest child aged 16-18, the rate of the Family Tax Credit is NZD 5 303 per year, while the rate of NZD 4 822 applies if the eldest child is younger than 16. For subsequent children the rate depends on the age of the child; NZD 4 745 per year for 16-18 year-olds, NZD 3 822 per year for 13-15 year-olds and NZD 3 351 per year for children under 13 years of age. The total credit is abated by 21.25 cents on each dollar earned over NZD 36 350. The abatement is based on the combined income of the parents.

3.4. *In work tax credit*

The In Work Tax Credit is available to families with dependent children who are not receiving an income-tested benefit, veteran's pension, New Zealand Superannuation or student allowance. The level of assistance it provides is NZD 3 120 per family per year, plus an additional NZD 780 per year for fourth and subsequent children. It is only available to couple families working a total of 30 hours or more per week, or to sole parents working 20 hours or more per week. It is also affected by the abatement regime used with the Family Tax Credit, although it is unaffected until the latter has been abated to zero.

3.5. *Minimum family tax credit*

The Minimum Family Tax Credit is a scheme that ensures a guaranteed minimum family net income for all full-time earners with dependent children. The guaranteed minimum after-tax income is NZD 23 036 per year plus the Family Tax Credit and In Work Tax Credit.

3.6. *Independent Earner Tax Credit*

The Independent Earner Tax Credit of NZD 520 is available to individuals with annual net income between NZD 24 000 and NZD 48 000 that do not receive other forms of tax credits or benefits. It is abated by 13 cents on each dollar earned over NZD 44 000.

4. Main changes in tax/benefit systems over 2015/16

No changes in tax/benefit systems over 2015/16. However, for the 2016/17 there will be three changes:

- the in work tax credit will increase from NZD 3 120 per family per year to NZD 3 770;
- the abatement rate for the family tax credit, in work tax credit and parental tax credit will increase from 21.25 cents on each dollar to 22.5 cents in the dollar; and
- the minimum family tax credit guaranteed minimum after-tax income will increase from NZD 23 036 to NZD 23 764.

5. Memorandum items

5.1. *Method used to identify AW and to calculate the AW's gross earnings*

The Annual Earnings figure is derived from the *Quarterly Employment Survey* for those employees in the B-N industry groups. The annual earnings figure for the average worker is the sum of the four quarterly earnings figures, with each quarterly figure calculated by taking the average total weekly earnings and multiplying it by 13 weeks per quarter.

5.2. *Employer's contributions to private pension, health schemes, etc.*

No information available.

2016 parameter values

	Ave_earn	5 7649	Country estimate
Income tax schedule	Tax_sch	0.105	14 000
		0.175	48 000
		0.3	70 000
		0.33	
Family tax credit	Fam_sup_eld	4 822	
	Fam_sup_oth	3 351	
	Fam_sup_thrsh	36 350	
	Fam_sup_rate	0.2125	
In-work tax credit	In_work_children123	3 120	
	In_work_children4plus	780	
Minimum Family Tax Credit	Min_inc	23 036	
Independent Earner Tax Credit	IETC	520	
	IETC_thrsh1	24 000	
	IETC_thrsh2	44 000	
	IETC_rate	0.13	

2016 tax equations

The equations for the New Zealand system in 2016 are mostly repeated for each individual of a married couple. But the cash transfer is calculated only once. This is shown by the Range indicator in the table below. The functions which are used in the equations (Taper, MIN, Tax etc) are described in the technical note about tax equations. Variable names are defined in the table of parameters above, within the equations table, or are the standard variables "married" and "children". A reference to a variable with the affix "_total" indicates the sum of the relevant variable values for the principal and spouse. And the affixes "_princ" and "_spouse" indicate the value for the principal and spouse, respectively. Equations for a single person are as shown for the principal, with "_spouse" values taken as 0.

	Line in country table andintermediate steps	Variable name	Range	Equation
1.	Earnings	earn		
2.	Allowances	tax_al	B	0
3.	Credits in taxable income	taxbl_cr	B	0
4.	CG taxable income	tax_inc	B	earn
5.	CG tax before credits	CG_tax_excl	B	Tax(tax_inc, Tax_sch)
6.	Tax credits :			
	Guaranteed minimum income	GMI	J	(Children>0)*Min_inc
	Independent Earner Tax Credit	IETC_rebate	B	=AND(Children=0,earn>IETC_thrsh1)*Taper(IETC,earn,IETC_thrsh2,IETC_rate)
6.	Tax credits:	tax_cr	B	IETC_rebate
7.	CG tax	CG_tax	B	CG_tax_excl-tax_cr
8.	Local tax	local_tax	B	0
9.	Employees' soc security	SSC	B	0
11.	Cash transfers:			
	Family tax credit (unabated)	fam_tax_cr	J	Fam_sup_eld*(Children>0)+ Fam_sup_oth*Positive(Children-1)
	In-work tax credit (unabated)	in_work_tax_cr	J	(Children>0)*(In_work_children123+Positive(Children-3)*In_work_children4plus)
	Tax credits abated	tax_cr_ab	J	Taper(fam_tax_cr+in_work_tax_cr, earn_total, Fam_sup_thrsh1, Fam_sup_rate1)
	Minimum Family tax credit	min_fam_tax_cr	J	Positive(GMI-(earn_total-CG_tax_excl_totall))
	Cash transfers	cash_trans	J	tax_cr_ab + min_fam_tax_cr
13.	Employer's soc security	SSC_empr	B	0

Key to range of equation B calculated separately for both principal earner and spouse P calculated for principal only (value taken as 0 for spouse calculation) J calculated once only on a joint basis.

Norway

This chapter includes data on the income taxes paid by workers, their social security contributions, the family benefits they receive in the form of cash transfers as well as the social security contributions and payroll taxes paid by their employers. Results reported include the marginal and average tax burden for eight different family types.

Methodological information is available for Personal income tax systems, Compulsory social security contributions to schemes operated within the government sector, Universal cash transfers as well as recent changes in the tax/benefit system. The methodology also includes the parameter values and tax equations underlying the data.

Norway 2016

The tax/benefit position of single persons

		Wage level (per cent of average wage)	67	100	167	67
		Number of children	none	none	none	2
1.	**Gross wage earnings**		378 026	564 218	942 244	378 026
2.	**Standard tax allowances**					
	Basic allowance					
	Married or head of family					
	Dependent children					
	Deduction for social security contributions and income taxes					
	Work-related expenses					
	Other					
		Total	143 200	143 200	143 200	195 004
3.	**Tax credits or cash transfers included in taxable income**		0	0	0	0
4.	**Central government taxable (ordinary) income (1 - 2 + 3)**		234 826	421 018	799 044	183 022
5.	**Central government income tax liability (ordinary + personal)**		27 664	50 472	131 679	22 198
6.	**Tax credits (applicable against local tax)**					
	Basic credit					
	Married or head of family					
	Children		0	0	0	0
	Other					
		Total	0	0	0	0
7.	**Central government income tax finally paid (5-6)**		27 664	50 472	131 679	22 198
8.	**State and local taxes (net of tax credits)**		33 932	60 837	115 462	26 447
9.	**Employees' compulsory social security contributions**					
	Gross earnings		30 998	46 266	77 264	30 998
	Taxable income					
		Total	30 998	46 266	77 264	30 998
10.	**Total payments to general government (7 + 8 + 9)**		92 594	157 575	324 404	79 643
11.	**Cash transfers from general government**					
	For head of family					
	For two children		0	0	0	34 920
		Total	0	0	0	34 920
12.	**Take-home pay (1-10+11)**		285 432	406 643	617 839	333 303
13.	**Employer's compulsory social security contributions**		49 143	73 348	122 492	49 143
14.	**Average rates**					
	Income tax		16.3%	19.7%	26.2%	12.9%
	Employees' social security contributions		8.2%	8.2%	8.2%	8.2%
	Total payments less cash transfers		24.5%	27.9%	34.4%	11.8%
	Total tax wedge including employer's social security contributions		33.2%	36.2%	42.0%	22.0%
15.	**Marginal rates**					
	Total payments less cash transfers: Principal earner		34.9%	34.9%	46.9%	34.9%
	Total payments less cash transfers: Spouse		n.a.	n.a.	n.a.	n.a.
	Total tax wedge: Principal earner		42.4%	42.4%	53.0%	42.4%
	Total tax wedge: Spouse		n.a.	n.a.	n.a.	n.a.

Norway 2016

The tax/benefit position of married couples

	Wage level (per cent of average wage)	100-0	100-33	100-67	100-33
	Number of children	2	2	2	none
1.	**Gross wage earnings**	564 218	750 410	942 244	750 410
2.	**Standard tax allowances**				
	Basic allowance				
	Married or head of family				
	Dependent children				
	Deduction for social security contributions and income taxes				
	Work-related expenses				
	Other				
	Total	167 700	275 013	286 400	275 013
3.	**Tax credits or cash transfers included in taxable income**	0	0	0	0
4.	**Central government taxable (ordinary) income (1 - 2 + 3)**	396 518	475 397	655 844	475 397
5.	**Central government income tax liability (ordinary + personal)**	47 887	56 325	78 136	56 325
6.	**Tax credits (applicable against local tax)**				
	Basic credit				
	Married or head of family				
	Children	0	0	0	0
	Other				
	Total	0	0	0	0
7.	**Central government income tax finally paid (5-6)**	47 887	56 325	78 136	56 325
8.	**State and local taxes (net of tax credits)**	57 297	68 695	94 769	68 695
9.	**Employees' compulsory social security contributions**				
	Gross earnings	46 266	61 534	77 264	61 534
	Taxable income				
	Total	46 266	61 534	77 264	61 534
10.	**Total payments to general government (7 + 8 + 9)**	151 450	186 554	250 169	186 554
11.	**Cash transfers from general government**				
	For head of family				
	For two children	23 280	23 280	23 280	0
	Total	23 280	23 280	23 280	0
12.	**Take-home pay (1-10+11)**	436 048	587 136	715 354	563 856
13.	**Employer's compulsory social security contributions**	73 348	97 553	122 492	97 553
14.	**Average rates**				
	Income tax	18.6%	16.7%	18.4%	16.7%
	Employees' social security contributions	8.2%	8.2%	8.2%	8.2%
	Total payments less cash transfers	22.7%	21.8%	24.1%	24.9%
	Total tax wedge including employer's social security contributions	31.6%	30.8%	32.8%	33.5%
15.	**Marginal rates**				
	Total payments less cash transfers: Principal earner	34.9%	34.9%	34.9%	34.9%
	Total payments less cash transfers: Spouse	18.9%	22.9%	34.9%	22.9%
	Total tax wedge: Principal earner	42.4%	42.4%	42.4%	42.4%
	Total tax wedge: Spouse	28.2%	31.8%	42.4%	31.8%

The national currency is the Kroner (NOK). In 2016, NOK 8.40 was equal to 1 USD. In that year the average worker earned NOK 564 218 (Secretariat estimate).

1. Personal income tax system

The personal income tax has two tax bases: *personal income* and *ordinary income*. Personal income is defined as income from labour and pensions. Personal income is a gross income base from which no deductions are made. Ordinary income includes all types of taxable income from labour, pensions, business and capital. Certain costs and expenses, including interest paid on debt, are deductible in the computation of ordinary income.

1.1. Central government income tax

1.1.1. Tax unit

The tax unit is in most cases the individual (tax class 1), but joint taxation (tax class 2) is also possible. Children aged below 17 are generally taxed together with their parents, but they may be taxed individually. All other income earners are taxed on an individual basis (class 1).

1.1.2. Tax allowances applicable to an AW

There are no tax allowances applicable to an AW under the central government income bracket tax. The tax base is personal income from which no deductions are allowed. As part of the overall tax rate of 25% on ordinary income, 10.55% is considered to be the central government income tax.

1.1.3. Rate schedule of the bracket tax

Rate (%)	NOK
0	0-159 800
0.44	159 800-224 900
1.70	224 900-565 400
10.70	565 400-909 500
13.70	909 500 and over

1.2. Local government income tax

The overall tax rate on ordinary income is 25%. The local government (municipal and county) income tax is 14.45% points of the overall rate. Tax on ordinary income is levied after taking into account a standard allowance of NOK 51 750 (class 1) and NOK 76 250 (class 2) in 2016. Single parents are eligible to an additional special tax allowance of NOK 51 804. The deductions in the computation of ordinary income are:

1.2.1. Standard reliefs

- Basic allowance: each individual receives a minimum allowance equal to 43% of personal income, with a minimum of NOK 4 000 and a maximum of NOK 91 450. For wage income each individual can choose a separate allowance of NOK 31 800 instead of the basic allowance. Hence, wage earners would opt to choose this separate allowance as long as it exceeds the basic allowance to which they are entitled.

1.2.2. *Non-standard reliefs*

The main non-standard allowances deductible from ordinary income are:

- Parent allowance: Documented expenses for child care limited to:
  - maximum NOK 25 000 for one child
  - plus NOK 15 000 for each subsequent child.

The allowance applies in general to the spouse who has the highest income. Unused parent allowance may be transferred to the other spouse. The allowance is also applicable to single parents.

- Travel expenses related to work exceeding NOK 22 000;
- Labour union fees up to NOK 3 850;
- Donations to voluntary organisations up to NOK 25 000;
- Contributions to individual pension agreement schemes, maximum NOK 15 000;
- Premiums and contributions to occupational pension schemes in the private and public sector, unlimited;
- Unlimited deduction for interest payments.

The main non-standard tax credits are:

- Home savings scheme (BSU): The BSU scheme aims to encourage young people (under 34 years old) to save for a future home purchase. A wastable *tax credit* of 20% of annual savings up to NOK 25 000 in special accounts is granted. Total savings may not exceed NOK 300 000.

2. Social security contributions

2.1. *Contributions to the national insurance scheme*

2.1.1. *Employees' contributions*

Employees' contributions to the National Insurance Scheme generally amount to 8.2% of personal wage income. Employees do not make contributions if their wage income is less than NOK 49 650. Once wage income exceeds this floor, an alternative calculation is made where the contributions equal 25% of the wage income in excess of the floor. The actual contributions made would represent the minimum between the alternative calculation and 8.2% of the total wage income.

Contributions from the self-employed are 11.4% of personal income attributable to labour.

2.1.2. *Employers' contributions*

Employer's social security contributions are due for all employees in both the private and the public sector. The contribution is geographically differentiated according to the municipality where the work-place is. The standard rates are 14.1%, 10.6%, 7.9%, 6.4%, 5.1% or 0% of gross wages. The highest rate applies to central parts of southern Norway. Lower rates may apply under certain circumstances. The weighted average rate is approximately 13%.

3. Universal cash transfers

3.1. *Transfers related to marital status*

None.

3.2. *Transfers for dependent children (child support)*

The following transfers are available:

NOK 11 640 per child aged 0-18 years.

Single parents receive transfers for one more child than their actual number of children.

4. Main changes in tax/benefit systems since 2002

- Most important changes related to wage taxation in 2016:
  - The general tax rate on ordinary income was reduced from 27% to 25%.
  - A bracket tax with on personal income with 4 tax brackets was introduced and replaced the former surtax on personal income.
- Most important changes related to wage taxation in 2015:
  - The threshold in surtax bracket 1 was increased by NOK 5 750.
  - The upper limit of the basic allowance for wage income/social security benefits was increased by NOK 2 100.
  - The lower threshold for the payment of employee's social security contributions was increased from NOK 39 600 to NOK 49 650.
- Most important changes related to wage taxation in 2014:
  - The general tax rate on ordinary income was reduced from 28% to 27%.
  - The employee's social security contributions were increased by 0.4 percentage points.
  - The rate in the basic allowance against wage income was increased to 43%.
  - Tax class 2 for married couples was reduced.
- Most important changes in 2013:
  - The personal allowance for labour income was increased for low income earners (below NOK 213 950) by 2 percentage points from 38% to 40% of their labour income.
  - The taxable value of second homes and commercial property for the purposes of net wealth tax was increased from 40% to 50% of estimated market value.
  - The basic allowance in the net wealth tax was increased from NOK 750 000 to NOK 870 000. Married couples will thus have a total basic allowance of NOK 1 740 000.
  - The current class 2 for sole providers was replaced by a special allowance for ordinary income which provides an equivalent tax benefit.
  - The maximum deduction for labour union fees was increased from NOK 3 750 to NOK 3 850.
- Most important changes in 2012:
  - The personal allowance for labour income was increased for low income earners (below NOK 217 000) by 2 percentage points from 36% to 38% of their labour income.
  - For self-employed the wage allowance was abolished to eliminate residual discrimination between sole proprietorships with employees and limited companies.

- In the deduction for travel expenses for travels between home and work the deduction rate per kilometre was increased for tax payers travelling between 35 000 km and 50 000 km per year.
- The maximum deduction for labour union fees was increased by NOK 90 to NOK 3 750.

- In 2011 changes to the tax system was made to provide better incentives for people to work when drawing a pension. The tax limitation rule for early-retirement and old-age pensioners was replaced by a new tax allowance for pension income. The allowance ensures that people who only receive the minimum pension will continue not to pay income tax. The allowance is scaled down against pension income, so that the marginal tax on earned income is reduced to the same level as for wage earners. The marginal tax on capital for low-income pensioners is also reduced to the same level as for other taxpayers. The new tax allowance is determined regardless of the spouse's income and married early-retirement and old-age pensioners will each have their own allowance. In addition, the pension income social security contribution is increased and the special allowance for age is discontinued.
- In 2010 a new formula-based system for determining the tax-assessed value of homes was introduced. The new tax-assessed value will be determined by multiplying the floor space of the dwelling by a square metre price based on the geographical location (neighbourhood, municipality, sparsely populated vs. densely populated area), size, age and type (detached, semi-detached, terraced, flat) of the property. For *primary homes* (owner-occupied), the per square metre rate will be set at 25% of the estimated sale price per square metre, whereas the rate for *second homes*, i.e. any other dwellings in addition to the primary home that are not defined as business or recreational properties, will be set at 40% of the estimated sale price per square metre. The current "safety valve" system is being continued so that taxpayers can appeal and have the tax-assessed value reduced to 30% of the documented fair market value (60% for second homes). In addition, the tax-assessed values of recreational properties are increased by 10%.
- Most important changes in 2009 were the abolition of the 80% rule, which primarily reduced the wealth tax of the richest. The wealth tax on equities for those who fall within the scope of the 80% rule has been more than doubled since 2005.
- The home savings scheme (BSU) was expanded in 2009 by increasing the annual savings amount to NOK 20 000 and the maximum aggregate savings amount to NOK 150 000.
- The rates of the inheritance tax were reduced and the exempted amount was increased in 2009. The instalment scheme for family businesses was expanded through the abolition of the upper limit, and the payment period was increased from 7 to 12 years.

Other changes in the personal tax base in 2009:

- The fishermen's allowance was increased from NOK 115 000 to NOK 150 000.
- The reindeer husbandry allowance was increased to the same level as the agriculture allowance.
- The allowance for labour union fees was increased by NOK 450 to NOK 3 600.
- The rate of the travel allowance was increased from NOK 1.40 per km to NOK 1.50 per km.
- The tax-free net income thresholds under the tax limitation rule were increased such as to ensure that singles and couples who receive the minimum state pension will still not be paying tax following the favourable social security settlement they benefited from in 2008.

- A tax favoured contributions to individual pension agreement schemes was reintroduced as of 2008.
- From 1 January, 2008 the employees' SSC rate for self-employed was increased from 10.7% to 11.0%.
- The upper threshold in the surtax schedule was substantially reduced from 2006 to 2007.
- The surtax rates were reduced in 2005 and 2006, as part of a reform of the dual income tax system. The basic allowance has been substantially increased.
- From 1 January, 2006 the supplementary employer's social security contribution at 12.5% for gross wage income that exceeds 16 times "G" (average "G" is estimated to be NOK 74 721 in 2010) was removed.
- From 1 January, 2006 the class 2 in the surtax was removed.
- From 1 January, 2005 the ceiling in the parent allowance for two and more children was removed, and the maximum allowance was increased with NOK 5 000 for each child after the first. From 2008 the maximum allowance will be increased with NOK 15 000 for each child after the first.
- The additional child support of NOK 7 884 for children aged 1 and 2 years was abolished as of August 1, 2003.
- An allowance of maximum NOK 6 000 for donations to voluntary organisations was introduced as of 1 January, 2003. Previously this allowance was coordinated with the allowance for labour union fees (with a combined maximum allowance). The allowance was increased to NOK 12 000 as of 1 January, 2005.
- As of 1 July, 2002 the employer's social security contribution rates for employees aged 62 years or older were reduced by 4 percentage points, although not below 0%. From 2007 the reduction was abolished.

5. Memorandum items

5.1. *Identification of an AW and calculation of earnings*

The wage series used refers to full time employees in the B-N industry group (ISIC rev.4).

The calculation of annual wage earnings is as follows:

- Weighted average monthly wage plus overtime times 12.

The average monthly wage is agreed payment for a wage earner working a normal agreed working-year. It includes bonus payments and other allowances, but not payments for overtime, sick leave, and an establishment's indirect wage costs. The sum is weighted with the number of persons employed in the different industry groups.

5.2. *Employers' contributions to private health and pension schemes*

No information available.

2016 parameter values

Average earnings/yr	Ave_earn	564 218	Secretariat estimate
Central rate (pers)	Tax1_sch	0	159 800
class 1		0.0044	224 900
		0.017	565 400
		0.107	909 500
		0.137	
class 2	Tax2_sch	0.000	159 800
		0.0044	224 900
		0.017	565 400
		0.107	909 500
		0.137	
Central rate (ord)	Cent_rate_ord	0.1055	
Local rate (ord)	Local_rate	0.1445	
Allowances	Class_al_1	51 750	
	Class_al_2	76 250	
	Special_al	51 804	
Basic relief	Basic_min	4 000	
	Basic_max	91 450	
	Basic_rel_rate	0.43	
	Basic_min_wage	31 800	
Soc security contribs	SSC_rate	0.082	
Employer	SSC_empr	0.13	
Trygd. low.lim	SSC_low_lim	49 650	
pct.rate	SSC_low_rate	0.25	
Ref. Income "G"	SSC_G	91 740	
"G" Multiple	SSC_Gmult	16	
Supplemental Rate	SSC_rate_sup	0	
Child cash transfer	Child_sup	11 640	

2016 tax equations

The equations for the system for Norway in 2016 may be calculated on an individual or joint basis for married couples. Social security contributions are calculated on an individual basis. The calculation for Class 2 is chosen for married couples whenever this gives a lower value of tax than the corresponding Class 1 calculations. The functions which are used in the equations (Taper, MIN, Tax etc) are described in the technical note about tax equations. Variable names are defined in the table of parameters above, within the equations table, or are the standard variables "married" and "children". A reference to a variable with the affix "_total" indicates the sum of the relevant variable values for the principal and spouse. And the affixes "_princ" and "_spouse" indicate the value for the principal and spouse, respectively. Equations for a single person are as shown for the principal, with "_spouse" values taken as 0.

	Line in country table and intermediate steps	Variable name	Range	Equation
1.	Earnings	earn		
2.	Allowances:	tax_al	J	IF(class=1, tax1_al_princ+tax1_al_spouse, tax2_al)
	Class 1 tax allowance (ordinary)	tax1_al_princ	P	MIN(MAX(Basic_min_wage, MIN(earn_princ*Basic_rel_rate, Basic_max)) +Class_al_1+IF(AND(Married=0,Children>0),Special_al,o), earn_princ)
	Class 1 tax allowance (ordinary)	tax1_al_spouse	S	MIN(MAX(Basic_min_wage, MIN(earn_spouse*Basic_rel_rate, Basic_max)) +Class_al_1, earn_spouse)
	Class 2 tax allowance (ordinary)	tax2_al	J	MIN(MAX(Basic_min_wage, MIN(earn_princ*Basic_rel_rate, Basic_max)), earn_princ)+MIN(MAX(Basic_min_wage, MIN(earn_spouse* Basic_rel_rate, Basic_max)), earn_spouse)+Class_al_2
3.	Credits in taxable income	taxbl_cr	J	0
4.	CG taxable income (ordinary)			
	Class 1 taxable income	tax1_inc	B	Positive(earn-tax1_al)
	Class 2 taxable income	tax2_inc	J	Positive(earn_total-tax2_al)
5.	CG tax	CG_tax		IF(class=1, CG1_tax, CG2_tax)
	Class 1 tax (personal+ordinary)	CG1_tax	B	Tax(earn, Tax1_sch)+Cent_rate_ord*tax1_inc
	Class 2 tax (personal+ordinary)	CG2_tax	J	Tax(earn_p, Tax2_sch)+ Tax(earn_s, Tax2_sch)+Cent_rate_ord*tax2_inc
6.	Tax credits :	tax_cr	P	0
7.	CG tax	CG_tax	B	CG_tax
8.	State and local taxes	local_tax	J	IF(class=1, local1_tax_total, local2_tax)
	Class 1 local tax	local1_tax	B	(Local_rate*(tax1_inc_princ+tax1_inc_spouse))-tax_cr
	Class 2 local tax	local2_tax	J	(Local_rate*tax2_inc)-tax_cr
	Favourable class	class	J	1+((CG2_tax_excl+local2_tax)<(CG1_tax_excl_total+local1_tax_total))
9.	Employees' soc security	SSC	B	MIN(earn*SSC_rate, Positive(SSC_low_rate*(earn-SSC_low_lim)))
11.	Cash transfers	cash_trans	J	(children>0)*Child_sup
13.	Employer's soc security	SSC_empr	B	earn*SSC_empr

Key to range of equation B calculated separately for both principal earner and spouse P calculated for principal only (value taken as 0 for spouse calculation) J calculated once only on a joint basis.

Poland

This chapter includes data on the income tax paid by workers, their social security contributions, the family benefits they receive in the form of cash transfers as well as the social security contributions and payroll taxes paid by their employers. Results reported include the marginal and average tax burden for eight different family types.

Methodological information is available for Personal income tax systems, Compulsory social security contributions to schemes operated within the government sector, Universal cash transfers as well as recent changes in the tax/benefit system. The methodology also includes the parameter values and tax equations underlying the data.

Poland 2016

The tax/benefit position of single persons

		Wage level (per cent of average wage)	67	100	167	67
		Number of children	none	none	none	2
1.	**Gross wage earnings**		32 014	47 782	79 795	32 014
2.	**Standard tax allowances**					
	Basic allowance					
	Married or head of family					
	Dependent children					
	Deduction for social security contributions and income taxes		4 389	6 551	10 940	4 389
	Work-related expenses		1 335	1 335	1 335	1 335
	Other					
		Total	5 724	7 886	12 275	5 724
3.	**Tax credits or cash transfers included in taxable income**		0	0	0	0
4.	**Central government taxable income (1 - 2 + 3)**		26 290	39 896	67 520	26 290
5.	**Central government income tax liability (exclusive of tax credits)**		4 732	7 181	12 154	4 732
6.	**Tax credits**					
	Basic credit		556	556	556	1 112
	Married or head of family					
	Children		0	0	0	2 224
	Other (health insurance)		2 141	3 195	5 336	2 141
		Total	2 697	3 751	5 892	5 477
7.	**Central government income tax finally paid (5-6)**		2 035	3 430	6 261	0
8.	**State and local taxes**		0	0	0	0
9.	**Employees' compulsory social security contributions**					
	Gross earnings		3 221	4 807	8 027	3 221
	Taxable income		2 486	3 711	6 197	2 486
		Total	5 707	8 517	14 224	5 707
10.	**Total payments to general government (7 + 8 + 9)**		7 742	11 947	20 486	5 707
11.	**Cash transfers from general government**					
	For head of family					
	For two children		0	0	0	0
		Total	0	0	0	0
12.	**Take-home pay (1-10+11)**		24 272	35 834	59 310	26 307
13.	**Employers' compulsory social security contributions**		5 372	8 018	13 389	5 372
14.	**Average rates**					
	Income tax		6.4%	7.2%	7.8%	0.0%
	Employees' social security contributions		17.8%	17.8%	17.8%	17.8%
	Total payments less cash transfers		24.2%	25.0%	25.7%	17.8%
	Total tax wedge including employer's social security contributions		35.1%	35.8%	36.4%	29.6%
15.	**Marginal rates**					
	Total payments less cash transfers: Principal earner		26.7%	26.7%	26.7%	17.8%
	Total payments less cash transfers: Spouse		n.a.	n.a.	n.a.	n.a.
	Total tax wedge: Principal earner		37.2%	37.2%	37.2%	29.6%
	Total tax wedge: Spouse		n.a.	n.a.	n.a.	n.a.

Poland 2016

The tax/benefit position of married couples

	Wage level (per cent of average wage)	100-0	100-33	100-67	100-33
	Number of children	2	2	2	none
1.	**Gross wage earnings**	47 782	63 550	79 795	63 550
2.	**Standard tax allowances**				
	Basic allowance				
	Married or head of family				
	Dependent children				
	Deduction for social security contributions and income taxes	6 551	8 713	10 940	8 713
	Work-related expenses	1 335	2 670	2 670	2 670
	Other				
	Total	7 886	11 383	13 610	11 383
3.	**Tax credits or cash transfers included in taxable income**	0	0	0	0
4.	**Central government taxable income (1 - 2 + 3)**	39 896	52 167	66 185	52 167
5.	**Central government income tax liability (exclusive of tax credits)**	7 181	9 390	11 913	9 390
6.	**Tax credits**				
	Basic credit	1 112	1 112	1 112	1 112
	Married or head of family				
	Children	2 224	2 224	2 224	0
	Other (health insurance)	3 195	4 250	5 336	4 250
	Total	6 532	7 586	8 672	5 362
7.	**Central government income tax finally paid (5-6)**	650	1 804	3 241	4 028
8.	**State and local taxes**	0	0	0	0
9.	**Employees' compulsory social security contributions**				
	Gross earnings	4 807	6 393	8 027	6 393
	Taxable income	3 711	4 935	6 197	4 935
	Total	8 517	11 328	14 224	11 328
10.	**Total payments to general government (7 + 8 + 9)**	9 167	13 132	17 465	15 356
11.	**Cash transfers from general government**				
	For head of family				
	For two children	0	0	0	0
	Total	0	0	0	0
12.	**Take-home pay (1-10+11)**	38 614	50 417	62 330	48 193
13.	**Employers' compulsory social security contributions**	8 018	10 663	13 389	10 663
14.	**Average rates**				
	Income tax	1.4%	2.8%	4.1%	6.3%
	Employees' social security contributions	17.8%	17.8%	17.8%	17.8%
	Total payments less cash transfers	19.2%	20.7%	21.9%	24.2%
	Total tax wedge including employer's social security contributions	30.8%	32.1%	33.1%	35.1%
15.	**Marginal rates**				
	Total payments less cash transfers: Principal earner	26.7%	26.7%	26.7%	26.7%
	Total payments less cash transfers: Spouse	25.1%	26.7%	26.7%	26.7%
	Total tax wedge: Principal earner	37.2%	37.2%	37.2%	37.2%
	Total tax wedge: Spouse	35.9%	37.2%	37.2%	37.2%

The national currency is the Zloty (PLN). In 2016, PLN 3.94 was equal to USD 1. In that year, the average worker earned PLN 47 782 (Secretariat Estimate).

1. Personal income tax system

An individual being a tax resident in Poland is liable to tax on the basis of world-wide income, irrespective of the source and origin of that income. (The term "residency" is understood similarly to Article 4 paragraph 2 point a) of the OECD Model Tax Convention on Income and Capital).

1.1. *Central government income tax*

1.1.1. Tax unit

Individuals are taxed on their own income, but couples married during the whole calendar year can opt to be taxed on their joint income. In the latter case, the "splitting" system applies: the tax bill for a couple is twice the income tax due on half of joint income, provided the joint income does not include capital income taxed at the flat 19% rate. Single individuals with dependent children are also entitled to use the splitting system (their family quotient is two). For the purpose of this report, it is assumed that married couples are taxed on joint income.

1.1.1.1. Tax base

1.1.1.1.1. Gross employment income

For taxation purposes, taxable gross employment income in Poland includes both cash income and the value of benefits in kind. More specifically, gross employment income includes base salary, overtime payments, bonuses, awards, compensation for unused holidays, and costs that are paid in full or in part by the employer on behalf of the employee.

1.1.2. Tax allowances and tax credits

1.1.2.1. Standard reliefs

- Basic relief: A non-refundable tax credit of PLN 556.02 per person.
- Marital status relief: None.
- Relief for children: Yes.

However, a widowed spouse is entitled to apply the join income taxation.

It concerns a child of 18 years old or younger or a child up to 25 years old provided they are students or a disabled child irrespective of their age. The actual description in section 4.

A taxpayer can deduct from the due tax decreased by the amount of health contributions specified in the PIT Act, the amount, which is equal for each month of raising a child:

- PLN 92.67 (annually PLN 1 112.04) for the first child, if the income received by parents (married or single parent, who meets special requirements) doesn't exceed in the tax year the amount of PLN 112 000. For other parent the threshold of income is PLN 56 000;
- PLN 92.67 (annually PLN 1 112.04) for the second child;
- PLN 166.67 (annually PLN 2 000.04) for the third child;
- PLN 225.00 (annually PLN 2 700.00) for the fourth and every next child.
- Since 1 January 2015 taxpayers whose due tax is lower than the amount of relief for children, may claim for cash refund for amount of relief which has not been utilized. However, such cash refund cannot exceed the amount of deductible social security and health insurance contributions paid by taxpayer (with some exceptions).
- Relief for health insurance contributions: A tax credit is almost equal to health insurance contribution paid to the National Health Fund. The contribution is 9% of the calculation basis whereas the tax credit is 7.75% of this basis.
- Relief for other social security contributions: An allowance is provided for all social insurance contributions paid by the taxpayer.
- Relief for selected work-related expenses: Standard deductions depend on the number of workplaces and on whether place of residence and workplace are within the same town/city or not. The annual amounts in PLN (deductible from income) are:

	One workplace	Two/more workplaces
Workplace in the same town/city as place of residence	1 335.00[1]	2 002.05
Workplace in different town/city as place of residence	1 668.72	2 502.56

Note: If the actual commuting expenses exceed standard deduction, relief can be determined by the actual expenses incurred solely on personal season tickets.

1. For the purpose of the calculations in this publication, it is assumed that the worker has the same town/city as place of residence.

1.1.2.2. Main non-standard tax reliefs applicable to an average worker

Allowances:

- Expenses for the purpose of rehabilitation incurred by a taxpayer who is a disabled person, or a taxpayer, who supports the disabled;
- Equivalent of blood donations, donations made for the purposes of public benefit activity and of religious practice – in the amount of donation, no more than 6% of income;
- Donations made for charity church care - in the amount of the donation;
- Expenses incurred for the use of the Internet – a taxpayer is entitled to deduct the Internet tax allowance within the next two years, providing that during the phase preceded this period he did not deduct Internet for the use of the Internet (up to PLN 760);
- Abolished allowance (since 2007 continued on the acquired right basis) for interests payments on mortgage loans raised no later than in 2006 on acquisition of housing property on the primary market – up to the amount of interests related to the part of loan not exceeding PLN 325 990 for investments finished in 2016.

Tax credits:

- Donation made to public benefit organizations – up to 1% of due tax.
- Abolished tax credits (continued on the acquired rights basis), i.e. expenses for saving with the aim of buying a house or flat, the amount of social contributions paid on income of an unemployed person hired by a taxpayer in order to take care of their children and/or house.

1.1.3. *Tax schedule*

The tax schedule is as follows:

Tax base (in PLN)		Tax amount
Over	Below	
0	85 528	18% of the tax base, less a basic tax credit of PLN 556.02
85 528		PLN 14 839.02 + 32% of surplus over PLN 85 528

1.2. *State and local income tax*

There are no regional or local income taxes.

1.3. *Wealth tax*

There is no wealth tax.

2. Social security contributions

2.1. *Employees' contributions*

Employees pay 13.71% of the gross wage. This contribution includes:

- Pension insurance contribution – 9.76% of the gross wage. 3.65 percentage points of the pension contribution are treated as non-tax compulsory payments because these payments are either made to the OPF (1.46%) and to personal sub-account in ZUS (2.19%) or only to sub-account in ZUS (3.65%).Disability insurance contribution – 1.5% of the gross wage,
- Sickness/maternity insurance contribution – 2.45% of the gross wage,
- In case of pension and disability insurance, contributions are not paid on the part of the wage that exceeds PLN 121 650.

2.2. *Employers' contributions*

In respect of income paid under an employment contract with a Polish entity, employers have an obligation to pay social security contributions equal to 20.43% of gross wage. This value consists of:

This relief is distinct from an allowance for donations deducted from income.

Since July 2014 out of total 19.52% of social contributions 7.3% goes to subaccount in ZUS either – if voluntarily stated by insured person – 2.92% goes to account in open ended funds and 4.38% to subaccount in ZUS.

The contribution ceiling of pension and disability insurance funds for a given calendar year may not exceed thirty times the amount of the projected average monthly remuneration in the national economy for that year, as set forth in the Budgetary Act.

- 9.76 percentage points are aimed for pension insurance. 3.65 percentage points of the pension contribution are treated as non-tax compulsory payments because these payments are either made to the OPF (1.46%) and to personal sub-account in ZUS (2.19%) or only to sub-account in ZUS (3.65%).
- 6.5 percentage points are aimed for disability insurance,
- 4.17 percentage points are aimed for other insurances i.e. 1.62 percentage points (on average) accident insurance, 2.45 percentage points for Labour Found and 0.1 percentage points for the Guaranteed Employee Benefit Fund.
- In case of pension and disability insurance, contributions are not paid on the part of the wage that exceeds PLN 121 650.

3. Universal cash transfers

3.1. *Transfers related to marital status*

None.

3.2. *Transfers for dependent children*

From 1 November 2012 families where the average monthly income per household member for the previous period is no greater than PLN 539 or PLN 623 when there are one or more disabled children in the household) are entitled to family allowances. From 1 November 2015 the income criteria will be as high as PLN 674 and PLN 764. Families receive PLN 89 monthly for a child no older than 5 years, PLN 118 monthly for a child of 5 up to 18 years old, and PLN 129 monthly for a child of 18 up to 24 years old. The calculations in this Report are based on the assumption that the children are aged between 5 and 18 years.

Single parents are entitled to a supplement of PLN 185 for each child up to a maximum of PLN 370 for all children (and PLN 265 for a disabled child up to a maximum of PLN 530 for all children).

There are several supplements to family allowances:

- for large families – PLN 90 monthly for the 3rd and next children in the family;
- for education of disabled children – PLN 80 monthly for children not older than 5 years and PLN 100 for children older than 5 years.

4. Main changes in tax/benefit systems since 2012

There were no changes in taxation of wages. Tax schedule, work-related expenses, tax allowances, relieves are the same as in previous years.

There were only changes in Social Security Contribution. Since February 2014, 14.96% of the old-age insurance contribution (2.92 percentage points) are transferred by ZUS to a privately-managed fund (OPF) but since July 2014 this part of contribution will be transferred only if insured persons decides to – otherwise all 7.3 percentage points of the contributions will be passed to subaccount in ZUS.

Since July 2014 out of total 19.52% of social contributions 7.3% goes to subaccount in ZUS either – if voluntarily stated by insured person – 2.92% goes to account in open ended funds and 4.38% to subaccount in ZUS.

5. Memorandum items

5.1. *Identification of AW and valuation of earnings*

The Polish Central Statistical Office calculates average monthly wages and salaries for employees on the basis of reports of enterprises. The figures include overtime and bonus payments and also include information for part-time employees converted to full-time equivalents. Male and female workers are included. The information, which includes estimates for different sectors, is published in the monthly *Statistical Bulletin*.

5.2. *Employers' contributions to private pension, health and related schemes*

No information provided.

2016 parameter values

Average earnings/yr	Ave_earn	47 782	(Secretariat Estimate)
Work expenses	work_exp	1 335.00[1]	
Income tax schedule	tax_sch		
		0.18	85 528
		0.32	
Tax credits			
Basic credit	basic_cr	556.02	
Health insurance	health_ins	0.09	
	health_ins_credit	0.0775	
Children	Child_cr	1 112.04	
	Child_cr_lim	112 000	
Social security contributions			
Employers	SSC_empr	0.20433	
old-age pension and disability pension insurance	SSC_old	0,0976	
	SSC_old_ZUS	0.061176	
	SSC_old_ZUSII	0.0365	
	SSC_old_OPF	0	
	SSC_dis	0.065	
other insurances	SSC_a	0.0417	
Employees	SSC	0.1371	
old-age pension and disability pension insurance	SSC_old_e	0.0976	
	SSC_old_e_ZUS	0.0611	
	SSC_old_e_ZUSII	0.0365	
	SSC_old_e_OPF	0	
	SSC_dis_e	0.015	
sickness insurance	SSC_s	0.0245	
Contribution ceiling	SSC_c	121 650	
Family benefit	fam_ben	1 416	
single parent additional family benefit	fam_ben_Spsup	185	
single parent additional family benefit ceiling	fam_ben_Spsup_lim	370	
income limit	fam_ben_lim	8 088	
income limit for single parent	fam_ben_lim_sp	8 088	

1. Lump-sum annual work expenses for an employee having one workplace and living in the place (town, city) where the workplace is; employees living outside the city (town) where their workplace is may deduct 1668,72 PLN annually.

2016 tax equations

The equations for the Polish system are mostly calculated on a family basis.

The standard functions which are used in the equations (Taper, MIN, Tax etc) are described in the technical note about tax equations. Two additional functions (Tax93 and ftax) have been incorporated to carry out an iterative calculation for central government tax. These allow for the fact that the church tax is calculated as 9% of Central Government tax and is also allowed as a deduction when calculating taxable income. Variable names are defined in the table of parameters above, within the equations table, or are the standard variables "married" and "children". A reference to a variable with the affix "_total" indicates the sum of the relevant variable values for the principal and spouse. And the affixes "_princ" and "_spouse" indicate the value for the principal and spouse, respectively. Equations for a single person are as shown for the principal, with "_spouse" values taken as 0.

	Line in country table and intermediate steps	Variable name	Range	Equation
1.	Earnings	earn		
	Quotient for tax calculation	quotient	J	1+MAX(Married,(Children>0))
2.	Allowances:	tax_al	J	work_exp+MIN(earn_spouse,work_exp)+SSC+SSC_old_e_OPF*MIN(earn, SSC_c)
3.	Credits in taxable income	taxbl_cr	J	0
4.	CG taxable income	tax_inc	J	Positive(earn-tax_al)
5.	CG tax before credits	CG_tax_excl	J	quotient*Tax(tax_inc/quotient,tax_sch)
6.	Tax credits :			
	Basic credit	basic_cr	J	basic_cr*quotient
	Health insurance	health_ins_cr	B	health_ins_credit*(earn-SSC-SSC_old_e_OPF*MIN(earn, SSC_c))
	Child credit	child_cr	J	If(earn_total<Child_cr_lim,children*child_cr,0)
	Total tax credits	tax_cr	J	basic_cr+health_ins_cr+child_cr
7.	CG tax	CG_tax	J	IF(AND(ABS(Positive(CG_tax_excl-basic_cr-health_ins)-child_cr)>SSC+health_ins,Positive(CG_tax_excl-basic_cr-health_ins)-child_cr <0),-(SSC+health_ins), Positive(CG_tax_excl-basic_cr-health_ins)-child_cr)
8.	State and local taxes	local_tax	J	0
9.	Employees' soc security	health_ins	B	(earn-(MIN(earn, SSC_c)*(SSC_old_e+SSC_dis_e)+earn*SSC_s))*health_ins
.		SSC	B	(SSC_old_e_ZUS+SSC_dis_e)*MIN(earn,SSC_c)+SSC_s*earn
11.	Cash transfers	cash_tran	J	((earn_total/(1+Married+Children))<(Married*fam_ben_lim+(1-Married)*fam_ben_lim_sp))*(Children*fam_ben+(1-Married)*(Children>0)*MIN(fam_ben_Spsup*Children;fam_ben_Spsup_lim))
13.	Employer's soc security	SSC_empr	B	(SSC_old_ZUS+SSC_dis)*MIN(earn,SSC_c)+SSC_a*earn

Key to range of equation:
B calculated separately for both principal earner and spouse,
P calculated for principal only (value taken as 0 for spouse calculation),
J calculated once only on a joint basis.

Les impôts sur les salaires 2017

Portugal

This chapter includes data on the income taxes paid by workers, their social security contributions, the family benefits they receive in the form of cash transfers as well as the social security contributions and payroll taxes paid by their employers. Results reported include the marginal and average tax burden for eight different family types.

Methodological information is available for Personal income tax systems, Compulsory social security contributions to schemes operated within the government sector, Universal cash transfers as well as recent changes in the tax/benefit system. The methodology also includes the parameter values and tax equations underlying the data.

Portugal 2016

The tax/benefit position of single persons

	Wage level (per cent of average wage)		67	100	167	67
	Number of children		none	none	none	2
1.	**Gross wage earnings**		11 739	17 521	29 261	11 739
2.	**Standard tax allowances**					
	Basic allowance		4 104	4 104	4 104	4 104
	Married or head of family					
	Dependent children					
	Deduction for social security contributions and income taxes					
	Work-related expenses		0	0	0	0
	Other					
		Total	4 104	4 104	4 104	4 104
3.	**Tax credits or cash transfers included in taxable income**		0	0	0	0
4.	**Central government taxable income (1 - 2 + 3)**		7 635	13 417	25 157	7 635
5.	**Central government income tax liability (exclusive of tax credits)**		1 197	2 903	6 834	1 191
6.	**Tax credits**					
	Basic credit		0	0	0	0
	Married or head of family					
	Children		0	0	0	1 200
	Other					
		Total	0	0	0	1 200
7.	**Central government income tax finally paid (5-6)**		1 197	2 903	6 834	0
8.	**State and local taxes**		0	0	0	0
9.	**Employees' compulsory social security contributions**					
	Gross earnings		1 291	1 927	3 219	1 291
	Taxable income					
		Total	1 291	1 927	3 219	1 291
10.	**Total payments to general government (7 + 8 + 9)**		2 488	4 830	10 053	1 291
11.	**Cash transfers from general government**					
	For head of family					
	For two children		0	0	0	969
		Total	0	0	0	969
12.	**Take-home pay (1-10+11)**		9 251	12 692	19 208	11 417
13.	**Employer's compulsory social security contributions**		2 788	4 161	6 949	2 788
14.	**Average rates**					
	Income tax		10.2%	16.6%	23.4%	0.0%
	Employees' social security contributions		11.0%	11.0%	11.0%	11.0%
	Total payments less cash transfers		21.2%	27.6%	34.4%	2.7%
	Total tax wedge including employer's social security contributions		36.3%	41.5%	47.0%	21.4%
15.	**Marginal rates**					
	Total payments less cash transfers: Principal earner		40.5%	40.5%	49.7%	11.0%
	Total payments less cash transfers: Spouse		n.a.	n.a.	n.a.	n.a.
	Total tax wedge: Principal earner		51.9%	51.9%	59.4%	28.1%
	Total tax wedge: Spouse		n.a.	n.a.	n.a.	n.a.

Portugal 2016

The tax/benefit position of married couples

	Wage level (per cent of average wage)	100-0	100-33	100-67	100-33
	Number of children	2	2	2	none
1.	**Gross wage earnings**	17 521	23 303	29 261	23 303
2.	**Standard tax allowances**				
	Basic allowance	4 104	8 208	8 208	8 208
	Married or head of family				
	Dependent children				
	Deduction for social security contributions and income taxes				
	Work-related expenses	0	0	0	0
	Other				
	Total	4 104	8 208	8 208	8 208
3.	**Tax credits or cash transfers included in taxable income**	0	0	0	0
4.	**Central government taxable income (1 - 2 + 3)**	13 417	15 095	21 053	15 095
5.	**Central government income tax liability (exclusive of tax credits)**	1 946	2 332	4 030	2 342
6.	**Tax credits**				
	Basic credit	0	0	0	0
	Married or head of family				
	Children	1 200	1 200	1 200	0
	Other				
	Total	1 200	1 200	1 200	0
7.	**Central government income tax finally paid (5-6)**	746	1 132	2 830	2 342
8.	**State and local taxes**	0	0	0	0
9.	**Employees' compulsory social security contributions**				
	Gross earnings	1 927	2 563	3 219	2 563
	Taxable income				
	Total	1 927	2 563	3 219	2 563
10.	**Total payments to general government (7 + 8 + 9)**	2 673	3 696	6 049	4 905
11.	**Cash transfers from general government**				
	For head of family				
	For two children	718	650	0	0
	Total	718	650	0	0
12.	**Take-home pay (1-10+11)**	15 567	20 257	23 212	18 398
13.	**Employer's compulsory social security contributions**	4 161	5 535	6 949	5 535
14.	**Average rates**				
	Income tax	4.3%	4.9%	9.7%	10.0%
	Employees' social security contributions	11.0%	11.0%	11.0%	11.0%
	Total payments less cash transfers	11.2%	13.1%	20.7%	21.0%
	Total tax wedge including employer's social security contributions	28.2%	29.8%	35.9%	36.2%
15.	**Marginal rates**				
	Total payments less cash transfers: Principal earner	25.5%	39.5%	39.5%	40.5%
	Total payments less cash transfers: Spouse	18.9%	39.5%	39.5%	40.5%
	Total tax wedge: Principal earner	39.8%	51.1%	51.1%	51.9%
	Total tax wedge: Spouse	34.4%	51.1%	51.1%	51.9%

The national currency is the Euro (EUR). In 2016, EUR 0.90 equalled USD 1. The Secretariat has estimated that in that same year the average worker earned EUR 17 712 (Secretariat estimate).

1. Personal income tax system

1.1. *Taxes levied by central government*

1.1.1. *Tax unit*

The standard rule is separate taxation. However, families may opt for joint taxation. Income includes the income of any dependent children. Tax is computed on aggregate net income in the various categories of income, *i.e.* after the deductions specific to each category and standard and non-standard reliefs.

1.1.2. *Standard and non-standard reliefs and tax credits*

1.1.2.1. Standard reliefs

Standard deduction of EUR 4 104 If compulsory contributions to social protection schemes and statutory sub-schemes for health care exceed that limit, the deduction will equal the amount of those contributions.

1.1.2.2. Non-standard reliefs

For income received from 1 January 1999 onwards, the majority of the standard reliefs have been replaced by tax credits (see Section 1.1.4).

Non-standard reliefs still in effect:

- A deduction is provided for the portion of trade union dues not constituting consideration for benefits in the realm of health care, education, assistance for the elderly, housing, insurance or social security, up to 1% of the taxpayer's gross income, increased by 50%. These dues are not taken into account in the calculations underlying this Report.

1.1.3. *Social security contributions*

Social security contributions are totally deductible if they exceed EUR 4 104.00 per taxpayer, in which case the deduction for the contributions replaces the standard earned income deduction (see Section 1.1.2.1).

1.1.4. *Tax credits*

Basic credits

- EUR 600 for each dependent child. This tax credit is increased by EUR 125 for dependent children whose age does not exceed 3 years old.

The corresponding amount equals EUR 4 104.00 (72% × 12 × EUR 475.00).

- EUR 525 for each ascendant whose income does not exceed the minimum pension benefit. When there is only one ascendant, the tax credit increases by EUR 110.

Other tax credits

- 35% of household general expenses up to a limit of EUR 250, per taxpayer; this limit is increased to 45% and EUR 335, respectively, for single parents.
- Non-reimbursed health care costs, not covered by Social Security: 15% of health care costs, with a limit of EUR 1 000
- Expenditures for educating the taxpayer or the taxpayer's dependants: 30% of outlays, up to EUR 800.
- Costs for sanatoria or retirement homes for taxpayers, their ascendants and collaterals up to the third degree whose income does not exceed the national minimum wage: 25% of expenses up to EUR 403.75.
- Costs for the acquisition, construction or improvement of the taxpayers' primary, permanent residence, or for renting out property for a permanent residence: 15% of interest up to EUR 296.00. Rent paid by a tenant, for his permanent residence under an agreement typified by the law, up to EUR 502.00. This credit is applicable to contracts up to 31.12.2011. These limits are also increased by 50% for taxpayers in the first tax rate bracket, by 20% for taxpayers in the second tax rate bracket. This credit is to be phased out until 2016 (interests) and 2018 (rents).
- 20% of alimony payments compulsory under court order or court-approved agreement.
- 30% of education expenditures and 25% of life insurance premiums, up to a limit of 15% of the tax liability, for handicapped taxpayers or dependents.
- 15% of VAT paid for certain services (restaurants, lodging, hairdressers, and auto-repair) up to a limit of EUR 250. This benefit is not included on the limits referred to on the next page.

Tax credits from tax benefits

- Individual Retirement Savings Plans (PPRs): 20% of amounts invested, for unmarried taxpayers or for each spouse, up to:
  - EUR 400 for taxpayers under 35;
  - EUR 350 for taxpayers over 35 and under 50;
  - EUR 300 for taxpayers over 50.
- Social Security Individual Accounts: 20% of amounts invested, for unmarried taxpayers or for each spouse, up to a limit of EUR 350.

Donations granted on the conditions stated in the statutes governing charities (grants to central, regional or local government, special "social solidarity institutions", museums, libraries, schools, institutes, educational or research associations, public administrative bodies, etc.): 25% of donations, limited in certain cases to 15% of the donor's tax liability. However the total of tax credits related to health care costs, education and training, alimony, retirement homes, VAT paid, house expenses and tax benefits cannot exceed the values of the following amounts:

Limits are increased in 5% for each dependent.

Taxable income (EUR) (R)	Limit
Up to 7 035	Without limit
Between 7 035 and 80 000	$1000+\left[(2500-1000)*\left(\frac{80000-\textit{liable income}}{80000-7035}\right)\right]$
Over 80 000	EUR 1 000

1.1.5. *Family status – determination of taxable income*

The default status is individual taxation. Couples can opt for joint taxation based on the income-splitting system as it is described below. In the Taxing Wages calculations, the most favourable system is chosen.

1.1.6. *Tax rate schedule (applicable to 2016 income)*

Taxable income (EUR) (R)	Marginal tax rate (%) (T)	Amount to deduct (EUR) (K)
Up to 7 035	14.50	–
Over 7 035 up to 20 100	28.50	984.90
Over 20 100 up to 40 200	37.00	2 693.40
Over 40 200 up to 80 000	45.00	5 909.40
Over 80 000	48.00	8 309.40

In the case of taxpayers whose income stems primarily from dependent employment (earned income), disposable income after application of the tax rates to taxable income may not be less than, EUR 8 500.00 per taxpayer in 2016.

For residents in the Autonomous Regions of the Azores, reduced tax rates are applicable. Tax calculation formula (I = Income tax due):

- Unmarried taxpayers: $I = R \times T - K - C$

Married taxpayers can opt for joint taxation based on the income splitting method (with one or two earned incomes/see Section 1.1.5):

- $I =\{[(R : 2) \times T - K] \times 2 \} - C$

Where:

R = Taxable income, after deduction of standard and non-standard reliefs (see Sections 1.1.2 and 1.1.5.1)

T = Tax rate corresponding to the taxable income bracket

K = Amount to be deducted from each bracket

C = Tax credits (see Section 1.1.4)

Surtax:

A surtax was introduced by the 2012 State Budget and is applicable on highest income bracket. The surtax is now 2.5% applicable to taxable income between EUR 80 000 and EUR 250 000 and 5% for taxable income above EUR 250 000.

Furthermore, the surtax has been made progressive, aiming at its elimination in 2017, according to the table below, with a tax credit of 2.5% of the annual minimum wage per dependent (EUR 185.50).

Taxable income (EUR) (R)	Tax rate (%) (T)
Up to 7 070	0
Over 7 070 up to 20 000	1
Over 20 000 up to 40 000	1.75
Over 40 000 up to 80 000	3
Over 80 000	3.5

1.1.7. *Special family situations*

1.1.7.1. Handicapped taxpayer/spouse, with a disability rating of 60% or more:

- A tax credit corresponding to 4 times the 2010 minimum wage (EUR 1 900) is granted for each taxpayer or spouse.

1.1.7.2. Handicapped dependent children, with a disability rating of 60% or more:

- A tax credit corresponding to 1.5 times the social benefits index (EUR 712.50) is granted for each dependent child.

1.1.7.3. Handicapped taxpayer/spouse or dependent children, with a disability rating of 90% or more:

- An additional tax credit corresponding to 4 times the 2010 minimum wage (EUR 1 900) is granted for each taxpayer or spouse or dependent child.

1.1.8. *Non liable income*

- Lawfully granted family allowances;
- Living expenses per diem, up to the limits established for national civil servants;
- Meal allowances, up to the amount established for national civil servants, increased by 20% or 60% in the event of a meal allowance in the form of meal vouchers.

2. Compulsory social security contributions to schemes operated within the government sector

Rates and ceilings: social security contributions are levied on gross pay and are not subject to any ceiling.

2.1. *Employee contributions*

As a rule, the rate of employee contributions is 11% of gross pay, with no ceiling.

2.2. *Employer contributions*

The employer's rate of social security contributions is 23.75% of gross pay, with no ceiling.

2.3. *Areas of social protection*

- Health (sickness, disability, work accidents, work-related illness);
- Old age, survival;
- Maternity;
- Family (family allowances);
- Unemployment.

3. Universal cash benefits

3.1. *Benefits for dependent children*

The basic principle is to grant higher monthly social benefits to lower-income households.

There are six different levels of monthly allowances for dependent children, depending on the family's reference income. This reference income is determined by dividing the family's annual gross income, including vacation and Christmas allowances, by the number of dependent children plus one:

- Level 1: Families whose reference income is under 50% of 14 times the reference value (i.e. under EUR 2 934.54);
- Level 2: Families whose reference income is over 50% and under 100 percent of 14 times the reference value(i.e. over EUR 2 934.54 and under EUR 5 869.08);
- Level 3: Families whose reference income is over 100% and under 150% of 14 times the reference value (i.e. over EUR 5 869.08 and under EUR 8 803.62);
- Level 4: Families whose reference income is over 150% (i.e. over EUR 8 803.62).

Each level is also divided according to the age of the dependent child. Benefits are higher during the first 12 months of a child's life.

Monthly social benefits per child are as follows:

	Child under 12 months	Child over 12 months old	Additional benefit per child over 12 months and under 36 months in a family with 2 children	Additional benefit per child over 12 months and under 36 months in a family with 3 or more children
Level 1	145.69	36.42	36.42	84
Level 2	119.66	29.92	29.92	59.84
Level 3	94.14	27.07	27.07	54.14
Level 4	0	0	0	0

Monthly social benefits per child in a single-parent family are increased by 35%.

In September, families with dependent school children aged between 6 and 16 years receiving child benefits in level 1 receive an additional amount equal to the regular monthly benefit.

An amount equal to the cash benefits for dependent children under 12 months is attributed for each unborn child after the first month following that of the 13th week of gestation.

3.2. *Benefits for handicapped dependent children*

There is also a special family allowance scheme for handicapped children.

The above cash benefits (in Sections 3.1 and 3.2) are not taxable.

4. Main changes in the tax/benefit system since 2006

- The relief for disabled taxpayers was restructured. Former partial exemptions and allowances were replaced by tax credits.
- Tax credits for higher income households were limited or abolished;
- The fiscal autonomy of local authorities (municipalities) increased. They may set the level of their share in the revenue from personal income tax, up to 5% of their resident

taxpayers' tax liability. If this rate is set below 5%, the difference will be credited against the taxpayers' tax liability.

- Tax credits for handicapped taxpayers and dependants were increased.
- Social benefits for dependent children were increased for low income families, single-parent families and families with 2 or more children.
- Introduction of social benefits for unborn children.
- A family coefficient was introduced in 2015 and abolished in 2016.
- From 2016, the tax unit is the individual. However, couples can opt for joint taxation.

5. Memorandum items

5.1. *Method used to identify and compute gross wages of the average worker*

The operative concept of monthly compensation is that of amounts paid to full time staff before deductions for tax and compulsory contributions. It therefore includes wages and basic salaries of staff paid by the hour, by the job, or by tasks; benefits in kind or housing, if they are considered an integral part of compensation; cash subsidies for meals, housing or transport; bonuses for regular night shifts and seniority, as well as incentive pay and rewards for diligence and productivity; family allowances, compensation for overtime and work on holidays. Benefits, subsidies and bonuses are taken into account only if paid regularly at each pay period.

Payments in kind are incorporated into the concept of compensation. The statistics record such advantages in kind at their taxable value.

All managerial and supervisory workers are included in the computations.

Average annual pay is based on the average of monthly earnings for April and October multiplied by an adjustment coefficient representing the share of annual bonuses and allowances (including vacation subsidies and the Christmas allowance), which is provided by the labour cost survey.

The following formula is applied:

Average annual pay = Average monthly pay adjusted by the coefficient × 12.

5.2. *Description of the employer's main contributions to private retirement, health insurance schemes, etc.*

Outside the social security system, employers are required to insure their employees against work-related accidents (with private insurance companies). They may also provide their employees with life insurance, although this is optional.

2016 parameter values

Average earnings/yr	Ave_earn	17 521	Secretariat estimate	
Tax allowances	perc	1		
	max_al	4 104		
Tax credits				
Married (basic)	married_cred	0		
Single (basic)	single_cred	0		
Single parent	singlepar_cred	0		
Each child credit	child_cred	600		
Tax schedule	tax_sch	0.145	7 035	
		0.285	20 100	
		0.37	40 200	
		0.45	80 000	
		0.48		
	tax_floor	na		
Surtax	surtax_rate	0.025		
	surtax_rate2	0.05		
	surtax_thrs	250 000		
	add_surtax_schedule	0	7 070	
		0.01	20 000	
		0.0175	40 000	
		0.03	80 000	
		0.035		
	add_surtax_cred	0.025		
Social security contributions	SSC_rate	0.11		
ceiling	SSC_empr	0.2375		
Child benefit - Schedule	ch_ben_sch	0	473.46	1st echelon
		2 934.54	359.04	2nd echelon
		5 869.08	324.84	3rd echelon
		8 803.62	0	4th echelon
Extra child benefit for lone parents	ch_ben_lone	0.35		
Minimum Wage	MW	7 420		
Minimum Disposable Income	MinDispY	8 500		

2016 tax equations

The equations for the Portuguese system in 2016 are calculated on individual basis. Couples can opt for joint taxation based on the income-splitting system. In the Taxing Wages calculations, the two systems are modelled and the most favourable system is chosen.

The functions which are used in the equations (Taper, MIN, Tax etc) are described in the technical note about tax equations. Variable names are defined in the table of parameters above, within the equations table, or are the standard variables "married" and "children". A reference to a variable with the affix "_total" indicates the sum of the relevant variable values for the principal and spouse. And the affixes "_princ" and "_spouse" indicate the value for the principal and spouse, respectively. Equations for a single person are as shown for the principal, with "_spouse" values taken as 0.

	Line in country table and intermediate steps	Variable name	Range	Equation
1.	Earnings	earn		
2.	Allowances:	tax_al	B	MAX(MIN(perc*earn, max_al), SSC)
			J	MAX((MIN(perc*earn_princ, max_al)+MIN(perc* earn_spouse, max_al)), SSC_princ+SSC_spouse)
3.	Credits in taxable income	taxbl_cr		0
4.	CG taxable income	tax_inc	B	earn-tax_al
	Adjusted taxable income	tax_inc_adj	J	tax_inc/(1+Married)
5.	CG tax before credits	CG_tax_excl	B	IF(tax_inc>tax_floor,Tax(tax_inc,tax_sch),0)
			J	IF(tax_inc_adj>tax_floor,Tax(tax_inc_adj,tax_sch)*(1+Married),0)
6.	Tax credits :			
	Basic credit	basic_cr	B/J	0
	Child credit	child_cr	B	IF(AND(Married>0,earn_spouse>0),Children*child_cred/2,Children*child_cred)
			J	Children*child_cred
	Total	tax_cr	B/J	basic_cr+child_cr
	Surtax	surtax	B	IF(tax_inc>surtax_thrs,(surtax_rate*(surtax_thrs-TopIncBracket)+surtax_rate2*(tax_inc-surtax_thrs)),surtax_rate*Positive(tax_inc-TopIncBracket))+Positive(Tax(tax_inc,add_surtax_schedule)- ((add_surtax_cred*MW*Children)/(1+(Married*earn_spouse>0))))
			J	IF(tax_inc_adj>surtax_thrs,(surtax_rate*(surtax_thrs-TopIncBracket)+surtax_rate2*(tax_inc_adj-surtax_thrs))*(1+Married),surtax_rate*Positive(tax_inc_adj-TopIncBracket)*(1+Married))+Positive(Tax(tax_inc,add_surtax_schedule)*(1+Married))-(add_surtax_cred*MW*Children))
7.	CG tax	CG_tax	B	IF(earn-CG-tax-excl> MinDispY,Positive(CG_tax_excl-tax_cr),0)+surtax
				IF(earn-CG-tax-excl> MinDispY*(1+(Married*earn_spouse>0)),Positive(CG_tax_excl-tax_cr),0)+surtax
8.	State and local taxes	local_tax	B/J	0
9.	Employees' soc security	SSC	B	earn*SSC_rt
11.	Cash transfers	cash_trans	J	=IF(Married=0, VLOOKUP(earn/(Children+1),ch_ben_sch,2,1)*Children*(1+ch_ben_lone), VLOOKUP(earn/(Children+1),ch_ben_sch,2,1)*Children)
13.	13. Employer's soc security	SSC_empr	B	earn*SSC_empr

Key to range of equation B calculated separately for both principal earner and spouse P calculated for principal only (value taken as 0 for spouse calculation) J calculated once only on a joint basis.

Les impôts sur les salaires 2017

Slovak Republic

This chapter includes data on the income taxes paid by workers, their social security contributions, the family benefits they receive in the form of cash transfers as well as the social security contributions and payroll taxes paid by their employers. Results reported include the marginal and average tax burden for eight different family types.

Methodological information is available for Personal income tax systems, Compulsory social security contributions to schemes operated within the government sector, Universal cash transfers as well as recent changes in the tax/benefit system. The methodology also includes the parameter values and tax equations underlying the data.

Slovak Republic 2016

The tax/benefit position of single persons

			67	100	167	67
		Wage level (per cent of average wage)	67	100	167	67
		Number of children	none	none	none	2
1.	**Gross wage earnings**		7 315	10 918	18 233	7 315
2.	**Standard tax allowances**					
	Basic allowance		3 803	3 803	3 803	3 803
	Married or head of family		0	0	0	0
	Dependent children		0	0	0	0
	Deduction for social security contributions and income taxes		980	1 463	2 443	980
	Work-related expenses					
	Other					
		Total	4 784	5 266	6 247	4 784
3.	**Tax credits or cash transfers included in taxable income**		0	0	0	0
4.	**Central government taxable income (1 - 2 + 3)**		2 531	5 652	11 986	2 531
5.	**Central government income tax liability (exclusive of tax credits)**		481	1 074	2 277	481
6.	**Tax credits**					
	Basic credit		0	0	0	0
	Married or head of family		0	0	0	0
	Children		0	0	0	514
	Other (ETC)		0	0	0	0
		Total	0	0	0	514
7.	**Central government income tax finally paid (5-6)**		481	1 074	2 277	- 33
8.	**State and local taxes**		0	0	0	0
9.	**Employees' compulsory social security contributions**					
	Gross earnings		980	1 463	2 443	980
	Taxable income					
		Total	980	1 463	2 443	980
10.	**Total payments to general government (7 + 8 + 9)**		1 461	2 537	4 721	947
11.	**Cash transfers from general government**					
	For head of family					
	For two children		0	0	0	564
		Total	0	0	0	564
12.	**Take-home pay (1-10+11)**		5 854	8 381	13 512	6 932
13.	**Employers' compulsory social security contributions**		2 282	3 406	5 689	2 282
14.	**Average rates**					
	Income tax		6.6%	9.8%	12.5%	-0.4%
	Employees' social security contributions		13.4%	13.4%	13.4%	13.4%
	Total payments less cash transfers		20.0%	23.2%	25.9%	5.2%
	Total tax wedge including employer's social security contributions		39.0%	41.5%	43.5%	27.8%
15.	**Marginal rates**					
	Total payments less cash transfers: Principal earner		29.9%	29.9%	29.9%	29.9%
	Total payments less cash transfers: Spouse		n.a.	n.a.	n.a.	n.a.
	Total tax wedge: Principal earner		46.5%	46.5%	46.5%	46.5%
	Total tax wedge: Spouse		n.a.	n.a.	n.a.	n.a.

Slovak Republic 2016

The tax/benefit position of married couples

			100-0	100-33	100-67	100-33
		Wage level (per cent of average wage)	100-0	100-33	100-67	100-33
		Number of children	2	2	2	none
1.	**Gross wage earnings**		10 918	14 521	18 233	14 521
2.	**Standard tax allowances**					
	Basic allowance		3 803	7 068	7 607	7 068
	Married or head of family		3 803	0	0	0
	Dependent children		0	0	0	0
	Deduction for social security contributions and income taxes		1 463	1 802	2 443	1 802
	Work-related expenses					
	Other					
		Total	9 070	8 869	10 050	8 869
3.	**Tax credits or cash transfers included in taxable income**		0	0	0	0
4.	**Central government taxable income (1 - 2 + 3)**		1 848	5 652	8 183	5 652
5.	**Central government income tax liability (exclusive of tax credits)**		351	1 074	1 555	1 074
6.	**Tax credits**					
	Basic credit		0	0	0	0
	Married or head of family		0	0	0	0
	Children		514	514	514	0
	Other (ETC)		0	0	0	0
		Total	514	514	514	0
7.	**Central government income tax finally paid (5-6)**		- 163	560	1 041	1 074
8.	**State and local taxes**		0	0	0	0
9.	**Employees' compulsory social security contributions**					
	Gross earnings		1 463	1 802	2 443	1 802
	Taxable income					
		Total	1 463	1 802	2 443	1 802
10.	**Total payments to general government (7 + 8 + 9)**		1 300	2 362	3 484	2 875
11.	**Cash transfers from general government**					
	For head of family					
	For two children		564	564	564	0
		Total	564	564	564	0
12.	**Take-home pay (1-10+11)**		10 182	12 724	15 313	11 645
13.	**Employers' compulsory social security contributions**		3 406	4 170	5 689	4 170
14.	**Average rates**					
	Income tax		-1.5%	3.9%	5.7%	7.4%
	Employees' social security contributions		13.4%	12.4%	13.4%	12.4%
	Total payments less cash transfers		6.7%	12.4%	16.0%	19.8%
	Total tax wedge including employer's social security contributions		28.9%	31.9%	36.0%	37.7%
15.	**Marginal rates**					
	Total payments less cash transfers: Principal earner		29.9%	29.9%	29.9%	29.9%
	Total payments less cash transfers: Spouse		29.5%	9.4%	29.9%	9.4%
	Total tax wedge: Principal earner		46.5%	46.5%	46.5%	46.5%
	Total tax wedge: Spouse		41.8%	25.2%	46.5%	25.2%

As from 1.1.2009 Slovakia has joined the Euro zone; the national currency became the Euro (EUR). In 2016, EUR 0.90 was equal to USD 1. In that year, the average worker earned EUR 10 918 (Secretariat estimate).

1. Personal income tax system

1.1. *Central government income taxes*

1.1.1. *Tax unit*

The tax unit is the individual.

1.1.2. *Tax allowances and tax credits*

1.1.2.1. Standard reliefs

- *Basic relief*: An allowance for all taxpayers is set at 19.2 times the minimum living standard (MLS) for a basic adult as of 1 January 2016 (EUR 3 803.33). In 2016, the basic personal allowance for taxpayers with gross earnings net of employee social security contributions in excess of the threshold of EUR 19 809 per year (19 809 = 100 × MLS, which is approximately equal to an employee's monthly gross wage of EUR 1 906) is gradually withdrawn. If gross earnings net of employee social security contributions exceed EUR 19 809, the personal allowance is calculated as 44.2 times the minimum living standard minus 0.25 times gross earnings net of employee social security contributions. The basic personal allowance reaches 0 if the gross earnings net of employee social security contributions amount to EUR 35 022.31 per year (employee's monthly gross wage of approximately EUR 3 370). The value of the basic tax allowance cannot become negative.
- The regressive tax allowance is taken into account only once a year (when the tax return is filed or when the annual clearing is performed). Monthly tax prepayments during the year are therefore not affected.
- *Marital status relief*: An additional allowance is given to the principal earner in respect of a spouse living in a common household if the spouse earns no more than EUR 3 803.33. As from 1 January 2007 the value of the spouse allowance depends on the gross earnings net of employee social security contributions of both principal and spouse. As of 2013, to be entitled to spouse allowance one of the following conditions should be met:
  - spouse is taking care of (not necessarily personally) children up to 3 years (or up to 6 years if child is disabled) or
  - spouse is unemployed or
  - spouse is receiving nursing allowance or
  - spouse is disabled.
- If the principal's gross earnings net of employee social security contributions in 2016 are lower or equal to EUR 35 022.31 (= 176.8 times MLS) and the spouse's gross earnings net of employee social security contributions are lower than EUR 3 803.33, the spouse

allowance is calculated as the difference between 19.2 times MLS and the spouse's gross earnings net of employee social security contributions. If the gross earnings net of employee social security contributions of the spouse exceed EUR 3 803.33, the spouse allowance is 0. If the principal's gross earnings net of employee social security contributions exceed EUR 35 022.31 (= 176.8 times MLS), the spouse allowance is calculated as 63.4 times MLS minus 0.25 times the principal's gross earnings net of employee social security contributions. This amount is reduced by the spouse's gross earnings net of employee social security contributions. The value of the spouse allowance cannot become negative.

- The digressive tax allowance is taken into account only once a year (when the tax return is filed or when the annual clearing is performed). Monthly tax prepayments during the year are therefore not affected.
- **For the purposes of this Report,** only families with unemployed spouse are entitled to spouse allowance (spouse income does not influence any equations of spouse allowance as of 2013). Child care up to 3 years does not affect the calculation of tax wedges as according to the Taxing wages methodology any children in the household are assumed to be aged between six and eleven inclusive.
- *Relief for children*: The prior allowance for children has been replaced by a non-wastable tax credit as from January 2004. As from July 2007, the monthly tax credit is automatically indexed by MLS growth as of 1st July when also the new amount of MLS comes into force. Monthly tax credit in 2016 is EUR 21.41 per child for the whole year as MLS did not change during the year. The annual amount will be EUR 256.92. The tax credit for each dependent child is deducted from the tax liability; if the credit exceeds the tax liability, the excess will be paid to the taxpayer. In order to receive this credit, the parent must annually earn at least 6 times the minimum monthly wage, which for 2016 is set at EUR 405.0 (the total annual earnings must therefore be at least EUR 2 430.0). The credit can be taken only by one partner. It can be taken by one partner for part of the tax period (year) and by the other partner for the rest of the tax period (year); this choice will have to hold for all dependent children. (For the purposes of this Report, it is assumed that the credit is claimed by the principal wage earner).
- *Relief for social and health security contributions:* Employee's social security contributions (see Section 2.1.) are deductible for income tax purposes.

1.1.2.2. Main non-standard tax reliefs applicable to an average wage worker

- Supplementary pension insurance, special-purpose savings and life insurances repealed as from January 2011. As of 2014 allowance for supplementary pension insurance has been reintroduced. Supplementary pension contributions are tax-deductible up to the maximum limit of EUR 180 per year.
- As of 2013 voluntary contributions to the privately managed fully funded pillar up to 2% of gross earnings net of employee social security contributions are tax-deductible. Maximum yearly limit for this tax relief is calculated as: 2% x 60 x AW(t-2), where AW(t-2) average wage two years ago. It is legislated that this relief will be automatically abolished as of 2017.

1.1.2.3. Non-wastable tax credit: employee tax credit (ETC/zamestnanecká prémia)

Prior to 2015 low-income workers were eligible for employee tax credit. The employee tax credit was effective since 2009 and depended on employee's earnings and the number of months worked. In order to receive employee tax credit, earnings should be at least 6 times of the minimum wage and 12 times the minimum wage. The credit was than calculated as a 19% of the difference between the basic allowance and the tax base (gross earnings net of employee SSC). In 2016 the tax base (at the level of the minimum wage, EUR 4 367.16) is higher than the basic allowance (EUR 3 803.33) the tax credit is automatically zero (so effectively anyone can be eligible).

1.1.3. *Tax schedule*

As from 2013 the previous flat tax rate of 19% was replaced by new tax schedule with two tax brackets. The ceiling for the first bracket is set out as 176.8 times MLS (equal to EUR 35 022.31) what secure its automatic indexation. The tax schedule is as follows:

Annual taxable income (EUR)*	Rate (%)
0-35 022.31	19
35 022.31 and over	25

* Employee's social security contributions (see 1.1.2) are deductible for income tax purposes.

1.2. *State and local income tax*

Since 2016 the distribution of personal income tax (PIT) has changed and the tax revenues are redirected solely to the local governments. The share of PIT yield which is transferred to municipalities increased from 68.5% to 70%. The share of PIT yield transferred to self-governing regions increased from 29.2% to 30%.

2. Compulsory social security contributions to schemes operated within the government sector

2.1. *Employees' contributions*

Compulsory contributions of 13.4% of gross wages and salaries are paid by all employees into government operated schemes. The total is made up as follows:

Health Insurance		4.0%
Social Insurance		9.4%
of which:		
Sickness	1.4%	
Retirement	4.0%	
Disability	3.0%	
Unemployment	1.0%	

There are maximum assessment bases MSSAB (maximum threshold for contributions to apply) that apply to social security contributions. From 2004 these MSSAB are no longer fixed values but depend upon the average wages (AW). As of 2013 formulae for calculation of all maximum assessment bases has been unified. Monthly MSSAB for social security contributions are calculated as: 5 × AW(t-2), where AW(t-2) is the average wage two years ago. The average wage (AW) is determined by the Statistical Office of the Slovak Republic – for 2014 it was EUR 858 per month.

As of 2015 the health insurance contribution (HIC) allowance has been introduced. The allowance decreases the employee's and employer's assessment base for the health insurance. It amounts to EUR 380 per month (EUR 4 560 annually) and decreases with rising income up to EUR 570 (EUR 6 840 annually) when it reaches zero. With EUR 1 rise in the monthly income the monthly allowance is reduced by EUR 2. The HIC allowance is applicable only on standard employment income (not self-employed income or income based on temporary contracts). However, to determine the amount of allowance all types of incomes are assessed, to target only low income workers.

2.2. Employers' contributions

The total contribution for employers is 35.2% of gross wages and salaries. The contribution comprises the health insurance contribution (10% of gross wages and salaries) and the social insurance contribution (25.2%). The social insurance rate reflects contributions to sickness insurance (1.4%), disability insurance (3%), retirement insurance (14%), the Guaranteed Fund (0.25%), accident insurance (0.8%), for unemployment (1%) and to the Reserve Fund (4.75%). All contributions are rounded down on two decimal places.

Since January 2005, Slovakia has introduced the privately managed fully funded pillar. This means that a given proportion (9 percentage points) of social contributions paid by the employer for retirement insurance flew directly to the private pension funds and not to the Social insurance agency as in previous years. As from September 2012 pension sharing scheme has been changed. Employer's retirement contribution rate to the fully funded pillar has been reduced from 9% to 4% (for more see pension contribution sharing scheme table below). As from 2017 contribution rate to the II. pillar will automatically increase by 0.25 p.p. per year (i.e. contribution rate to the I. pillar will decrease in the same volume), stopping at 6% in 2024. Private pension funds are treated outside of general government; these contributions are therefore not taken into account in the calculations of average and marginal tax rates. For the purposes of this Report, the total contribution rate for employers in 2016 is 31.2%.

As of 2015 the health insurance contribution (HIC) allowance has been introduced (for more see 2.1).

The MSSAB also applies to the employer's SSC. The next table presents the annual values of MSSAB:

	Formula for MSSAB	Value of MSSAB
Health insurance	5.0 x AW (t-2)	51 480.00
Social insurance		
of which		
sickness, retirement, unemployment, disability, Guarantee fund, Reserve fund	5.0 x AW (t-2)	51 480.00
accident		No limit

SSC: Pension – contribution sharing in case of II. Pillar participation

Period	Percentage of gross earnings		
	I Pillar	II Pillar	Total
Previous system (up to September 2012)	9% (5% employer + 4% employee contribution)	9% (employer contribution)	18%
Current system (from September 2012)	14% (10% employer + 4% employee contribution)	4% (employer contribution)	18%

3. Universal cash transfers

3.1. Transfers related to marital status

None.

3.2. Transfers for dependent children

The central government pays an allowance in respect of each dependent child in the amount of EUR 23.52 per month in 2016. In January 2008 an extra allowance for dependent children whose parents are not eligible for the non-wastable child tax credit was introduced. The monthly amount of this allowance is EUR 11.02. For the purpose of the tax wedge calculations this allowance is not relevant, as only non-workers and taxpayers with annual earnings lower than six times the minimum monthly wage (which is the condition for eligibility for the non-wastable child tax credit) are entitled to the extra allowance.

The non-wastable tax credit mentioned in Section 1.1.2.1 is part of the social support for families with dependent children. However, it is not considered as a transfer for the purposes of this Report.

3.3. Transfers related to social status

To determine the claim to state social benefits (for example the allowance for housing costs), the minimum living standard amounts are relevant as they form the basis of the income test. For 2016, these amounts are:

	MLS monthly (1.1.2016-31.12.2016)
First adult	198.09
Second adult	138.19
Child	90.42

A family is entitled to a social allowance if the total combined net monthly income of the family is less than the calculated MLS for this family. The allowance varies with the family type.

The benefits available to a family in material need (valid since 1 January 2014) are:

- EUR 61.60 per month for an individual;
- EUR 117.20 per month for an individual with between one and four children;
- EUR 107.10 per month for a couple without children;
- EUR 160.40 per month for a couple with between one and four children;
- EUR 171.20 per month for an individual with more than four children;
- EUR 216.10 per month for a couple with more than four children.
- activation allowance: EUR 63.07 per month – for people who become active either by accepting qualifying employment opportunities or participating in retraining courses.
- housing allowance: EUR 55.80 per month for individual in material need, EUR 89.20 for a household in material need (if household has more than 1 person).
- protection allowance: EUR 63.07 per month for an individual in material need where employment is not possible due to such circumstances as a disability or old age, EUR 34.69 per month for individual on sick leave for at least 30 consecutive days and EUR 13.50 for a pregnant woman from 4th month of the pregnancy and lasts until the

child's age of 1 year (for the purpose of this Report, protection allowance is assumed to be EUR 63.07 for each individual).

- specific allowance: EUR 63.07 per month – entitlement arise for long-term unemployed individuals who move into work for 6 months (does not affect the calculations in this Report).
- dependent child allowance: EUR 17.20 per month for a child who properly fulfils compulsory school attendance.

4. Main changes in tax/benefit systems since 2014

The main change relate to change in PIT revenue distribution between municipalities, self-governing regions and state budget. Since the MLS has not been indexed since 2014 all allowances, credits and brackets related to MLS have not changed as well.

5. Memorandum items

5.1. *Identification of AW and valuation of earnings*

The Ministry of Finance of the Slovak republic estimates the average earnings of the AW based on the data supplied by the Statistical Office of the Slovak republic, Labour Force Survey data (LFS). Earnings data (without self-employees) are based on average wage definition including industries falling under categories B to N inclusive, with reference to International Standard Industrial Classification of All Economic Activities, Revision 4.

2016 parameter values

Average earnings/yr	Ave_earn	10 918	Secretariat estimate
Minimum living standard (MLS) 2015	basic_adult	198.09	
	basic_adult1	138.19	
	basic_child	90.42	
Basic allowance	basic_al_mult	19.2	
	basic_al	3 803.33	
	basic_al_mult1	100	
	basic_al_mult2	44.2	
	basic_al_redn	0.25	
Spouse allowance	spouse_al_limit	3 803.33	
	spouse_al_mult1	176.8	
	spouse_al_mult2	63.4	
	spouse_al_redn	0.25	
Income tax rate	Tax_sch/tax_rate	0.19	35 022.312
		0.25	
Tax credits - nonwastable	tax_cr	256.92	
	min_wage	405	
	minwage_mult	6	
	etc_thresh	4 367.16	
Employee social security contributions	SSC_rate	0.134	
	SSC_sick	0.014	
	SSC_ret	0.04	
	SSC_dis	0.03	
	SSC_unemp	0.01	
	SSC_health	0.04	
Employer social security contributions	SSC_empr	0.304	
	SSC_empsick	0.014	
	SSC_empret	0.1	
	SSC_empdis	0.03	
	SSC_empunemp	0.01	
	SSC_emphealth	0.1	
	SSC_gua	0.0025	
	SSC_acc	0.008	
	SSC_fund	0.0475	
Health Insurance Contribution allowance	HIC_treshold	4 560	
	HIC_rate	2	
Maximum assessment base	MSSAB	51 480	
Cash transfers	transf_1	282.24	
	transf_indiv	739.2	
	transf_indiv_child	1 406.4	
	transf_couple	1 285.2	
	transf_couple_child	1 924.8	
	transf_hous_indiv	669.60	
	transf_hous_couple	1 070.40	
	transf_activ	756.84	
	transf_dep	206.40	

2016 tax equations

	Line in country table and intermediate steps	Variable name	Range	Equation
1.	Earnings	earn		
2.	Allowances:			
	Basic	basic_allce	B	IF(earn-SSC<=basic_al_mult1*basic_adult,basic_al,MAXA(basic_al_mult2*basic_adult-basic_al_redn*(earn-SSC),0))
	Spouse	spouse_allce	P	IF(earn_spouse=0,1,0)*Married*Positive(IF(earn_princ-SSC_princ<=spouse_al_mult1*basic_adult, basic_al_mult*basic_adult,spouse_al_mult2*basic_adult-spouse_al_redn*(earn_princ-SSC_princ)))
	Social security contributions	SSC_al	B	SSC
	Total	tax_al	B	basic_allce+spouse_allce+SSC_al
3.	Credits in taxable income	taxbl_cr	B	0
4.	CG taxable income	tax_inc	B	Positive(earn-tax_al)
5.	CG tax before credits	CG_tax_excl	B	Tax(tax_inc,tax_sch)
6.	Tax credits:			
	Employee tax credit	etc_cr	B	IF(earn>=min_wage*minwage_mult, tax_rate*Positive(basic_al-MAX(etc_thresh, earn-SSC)), 0)
	Children	child_cr	P	(earn>=min_wage*minwage_mult)*Children*tax_cr
	Total	tax_cr	B	etc_cr+child_cr
7.	CG tax	CG_tax	B	CG_tax_excl-tax_cr
8.	State and local taxes	local_tax	B	0
9.	Employees' soc security	SSC	B	MINA(earn,MSSAB)*SSC_rate+MINA(MAX(0;(earn-MAX(0;HIC_treshold-MAX(0;(earn-HIC_treshold)*HIC_rate))));MSSAB)*SSC_health
11.	Cash transfers	cash_trans	J	Children*transf_1+Positive(IF(0,75*((earn-SSC-CG_tax_excl)/12)<(basic_adult+Married*basic_adult1+ Children*basic_child); ((1-Married)* (IF(Children>0;transf_indiv_child;transf_indiv))+ Married*(IF(Children>0;transf_couple_child;transf_couple))+IF((Married+Children)>0;transf_hous_couple;transf_hous_indiv)+(Children*transf_dep)+IF(A7>0;transf_activ;0)+IF(B7>0;transf_activ;0)-0,75*(earn-SSC-CG_tax_excl));0))
13.	Employer's soc security	SSC_empr	B	MINA(earn,MSSAB)*SSC_empr+earn*SSC_acc+MINA(MAX(0;(earn-MAX(0;HIC_treshold-MAX(0;(earn-HIC_treshold)*HIC_rate))));MSSAB)*SSC_emphealth

Key to range of equation B calculated separately for both principal earner and spouse P calculated for principal only (value taken as 0 for spouse calculation) J calculated once only on a joint basis.

Slovenia

This chapter includes data on the income taxes paid by workers, their social security contributions, the family benefits they receive in the form of cash transfers as well as the social security contributions and payroll taxes paid by their employers. Results reported include the marginal and average tax burden for eight different family types.

Methodological information is available for Personal income tax systems, Compulsory social security contributions to schemes operated within the government sector, Universal cash transfers as well as recent changes in the tax/benefit system. The methodology also includes the parameter values and tax equations underlying the data.

Slovenia 2016

The tax/benefit position of single persons

			67	100	167	67
		Wage level (per cent of average wage)	67	100	167	67
		Number of children	none	none	none	2
1.	**Gross wage earnings**		12 255	18 292	30 547	12 255
2.	**Standard tax allowances**					
	Basic allowance		4 419	3 303	3 303	4 419
	Married or head of family					
	Dependent children					5 086
	Deduction for social security contributions and income taxes		2 708	4 042	6 751	2 708
	Work-related expenses		0	0	0	0
	Other					
		Total	7 127	7 345	10 054	12 213
3.	**Tax credits or cash transfers included in taxable income**		0	0	0	0
4.	**Central government taxable income (1 - 2 + 3)**		5 128	10 946	20 493	42
5.	**Central government income tax liability (exclusive of tax credits)**		821	2 073	4 664	7
6.	**Tax credits**					
	Basic credit					
	Married or head of family					
	Children		0	0	0	0
	Other					
		Total	0	0	0	0
7.	**Central government income tax finally paid (5-6)**		821	2 073	4 664	7
8.	**State and local taxes**		0	0	0	0
9.	**Employees' compulsory social security contributions**					
	Gross earnings		2 708	4 042	6 751	2 708
	Taxable income					
		Total	2 708	4 042	6 751	2 708
10.	**Total payments to general government (7 + 8 + 9)**		3 529	6 116	11 415	2 715
11.	**Cash transfers from general government**					
	For head of family					
	For two children		0	0	0	3 210
		Total	0	0	0	3 210
12.	**Take-home pay (1-10+11)**		8 726	12 176	19 132	12 750
13.	**Employer's wage dependent contributions and taxes**		1 973	2 945	4 918	1 973
	Employer's compulsory social security contributions		1 973	2 945	4 918	1 973
	Payroll taxes		0	0	0	0
14.	**Average rates**					
	Income tax		6.7%	11.3%	15.3%	0.1%
	Employees' social security contributions		22.1%	22.1%	22.1%	22.1%
	Total payments less cash transfers		28.8%	33.4%	37.4%	-4.0%
	Total tax wedge including employer's social security contributions		38.7%	42.7%	46.1%	10.4%
15.	**Marginal rates**					
	Total payments less cash transfers: Principal earner		34.6%	43.1%	54.0%	34.6%
	Total payments less cash transfers: Spouse		n.a.	n.a.	n.a.	n.a.
	Total tax wedge: Principal earner		43.6%	51.0%	60.4%	43.6%
	Total tax wedge: Spouse		n.a.	n.a.	n.a.	n.a.

Slovenia 2016

The tax/benefit position of married couples

			100-0	100-33	100-67	100-33
		Wage level (per cent of average wage)	100-0	100-33	100-67	100-33
		Number of children	2	2	2	none
1.	**Gross wage earnings**		18 292	24 328	30 547	24 328
2.	**Standard tax allowances**					
	Basic allowance		3 303	8 005	7 721	8 005
	Married or head of family					
	Dependent children		5 086	5 086	5 086	
	Other dependent family member		2 437			
	Deduction for social security contributions and income taxes		4 042	5 376	6 751	5 376
	Work-related expenses		0	0	0	0
		Total	14 868	18 468	19 558	13 381
3.	**Tax credits or cash transfers included in taxable income**		0	0	0	0
4.	**Central government taxable income (1 - 2 + 3)**		3 423	5 860	10 989	10 946
5.	**Central government income tax liability (exclusive of tax credits)**		548	938	1 758	2 073
6.	**Tax credits**					
	Basic credit					
	Married or head of family					
	Children		0	0	0	0
	Other					
		Total	0	0	0	0
7.	**Central government income tax finally paid (5-6)**		548	938	1 758	2 073
8.	**State and local taxes**		0	0	0	0
9.	**Employees' compulsory social security contributions**					
	Gross earnings		4 042	5 376	6 751	5 376
	Taxable income					
		Total	4 042	5 376	6 751	5 376
10.	**Total payments to general government (7 + 8 + 9)**		4 590	6 314	8 509	7 450
11.	**Cash transfers from general government**					
	For head of family					
	For two children		2 469	1 509	1 249	0
		Total	2 469	1 509	1 249	0
12.	**Take-home pay (1-10+11)**		16 171	19 523	23 287	16 878
13.	**Employer's wage dependent contributions and taxes**		2 945	3 917	4 918	3 917
	Employer's compulsory social security contributions		2 945	3 917	4 918	3 917
	Payroll taxes		0	0	0	0
14.	**Average rates**					
	Income tax		3.0%	3.9%	5.8%	8.5%
	Employees' social security contributions		22.1%	22.1%	22.1%	22.1%
	Total payments less cash transfers		11.6%	19.7%	23.8%	30.6%
	Total tax wedge including employer's social security contributions		23.9%	30.9%	34.3%	40.2%
15.	**Marginal rates**					
	Total payments less cash transfers: Principal earner		34.6%	34.6%	34.6%	43.1%
	Total payments less cash transfers: Spouse		44.5%	22.1%	34.6%	22.1%
	Total tax wedge: Principal earner		43.6%	43.6%	43.6%	51.0%
	Total tax wedge: Spouse		52.2%	32.9%	43.6%	32.9%

The Slovenian currency is the euro (EUR). In 2016, EUR 0.90 was equal to USD 1. In that year, the average worker in Slovenia earned EUR 18 292 (Secretariat estimate).

1. Personal income tax system

1.1. *Central government income tax*

1.1.1. *Tax unit*

The tax unit is the individual.

1.1.2. *Tax allowances*

1.1.2.1. Standard tax reliefs

- *A general (basic) allowance* of EUR 3 302.70 is deductible from income in 2016. For lower income groups an additional general allowance of EUR 3 217.12 is deductible when taxable income is lower than EUR 10 866.37 and of EUR 1 115.94 when taxable income is between EUR 10 866.37 and EUR 12 570.89.
- *Family allowances* are also deductible from the tax base in the same way as for the general allowance. The allowances for 2016 are as follows:
  - EUR 2 436.92 for the first dependent child;
  - EUR 2 649.24 for the second child;
  - EUR 4 418.54 for the third child;
  - EUR 6 187.85 for the fourth child;
  - EUR 7 957.14 for the fifth child;
  - for the sixth and all additional dependent children the allowance is higher by EUR 1 769.30 relative to the amount of allowance for the preceding maintained children;
  - EUR 8 830.00 for a dependent child who requires special care;
  - EUR 2 436.92 for any other dependent family member.
- *Relief for social security contributions*: Employee's compulsory contributions for the social insurance system are deductible for income tax purposes.
- *Tax credits*: None for employees.

1.1.2.2. Non – standard tax reliefs applicable to income from employment

- *Additional voluntary pension insurance premiums*: Premiums paid by a resident to the provider of a pension plan based in Slovenia or in another EU Member State according to a pension plan that is approved and entered into a special register in accordance with the pension legislation are deductible from taxable income. In 2015 such deductions are subject to an annual limit of EUR 2 819.09 or a sum equal to 24% of the employee's contribution for compulsory pension and disability insurance if that is a lower figure.
- *Reimbursement of expenses associated with work*, such as in-work meals, transport to and from work, in-the-field supplements (per diem when an employee works outside his or

her working place) and compensation for being away from home, are exempt subject to statutory conditions and upper limits.

- *Reimbursement of expenses associated with business travel* such as: per diem allowances, transport costs (including the use of the employee's private vehicle for work purposes), and the costs of overnight accommodation, are exempt subject to statutory conditions and upper limits.
- The cost of purchasing and maintaining uniforms and personal protection work equipment defined in special regulations is exempt from income tax.
- *Compensation for the use of an employee's own tools* and other equipment (except private vehicles) necessary for the performance of work at the work place, is exempt up to a level of 2% of the monthly wage or salary of the employee, subject to an upper limit of 2% of the average gross monthly wage (AGMW).
- Long service bonuses, severance pay upon retirement and payments related to accidents, long term sickness and other unexpected events are exempt subject to statutory conditions and upper limits.
- *Severance pay* on redundancy is exempt subject to an upper limit of ten times the AGMW.
- *Compensation for the use of an employee's own possessions and property when working at home* in accordance with statutory regulations is exempt up to a level of 5% of the monthly wage or salary of the employee, subject to an upper limit of 5% of the AGMW.

1.1.3. *Tax schedule*

The tax schedule for 2016 is as follows:

Taxable income (EUR)	Tax rate (%)
Up to 8 021.34	16
8 021.34-20 400.00	27
20 400.070 907.20	41
Above 70 907.20	50

1.2. *Regional and local income tax*

There are no regional or local income taxes.

2. Compulsory social security insurance system

The compulsory social security insurance system consists of four schemes as follows:

- pension and disability insurance;
- health insurance;
- unemployment insurance;
- parental leave insurance.

2.1. *Employees' contributions*

The taxable base for social security insurance contributions paid by employees is the total amount of the gross wage or salary including vacation payments, fringe benefits and remuneration of expenses related to work above a certain threshold. The assessment period is the calendar month. Employees contribute an amount as a percentage of their remuneration as follows:

Scheme name	Rate of contribution (%)
Pension insurance	15.50
Health insurance	6.36
Unemployment insurance	0.14
Parental leave insurance	0.10
Total	22.10

2.2. *Employers' contributions*

Social security insurance contributions are also paid by employers on behalf of their employees. The taxable base and the assessment period are the same as for employees' contributions. The employers' contribution rates are as follows:

Scheme name	Rate of contribution (%)
Pension insurance	8.85
Health insurance	7.09
Unemployment insurance	0.06
Parental leave insurance	0.10
Total	16.10

The only change to these rates since 1996 has been the 0.2% increase in the employers' contribution rates for health insurance in 2002.

3. Payroll tax

None.

4. Universal cash transfers

4.1. *Transfers related to marital status*

None.

4.2. *Transfers for dependent children*

On 1.1.2012 the Exercise of Rights to Public Funds Act (*http://zakonodaja.gov.si/rpsi/r00/predpis_ZAKO4780.html*) entered into force. Regarding to a new act child allowance is a supplementary benefit for maintenance, care and education of children when the family income per family member does not exceed statutorily defined percentage of the average net wage in the previous year.

The new legislation changes family income which is the basis for the income classes from gross family income to net family income. Income includes taxable income and non-taxable income defined by the Personal Income Tax Act as for instance social benefits. Income is defined as gross income plus social benefits received but excluding the normalized cost and actual cost recognized under the law governing income tax, taxes and mandatory social security contributions levied on such income.

The new legislation also reduces the age of a child's entitlement. The right to a child benefit is held only until the child reaches 18 years. Besides, the child benefit is higher for eligible students included in higher secondary education (aged less than 18 years and with an income per family member below the average net wage).

Applications for the allowance are made on an annual basis and the payments are not taxable.

- The amount of the allowance is calculated for each child separately according to the level of net family income per family member as a percentage of the average net wage and the ranking of the child in the family. Each family is assigned to one of 8 income classes on this basis as follows:

Income class	Net family income per family member as a percentage of the average net wage
1	Up to 18%
2	18%-30%
3	30%-36%
4	36%-42%
5	42%-53%
6	53%-64%
7	64%-82%
8	82%-99%

- The relevant income is the average monthly income per family member in the calendar year prior to the claim (or one year previous if the claim is made in the month of January, February or March).
- Each child is allocated in one of 3 ranking levels (the level of payments increases with the ranking level – the lowest for the first child, higher for the second child and the highest for the third and any subsequent child). When a child lives in a one-parent family, the amount of the allowance is increased by 30%. When a pre-school child does not attend kindergarten, the amount of the allowance is increased by 20%.
- The details for the calculation of the net income per family member was prescribed by the Minister, as follows:

All income and receipts, namely net disposable income (after deduction of the normalized cost and actual cost recognized under the law governing income tax, taxes and mandatory social security contributions levied on such income) are taken into account, except those that are designed to cover the specific needs (such as allowance and attendance allowance, a large family, etc.). Property is also taken into account like immovable property, cars and other vehicles, watercraft, etc. Property is assigned a value and then it is calculated the amount of interest that would be received within one year from the value of assets deposited in a bank account in the form of time deposits.

- On 1.6.2012 the Public Finance Balance Act entered into force. Regarding to the Act the amounts of transfers for a children in fifth and sixth income classes are reduced for 10%. Moreover, transfers for children in the seventh and eighth income classes are abolished. This is a temporary measure, which applies up to the year following the year in which economic growth exceeds 2% of gross domestic product.
- Part of the Public Finance Balance Act from 2012, which reduced the amounts in the fifth and sixth income bracket by 10%, with effect from 1 January 2016 expired.
- The monthly amounts of transfers for a child **from birth to the end of primary school** in a two-parent family according to the Exercise of Rights to Public Funds Act and Public Finance Balance Act were the following for the year 2016:

Net family income per family member as a percentage of the average net wage	1st Child	2nd Child	3rd Child
	Monthly (EUR)	Monthly (EUR)	Monthly (EUR)
00	114.31	125.73	137.18
2 188.58	97.73	108.04	118.28
3 647.63	74.48	83.25	91.98
4 377.15	58.75	67.03	75.47
5 106.68	48.04	56.06	64.03
6 444.14	30.44	38.10	45.71
7 781.61	0	0	0

In 2016, the maximum annual benefit levels for children in a two-parent family were the following:

- EUR 1 371.72 for the first child;
- EUR 1 508.76 for the second child;
- EUR 1 646.16 for the third or subsequent child.

The amounts decline as the level of income per family member increases. According to the Public Finance Balance Act the benefit ceases to be available for families where the average income per member is higher than 64% of the average net wage for the year 2015.

5. Main changes in tax/benefit system since 2005

- In 2006 the taxation of income of individuals changed from global tax to a kind of a dual income tax system. Active income (from employment, business, basic agriculture and forestry, rents, royalties and other income) is taxed aggregated at progressive rates and taking into account the allowances and deductions; capital income (interest, dividends and capital gains) is taxed at proportionate rates on a scheduler basis.
- In 2007 the number of income tax brackets was reduced from five to three. At the same time, some non-standard tax reliefs for certain expenses and for interest paid on loans for housing were abolished.
- In 2008 additional general allowances were introduced for people on low incomes.
- The payroll tax was phased out at the start of 2009.
- The Exercise of Rights to Public Funds Act entered into force on 1.1.2012 changes family income which is the basis for the income classes from gross family income to net family income, which also includes social benefits received.
- Regarding to the Public Finance Balance Act which entered into force on 1.6.2012, the amounts of transfers for children in fifth and sixth income classes are reduced for 10%. Transfers for children in the seventh and eighth income classes are abolished.
- In 2013 the second bracket in the PIT schedule was broadened according to the Public Finance Balance Act. For the years 2013 and 2014 also the threshold for the third bracket (with the rate 41%) was increased and a new, top bracket with a rate 50% was introduced.
- For the year 2013 the special relief for students was reduced by 25 % compared to the tax relief in 2012 (the tax relief for 2014 amounts to EUR 2 477.03).
- Concerning rental income deriving renting of immovable and movable property a new scheduler principle of taxation was introduced in the year 2013 with proportional rate of 25%. The standardised costs were reduced from 40% to 10% of the rental income.

- The main and most important substantive change for the year 2014 and beyond eliminates the automatic adjustment of tax credits and net annual tax basis in the scale for assessing personal income tax with the growth in consumer prices.
- For the year 2014 another amendments were also introduced to the personal income tax, that is the abolishment of the tax benefits to certain groups of taxpayers (special relief for daily migrants, relief for the residents over 65 years of age).
- In 2014, the amendments to the Law on Parenthood and Family Incomes increased child benefit for each child who lives in a single-parent family. Namely, the uplift of child benefit was increased from 10 to 30%.
- The scale of assessment for income tax as a temporary measure that applies to 2013 and 2014, with the addition of a fourth class tax rate of 50% was extended for the year 2015.
- In 2015 the annual threshold between 2nd and 3rd tax bracket (above which the income tax is paid at the rate of 41%) is increased to EUR 20 400 (from EUR 18 960) for the years 2016 and 2017. The corresponding tax rate remains unchanged (i.e. 27%). The validity of the tax rate of 50% for the fourth tax bracket (for incomes above EUR 70 907) is extended also only for tax years 2016 and 2017.

6. Memorandum items

6.1. *Average gross annual wage earnings calculation*

In Slovenia the gross earnings figures cover wages and salaries paid to individuals in formal employment including payment for overtime. They also include bonus payments and other payments such as pay for annual leave, paid leave up to seven days, public holidays, absences due to sickness for up to 30 days, job training, and slowdown through no fault of the person in formal employment.

The average gross wage earnings figures of all adult workers covering industry sectors B–N are provided by the Statistical Office of the Republic of Slovenia.

6.2. *Employer contributions to private pension and health schemes*

Some employer contributions are made to private health and pension schemes but there is no relevant information available on the amounts that are paid.

2016 parameter values

Ave_earn	18 292	Secretariat estimate					
Ave_earn_1	18 092						
Ave_net_earnfam	12 158,76						
Basic_al	0	6 519.82					
	10 866,37	4 418.64					
	12 570,89	3 302.70					
Child_al1	2 436.92						
Child_al2	5 086.16						
Child_al3	9 504.70						
Child_al4	15 692.55						
Child_al5	23 649.69						
Depend_al	2 436.92						
Tax_sch	0.16	8 021.34					
	0.27	20 400.00					
	0.41	70 907.20					
	0.50						
SSC_rate1	0.221						
SSC_rate2	0.161						
		Ist child	2nd child	3rd child	1 child-total	2 children-total	3 children-total
		monthly	monthly	monthly	annual	annual	annual
Fam_allow_mc	0	114.31	125.73	137.18	1 371.72	2 880.48	4 526.64
	2 188.58	97.73	108.04	118.28	1 172.76	2 469.24	3 888.60
	3 647.63	74.48	83.25	91.98	893.76	1 892.76	2 996.52
	4 377.15	58.75	67.03	75.47	705.00	1 509.36	2 415.00
	5 106.68	48.04	56.06	64.03	576.48	1 249.20	2 017.56
	6 444.14	30.44	38.10	45.71	365.28	822.48	1 371.00
	7 781.61	0.00	0.00	0.00	0.00	0.00	0.00
Fam_allow_spup	0.3						
		Ist child	2nd child	3rd child	1 child-total	2 children-total	3 children-total
		monthly	monthly	monthly	annual	annual	annual
Fam_allow_sp	0	148.60	163.45	178.33	1 783.24	3 744.62	5 884.63
	2 188.58	127.05	140.45	153.76	1 524.59	3 210.01	5 055.18
	3 647.63	96.82	108.23	119.57	1 161.89	2 460.59	3 895.48
	4 377.15	76.38	87.14	98.11	916.50	1 962.17	3 139.50
	5 106.68	62.45	72.88	83.24	749.42	1 623.96	2 622.83
	6 444.14	39.57	49.53	59.42	474.86	1 069.22	1 782.30
	7 781.61	0.00	0.00	0.00	0.00	0.00	0.00
numdays	365						

2016 tax equations

	Line in country table and intermediate steps	Variable name	Range	Equation
1.	Earnings			
	Current year	earn		
	Net earnings Year-1	net_earn_1		
2.	Allowances:			
	Principal	tax_al_princ	P	VLOOKUP(earn;Basic_al;2)+SSC+IF(children=0,0,IF(children=1,child_al1,IF(children=2,child_al2,child_al3)+IF(Married=0,0,IF(S_earn=0,Depend_al,0))
	Spouse	Tax_al_ spouse	S	MINA(VLOOKUP(earn;Basic_al;2), earn)+SSC
3.	Credits in taxable income	taxbl_cr	B	0
4.	CG taxable income	tax_inc	B	Positive(earn-tax_al)
5.	CG tax before credits	CG_tax_excl	B	Tax(tax_inc, tax_sch)
6.	Tax credits (nonwastable)	Tax_cr	B	0
7.	CG tax	CG_tax	B	CG_tax_excl
8.	State and local taxes	local_tax	B	0
9.	Employees' soc security	SSC	B	earn* SSC_rate1
11.	Cash transfers	cash_trans	J	IF(Children=0,0;VLOOKUP((net_earn_1)/(1+married+children),IF(Married=0;Fam_allow_sp,Fam_allow_mc),IF(Children=1,5,IF(Children=2,6,7))))
13.	Employer's wage dependent contributions and taxes			
	Employer's soc security	SSC_empr	B	earn*SSC_rate2

Key to range of equation B calculated separately for both principal earner and spouse P calculated for principal only (value taken as 0 for spouse calculation) J calculated once only on a joint basis.

Les impôts sur les salaires 2017

Spain

This chapter includes data on the income taxes paid by workers, their social security contributions, the family benefits they receive in t-he form of cash transfers as well as the social security contributions and payroll taxes paid by their employers. Results reported include the marginal and average tax burden for eight different family types.

Methodological information is available for Personal income tax systems, Compulsory social security contributions to schemes operated within the government sector, Universal cash transfers as well as recent changes in the tax/benefit system. The methodology also includes the parameter values and tax equations underlying the data.

Spain 2016

The tax/benefit position of a single persons

	Wage level (per cent of average wage)	67	100	167	67
	Number of children	none	none	none	2
1.	**Gross wage earnings**	17 896	26 710	44 606	17 896
2.	**Standard tax allowances:**				
	Basic allowance				
	Married or head of family	0	0	0	2 150
	Dependent children				
	Deduction for social security contributions and income taxes	1 136	1 696	2 775	1 136
	Work-related expenses	2 000	2 000	2 000	2 000
	Other				
	Total	3 136	3 696	4 775	5 286
3.	**Tax credits or cash transfers included in taxable income**	0	0	0	0
4.	**Central and state government taxable income (1 - 2 + 3)**	14 760	23 014	39 831	12 610
5.	**Central and state government income tax liability (exclusive of tax credits)**	2 920	5 070	10 439	2 404
6.	**Central and state government tax credits**				
	Basic credit	1 055	1 055	1 055	3 224
	Married or head of family				
	Children				
	Other				
	Total	1 055	1 055	1 055	3 224
7.	**Central government income tax finally paid (5-6)**	933	2 008	4 692	- 1 010
8.	**State and local taxes**	933	2 008	4 692	190
9.	**Employees' compulsory social security contributions**				
	Gross earnings	1 136	1 696	2 775	1 136
	Taxable income				
	Total	1 136	1 696	2 775	1 136
10.	**Total payments to general government (7 + 8 + 9)**	3 002	5 711	12 160	317
11.	**Cash transfers from general government**				
	For head of family				
	For two children	0	0	0	0
	Total	0	0	0	0
12.	**Take-home pay (1-10+11)**	14 894	20 999	32 447	17 579
13.	**Employer's compulsory social security contributions**	5 351	7 986	13 067	5 351
14.	**Average rates**				
	Income tax	10.4%	15.0%	21.0%	-4.6%
	Employees' social security contributions	6.35%	6.35%	6.22%	6.35%
	Total payments less cash transfers	16.8%	21.4%	27.3%	1.8%
	Total tax wedge including employer's social security contributions	35.9%	39.5%	43.7%	24.4%
15.	**Marginal rates**				
	Total payments less cash transfers: Principal earner	28.8%	34.4%	37.0%	28.8%
	Total payments less cash transfers: Spouse	n.a.	n.a.	n.a.	n.a.
	Total tax wedge: Principal earner	45.2%	49.5%	37.0%	45.2%
	Total tax wedge: Spouse	n.a.	n.a.	n.a.	n.a.

Spain 2016

The tax/benefit position of married couples

	Wage level (per cent of average wage)	100-0	100-33	100-67	100-33
	Number of children	2	2	2	none
1.	**Gross wage earnings**	26 710	35 525	44 606	35 525
2.	**Standard tax allowances**				
	Basic allowance				
	Married or head of family	3 400	0	0	0
	Dependent children				
	Deduction for social security contributions and income taxes	1 696	2 256	2 832	2 256
	Work-related expenses	2 000	7 700	4 000	7 700
	Other				
	Total	7 096	9 956	6 832	9 956
3.	**Tax credits or cash transfers included in taxable income**	0	0	0	0
4.	**Central and state government taxable income (1 - 2 + 3)**	19 614	25 569	37 774	25 569
5.	**Central and state government income tax liability (exclusive of tax credits)**	4 085	5 555	7 990	5 555
6.	**Central and state government tax credits**				
	Basic credit	2 024	2 024	3 078	1 540
	Married or head of family				
	Children				
	Other				
	Total	2 024	2 024	3 078	1 540
7.	**Central government income tax finally paid (5-6)**	1 031	1 765	2 456	2 008
8.	**State and local taxes**	1 031	1 765	2 456	2 008
9.	**Employees' compulsory social security contributions**				
	Gross earnings	1 696	2 256	2 832	2 256
	Taxable income				
	Total	1 696	2 256	2 832	2 256
10.	**Total payments to general government (7 + 8 + 9)**	3 758	5 787	7 744	6 271
11.	**Cash transfers from general government**				
	For head of family				
	For two children	0	0	0	0
	Total	0	0	0	0
12.	**Take-home pay (1-10+11)**	22 953	29 738	36 862	29 254
13.	**Employer's compulsory social security contributions**	7 986	10 622	13 337	10 622
14.	**Average rates**				
	Income tax	7.7%	9.9%	11.0%	11.3%
	Employees' social security contributions	6.35%	6.35%	6.35%	6.35%
	Total payments less cash transfers	14.1%	16.3%	17.4%	17.7%
	Total tax wedge including employer's social security contributions	33.8%	35.6%	36.4%	36.6%
15.	**Marginal rates**				
	Total payments less cash transfers: Principal earner	28.8%	34.4%	34.4%	34.4%
	Total payments less cash transfers: Spouse	23.0%	6.3%	28.8%	6.3%
	Total tax wedge: Principal earner	45.2%	49.5%	49.5%	49.5%
	Total tax wedge: Spouse	40.7%	27.9%	45.2%	27.9%

The national currency is the Euro (EUR). In 2016, EUR 0.90 was equal to USD 1. In that year the average worker earned EUR 26 710 (Secretariat estimate).

1. Personal income tax system

1.1. *Central government income tax*

1.1.1. *Tax unit*

As a general rule, the tax unit is the individual. Nevertheless, families have the options of being taxed:

- As married couples filing jointly on the combined income of both spouses and dependents.
- As heads of households (only unmarried or separated individuals with dependents).

1.1.2. *Tax allowances and tax credits*

1.1.2.1. Standard reliefs

- *Basic reliefs*: Married couples filing jointly may claim an allowance of EUR 3 400. This figure amounts to EUR 2 150 for heads of households.
- *Maternity tax credit*: a non-wastable tax credit addressed to working females with children under 3 years of age up to EUR 1 200.
- *Large families (3 or more children) or dependent family members with disabilities tax credits*: this additional non-wastable tax credit (up to EUR 1 200, in general, or EUR 2 400 for special large families, with 5 or more children) also may be claimed (within the Taxing Wages framework) by single-parent households with two children.
- *Relief for social security contributions*: All social security payments are fully deductible.
- *Other expenses allowance*: up to EUR 2 000, which may be increased by the same amount in case of accepting a job in a different location implying a change of residence.
- *Employment related* allowance: Net employment income (gross income - employee social security contributions) may be reduced according to the following rules:
  - Taxpayers with net employment income equal or less than EUR 11 250: EUR 3 700.
  - Taxpayers with a net employment income between EUR 11 250.01 and EUR 14 450: EUR 3 700 less the result of multiplying by 1.15625 the difference between net employment income and EUR 11 250.
- *Disabled workers allowance*: an allowance of EUR 3 500 for disabled salary earners. Those with reduced mobility may claim an augmented allowance of EUR 7 750.

As a result of the application of the above rules, net income cannot become negative.

1.1.2.2. Main non-standard reliefs applicable to an AW

- *Contributions to Pension Plans*. Contributions made by each member of the household may reduce taxable income up to the lower of the following amounts:
  - 30% of net income;

- EUR 8 000.

Moreover, those households whose second earner has net labour income below EUR 8 000 may reduce taxable income up to a maximum of EUR 2 500 on a yearly basis if the principal earner contributes to a Pension Fund for the spouse.

- *Relief for subscriptions paid in respect of membership* of a trade union and business or professional associations (last item is limited to mandatory membership) up to EUR 500.
- *Relief for expenses made for the legal defence* of the taxpayer for labour-related conflicts up to a maximum limit of EUR 300.

Other non-standard reliefs provided as deductions are:

- *Investment in the acquisition and rehabilitation of own-housing*: As a general rule, up to 1 January 2013, taxpayers were allowed to deduct from their tax liability 15% of the investment made during the year, up to a maximum of EUR 9 040.
- Furthermore, disabled taxpayers were also allowed to deduct from their tax liability 20% of the investment expenses incurred in the repairs carried out for housing adaptation to the handicapped personal needs according up to a maximum of EUR 12 080.
- With effect from 1 January 2013, the above tax credit has been abolished. Nevertheless, grandfathering rules apply for those taxpayers who before 1 January 2013 had acquired their main residence; had made some payments for it to be built; had made some payments for restoration/enlargement of their main residence or had made some payments to carry out the adaptation of the main residence of disabled people. However, in the latter two cases the works performed should be completed before 1 January 2017. For these taxpayers, the above tax credit can still be applied in accordance with the rules set up above.
- *Gifts*: 75% of the amounts (below EUR 150) donated to the State (its different levels) public universities and othe qualifying institutions. For larger gifts, 30% on the excess, which may be increased to 35% when meeting certain conditions and 10% of the amount donated non-qualifying foundations or associations.
- *Investments and expenses in goods of cultural interest:* 15% of the amounts granted to the importation, restoration, exhibition, etc. of certain goods listed in the General Register of Goods of Cultural Interest.

Each of these last two amounts cannot exceed 10% of taxable income.

1.1.2.3. Exempt income

- The base amount is EUR 5 550 per taxpayer. The same amount is granted for family units filing jointly. Taxpayers aged over 65 years may add EUR 1 150 to the former amount. Those aged over 75 years may claim additionally EUR 1 400.
- Dependent children (under 25 years): EUR 2 400 for the first dependent child; EUR 2 700 for the second one; EUR 4 000 for the third, and EUR 4 500 for any additional child.
- Child care allowance: an additional allowance of EUR 2 800 for each of the above dependent children under 3 years of age.
- In case of disabled workers and additional amount of EUR 3 000 also applies. In case of great disability prior amount reaches EUR 9 000.

Child allowances have to be shared equally between spouses when they file separately.

1.1.3. *Tax schedule*

General rates of tax – resident individuals:

Taxable income (EUR)	Tax at the lower limit (EUR)	Tax rate on taxable income in excess of the lower limit (%)
0-12 450	0	9.50
12 450-20 200	1 182.75	12.00
20 200-35 200	2 112.75	15.00
35 200-60 000	4 362.75	18.50
Over 60 000	8 950.75	22.50

1.2. State and local income taxes

The Regional Governments may fix their own tax schedules, based on that of the Central Government, as a reference, and within certain limits. All Regional Government tax schedules currently differ from each other (some of them include tax rates higher than the Central Government ones whilst others contain lower tax rates). Provided that, during the last years, at least one Regional Government tax schedule has matched that of the Central Government, we choose, as regional schedule more representative, that is equal to the Central Government schedule as above; this is also applied for non-resident taxpayers.

Taxable income (EUR)	Tax at the lower limit (EUR)	Tax rate on taxable income in excess of the lower limit (%)
0-12 450	0	10.00
12 450-20 200	1 182.75	12.00
20 200-35 200	2 112.75	15.00
35 200-60 000	4 362.75	18.50
Over 60 000	8 950.75	22.50

Now, there isn't any local tax rate or schedule in the Spanish PIT. However, some Local Governments (the bigger and province capital cities) receive a fixed percentage of the PIT revenues.

2. Compulsory social security contributions to schemes operated within the government sector

Social Security contributions are assessed on the basis of employees' gross earnings taking into account certain ceilings of gross employment income. In 2016, these ceilings are:

- Lower ceiling: EUR 9 172.80
- Upper Ceiling: EUR 43 704.

These ceilings are based on a full-time job. For part-time workers, ceilings are proportional to the real hours worked (the tax equations used for this Report do not take into account the lower ceiling).

2.1. Employees' contributions

- Old age pension/sickness and disability 4.7%
- Unemployment 1.55%
- Professional Training 0.1%

2.2. *Employers' contributions*

- Old age pension/sickness and disability 23.6%
- Unemployment/Work injuries 5.50%
- Wages fund 0.2%
- Professional Training 0.6%

3. Universal cash transfers

3.1. *Transfers related to marital status*

None.

3.2. *Transfers for dependent children*

EUR 291 for 1-child families with annual gross earnings below EUR 11 576.83; the child transfer decreases with income between EUR 11 576.83 and EUR 11 867.83; the value is 0 for gross earnings exceeding EUR 11 867.83. EUR 582 for families with 2 children with annual gross earnings below EUR 13 313.35; the child transfer decreases with income between EUR 13 313.35 and EUR 13 895.35; the value is 0 for gross earnings exceeding EUR 13 895.35.

4. Main changes in tax/benefit systems in 2016

In 2016 the Spanish Government carried out the second phase of the tax reform which started in 2015, being modified the tax schedule and improved the gifts tax credit, as aforementioned.

Moreover, since 1 March 2015 employers hiring new staff under a non-fixed term contract (signed between 1 March 2015 and 31 August 2016) may claim a partial exemption on their SSC for the first EUR 500 of monthly salaries paid to workers. This SSC concession will apply for a 24-month period. This measure is known as a "reduced rate" (Law 25/2015).

5. Memorandum items

5.1. *Identification of an AW and calculation of earnings*

Refer to the information provided in the Annex of this Report.

2016 parameter values

Average earnings/yr	Ave_earn	26 710	Secretariat estimate	
Work related allowance	wr_rate	1.15625		
	wr_lim_max	14 450		
	wr_lim_min	11 250		
	wr_allow_max	3 700		
Other deductible expenses	oth_ded_exp	2 000		
Personal & family exempt income	Per_fam_exempt_inc	5 550		
Joint taxation allowance	Joint_tax_allow_fam1	3 400		
	Joint_tax_allow_fam2	2 150		
Dependent children	dep_child	2 400		
	dep_child2	2 700		
	dep_child3	4 000		
	dep_child4	4 500		
Single parent tax credit (chld>=2)	SP_tax_credit	1 200		
Tax Schedule	tax_sch_sg	0	0	9.50%
		12 450	1 182.75	12.00%
		20 200	2 112.75	15.00%
		35 200	4 362.75	18.50%
		60 000	8 950.75	22.50%
	tax_sch_sa	0	0	9.50%
		12 450	1 182.75	12.00%
		20 200	2 112.75	15.00%
		35 200	4 362.75	18.50%
		60 000	8 950.75	22.50%
Social security contributions				
Employee:				
Pension	pension_rate	0.047		
Unemployment	unemp_rate	0.0155		
Other	oth_rate	0.001		
Employer				
Pension	pension_empr	0.236		
Unemployment	unemp_empr	0.055		
Other	oth_empr	0.008		
Ceiling and Floor	min_lim	0	9 172.8	
	top_lim	43 704		
Child benefit	SS_child_benefit	291		
	SS_child_table	1	11 576.83	11 867.83
		2	13 313.35	13 895.35
		3	17 423.84	18 224.09
		4	20 246.02	21 313.02
		5	23 068.20	24 401.95

2016 tax equations

The functions which are used in the equations (Taper, MIN, Tax etc) are described in the technical note about tax equations. Variable names are defined in the table of parameters above, within the equations table, or are the standard variables "married" and "children". A reference to a variable with the affix "_total" indicates the sum of the relevant variable values for the principal and spouse. And the affixes "_princ" and "_sp" indicate the value for the principal and spouse, respectively. Equations for a single person are as shown for the principal, with "_sp" values taken as 0.

	Line in country table and intermediate steps	Variable name	Range	Equation
1.	Earnings	earn	B	for individual taxation: earn=earn_princ, or earn=earn_sp for joint (family) taxation: earn=earn_princ+earn_sp
2.	Allowances:			
	Work related, individual	work_ind	B	IF(earn-SSC<=wr_lim_min,wr_allow_max+oth_ded_exp,IF(earn-SSC<=wr_lim_max,wr_allow_max-wr_rate*((earn-SSC)-(wr_lim_min))+oth_ded_exp,oth_ded_exp))
	Work related, family	work_fam	J	IF(AND(earn_sp=0,married=0,children=0),0,IF(earn_total-SSC_fam<=wr_lim_min, wr_allow_max+oth_ded_exp,IF(earn_total-SSC_fam=wr_lim_max,wr_allow_max-wr_rate*((earn_total-SSC_fam)-(wr_lim_min))+oth_ded_exp,oth_ded_exp)))
	Joint taxation allowance	joint_allow_fam	J	IF(AND(Married=0,Children=0),0,IF(AND(Married=0,Children>0),joint_tax_allow_fam2,joint_tax_allow_fam1))
	Personal and family exempt income, individual	ex_inc_ind	B	per_fam_exempt_inc
	Personal and family exempt income, family	ex_inc_fam	J	IF(AND(Married=0,Children=0),0,per_fam_exempt_inc)
	Children exempt income, individual	child_ex_inc_ind	P	IF(earn_sp=0, (children>0)*(dep_child+(children>1)*dep_child2+(children>2)*dep_child3+(children>3)*(children-3)*dep_child4), (children>0)*(dep_child+(children>1)*dep_child2+(children>2)*dep_child3+(children>3)*(children-3)*dep_child4)/2)
			S	IF(earn_sp=0, 0, (children>0)*(dep_child+(children>1)*dep_child2+(children>2)*dep_child3+(children>3)*(children-3)*dep_child4)/2)
	Children exempt income, family	child_ex_inc_fam	J	(children>0)*(dep_child+(children>1)*dep_child2+(children>2)*dep_child3+(children>3)*(children-3)*dep_child4)
3.	Credits in taxable income	taxbl_cr	B, J	0
4.	CG taxable income	tax_inc	B, J	IF(AND(Married=0, Children=0), tax_inc_princ, MINA(tax_inc_princ+tax_inc_sp, tax_inc_fam))
		tax_inc_ind	B	Positive(earn-(work_ind+SSC))
		tax_inc_fam	J	IF(AND(Married=0, Children), 0, Positive(earn-(work_fam+joint_allow_fam+SSC_princ+SSC_sp)))
5.	CG tax before credits	CG_tax_ind_excl	B	MAXA(0, VLOOKUP(tax_inc_ind, tax_sch_sg, 2)+(tax_inc_ind-VLOOKUP(tax_inc_ind, tax_sch_sg, 1))*VLOOKUP(tax_inc_ind, tax_sch_sg, 3))
		CG_tax_fam_excl	J	MAXA(0, VLOOKUP(tax_inc_fam, tax_sch_sg, 2)+(tax_inc_fam-VLOOKUP(tax_inc_fam, tax_sch_sg, 1))*VLOOKUP(tax_inc_fam, tax_sch_sg, 3))
6.	CG tax credits :	CG_tax_cr_ind	B	MAXA(0,VLOOKUP(ex_inc_ind+child_ex_inc_ind,tax_sch_sg,2)+ ((ex_inc_ind+child_ex_inc_ind)-VLOOKUP(ex_inc_ind+child_ex_inc_ind,tax_sch_sg,1))*VLOOKUP(ex_inc_ind+child_ex_inc_ind,tax_sch_sg,3)+IF(AND(earn>0,married=,children>=2),MIN(SP_tax_credit,(SSC+SSC_empr)),0)
		CG_tax_cr_fam	J	MAXA(0,VLOOKUP(ex_inc_fam+child_ex_inc_fam,tax_sch_sg,2)+ ((ex_inc_fam+child_ex_inc_fam)-VLOOKUP(ex_inc_fam+child_ex_inc_fam,tax_sch_sg,1))*VLOOKUP(ex_inc_fam+child_ex_inc_fam,tax_sch_sg,3)+ IF(AND(earn_total>0,married=0,children>=2),MIN(SP_tax_credit,(SSC_fam+SSC_empr_fam)),0)
7.	CG tax	CG_tax_ind	B	CG_tax_ind_excl-CG_tax_cr_ind
		CG_tax_fam	J	CG_tax_fam_excl-CG_tax_cr_fam

	Line in country table and intermediate steps	Variable name	Range	Equation
8.	State and local tax before credits	local_tax_ind_excl	B	MAXA(0, VLOOKUP(tax_inc_ind, tax_sch_sa, 2)+(tax_inc_ind-VLOOKUP(tax_inc_ind, tax_sch_sa, 1))*VLOOKUP(tax_inc_ind, tax_sch_sa, 3))
		local_tax_fam_excl	J	MAXA(0, VLOOKUP(tax_inc_fam, tax_sch_sa, 2)+(tax_inc_fam-VLOOKUP(tax_inc_fam, tax_sch_sa, 1))*VLOOKUP(tax_inc_fam, tax_sch_sa, 3))
	local tax credits	local_tax_cr_ind	B	MAXA(0,VLOOKUP(ex_inc_ind+child_ex_inc_ind,tax_sch_sa,2)+ ((ex_inc_ind+child_ex_inc_ind)-VLOOKUP(ex_inc_ind+child_ex_inc_ind,tax_sch_sa,1))* VLOOKUP(ex_inc_ind+child_ex_inc_ind,tax_sch_sa,3))
		local_tax_cr_fam	J	MAXA(0,VLOOKUP(ex_inc_fam+child_ex_inc_fam,tax_sch_sa,2)+ ((ex_inc_fam+child_ex_inc_fam)-VLOOKUP(ex_inc_fam+child_ex_inc_fam,tax_sch_sa,1))* VLOOKUP(ex_inc_fam+child_ex_inc_fam,tax_sch_sa,3))
	State and local tax	local_tax_ind	B	Positive(local_tax_ind_excl-local_tax_cr_ind)
		local_tax_fam	J	Positive(local_tax_fam_excl-local_tax_cr_fam)
9.	Employees' soc security	SSC	B	IF(AND(earn>0, earn<=min_lim), min_lim*(pension_rate+unemp_rate+oth_rate), IF(earn>=top_lim, top_lim*(pension_rate+unemp_rate+oth_rate), earn* (pension_rate+unemp_rate+oth_rate)))
		SSC_fam	J	SSC_princ+SSC_sp
11.	Cash transfers	Child_transf		IF(Children=0,0,IF(earn<=VLOOKUP(Children, SS_child_table,2),SS_child_benefit*Children, IF(earn<=VLOOKUP(Children, SS_child_table, 3), VLOOKUP (Children, SS_child_table, 3)-earn, 0)))
13.	Employer's SSC	SSC_empr		IF(AND(earn>0, earn<=min_lim), min_lim*(pension_empr+unemp_empr+ oth_umpr), IF(earn>=top_lim, top_lim*(pension_empr+unemp_empr+oth_empr), earn*(pension_empr+unemp_empr+oth_empr)))

Key to range of equation B calculated separately for both principal earner and spouse P calculated for principal only S calculated for spouse only J calculated once only on a joint basis.

Les impôts sur les salaires 2017

Sweden

This chapter includes data on the income taxes paid by workers, their social security contributions, the family benefits they receive in the form of cash transfers as well as the social security contributions and payroll taxes paid by their employers. Results reported include the marginal and average tax burden for eight different family types.

Methodological information is available for Personal income tax systems, Compulsory social security contributions to schemes operated within the government sector, Universal cash transfers as well as recent changes in the tax/benefit system. The methodology also includes the parameter values and tax equations underlying the data.

Sweden 2016

The tax/benefit position of single persons

	Wage level (per cent of average wage)	67	100	167	67
	Number of children	none	none	none	2
1.	**Gross wage earnings**	283 453	423 065	706 518	283 453
2.	**Standard tax allowances**				
	Basic allowance	19 600	13 000	13 000	19 600
	Married or head of family				
	Dependent children				
	Deduction for social security contributions and income taxes	0	0	0	0
	Work-related expenses				
	Other				
	Total	19 600	13 000	13 000	19 600
3.	**Tax credits or cash transfers included in taxable income**	0	0	0	0
4.	**Central government taxable income (1 - 2 + 3)**	263 800	410 000	693 500	263 800
5.	**Central government income tax liability (exclusive of tax credits)**	0	0	56 045	0
6.	**Tax credits**				
	Basic credit				
	Married or head of family				
	Children				
	Other	41 490	56 071	56 771	41 490
	Total	41 490	56 071	56 771	41 490
7.	**Central government income tax finally paid (5-6)**	- 41 490	- 56 071	- 726	- 41 490
8.	**State and local taxes**	84 679	131 610	222 613	84 679
9.	**Employees' compulsory social security contributions**				
	Gross earnings	19 800	29 600	33 500	19 800
	Taxable income				
	Total	19 800	29 600	33 500	19 800
10.	**Total payments to general government (7 + 8 + 9)**	62 989	105 139	255 387	62 989
11.	**Cash transfers from general government**				
	For head of family				
	For two children	0	0	0	27 000
	Total	0	0	0	27 000
12.	**Take-home pay (1-10+11)**	220 464	317 926	451 131	247 464
13.	**Employer's wage dependent contributions and taxes**				
	Employer's compulsory social security contributions	61 708	92 101	153 809	61 708
	payroll taxes	27 353	40 825	68 179	27 353
	Total	89 061	132 926	221 988	89 061
14.	**Average rates**				
	Income tax	15.2%	17.9%	31.4%	15.2%
	Employees' social security contributions	7.0%	7.0%	4.7%	7.0%
	Total payments less cash transfers	22.2%	24.9%	36.1%	12.7%
	Total tax wedge including employer's social security contributions	40.8%	42.8%	51.4%	33.6%
15.	**Marginal rates**				
	Total payments less cash transfers: Principal earner	28.5%	32.1%	60.1%	28.5%
	Total payments less cash transfers: Spouse	n.a.	n.a.	n.a.	n.a.
	Total tax wedge: Principal earner	45.6%	48.3%	69.6%	45.6%
	Total tax wedge: Spouse	n.a.	n.a.	n.a.	n.a.

Sweden 2016

The tax/benefit position of married couples

		Wage level (per cent of average wage)	100-0	100-33	100-67	100-33
		Number of children	2	2	2	none
1.	**Gross wage earnings**		423 065	562 676	706 518	562 676
2.	**Standard tax allowances:**					
	Basic allowance		13 000	47 000	32 600	47 000
	Married or head of family					
	Dependent children					
	Deduction for social security contributions and income taxes		0	0	0	0
	Work-related expenses					
	Other					
		Total	13 000	47 000	32 600	47 000
3.	**Tax credits or cash transfers included in taxable income**		0	0	0	0
4.	**Central government taxable income (1 - 2 + 3)**		410 000	515 600	673 800	515 600
5.	**Central government income tax liability (exclusive of tax credits)**		0	0	0	0
6.	**Tax credits**					
	Basic credit					
	Married or head of family					
	Children					
	Other		56 071	77 815	97 561	77 815
		Total	56 071	77 815	97 561	77 815
7.	**Central government income tax finally paid (5-6)**		- 56 071	- 77 815	- 97 561	- 77 815
8.	**State and local taxes**		131 610	165 507	216 289	165 507
9.	**Employees' compulsory social security contributions**					
	Gross earnings		29 600	39 400	49 400	39 400
	Taxable income					
		Total	29 600	39 400	49 400	39 400
10.	**Total payments to general government (7 + 8 + 9)**		105 139	127 092	168 128	127 092
11.	**Cash transfers from general government**					
	For head of family					
	For two children		27 000	27 000	27 000	0
		Total	27 000	27 000	27 000	0
12.	**Take-home pay (1-10+11)**		344 926	462 584	565 390	435 584
13.	**Employer's wage dependent contributions and taxes**					
	Employer's compulsory social security contributions		92 101	122 494	153 809	122 494
	payroll taxes		40 825	54 297	68 178	54 297
		Total	132 926	176 791	221 987	176 791
14.	**Average rates**					
	Income tax		17.9%	15.6%	16.8%	15.6%
	Employees' social security contributions		7.0%	7.0%	7.0%	7.0%
	Total payments less cash transfers		18.5%	17.8%	20.0%	22.6%
	Total tax wedge including employer's social security contributions		38.0%	37.4%	39.1%	41.1%
15.	**Marginal rates**					
	Total payments less cash transfers: Principal earner		32.1%	32.1%	32.1%	32.1%
	Total payments less cash transfers: Spouse		15.7%	28.5%	28.5%	28.5%
	Total tax wedge: Principal earner		48.3%	48.3%	48.3%	48.3%
	Total tax wedge: Spouse		35.9%	45.6%	45.6%	45.6%

The national currency is the Swedish Kronor (SEK). In 2016, SEK 8.56 was equal to USD 1. In that year, the average worker earned SEK 423 065 (Secretariat estimate).

1. Personal income tax systems

1.1. *Central government income taxes*

1.1.1. *Tax unit*

Spouses are taxed separately.

1.1.2. *Tax allowances and tax credits*

1.1.2.1. Standard reliefs

- *Basic reliefs*: A basic allowance is given for assessed earned income and varies between SEK 13 000 and SEK 34 200, depending on income. When individuals pay central government income tax, the basic allowance is at its lowest level, which equals SEK 13 000. The basic allowance depends on the assessed earned income and the basic amount, which equals SEK 44 300 in 2016.

Assessed-Earned- Income (SEK) Relative to Basic Amount (BA)	Share of BA at lower bracket	For exceeding income
-0.99	0.423	
0.99-2.72	0.423	+0.2
2.72-3.11	0.77	
3.11-7.88	0.77	-0.1
7.88-	0.293	

For taxpayers older than 65, the basic relief is calculated differently:

Assessed-Earned- Income (SEK) Relative to Basic Amount (BA)	Share of BA at lower bracket	For exceeding income
-1.11	1.11	
1.11-2.72	1.11	+0.249
2.72-3.77	1.511	
3.77-5.40	1.511	-0.1
5.40-12.43	1.348	-0.09
12.43-	0.715	

- *Standard marital status reliefs*: None.
- *Relief(s) for children*: None.
- *Work-related expenses*: None.
- *Other*: None.

1.1.2.2. Main non-standard tax reliefs applicable to an AW

- Interest on qualifying loans: Interest payments are offset against capital income. The resulting net capital income is the tax base. A tax credit is given in the case of negative capital income.
- Medical expenses: None. Other allowances are given for:
  - the amount of commuting expenses exceeding SEK 10 000;
  - other types of work-related expenses exceeding SEK 5 000; examples are the costs of tools, work-related phone calls using the taxpayer's private telephone;
  - increased living expenses while on business trips, *e.g.* such as the use of a private car if these costs are not reimbursed by the employer;
  - double housing expenses due to *temporary* work at other geographical locations (too far from home for commuting), or if the family for some reason can't move, even if the job is of a *permanent* nature;
  - travelling expenses for travelling home if the taxpayer works in another place than his/her place of residence.

1.1.3. *Tax schedule*

Taxable Income (SEK)	Tax (SEK) at lower bracket	For exceeding income, %
0-430 200	0	0
430 200-625 800	0	20
over 625 800	39 120	25

1.1.4. *Tax credits*

A tax credit equal to 100% of the compulsory social security contributions paid by the employee is granted.

For a person aged 65 or less, an annual Earned Income Tax Credit (EITC) worth up to SEK 26 471 at the average local tax rate is granted on labour income. For those older than 65, a higher credit worth up to SEK 30 000 is granted. For a person aged 65 or less the EITC is connected to the basic allowance (BAL), the basic amount (BA) and the local tax rate (LTR). For those older than 65 a simplified EITC was introduced in 2009 which is not connected to the local tax rate, the basic allowance or the basic amount. The Basic Allowance is determined in Section 1.1.2.1; the local tax rate is discussed in Section 1.2. The Basic Amount (BA) in 2016 is SEK 44 300. The Special Amount is based on the taxpayer's (gross) earned income. A phase-out of the EITC for those with incomes above around SEK 600 000 a year was introduced in 2016.

The tax credits are wastable in the sense that they cannot reduce the individual's tax payments to less than zero. The EITC is deducted from the local government income tax, whereas the tax credit for the social security contributions is deducted from other taxes as well. However the central government covers the expenses for the tax credits.

For taxpayers younger than 65, the EITC is calculated as follows:

Earned Income (EI)	EITC
-0.91 BA	(EI-BAL)*LTR
0.91 BA-2.94 BA	(0.91 BA + 0.332 * (EI-0.91 BA)-BAL)*LTR
2.94 BA-8.08 BA	(1.584 BA + 0.111 * (EI-2.94 BA)-BAL)*LTR
8.08 BA-13.54 BA	(2.155 BA-BAL)*LTR
13.54 BA-	(2.155 BA-BAL)*LTR-0.03*(EI-13.54 BA)

BA = SEK 44 300; BAL=Basic allowance, determined in Section 1.1.2.1.; LTR=local tax rate. Note that the EITC cannot be negative.

For taxpayers older than 65, the EITC is calculated differently:

Earned Income (EI)	EITC
-100 000 SEK	0.2*EI
100 001-300 000 SEK	15 000 SEK + 0.05*EI
300 001-600 000 SEK	30 000 SEK
600 001-1 600 000 SEK	30 000-0.03*(EI-600 000)
1 600 001 SEK-	0

1.2. *Local government income taxes*

1.2.1. *General description of the systems*

Sweden has both a central government and a local government personal income tax. They are completely coordinated in the assessment process and refer to the same period, *i.e.* the income year coincides with the calendar year.

1.2.2. *Tax base*

The tax base is the same as for the central government income tax. The basic allowance for individuals paying local government tax varies between SEK 13 000 and SEK 34 200; it depends on the taxpayer's income. For a taxpayer earning the AW, this basic allowance amounts to SEK 13 000 (based on an AW equal to SEK 427 905 – subject to revision with the AW).

1.2.3. *Tax rates*

The local government personal income tax is proportional and differs between municipalities. The average rate amounts to 32.10% in 2016, with the maximum and minimum rates being 35.11% and 29.19%, respectively.

2. Compulsory social security contributions to schemes operated within the government sector

2.1. *Employees' contributions*

A general pension contribution of 7% of personal income is paid by employees and the self-employed when income is equal to or greater than 42.3% of the basic amount underlying the basic allowance (see Section 1.1.2.1). The contribution cannot exceed SEK 33 500 since the general pension contributions are not paid for income over SEK 478 600 (= 8.07*59 300). The employees' contribution is offset with a tax credit.

2.2. *Employers' contributions*

The employers' contributions are calculated as a percentage of the total sum of salaries and benefits in a year. For the self-employed, the base is net business income. The rates for 2016 are listed below.

Program	Employer (%)	Self-employed (%)
Retirement pension	10.21	10.21
Survivor's pension	1.17	1.17
Parental insurance	2.60	2.60
Health insurance	4.85	4.94
Labour market	2.64	0.10
Occupational health	0.30	0.30
General wage tax	9.65	9.65
Total	31.42	28.97

In certain regions, a reduction of 10% of the base, maximum SEK 7 100 per month, is granted (SEK 18 000 per year for self-employed) (it is not included in the calculations underlying this Report). Until the 31 May 2016 employees aged under 26 have a reduced SSC rate of 25.46% (23.69% for self-employed). From the 1 June 2016 the reduced SSC rate for younger employees is abolished. For employees who are over 65 years old and born after 1937 only the retirement pension contribution (10.21%) and a special wage tax (6.15%) is applicable. For persons born in 1937 or earlier no employers' social security contributions, but a special wage tax (6.15%) is applied. On premiums for occupational pensions paid by the employer a special wage tax (24.26%) is applied.

For self-employed a general reduction of 7.5% on the SSC is applicable if the income exceeds SEK 40 000 per year. The maximal reduction is SEK 15 000 per year.

3. Universal cash transfers

3.1. *Transfers related to marital status*

None.

3.2. *Transfers for dependent children*

The transfers are tax exempt and independent of the parents' income. The transfers for each child are as follows:

First child	12 600
Second child	14 400
Third child	18 048
Fourth child	24 720
Fifth and subsequent child	27 600

4. Main changes in tax/benefit systems since 1998

A tax credit of SEK 1 320 was introduced for low- and average income earners in 1999. The credit is reduced by 1.2% of taxable income above SEK 135 000. This reduction was abolished in 2003 and was replaced by an increase in the basic allowance.

A tax credit of 25% of the social security contribution paid by employees and the self-employed was introduced in 2000. The tax credit has been gradually increased to 100% in 2006.

In 2004, a special tax credit equal to SEK 200 was provided for the statutory minimum local income tax. The special tax credit was abolished in 2005 as was the statutory minimum state income tax (a lump sum tax) of SEK 200. The central government income tax bracket is indexed with the consumer price index plus 2%. However, in 2004, 2005 and 2006 the central government income tax bracket was restricted to be indexed with the consumer price index plus 1%. In order to reduce the number of people paying the central income tax, there was an additional increase of the tax bracket in 2009. In 2016 the central government income tax bracket was restricted to be at the same level as 2015.

The child allowance was raised by SEK 1 200 per year in 2000, 2001, 2006 and in 2010 the child allowance for multiple children was raised by SEK 50 for the second child, SEK 100 for the third, SEK 150 for fourth and SEK 200 for the fifth and subsequent children.

Maximum fee for childcare was introduced in 2002.

The basic allowance has been increased in 2001, 2002, 2003, 2005 and 2006. For older people the basic allowance was increased in 2009, 2010, 2011, 2013, 2014 and 2016.

Regarding the unemployment benefit the higher benefit level of SEK 730 for the first 100 days was removed in 2007 and the maximum unemployment benefit was set to SEK 680 during the entire benefit period of 300 days (or 450 days for persons with children under the age of 18). In September 2015, the maximum unemployment benefit was raised to SEK 910 per day in day 1-100 and to SEK 760 per day in day 101-300 (or day 101-450). The compensation in the sick leave was raised from 75 to 80% in 1998. In 2003 the compensation was lowered to 77.6% and, at the same time, the number of days for which the employer is responsible was increased from 14 to 21 days. In 2005 the compensation in the sick leave and the number of days for which the employer is responsible were set to their before-2003 level.

The lowest level of compensation in the parental leave was raised on 1 July 2006 from SEK 60 to SEK 180 per day. The level was raised to SEK 225 in 2013 and once again to SEK 250 in 2016. In 2006 also the maximum income compensated for in the parental leave was raised from 7.5*Basic Amount to 10* Basic Amount.

An earned income tax credit was introduced in 2007 with the purpose of making work economically more rewarding relative to unemployment or inactivity. The earned income tax credit was increased in 2008, 2009, 2010 and 2014. In 2016 a phase-out of the EITC was introduced for persons with incomes above around SEK 600 000.

In 2007, the social security contributions for 18-24-year-old employees and self-employed were reduced. In 2009 the reduction were increased and expanded to include all aged under 26. From 1st August 2015 the reduction was reduced by half and the 1st of June 2016 the reduction was abolished. A special wage tax for persons older than 65 was abolished in 2007 for persons born after 1937 and in 2008 for persons born in 1937 or earlier. In 2016 the special wage tax for older persons was reintroduced at a rate of 6.15%.

A general reduction on the SSC for self-employed was introduced in 2010 and increased in 2014.

The deduction for premiums paid to private pension arrangements was lowered in 2015 from SEK 12 000 to SEK 1 800 and abolished in 2016.

5. Memorandum items

5.1. *Identification of an AW and calculation of earnings*

Basic data for gross earnings are taken from the series *Official Statistics of Sweden*, published by Statistics Sweden. The calculation is based upon total average monthly or hourly earnings, primarily in September of the calendar year. To arrive at the annual earnings, data have been multiplied by the normal amount of hours worked during the year or the stipulated monthly salary has been multiplied by a factor of 12.2. The figures are representative for the country as a whole. The branch classification is NACE Rev.2 B-N according to the OECD recommendation.

5.2. *Employer contributions to private health, pension, etc. schemes*

There are a handful of widespread private social security schemes. The employers' contributions to these systems for the blue-collar workers in the private sector equalled to 6.3% of wage earnings in 2007. For white-collar workers in the private sector the employers' contributions to private social security schemes was 14% in 2007. These figures are based on the statistics of labour costs in the private sector, published by Statistics Sweden.

2016 parameter values

Average earnings/yr	Ave_earn	423 065	Secretariat estimate
Central income tax			
	tax_rate	0.2	
	tax_rate2	0.05	
	tax_thrsh	430 200	
	tax_thrsh2	625 800	
Basic Allowance			
	gr1	0.99	
	gr2	2.72	
	gr3	3.11	
	gr4	7.88	
	gp1	0.423	
	gp2	0.2	
	gp3	0.1	
	gp4	0.293	
	gp5	0.77	
Local income tax			
	local_rate	0.3210	
	min_taxl	0	
Soc. security amount			
	basic_amt	44 300	
	basic_ant	59 300	
Soc. security contributions			
employee	SSC_rate	0.07	
employer	SSC_empr	0.3142	
ceiling	SSCC	8.07	
Child benefit			
	Child 1	12 600	
	Child 2	14 400	
	CB	13 500	
Tax credits			
	TC1	0	
	TC1gr1	0	
	TC1gp1	0	
	TC2gp1	1	
EITC	er_1	0.91	
	er_2	2.94	
	er_3	8.08	
	er_4	13.54	
	ep_1	1.584	
	ep_2	0.332	
	ep_3	0.111	
	ep_4	2.155	
	ep_5	0.03	
Employer payroll tax	PRT	0.0965	

2016 tax equations

The equations for the Swedish system are mostly repeated for each individual of a married couple. But the cash transfer is calculated only once. This is shown by the Range indicator in the table below.

The functions which are used in the equations (Taper, MIN, Tax etc) are described in the technical note about tax equations. Variable names are defined in the table of parameters above, within the equations table, or are the standard variables "married" and "children". A reference to a variable with the affix "_total" indicates the sum of the relevant variable values for the principal and spouse. And the affixes "_princ" and "_spouse" indicate the value for the principal and spouse, respectively. Equations for a single person are as shown for the principal, with "_spouse" values taken as 0.

1.	Earnings	earn		
		truncearn	B	TRUNC(earn, -2)
2.	Allowances:	basic_al	B	IF(truncearn<=gr_2*basic_amt, MINA(ROUNDUP(MAXA(gp_1*basic_amt, (gp_1+ gp_2*(gr_2-gr_1))*basic_amt-gp_2*MAXA(gr_2*basic_amt-truncearn, 0)), -2), truncearn), MINA(ROUNDUP(MAXA(gp_4*basic_amt, gp_5*basic_amt-gp_2* MAXA(gr_2*basic_amt-truncearn, 0)-gp_3*MAXA(truncearn-gr_3*basic_amt, 0)), -2), truncearn))
		ssc_al	B	0
	Total	tax_al	B	basic_al
3.	Credits in taxable income	taxbl_cr	B	0
4.	CG taxable income	tax_inc	B	Positive(earn-basic_al)
5.	CG tax before credits	CG_tax_excl	B	tax_rate*Positive(tax_inc-tax_thrsh)+ tax_rate2* Positive(tax_inc-tax_thrsh2)
6.	Tax credits :	ssc_credit	B	Trunc(SSC, -2)
		localtax_credit	B	0
		eitc	B	=TRUNC(MAX((((TRUNC(IF(earned_income>er_2*basic_amt; IF(earned_income> er_3*basic_amt;ep_4*basic_amt;ep_1*basic_amt+ep_3*(earned_income-er_ 2*basic_amt));MIN(earned_income;er_1*basic_amt+ep_2*(earned_income-er_ 1*basic_amt)));0))-basic_allowance)*local_rate)-(IF(earned_income>er_4*basic_ amt;ep_5*(earned_income-er_4*basic_amt);0));0);0)
		Final_eitc	B	MIN(eitc, CG_tax_excl+ local_tax- ssc_credit)
		tax_cr	B	ssc_credit+localtax_credit+final_eitc
7.	CG tax	CG_tax	B	CG_tax_excl-tax_cr
8.	State and local taxes	local_tax	B	IF(tax_inc>0, TRUNC(local_rate*tax_inc, 0)+min_taxl, 0)
9.	Employees' soc security	SSC	B	(truncearn>=gp_1*basic_amt)*MINA(ROUNDSSC(truncearn*SSC_rate), ROUNDSSC(SSCC*basic_ant*SSC_rate))
11.	Cash transfers	cash_trans	J	Children*CB
13.	Employer's contributions		B	
	Employer's SSC	SSC_empr	B	TRUNC(earn*SSC_empr)-Payroll_empr
	Employer's payroll tax	Payroll_empr	B	TRUNC(earn*PRT)
	Total	Cont_empr	B	SSC_empr+Payroll_empr

Key to range of equation B calculated separately for both principal earner and spouse P calculated for principal only (value taken as 0 for spouse calculation) J calculated once only on a joint basis.

Les impôts sur les salaires 2017

Switzerland

This chapter includes data on the income taxes paid by workers, their social security contributions, the family benefits they receive in the form of cash transfers as well as the social security contributions and payroll taxes paid by their employers. Results reported include the marginal and average tax burden for eight different family types.

Methodological information is available for Personal income tax systems, Compulsory social security contributions to schemes operated within the government sector, Universal cash transfers as well as recent changes in the tax/benefit system. The methodology also includes the parameter values and tax equations underlying the data.

Switzerland 2016

The tax/benefit position of single persons

		Wage level (per cent of average wage)	67	100	167	67
		Number of children	none	none	none	2
1.	**Gross wage earnings**		57 309	85 536	142 845	57 309
2.	**Standard tax allowances**					
	Basic allowance					
	Married or head of family		0	0	0	0
	Dependent children		0	0	0	13 000
	Deduction for social security contributions and income taxes		6 090	10 029	18 027	6 090
	Work-related expenses		2 000	2 406	4 000	2 000
	Other		1 700	1 700	1 700	3 100
		Total	9 790	14 136	23 727	24 190
3.	**Tax credits or cash transfers included in taxable income**		0	0	0	6 000
4.	**Central government taxable income (1 - 2 + 3)**		47 500	71 400	119 100	39 100
5.	**Central government income tax liability (exclusive of tax credits)**		379	1 063	4 476	108
6.	**Tax credits**					
	Basic credit					
	Married or head of family					
	Children		0	0	0	502
	Other					
		Total	0	0	0	502
7.	**Central government income tax finally paid (5-6)**		379	1 063	4 476	0
8.	**State and local taxes**		4 073	8 053	17 678	1 209
9.	**Employees' compulsory social security contributions**					
	Gross earnings		3 567	5 325	8 892	3 567
	Taxable income					
		Total	3 567	5 325	8 892	3 567
10.	**Total payments to general government (7 + 8 + 9)**		8 020	14 441	31 045	4 776
11.	**Cash transfers from general government**					
	For head of family					
	For two children		0	0	0	6 000
		Total	0	0	0	6 000
12.	**Take-home pay (1-10+11)**		49 289	71 095	111 800	58 533
13.	**Employer's compulsory social security contributions**		3 567	5 325	8 892	3 567
14.	**Average rates**					
	Income tax		7.8%	10.7%	15.5%	2.1%
	Employees' social security contributions		6.2%	6.2%	6.2%	6.2%
	Total payments less cash transfers		14.0%	16.9%	21.7%	-2.1%
	Total tax wedge including employer's social security contributions		19.0%	21.8%	26.3%	3.9%
15.	**Marginal rates**					
	Total payments less cash transfers: Principal earner		21.7%	23.3%	32.6%	13.8%
	Total payments less cash transfers: Spouse		n.a.	n.a.	n.a.	n.a.
	Total tax wedge: Principal earner		26.3%	27.8%	36.6%	18.8%
	Total tax wedge: Spouse		n.a.	n.a.	n.a.	n.a.

Switzerland 2016

The tax/benefit position of married couples

			Wage level (per cent of average wage)	100-0	100-33	100-67	100-33
			Number of children	2	2	2	none
1.	**Gross wage earnings**			85 536	113 763	142 845	113 763
2.	**Standard tax allowances**						
		Basic allowance					
		Married or head of family		2 600	14 835	16 000	14 835
		Dependent children		13 000	13 000	13 000	0
		Deduction for social security contributions and income taxes		10 029	14 061	18 119	14 061
		Work-related expenses		2 406	2 406	2 406	2 406
		Other		4 900	4 900	4 900	3 500
			Total	32 936	49 202	54 426	34 802
3.	**Tax credits or cash transfers included in taxable income**			6 000	6 000	6 000	0
4.	**Central government taxable income (1 - 2 + 3)**			58 600	70 500	94 400	78 900
5.	**Central government income tax liability (exclusive of tax credits)**			382	739	1 688	1 027
6.	**Tax credits**						
		Basic credit					
		Married or head of family					
		Children		502	502	502	0
		Other					
			Total	502	502	502	0
7.	**Central government income tax finally paid (5-6)**			0	237	1 186	1 027
8.	**State and local taxes**			3 591	6 206	10 153	8 444
9.	**Employees' compulsory social security contributions**						
		Gross earnings		5 325	7 082	8 892	7 082
		Taxable income					
			Total	5 325	7 082	8 892	7 082
10.	**Total payments to general government (7 + 8 + 9)**			8 916	13 525	20 231	16 553
11.	**Cash transfers from general government**						
		For head of family					
		For two children		6 000	6 000	6 000	0
			Total	6 000	6 000	6 000	0
12.	**Take-home pay (1-10+11)**			82 620	106 238	128 614	97 210
13.	**Employer's compulsory social security contributions**			5 325	7 082	8 892	7 082
14.	**Average rates**						
	Income tax			4.2%	5.7%	7.9%	8.3%
	Employees' social security contributions			6.2%	6.2%	6.2%	6.2%
	Total payments less cash transfers			3.4%	6.6%	10.0%	14.6%
	Total tax wedge including employer's social security contributions			9.1%	12.1%	15.2%	19.6%
15.	**Marginal rates**						
	Total payments less cash transfers: Principal earner			17.2%	21.5%	25.0%	22.3%
	Total payments less cash transfers: Spouse			16.4%	20.6%	25.6%	21.0%
	Total tax wedge: Principal earner			22.0%	26.1%	29.4%	26.9%
	Total tax wedge: Spouse			21.3%	25.2%	30.0%	25.6%

The national currency is the Swiss franc (CHF). In 2016, CHF 0.99 equalled USD 1. The Secretariat has estimated that in that same year the average worker earned CHF 85 536 (Secretariat estimate).

Cantonal and communal income taxes are very substantial in relation to direct federal tax. Here, the canton and commune of Zurich have been selected as an example of the tax system of the 26 cantons. Local income tax is not deductible when calculating federal income tax.

1. Personal income tax systems

1.1. *Income tax collected by the federal government (Confederation)*

1.1.1. *Tax unit*

The income of spouses living together is taxed jointly, regardless of the property regime under which they were married. Income of children living under parental authority is added to the income of their custodian. Children's labour income is taxed separately and in some cases, as in Zurich, is exempt from tax.

1.1.2. *Tax reliefs and tax credits*

1.1.2.1. Standard reliefs for "postnumerando" taxation [i.e. annual taxation on the basis of actual earned income, assessed at the end of the year].

- Basic deduction

  There is a basic deduction of CHF 2 600 for married couples for direct federal tax.

- Deduction for children

  A CHF 6 500 deduction is allowed for each child under 18 years of age; the deduction is allowed for older children if they are apprentices or still in school.

- Tax credit for children

  A CHF 251 deduction from the tax liability is allowed for each child under 18 years, the deduction is allowed for older children if they are apprentices or still in school.

- Deductions for social insurance contributions and other taxes

  Premiums for old age and disability insurance (5.125% of gross earned income) and for unemployment insurance (1.1% for income up to CHF 148 200, 0.5% for income over CHF 148 200) are deductible in full. Compulsory contributions of approximately 7.73% to private pension funds are also fully deductible. Health and life insurance premiums are deductible from federal income tax up to CHF 3 500 for married persons and CHF 1 700 for taxpayers who are widow(er)s, divorced or single (such premiums are not considered social contributions). These amounts are increased by CHF 700 for each dependent child.

- Work-related expenses

  Taxpayers are allowed a deduction corresponding to 3% of net income (i.e. gross income less contributions for old age and disability insurance, unemployment insurance and work-related provident funds). This deduction may be no less than CHF 2 000 and no more than CHF 4 000.

- Deduction for two-income couples

  50% of the smaller income can be deducted, but no less than CHF 8 100 and no more than CHF 13 400.

1.1.2.2. Main non-standard reliefs available to the average worker

- Interest payments on qualifying loans

  This is the main non-standard relief available to the average worker. It is allowed for all sorts of loans.

- Medical expenses

  Expenses incurred as a result of illness, accidents or disability of the taxpayer or one of its dependants are deductible if the taxpayer bears the expenses personally and they exceed 5% of his or her net income.

1.1.3. *Tax base*

Allowable deductions from gross income	Single taxpayer (CHF)	Married taxpayer, 2 children (CHF)
Work-related expenses[1]	2 000-4 000	2 000-4 000
Personal deduction	-	2 600
Deduction for 2 dependent children	-	13 000 (6 500*2)
Social contributions		
Old age insurance	5.125%	5.125%
Unemployment insurance	1.1%[2]	1.1%[2]
Pension fund	7.73%	7.73%
Maximum deductions for health insurance premiums and loan interest[3]	1 700 plus 700 per child	3 500 plus 700 per child
Deduction for two-income couples[4]		8 100 – 13 400

1. 3% of net income, minimum CHF 2 000, maximum CHF 4 000.
2. 1.1% of income up to CHF 148 200; 0.5% of income beyond CHF 148 200.
3. For the purposes of this publication, taxpayers are assumed to always receive the relevant maximum deduction.
4. 50% of smaller income, minimum the lower of CHF 8 100 or adjusted smaller income, maximum CHF 13 400.

In addition, for the married taxpayer with 2 children, there is a tax credit for 2 dependent children amounting to CHF 502, thus reducing the tax liability by CHF 502.

1.1.4. Tax schedules

1.1.4.1. Rates for persons living alone

Taxable income (CHF)[1]	Base amount (CHF)	Plus % of excess (CHF)	
Up to 14 500	–	–	–
14 500 to 31 600		0.77	14 500
31 600 to 41 400	131.65	0.88	31 600
41 400 to 55 200	217.90	2.64	41 400
55 200 to 72 500	582.20	2.97	55 200
72 500 to 78 100	1 096.00	5.94	72 500
778 100 to 103 600	1 428.60	6.60	78 100
103 600 to 134 600	3 111.60	8.80	103 600
134 600 to 176 000	5 839.60	11.00	134 600
176 000 to 755 200	10 393.60	13.20	176 000
Over 755 200[2]	-	11.5 of total income	

1. Fractions of less than CHF 100 are disregarded.
2. The calculation model disregards this part of the schedule.

1.1.4.2. Rates for spouses living together and for widowed, separated, divorced taxpayers or unmarried taxpayers living with their own children.

Taxable income (CHF)[1]	Base amount (CHF)	Plus % of the excess (CHF)	
Up to 28 300	–	–	–
28 300 to 50 900		1	28 300
50 900 to 58 400	223	2	50 900
58 400 to 75 300	373	3	58 400
75 300 to 90 300	877	4	75 300
90 300 to 103 400	1 477	5	90 300
103 400 to 114 700	2 127	6	103 400
114 700 to 124 200	2 799	7	114 700
124 200 to 131 700	3 457	8	124 200
131 700 to 137 300	4 057	9	131 700
137 300 to 141 200	4 552	10	137 300
141 200 to 143 100	4 942	11	141 200
143 100 to 145 000	5 151	12	143 100
145 000 to 895 800	5 379	13	145 000
For 895 900	103 028.50		
Over 895 900[2]	–	11.5 of total income	

1. Fractions of less than CHF 100 are disregarded.
2. The calculation model disregards this part of the schedule.

1.2. Taxes levied by decentralised authorities (Canton and commune of Zurich)

1.2.1. General description of the system

The system of cantonal and communal taxation has the same features as that of direct federal tax.

The tax base is comprised of income from all sources.

Once the basic amount of tax is set, cantons, communes and churches levy their taxes by applying a multiple, which may change from year to year. In 2012, for example, the canton applied a multiple of 1.0, the commune of Zurich 1.19 and the reformed church 0.10. The basic amount of tax is therefore multiplied by a total of 2.29. However, following the decision no longer to include church tax in *Revenue Statistics*, it is no longer included in the calculations for *Taxing Wages*. The basic amount of tax is therefore multiplied by a total of 2.19.

1.2.2. *Tax base*

Allowable deductions from gross income	Single taxpayer (CHF)	Married taxpayer, 2 children (CHF)
Work-related expenses[1]	2 000-4 000	2 000-4 000
Personal deduction	-	-
Deduction for 2 dependent children	-	18 000 (9 000*2)
Social contributions		
Old age insurance	5.125%	5.125%
Unemployment insurance	1.1%[2]	1.1%[2]
Pension fund	7.73%	7.73%
Maximum deductions for health insurance premiums and loan interest[3]	2 600 plus 1 300 per child	5 200 plus 1 300 per child
Deduction for two-income couples		5 900

1. 3% of net income, minimum CHF 2 000 CHF, maximum CHF 4 000.
2. 1.1% of income up to CHF 148 200; 0.5% of income beyond CHF 148 200 .
3. For the purposes of this publication, taxpayers are assumed to always receive the relevant maximum deduction.

1.2.3. *Postnumerando tax rates*

Cantonal income tax (Zurich)

a) Basic income tax rates for married, divorced, widowed or single taxpayers living with children:

Taxable income (CHF)[1]	Base amount (CHF)	Plus % of the excess (CHF)	
Up to 13 500	–	0	–
13 500 to 19 600	–	2	13 500
19 160 to 27 300	122	3	19 600
27 300 to 36 700	353	4	27 300
36 700 to 47 400	729	5	36 700
47 400 to 61 300	1 264	6	47 400
61 300 to 92 100	2 098	7	61 300
92 100 to 122 900	4 254	8	92 100
122 900 to 169 300	6 718	9	122 900
169 300 to 224 700	10 984	10	169 300
224 700 to 284 800	16 434	11	224 700
284 800 to 354 100	23 045	12	284 800
Over 354 100	31 361	13	354 100

b) Basic income tax rates for other taxpayers (single without children).

Taxable income (CHF)1	Base amount (CHF)	Plus % of the excess (CHF)	
Up to 6 700	–	0	–
6 700 to 11 400	–	2	6 700
11 400 to 16 100	94	3	11 400
16 100 to 23 700	235	4	16 100
23 700 to 33 000	539	5	23 700
33 000 to 43 700	1 004	6	33 000
43 700 to 56 100	1 646	7	43 700
56 100 to 73 000	2 514	8	56 100
73 000 to 105 500	3 866	9	73 000
105 500 to 137 700	6 791	10	105 500
137 700 to 188 700	10 011	11	137 700
188 700 to 254 900	15 621	12	188 700
Over 254 900	23 565	13	254 900

1. Fractions below CHF 100 are disregarded.

c) Annual multiple as a percentage of basic tax rates:

Canton of Zurich	100
Commune of Zurich	119
Roman Catholic church tax	10 (for info.)
Reformed Church tax	10 (for info.)

A personal tax of CHF 24 is added.

1.2.4. *Tax rates used for this study*

This study uses the rates of tax levied by the federal, cantonal and communal tax authorities.

2. Compulsory social security contributions to schemes operated within the government sector

2.1. Employee contributions

2.1.1. *Retirement pensions*

5.125% of gross income for old age insurance.

2.1.2. *Health insurance*

–

2.1.3. *Unemployment*

1.1% on the portion of income up to CHF 148 200; 0.5% for income over CHF 148 200.

2.1.4. *Work-related accidents*

–

2.1.5. *Family allowances*

–

2.1.6. *Other*

–

2.2. *Employer contributions*

2.2.1. *Retirement pensions*

5.125% of gross income for old age insurance.

2.2.2. *Health insurance*

–

2.2.3. *Unemployment*

1.1% on the portion of income up to CHF 148 200; 0.5% for income over CHF 148 200.

2.2.4. *Work-related accidents*

–

2.2.5. *Family allowances*

The employer pays a benefit for dependent children of an employee. The effective benefits paid depend on the Canton of residence and the respective employer. As of 1 January 2009, a new Swiss-wide minimum amount of CHF 2 400 (for children up to 16 years of age and CHF 3 000 for children in education between 16 and 25 years of age) has been established. In most cases, the benefit paid exceeds this minimum. The average family benefit is estimated to amount to CHF 3 000 per child per year.

This benefit is taxable along with other components of income.

The family allowance contributions are not included in the Taxing Wages results either as they are paid to a privately-managed fund. These contributions therefore qualify as non-tax compulsory payments (see also section 5.3).

2.2.6. *Other*

–

3. Universal cash benefits

3.1. *Benefits linked to marital status*

No such benefits are paid.

3.2. *Benefits for dependent children*

The employer pays a benefit of, on average, approximately CHF 3 000 per year for each dependent child of an employee. This benefit is taxable along with other components of income. See 2.25.

4. Main changes in the tax/benefit system since 1998

On 1 January 1999, the canton of Zurich switched from biennial praenumerando taxation to annual postnumerando taxation on individual income. As a result, the direct federal tax is based on annual postnumerando taxation as well.

As of 1 January 2008, the basic deduction for married couples and the deduction for two-income couples were introduced. These measures are intended to minimise the marriage penalty and to reduce the high taxation of secondary earners, thereby increasing labour force participation of skilled secondary earners.

As of 1 January 2012, the tax credit for children reduces the tax liability by CHF 251 per child.

5. Memorandum item

5.1. *Identification of the average worker*

The population includes men and women working in industry, arts and crafts. The stated income is for the average of workers in the same sector. The geographical scope is the entire country, whereas the amount of tax is computed in respect of the canton and commune of Zurich.

5.2. *Method of calculation used*

- Unemployment benefits: not included;
- Sick leave payments: not included;
- Paid leave allowances: included;
- Overtime: included;
- Periodic cash bonuses: included;
- Fringe benefits: not included;
- Basic method used for calculation: monthly wages are multiplied by 12;
- Close of the income tax year: 31 December;
- Reference period for computing wages: from 1 January to 31 December of the year in question.

5.3. *Calculation of non-tax compulsory payments*

Switzerland imposes some important non-tax compulsory payments (NTCPs). These NTPCs are not included in the Taxing Wages models except when they qualify as standard personal income tax reliefs. Compulsory payments indicators, which combine the effect of taxes and NTCPs, are calculated by the OECD Secretariat and presented in the OECD Tax Database (See: *www.oecd.org/ctp/taxdatabase*). Switzerland levies the following employee and/ or employer NTCPs:

- Contributions to the second pillar of the pension system (occupational pension funds): Occupational pension funds are mandatory for salaried persons earning at least CHF 21 150 annually. Old age insurance is based on individual savings. The savings assets accumulated by the insured person on his individual savings account over the years serve to finance the old age pension. The constituted capital is converted into an annual old age pension on the basis of a conversion factor. Contribution rates depend on the occupation and the pension fund. An estimated representative rate amounts to 7.73% for employees and 10.43% for employers in 2016.
- Health insurance is compulsory for all persons domiciled in Switzerland. Every family member is insured individually, regardless of age. Health insurance contributions are lump sum contributions per capita depending on age, sex, canton of residence and insurer.

The national average rates for 2016 amount to CHF 5 138 for adults and CHF 1 184 for children per year. Health insurance premiums can be reduced depending on the contributor's income level and his family situation. Each canton has its own definition of the income thresholds and the reduction regime. The health insurance premium and reduction rates of the Canton of Zurich are used in the calculations.

- Family allowance: Employers have to make family allowance contributions. The contribution rates differ among cantons and family contribution funds. A representative rate has to be estimated, for 2016 it amounts to 1.1%.
- Accident insurance: Accident insurance is compulsory for every employee. Employees are automatically insured by their employer, whereas the employers are more or less automatically assigned to a particular insurance company depending on their branch of trade. The risk and associated costs of the respective business activity determines the insurance premiums. A representative rate would have to be estimated.

2016 parameter values

Average earnings/yr	Ave_earn	85 536	Secretariat estimate
Tax allowances	fed_child_al	6 500	
Tax credit	fed_child_cred	251	
Partner Allowance	partner_rate_fed	0.5	
	partner_min_fed	8 100	
	partner_max_fed	13 400	
Basic deduction for married couples	Married_ded_fed	2 600	
Partner income local	partner_local	5 900	
Single parent	sing_par_al	0	
Workrelated	work_exp	0.03	
	work_exp_min	2 000	
	work_exp_max	4 000	
Allowances for local tax	local_basic	0	
	local_child	9 000	
Federal tax	IFD_min_s	-	
Single	IFD_sch_s	0	14 500
		0.0077	31 600
		0.0088	41 400
		0.0264	55 200
		0.0297	72 500
		0.0594	78 100
		0.066	103 600
		0.088	134 600
		0.11	176 000
		0.132	752 200
		0.115	
Married	IFD_min_m	-	
	IFD_sch_m	0	28 300
		0.01	50 900
		0.02	58 400
		0.03	75 300
		0.04	90 300
		0.05	103 400
		0.06	114 700
		0.07	124 200
		0.08	131 700
		0.09	137 300
		0.1	141 200

2016 parameter values

		0.11	143 100
		0.12	145 000
		0.13	895 900
		0.115	
Cantonal tax	Zurich_min	24	
Single	Zurich_sch_s	0	6 700
		0.02	11 400
		0.03	16 100
		0.04	23 700
		0.05	33 000
		0.06	43 700
		0.07	56 100
		0.08	73 000
		0.09	105 500
		0.1	137 700
		0.11	188 700
		0.12	254 900
		0.13	
Married	Zurich_sch_m	0	13 500
		0.02	19 600
		0.03	27 300
		0.04	36 700
		0.05	47 400
		0.06	61 300
		0.07	92 100
		0.08	122 900
		0.09	169 300
		0.1	224 700
		0.11	284 800
		0.12	354 100
		0.13	
Canton and Commune Tax Mutiple	statetax_mult	2.19	
Social security contributions	old_age	0.05125	
Pension	pension_rate	0	
Pillar 2 pension	NTCP_old_age_max	28 200	
	NTCP_pension_ee	0.0773	
Unemployment	unemp_rate	0.011	
	unemp_rate2	0.005	
income ceiling	unemp_ciel	148 200	
Cantonal deductible limit	local_dedn	2 600	
deductible extra for child	local_dedn_c	1 300	
Max other insurance deduction			
single	max_dedn_s	1 700	
married couples	max_dedn_m	3 500	
child	max_dedn_c	700	
Child cash transfer	child_ben	3 000	

2016 tax equations

The equations for the Swiss system in 2016 are mostly calculated on a family basis.

Variable names are defined in the table of parameters above, within the equations table, or are the standard variables "married" and "children". A reference to a variable with the affix "_total" indicates the sum of the relevant variable values for the principal and spouse. And the affixes "_princ" and "_spouse" indicate the value for the principal and spouse, respectively. Equations for a single person are as shown for the principal, with "_spouse" values taken as 0.

	Line in country table and intermediate steps	Variable name	Range	Equation
1.	Earnings	earn		
2.	Allowances:	partner_al	J	IF(earn_spouse-work_al_spouse-SSC_spouse>partner_min_fed,(Married*MAX (partner_min_fed,MIN(partner_max_fed,partner_rate_fed*(earn_spouse-work_al_spouse-SSC_spouse)))),earn_spouse-work_al_spouse-SSC_spouse)+Married*Married_ded_fed
	Children	children_al	J	Children*fed_child_al+ (Children>0)*(Married=0)*sing_par_al
	Soc sec contributions	SSC_al	B	SSC + NTCP_pension_ee*IF(earn_princ>0.75*NTCP_old_age_max,MAX(0.125*NTCP_old_age_max,earn_princ-0.875*NTCP_old_age_max),0)+NTCP_pension_ee*IF(earn_spouse>0.75*NTCP_old_age_max,MAX(0.125*NTCP_old_age_max,earn_spouse-0.875*NTCP_old_age_max),0)
	Work related	work_al	B	IF(earn-SSC>work_exp_min,MAX(work_exp_min,MIN(work_exp_max,work_exp*(earn-SSC))),earn-SSC)
	Other	oth_al	J	IF(Married,IF(Children>0,max_dedn_m+Children*fed_dedn_c,max_dedn_m), IF(Children>0,max_dedn_s+Children*fed_dedn_c,max_dedn_s))
	Total	tax_al	J	partner_al+children_al+SSC_al+work_al+oth_al
3.	Credits in taxable income	taxbl_cr	J	Cash_tran
4.	CG taxable income	tax_inc	J	positive(earn_total-tax_al+taxbl_cr)
5.	CG tax before credits	CG_tax_excl	J	IF(Married+Children=0, Tax(tax_inc, IFD_sch_s)+IFD_min_s*(Tax(tax_inc, IFD_sch_s)>0), Tax(tax_inc, IFD_sch_m)+IFD_min_m*(Tax(tax_inc, IFD_sch_m)>0))
6.	Tax credits :	Children_cred	J	Child_cred*Children
7.	CG tax	CG_tax	J	Positive(CG_tax_excl- Children_cred)
8.	State and local taxes	local_tax_inc	J	MAX(earn_total+taxbl_cr-local_basic*(1+Married)-Children*local_child-work_al_total-SSC_total-(local_dedn*(1+Married)+Children*local_dedn_c)-(earn_spouse>0)*partner_local,0)
		local_tax		IF((Married+Children)>0, Tax(local_tax_inc, Zurich_sch_m)*statetax_mult+(1+Married)*Zurich_min*(Tax(local_tax_inc, Zurich_sch_m)>0), Tax(local_tax_inc, Zurich_sch_s)*statetax_mult+(Tax(local_tax_inc, Zurich_sch_s)>0)*Zurich_min)
9.	Employees' soc security	SSC	B	(old_age)*earn+IF(earn<=unemp_ciel,earn*unemp_rate,unemp_ciel*unemp_rate+(earn-unemp_ciel)*unemp_rate2)
11.	Cash transfers	Cash_tran	J	Children*child_ben
13.	Employer's soc security	SSC_empr	B	SSC

Key to range of equation B calculated separately for both principal earner and spouse P calculated for principal only (value taken as 0 for spouse calculation) J calculated once only on a joint basis.

Les impôts sur les salaires 2017

Turkey

This chapter includes data on the income taxes paid by workers, their social security contributions, the family benefits they receive in the form of cash transfers as well as the social security contributions and payroll taxes paid by their employers. Results reported include the marginal and average tax burden for eight different family types.

Methodological information is available for Personal income tax systems, Compulsory social security contributions to schemes operated within the government sector, Universal cash transfers as well as recent changes in the tax/benefit system. The methodology also includes the parameter values and tax equations underlying the data.

Turkey 2016

The tax/benefit position of single persons

	Wage level (per cent of average wage)	67	100	167	67
	Number of children	none	none	none	2
1.	**Gross wage earnings**	24 660	36 806	61 466	24 660
2.	**Standard tax allowances**				
	Basic allowance	0	0	0	0
	Married or head of family				
	Dependent children				
	Deduction for social security contributions and income taxes	3 699	5 521	9 220	3 699
	Work-related expenses				
	Other				
	Total	3 699	5 521	9 220	3 699
3.	**Tax credits or cash transfers included in taxable income**	0	0	0	0
4.	**Central government taxable income (1 - 2 + 3)**	20 961	31 285	52 246	20 961
5.	**Central government income tax liability (exclusive of tax credits)**	3 562	5 717	11 376	3 562
	Stamp tax	187	279	467	187
	Total	3 749	5 996	11 843	3 749
6.	**Tax credits**				
	Basic credit	1 482	1 482	1 482	1 927
	Married or head of family				
	Children				
	Other				
	Total	1 482	1 482	1 482	1 927
7.	**Central government income tax finally paid (5-6)**	2 267	4 514	10 361	1 822
8.	**State and local taxes**	0	0	0	0
9.	**Employees' compulsory social security contributions**				
	Gross earnings	3 699	5 521	9 220	3 699
	Taxable income				
	Total	3 699	5 521	9 220	3 699
10.	**Total payments to general government (7 + 8 + 9)**	5 966	10 035	19 581	5 521
11.	**Cash transfers from general government**				
	For head of family				
	For two children	0	0	0	0
	Total	0	0	0	0
12.	**Take-home pay (1-10+11)**	18 694	26 771	41 885	19 139
13.	**Employer's compulsory social security contributions**	4 316	6 441	10 757	4 316
14.	**Average rates**				
	Income tax	9.2%	12.3%	16.9%	7.4%
	Employees' social security contributions	15.0%	15.0%	15.0%	15.0%
	Total payments less cash transfers	24.2%	27.3%	31.9%	22.4%
	Total tax wedge including employer's social security contributions	35.5%	38.1%	42.0%	33.9%
15.	**Marginal rates**				
	Total payments less cash transfers: Principal earner	32.8%	38.7%	38.7%	32.8%
	Total payments less cash transfers: Spouse	n.a.	n.a.	n.a.	n.a.
	Total tax wedge: Principal earner	42.8%	47.8%	47.8%	42.8%
	Total tax wedge: Spouse	n.a.	n.a.	n.a.	n.a.

Turkey 2016

The tax/benefit position of married couples

			Wage level (per cent of average wage)	100-0	100-33	100-67	100-33
			Number of children	2	2	2	none
1.	**Gross wage earnings**			36 806	48 952	61 466	48 952
2.	**Standard tax allowances**						
		Basic allowance		0	0	0	0
		Married or head of family					
		Dependent children					
		Deduction for social security contributions and income taxes		5 521	7 343	9 220	7 343
		Work-related expenses					
		Other					
			Total	5 521	7 343	9 220	7 343
3.	**Tax credits or cash transfers included in taxable income**			0	0	0	0
4.	**Central government taxable income (1 - 2 + 3)**			31 285	41 609	52 246	41 609
5.	**Central government income tax liability (exclusive of tax credits)**			5 717	7 266	9 279	7 266
	Stamp tax			279	279	279	279
			Total	5 996	7 545	9 559	7 545
6.	**Tax credits**						
		Basic credit		2 223	3 409	3 409	2 965
		Married or head of family					
		Children					
		Other					
			Total	2 223	3 409	3 409	2 965
7.	**Central government income tax finally paid (5-6)**			3 773	4 228	6 336	4 673
8.	**State and local taxes**			0	0	0	0
9.	**Employees' compulsory social security contributions**						
		Gross earnings		5 521	7 343	9 220	7 343
		Taxable income					
			Total	5 521	7 343	9 220	7 343
10.	**Total payments to general government (7 + 8 + 9)**			9 294	11 571	15 556	12 015
11.	**Cash transfers from general government**						
		For head of family					
		For two children		0	0	0	0
			Total	0	0	0	0
12.	**Take-home pay (1-10+11)**			27 512	37 381	45 910	36 937
13.	**Employer's compulsory social security contributions**			6 441	8 567	10 757	8 567
14.	**Average rates**						
	Income tax			10.3%	8.6%	10.3%	9.5%
	Employees' social security contributions			15.0%	15.0%	15.0%	15.0%
	Total payments less cash transfers			25.3%	23.6%	25.3%	24.5%
	Total tax wedge including employer's social security contributions			36.4%	35.0%	36.4%	35.8%
15.	**Marginal rates**						
	Total payments less cash transfers: Principal earner			38.7%	38.7%	38.7%	38.7%
	Total payments less cash transfers: Spouse			16.3%	28.5%	32.8%	28.5%
	Total tax wedge: Principal earner			47.8%	47.8%	47.8%	47.8%
	Total tax wedge: Spouse			28.8%	39.2%	42.8%	39.2%

The national currency unit is the "Türk Lirası" (TL). In 2016, TL 3.02 was equal to USD 1. In that year, the average worker earned TL 36 806 (Country estimate).

1. Personal income tax systems

1.1. *Central government income tax*

1.1.1. *Tax unit*

Spouses are taxed separately on earned income. This rule has been applied since 1 January 1999.

1.1.2. *Tax allowances and tax credits*

1.1.2.1. Standard reliefs:

- *Reliefs for social security contributions:* Employee's social security contributions are deductible from gross earnings. These contributions are 15% of gross income as stated by the Social Insurance Act. The contribution to the unemployment fund is included in this amount and equals 1% of gross income.
- Contributions to public pension funds established by law are deductible.
- *Work-related expenses*: None.
- *Minimum Living Relief*: The calculation of the minimum living allowance is based on the annual gross amount of the minimum wage for employees older than 16 at the beginning of the calendar year in which the income is obtained multiplied by the following rates:
  - 50% for the taxpayer him or herself;
  - 10% for the spouse who neither works nor has an income;
  - 7.5% for each of the first two children;
  - 10% for third child;
  - 5% for each additional child.

This total amount is then multiplied by the rate (15%) which is applied to the first income bracket of PIT Schedule stated in Article 103 of PIT Law, and then minimum living relief is calculated by offsetting 1/12 of the allowance amount against monthly calculated tax due on employment income. Any excess is non-refundable.

1.1.2.2. Main non-standard tax reliefs applicable to an AW

- *Reliefs for disabled*: Article 31 of PIT Law (implemented in 01.01.2004 by the law 4842) regulates tax relief for disabled persons. The employee who lost his/her working capacity with at least 80% is considered to be disabled in the 1st degree; employees are disabled in the 2nd respectively 3rd degree if they lost their working capacity with at least 60% respectively 40%. In these cases, the following amounts are deductible from monthly wages:

- Disabled in the 1st degree: TL 900
- Disabled in the 2nd degree: TL 460
- Disabled in the 3rd degree: TL 210

- Legal deductions for public institutions such as OYAK (Social Aid Institution for Military Officers).
- 50% of the premiums paid by the wage-earner for life insurance policies which belong to himself (or herself), the spouse and dependent children and all of the premiums paid by the wage-earner for personal insurance policies including death, accident, health, illness, disablement, unemployment, maturity, birth, education, etc. provided that the insurance is contracted with a company establishment in or with a main office in Turkey. (The total amount of deductible premiums cannot exceed 15% of the wage that is earned in the current month. The annual amount cannot exceed the annual minimum wage.
- Membership payments made to labour unions.

1.1.3. *Tax schedule*

The tax schedule in 2016 is as follows:

Taxable income (TL)	Tax on lower threshold (TL)	Tax on excess amount above lower threshold (%)
Up to 12 600		15
12 600 up to 30 000	1 890	20
30 000 up to 110 000	5 370	27
Over 110 0000	26 970	35

1.2. *State and local income taxes*

Income tax is levied only by the central government.

1.3. *Stamp tax*

The stamp tax base is gross earnings. The tax rate is 0.759% in 2016.

2. Compulsory social security contributions to schemes operated within the government sector

2.1. *Employees' contributions*

2.11. *Pensions (disability, old age and death insurance): 9%*

2.12. *Sickness: 5%*

2.13. *Unemployment: 1%*

2.2. *Employers' contributions*

2.21. *Pensions (disability, old age and death insurance): 11%*

2.22. *Sickness: 7.5%*

2.23. *Unemployment: 2%*

2.24. *Pensions (for short term insurance branches): 2%*

In order to increase employment and reduce regional imbalances in Turkey; various incentives policies have been implemented by state, by laws 4447, 4857, 5084, 5225, 5510, 5746, 6111, 6486 by Council of Minister's Decree of 2012/3305(Unemployment Law No: 4447, Labour Law No: 4857, Investment and Employment Promotion Law No: 5084, Investment Incentives and The Law of Cultural Initiatives Law No: 5225, Social Security General Health Insurance Law No: 5510, Promotion Research and Development Activities Law No: 5746, Law On The Restricting Of Certain Receivables and Amendment To The Law Of Social Insurance and General Health Insurance and Certain Other Laws And Decree Laws No: 6111, Amendment To The Law Of Social Insurance and General Health Insurance and Certain Other Laws No: 6486, Council of Minister's Decree No: 2012/3305 on Government Subsidies for Investments).

One of the various incentives is reduction of premiums. If disability, old age and death insurance premiums paid regularly by employers as stated law 5510 article of 81 (Social Security and General Health Insurance Law), 5% of total 11% premiums are paid by state on behalf of employers. (5% discount applied in employers share). In addition to 5% discount, 6% discount is implemented from 2013 in the working places, which employ ten or more workers, located in 51 provinces, Gökçeada and Bozcaada determined by taking into account the social- development index.

There is no distinction by marital status or sex and the contributions apply to gross earnings. Compulsory social security contributions of employees and their employers are calculated according to the schemes presented above.

For employees whose gross earnings are below the base or above ceiling earnings, which are determined at least twice in a year, these contribution rates are applied to the base or ceiling amounts respectively. In 2016, the base amount is approximately TL 19 764 and the ceiling amount is approximately TL 128 466. Under the Law No. 5510 **(Social Security and General Health Insurance Law),** the base wage for social security contributions is equal to the minimum wage. Because employees cannot be less than the minimum wage, the base wage is not considered in this publication. However, the ceiling earnings are considered for the purposes of this Report.

3. Universal cash transfers

Employees obtain Universal cash transfers according to the collective labour agreements that are signed between their employer and the labour union(s). These agreements vary with the bargaining power of the different parties in the different sectors in the economy. This explains why there is no standard amount reflecting these general transfers.

4. Main changes in tax/benefit system since 2004

Personal Income Tax Law (No: 193) which is about income tax, Social Security and General Health Insurance Law (No: 5510) which is about social security contributions and Unemployment Insurance Law (No: 4447) which is about unemployment insurance fund are the main laws about tax/benefit system.

The main changes have been made to the following laws 5615, 6009, 6327 and 6645 which are as follows:

- According to Act No: 5615, the new application "*Minimum Living Relief*" began to be implemented. (See the section 1.1.2).

- According to Act No: 6009, the taxation of the wages are differentiated than the taxation of the other taxable revenue resources like trading income, income from immovable property or income from investments. By this way, it is ensured that wages (comparative to other income items) are later entered into the 3rd bracket on the income tax schedule.
- According to Act No: 6327, (published in the Official Gazette issue 28338 on 29 June 2012) there are important amendments in the Private Pension System Regulations. According to this law, any citizen of the Republic of Turkey will have the right for state subsidy for his/her paid contributions to the Private Pension Account. The contribution upper limit to favour this incentive is the annual amount of minimum wage 25% of this amount shall be transferred to the account of the insured party as a state subsidy. The state subsidy shall be earned in proportion to the amount of time within the system.
- According to Act No: 6645, "Minimum Living Relief" rate is changed from 5% to 10% which is used for third child's rate.

5. Memorandum items

5.1. *Identification of an AW*

Weighted mean, by the number of employees, of the monthly average wage information obtained from "Structure of Earnings Survey, 2010", published by TURKSTAT, according to NACE Rev.2 classification for B-N sections is calculated and B-N aggregated data is gained. (The annual average wage data is calculated by multiplying the monthly average wage values by 12).

The data from 2011-15 is reached by using 2010 = 100 base year "Hourly Earnings Index" and 2010 annual average wage data.

5.2. *Contribution to private pension and health schemes*

Business enterprises (employers) are permitted to make additional contributions for pension savings of their employees. However, these amounts of additional premiums are limited by main tax laws. Such additional pension arrangements, which are optional, are not widely used.

Monthly wage: Include the sum of monthly basic wages, over time payments, payments for shift work/night work and other regular payments paid to employees in November 2010 by employers.

The average wage amount from 2010 is calculated as a result of a joint working performed by authorities from TURKSTAT and Ministry of Finance.

2016 parameter values

Average earnings/yr.	Ave_earn	36 806	Country estimate
Income tax	Tax_sch	0.15	12 600
		0.20	30 000
		0.27	110 000
		0.35	
Stamp tax	Stamp_rate	0.00759	
Employees SSC	SSC_rate	0.15	
	SSC_ceil	128 466	
Employers SSC	SSC_empr	0,175	
Minimum living relief	credit_rate	0.15	
	basic_allow	0.5	
	spouse_allow	0.1	
	child_allow	0.075	
	third_child_allow	0.1	
	add_child_allow	0.05	
	min_wage	19 764	

2016 tax equations

The equations for the Turkish system are on an individual basis.

The functions which are used in the equations (Taper, MIN, Tax etc) are described in the technical note about tax equations. Variable names are defined in the table of parameters above, within the equations table, or are the standard variables "married" and "children". A reference to a variable with the affix "_total" indicates the sum of the relevant variable values for the principal and spouse. And the affixes "_princ" and "_spouse" indicate the value for the principal and spouse, respectively. Equations for a single person are as shown for the principal, with "_spouse" values taken as 0.

	Line in country table and intermediate steps	Variable name	Range	Equation
1.	Earnings	earn		
2.	Allowances:	tax_al	B	SSC
3.	Credits in taxable income	taxbl_cr	B	0
4.	CG taxable income	tax_inc	B	Positive(earn-tax_al)
	Stamp tax	stamp_tax	B	earn*stamp_rate
5.	CG tax before credits	CG_tax_excl	B	Tax(tax_inc,tax_sch)
6.	Tax credits :	tax_cr	P	=credit_rate*min_wage*(basic_allow+spouse_allow*(IF(Wife=0;Married;0))+ IF (OR(Children=1;Children=2); Children*child_allow;0)+IF(Children=3;(2*child_allow) +(Children-2)*third_child_allow;0)+IF(Children>3;(2*child_allow) +(1*third_child_allow)+(1*add_child_allow);0))
			S*	IF(spouse_earn>0,credit_rate*min_wage*basic_allow,0)
7.	CG tax	CG_tax	B	positive(CG_tax_excl-tax_cr)+stamp_tax
8.	State and local taxes	local_tax	B	0
9.	Employees' soc security	SSC	B	Min(earn,SSC_ceil)*SSC_rate
11.	Cash transfers	cash_trans	B	0
13.	Employer's soc security	SSC_empr	B	Min(earn,SSC_ceil)*SSC_empr

Key to range of equation B calculated separately for both principal earner and spouse P calculated for principal only (value taken as 0 for spouse calculation) J calculated once only on a joint basis.

* In the case where the spouse earns 33% of the average wage: Taxing Wages assumption on the working spouse earning 33% of the AW does not comply with the Turkish legislation. 33% of AW in Turkey is below the minimum wage and a person cannot be employed below minimum wage. According to the Turkish legislation, it is assumed that (because he/she doesn't obtain "wage") the spouse should not obtain income in the calculation for this case, and another minimum living allowance is not also calculated for the spouse. Minimum living allowance should be only calculated for the principle earner.

Les impôts sur les salaires 2017

United Kingdom
(2016-17 Income tax year)

This chapter includes data on the income taxes paid by workers, their social security contributions, the family benefits they receive in the form of cash transfers as well as the social security contributions and payroll taxes paid by their employers. Results reported include the marginal and average tax burden for eight different family types.

Methodological information is available for Personal income tax systems, Compulsory social security contributions to schemes operated within the government sector, Universal cash transfers as well as recent changes in the tax/benefit system. The methodology also includes the parameter values and tax equations underlying the data.

United Kingdom 2016

The tax/benefit position of single persons

	Wage level (per cent of average wage)		67	100	167	67
	Number of children		none	none	none	2
1.	**Gross wage earnings**		24 503	36 571	61 074	24 503
2.	**Standard tax allowances**					
	Basic allowance		11 000	11 000	11 000	11 000
	Married or head of family					
	Dependent children					
	Deduction for social security contributions and income taxes					
	Work-related expenses					
	Other					
		Total	11 000	11 000	11 000	11 000
3.	**Tax credits or cash transfers included in taxable income**		0	0	0	0
4.	**Central government taxable income (1 - 2 + 3)**		13 503	25 571	50 074	13 503
5.	**Central government income tax liability (exclusive of tax credits)**		2 701	5 114	13 629	2 701
6.	**Tax credits**					
	Basic credit					
	Married or head of family					
	Children		0	0	0	3 478
	Other					
		Total	0	0	0	3 478
7.	**Central government income tax finally paid (5-6)**		2 701	5 114	13 629	- 777
8.	**State and local taxes**		0	0	0	0
9.	**Employees' compulsory social security contributions**					
	Gross earnings		1 973	3 421	4 554	1 973
	Taxable income					
		Total	1 973	3 421	4 554	1 973
10.	**Total payments to general government (7 + 8 + 9)**		4 674	8 536	18 184	1 196
11.	**Cash transfers from general government**					
	For head of family					
	For two children		0	0	0	1 794
		Total	0	0	0	1 794
12.	**Take-home pay (1-10+11)**		19 829	28 035	42 890	25 100
13.	**Employer's compulsory social security contributions**		2 262	3 927	7 309	2 262
14.	**Average rates**					
	Income tax		11.0%	14.0%	22.3%	-3.2%
	Employees' social security contributions		8.1%	9.4%	7.5%	8.1%
	Total payments less cash transfers		19.1%	23.3%	29.8%	-2.4%
	Total tax wedge including employer's social security contributions		25.9%	30.8%	37.3%	6.2%
15.	**Marginal rates**					
	Total payments less cash transfers: Principal earner		32.0%	32.0%	42.0%	73.0%
	Total payments less cash transfers: Spouse		n.a.	n.a.	n.a.	n.a.
	Total tax wedge: Principal earner		40.2%	40.2%	49.0%	76.3%
	Total tax wedge: Spouse		n.a.	n.a.	n.a.	n.a.

United Kingdom 2016

The tax/benefit position of married couples

			100-0	100-33	100-67	100-33
		Wage level (per cent of average wage)	100-0	100-33	100-67	100-33
		Number of children	2	2	2	none
1.	**Gross wage earnings**		36 571	48 639	61 074	48 639
2.	**Standard tax allowances**					
	Basic allowance		12 100	22 000	22 000	22 000
	Married or head of family					
	Dependent children					
	Deduction for social security contributions and income taxes					
	Work-related expenses					
	Other					
		Total	12 100	22 000	22 000	22 000
3.	**Tax credits or cash transfers included in taxable income**		0	0	0	0
4.	**Central government taxable income (1 - 2 + 3)**		24 471	26 639	39 074	26 639
5.	**Central government income tax liability (exclusive of tax credits)**		4 894	5 328	7 815	5 328
6.	**Tax credits**					
	Basic credit					
	Married or head of family					
	Children		0	0	0	0
	Other					
		Total	0	0	0	0
7.	**Central government income tax finally paid (5-6)**		4 894	5 328	7 815	5 328
8.	**State and local taxes**		0	0	0	0
9.	**Employees' compulsory social security contributions**					
	Gross earnings		3 421	3 902	5 394	3 902
	Taxable income					
		Total	3 421	3 902	5 394	3 902
10.	**Total payments to general government (7 + 8 + 9)**		8 316	9 230	13 209	9 230
11.	**Cash transfers from general government**					
	For head of family					
	For two children		1 794	1 794	1 794	0
		Total	1 794	1 794	1 794	0
12.	**Take-home pay (1-10+11)**		30 049	41 203	49 658	39 409
13.	**Employer's compulsory social security contributions**		3 927	4 473	6 189	4 473
14.	**Average rates**					
	Income tax		13.4%	11.0%	12.8%	11.0%
	Employees' social security contributions		9.4%	8.0%	8.8%	8.0%
	Total payments less cash transfers		17.8%	15.3%	18.7%	19.0%
	Total tax wedge including employer's social security contributions		25.8%	22.4%	26.2%	25.8%
15.	**Marginal rates**					
	Total payments less cash transfers: Principal earner		32.0%	32.0%	32.0%	32.0%
	Total payments less cash transfers: Spouse		7.6%	32.0%	32.0%	32.0%
	Total tax wedge: Principal earner		40.2%	40.2%	40.2%	40.2%
	Total tax wedge: Spouse		11.6%	40.2%	40.2%	40.2%

The national currency is the Pound Sterling (GBP). In 2016, GBP 0.74 was equal to USD 1. In 2016-17, the Average Worker is estimated to earn GBP 36 571 (Secretariat estimate).

1. Personal income tax system

1.1. *Central government income taxes*

1.1.1. *Tax unit*

The tax unit is the individual, but certain reliefs depend on family circumstances (see Section 1.1.2.1).

1.1.2. *Tax allowances and tax credits*

All figures shown are those applying at the start of the tax year in April.

1.1.2.1. Standard reliefs

- Basic reliefs: A personal allowance of GBP 11 000 is granted to each individual with income below GBP 100 000. The personal allowance is then tapered away by GBP 1 for every GBP 2 of income above GBP 100 000.
- Standard marital status reliefs: Marriage Allowance – Allows the transfer of 10% of an individual's personal allowance to their husband, wife or civil partner. The allowance is restricted to couples where the higher earner is a basic rate taxpayer and is only beneficial if the lower earner owes below the personal allowance. The allowance has to be claimed and is given only to those who meet the eligibility criteria.
- Working Tax Credit (WTC): A non-wastable tax credit available to low income families with or without children. It is available for families with children where one person works at least 16 hours a week (though hours must be at least 24 overall for a couple). It is also available for people with a disability who work at least 16 hours a week and for families without children where one person works at least 30 hours a week. The amount depends upon the hours worked, the ages of children, eligible childcare costs, and gross income. A family with a child 16 or under where the claimant (or, where applicable, their partner, or both claimants jointly) works at least 30 hours a week, would get a maximum credit of GBP 4 780 per year (assuming neither the adult(s) nor the child were disabled) before taking into account eligible childcare costs. This credit is reduced by 41 pence for each GBP 1 of net income above a threshold of GBP 6 420 per year. WTC was introduced on 6 April 2003.
- Relief for social security contributions and other taxes: None.

The amount of credit received is calculated by dividing separately each element of the credit by the number of days in the tax year and rounding up to the nearest penny to give a daily rate. These daily rates are then multiplied by the number of days in the relevant period (for the purposes of this Report, the tax year) and added together.

- Child Tax Credit (CTC): A non-wastable tax credit available to low and middle income families with children. It provides support for children until 1st September following their 16th birthday, and beyond that date to the age of 19 for those who continue in full-time non-advanced education. The amount depends on gross income and the number and age of the children. A family with two children would get a maximum credit GBP 6 105 per year, which is reduced by 41 pence for each GBP 1 of gross income above a threshold of GBP 16 105 if the family is not working. A lower threshold applies if the family is working; their CTC is reduced at the same rate once their WTC has been tapered to zero. CTC was introduced on 6th April 2003.

1.1.2.2. Main non-standard tax reliefs applicable to an AW.

- Work-related expenses: Flat rate expenses for tools and special clothing are allowed to certain occupational categories. Since this provision is not applicable to all manufacturing occupations, and hence average workers, and because the rates vary slightly across categories, this relief is considered here as non-standard;
- Contributions to approved superannuation schemes or personal pension schemes are deducted when calculating taxable income. Premiums on approved life assurance policies payable to life assurance companies attract 12.5% tax relief for policies entered into force before 13 March 1984.

1.1.3. *Tax schedule*

In 2016-17 all taxpayers are liable on taxable income other than savings and dividend income at the basic rate of 20% on the first GBP 32 000, 40% over the basic rate limit of GBP 32 000 and 45% over the higher rate limit of GBP 150 000. (Taxable Income is defined as gross income for income tax purposes less allowances and reliefs available at the marginal rate.) Dividend income is charged at 7.5% up to the basic rate limit of GBP 32 000, 32.5% above GBP 32 000 and 38.1% above GBP 150 000. From 2016-17, a new Dividend Allowance means that dividend taxpayers won't have to pay tax on the first GBP 5 000 of their dividend income, no matter what non-dividend income they have. Savings income is charged at 0% up to the starting rate limit on the first GBP 5 000, at 20% up to GBP 32 000, 40% above GBP 32 000 and 45% above GBP 150 000. From 2016-17, a new Personal Savings Allowance was introduced giving GBP 1 000 of savings income tax free for taxpayers with total income below the basic rate limit or GBP 500 for those with total income below the higher rate limit.

Taxable income (GBP)	Rate %
0-32 000	20
32 000-150 000	40
Over 150 000	45

1.2. *State and local income tax*

There are no regional or local income taxes.

2. Compulsory social security contributions to schemes operated within the government sector

2.1. *Employees' contributions*

National Insurance contributions are payable by employees earning more than GBP 155 in any week. These are 12% of earnings between GBP 155 and GBP 827 and 2% of earnings above GBP 827.Depending on eligibility, members of the National Insurance scheme qualify for pensions, sickness, industrial injury, unemployment benefits, etc. All employees earning under GBP 155 per week have no National Insurance contribution liability but a notional contribution will be deemed to have been paid in respect of earnings between GBP 112 and GBP 155 to protect benefit entitlement.

2.2. *Employers' contributions*

Employer's contributions are not payable for employees earning less than GBP 156 per week. The rate of employers' contributions for employees not contracted out of the additional (earnings related) scheme is 13.8% of earnings above GBP 156 per week.

3. Universal cash transfers

3.1. *Transfers related to marital status*

None (widows' benefit is covered by the government pensions scheme noted above).

3.2. *Transfers for dependent children*

A child benefit of GBP 20.70 per week is paid in respect of the first child in the family up to the age of 19 (if the child aged 16-19 is in education or training) with GBP 13.70 per week paid for each subsequent child.

From January 2013, a new tax charge has been introduced for a taxpayer who has income over GBP 50 000 and either they or their partner are in receipt of Child Benefit. For those with income between GBP 50 000 and GBP 60 000, the amount of the charge will be 1% of the Child Benefit for every GBP 100 of income over GBP 50 000. For those with income over GBP 60 000, the amount of the charge will equal the amount of Child Benefit. Where both adults are over the threshold, the liability falls on the adult with the highest adjusted net income (ANI).

4. Memorandum items

4.1. *Identification of AW and valuation of earnings*

A new Annual Survey of Hours and Earnings (ASHE) has been developed to replace the New Earnings Survey (NES) (results of which are published in *Labour Market Trends*) and shows the average weekly earnings of full-time employees in April each year. It covers men and women at adult rates in the United Kingdom (excluding Northern Ireland). The annual figure used for the gross earnings of the AW in the United Kingdom is the annual equivalent of the arithmetic average of the weekly earnings figures for April at the beginning and end of the fiscal year, as published in *Labour Market Trends*.

The earnings figures exclude the earnings of those whose pay was affected by absence (due to sickness etc.). They include overtime, payment by results and shift payments. But they do not include benefits in kind (which could in some circumstances be included in the employee's taxable income in the United Kingdom).

4.2. *Employers' contributions to private pension, health etc. schemes*

In 2008, there were 9.0 million active members of occupational pension schemes with two or more members in the UK, of whom 3.6 million were in the private sector and 5.4 million in the public sector.

2016 parameter values

Average earnings/yr	Ave_earn	36 571	Secretariat Estimate	
Allowances	Basic_al	11 000		
	PA taper start	100 000		
	Married_al	1 100		
	Married_rate	0		
Income tax	Tax_sch	0.2	32 000	
		0.4	150 000	
		0.45		
Employees SSC				
Primary threshold	SSC_sch	0	8 060	PT
Upper earnings limit		0.12	43 000	UEL
		0.02		
Employers SSC	SSC_rate2	0.138		
	ST	8 112		
Child benefit (first)	CB_first	20.70		
Child benefit (others)	CB_others	13.70		
	CB_1st_thres	50 000.00		
	CB_2nd_thres	60 000.00		
	CB_taper1	0.01		
	CB_taper2	100.00		
NEW TAX CREDITS				
WTC				
Basic element	WTC_Basic	1 960		
Couple/Lone parent	WTC_couple_or_lone	2 010		
30 Hour element	WTC_30hr	810		
CTC				
Family element	CTC_family	545		
Child element	CTC_child	2 780		
Baby element	CTC_baby			
Threshold	NTC_1st_thres	6 420		
	NTC_1st_taper	0.41		
Days in tax year	Numdays	365		

2016 tax equations

The equations for the UK system are mostly on an individual basis. But Child and Working tax credits are calculated on a family basis and child benefit is calculated only once. This is shown by the Range indicator in the table below.

The functions which are used in the equations (Taper, MIN, Tax etc) are described in the technical note about tax equations. Variable names are defined in the table of parameters above, within the equations table, or are the standard variables "married" and "children". A reference to a variable with the affix "_total" indicates the sum of the relevant variable values for the principal and spouse. And the affixes "_princ" and "_spouse" indicate the value for the principal and spouse, respectively. Equations for a single person are as shown for the principal, with "_spouse" values taken as 0.

	Line in country table and intermediate steps	Variable name	Range	Equation
1.	Earnings	Earn		
2.	Allowances:	tax_al	B	Tax_al IF(earn<PA_taper,IF(AND(earn<(BRL+Basic_al),earn_spouse<Basic_al, Married=1),IF(earn>earn_spouse,Basic_al+Married_al,Basic_al-Married_al),Basic_al),IF(earn>(PA_taper+(Basic_al*2)),0,MAX(0,(Basic_al-((earn-PA_taper)/2)))))
3.	Credits in taxable income	taxbl_cr	B	0
4.	CG taxable income	tax_inc	B	Positive(earn-tax_al)
5.	CG tax before credits	CG_tax_excl	B	Tax(tax_inc, tax_sch)
6.	Tax credits (nonwastable)	tax_cr	J	IF(Children>0, (Taper(ROUNDUP(CTC_family/numdays, 2)*numdays+Children*ROUNDUP(CTC_child/numdays, 2)*numdays+ROUNDUP(WTC_Basic/numdays, 2)*numdays+ROUNDUP(WTC_30hr/numdays, 2)*numdays+ROUNDUP(WTC_couple_or_lone/numdays, 2)*numdays, earn_total, NTC_1st_thres, NTC_1st_taper), Taper(ROUNDUP(WTC_Basic/numdays, 2)*numdays+ROUNDUP(WTC_30hr/numdays, 2)*numdays+IF(Married=1, ROUNDUP(WTC_couple_or_lone/numdays, 2)*numdays, 0), earn_total, NTC_1st_thres, NTC_1st_taper))
7.	CG tax	CG_tax	B	CG_tax_excl-tax_cr
8.	State and local taxes	local_tax	B	0
9.	Employees' soc security	SSC	B	Tax(earn, SSC_sch)
11.	Cash transfers	cash_trans	J	=IF(princ_earn>CB_1st_thres,IF(princ_earn>CB_2nd_thres,0,((1-(AA7-CB_1st_thres)/(CB_taper2/CB_taper1)))*(numdays/7*((Children>0)*CB_first+CB_others*Positive(Children-1)))),(numdays/7*((Children>0)*CB_first+CB_others*Positive(Children-1))))
13.	Employer's soc security	SSC_empr	B	(earn>ST)*(earn-ST)*SSC_rate2
	Memorandum item: Non-wastable tax credit			
	tax expenditure component	Taxexp	J	Tax_cr-transfer
	cash transfer component	Transfer	J	IF(CG_tax_excl<0, -CG_tax_excl, 0)

Key to range of equation B calculated separately for both principal earner and spouse P calculated for principal only (value taken as 0 for spouse calculation) J calculated once only on a joint basis

Les impôts sur les salaires 2017

United States

This chapter includes data on the income taxes paid by workers, their social security contributions, the family benefits they receive in the form of cash transfers as well as the social security contributions and payroll taxes paid by their employers. Results reported include the marginal and average tax burden for eight different family types.

Methodological information is available for Personal income tax systems, Compulsory social security contributions to schemes operated within the government sector, Universal cash transfers as well as recent changes in the tax/benefit system. The methodology also includes the parameter values and tax equations underlying the data.

United States 2016

The tax/benefit position of single persons

		Wage level (per cent of average wage)	67	100	167	67
		Number of children	none	none	none	2
1.	**Gross wage earnings**		35 204	52 543	87 747	35 204
2.	**Standard tax allowances**					
	Basic allowance		10 350	10 350	10 350	13 350
	Married or head of family					
	Dependent children		0	0	0	8 100
	Deduction for social security contributions and income taxes					
	Work-related expenses					
	Other					
		Total	10 350	10 350	10 350	21 450
3.	**Tax credits or cash transfers included in taxable income**		0	0	0	0
4.	**Central government taxable income (1 - 2 + 3)**		24 854	42 193	77 397	13 754
5.	**Central government income tax liability (exclusive of tax credits)**		3 264	6 319	15 120	1 401
6.	**Tax credits**					
	Basic credit		0	0	0	1 989
	Married or head of family					
	Children		0	0	0	2 000
	Other					
		Total	0	0	0	3 989
7.	**Central government income tax finally paid (5-6)**		3 264	6 319	15 120	- 2 588
8.	**State and local taxes**		2 157	3 310	5 651	1 669
9.	**Employees' compulsory social security contributions**					
	Gross earnings		2 693	4 020	6 713	2 693
	Taxable income					
		Total	2 693	4 020	6 713	2 693
10.	**Total payments to general government (7 + 8 + 9)**		8 114	13 649	27 484	1 773
11.	**Cash transfers from general government**					
	For head of family					
	For two children		0	0	0	0
		Total	0	0	0	0
12.	**Take-home pay (1-10+11)**		27 090	38 894	60 263	33 430
13.	**Employer's compulsory social security contributions**		3 087	4 413	7 107	3 087
14.	**Average rates**					
	Income tax		15.4%	18.3%	23.7%	-2.6%
	Employees' social security contributions		7.7%	7.7%	7.7%	7.7%
	Total payments less cash transfers		23.0%	26.0%	31.3%	5.0%
	Total tax wedge including employer's social security contributions		29.3%	31.7%	36.5%	12.7%
15.	**Marginal rates**					
	Total payments less cash transfers: Principal earner		29.3%	39.3%	39.3%	51.6%
	Total payments less cash transfers: Spouse		n.a.	n.a.	n.a.	n.a.
	Total tax wedge: Principal earner		34.3%	43.6%	43.6%	55.1%
	Total tax wedge: Spouse		n.a.	n.a.	n.a.	n.a.

United States 2016

The tax/benefit position of married couples

		Wage level (per cent of average wage)	100-0	100-33	100-67	100-33
		Number of children	2	2	2	none
1.	**Gross wage earnings**		52 543	69 882	87 747	69 882
2.	**Standard tax allowances**					
	Basic allowance		20 700	20 700	20 700	20 700
	Married or head of family					
	Dependent children		8 100	8 100	8 100	0
	Deduction for social security contributions and income taxes					
	Work-related expenses					
	Other					
		Total	28 800	28 800	28 800	20 700
3.	**Tax credits or cash transfers included in taxable income**		0	0	0	0
4.	**Central government taxable income (1 - 2 + 3)**		23 743	41 082	58 947	49 182
5.	**Central government income tax liability (exclusive of tax credits)**		2 634	5 235	7 914	6 450
6.	**Tax credits**					
	Basic credit		0	0	0	0
	Married or head of family					
	Children		2 000	2 000	2 000	0
	Other					
		Total	2 000	2 000	2 000	0
7.	**Central government income tax finally paid (5-6)**		634	3 235	5 914	6 450
8.	**State and local taxes**		2 757	3 910	5 098	4 278
9.	**Employees' compulsory social security contributions**					
	Gross earnings		4 020	5 346	6 713	5 346
	Taxable income					
		Total	4 020	5 346	6 713	5 346
10.	**Total payments to general government (7 + 8 + 9)**		7 410	12 490	17 725	16 074
11.	**Cash transfers from general government**					
	For head of family					
	For two children		0	0	0	0
		Total	0	0	0	0
12.	**Take-home pay (1-10+11)**		45 133	57 392	70 022	53 808
13.	**Employer's compulsory social security contributions**		4 413	6 134	7 500	6 134
14.	**Average rates**					
	Income tax		6.5%	10.2%	12.5%	15.4%
	Employees' social security contributions		7.7%	7.7%	7.7%	7.7%
	Total payments less cash transfers		14.1%	17.9%	20.2%	23.0%
	Total tax wedge including employer's social security contributions		20.8%	24.5%	26.5%	29.2%
15.	**Marginal rates**					
	Total payments less cash transfers: Principal earner		29.3%	29.3%	29.3%	29.3%
	Total payments less cash transfers: Spouse		29.3%	29.3%	29.3%	29.3%
	Total tax wedge: Principal earner		34.3%	34.3%	34.3%	34.3%
	Total tax wedge: Spouse		35.7%	34.3%	34.3%	34.3%

The national currency is the dollar (USD). In 2016, the average worker earned USD 52 543 (Secretariat estimate).

1. Personal income tax system

1.1. *Central/federal government income taxes*

1.1.1. *Tax unit*

Families are generally taxed in one of three ways:

- As married couples filing jointly on the combined income of both spouses;
- As married individuals filing separately and reporting actual income of each spouse; or
- As heads of households (only unmarried or separated individuals with dependents).

All others, including dependent children with sufficient income, file as single individuals.

1.1.2. *Tax allowances and tax credits*

1.1.2.1. Standard reliefs

- *Basic reliefs*: In 2016 a married couple filing a joint tax return is entitled to a standard deduction of USD 12 600. The standard deduction is USD 9 300 for heads of households and USD 6 300 for single individuals. This relief is indexed for inflation. More liberal standard deductions are available for taxpayers who are age 65 or older and taxpayers who are blind. Special rules apply to children who have sufficient income to pay tax and are also claimed as dependents by their parents.
- In addition to the standard deduction, in 2016 a USD 4 050 *personal exemption* is given to every taxpayer (including both husband and wife filing a joint return). The personal exemption is indexed annually for inflation. In 2016, there is a phase out for personal exemptions.
- Personal exemption phase out: Personal exemptions are phased out in 50 steps for taxpayers with incomes in excess of certain amounts. All of a taxpayer's exemptions are phased out simultaneously. For each USD 2 500 or fraction thereof by which income exceeds the beginning of the phase out range, personal exemptions are phased down by two percentage points.

Filing status	Beginning of phase out range (USD)
Single	259 400
Joint return	311 300
Head of household	285 350

- *Standard marital status reliefs*: Married couples generally benefit from a more favourable schedule of tax rates for joint returns of spouses (see Section 1.1.3). There are no other general tax reliefs for marriage.

- *Relief for children*: For each child and other person claimed as a dependent on a taxpayer's return, the taxpayer is entitled to a personal exemption of USD 4 050 in 2016. Low income workers with dependents are allowed a refundable (non-wastable) earned income credit. For taxpayers with one child, the credit is 34% of up to USD 9 920 of earned income in 2016. The credit phases down when income exceeds USD 18 190 (23 740 for married taxpayers) and phases out when it reaches USD 39 296 (44 846 for married taxpayers). The earned income threshold and the phase-out threshold are indexed for inflation. For taxpayers with two children, the credit is 40% of up to USD 13 930 of earned income in 2016. The credit phases down when income exceeds USD 18 190 (23 740 for married taxpayers) and phases out when it reaches USD 44 648 (50 198 for married taxpayers). For taxpayers with three or more children the credit is 45% of up to USD 13 930 of earned income. The credit phases down when income exceeds USD 18 190 (23 740 for married taxpayers) and phases out when it reaches USD 47 955 (53 505 for married taxpayers).
- Since 1998, taxpayers are permitted a tax credit for each qualifying child under the age of 17. In 2016 the maximum credit is USD 1 000. The maximum credit is reduced for taxpayers with income in excess of certain thresholds. The credit is reduced by USD 50 for each USD 1 000 of income in excess of USD 110 000 for married taxpayers (USD 75 000 for single and head of household taxpayers). These threshold amounts are not indexed for inflation. The child credit is refundable (non-wastable) to the extent of 15% of earned income in excess of USD 3 000. A taxpayer with three or more qualifying children may be allowed a supplemental refundable (non-wastable) child credit, subject to certain restrictions. The refundable credit is the excess of the taxpayer's share of social security (including Medicare) taxes over his earned income tax credit for the year not used to offset income tax liability.
- *Relief for low income workers without children*: In 1994 and thereafter, low income workers without children are eligible for the earned income credit. In 2016 low income workers without children are permitted a non-wastable earned income credit of 7.65% of up to USD 6 610 of earned income. The credit phases down when income exceeds USD 8 270 (13 820 for married taxpayers) and phases out when income reaches USD 14 880 (20 430 for married taxpayers). This credit is available for taxpayers at least 25 years old and under 65 years old.
- *Relief for social security and other taxes*. In 2016, the withholding rate for Social Security taxes for employees is 6.2%. The earned income credits described above are sometimes considered an offset to social security contributions made by eligible employees. Furthermore, only a portion of social security benefits are subject to tax.

1.1.2.2. Main non-standard reliefs applicable to an AW

- The basic non-standard relief is the deduction of certain expenses to the extent that, when itemised, they exceed in aggregate the standard deduction. For the purposes of this Report, it is assumed that workers claim the standard deduction. The principal itemised deductions claimed by individuals where the standard deduction is not being claimed are:
- *Medical and dental expenses that exceed* 10% of income (7.5% for taxpayers age 65 and over);
- State and local income taxes, real property taxes, and personal property taxes. Home mortgage interest;

- Investment interest expense up to investment income with an indefinite carry forward of disallowed investment interest expense;
- Contributions to qualified charitable organisations (including religious and educational institutions);
- *Casualty and theft losses* to the extent that each loss exceeds USD 100 and that all such losses combined exceed 10% of income; and
- Miscellaneous expenses such as non-reimbursed employee business expenses (union dues, work shoes, etc.), investment expenses, tax return preparation fees and educational expenses required by employment, to the extent that, in aggregate; they exceed 2% of income.
- In 2013, the most recent year for which such statistics are available, the 42% of taxpayers with income between USD 50 000 and USD 75 000 (the AW range) who itemised their deductions claimed average deductions as follows: medical expenses, USD 9 334; taxes paid, USD 5 472; charitable contributions, USD 2 863; interest expense, USD 7 327.
- *Contributions to pension and life insurance plans*. No relief is provided for employee contributions to employer sponsored pension plans or for life insurance premiums. However, tax relief is provided for certain retirement savings.

1.1.3. *Tax schedule*

Federal income tax rates

Taxable income bracket (USD)[1]			Marginal tax rate (%)
Single individual	Joint return of married couple	Head of household	
0 to 9 275	0 to 18 550	0 to 13 250	10
9 276 to 37 650	18 551 to 75 300	13 251 to 50 400	15
37 651 to 91 150	75 301 to 151 900	50 401 to 130 150	25
91 151 to 190 150	151 901 to 231 450	131 151 to 210 800	28
190 151 to 413 350	231 451 to 413 350	210 801 to 41 350	33
413 351 to 415 050	413 351 to 466 950	413 351 to 441 000	35
415 051 and over	466 951 and over	441 001 and over	39.6

1. The taxable income brackets are indexed for inflation.

There is a 3.8% tax on certain net investment income of individuals if their income exceeds USD 200 000 (USD 250 000 for joint returns). Net investment income includes interest, dividends, capital gains, rental and royalty income, and income from businesses trading financial instruments.

1.2. *State and local income taxes*

1.2.1. *General description of the system*

The District of Columbia and 41 of the 50 States impose some form of individual income tax. In addition, some local governments (cities and counties) impose an individual income tax, although this is not generally the case. State individual income tax structures are usually related to the federal tax structure by the use of similar definitions of taxable income, with some appropriate adjustments. This linkage is not a legal requirement but a practical convention that functions for the convenience of the taxpayer who must fill out both federal and State income tax returns.

New Hampshire and Tennessee tax only interest and dividend income received by individuals.

The AW calculations assume that the average worker lives in Detroit, Michigan. The state of Michigan permits a personal exemption of USD 4 000 for the taxpayer, the taxpayer's spouse and each child, and taxes income at the rate of 4.25%. Michigan allows taxpayers who are eligible to claim the federal earned income tax credit to claim a Michigan earned income tax credit. The Michigan earned income tax credit is a refundable (non-wastable) credit equal to 6% of the federal earned income tax credit.

The city of Detroit permits a personal exemption of USD 600 and taxes income at the rate of 2.4%.

2. Compulsory social security contributions to schemes operated within the government sector

2.1. Employees' contributions

2.1.1. Pensions

In 2015, the rate for employee contributions is 7.65% (6.2% for old age, survivors, and disability insurance, and 1.45% for old age hospital insurance). The 6.2% rate applies to earnings up to USD 118 500. Beginning in 1994, there is no limit on the amount of earnings subject to the 1.45% rate. There is an additional 0.9% tax on employee wages and salaries that exceed USD 200 000 (USD 250 000 for joint returns) as the additional hospital insurance tax on high-income taxpayers. The additional tax on wages and salaries is subject to withholding (but without regard to the earnings of the spouse) when wages from a particular job exceed USD 200 000 per year. These thresholds are not indexed for inflation.

There is no distinction by marital status or sex.

2.1.2. Other

No compulsory employee contributions exist.

2.2. Employers' contributions

2.2.1. Pensions

The rate for employers' contributions is 6.2% on earnings up to USD 118 500 and 1.45% of all earnings (without limit).

2.2.2. Unemployment

Employers are required by the federal government to pay unemployment tax of 6% on earnings up to USD 7 000. Taxes are also paid to various state-sponsored unemployment plans which may generally be credited against the required federal percentage. In 2015 the average unemployment insurance tax rate in Michigan was 3.94% of the first USD 9 500 of wages. Effective the third quarter of 2015, the taxable wage base decreased to USD 9 000 for most employers. The model considers that the Federal government allows employers to take a credit for state unemployment taxes of up to 5.4%, resulting in a net Federal tax of 0.6% on earnings up to USD 7 000.

3. Universal cash transfers

3.1. Transfers related to marital status

None.

3.2. *Transfers for dependent children*

No general cash transfers exist, although low-income mothers qualifying for categorical welfare grants may receive cash transfers.

4. Principal changes since 2011

None.

5. Memorandum items

5.1. *Identification of an AW at the wage calculation*

- The AW is identified from monthly data compiled from establishment questionnaires covering more than 40 million non-agricultural full- and part-time workers. Beginning in March 2006, data on average weekly hours and average hourly earnings cover all employees rather than solely production or non-supervisory workers. To obtain average annual wages, the product of average weekly hours (including overtime) and average hourly earnings (including overtime) is multiplied by 52 and is adjusted to reflect a full-time equivalent worker. The AW wage is estimated to be USD 51 509 for 2015.

5.2. *Employer contributions to private social security arrangements*

Employers commonly contribute to private pension plans, health insurance and life insurance. Data for these contributions are available only on a total workforce basis. It is not possible to state with accuracy the levels applicable to the AW. The following are estimates for 2015 for employees in private industry:

	Pension	Health	Life
% of workers covered	49	55	56
USD employer portion per covered employee	n.a.	7 844 (family) 3 658 (single)	n.a.

2016 parameter values

Average earnings/yr	Ave_earn	52 543	Secretariat estimate			
Standard deductions	Married_al	12 600				
	hh_al	9 300				
	single_al	6 300				
Personal exemption	pers_ex	4 000				
Dependency exemption	dep_ex	4 000				
Personal exemption reduction	ex_dedn_rate	0.02				
unit of earnings	ex_dedn_unit	2 500				
threshold single (no children)	ex_thrsh_s	259 400				
threshold single (with children)	ex_thrsh_hh	285 350				
threshold joint	ex_thrsh_m	311 300				
Federal tax schedules	Fed_sch_s	0.1	9 275			
		0.15	37 650			
Single individuals		0.25	91 150			
		0.28	1 960 150			
		0.33	413 350			
		0.35	415 050			
		0.396				
Married filing jointly	Fed_sch_m	0.1	18 550			
		0.15	75 300			
		0.25	151 900			
		0.28	231 450			
		0.33	413 350			
		0.35	466 950			
		0.396				
Head of household	Fed_sch_h	0.1	13 250			
		0.15	50 400			
		0.25	130 150			
		0.28	210 800			
		0.33	413 350			
		0.35	441 000			
		0.396				
Earned income credit	EIC_sch	rate	income limit	threshold	thresh-married	phase-out
	no children	0.0765	6 610	8 270	13 820	0.0765
	1 child	0.34	9 920	18 190	23 740	0.1598
	2 children	0.4	13 930	18 190	23 740	0.2106
	3 or more children	0.45	13 930	18 190	23 740	0.2106
Child credit	chcrd_max	1 000				
	chcrd_rdn	50				
	chcrd_thrsh_m	110 000				
	chcrd_thrsh_oth	75 000				
	chcrd_ref_perct	0.15				
	chcrd_ref_thresh	3 000				
Detroit	Detroit_ex	600				
	Detroit_rate	0.024				
Michigan	Mich_ex	3 950				
	Mich_ex_child	0				
	Mich_rate	0.0425				
Michigan's earned income tax credit	Mich_EIC_rate	0.06				
credit schedule on city tax	Mich_cr_sch	0				
		0				
		0				
maximum	Mich_cr_max	0				
Pension contributions	pens_rate_er	0.062				
	pens_rate_ee	0.062				
	hosp_rate	0.0145				

2016 parameter values

	add_hosp_rate	0.009
Ceiling for employers and employees	pens_ceil	118 500
	add_hosp_thresh_m	250 000
	add_hosp_thresh_oth	200 000
Unemployment insurance tax	Unemp_rate	0.006
	Unemp_dedn_rate	0.054
	Unemp_max	7 000
Michigan unemploy insur	Mich_unemp_rate	0.0391
	Mich_unemp_max	9 000

2016 tax equations

The equations for the US system in 2016 are mostly calculated on a family basis. There is a special function EIC which is used to calculate the earned income credit. Variable names are defined in the table of parameters above, within the equations table, or are the standard variables "married" and "children". A reference to a variable with the affix "_total" indicates the sum of the relevant variable values for the principal and spouse. And the affixes "_princ" and "_spouse" indicate the value for the principal and spouse, respectively. Equations for a single person are as shown for the principal, with "_spouse" values taken as 0.

	Line in country table and intermediate steps	Variable name	Range	Equation
1.	Earnings	earn		
2.	Allowances:	tax_al	J	IF(Married, Married_al, IF(Children=0, single_al, hh_al)) + +((1+Married)*pers_ex+ Children*dep_ex)-(ROUNDUP(Positive(earn_total-IF(Married,ex_thrsh_m,IF (Children>0,ex_thrsh_hh,ex_thrsh_s)))/ex_dedn_unit,0)*ex_dedn_rate*((1+ Married)*pers_ex+Children*dep_ex))
3.	Credits in taxable income	taxbl_cr	J	0
4.	CG taxable income	tax_inc	J	positive(earn-tax_al+taxbl_cr)
5.	CG tax before credits	CG_tax_excl	J	Tax(tax_inc, IF(Married, Fed_sch_m, IF(Children, Fed_sch_h, Fed_sch_s)))
6.	6. Tax credits :	EIC	J	EIC(Children, earn_total, EIC_sch)
		ch_crd_max	J	Children*Positive((chcrd_max-chcrd_rdn*Positive(TRUNC(earn,-3)-IF(Married>0, chcrd_thrsh_m, chcrd_thrsh_oth))/1000))
		ch_crd_tax	J	IF(ch_crd_tax>0, MIN(ch_crd_max, CG_tax_excl), 0)
		ch_crd_ref		IF(ch_crd_tax<ch_crd_max, MIN(ch_crd_max-ch_crd_tax, MAX(chcrd_ref_perct* (earn-chcrd_ref_thresh), 0)), 0)
		tax_cr	J	EIC+ch_crd_tax+ch_crd_ref
7.	CG tax	CG_tax	J	CG_tax_excl-tax_cr
8.	State and local taxes	local_tax	J	Detroit_rate* Positive(earn_total-Detroit_ex*(1+Married+Children))+ Mich_rate* Positive(earn_total - Mich_ex*(1+Married+Children) - Mich_ex_child*Children) - MIN(Mich_cr_max, Tax(AJ7, Mich_cr_sch)) -Mich_EIC_rate*EIC
9.	Employees' soc security	SSC	B	pens_rate_ee*MIN(earn, pens_ceil)+hosp_rate*earn+add_hosp_rate*Positive (earn-IF(Married,add_hosp_thresh_m,add_hosp_thresh_oth))
11.	Cash transfers	Cash_tran	J	
13.	Employer's soc security	SSC_empr	B	pens_rate_er*MIN(earn, pens_ceil)+hosp_rate*earn+MIN(earn,Unemp_max)* Unemp_rate +MIN(earn,Mich_unemp_max)*Mich_unemp_rate
	Memorandum item: non-wastable tax credits			
	tax expenditure component	taxexp		(rate_rd_crd+EIC)-transfer
	cash transfer component	transfer		IF(CG_tax<0, -CG_tax, 0)

Key to range of equation B calculated separately for both principal earner and spouse P calculated for principal only (value taken as 0 for spouse calculation) J calculated once only on a joint basis

ANNEXE

Méthodologie et limites

Méthodologie

Introduction

La situation personnelle des contribuables est très variable. Aussi le présent rapport fait-il appel à une méthodologie spécifique pour la production de statistiques comparatives englobant les impôts, les prestations sociales et les coûts de main-d'œuvre à l'échelle des pays membres de l'OCDE[1]. Cette méthodologie repose sur le cadre suivant:

- L'accent est mis sur huit catégories de ménage distinctes, qui se différencient par la composition du ménage et le montant des revenus d'activité ;
- Chaque ménage comprend un adulte travaillant à temps plein dans l'un des divers secteurs d'activité de chaque économie de l'OCDE. Certains ménages comptent également un conjoint travaillant à temps partiel ;
- Par hypothèse, le revenu d'activité annuel est égal à une fraction donnée du salaire brut moyen de ces travailleurs ;
- Des hypothèses supplémentaires sont formulées concernant d'autres éléments significatifs de la situation personnelle de ces travailleurs salariés, afin de permettre la détermination de leur situation au regard de l'impôt et des prestations sociales.

Les principes exposés dans les paragraphes qui suivent forment la base de calcul des données figurant dans le chapitre 1 et les parties I, II et III. Le tableau A.1 indique la terminologie utilisée. Lorsqu'un pays a dû s'écarter de ces principes, cela est précisé dans le texte et/ou dans les chapitres par pays qui constituent la partie III du rapport. Le nombre de contribuables qui présentent les caractéristiques définies ci-dessous et le niveau de salaire du travailleur moyen diffèrent selon les économies de l'OCDE.

Caractéristiques des contribuables

Les huit catégories de ménage retenues dans le rapport sont décrites dans le tableau A.2. On admet que tout enfant du ménage a entre 6 et 11 ans inclus.

On suppose que les seules sources de revenu du foyer sont ses salaires et les prestations en espèces dont il bénéficie.

Éventail des secteurs couverts

Le calcul des salaires moyens repose normalement sur l'hypothèse selon laquelle les travailleurs relèvent des secteurs B à N de la *Classification internationale type, par industrie, de*

Tableau A.1. **Termes utilisés**

	Termes d'utilisation générale
Salarié moyen	Salarié adulte employé à plein temps dans l'un des secteurs couverts et dont les gains sont égaux au salaire moyen dans ces secteurs.
Célibataire	Hommes et femmes non mariés
Couple avec deux enfants	Couple marié avec deux enfants à charge âgés de six ans à onze ans inclus.
Coûts bruts de main-d'oeuvre	La somme du salaire brut plus les cotisations patronales de sécurité sociale plus les taxes sur les salaires.
Rémunération nette	Rémunération brute après impôt et cotisations obligatoires de sécurité sociale des salariés et augmentée des prestations sociales reçues des administrations publiques.
Taux moyen de l'impôt (charges fiscales)	La somme de l'impôt sur le revenu plus les cotisations de sécurité sociale à la charge des salariés, en pourcentage du salaire brut.
Coin fiscal	La somme de l'impôt sur le revenu plus les cotisations de sécurité sociale à la charge des salariés et des employeurs plus les taxes sur les salaires moins le montant des prestations sociales, en pourcentage des coûts de main-d'œuvre.
Élasticité du revenu après impôt	Le pourcentage de variation d'un revenu donné après impôt à la suite d'une augmentation d'une unité monétaire du revenu avant impôt (selon une définition plus précise, ce terme correspond à un moins un taux marginal d'imposition divisé par un moins le taux moyen d'imposition correspondant).
	Termes utilisés en matière d'impôt sur le revenu
Allégements fiscaux	Terme générique qui couvre l'ensemble des moyens par lesquels est donné un traitement favorable du point de vue de l'impôt sur le revenu aux contribuables potentiels.
Abattements fiscaux	Montants déduits du salaire brut pour obtenir le revenu imposable.
Crédits d'impôt	Montant de la déduction que le contribuable peut opérer sur son imposition. Un crédit d'impôt est considéré comme payable s'il peut excéder l'impôt dû ; (les termes « remboursable » et « récupérable » sont parfois utilisés).
Allégements forfaitaires	Les allégements non liés à des dépenses effectivement supportées par les contribuables et accordés automatiquement à tous ceux qui remplissent les conditions requises en vertu de la loi sont également comptés comme allégements forfaitaires, y compris les déductions des cotisations obligatoires de sécurité sociale.
Abattement à la base	Tout abattement forfaitaire qui peut être accordé quelle que soit la situation de famille.
Abattement en raison du mariage	Abattement fiscal complémentaire attribué aux couples mariés (dans certains pays, il ne se distingue pas de l'abattement à la base qui peut être doublé en cas de mariage).
Allégements non forfaitaires	Allégements entièrement déterminés par référence à des dépenses réellement effectuées.
Taux moyen de l'impôt sur le revenu	Montant de l'impôt sur le revenu à verser, après avoir tenu compte de tout allègement, calculé sur la base des dispositions fiscales envisagées dans cette étude, divisé par le salaire brut.
Taux du barème	Taux qui figure dans les barèmes de l'impôt sur le revenu et des cotisations de sécurité sociale.
	Termes utilisés en matière de prestations en espèces
Prestations sociales	Versements en espèces effectués par les administrations publiques (agences) au profit des familles ayant en général des enfants à charge.

StatLink http://dx.doi.org/10.1787/888933465255

Tableau A.2. **Caractéristiques des contribuables étudiés**

Situation de famille	Enfants	Salaire principal	Salaire d'appoint
Célibataire	Pas d'enfant	67% du salaire moyen	
Célibataire	Pas d'enfant	100% du salaire moyen	
Célibataire	Pas d'enfant	167% du salaire moyen	
Célibataire	2 enfants	67% du salaire moyen	
Couple marié	2 enfants	100% du salaire moyen	
Couple marié	2 enfants	100% du salaire moyen	33% du salaire moyen
Couple marié	2 enfants	100% du salaire moyen	67% du salaire moyen
Couple marié	Pas d'enfant	100% du salaire moyen	33% du salaire moyen

StatLink http://dx.doi.org/10.1787/888933465268

toutes les branches d'activité économique (CITI, Révision 4, ONU)[2] (voir le tableau A.3). De nombreux pays (pour plus de détails sur les pays, voir le tableau 0.6) optent désormais pour cette méthode.

Tableau A.3. **Classification internationale type, par industrie, de toutes les branches d'activité économique**

	Révision 3.1 (CITI Rév. 3.1)
A	Agriculture, chasse et sylviculture
B	Pêche
C	Activités extractives
D	Activités de fabrication
E	Production et distribution d'électricité, de gaz et d'eau
F	Construction
G	Commerce de gros et de détail ; réparation de véhicules automobiles, de biens personnels et domestiques
H	Hôtels et restaurants
I	Transports, entreposage et communications
J	Intermédiation financière
K	Immobilier, location et activités de services aux entreprises
L	Administration publique et défense ; sécurité sociale obligatoire
M	Éducation
N	Santé et action sociale
O	Autres activités de services collectifs, sociaux et personnels
P	Ménages privés employant du personnel domestique
Q	Organisations et organismes extraterritoriaux
	Révision 4 (CITI Rév. 4)
A	Agriculture, sylviculture et pêche
B	Activités extractives
C	Activités de fabrication
D	Production et distribution d'électricité, de gaz, de vapeur et climatisation
E	Distribution d'eau; réseau d'assainissement; gestion des decjets et remise en état
F	Construction
G	Commerce de gros et de détail, réparation de véhicules automobiles et de motocycles
H	Transport et entreposage
I	Activités d'hébergement et de restauration
J	Information et communication
K	Activités financières et d'assurances
L	Activités immobilières
M	Activités professionnelles, scientifiques et techniques
N	Activités de services administratifs et d'appui
O	Administation publique et défense; sécurité sociale et obligatoire
P	Éducation
Q	Santé et activités d'action sociale
R	Arts, spectacles et loisirs
S	Autres activités de services
T	Activités des ménages privés employant du personnel domestique; activités non différenciées de production de biens et de services des ménages privés pour usage ropre
U	Activités des organisations et organismes extra-territoriaux

StatLink http://dx.doi.org/10.1787/888933465273

Cette méthode correspond d'une manière générale au précédent mode de calcul, fondé sur les secteurs C à K inclus de la Révision 3.1 de la CITI, qui a été adopté dans l'édition 2005 des *Impôts sur les salaires*. Les motifs de ce passage à une définition élargie du salaire moyen avaient été exposés dans l'étude spéciale de l'édition 2003-04.

Définition du salaire brut

Dans cette section sont présentées les hypothèses sur lesquelles repose le calcul de la rémunération moyenne du « travailleur moyen ». Les niveaux de salaire brut ont été établis à partir de données statistiques, et les méthodes de calcul des données sur les rémunérations utilisées dans chaque pays sont indiquées dans le tableau A.4. On trouvera

Tableau A.4. **Mode de calcul des salaires moyens**

	Élements compris ou non compris dans la base de calcul					Types de travailleurs inclus ou exclus dans la base de calcul			Méthode de base utilisée pour le calcul	Fin de l'exercice budgétaire	Période à laquelle se réfère le calcul des salaires
	Maladie [1]	Vacances	heures supplémentaires	Paiements en espèces réguliers	Prime	Superviseur	Manager	Travailleurs à temps partiel			
Allemagne	NC	C	C	C	NC	C	C	NC	Gains annuels	31 décembre	Année civile
Australie	C	C	C	C	NC	C	C	NC	Gain hebdomadaire moyen x 52	30 juin	Année fiscale
Autriche	NC	C	C	C	C Valeur imposable	C	C	NC	Gain moyen annuel	31 décembre	Année civile
Belgique	NC	C	C	C	NC	C	C	NC	Gain mensuel en octobre x 12 (plus les primes périodiques)	31 décembre	Année civile
Canada	NC	C	C	C	NC	C	C	C [6]	Gain horaire hebdomadaire x gain horaire moyen x 52	31 décembre	Année civile
Chili	NC	C	C	C	NC	C	C	C	Gains horaires x nombre d'heures travaillées	31 décembre	Année civile
Corée	NC	C	C	C	NC	C	C	NC	Gain mensuel moyen x 12	31 décembre	Année civile
Danemark	NC	C	NC	C	NC	C	C	C [6]	Gains horaires x nombre d'heures travaillées	31 décembre	Année civile
Espagne	NC	C	C	C	NC	C	C	NC	Gain mensuel pondéré x 12	31 décembre	Année civile
Estonie	C	C	C	C	NC	C	C	C	Gains moyens	31 décembre	Année civile
États-Unis	NC	C	C	C [2]	NC	C	C	C [6]	Gain moyen hebdomadaire x 52	31 décembre	Année civile
Finlande	NC	C	C	C	NC	C	C [5]	NC	Salaire horaire x nombre d'heures usuelles travaillées (ou gains mensuels x mois)+ indemnités de congés payés + primes périodiques	31 décembre	Année civile
France	NC	C	C	C	NC	C	C	NC	Gains annuels	31 décembre	Année civile
Grèce	NC	C	C	C [2]	C	C	C	NC	Gain horaire x nombre d'heures travaillées	31 décembre	Année civile
Hongrie	NC	C	C	C	NC	C	C [5]	NC	Gain mensuel moyen x 12	31 décembre	Année civile
Irlande	NC	C	C	C	NC	NC	NC	C	Gain moyen hebdomadaire de chaque trimestre/ 4 x 52	31 décembre	Année civile
Islande	NC	C	C	C	NC	C	C	NC	Gain horaire x nombre d'heures travaillées x 12	31 décembre	Année civile
Israël	NC	C	C	C	NC	C	C	NC	Gains moyens	31 décembre	Année civile
Italie	NC[3]	C	C	C	NC [4]	C	C	C [6]	Gain mensuel moyen x 12	31 décembre	Année civile
Japon	NC	C	C	C	NC	C	C	NC	Gain mensuel en juin x 12	31 décembre	Année civile
Lettonie	C	C	C	C	NC	C	C	NC	Gain mensuel moyen x 12	31 décembre	Année civile
Luxembourg	NC	C	C	C	NC	C	C	NC	Gain annuel total divisé par le nombre moyen de salariés à plein temps. Une partie de gains qui excèdent la limite supérieure de cotisation sociale (7 fois le salaire minimum) n'est pas incluse dans le calcul.	31 décembre	Année civile

Tableau A.4. **Mode de calcul des salaires moyens** *(suite)*

	Éléments compris ou non compris dans la base de calcul					Types de travailleurs inclus ou exclus dans la base de calcul			Méthode de base utilisée pour le calcul	Fin de l'exercice budgétaire	Période à laquelle se réfère le calcul des salaires
	Maladie [1]	Vacances	heures supplémentaires	Paiements en espèces réguliers	Prime	Superviseur	Manager	Travailleurs à temps partiel			
Mexique	NC	C	NC	C	NC	C	C	NC	Gain mensuel moyen x 12	31 décembre	Année civile
Norvège	NC	NC	C	C	NC	C	C	C [6]	Salaire annuel + les heures supplémentaires estimées	31 décembre	Année civile
Nouvelle-Zélande	NC	C	C	C	NC	C	C [5]	C [6]	Gain moyen hebdomadaire de chaque trimestre x 13	31 mars	Année fiscale
Pays-Bas	NC	C	NC	C	NC	C	C	NC	Salaire brut annuel	31 décembre	Année civile
Pologne	C	C	C	C	NC	C	C	C [6]	Gain mensuel moyen x 12	31 décembre	Année civile
Portugal	NC	C	C	C	C	C	C	NC	Gain mensuel pondéré x 12	31 décembre	Année civile
Rép. Slovaque	NC	C	C	C	C	C	C	C	Gain mensuel moyen x 12	31 décembre	Année civile
Rép. tchèque	NC	C	C	C	NC	C	C	C [6]	Gain mensuel moyen x 12	31 décembre	Année civile
Royaume-Uni	NC	C	C	C	NC	C	C	NC	Gain brut annuel moyen	5 avril	Année fiscale
Slovénie	C	C	C	C	NC	C	C	C	Gain mensuel moyen x 12	31 décembre	Année civile
Suède	NC	C	C	C	C Valeur actuelle	C	C	C [6]	Gain horaire moyen en septembre x heures travaillées; et gain mensuel en septembre x 12	31 décembre	Année civile
Suisse	NC	C	C	C	NC	C	C	C [6]	Gain mensuel x 12	31 décembre	Année civile
Turquie	NC	C	C	C	Actual value C	NC	NC	C	Gain annuel moyen	31 décembre	Année civile

Note : Exc = Exclus Inc = Inclus '-' = information non disponible.
1. Inclut généralement les indemnités versées par l'employeur pour le compte du régime général ou d'un régime privé d'assurance-maladie.
2. Exclut les primes de participation aux bénéfices en Grèce et aux États-Unis, et aussi les primes de fin d'année aux États-Unis.
3. Les paiements des indemnités de maladie sont inclus seulement dans la partie payée par les employeurs. Pour les travailleurs manuels, c'est seulement le cas pendant les 3 premiers jours de congés de maladie et à partir du 4e jour, les paiements sont faits par l'INPS.
4. Partiellement : la (petite) part imposable des avantages en nature est incluse.
5. Sauf pour les hauts dirigeants (Finlande) ; sauf si le revenu issu des bénéfices excède 50 % du total de revenu (Hongrie) ; sauf pour les propriétaires (Nouvelle-Zélande).
6. Les salaires des personnes travaillant à temps partiel sont convertis en équivalent temps plein avant de calculer le salaire moyen.

StatLink http://dx.doi.org/10.1787/888933465288

des informations complémentaires sur le calcul de ces données dans les chapitres par pays de la partie III. Les sources des données statistiques pour chaque pays sont indiquées dans le tableau A.5.

Les principales hypothèses sont les suivantes :

- Les données se rapportent à la rémunération moyenne dans le secteur d'activité pour l'ensemble du pays ;
- Les calculs se fondent sur la rémunération d'un adulte exerçant une activité (manuelle ou non) à temps plein. Ils renvoient à la rémunération moyenne de l'ensemble des travailleurs du secteur considéré. Il n'est pas tenu compte des écarts de rémunération entre hommes et femmes ou entre travailleurs d'âges différents ou de régions distinctes ;
- Le travailleur est considéré comme employé à temps plein pendant toute l'année sans interruption pour cause de maladie ou de chômage. Néanmoins, plusieurs pays ne sont pas en mesure d'isoler et d'exclure les travailleurs à temps partiel des données sur les rémunérations (voir le tableau A.4). La plupart d'entre eux déclarent dans ce cas des montants en équivalent temps plein. Dans quatre pays (le Chili, l'Irlande, la République slovaque et la Turquie), les rémunérations des travailleurs à temps partiel ne peuvent être ni exclues ni converties en équivalent temps plein en raison de la manière dont les échantillons de rémunérations sont constitués. De ce fait, les salaires moyens déclarés pour ces pays seront inférieurs à la moyenne des salaires à temps plein (par exemple, l'analyse effectuée par le Secrétariat des données disponibles d'Eurostat concernant les rémunérations pour certains pays européens a montré que l'inclusion des travailleurs à temps partiel réduisait la rémunération moyenne d'environ 10 %). En outre, dans la plupart des pays de l'OCDE où les indemnités de maladie sont versées par l'employeur, soit pour le compte de l'État, soit pour le compte de régimes privés d'assurance maladie, ces montants sont pris en compte dans les calculs concernant les salaires. Il y a peu de chances que ces différences aient une incidence notable sur les résultats obtenus, dans la mesure où les employeurs effectuent généralement ces versements pendant une courte période et où les montants versés sont d'ordinaire très proches des salaires horaires normaux ;
- Deux des catégories de ménage comportent un second apporteur de revenu percevant une rémunération égale à 33 % de la rémunération moyenne. Il est très probable que ces personnes travaillent à temps partiel plutôt qu'à temps plein (comme indiqué dans l'étude spéciale de l'édition 2005 des *Impôts sur les salaires*). Cependant, il apparaît également dans l'étude spéciale que l'hypothèse selon laquelle tous les travailleurs exercent leur activité à temps plein n'affecte pas de manière significative les taux d'imposition calculés dans la publication, sauf dans le cas de la Belgique pour les couples mariés lorsque le conjoint gagne 33 % du salaire moyen. Cela s'explique par le fait qu'en général, toute disposition spécifique applicable aux travailleurs à temps partiel a une importance mineure ou n'est pas applicable aux catégories de ménage actuellement étudiées dans *Les impôts sur les salaires* ;
- Le calcul du revenu d'activité tient compte de tous les éléments de rémunération en espèces versés aux travailleurs des secteurs considérés, y compris les montants moyens généralement versés au titre des heures supplémentaires, des compléments de salaire (prime de fin d'année, treizième mois, par exemple) et des congés payés. Néanmoins, tous les pays ne sont pas en mesure de prendre en compte la rémunération des heures supplémentaires, les congés payés et les primes en espèces conformément à la définition qui est donnée ;

Tableau A.5. **Source des données concernant les gains, 2016**

Pays	Type d'échantillon	Source
Allemagne	Enquête du Bureau fédéral de statistiques.	Bureau national des statistiques.
Australie	Échantillon représentatif des salariés dans chaque industrie. Enquête trimestrielle.	Australian Bureau of Statistics "Average Weekly Earnings, Australia" and "Labour Force, Australia".
Autriche	Statistiques annuelles sur l'imposition des salaires.	"Lohnsteuerstatistik".
Belgique	Données collectées ou estimées sur la base d'une enquête annuelle et des registres de sécurité sociale des salariés.	Division statistiques du Ministère de l'économie (service public fédéral, économie, PME, travailleurs indépendants et énergie). Même source que les données sur "gains bruts annuels" de l'Eurostat.
Canada	Enquête mensuelle auprès de toutes les entreprises	Statistiques Canada, "Enquête sur l'emploi, la rémunération et les heures de travail".
Chili	Échantillon d'entreprises de plus de 10 employés. Enquête mensuelle.	Institut National des Statistiques du Chili (INE)
Corée	Enquête sur le travail auprès des entreprises.	Ministère de l'emploi et du travail.
Danemark	Enquête sur les salaires effectués par la Confédération danoise du patronat.	Rapport annuel de la Confédération danoise du patronat (Dansk Arbejds Giverforening).
Espagne	Enquête trimestrielle auprès des entreprises.	Instituto Nacional de Estadistica "Encuesta Trimestral de Coste Laboral" (Enquête sur le coût du travail).
Estonie	-	Statistiques Estonie/Ministère des Finances.
États-Unis	Enquête mensuelle du Ministère du travail par voie de questionnaire couvrant plus de 40 millions de travailleurs et de salariés non agricoles.	Emploi, heures travaillées et salaires de l'étude sur les statistiques de l'emploi.
Finlande	(1) Enquête de la Fédération finlandaise du patronat sur les salaires horaires en mensuels; (2) Enquête 'non officielle' du patronat "Structure des statistiques sur les salaires" publiée par l'Office cental des statistiques.	"Statistiques sur les salaires" publiées par l'Office central des statistiques.
France	Registres d'assurance sociale des employeurs.	INSEE, "Déclarations Annuelles des Données Sociales" (DADS).
Grèce	Enquête effectuée par l'Institut de la Statistique et les établissements de la sécurité sociale.	Service national de statistiques: statistiques sur le travail. Même source que les données sur "gains bruts annuels" de l'Eurostat.
Hongrie	Enquêtes mensuelles auprès des entreprises ayant plus de cinq salariés.	Bureau central de statistiques.
Irlande	Enquête trimestrielle sur l'emploi, les gains et la durée du travail dans l'industrie.	Office central de statistiques.
Islande	Enquête mensuelle sur les salaires du secteur privé.	Statistiques, Islande.
Israël	-	Bureau Central des Statistiques.
Italie	Indicateurs trimestriels de salaires dans les secteurs industries et services (OROS).	Institut national de statistiques.
Japon	Enquête de base sur la structure des salaires de l'ensemble des établissements employant plus de 10 salariés.	Ministère de la santé, du travail et du bien-être, Rapport annuel.
Lettonie	Salaires mensuels moyens (DSG01).	Bureau Central des Statistiques de la Lettonie.
Luxembourg	Fichiers mensuels agrégés des services de sécurité sociale.	Office national des statistiques et Services de sécurité sociale.
Mexique	Données administratives de l'Institut de sécurité sociale (Instituto Mexicano del Seguro Social (IMSS)).	Commision sur "le salaire national minimum" (Comisión Nacional de Salarios Mínimos (CONASAMI)).
Norvège	Échantillon d'entreprises (excluant l'agriculture,la pêche et les ménages privés). Les données sont basées sur les statistiques publiées du 3e trimestre.	Statistiques sur les salaires.
Nouvelle-Zélande	L'enquête trimestrielle sur l'emploi est un sondage auprès des entreprises.	Statistiques de Nouvelle-Zélande INFOS.
Pays-Bas	Enquête sur l'emploi et le salaire.	Bureau central de statistiques, Statline.
Pologne	Estimations des différents secteurs.	Bulletin mensuel des statistiques.
Portugal	Enquête du Ministère de l'emploi effectuée en avril et octobre.	Ministère de l'emploi.
République slovaque	Données trimestrielles et annuelles.	Bureau national des statistiques.
République tchèque	Données provenant d'enquête auprès des employeurs.	Bureau national des statistiques.
Royaume-Uni	1% de l'échantillon du système de retenue à la source de l'impôt sur les salaires.	Office national de statistiques, enquête annuelle sur les heures travaillées et le salaire (ASHE).
Slovénie	Enquête mensuelle auprès des employés.	Office Statistiques de la République de Slovénie.
Suède	Enquête effectuée au mois de septembre par le patronat.	Statistiques, Suède.
Suisse	Personnes actives occupées selon la branche économique.	La vie économique, SECO (Secrétariat d'État à l'économie) table B.8.1, *www.bfs.admin.ch/bfs/portal/fr/index/themen/03/04.html.*
Turquie	Enquête annuelle de l'industrie manufacturière.	Institut national de statistiques.

StatLink http://dx.doi.org/10.1787/888933465296

- Les travailleurs exerçant des fonctions d'encadrement et/ou de direction apparaissent dans les données sur les rémunérations, bien que certains pays ne soient pas en mesure de les y faire figurer. Dans ces pays, les moyennes communiquées sont inférieures à la normale (par exemple, l'analyse faite par le Secrétariat de l'OCDE des données disponibles d'Eurostat concernant certains pays européens a montré que l'exclusion de cette catégorie de travailleurs pouvait réduire la rémunération moyenne de 10 % à 18 %).
- Les avantages hors salaire, qui consistent, par exemple, dans la fourniture par l'employeur de produits alimentaires, d'un logement ou de vêtements gratuitement ou à des prix inférieurs à ceux du marché sont, lorsque cela est possible, exclus du calcul des rémunérations moyennes, ce qui pourrait affecter la comparabilité des coins fiscaux, dans la mesure où le recours aux avantages hors salaire peut varier selon les pays et selon les périodes. Toutefois, le manque de comparabilité est limité par le fait que ces avantages représentent rarement plus de 1 % à 2 % des coûts de main-d'œuvre et sont normalement plus fréquents pour les salaires élevés que pour les travailleurs qui se situent dans la fourchette de revenus couverte par *Les impôts sur les salaires* (33 % à 167 % des rémunérations moyennes). Le tableau A.4 indique que certains pays membres ne sont pas en mesure d'isoler les avantages hors salaire des chiffres sur les rémunérations déclarés et utilisés dans la publication. La décision concernant cette exclusion a été prise pour les raisons suivantes :
  - les avantages de ce type sont difficiles à évaluer de manière cohérente (ils peuvent être évalués en fonction soit de leur coût réel pour l'employeur, soit de leur valeur imposable du point de vue du salarié, soit de leur juste valeur marchande) ;
  - dans la plupart des pays, ces avantages ont une importance minime pour les travailleurs qui perçoivent le salaire moyen ;
  - le calcul des impôts serait sensiblement plus compliqué s'il fallait prendre en compte le régime fiscal des avantages hors salaire ;
- Les cotisations versées par les employeurs pour le compte de leurs salariés à des caisses de retraite complémentaire ou à des systèmes privés d'allocations familiales, d'assurance maladie ou d'assurance vie ne sont pas intégrées dans les calculs, bien que les montants en jeu puissent être non négligeables. Aux États-Unis, par exemple, il n'est pas rare que ces cotisations représentent plus de 5 % de la rémunération des salariés. Les chapitres par pays de la partie III donnent des indications sur l'existence de systèmes susceptibles de s'appliquer au travailleur moyen.

Calcul du salaire brut moyen

Le tableau A.4 indique la méthode de calcul de base utilisée dans chaque pays, méthode dont une description plus détaillée figure, le cas échéant, dans les chapitres par pays de la partie III. En principe, il est recommandé aux pays de calculer la rémunération annuelle en prenant la moyenne hebdomadaire, mensuelle ou trimestrielle de la rémunération horaire, pondérée par le nombre d'heures travaillées au cours de la période retenue, et en la multipliant par le nombre moyen d'heures travaillées au cours de l'année, y compris les périodes de congés payés, considérant que le travailleur n'a été ni malade ni au chômage. Le recours à une méthode analogue a été préconisé pour le calcul des heures supplémentaires. Pour les pays qui ne sont pas en mesure d'isoler les données concernant les travailleurs à temps partiel, il est recommandé de convertir ces données en équivalent temps plein, dans la mesure du possible.

Les données statistiques concernant les salaires bruts moyens en 2016 ne sont généralement pas encore disponibles. C'est pourquoi, pour la majorité des pays, le Secrétariat a établi des estimations du salaire brut des travailleurs moyens en 2016 en adoptant une approche uniforme : l'ensemble des revenus d'activité enregistrés en 2015 sont multipliés par la variation nationale annuelle des salaires en pourcentage indiquée pour l'économie dans son ensemble dans l'édition la plus récente des *Perspectives économiques de l'OCDE*[3]. Cette procédure transparente vise à éviter tout résultat biaisé. Pour certains pays, diverses approches s'écartant de la précédente ont été adoptées :

- Les chiffres définitifs sur le salaire brut moyen en 2016 ont été utilisés dans le cas de l'Australie ;
- On a eu recours à des estimations nationales en ce qui concerne le Chili, la Nouvelle-Zélande et la Turquie, étant donné qu'aucune variation des salaires en pourcentage n'est indiquée pour ces pays dans les *Perspectives économiques de l'OCDE* ;
- Dans certains pays, les salaires moyens au titre d'années antérieures ont également été estimés pour la Finlande (2015), la France (2015), les Pays-Bas (2015), le Portugal (de 2013 à 2015) et la Suisse (2007, 2009, 2011, 2013 et 2015) dans la mesure où aucune donnée nationale sur les rémunérations moyennes n'était disponible pour les années mentionnées dans ces pays.

Dix-sept des pays membres de l'OCDE ont choisi de fournir des estimations nationales du niveau de salaire brut des travailleurs moyens en 2016. Ces estimations n'ont pas été utilisées dans les calculs des *Impôts sur les salaires* (sauf pour les pays énumérés ci-dessus) car elles risquaient d'être incohérentes avec les estimations établies par le Secrétariat pour d'autres pays. Elles figurent néanmoins dans le tableau A.6 pour qu'il soit possible d'effectuer des comparaisons entre les estimations du Secrétariat et celles de sources nationales. Dans bien des cas, les premières et les secondes sont relativement proches.

Le tableau A.7 indique les taux de change et parités de pouvoir d'achat des monnaies nationales en 2016 qui sont utilisés pour calculer les données comparatives sur les salaires entre pays dans le rapport.

Impôts et prestations sociales pris en compte

Le rapport traite de l'impôt sur le revenu des personnes physiques et des cotisations sociales à la charge des salariés et des employeurs dues sur les salaires. De plus, les taxes sur les salaires (voir la section *Taxes sur les salaires*) sont prises en compte dans le calcul du coin fiscal total entre les coûts de main-d'œuvre pour l'employeur et le revenu net disponible du salarié.

Le calcul du revenu après impôt intègre les prestations familiales versées par l'État sous forme de prestations en espèces (voir la section *Prestations familiales en espèces versées par l'État*). L'impôt sur les revenus du capital et du travail non salarié, plusieurs impôts directs (impôt sur l'actif net, impôt sur les bénéfices des sociétés), ainsi que l'ensemble des impôts indirects ne sont pas pris en compte dans ce rapport. En revanche, les données tiennent compte de tous les impôts sur le revenu prélevés par les administrations centrales et locales.

Dans ce rapport, les cotisations sociales versées à l'État sont traitées comme des recettes fiscales. Dans la mesure où elles constituent des paiements obligatoires à l'administration publique, elles s'apparentent clairement à des impôts. Elles peuvent s'en distinguer, cependant, du fait que l'obtention de prestations sociales est subordonnée au versement préalable des cotisations applicables, même si le montant des prestations n'est

Tableau A.6. **Salaire brut estimé, 2015-16 (en monnaie nationale)**

	Salaire moyen 2015	Salaire moyen 2016 (Estimation Secrétariat)	Salaire moyen 2016 (Estimation pays)	EO100, taux prévus pour 2016[1]
Allemagne	46 800	47 809		2.2
Australie[2]	80 774	81 914	82 114	1.4
Autriche	43 911	44 409	44 526	1.1
Belgique	46 479	46 570	46 990	0.2
Canada	50 350	50 997	51 572	1.3
Chili[2]	7 557 360		8 003 491	
Corée	42 908 652	43 857 243	43 931 808	2.2
Danemark	403 600	412 555		2.2
Espagne	26 475	26 710		0.9
Estonie	13 045	13 640	13 714	4.6
États-Unis	51 509	52 543		2.0
Finlande	43 382	43 816		1.0
France	37 648	38 049		1.1
Grèce	20 107	20 074		-0.2
Hongrie	3 169 128	3 312 081	3 321 246	4.5
Irlande	34 674	35 592	35 897	2.6
Islande	7 644 000	8 456 409		10.6
Israël	137 990	142 247	142 130	3.1
Italie	30 654	30 642		0.0
Japon	5 083 906	5 110 601		0.5
Lettonie	9 588	10 173	10 158	6.1
Luxembourg	55 858	56 197		0.6
Mexique	107 551	112 827	111 825	4.9
Norvège	551 198	564 218		2.4
Nouvelle-Zélande[2]	56 110		57 649	
Pays-Bas	50 009	50 853		1.7
Pologne	46 136	47 782		3.6
Portugal	17 298	17 521		1.3
République slovaque	10 661	10 918	10 970	2.4
République tchèque	319 162	330 072	326 850	3.4
Royaume-Uni	35 947	36 571		1.7
Slovénie	18 092	18 292	18 060	1.1
Suède	414 105	423 065	419 976	2.2
Suisse	86 017	85 536		-0.6
Turquie[2]	31 191		36 806	

1. Accroissement de la rémunération par salarié dans tous les secteurs d'activité économiques (*Perspectives économiques de l'OCDE*, n° 100).
2. Dans les calculs des Impôts sur les salaires, l'estimation du salaire moyen faite par le pays est utilisée au lieu de l'estimation du Secrétariat de l'OCDE.

StatLink http://dx.doi.org/10.1787/888933465309

pas nécessairement lié au montant des cotisations. Les pays financent à des degrés divers leurs programmes de sécurité sociale obligatoire à l'aide des recettes fiscales et non fiscales du budget général, d'une part, et de cotisations spécifiques, d'autre part. Si l'on obtient une meilleure comparabilité entre les pays en traitant comme des impôts les cotisations sociales, celles-ci sont néanmoins énumérées sous une rubrique distincte de sorte que leurs montants puissent être isolés dans le cadre d'une éventuelle analyse.

Calcul de l'impôt sur le revenu des personnes physiques

Les chapitres pays de la partie III décrivent la méthode utilisée pour le calcul de l'impôt sur le revenu. On détermine d'abord les déductions fiscales applicables au salaire brut annuel d'un contribuable présentant les caractéristiques et se situant au niveau de

Tableau A.7. **Parités de pouvoir d'achat et taux de change pour 2016**

	Unité monétaire	Taux de change[1]	Parités de pouvoir d'achat
Allemagne	EUR	0.90	0.77
Australie	AUD	1.35	1.45
Autriche	EUR	0.90	0.80
Belgique	EUR	0.90	0.80
Canada	CAD	1.33	1.24
Chili	CLP	676.54	390.10
Corée	KRW	1 160.59	895.44
Danemark	DKK	6.73	7.20
Espagne	EUR	0.90	0.66
Estonie	EUR	0.90	0.53
États-Unis	USD	1.00	1.00
Finlande	EUR	0.90	0.90
France	EUR	0.90	0.80
Grèce	EUR	0.90	0.61
Hongrie	HUF	281.52	129.24
Irlande	EUR	0.90	0.80
Islande	ISK	120.81	143.22
Israël	ILS	3.84	3.82
Italie	EUR	0.90	0.73
Japon	JPY	108.80	101.65
Lettonie	EUR	0.90	0.50
Luxembourg	EUR	0.90	0.86
Mexique	MXN	18.63	8.60
Norvège	NOK	8.40	9.40
Nouvelle-Zélande	NZD	1.44	1.45
Pays-Bas	EUR	0.90	0.80
Pologne	PLN	3.94	1.75
Portugal	EUR	0.90	0.59
République slovaque	EUR	0.90	0.48
République tchèque	CZK	24.44	12.75
Royaume-Uni	GBP	0.74	0.69
Slovénie	EUR	0.90	0.58
Suède	SEK	8.56	8.92
Suisse	CHF	0.99	1.22
Turquie	TRL	3.02	1.31

1. Moyenne sur 12 mois de taux journaliers.

StatLink http://dx.doi.org/10.1787/888933465312

revenu du travailleur moyen. En second lieu, on applique le barème d'imposition au revenu imposable, et l'impôt exigible ainsi calculé est minoré des crédits d'impôt éventuels. Une difficulté importante que soulève le calcul de l'impôt sur le revenu des personnes physiques réside dans la détermination des allégements fiscaux à retenir. On peut distinguer deux grandes catégories d'allégements fiscaux :

- *Les allégements à caractère forfaitaire* : il s'agit de mesures d'allégement fiscal qui sont sans lien avec les dépenses réellement engagées par le contribuable et qui sont automatiquement consenties à tous les contribuables remplissant les conditions prévues par la législation. Ils prennent généralement la forme de montants forfaitaires ou de pourcentages fixes du revenu et constituent la principale catégorie d'allégements prise en compte pour déterminer l'impôt sur le revenu versé par les travailleurs. Les allégements forfaitaires sont pris en compte pour le calcul. Ils comprennent :
  - L'*abattement à la base* qui est fixe et dont bénéficient tous les contribuables ou tous les apporteurs de revenu quelle que soit leur situation matrimoniale ou de famille ;

- L'*abattement forfaitaire* accordé aux contribuables en fonction de leur *situation matrimoniale* ;
- L'*abattement forfaitaire pour enfants à charge* accordé aux familles ayant deux enfants d'un âge compris entre 6 et 11 ans inclus ;
- L'*abattement forfaitaire pour frais professionnels* qui est généralement fixe ou déterminé en pourcentage du salaire (brut) ;
- Les allégements fiscaux consentis au titre des *cotisations sociales* et des autres *impôts sur le revenu* (versés aux administrations infranationales) sont également considérés comme des allégements forfaitaires dès lors qu'ils s'appliquent à l'ensemble des apporteurs de revenu et qu'ils concernent des versements obligatoires à l'État ;[4]

- *Les allégements non forfaitaires* : il s'agit d'allégements qui sont entièrement déterminés par référence à des charges effectivement supportées. Leur montant n'est ni forfaitaire ni calculé par application de pourcentages fixes du revenu. On peut en donner comme exemples les déductions au titre des intérêts des emprunts remplissant certaines conditions (emprunts destinés à l'acquisition d'un logement, par exemple), des primes d'assurance, des cotisations à des régimes de retraite complémentaire et des dons à des organismes de bienfaisance. Ces déductions n'entrent pas en ligne de compte pour la détermination de la situation fiscale des salariés.

Les allégements forfaitaires sont appréhendés de manière distincte et leur incidence sur le taux moyen de l'impôt sur le revenu fait l'objet d'un calcul séparé dans les tableaux de résultats des chapitres par pays. Dans la plupart des cas, ces derniers offrent une brève description des principaux allégements non forfaitaires.

Impôts sur le revenu perçus par les administrations infranationales

Les impôts sur le revenu des personnes physiques prélevés par les administrations infranationales (États, provinces, cantons ou collectivités locales) entrent dans le champ de la présente étude. Des impôts sur le revenu sont perçus à l'échelon des États fédérés au Canada, aux États-Unis et en Suisse. En 1997, l'Espagne a introduit un impôt sur le revenu pour les régions autonomes. Des impôts sur le revenu sont perçus à l'échelon local en Belgique, en Corée, au Danemark, aux États-Unis, en Finlande, en Islande, en Italie, au Japon, en Norvège, en Suède et en Suisse. En Belgique, au Canada (hors Québec), en Corée, au Danemark, en Espagne, en Islande, en Italie et en Norvège, ces impôts sont calculés en pourcentage du revenu imposable ou de l'impôt perçu par l'administration centrale. En Finlande, au Japon, en Suède et en Suisse, les administrations infranationales appliquent des allégements fiscaux différents de ceux qui sont applicables dans le cadre du système de l'impôt sur le revenu de l'administration centrale. Aux États-Unis, les administrations infranationales appliquent un système d'imposition du revenu distinct en vertu duquel elles disposent d'un pouvoir discrétionnaire à l'égard de l'assiette et du taux d'imposition. Sauf au Canada, aux États-Unis et en Suisse, ces impôts de niveau infranational sont perçus sur la base d'un taux unique.

En raison des différences pouvant exister à l'intérieur d'un même pays en matière de taux et/ou d'assiette de l'impôt sur le revenu collecté par les administrations infranationales, il est parfois fait l'hypothèse que le travailleur moyen assujetti à l'impôt a son domicile dans une zone type et que ce sont les impôts sur le revenu (et les prestations sociales) applicables dans cette zone qui sont indiqués. C'est la formule qui a été adoptée par le Canada, les États-Unis, l'Italie et la Suisse, où l'assiette et les taux d'imposition sont très variables sur l'étendue du territoire. La Belgique, le Danemark, la Finlande, l'Islande et la Suède ont préféré, pour leur part, retenir le taux moyen d'imposition du revenu appliqué par les administrations infranationales pour l'ensemble du pays. En Corée et en Norvège, ce problème ne se pose pas, les taux d'imposition locaux n'étant, dans les faits, pas différents les uns des autres. L'Espagne et le Japon ont retenu le barème général le plus largement appliqué.

Cotisations de sécurité sociale

Le présent rapport prend en compte les cotisations sociales obligatoires versées par les salariés et les employeurs à l'État ou à des caisses de sécurité sociale effectivement contrôlées par l'État. Dans la plupart des pays, ces cotisations sont prélevées sur les salaires bruts et affectées au financement de prestations sociales. En Finlande, en Islande et aux Pays-Bas, certaines de ces cotisations dépendent du revenu imposable (c'est-à-dire du salaire brut déduction faite de la plupart/l'ensemble des allégements fiscaux). L'Australie, le Danemark et la Nouvelle-Zélande ne prélèvent pas de cotisations sociales.

Les cotisations à des régimes de sécurité sociale ne relevant pas de l'administration publique ne sont pas prises en compte dans les calculs. Néanmoins, des informations sur les prélèvements obligatoires non fiscaux ainsi que des indicateurs de prélèvements obligatoires figurent dans la Base de données fiscales de l'OCDE, qui est accessible à l'adresse suivante : *www.oecd.org/tax/tax-policy/tax-database.htm.*

Taxes sur les salaires

Les taxes sur les salaires ont une base d'imposition qui est soit un pourcentage des salaires, soit un montant fixe par salarié. Les taxes sur les salaires sont indiquées à la rubrique 3000 des *Statistiques des recettes publiques* de l'OCDE. Quinze pays de l'OCDE déclarent des recettes provenant de taxes sur les salaires : l'Australie, l'Autriche, le Canada, la Corée, le Danemark, la France, la Hongrie, l'Irlande, l'Islande, Israël, la Lettonie, le Mexique, la Pologne, la Slovénie et la Suède.

Les taxes sur les salaires sont comprises dans les coins fiscaux totaux indiqués dans cette publication, dans la mesure où elles ont pour effet d'accroître l'écart entre les coûts bruts de main-d'œuvre et la rémunération nette disponible de la même manière que l'impôt sur le revenu et les cotisations sociales. La principale différence avec ces dernières est le fait que le paiement des taxes sur les salaires ne donne pas droit à des prestations sociales. Par ailleurs, la base des taxes sur les salaires peut être différente de la base des cotisations sociales patronales. Par exemple, certains avantages hors salaire peuvent n'être assujettis qu'à la taxe sur les salaires. Comme ce rapport porte sur le cas général, la base de la taxe sur les salaires peut correspondre, selon la législation en vigueur, au salaire brut (à l'exclusion des avantages hors salaire et autres éléments de rémunération, qui varient d'un salarié à l'autre), au salaire brut majoré des cotisations sociales patronales, ou à un montant forfaitaire par salarié.

Cinq des pays membres de l'OCDE tiennent compte des taxes sur les salaires dans les calculs figurant dans *Les impôts sur les salaires* : l'Australie, l'Autriche, la Hongrie, la Lettonie et la Suède. Pour diverses raisons, les autres pays qui font état dans les *Statistiques des recettes publiques* de recettes tirées de taxes sur les salaires n'ont pas intégré ces taxes dans les calculs effectués en vue du présent rapport.

Prestations familiales en espèces versées par l'État

Les déductions fiscales et les prestations familiales en espèces de caractère général accordées au titre des enfants à charge de 6 à 11 ans inclus en cours de scolarité s'inscrivent dans le champ de l'étude. Si les déductions fiscales ou les transferts en espèces varient à l'intérieur de cette tranche d'âge, ce sont les dispositions les plus avantageuses qui sont retenues, le cas des jumeaux étant explicitement laissé de côté. Leurs implications sont illustrées ci-dessous - supposons que le programme d'allocations pour enfant à charge d'un pays présente la structure suivante :

Tranche d'âge	Prestation par enfant à charge
Enfants de 6 à 8 ans	100 unités
Enfants de 9 à 10 ans	120 unités
Enfants de 11 à 14 ans	150 unités

Le résultat le plus favorable est obtenu pour des jumeaux de 11 ans : 300 unités. Toutefois, comme on exclut le cas des jumeaux, le meilleur résultat (tenant compte que les enfants ont entre 6 et 11 ans) est ramené à 270 unités (un enfant de 11 ans et un enfant de 9 ou 10 ans). Ce montant serait inclus dans le tableau par pays. Souvent, le montant des prestations se trouve relevé lorsque l'âge des enfants augmente. En supposant que les enfants sont nés le 1er janvier, le montant annuel des allocations perçues pour enfant à charge peut être calculé à partir du barème de prestations en vigueur au début de l'année en question, toute révision de ce montant intervenue au cours de l'année étant prise en compte.

Les prestations sociales pertinentes sont celles qui émanent de l'État. Dans certains cas, les allocations en espèces englobent les montants payés indépendamment du nombre d'enfants.

Crédits d'impôt remboursables

Les crédits d'impôt remboursables (ou récupérables) sont des crédits d'impôt pouvant excéder le montant des impôts à verser, l'excédent éventuel étant reversé au contribuable sous forme de transfert d'espèces. En principe, on peut traiter ces crédits d'impôt de différentes manières selon qu'on les considère comme des dispositions fiscales, des transferts en espèces, ou une combinaison des deux. L'étude spéciale figurant dans l'édition 2016 des *Statistiques des recettes publiques* aborde ces différentes options, ainsi que les problèmes d'ordre conceptuel et pratique qui se posent pour choisir la méthode la mieux adaptée à la présentation de statistiques des recettes fiscales internationalement comparables. Elle présente également des chiffres qui montrent l'impact des différentes façons d'interpréter les ratios de l'impôt sur le PIB[5].

Sur la base de cette étude, le guide d'interprétation des *Statistiques des recettes publiques* impose :

- que seule la fraction du crédit d'impôt remboursable qui a pour effet de réduire ou d'effacer la dette fiscale du contribuable (composante « dépense fiscale »)[6] soit déduite dans la présentation des recettes ;
- que la fraction du crédit d'impôt qui est supérieure à la somme à payer par le contribuable et qui lui est remboursée (composante « transfert en espèces ») soit traitée comme une dépense et ne soit pas déduite des chiffres de recettes fiscales.

Toutefois, les *Statistiques des recettes publiques* donnent des informations complémentaires sur les montants totaux réclamés par le fisc et l'élément « transferts totaux » des crédits d'impôt remboursables pour montrer les résultats de différents traitements statistiques[7].

Dans *Les impôts sur les salaires*, la situation est différente comme le montant total du crédit d'impôt remboursable est pris en compte dans le calcul de l'impôt sur le revenu.

Si l'on s'en tenait strictement au guide d'interprétation des *Statistiques des recettes publiques*, il faudrait que seule la composante « dépense fiscale » soit déduite de l'impôt sur le revenu, tout dépassement éventuel étant traité comme un transfert en espèces. Cependant, cette méthode aurait pour effet d'affaiblir et non de renforcer la valeur informative des résultats présentés dans *Les impôts sur les salaires*. En particulier, limiter les créances de crédit d'impôt à la dépense fiscale se traduirait par un impôt nul et un taux moyen d'imposition du revenu également nul lorsque des remboursements en espèces sont effectués. Si l'on ne limite pas de la sorte les créances de crédit d'impôt, on fera apparaître, en cas de transferts en espèces, un impôt sur le revenu négatif et des taux moyens d'imposition du revenu également négatifs. On peut soutenir que ces montants négatifs donnent une idée plus claire de la situation du contribuable (plutôt que de considérer une situation de non-imposition). En outre, le fait de ne pas inclure la fraction des crédits d'impôts remboursables correspondant à des transferts en espèces à la rubrique « Prestations en espèces versées par les administrations » des tableaux par pays permet une plus grande transparence de cette rubrique, consacrée aux seuls transferts en espèces « véritables ».

Néanmoins, pour étoffer les informations données dans les tableaux par pays sur les crédits d'impôt remboursables, la rubrique pour mémoire qui se trouve au bas des tableaux des pays concernés indique, sur une première ligne, les montants de dépenses fiscales et, sur une deuxième ligne, les montants des transferts en espèces. Là où il existe plusieurs dispositifs de crédits d'impôt remboursables, les données présentées correspondent à des montants totaux couvrant l'ensemble de ces dispositifs. Pour chaque catégorie de ménage considérée, on peut, en faisant la somme des dépenses fiscales et des transferts en espèces, obtenir le coût global des dispositifs.

Calcul des taux marginaux d'imposition

Dans tous les cas excepté un, les taux marginaux d'imposition sont calculés en prenant en compte l'incidence d'une faible augmentation des salaires bruts sur l'impôt sur le revenu des personnes physiques, les cotisations sociales et les prestations en espèces. L'exception est le cas d'un conjoint inactif, où le passage d'un revenu nul à un revenu faiblement positif n'est pas représentatif des variations de revenu et présente donc peu d'intérêt. C'est pourquoi les taux marginaux applicables au conjoint sont calculés dans ce cas en prenant en compte l'incidence d'une augmentation de revenu de 0 à 33 % du salaire moyen.

Limites de l'étude

Limites de caractère général

L'utilisation de la méthode simple consistant à comparer la situation au regard de l'impôt et des avantages sociaux des huit familles modélisées permet d'échapper aux nombreux problèmes conceptuels et de définition que soulèvent des comparaisons internationales plus complexes des charges fiscales et des programmes de transferts sociaux. Toutefois, l'une des faiblesses de cette méthode est liée au fait que la place de la rémunération du salarié moyen sur l'éventail des salaires varie d'une économie à l'autre, bien que les salaires en question concernent des ouvriers accomplissant des tâches de même nature dans les différents pays membres de l'OCDE.

En raison des limites qui affectent les impôts et les prestations sociales couvertes par le rapport, les données réunies ne peuvent être considérées comme représentatives de l'impact global des administrations sur le niveau de vie des contribuables et de leurs familles. Il faudrait pour cela étudier l'incidence des impôts indirects, le régime applicable en matière d'imposition des revenus du travail non salariaux ainsi que des autres revenus et l'incidence des autres mesures d'allégement fiscal et prestations en espèces. Il faudrait aussi tenir compte de l'incidence sur le niveau de vie des services fournis par l'État soit gratuitement soit en dessous de leur coût et de l'incidence sur les salaires et les prix des impôts sur les sociétés et des autres impôts directs. Il est impossible de couvrir un champ d'étude aussi étendu dans le cadre d'une comparaison internationale concernant l'ensemble des pays de l'OCDE. L'importance des écarts entre les résultats présentés ici et ceux auxquels aboutirait une étude complète de l'impact global des interventions publiques sur la situation des salariés serait variable d'un pays à l'autre, notamment en fonction de la part relative des différents impôts dans les recettes publiques et de l'étendue et de la nature des dépenses sociales des administrations.

Le rapport indique l'incidence formelle de l'impôt sur les salariés et les employeurs. L'incidence économique finale de la charge fiscale peut être répercutée des employeurs aux salariés et *vice versa* à la suite d'ajustements des salaires bruts opérés sur le marché.

Le revenu restant à la disposition du contribuable peut correspondre à des niveaux de vie différents selon les pays, parce que l'éventail des biens et services auxquels le revenu est affecté ainsi que leurs prix relatifs diffèrent d'un pays à l'autre. Dans les pays où les administrations fournissent une gamme importante de biens et services (régimes de retraite de base généreux, services de santé gratuits, logements sociaux, éducation tertiaire, etc.) le contribuable peut disposer d'un revenu en espèces plus faible tout en ayant un niveau de vie identique à celui d'un contribuable percevant un revenu en espèces plus élevé mais vivant dans un pays où les biens et services publics sont plus limités.

Ainsi qu'il est indiqué dans le chapitre 1 et d'une manière plus détaillée dans l'Étude spéciale de 2005, les seconds apporteurs de revenu qui gagnent 33 % du salaire moyen travaillent très souvent à temps partiel, bien que la méthodologie des *impôts sur les salaires* admette en général qu'ils travaillent à plein-temps. Toutefois, cela n'affecte l'exactitude des résultats des *impôts sur les salaires* que pour une catégorie de familles en Belgique (couple marié dans lequel le second apporteur de revenu gagne 33 % du salaire moyen). Par conséquent, il faut se montrer prudent dans l'interprétation des résultats concernant cette catégorie de familles pour la Belgique. En outre, pour tous les pays qui appliquent des dispositions réglementaires fondées sur les rémunérations horaires (voir l'Étude spéciale de l'édition 2005) il faut se montrer prudent dans l'application des résultats de ce rapport à d'autres catégories de ménages.

Exemples de limites spécifiques affectant le calcul de l'impôt sur le revenu

Étant donné le nombre limité des allégements fiscaux considérés ainsi que l'exclusion des revenus non salariaux, les taux moyens d'impôt sur le revenu calculés dans les tableaux de cette publication ne rendent pas nécessairement compte des taux effectifs des impôts versés par les contribuables se situant aux niveaux de salaires indiqués. L'exclusion des abattements de caractère non forfaitaire liés à des frais réels peut conduire à surestimer les taux réels d'imposition dans le calcul. D'autre part, l'exclusion des revenus autres que ceux du travail peut tendre à les sous-estimer.

La décision de ne pas procéder à un calcul séparé de l'impôt sur le revenu après prise en compte de l'effet des allégements fiscaux non forfaitaires a été prise pour les raisons suivantes:

- dans de nombreux cas, les allégements liés à des dépenses effectives représentent des substituts d'aides financières directes. Prendre en considération ces allégements sans prendre en compte par ailleurs les éventuelles aides directes correspondantes conduirait à fausser les comparaisons des rémunérations nettes plus transferts en espèces;
- le régime fiscal particulier de certaines dépenses peut s'accompagner d'un régime spécial des revenus associés à ces dépenses (par exemple, le régime fiscal des cotisations de sécurité sociale et des pensions de retraite) qui se situe en dehors du champ de la présente étude;
- quelques pays n'ont pas été en mesure d'estimer la valeur de ces allégements et même les pays qui ont pu effectuer une telle estimation n'ont pas été en mesure de la limiter aux contribuables présentant les caractéristiques prises par hypothèse dans la partie qui précède sur la méthodologie ; et,
- tous les pays n'ont pas été en mesure de calculer séparément les allégements applicables aux différents types de familles. Lorsqu'on calcule séparément les allégements applicables aux célibataires et aux familles avec enfants, on observe des écarts importants entre les montants des allégements dont bénéficient normalement ces deux catégories de ménages.

Limites relatives aux comparaisons de séries chronologiques

Les calculs de la charge fiscale des revenus du travail dans les pays de l'OCDE qui sont indiqués dans l'édition de 2004 et les précédentes des *impôts sur les salaires*, sont fondés sur un indicateur du salaire moyen pour les travailleurs manuels à temps complet du secteur manufacturier (« l'ouvrier moyen »).

Toute analyse longitudinale des résultats doit prendre en compte le fait que les données concernant les salaires ne portent pas nécessairement sur le même contribuable pendant toute la période. Les rémunérations moyennes sont calculées pour chaque année. En tant que tels, les résultats ne font pas apparaître les variations de salaire et la situation fiscale des différentes personnes concernées au fil du temps, mais plutôt la situation de salariés dont le salaire est égal au niveau moyen dans les secteurs industriels concernés pour chaque année considérée. Cela pourrait également signifier que les niveaux de salaires mentionnés pourraient se situer à des points différents de la distribution des revenus sur la période couverte et que les variations des taux d'imposition pourraient subir l'influence de cette évolution.

Il y a eu des changements de définition du salarié moyen dans le temps. À partir de l'édition de 2005, *Les impôts sur les salaires* ont déclaré des calculs des impôts effectués à partir d'une définition élargie du salarié moyen qui inclut tous les salariés à temps complet appartenant aux secteurs industriels C à K (référence à la CITI). Les conséquences de l'adoption de cette nouvelle définition pour les comparaisons de séries chronologiques sont examinées dans l'édition de 2005 des impôts sur les salaries.

Note sur les équations fiscales

Chaque chapitre par pays contient une section qui décrit les équations présentées sous une forme normalisée indiquant les calculs nécessaires pour obtenir le montant de l'impôt sur le revenu, des cotisations de sécurité sociale et des transferts en espèces. Ces algorithmes représentent sous une forme algébrique les dispositions légales décrites dans le chapitre et correspondent aux chiffres indiqués dans les tableaux par pays et les tableaux comparatifs. Cette section décrit les conventions utilisées dans la définition des équations et indique la manière dont elles pourraient être appliquées à d'autres recherches

Les sections précédentes des chapitres par pays décrivent le mode de fonctionnement des systèmes fiscaux et des autres systèmes ainsi que les valeurs des paramètres de ces systèmes, tels que le montant des abattements et des crédits d'impôt et les barèmes d'imposition.

La première partie de la section concernant les équations est un tableau qui décrit brièvement chaque paramètre (tel que le « Crédit d'impôt de base »), indique le nom du paramètre tel qu'il est utilisé dans l'équation algébrique (« Basic_cred ») et la valeur actuelle pour l'année considérée (telle que « 1098 »). Lorsqu'il existe un tableau de valeurs – par exemple un barème des taux d'imposition et des seuils de revenu imposable correspondants –, un nom est donné à l'ensemble du tableau (par exemple « tax_sch »). Ces noms de variables sont ceux qui sont utilisés dans les équations.

À la suite du tableau des paramètres se trouve le tableau d'équations. Les quatre colonnes contiennent les informations suivantes:

- Les deux premières colonnes contiennent une description et indiquent le nom de la variable correspondant au résultat de l'équation mentionnée sur la même ligne. Elles incluent toujours les treize principales rubriques financières des tableaux par pays. Des lignes supplémentaires définissent des valeurs intermédiaires qui sont calculées soit pour faire apparaître de manière plus détaillée les données figurant dans les tableaux (telles que la ventilation des abattements fiscaux totaux entre les différentes catégories) ou des montants qui facilitent les calculs
- La troisième colonne indique l'intervalle de calcul dans cette ligne. Cette indication est nécessaire pour tenir compte des différents modes de calcul possibles de l'impôt dû par les couples mariés. Les différentes options sont les suivantes:
  - **B** Le calcul est effectué séparément aussi bien en ce qui concerne le revenu principal que celui du conjoint et en utilisant les niveaux de rémunération de chacun d'entre eux. Cela vaut pour les cas où il y a imposition séparée et aussi en général pour les cotisations de sécurité sociale.
  - **P** Le calcul s'applique uniquement au revenu principal. On peut citer comme exemple le cas où le titulaire du revenu principal peut utiliser tous les abattements à la base de son conjoint qui ne peuvent être déduits des revenus de celui-ci.
  - **S** Le calcul s'applique seulement au conjoint dont le revenu est le plus faible.
  - **J** Le calcul est effectué une seule fois sur la base du revenu cumulé. Cela vaut pour les systèmes d'imposition conjointe ou familiale et cette méthode est également courante pour le calcul des prestations en espèces au titre des enfants à charge.
- La dernière colonne contient l'équation elle-même. Celle-ci peut se référer aux variables figurant dans le tableau des paramètres et aux variables qui résultent de l'une des lignes du tableau d'équations lui-même. On utilise également deux variables standards, « marié », qui prend la valeur 1 si la famille est constituée par un couple marié et 0 dans

le cas d'un célibataire, et « enfants », qui indique le nombre d'enfants. Parfois, il est fait référence à une variable à laquelle s'ajoute l'affixe « total » qui indique la somme des valeurs des variables à prendre en compte pour le titulaire du revenu principal et son conjoint. De même les affixes « _princ » et « _conjoint » indiquent respectivement les valeurs concernant le titulaire du revenu principal et son conjoint.

Dans les équations, un certain nombre de fonctions sont utilisées. Certaines d'entre elles sont utilisées de la même manière que dans un certain nombre de programmes informatiques d'utilisation courante. Par exemple, MAX(X, Y) et MIN(X, Y) permettent de trouver respectivement la valeur maximum et la valeur minimum. IF (condition, X, Y) choisit l'expression X si la condition est vérifiée et l'expression Y si elle ne l'est pas. Des expressions booléennes sont également utilisées et l'on admet qu'elles ont la valeur 1 si l'expression est vérifiée et 0 si elle ne l'est pas. Par exemple (enfants=2*CB_2 est équivalent à IF(enfant=2, CB_2,0).

Il y a aussi trois fonctions spéciales généralement utilisées qui font apparaître les calculs souvent nécessaires dans le cadre des systèmes d'impôt et de sécurité sociale. Ces fonctions sont les suivantes:

- Tax (taxinc, tax_sch) : cette fonction calcule le résultat obtenu en appliquant le barème d'imposition et les différents seuils dans « tax_sch » à la valeur du revenu imposable représenté par « taxinc ». Cette fonction peut être utilisée dans toutes les parties des équations et non pas seulement dans le calcul de l'impôt sur le revenu. Pour certains pays, elle est utilisée en ce qui concerne les cotisations de sécurité sociale ou même pour les niveaux de prestations qui pourraient dépendre des revenus.
- Positive (X) : cette fonction donne le résultat X lorsque cette valeur est positive et 0 dans les autres cas. Elle est donc équivalente à MAX(0,X).
- Taper (valeur, revenu, seuil, taux) : cette fonction indique le montant représenté par « valeur » si le « revenu » est inférieur au « seuil ». Sinon elle indique la « valeur » réduite par le « taux » multiplié par (revenu-seuil) à moins que cela ne donne un résultat négatif auquel cas on revient à zéro. Cette fonction indique le calcul qui est parfois nécessaire lorsque, par exemple, un crédit d'impôt peut être accordé en totalité sous réserve que le revenu total soit inférieur à un certain seuil mais se trouve ensuite retiré à un taux donné pour chaque unité monétaire à partir de ce seuil jusqu'à son retrait complet.

Dans certains cas, il existe des fonctions spécifiques à chaque pays. Ces fonctions font intervenir un programme conçu pour simplifier les calculs fiscaux. Ce programme repose sur la mesure fiscale décrite dans le chapitre par pays à la partie III. Par exemple, le crédit d'impôt pour les revenus du travail en vigueur aux États-Unis est calculé à l'aide de la fonction EIC.

Quiconque souhaite utiliser ces équations à d'autres fins devra établir des fonctions correspondant à ces fonctions spéciales ou apporter les modifications appropriées aux équations qui les utilisent.

Notes

1. Les données statistiques concernant Israel sont fournies par et sous la responsabilité des autorités israeliennes compétentes. L'utilisation de ces données par l'OCDE est sans préjudice du statut des hauteurs du Golan, de Jerusalem-Est et des colonies de peuplement israeliennes en Cisjordanie aux termes du droit international.

2. Les organismes nationaux de statistique n'utilisent pas tous la Révision 3.1 ou 4 de la CITI pour classer les secteurs d'activité. Néanmoins, la Nomenclature statistique des activités économiques dans la Communauté européenne (NACE), le Système de classification des industries de l'Amérique du Nord (SCIAN) et l'*Australian and New Zealand Standard Industrial Classification* (ANZSIC) coïncident à peu près avec les Révisions 3.1 et 4 de la CITI au niveau des secteurs C à K et B à N, respectivement.

3. Les estimations des salaires indiquées dans les *Perspectives économiques* sont produites par le Département des affaires économiques (ECO) de l'OCDE. Elles correspondent à l'édition de décembre 2015 de cette publication.

4. Dans ce cas, le montant de l'allégement fiscal est fonction des cotisations de sécurité sociale effectivement versées par le salarié ou retenues sur son salaire ; cette forme d'allégement forfaitaire s'écarte donc à ce titre de la définition générale selon laquelle il n'existe pas de lien entre l'allégement forfaitaire et les dépenses réellement engagées.

5. OCDE, *Statistiques des recettes publiques, 1965-2000*, p. 28-31.

6. Cette caractérisation doit être considérée comme informelle car il faut, pour déterminer les dépenses fiscales, trouver un système fiscal de référence pour chaque pays ou, mieux encore, une référence internationale commune. Dans les faits, il n'a pas été possible de s'accorder sur le choix d'une référence internationale à cette fin.

7. Voir le tableau D des *Statistiques des recettes publiques* 2015 de l'OCDE.

ORGANISATION DE COOPÉRATION ET DE DÉVELOPPEMENT ÉCONOMIQUES

L'OCDE est un forum unique en son genre où les gouvernements œuvrent ensemble pour relever les défis économiques, sociaux et environnementaux que pose la mondialisation. L'OCDE est aussi à l'avant-garde des efforts entrepris pour comprendre les évolutions du monde actuel et les préoccupations qu'elles font naître. Elle aide les gouvernements à faire face à des situations nouvelles en examinant des thèmes tels que le gouvernement d'entreprise, l'économie de l'information et les défis posés par le vieillissement de la population. L'Organisation offre aux gouvernements un cadre leur permettant de comparer leurs expériences en matière de politiques, de chercher des réponses à des problèmes communs, d'identifier les bonnes pratiques et de travailler à la coordination des politiques nationales et internationales.

Les pays membres de l'OCDE sont : l'Allemagne, l'Australie, l'Autriche, la Belgique, le Canada, le Chili, la Corée, le Danemark, l'Espagne, l'Estonie, les États-Unis, la Finlande, la France, la Grèce, la Hongrie, l'Irlande, l'Islande, Israël, l'Italie, le Japon, la Lettonie, le Luxembourg, le Mexique, la Norvège, la Nouvelle-Zélande, les Pays-Bas, la Pologne, le Portugal, la République slovaque, la République tchèque, le Royaume-Uni, la Slovénie, la Suède, la Suisse et la Turquie. La Commission européenne participe aux travaux de l'OCDE.

Les Éditions OCDE assurent une large diffusion aux travaux de l'Organisation. Ces derniers comprennent les résultats de l'activité de collecte de statistiques, les travaux de recherche menés sur des questions économiques, sociales et environnementales, ainsi que les conventions, les principes directeurs et les modèles développés par les pays membres.

ÉDITIONS OCDE, 2, rue André-Pascal, 75775 PARIS CEDEX 16
(23 2017 02 2 P) ISBN 978-92-64-27219-4 – 2017

www.ingramcontent.com/pod-product-compliance
Lightning Source LLC
LaVergne TN
LVHW080113011026
849160LV00013B/1084
9789264272194